U0505516

斯文·赫定眼中的
世界名人

［瑞典］ **斯文·赫定**　　著

王迎宪　　译

上海人民出版社

斯文·赫定签名照

卡尔十五世

诺登舍尔德

路德维希·诺贝尔

阿明

易卜生

比昂松

南森

奥斯卡二世

李希霍芬

哈米德二世

纳瑟尔丁沙阿

阿哈德

斯特林堡

阿尔弗雷德·诺贝尔

1896 年李鸿章与俾斯麦

尼古拉二世

安德鲁

史丹利

瑟德尔布罗姆

斯科特

基奇纳伯爵与本书作者在斯诺登

明托勋爵

国王古斯塔夫五世

维多利亚王后

Kaiser Mutsuhito

日本明治天皇

伊藤博文

Kaiser Lee Chouk von Korea

朝鲜皇帝李坧

布莱克本的莫莱子爵

皇帝弗朗茨·约瑟夫

德皇威廉二世

芬兰元帅曼纳海姆

Selma Lagerlöf

塞尔玛·拉格洛芙

Werner von Heidenstam
Övralid oktober 1936

维尔纳·冯·海登斯坦

Papst Pius X.

庇护十世

Theodore Roosevelt

西奥多·罗斯福

Baden-Powell

巴登·鲍威尔

von Hindenburg

德国将军保罗·冯·兴登堡

General d. I. Ludendorff

德国将军埃里希·鲁登道夫

Generaloberst von Seeckt

德国将军汉斯·冯·塞克特

Rabindranath Tagore

拉宾德拉纳特·泰戈尔

Tschitscherin

契切林

Henry Ford

亨利·福特

Papst Pius XII. (Eugenio Pacelli)

庇护十二世

Hugo Junkers

胡戈·容克斯

Harvey Cushing

哈维·库欣

Boris, König der Bulgaren

保加利亚国王鲍里斯

国王古斯塔夫六世阿道夫

目　录

上　编

上　编

留住有价值的伟人形象！

他们像闪光的星座一样，在无限的空间

划分自然。

——歌德

前　言

三年前，我就已经开始编制与我生活中或多或少有过密切接触的、具有历史意义的世界知名人士的卡片资料。编制完成之后，一共写下了一百四十三个人的名字。从中，我又筛选出了五十一位最著名的、也是在我的生活中扮演了重要角色的人士，并且决定，要以同样多的章节，即在五十个章节中逐一予以介绍①。由于一大摞手稿包含的内容是如此详尽丰富，我决定分为两编出版，读者现在手中捧着的便是上编。

本书中介绍的人物已经将他们毕生的精力和岁月献给了各自肩

---

① 在下编中，保罗·冯·兴登堡和埃里希·鲁登道夫两人共一个章节。

负的使命。他们中部分是科学家、作家、探险家，部分是国王、皇帝、元帅、将军、政治家或教皇以及宗教首领。

　　一般而言，我并没有刻意追求与他们一一建立友谊，既没有英雄崇拜的情结，也没有要与这些世界名人见面的内在需求。我与他们的关系或者说我们之间的命运能够联系起来，那只能说，我们走的道路碰巧在某一个点上相交了。

　　在我认识的这些世界名人中，我主动取得联系的只有两位，即瑞典的诺贝尔（Nobel）兄弟和美国的史丹利（Stanley）爵士。

　　在德国的腓特烈斯鲁厄镇（Friedrichsruhe），我本想拜访铁血宰相俾斯麦（Bismarck）先生，却因他当时身体染疾而没能实现。不过，在本书关于中国晚清名臣李鸿章（Li Hung-chang）先生的章节中，我介绍了李鸿章先生亲述于我的有关俾斯麦先生的一些故事，读者也算是在书中看到了他的身影，至少是没有遗漏这位伟人。

　　还有两位出类拔萃的伟大历史人物，即英国探险家、传教士戴维·利文斯通（David Livingstone）先生和戈登（Gordon）将军，我在书中也都涉及了，虽然我并没有亲自见到他们。但可以这样说，如果书中的史丹利爵士和基奇纳（Kitchener）勋爵的命运不是与前面两位伟人有着十分密切的关系，他们根本就不可能闻名于世。

　　所有其他人物，我要么在某一个研究院、学会或地理社团里见到过，要么在我的探险考察旅行中遇到过。与苏丹（Sultan）阿卜杜勒·哈米德（Abdul Hamid）二世见面，我只有短短的半个小时时间。同样，觐见日本天皇睦仁（Mutsuhito）以及布哈拉（Buchara）的最后一位埃米尔（Emir）时间也很短。其他的，如瑞典探险家、科学家阿道夫·埃里克·诺登舍尔德（Adolf Erik Nordenskiöld）先生，挪威探险家、科学家和外交家弗里乔夫·南森（Fridtjof Nansen）先生，直到他们去世，我们之间都保持着很好的友谊。

本书中列举的所有人物，都适合这一原则，即只是根据我个人的记忆和经验写下来的，不探讨所涉及的这些人物的历史意义和个人成就。只是在个别情况下，如在描述基奇纳勋爵远征苏丹国的先决条件时，有必要适当附带地做了一些历史概要性的介绍和铺垫。我的有关这些名人的描述和报道，其内容在任何工具书里都是找不到的。

因此，这本书是定位于我个人传记层面上的一个延续，严格地来自我自己的生活层面，他人只是在以这种或那种方式参与了这一生活而已。如范伯利（Vambéry）先生、李希霍芬（Richthofen）先生以及其他一些人。对大多数读者来说，这些名字或许还是一个相当陌生的概念，但对我的生活和经历而言，他们却有着相当大的，甚至是决定性的意义。这些名人当然是我绝对不能忽视、也不能不写进书里的。

作为本书资料的来源，我利用了自己大量的探险旅行游记以及在第一次世界大战期间写下的文字内容，如日记、给父母和朋友的信件、报纸杂志上发表的文章，等等。不言而喻的是，所有没有用笔记下来、但其画面已经不可磨灭地存储在我记忆中的那些情节和事件也是一定要写进去的。

也许有人会感到奇怪，为什么我没有写"德意志第三帝国"的人物，尽管将他们的所作所为写下来会是世界历史大书上一个影响很大的、也是很有意义的章节，事实上，我也见到了他们中间的大多数人。本书忽略这些人物，是因为在不久前出版的、我撰写的《柏林没有使命》一书中已经披露了我与他们之间的一些交往和谈话内容。

另外，本书在章节的安排上，我尽可能地依据时间顺序。因此，上编开篇是"瑞典国王卡尔十五世（Karl XV）"，尾篇是喀土穆（Khartum）的"基奇纳勋爵"。下编则以我对瑞典国王古斯塔夫五世（Gustaf V）和维多利亚（Victoria）王后的记忆作为开篇，以古斯塔夫六世作为结束。

上编中的名人和国王都已先后作古，下编中有三位仍然生活在世。

很可能，某些读者会对此书感到惊讶，因为我再一次大胆地、不谦虚地重复了他人对我在地球上蛮荒地区以及在亚洲无人知晓的地区探险科考旅行中取得的地理学上的发现说过的一些溢美之辞——有些话语和信件甚至将我的徒步探险旅行捧上了天。但话又说回来，既然他们对我和我的工作表现出了这种敬意和尊崇，如果我出于谦虚而将这些颂词隐瞒下来、埋藏在记忆的黑夜里，那么，记忆的图像就会是不完整的，也是不真实的了。

但我能保证的是，我的心灵不会因这些溢美之辞而受到伤害，即便在那个时候，即在 1909 年英国剑桥大学（Cambridge）授予我荣誉博士学位的典礼上也没有。

典礼主持人的开场白是这样的：

　　伟大的亚历山大征服了环球，但他却征服不了自己（拉丁语：Magnus Alexander totum quum vinceret orbem, Non Potuit sese vincece-majus erat.）。

接着，主持人走向我继续说道：

> 而您，尊敬的斯文·赫定先生，我觉得您比亚历山大（Alexander）还要伟大，因为，您自己征服了自己！

这是一句特别令人感动的溢美之辞，我觉得，这种华丽的辞藻，用拉丁语表达胜过了我们拥有的任何一种现代语言的表达。

如果有人责备我，说我对过去与诸多名人拥有的这种高贵的、文雅的友谊进行回顾是在刻意地抬高自己，我会十分乐意地承认。确实如此，我与过去八十年间参与了、并通过他们的所作所为书写了世界历史的许多伟大人物都有过近距离的密切接触，而我取得的成就与这些高贵的人物确实是分不开的。

不过，我还要以同样的热情与同情写一本关于一般人的、地位卑微人的书，他们也是我在探险旅途中见到的。这些人都已经告别了尘世，除了他们的墓穴，没有留下任何其他的纪念。他们的名字鲜为人知，也已经早早地被世人遗忘了，尽管他们墓碑上的碑文还没有销蚀殆尽。

但在上帝的眼里，他们仍然是伟大的、可亲可敬的。

我不会忘记对贫穷的波兰籍犹太人、军医助理戈里茨基（Goritski）先生曾经欠下的人情债。1885 年，我风湿热急性发作期间，他整整一个月怀着毫不动摇的忠诚全心全意地对我进行了治疗和照顾。在我感激地要对他的周到服务给予报酬时，他却平淡地说道：

"尊敬的赫定先生，我不需要您的钱，还是把钱留给穷人吧！"

戈里茨基军医确实是一位杰出人物。

我不会忘记：四处漂泊、神秘的荷兰教父汉德里克斯（Handriks）先生，参加了波兰起义、后作为苏联神职人员被绞死了的逃亡难民亚当·英格纳梯夫（Adam Ignatieff）先生。还有我的四位忠诚的哥萨克（Kosak）朋友西尔金（Sirkin）先生、切尔诺夫（Tjernoff）先生、沙格杜罗夫（Schagduroff）先生和切尔多诺夫（Tjerdonoff）先生，他们不离左右地跟随了我三年，竭尽全力地为我效力。

我的记忆中，该有多少如此这般了不起的平凡人物：天主教和基督教新教驻亚洲的传教士们，吉尔吉斯（Kirgisen）草原上或者东西伯利亚森林里的农民兄弟们，陪伴我 1897 年从北京（Peking）去库伦（Urga）、1891 年从喀什噶尔前往塞米尔耶特申斯克（Semir-jethschensk）的俄国军人们。更不用说忠心耿耿服侍我的那些穆斯林佣人们了，他们中有伊斯拉姆·拜（Islam Bai）先生、穆罕默德·伊萨（Muhammed Isa）先生以及已经与世长辞永远留在了无人居住的中国西藏（Tibet）荒凉山野巨大孤寂中的阿尔达特（Aldat）先生。

在后面的这些年里，我一直铭记在心的还有库伦的布尔什维克领事（Garegin Abramowitsch Apresoff）加列金·阿布拉莫维奇·阿普里索夫先生，我对他充满了感激之情。正是他，在中国新疆可恶的盛世才（Sheng Shihtsai）督办要谋杀我和我同伴的紧要关头营救了我们的性命。

　　我还要在书中为在戈壁和荒原漫长征途中十分有耐心伴随着我的、四条腿的动物伙伴们建立起一座丰碑。这些伙伴们的骨头，在咸海（Aralsee）和太平洋（Stille Ozean）海岸之间、在西伯利亚（Sibirien）和印度（Indien）的边界之间，在年复一年的阳光和星光照耀下都已经白化了、风化了。

　　它们中首先要提到的是我的坐骑——骏马，它们将我驮到了大江大河的源头、驮到禁止入内的庙宇门前，驮着我八次翻越白雪覆盖的外喜马拉雅山（Transhimalaja①）山脉。接下来是骆驼，它们忠实地、可靠地背着我走过茫茫戈壁，陪伴我发现楼兰（Lou-lan）遗址。还有敏捷的单峰骆驼，我骑着它们走俾路支斯坦（Belutschistan）戈壁，过苏伊士（Suez）运河与伊斯梅利亚（Ismailia）相邻的西奈山（Sinai）荒原。最忠诚的四条腿伙伴莫过于爱犬了，它们时刻守候在我的身边。我还特别喜欢矮小壮实的西藏矮马或身材高大的巴克特里亚骆驼。

　　当然，这些动物都已经离世了，但即便是在今天，我在梦中还能经常见到它们，耳边还常常会响起探险考察队行进时充满忧郁的驼铃声。这是荒原沙漠上千年保留下来的没有变化的歌声，高亢的、动人心魄的声音，胜过了欧洲庆典大会上所有华丽的演讲。

———————————

① 外喜马拉雅山在中国西藏自治区南部，系喜马拉雅山脉最北端向东延伸的一段界限不明的山区，长约一千公里，中央宽约二百二十五公里，东西两端宽度缩减为三十二公里。瑞典探险家斯文·赫定在 1906 年发现此地，为记载中最早见到该山的欧洲人。

不过，这本书涉及的都是生活在高层的那些贵人。

每当我漫步在可观的"名人画廊"，常常会误以为步入了神秘的历史通道，听到了时代列车快速行驶的隆隆啸声。

斯文·赫定

1950 年 2 月 6 日

瑞典斯德哥尔摩

瑞典国王卡尔十五世

(König Karl XV)

　　卡尔十五世，全名卡尔·卢德维格·欧根（Karl Ludvig Eugen[①]），是 1859 年至 1872 年间的瑞典和挪威国王，也是我人生中第一个认识的著名历史人物。

　　国王逝世的时候我才七岁，五岁时曾与国王有过一次、也是唯一的一次简短对话，因此，我们之间并没有十分密切的知己友谊，但他却是第一个使我明白人世间有高低等级差别、国王地位要高于普通人的道理的人。对国王来说，我只是他友好的眼神在某一个瞬间关注过的无数个男孩中的一个。不言而喻的是，他会很快忘记这个男孩，但对这个男孩而言，国王魁梧的身姿、富有男子汉特点的英俊容貌，特别是国王高贵的身份，留下的印象却是不可磨灭的。

　　当然，年幼的我，对于高贵头衔的意义不会有什么清晰的认识。

---

① 全名：卡尔·卢德维格·欧根（Karl Ludvig Eugen, 1826—1872 年），1859 年至 1872 年间的瑞典国王和挪威国王，在挪威的称号为卡尔四世。

国王到底是干什么的？他又是怎样成为、为什么会成为一国之君的？为什么每一个人都那么敬畏他？这些问题，对我来说都像谜一般。我的母亲曾试图对我解释这一社会现象，随着岁月的流逝，我自己也慢慢找到了谜底。

1870年，五岁的我就向母亲吐露了关乎我一生的决定：

"如果我长大了，要么成为一位马车夫，要么就成为一位国王。"

坐在驾驶台上的马车夫，手拽着缰绳，高举着马鞭，驾驭着两匹高大的骏马，拉着一辆漂亮的马车，驶向美丽的皇后岛（Drott-ningsholm），在我看来就是最最快乐的事情了，它成了满足一个五岁男孩虚荣心最有价值的目标。

毫无疑问，国王的工作有它十分荣耀的一面。

5月1日这一天，我与爸爸、妈妈、叔叔以及兄弟姐妹们看到了前往动物园岛（Djurgarden）的国王队伍。国王卡尔十五世身穿华丽的阅兵制服，在一位随身将军的护卫下，骑着火红色的高贵骏马出来接受忠诚臣民的欢呼。国王气宇轩昂、神采奕奕，一亮相就显示出不同于凡人的高贵身份。

是成为马车夫还是成为国王？两个职业在我眼里都同样优秀，我的取舍将取决于这个世界的发展。

在国王卡尔十五世最后一个执政年的仲夏节晚上，爸爸带着我和妹妹克拉拉（Klara）去乌尔里克谷（Ulriksdal）观看青年男女们跳舞。露天舞场的中央立着一根用树叶、花冠和彩带装饰起来的桦树柱，来自附近的年轻人和一些达拉纳人（Dalekarlier）穿着传统的、鲜艳的节日盛装围绕着彩色的桦树柱翩翩起舞。在一对对舞伴中人们会注意到一位穿着普通灰色夏装、与其他在场跳舞的群众没有什么区别的先生。他的右手扶着一位女舞伴的腰，左手握着她的手，旋转着熟练的舞步，滑过围成圈子看热闹的群众。

爸爸对我轻声说道：

"斯文（Sven），你看，尊敬的国王陛下过来了。"

我十分惊讶，这怎么可能呢？前往动物园岛的国王陛下是那么高贵豪华，骑着高头骏马，庄严隆重，现在竟会混迹于一般民众之中，完全没有了尊卑等级的区别。

在跳舞的休息间隙，国王会向舞场上的其他人致以问候，还会友好地交谈几句。国王也特意来到了爸爸身边，亲切地对爸爸说：

"这一定是您的孩子了！"然后俯身和蔼地拍了拍我和克拉拉的肩膀，接着又汇入舞蹈的漩流之中。

自从市内天主教教堂塔楼垮塌事件发生之后，国王在一定程度上就很尊重我的父亲了。塔楼垮塌，导致很多修建北斯梅第耶街（Norra Smedjegata）新教堂的工人被掩埋或被砸伤，我的父亲当时是现场救援工作的负责人。他身先士卒，亲自在现场手握铁锹奋力抢救，给不少救援人员以特别的激励。国王作为第一批到达灾难现场的一员，也抢起铁锹参加了直至深夜的救援工作。当最悲惨的遇难者从废墟中挖了出来，国王和我的父亲也都精疲力尽了。为了好好休息一下，国王带着我父亲去了王宫，并请父亲在王宫里吃了一顿便饭。之后，我父亲很快又回到了教堂垮塌现场，一直守在那里，包括后续通宵达旦的两个整天。在此期间，国王卡尔十五世又来了好几次，亲切关怀事故中受伤的工人是否得到了最好的救治和照顾。

遗憾的是，有二十七位工人在这次事故中失去了生命。

除了履行本书不感兴趣的政府职责之外，国王卡尔十五世也很懂得享受生活。我的叔父斯文·安德斯·赫定（Sven Anders Hedin），我们称他斯凡特（Svante），是一名戏剧剧院的知名演员，也是国王身边由艺术家、诗人、演员等组成的小文艺圈子里的一个圈内人。叔父斯凡特1896年去世。

从叔父嘴里，我听到了不少有趣的、有关国王的故事。诸如，参加热闹的、不拘形式的大学生聚会，参加滑稽剧的表演，还有国王陛下放下自己高贵身份亲自组织的各类郊游活动。

国王卡尔十五世还是一个名为"恩坎·布罗姆斯·贝刊塔（Enkan Bloms Bekanta）"保龄球团队中的一员。一次，团队在位于乌尔里克谷的丹尼尔·华瑟尔（Daniel Hwasser）别墅里举行庆祝聚会。在这次聚会上，所有团队的成员都获得了一个为之骄傲的头衔，国王陛下当之无愧地获得了"保护神"的头衔。保龄球团队的每一个成员也都有一枚特别徽章和一个浪漫的、富有想象力的别名，而国王陛下则乐意用法语称呼自己的别名为"兄弟心"。

在斯凡特叔父写字台的一个抽屉里，保存着数百封国王写给他的信件、便条、明信片和圣诞卡，信笺上国王习惯签上"加勒·瓦尔林（Galle Wallin）"这个名字。国王的文笔情趣盎然、幽默诙谐、自由自在。叔父抽屉里的大多数文字我都认真拜读过，我也觉得，国王的这些信函拿出去公开发表是不合时宜的。也正因为这一考虑，叔父斯凡特在去世的前两年，出于对国王的尊重，将国王陛下的所有文字资料都扔进炉火里烧掉了，他不希望国王陛下以这种散漫形式写下的文字作品落入一个充满猜忌的后世人手中。

　　一天，五岁的我独自一人在皇后岛和达姆托普（Damtorp）之间做"考察旅行"，途中竟意外遇到了身穿猎装、威风凛凛的国王。他骑着高头大马、背着卡宾枪，帽子上还插着一只羽毛。虽说国王陛下也是一个人，但我还是觉得有义务在国王骑马走过我身边时以最佳的礼貌姿势表示欢迎并致以问候。

　　我笔直地站着，在一个恰当的瞬间取下帽子大声叫道：

　　"国王陛下，早晨好！"

　　他友好地面对我点点头回答道：

　　"早晨好，我的孩子！"

　　一个短暂的对话，随后，魁伟的国王骑马离去，但直到今天我都还会常常幸福地回忆起这个与国王卡尔十五世单独见面交谈的瞬间情景。

　　日月如梭，一晃已经八十年过去了。

　　我最后一次见到国王卡尔十五世是 1872 年 10 月 4 日，他已经静静地躺在灵柩里了，灵柩隆重地安放在斯德哥尔摩王宫的撒拉弗（Seraphinen）厅。这一记忆一直鲜活地留在我的脑海里，胜过了此前遇到国王的任何一个经历。

　　在生命的最后一个时期，尊贵的国王经常生病，很快也苍老起来了。最后，在德国亚琛（Aachen）疗养后的回国途中，于 9 月 18 日在瑞典的马尔默（Malmö）因病去世。

　　从父亲工作的、紧挨着骑士院广场（Riddarhustorg）的市政厅办公室窗户向外，我们能看见从骑士岛（Riddarholm）桥下经过的、安放着国王灵柩的敞篷灵车送葬队列。穿着君王长袍的卡尔十五世在华丽的天篷遮盖下静静地躺在灵柩里。瑞典国旗环绕着他、高高的枝形烛台上燃烧着的火光照耀着他、贴身卫兵和宫廷众臣护卫着他。瑞典民众在垂挂着彩色布条的花冠下列队走过围栏与他们尊敬的国王遗体告别。现场气氛凝重，时不时能听到刻意压低了音量的抽泣声。人行通道上同样铺着地毯，以免脚步声打扰了高贵的逝者。

我当时七岁半，姐姐九岁。爸爸带着我们俩去王宫参加了国王卡尔十五世的吊唁仪式。他知道，孩子们是一辈子不会忘记安息的国王以及国王隆重华丽的葬礼带给他们的强烈印象的。是的，普通的、没有多大意义的日常事件会被时间的风轻轻吹走，但国王卡尔十五世庄严且隆重的葬礼已经不可磨灭地铭刻在了我的心上。

国王陛下安息的画面在我的脑海里确实令人惊讶的清晰，尽管已经过去了八十个春秋，但他那修长且坚挺的鼻梁、已经凹陷的脸庞、疲惫的神情、惨亮的、柠檬黄的脸色好像就在眼前。年幼的我当时深感惊讶的是，死去的国王怎么会一下子显得那么苍老，尽管他才四十六岁，换句话说，他只大我父亲十二天，而我的父亲看上去还那么年轻。

悲伤的臣民在走过烛光辉映下他们爱戴的、亲民的国王陛下时是不允许停下脚步的，尽管还是一个孩子的我更希望能长时间地停下来，以便近距离地观看站在灵柩边威风凛凛的卫兵、贴身保镖以及文武达官显贵们身穿的华丽制服、佩戴的耀眼星徽和绶带。

阿道夫·埃里克·诺登舍尔德

(Adolf Erik Nordenskiöld[①])

    1878 年，我还是一个刚满十二岁、在贝斯蔻（Beskow）中学学习、离毕业还有七年的中学生，对勇敢的极地探险家阿道夫·埃里克·诺登舍尔德先生知道得不多，尽管那个时候，他的名字就已经举世闻名了。

    中学生们不知道，诺登舍尔德先生在北极水域进行了成功的探险考察，也不知道这个功劳要归于他，即从博物学，特别是古生物学的角度，在斯匹茨卑尔根岛（Spitzbergen[②]）上了解到的要比从任何一个欧洲文明大国了解到的还要多。中学生们也不知道因为他的

---

① 全名：尼尔斯·阿道夫·埃里克·诺登舍尔德（Nils Adolf Erik Nordenskiöld, 1832—1901 年），一位成就卓著的地质学家、矿物学家及北极探险家。由他率领的探险队在 1878 年至 1879 年间首次航行通过从大西洋沿着欧亚大陆北岸到达太平洋的东北航线。他发展了科学极地探险方法，发表了大量的地理和地质考察成果。在芬兰和瑞典被认为是民族英雄，历史上最伟大的探险家。

② 斯匹茨卑尔根岛是挪威斯瓦尔巴群岛中最大的岛屿，靠近北极，荷兰探险家巴伦支于 1596 年 6 月 19 日首次发现。

奉献，比起世界上任何一个博物馆，瑞典国家博物馆收藏了更多高端的、品种更为广泛的化石和新的动物化石，也不知道诺登舍尔德先生创立了一所学校，培养了三十多名年轻的瑞典自然科学家。

自然科学的领头人用钦佩的目光追随着诺登舍尔德先生的业绩，接受科学知识教育的学生们阅读着诺登舍尔德先生勇敢无畏的、令人难以置信的英雄事迹，大家都交口赞叹他在前进道路上排除困难和障碍时表现出来的不屈不挠的巨大力量。

毕竟对一个在校的中学生而言，诺登舍尔德这个名字还过于陌生，同学们向往的是充满离奇的、悬念迭起的前往野蛮部落的探险经历。我当时也正在狼吞虎咽地阅读探险家利文斯通先生和史丹利先生的旅行游记以及费尼莫尔·库柏（Fenimre Cooper①）的、儒勒·凡尔纳（Jules Verne②）的以及马瑞亚特（Marryat③）船长写的小说。诺登舍尔德先生在我们这些"小不点儿"面前是太有学问、也太过深奥了。

诺登舍尔德先生在结冰的斯匹茨卑尔根岛上找到了数百万年前风化了的树梢以及热带森林石化的残余，这些闻名世界的重大发现，根本就没有在我们年幼的思想上留下什么印象。同样对我们无所谓的还有，早在我们出生之前，诺登舍尔德先生就已经在北极摘取了他作为伟大探险家的第一个桂冠。1858 年和 1861 年，他就参加了地

---

① 全名：詹姆士·费尼莫尔·库柏（James Fenimore Cooper，1789—1851 年），十九世纪赢得国际声誉的美国浪漫主义作家。

② 全名：儒勒·加布里埃尔·凡尔纳（Jules Gabriel Verne，1828—1905 年），法国小说家、剧作家、诗人，现代科幻小说的重要开创者。

③ 全名弗雷德里克·马瑞亚特（Frederick Marryat，1792—1848 年），英国早期航海小说家。

质学家奥托·托雷尔（Otto Torell）先生的探险考察活动并于 1862 年三十二岁时，独自完成了自己最热爱的北极群岛探险旅行。

1868 年的秋季，也许几个留在家里的同学，听到了大人们交口议论的、诺登舍尔德先生前往遥远群岛的那一段戏剧性传奇探险旅行，但并不明白其中真正的含义。诺登舍尔德先生的愿望是驾驶"索菲亚（Sofia）号"考察船超过英国北极探险家威廉·斯科斯比（William Scoresby）先生 1806 年创立的北纬 80 度 30 分的最高纪录。诺登舍尔德先生获得了巨大成功，他将纪录推进到了北纬 81 度 42 分。

临近秋天，处处都存在着极地黑夜的威胁，只有西南部的山头上还燃烧着很快就会消失的白日的炽热。尽管如此，诺登舍尔德先生还是希望越过公海在北部试试运气。他与 F. S. 冯·奥特（F. S. von Otter）船长在驾驶舱里，指挥着"索菲亚号"的船头冲开清澈的海水一直朝着北方行驶。但是，10 月 4 日巨大的东南风暴突然刮过辽阔的冰洋，小船像一个小花生壳在波浪中颠簸。最糟糕的还是，大块的浮冰像古罗马人的攻城槌，敲击着"索菲亚号"的船体，小船面临着解体的威胁。突然间，一个棱角锋利的巨大冰块带着排山倒海的冲击力向船的右舷撞了过来，海水顺着被撞开的大裂缝灌了进来。抽水泵带着高压运转，所有船员形成了一条救援的人链，水桶在一双双手中迅速传递，可谓千钧一发！如果锅炉下面的火不幸熄灭，船就会无助地随着咆哮的海水向西北方向驶进北极的黄昏。在每一个船员竭尽全力、尽职尽责，特别是轮机长和司炉的不懈努力下，"索菲亚号"终于在最后关头驶进了斯匹茨卑尔根岛海岸的保护圈。

　　在对下一次极地探险做计划时，大家就已经认识到，诺登舍尔德先生是绝对不会放弃向极地发起新一轮进军的想法的。这一次他还要尝试带上能在冰面上滑行的运输工具——雪橇。问题只是，是否应该将爱斯基摩犬或者驯鹿作为雪橇在冰上前进的动力。

　　一如每次北极探险旅行的准备工作，诺登舍尔德先生希望亲自全面细致认真地检验雪橇犬的能力。为此目的，1870年，他亲自上了格陵兰岛（Grönland①），但检验的结果是否定的。因此他又决定，带上四十只驯鹿、四个拉普兰德人（Lappländer②）以及三千袋鹿蕊③作为饲料。如果饲料被吃光了，就可以宰杀这些驯鹿，作为人的营养供应。一位前往中国西藏的探险家，在荒凉、贫瘠的地区就遇到了同样的问题，他的牲畜马和骡马也是因饲料不足和空气稀薄相继死去的。

　　但这一次诺登舍尔德先生却运气不佳，当人们在1872年至1873年间的冬营地将圈养的驯鹿群放出来自由活动时，除截获了一只之外，其余的都溜之大吉了，从而导致此行的主要目的没有实现。代替驯鹿，诺登舍尔德先生和帕兰德（Palander④）先生在东北冰面上

① 格陵兰岛，世界上最大的岛屿，百分之八十的面积被冰雪覆盖，是丹麦王国框架内的自治领地。
② 拉普兰德位于斯堪的纳维亚半岛的最北边，包括挪威、瑞典、芬兰和俄罗斯四国北极圈附近的地区，是圣诞老人的故乡。
③ 鹿蕊又叫驯鹿苔、驯鹿地衣，是驯鹿的重要食物。
④ 全名：路易斯·帕兰德（Louis Palander），诺登舍尔德先生北极探险"维加号"船的船长。

的雪橇滑行最终是由九位水手拉动的。

在北极群岛的海岸边，诺登舍尔德先生清楚地注意到冲到海岸边的漂流物和浮木。浮木的根应该扎在西伯利亚的土地上，经西伯利亚大江大河漂进了北冰洋，然后再被海浪向西推向斯匹茨卑尔根群岛以及其他岛屿和海岸。不用怀疑的是，他当时就权衡了北极水流的轨道以及西伯利亚大型河流里相对温暖的淡水扮演的角色。应该说，在斯匹茨卑尔根岛海岸，他的海上航行计划就已经成熟了，也正是这个计划使他几年后在人类青史留名。

诺登舍尔德先生眼前的大目标是清楚透彻的，在航行的准备工作上，他对自己提出了前所未有的最高要求。他要将航行的行动基地向东前移至围绕着俄国新地岛（Nowaja Semlja①）的水域，并将长途航行开始的时间安排在对每一片海域的所有导航可能性都稔熟于心、所有针对这一地区的文献资料都阅读了之后。特别重要的一点还有，他积极地向有经验的俄国航海人、商人以及为获取动物皮毛猎杀野兽的猎人们详细了解情况。

北极地区的每一次新的航行都大大提高了诺登舍尔德先生对大的地理问题的认识和熟悉的程度，在探险的航程上，他不断地在为自己竖立起新的标杆。

1875 年，诺登舍尔德先生驾船驶入俄国西伯利亚以北的喀拉海（Kara-See）后，发现喀拉海南部有一个温度在零上十一摄氏度的热

① 新地岛，俄罗斯北冰洋沿岸岛屿，全年冰封。新地岛分成尤兹尼岛和谢韦尔内岛南北两个岛屿以及诸多小岛。

淡水层、覆盖着温度只有零下一点七摄氏度的冷咸水层，温暖的淡水则来自西伯利亚大型河流鄂毕河（Ob）和叶尼塞河（Jenissei）。

在俄国迪克森（Dickson）港口，他让植物学家杰尔曼（Kjellman）先生指挥航船先行回家，自己则与两位科学家和几位水手驾驶北欧船只"安娜（Anna）号"升帆划桨驶进了叶尼塞河河口，并沿河一直逆行向上，直至遇到了这一年的最后一条向南驶向叶尼塞斯克城（Jenisseisk）的俄国货船。当时，距离俄国叶尼塞斯克城还有一百五十英里，行驶时间需要约一个月。

在叶尼塞斯克城，一如在所有其他西伯利亚城市以及航行中抵达的莫斯科（Moskau）和圣彼得堡（Sankt Petersburg）等城市一样，诺登舍尔德先生受到了当地政府部门和市民们的热烈欢迎。每一个人都明白，是诺登舍尔德先生为他们的面粉和其他西伯利亚天然产品的出口开辟了一条新的海上通道，从而加强了西伯利亚地区与欧洲之间的联系。

社会现实就是这样，只要有人在某一个地方完成了一项壮举，将信将疑的评论声就会乌鸦嘴似的"呱呱呱"地叫起来，面对诺登舍尔德先生的壮举也是如此。他们说，诺登舍尔德先生的成功是建立在侥幸的基础之上，他的这一航行对于两地间的商贸交易并没有什么实际意义。

但勇敢无畏的科考探险者只相信自己的命运，又毅然作出新的决定，在接下来的 1876 年重复这一旅行。诺登舍尔德先生又成功了，这一次，他的计划也像 1875 年那样全面认真地得到了实施。

现在的诺登舍尔德先生站在了一生中最大一次壮举的起始点。

对他来说，沿着亚洲北海岸去中国和日本的海路，或者说，自英国探险家库克（Cook①）上校探索太平洋以来，对在东北通道上海船航行所有问题的探索和考察才是最具吸引力的。

在瑞典斯德哥尔摩市位于皇后街（Drottninggata）和沃林街（Wallingata）之间的科学研究所大楼底层诺登舍尔德先生的工作间里，他以通常拥有的、缜密的学术态度，细致地研究了所有以前针对这一航道的探险资料，包括从 1553 年开始的、由英国探险家休·威洛比（Hugh Willoughby②）先生率领的、导致海船沉没无一人生还的大型海军探险航行行动直至俄国人组织的小型的、利用少量适合海上航行的小船沿着海岸线的区域性探险航行。三百多年以来，人们期望从北部找到一条前往远东近距离航道的尝试都一一失败了，这一努力不仅耗费了大量的船只，还付出了不少勇敢船员的生命。到目前为止，还从来没有人像埃里克·诺登舍尔德先生这样，从历史的、地理的、科学研究的角度针对航行问题的解决方案作了如此充分和深入的准备。

在诺登舍尔德先生的建议下，瑞典国王奥斯卡二世（Oskar Ⅱ）于 1 月 26 日在斯德哥尔摩王宫召集北极探险领域中有一定经验的人士开了一个讨论会，会上，诺登舍尔德先生呈交了《“维加（Vega）号”环欧亚探险航行计划》。国王同意了他的计划，并表示，不仅作为一国之君主，也作为一国之公民全力支持他的探险活动。同年 7

---

① 詹姆斯·库克（James Cook，1728—1779 年），人称"库克船长"，英国皇家海军军官、航海家、探险家。
② 休·威洛比，1554 年逝世，一位苏格兰军人，早期北极探险家。他在 1553 年率领三艘船舰前往北方，寻找通往亚洲的东北航道，但却与其中两艘船一同失事。

月，他将探险航行的具体细节也提交给了国王陛下。

　　历史上，还从来没有一个航海探险旅行计划具备了如此全面的
专业知识和如此丰富的个人经验，更没有如此天才的构想。

　　"维加号"探险船航行至叶尼塞河口的整个第一段航程的安排都
来自诺登舍尔德先生个人的直接经验。他的思路是，鄂毕河和叶尼
塞河流出的大量河水向北涌向辽阔的冰洋，必定会形成一股真正的
海流。两条河流流经的区域也大过了地中海和黑海两个流域的总和。
由于地球的自转，温暖的淡水水流会向东移动，又由于亚洲的北海
岸在这里向东北方向延伸，淡水水流势必处处挤向海岸。这样一来，
夏末以及秋季总会保留一个没有结冰的可供船舶航行的水道。要知
道，拉普拉塔河（La Plata①）河水在南美海岸前一千五百公里的河
道里都还明显看得到流水，而叶尼塞河口到亚洲陆地最北的切柳斯
金角（Tscheljuskin②）的距离一共也只有五百公里，况且鄂毕河和叶
尼塞河的水量比拉普拉塔河的水量要大得多。基于这一思路，诺登舍
尔德先生完全有理由认为直至亚洲最北角的海洋都是可以航行的。

　　从切柳斯金角直至勒拿河（Lena③）三角洲的海岸，已经遵照俄
国政府的指令，自 1750 年使用并不合适的航海工具临时绘制了一份
航海图。这份航海图上的标识是如此的不可靠，以至于诺登舍尔德

---

① 　拉普拉塔河实际上是南美洲巴拉那河和乌拉圭河汇集后形成的。
② 　"切柳斯金角"位于俄罗斯泰梅尔半岛北端，是欧亚大陆的最北点。原名东北
　　角，1842 年改名为切柳斯金角，以纪念 1742 年发现该地的俄国探险家谢苗·
　　切柳斯金先生。
③ 　勒拿河是俄罗斯第二大河，流入北冰洋的三大西伯利亚河流之一（其他两条河
　　是鄂毕河和叶尼塞河）。

先生的"维加号"探险船实地找到的一长段可供航行的水道在航海图上的标识却是一段陆地。俄国商人和西伯利亚商人在这里与沿海地区的居民从事贸易活动，沿海居民在冰面上向北推进还发现了能收集到猛犸牙齿的新西伯利亚群岛。

至于发现围绕白令海峡的航道，俄国航海家杰日尼奥夫（Deschnew①）先生、俄国探险家白令（Bering②）先生和库克先生都是大名鼎鼎的功臣。经过这个将旧世界③和新世界分开的海峡，人们只需短短几天就可以抵达新西伯利亚群岛。

诺登舍尔德先生的"维加号"航行计划是一项世界范围内的、具有世界历史性规模的伟大壮举。葡萄牙人、西班牙人、荷兰人、法国人和英国人已经开始在跨海越洋地寻找有"调料、香料"的国家，从而在海外建立起了一个个大的殖民地。如果诺登舍尔德先生实现了沿亚洲和欧洲环球航行的壮举，他就打开了欧洲帝国前往亚洲的大门。这是一个能与葡萄牙探险家瓦斯科·达·伽马（Vasco Da Gama④）先生以及葡萄牙探险家麦哲伦（Magalhae⑤）先生媲美的成就，一个

① 全名：谢苗·杰日尼奥夫（Semyon Dezhnyov），俄罗斯历史上第一个从北冰洋进入太平洋的人，他的探险证明了在亚洲和美洲之间存在着一条海峡。
② 全名：维图斯·约纳森·白令（Vitus Jonassen Bering，1681—1741年），出生于丹麦，俄国海军中的丹麦探险家。白令海峡、白令海、白令岛和白令地峡都是以他的名字命名的。
③ 旧世界也称旧大陆，指哥伦布发现新大陆之前欧洲所认识的世界，包括欧洲、亚洲和非洲，又被称为亚欧非大陆或世界岛。
④ 瓦斯科·达·伽马（Vasco Da Gama，1469—1524年），葡萄牙航海家，从欧洲绕好望角到印度航海路线的开拓者。
⑤ 全名：费尔南多·德·麦哲伦（Fernão de Magalhães，1480—1521年），葡萄牙探险家、航海家，率领船队完成了人类首次环球航行。

值得与地球上任何一个大国、强国类比的成就。这一成就将无比自豪地炫耀着一种荣誉，一种能赋予瑞典国名以新的、灿烂光华的荣誉。

参与这次航行的船共有四艘，诺登舍尔德先生与这支船队一起面向东方前往欧洲和亚洲的北海岸。作为第一批的两艘船，"弗雷泽（Fraser）号"和"特快（Express）号"，将面粉从西伯利亚运往欧洲，第三艘"勒拿号"船，作为从海上出发的第一艘船，沿着勒拿河向上航行前往俄国的雅库茨克（Jakutsk）。"维加号"船则在技术高超的帕兰德船长的指挥下作为第一艘探险船环游旧世界的两个北部大陆：亚洲和欧洲。

针对"维加号"探险船沿着亚洲北海岸无比光荣的航行，我想在这里介绍几个记忆中的故事。

1878年8月19日，在隆隆的礼炮声中，飘扬着鲜艳彩旗的"维加号"探险船与"勒拿号"蒸汽船抵达了亚洲暨旧世界最北角的切柳斯金角，这是人类历史上第一次有蒸汽船驶过这个值得关注的地球点。

诺登舍尔德先生在他的原始计划中就强调说，值得他追求的是，要从那里继续向北推进，以便查明，在新地岛的北部和西伯利亚陆地之间的海洋上是不是存在一个大岛。当他在切柳斯金角看到了大量的雁阵后，在旅行日志中这样写道：

> 大雁明显地是在向南飞，它们很可能就来自位于切柳斯金角北部的极地大陆。

诺登舍尔德先生观察的正确性在三十五年之后终于得到了证实。

俄国探险家鲍里斯·安德烈耶维奇·维利基茨基（Boris An-dreevich Wilkitski①）船长驾船从白令海峡过来时发现，在离切柳斯金角北部仅七英里的地方坐落着一个长二十五英里的双岛。维利基茨基先生将双岛命名为"皇帝尼古拉二世（Nikolaus Ⅱ）岛"。该岛1924年更名为"列宁（Lenins-Land）岛"，以后又更名为"北地群岛（Sewernaja Semlja）"或者"北岛"。

维利基茨基先生于1926年被授予"维加奖"②。

但又该作何解释呢？诺登舍尔德先生完全正确地指出了大雁南飞的信息，但为什么他当时没有因势利导地利用这一辉煌的机会，即根据雁阵信息的提示，继续跟踪，进而宣布这一发现，让他的名字也能荣耀地添加到那块当时还不知名的极地大陆的发现中来呢？可以陈述的理由是：1878年8月19日那天浓雾笼罩着亚洲北角！这一解释显然不能使人满意。如果他真的想赢得这块极地大陆发现者的桂冠，即便没有结冰的海洋上有雾，前往探索也是不会有什么危险的。但他拒绝了这种尝试。到底为什么？理由其实也非常简单：前往探索就得绕道，而他没有绕道的时间。因为，在去白令海峡笔

---

① 俄国杰出的航海家和北极探险家，享有"俄国的哥伦布"的美誉。

② "维加奖"设立于1881年，是在著名地理学家和北冰洋航道开拓者阿道夫·埃里克·诺登舍尔德在1878年至1880年间，率领"维加号"探险船首次通过大西洋和太平洋东北部、完成环绕欧亚大陆的历史性航行之后设立的。"维加奖"分自然地理和人文地理两个分支，每三年在全世界范围内对杰出的地理学家进行海选之后评选出一名获奖者，由瑞典国王颁奖，有"地理学界诺贝尔奖"之称。

直的航道上再绕道走东北通道只有一个夏季的时间是根本不够的。

诺登舍尔德先生有自己肩负的主要任务，他有"维加号"探险船环球航行的历史性目标，他有他的作为、他的追求。如果他的目标幸运地成功了，他就开辟了一条从欧洲到远东的新的主要交通干线。正因为如此，他退出了、放弃了，将唾手可得的"专利"转让给了未来的开拓者。但我认为，即便如此，诺登舍尔德先生还是有权利认为，正是他向未来的开拓者们指明了航道，他们才能够沿着这一航道向北方陆地推进，进而发现北地群岛。应该说，针对北地群岛的历史性发现，诺登舍尔德先生是功不可没的。

挪威极地探险家罗尔德·阿蒙森（Roald Amundsen）先生与他的"莫德（Maud）号"探险船在切柳斯金角度过了 1918 年 10 月至 1919 年 9 月间的冬季。在阿蒙森先生最后一次访问斯德哥尔摩时，我曾问过他，为什么没有利用机会，用雪橇作为交通工具前往当时人们还不太熟知的地区——北地群岛。

他的回答是：

"我没有雪橇犬。"

我当时就在想，这话显然站不住脚，当然没有说出来。1873 年，诺登舍尔德先生和帕兰德先生就已经在东北陆地上完成了一段长途的雪橇旅行——也没有雪橇犬。

在我们这个时代，俄国投入大量的人力物力，利用先进的辅助工具，考察的不仅仅是北地群岛，还考察了整个亚洲的北冰洋海岸。只不过，现在的考察已经不再是为了满足人类对地球上陌生地域进行科研考察的渴望和需求，主要的推动力是加拿大与西伯利亚、美国和苏俄之间围绕极地和跨越极地所做的战争准备。

在切柳斯金角前往白令海峡的航行中，诺登舍尔德先生希望能在新西伯利亚群岛登陆，以便寻找到猛犸骨头和牙齿，"为未来的探险考察航行作准备"。他的这句话也吐露出，他至少在"维加号"探险船航行期间就已经开始，或者说在"维加号"航行结束之后就会直接开始规划新一轮的、对北极世界这个部分的发现之旅。不过，这一考察旅行计划事实上一直都没有付诸实施。

环绕亚洲航行返回后，诺登舍尔德先生的注意力再次转向了格陵兰岛。在写给瑞典探险家奥斯卡·迪克森（Oscar Dickson）先生的一封热情洋溢的信中，他表明了自己的信念，确信冰雪覆盖的格陵兰大岛内部是一个不结冰的、肥沃的陆地。这个思想在当时看来是很荒谬的，因为，在他 1883 年的探险旅行中，诺登舍尔德先生并没有找到绿色的世外桃源。不过，如果拜尔德（Byrd①）将军有关南极内部是辽阔的不结冰陆地的发现早在七十年前就产生了的话，那将是对诺登舍尔德先生理论的一个有力支持。

1878 年 9 月初，新的秋季海冰开始形成，"维加号"探险船不得不沿着海岸线行驶。科雷马河（Kolyma②）东部河口前有一个航道，"正如我事先预言的那样"，诺登舍尔德先生这样写道。探险船继续向东航行，由于有浓雾、流冰和浅滩的威胁，帕兰德船长必须特别谨慎地驾驶。由于海冰形成的障碍，探险船在伊尔凯皮（Irkaipi）失

① 理查德·伊夫林·拜尔德（Richard Evelyn Byrd，1888—1957 年），美国海军少将，二十世纪航空先驱者，极地探险家，首批飞越南北两极的人。他获得了美国最高荣誉勋章——美国国会勋章。
② 西伯利亚东北部的一条河流。

去了一个星期的时间，而这个时间损失也正是导致探险船在冰层上
越冬的真正原因。

　　9月27日，"维加号"探险船抵达科尔尤琴海湾（Koljutschinbai）
的东部，那里的海面全是浮冰，人们将船牢牢地系在一块大的浮冰
上。而在东部离这里只有五公里的地方，一如人们之后才知道的，
还停泊着一条美国的捕鲸船，捕鲸船打算利用无冰的可航行海面返
航到白令海峡。

　　诺登舍尔德先生不相信存在探险船冻结在冰中的危险，因为，
只需要几个小时的南风，他的船就可以向北回到离冰块不远的海岸
了。要真是这样的话，前往太平洋的航道早就开辟出来了。但事与
愿违，南来的风并没有出现。一如十八年或十九年之后，在斯匹茨
卑尔根岛的瑞典探险家安德鲁（Andrée）先生，他也虔诚地希望幸
运的南风能将他乘坐的探险气球带到极地去。

　　船长帕兰德先生竭尽全力地谨慎驾驶着探险船，试图冲破狭窄
的浮冰带进入可航行的水域，但努力是徒劳的。由于气候变冷，冰
层变得更厚也更加坚硬，"维加号"探险船最后竟像被老虎钳夹住似
的冻结在了冰层上。

　　诺登舍尔德先生说过，探险船一旦被冰层冻结，就意味着一个
失败。这个失败令他很难冷静地承受，特别是在本来有很大机会争
取到他需要的时间，使整个航程能够顺利地在一个夏季就完成的前
提下。也正因为如此，直到最后一刻他都没有放弃探险船能最终成
功闯出浮冰带的希望。可以证明这一点的是，在此之前，他甚至已
经慷慨地将随身携带的香烟以及取暖的衣物送给了海岸边居无定所

的楚科奇人（Tschuktschen①）。

"维加号"探险船的越冬营地是危险的，船停泊在水深九点五米、离海岸一千四百米的地方。如果有来自北边的强大风暴，船只就会被风暴从浮冰带赶向平坦的海岸，有可能被浮冰撞坏并导致沉没。为安全起见，诺登舍尔德先生也将瑞典银币足够多地分发给了当地的楚科奇人，用以鼓动起他们随时提供帮助的积极性，一旦"维加号"船和船员们遭遇不测的话。

对诺登舍尔德先生来说，科学上的收获是每一次极地航行的主题，这一次航行涉及的主题是，开辟欧洲与亚洲的北部航道。幸运的是，他并没有如1876年那样声称："维加号"探险船将表明，我们能够在一个夏季完成航行。否则，他的"维加号"航行会黯然失色，如果他也遭遇如探险家霍夫高（Hovgaard）先生、维利基茨基先生、阿蒙森先生以及斯维德鲁普（Sverdrup②）先生相同的，探险船也被浮冰冻结的厄运的话。

不过，冰上的越冬行动也在很大程度上丰富了"维加号"探险船的科学考察成果。十个月之久，诺登舍尔德先生在一个地面观测站进行了持续的观测，还开展了长途和短途的雪橇滑行，研究了楚科奇人的人种类型、生活方式和语言。

极地黑夜的阴影降临在"维加号"探险船的船身，船上的生活

---

① 俄罗斯远东地区的一个少数民族。主要分布在楚科奇自治区、萨哈（雅库特）共和国、马加丹州与科里亚克一带（鄂霍次克海、白令海、楚科奇海），以畜牧鹿、捕海兽（包括北极熊与海象）与鱼类为生。

② 全名：哈拉尔德・乌里克・斯维德鲁普（Harald Ulrik Sverdrup，1888—1957年），挪威海洋学家。1918年参加了莫德・阿蒙森率领的北极探险队。

依旧宁静祥和，乐观的探险队员们照样庆祝圣诞节和新年、复活节和圣灵降临节，高兴地迎接久违的阳光。

1879 年 7 月 18 日，集中在"维加号"探险船餐厅的船员们注意到船身突然有了一个轻微的摇晃，同时听到了似乎是船体外壳断裂的"咔嚓"声。不，这是久盼的破冰声！可以想象，所有站在甲板上的船员们该有多么紧张和兴奋。帕兰德船长仅在一分钟之内就迅速站在了驾驶桥楼。在他的精心指挥下，两个小时以后，"维加号"探险船就喷吐着蒸汽驶离了监禁它十个月的"牢房"。可怜的楚科奇渔民用疑惑的目光吃惊地看着陌生的客人和朋友永远地消失在了海面上。

在隆隆的礼炮声中，"维加号"探险船经过白令海峡驶进了太平洋。在东角，即旧世界最东的尖角处，当时还停泊着一条来自旧金山（San Francisco①）的多桅帆船。帆船的船长，一位皮肤被阳光晒得黝黑的、有经验的老船员深感吃惊，因为，他还从未看见过一艘全速驶出辽阔冰洋的蒸汽船。

他在报告中写到了这条谜一般令人难以理解的蒸汽船：

"它更像一位勋爵行驶在航道上。"

由于海面上的浮冰阻碍两艘船的靠近，他们只能用旗帜和炮声互致问候。

诺登舍尔德先生 1879 年 9 月 2 日发自日本横滨（Yokohama）的电报，像一团野火通过地球上所有的电缆线唤起了世界各地空前的

———————

① 旧金山又译作三藩市。

敬仰和钦佩以及排山倒海般的欢呼浪潮。在"维加号"探险船冰上越冬的那些日子里，各地都收到了探险船处境不稳定等令人揪心的消息和传言，特别是瑞典人民，一定程度上在为"维加号"的命运担忧。现在，人们终于完全放下了心，勇敢的"维加号"探险船不仅毫发无损，没有失去一个人，还携带着丰富的科研考察成果成功抵达日本最大的港口城市横滨。

自 1700 年纳尔瓦战役（Narwa①）胜利的消息在斯德哥尔摩引起轰动以来，瑞典人民今天又掀起了巨大的、激动和自豪的浪潮，整个民族沸腾起来了。到处彩旗飘扬，四处庆祝活动，人们交口称赞"维加号"探险队员的丰功伟绩。一向迟钝的、沉默的瑞典人民抬起了头，自豪地感觉到自己也是一个大国、一个强国的公民了。与此同时，世界上所有的国家也都在热烈地议论着瑞典、赞扬着瑞典，一阵阵电报的雷阵雨向诺登舍尔德先生、向他的同仁们以及所有报刊编辑部倾泻而去。

为"维加号"探险凯旋欢呼的浪潮从日本横滨开始空前绝后地席卷着全球，它包括整个南亚以及南欧、西欧和北欧。光荣的"维加号"探险船返航将要停泊的所有海港城市都在准备庆典活动，各地的政府和民众都将以最大的热情和最崇高的敬意欢迎来自北欧勇敢的探险英雄。

在"维加号"探险船检修、补充添置设备，特别是买下了大量

① 1700 年 11 月 30 日，在瑞俄大北方战争时期，彼得一世率领的俄国军队同查理十二世率领的瑞典军队在纳尔瓦城附近进行的首次大规模战役。瑞典少年国王查理十二世以八千破三万，大败俄国彼得一世。

的、能填满一个小图书馆的日本书籍以及礼节性地晋谒日本睦仁天皇（Mutsuhito）之后，凯旋的队伍准备经过三大洋沿三大洲的海岸线继续航行。探险船返航的航程将经过日本神户（Kobe）、长崎（Nagasaki）、婆罗洲（Borneo）、中国香港（Hongkong）和新加坡（Singapore），还有锡兰（Ceylon）、亚丁（Aden）和苏伊士。

在苏伊士，诺登舍尔德先生向瑞典国王发了电报，电报上自豪地写道：

"环亚航行圆满成功！"

经过苏伊士后，"维加号"探险船继续前往意大利那不勒斯（Neapel）市，再经葡萄牙的里斯本（Lissabon）市到达英国伦敦（London）。

在伦敦泰晤士河（Themse）河面上，威武雄壮的英国军舰列队，特别悬挂彩旗、齐鸣礼炮，欢迎这艘完成了伟大壮举的、小小的瑞典蒸汽船。殊不知，这一壮举正是英国人自伊丽莎白（Elisabeth）女王时代①以来一直希望努力完成的。所到城市皆隆重举行庆典活动，各地的地理学会组织也举办了一场场大型的庆典报告会。

在巴黎，"维加号"探险队员走到哪里，哪里就是一片辉煌，就是一个欢呼的海洋。法国格雷维（Grevy）总统、甘必大（Gambetta）总理兼外交部长以及法国著名作家维克多·雨果（Victor Hugo）先生也举行了特别欢迎会。

在前往丹麦哥本哈根（Kopenhagen）要经过的厄勒海峡（Öresund），

① 伊丽莎白时代是英国伊丽莎白一世女王统治英国的一个纪元（1558—1603年），常被历史学家描绘为英国历史的黄金时代。

瑞典和丹麦特别派出的护航荣誉仪仗船队等待"维加号"探险船的
到来。

　　瑞典国王特别下达旨意，在停泊首都斯德哥尔摩港口之前，"维
加号"探险船不允许在任何其他的瑞典港口停留。在探险船长长返
航途中的每一个新的航段，各家报纸都会跟踪报道热烈欢迎新时代
维京人（Wikinger①）探险船的最新消息。随着"维加号"回国的旅
程越来越近，瑞典国人心理上焦急、激动和紧张的程度也在加剧。

　　早在几个星期前，瑞典人民就开始为欢迎"维加号"探险船驶
进斯德哥尔摩港口做准备，其隆重豪华的程度应该说超过了所有国
外的类似活动。一整条凯旋大街，从船桥港口穿过凯旋拱门一直到
洛佳德（Logård）都精心布置起来了。到处飘扬着鲜艳的彩旗和瑞
典国旗，街道两边房子的正面，由屋内引出能源，安装了一排排耀
眼的煤气彩灯。商店的橱窗里争相摆上了诺登舍尔德先生和帕兰德
船长的画像，出售小的具有象征意义的银牌和铜牌。香烟、肥皂、
巧克力、糖果等小商品也都被冠上了英雄诺登舍尔德的名字。

　　诺登舍尔德先生的大儿子，十二岁的古斯塔夫，一个相貌超群
的英俊男孩，与我同在贝斯蔻学校学习，但低我两个年级。面对同
学们为他父亲的壮举表现出来的欣喜若狂，他却神态自若、谨慎安
静，甚至显得无动于衷。当然，作为他的同学，我们也没有用纠缠
不休的问题去折磨他。同学们都深感自豪，因为我们的身边有这样

---

① 　维京人，别称"北欧海盗"，维京人的老家是挪威、丹麦和瑞典。维京人还是伟
　　大的航海家，向西他们发现了冰岛和格陵兰岛并最终到达北美，向东一度到达
　　里海。

一位同学，他的爸爸现在举世闻名。

4月24日早晨，"维加号"探险船终于在满载着挥动手臂呼喊"乌拉①"口号乘客的上百艘船只护送下，驶进了四周建筑物都悬挂着彩旗的斯德哥尔摩水域，进而在岸边欢迎人群不断高涨的欢呼声中，平稳地停靠在瑞典国首都海港的船坞旁。

历经长达两年的航行，帕兰德船长最后一次严谨地、负责地站在船舵旁。在整个环欧亚长途航行中，他一直可靠地掌握着这个舵盘。

自从横滨的电报传到了瑞典，也在我们家中唤起了最愉快高兴的气氛，特别是我，面对这一令人难以置信的，通过个人的意志、艰辛的工作和不平凡的能量完成的辉煌业绩，我这个小小的中学生完全陶醉了、入迷了，甚或知觉都丧失了。我甚至在想，伟大的诺登舍尔德先生完成的是地球上的一次探险旅行，而地球上的海洋和陆地对所有人都是敞开着的，任何一个地球人，只要他愿意，就可以探访世界上任何一个陌生的地区。我难道就不行吗？

自从开始阅读课外书籍，探险的内容就特别使我着迷，狼吞虎咽地读了不少。随着阅读的深入，我也渐渐有了自己的见解，有了批判的眼光。我渴望真实，而不是想象，英裔美籍探险家史丹利先生和英国探险家利文斯通先生是我崇拜的英雄。现在，伟大的探险家诺登舍尔德先生为我的探险渴望和向往又打开了一扇新的窗口，我的眼前，又展现出来一个新的领域。

————————————

① 俄罗斯语，意即万岁。

　　4 月 24 日学校放假，我上街参观了特意为英雄凯旋搭起的彩虹拱门，观看了布置一新的书店橱窗，也看到大街上聚集起来的越来越多的人群，他们中除了瑞典人，还有不少外国客人。尽管那天天气阴沉，飘起了毛毛细雨，街面是潮湿的，但我的内心却充满了阳光。

　　我父亲是一位在市政部门工作的建筑工程师，以他的地位和身份，完全有可能为自己和家庭找到一个观看诺登舍尔德先生船队凯旋视野辽阔的好位置。他知道，城里所有的港口平台、建筑物的窗口和屋顶均被占据，因此选择了城南一个封闭起来的高坡。在那里，我们可以十分清楚地鸟瞰整个港口水域以及国王王宫与格兰德（Grand）大酒店之间的整个区域。

　　沐浴着春季黄昏和煦的阳光，我们全家驱车前往观礼台，父母亲带上了我们全部七个孩子，包括年仅四岁的小妹妹阿尔玛（Alma）。

　　我们家有一辆四轮轿式马车，为了方便沿路观看来自四面八方涌向港口的人潮，兴奋的我挤坐在马车夫的身旁。马车夫特意绕道行驶，以免被大街上拥挤的人群堵住。到达目的地后，全家坐在条凳和花园长椅上。身居山坡高处，视线一览无遗。

　　天渐渐黑了下来，豪华的王宫和街上所有建筑物的正面千万只小火炬在晚风中摇曳，河边燃起了团团篝火，一缕缕欢快的烟云在冉冉上升。我们拥有最佳视线，不仅灯火的海洋尽收眼底，还能清楚地听到夜空中回响的形形色色的喧闹声。斯德哥尔摩的市民以及数万名来自四面八方的访客从来没有像今晚这样焦急、激动和紧张，一颗颗期待的心在按捺不住地怦怦跳动。所有的人都感觉到，一个神圣的时刻、一个直到死神敲门都不可能被忘记的时刻马上就要来临了。

　　晚上十点，位于城堡岛（Kastelholm）上的炮兵分队奏响了第一波隆隆的礼炮，第一组冲天炮也"嗖嗖"地射向了夜空，接着是一阵阵耀眼的烟花在夜空中绽放，漫天绚丽的光焰令各建筑物正面摇曳着的火苗黯然失色。远远地，航道上传来了欢呼声，先是微弱，进而越来越近也越来越强，直到岸边的欢呼声与船队甲板上的欢呼声融合在了一起。位于高坡上的人们也忘情地高喊起来，将声音汇入震耳欲聋的欢呼潮流之中。

　　欢呼声达到最高潮的时候也是耸立着三桅帆蒸汽船"维加号"在远远的河道处现身的时候。在熠熠闪烁的明亮背景衬托下，探险船像一条温馨的童话船开始缓缓地驶进大众的视野。

　　慢慢地，庄严隆重的、举世闻名的"维加号"探险船逆流行驶在斯德哥尔摩的河道里，在一阵接着一阵欢呼的飓风声中，三桅帆蒸汽船在王宫前抛锚停泊。这里，是"维加号"探险船历时两年环欧亚航行正式的终点。

　　这一刻，瑞典人民由衷地感觉到，在我们历史记忆的宝库中又添加了一个永恒的桂冠。

　　王宫朝东的墙面上，一颗颗"织女星①"煤气灯在闪耀，这是上天护佑的象征，它整整两年看护着勇敢的诺曼人②。在织女星煤气灯

———————————

①　由于织女星的英文名为 Vega，与"维加号"探险船同名。
②　诺曼人指中古时期生活在北欧斯堪的纳维亚半岛上的居民。

的下方，人们可以看到同样用煤气灯组成的所有参加环欧亚航行从船长到最年轻水手的名字。

在尖棱形的灯光柱和彩虹般的凯旋门下，隆重举行了由市政府与其他政府机构共同组织的欢迎仪式。接下来在王宫大厅里，极地探险的英雄们参加了由国王组织的盛大庆典晚会。

天色渐晚，父母带着我们坐上候着的轿式马车绕道回家。十分幸运的是，我家就在皇后街 78 号和乾草广场街 1 号之间的拐角楼房里，王宫里盛大庆典结束之后，诺登舍尔德先生和帕兰德先生会乘坐一辆敞篷四座马车经过皇后街前往位于阿道夫·弗雷德里克（Adolf-Fredrik）教堂旁边诺登舍尔德先生居住的科学院公寓，从我家一楼的窗子往外能非常清楚地看到经过的车队。

窗外，火炬在高高的桅杆上燃起火焰，桅杆间悬挂着用云杉树枝、叶子、花瓣编织的彩带花环，狭窄的街道上洋溢着节日喜庆的气氛。

当子夜的钟声敲响，年纪小的兄弟姐妹无法抵挡瞌睡虫的侵扰相继睡去，而我却感觉到了从未有过的清醒，这个晚上的分分秒秒都会一辈子牢牢地铭刻在我的记忆中。

远远地，又听到了街道下坡路上人群的欢呼声，人声的合奏像春天山间的溪水在哗哗流响，越来越近。欢呼声传到了我们这里，在一排排建筑物间发出隆隆的回响。凯旋的敞篷马车载着"维加号"两位伟大的领航者、探险者经过我家窗口，胜利者的辉煌又闪耀在我的眼前。我拼命地大声呼喊，我要让诺登舍尔德先生听见并且确信，此时此刻，有一名年幼的后生，对他以及他的船长帕兰德先生敬佩有加。

但很快，凯旋的车辆消失在街道的上坡路上，欢呼声也渐渐离我远去，喧闹的街道终于安静了下来，兴奋了一夜的瑞典人民也陆续回到了家中。火炬熄灭了，黑夜寂静的帷幕彻底降了下来。

我躺在床上，带着满脑子神奇的想法，经历了一次空前的伟大事件，获得了决定我整个人生意义的最为宝贵的经验。我在想，如果诺登舍尔德先生只是通过在地球表面陌生地区的探险跋涉就获得了享誉世界的名望和荣耀，那么，这条光辉的道路对我来说不也是敞开着的吗！

从这一天，即 1880 年 4 月 24 日，我就开始了人类极地探险历史的研究，并特别为历史上北极地区的每一次探险行动绘制了一张地图。至于五年后，我背离梦幻中的极地探险之旅，双脚踏上亚洲大陆，那就是另外一个故事了。

"维加号"探险船回国之后，我的思想开始围绕着诺登舍尔德先生转开了。我偶尔能在大街上或者演讲厅里碰见他，每一次见到，我都会像过节一样感到兴奋。打那以后，我最爱的读物也是他以前旅行留下的文字，特别是他那部不朽著作《"维加号"的环欧亚航行》。

1884 年，我与诺登舍尔德先生单独接触的梦想终于实现了。

在给俄国亚洲研究者尼古拉·米哈伊洛维奇·普热瓦利斯基（Nikolai Michailowitsch Prschewalskij①）先生颁发"维加奖章"的庆

---

① 尼古拉·米哈伊洛维奇·普热瓦利斯基（1839—1888 年），俄国探险家。普热瓦利斯基自从青年时代便立志要前往中国西藏拉萨探险，曾一度到达西藏和天山。虽然他未实现前往西藏首府拉萨这一目标，但他在中亚的探险活动大大丰富了欧洲人对该地区的认识。他在中亚发现的野生双峰骆驼和普热瓦利斯基氏野马都是生物学历史上的重要发现。他于 1888 年在探险途中逝世。

典活动上，我参加了 1868 年杰出的"索菲亚探险"的卡尔·奈斯特龙（Carl Nyström）博士要在地理学会做一个关于大俄国旅游的报告。他的报告需要配上一幅关于整个中亚和东亚带山川、河流和湖泊标识的大幅地图，地图上还要特别用红笔标出普热瓦利斯基先生的所有旅行路线。奈斯特龙博士知道我有绘制地图的兴趣和技能，故请我将他需要的大陆地形地貌绘制在一张大纸上。当时并没有想到的是，在未来的某一天，我这个地图的绘制者也骑着马赶着骆驼沿着普热瓦利斯基先生的足迹走过了这些地方。

　　报告会过后，尊敬的诺登舍尔德先生走向了我绘制的大幅地图，用行家的眼光仔细审视着，奈斯特龙博士特别招呼我过去站在先生近旁。我带着一颗怦怦直跳的心走了过去。在奈斯特龙博士介绍了我之后，诺登舍尔德先生紧紧地握住了我的手，不仅表扬我绘制的地图一目了然，还关心地问，我的人生道路遵循着哪些杰出的榜样。

　　我与诺登舍尔德先生的第一次见面尽管相当简短，但却是一个很好的开头。1885 年，在我第一次前往波斯（Persien①）旅行前，诺登舍尔德先生特别为我写了一封介绍信，让我转交给他熟悉的、波斯国沙阿（Schah②）的牙医贝特朗·海本涅特（Bertrand Hybennet）先生。从那里回来之后，他又兴致勃勃地听我讲述了在古伊朗（Iran）的所见所闻。

　　1890 年，当我作为瑞典国王特派公使团的成员再次去波斯国拜

---

①　波斯是伊朗古希腊语和拉丁语的旧称音译，是伊朗历史的一部分。
②　沙阿是波斯国古代君主头衔。

见君主沙阿的时候，他又让我带去了不久前完成的"摹本地图"样本呈交给这位波斯国的最高统治者。同时，他希望我将沙阿送给他的一块在波斯国首都德黑兰（Teheran）附近落下的著名陨石碎片带回来。这两个任务我都令他十分满意地完成了。

在后续的那些年里，我与诺登舍尔德先生越走越近，特别是通过他的大儿子同在乌普萨拉（Upsala）大学学习的同学古斯塔夫。我与古斯塔夫先生住在一起，彼此经常交流思想、人生计划以及未来梦想。

1893 年的春天，我罹患严重的虹膜炎眼疾，好几个月里两只眼睛都处于失明状态。埃里克·诺顿森（Erik Nordenson）大夫尽了最大的努力，才终于成功地保住了我的一只眼睛。在我身心状况极为糟糕的时候，伟大的极地探险家专程来医院看我，长时间地坐在我的病床旁与我聊天。他的担忧和关心使我忘记了疼痛和危险，他表现出来的对我的尊重和爱护也令我深感自豪。

古斯塔夫先生对我说，他的父亲十分担心我的视力会永远失去。

那个时候，我经常在城里，或者去乡下拜访诺登舍尔德先生。在诺登舍尔德先生的达尔毕育（Dalbyö）庄园，我们两人，也与其他年轻人一道经历了一些疯狂的冒险活动和远距离的徒步旅行。

1895 年，诺登舍尔德先生的儿子，我的大学同学、好朋友、年仅二十七岁的古斯塔夫·诺登舍尔德先生，在非凡才华大有希望展示的时候不幸去世。他的去世给父母、亲戚、朋友们带来了难以言表的痛苦。诺登舍尔德先生的另外一个儿子埃尔兰德（Erland）则以认真细致的研究工作和关于南美印第安人的新颖学术思想得以扬名海内外。

　　我一生中最值得骄傲的日子是 1898 年 4 月 24 日，这是"维加号"探险船环欧亚航行十八周年的纪念日，也是诺登舍尔德先生以瑞典地理学会主席的身份给我颁发"维加奖"的纪念日。在向尊敬的国王致以问候之后诺登舍尔德先生转向我说道：

　　"地理学会作出决定，将象征最高荣誉的'维加奖'颁发给我们勇敢的亚洲探险者斯文·赫定先生。公布这一决定，我感到特别高兴，因为，奖章的获得者是一位瑞典人。赫定博士对中亚的研究是有全面周到的计划的，是在坚持不懈的精神、毫不动摇的勇气中完成的。"

　　在接下来的晚宴中，我也利用演讲的机会公开向诺登舍尔德先生表示感谢。我衷心地感谢他颁发给我的这份至高无上的荣誉，感谢他始终作为我的榜样，激励着我向最高的目标努力，要以一个男子汉应该拥有的顽强奋斗精神克服重重困难，实现伟大目标。

　　我知道，在他现在已经开始出现的、越来越像极地风景的雪白头发下活跃着伟大的思想，我希望我的下一个探险旅行也能再次获得值得他鼓掌赞赏的成就。

　　最后一次见到阿道夫·诺登舍尔德先生是 1899 年年底在俄国的圣彼得堡。

　　圣约翰日那天，我与老朋友我的老师挪威矿物学家、地质学家沃尔德马·克里斯托弗·布勒格（Waldemar Christopher Brögger）先生一道离开瑞典家乡和至亲好友。我踏上了第二次大型亚洲探险考察之旅。

由于沙皇俄国《二月文告》① 在芬兰国遭遇抵制，为了为芬兰国陈情，文明国家组织起一个请愿代表团前往俄国的圣彼得堡，希望面见尼古拉二世沙皇陛下。代表团中，布勒格先生代表挪威，诺登舍尔德先生则代表瑞典。由于前往亚洲探险的我也要面见沙皇陛下，所以那几天，我与布勒格教授、诺登舍尔德先生都住在圣彼得堡的欧洲大酒店，天天都能见面。

我先行前往彼得霍夫宫（Peterhof）觐见了尼古拉二世沙皇陛下。沙皇陛下为我的这次探险旅行提供了很多便利条件，还特别派遣了一个由四位哥萨克士兵组成的卫队。卫队将陪伴我、保护我，直到这次考察旅行全部结束。

回到酒店后，诺登舍尔德先生很感兴趣地向我了解觐见沙皇陛下的情形，诸如沙皇陛下是怎样接待我的、是否平易近人，等等。当然，他自己也知道，如果是向沙皇陛下当面陈情一个关于其他民族的内政问题，那就该另当别论了。

请愿代表团前往彼得霍夫宫那天，我陪着诺登舍尔德先生走到送他前往彼得霍夫火车站的马车旁，然后特别叮嘱酒店的门卫，如果代表团返回，一定要及时告诉我。事实上，几个小时以后代表团就打道回府了。

我赶紧下楼，看见诺登舍尔德先生独自坐在酒店门前的长凳上，

① 《二月文告》又称《沙皇敕令》。沙皇俄国为了在芬兰推行俄国化政策，企图改变芬兰的自治和大公国地位，由沙皇尼古拉二世 1899 年 2 月 15 日签署发表的一个重要文告。文告遭到芬兰人民的抵制和抗议，发起了大规模的签名请愿运动，这场运动得到了英国、法国、德国、丹麦、瑞典、意大利等国知名人士的支持。然而沙皇不但未接受请愿，还变本加厉地加速在芬兰的俄国化进程。

一副倍受打击的委屈模样，垂头弯腰地将身体支撑在拐杖上。

"进展顺利吗？"我上前问道。

诺登舍尔德先生不乏沮丧地告诉我：彼得霍夫皇宫的大内总管巴伦·弗雷德里克（Baron Frederick）先生在宫殿大门前迎接了代表团，并询问他们觐见沙皇陛下的愿望。诺登舍尔德回答大内总管，请愿团想就他们深切关心的芬兰国事向沙皇陛下陈述想法。很快，弗雷德里克先生禀报后带回了沙皇的决定，不予接待。

尼古拉二世的祖父，沙皇亚历山大二世曾将诺登舍尔德先生作为英雄隆重接待，在西伯利亚和俄国的不少城市，先生所到之处都受到了热烈的欢迎，因为，他为俄国人开辟了从西伯利亚河口到欧洲的航道。但是现在，伟大的、成功的探险者竟得不到沙皇尼古拉二世的接见。

可见，诺登舍尔德先生航海探险发现的重大意义，并没有得到他同代人的完全领悟。再回看今天，苏俄人正带着令人钦佩的能量、竭尽全力地尾随着他的足迹。他们已经沿着整个亚洲北海岸，使伟大开拓者的梦想在北冰洋得到了实现。如果诺登舍尔德先生能生活在我们这个时代，东北通道的开发一定会使他深感满意的。

而此时此刻，为芬兰国请愿的命运给了他一个毁灭性的打击。诺登舍尔德先生带着郁闷的心情回到了斯德哥尔摩。而当时的我，未来是色彩明亮的一片辉煌，整个亚洲祖露在我的面前，期待着我的到来。当我与诺登舍尔德先生在圣彼得堡最后一次分手的时候，他富有男性特征英俊的脸上绽开了忧伤的苦笑。他衷心祝福我此次亚洲探险考察之旅成功幸运，早日平安地回到家乡，声音仍然是热情的、发自内心的。

　　没有什么语言能够表达我的悲伤心情，1880 年"维加日"那天，
举世哀悼著名探险家诺登舍尔德先生。
　　生命的短暂是地球上所有英杰的宿命！
　　经过两年半在陌生国度的探险旅行，1901 年圣诞节的前几天，
我抵达了印度的拉达克（Ladak）城。在这里，我收到了一批来自家
乡的信件，其中一封是我父亲写的。他在信中伤心地告诉我，诺登
舍尔德先生已经在这一年的 8 月 12 日去世了。这一消息对我的打击
可以说沉重得简直难以承受。
　　是伟大的诺登舍尔德先生给我指出了人生前进的道路，我对他
的感谢可以说多得难以穷尽。我多想高兴地向他介绍"游移湖①"
和圣地中国西藏。我感觉到内心无尽的空虚，以至于接下来在印
度和中国西藏西部的几个月里，我的内心一直都被这个阴影笼
罩着。
　　多少年后的一天，伟大的瑞典数学家米塔-列夫勒（Mittag-Lef-
fler）教授对我说，1901 年 8 月 10 日，也就是诺登舍尔德先生去世
的前两天，他与先生还在一起用过午饭。其间他们还谈到了十月份
就要举行的关于丹麦天文学家第谷·布拉赫（Tycho Brahe②）先生
逝世三百周年的纪念活动。

――――――――――

①　"游移湖"的概念由斯文·赫定提出，并因此创立了有名的"游移湖"理论，这
　　里的游移湖特指中国新疆的罗布泊。
②　第谷·布拉赫（1546—1601 年），丹麦贵族，天文学家兼占星术士和炼金术士。
　　他最著名的助手是开普勒。

　　米塔-列夫勒教授对诺登舍尔德先生说，第谷·布拉赫先生当初在病床上对他的弟子和朋友开普勒（Kepler①）低语道：

　　"Nec frustra vixisse videar,"意思是说，在我看来，我的一生并没有虚度。

　　诺登舍尔德先生充满感情且自信地反问道：

　　"难道您不相信，我也有理由说出同样的话吗？"

　　我根本没有想到，在圣彼得堡竟是我与诺登舍尔德先生的最后一次见面，自此，我们的路永远地分开了。

　　二十一年过去了，我第一次来到法斯特尔荣格（Västerljung）墓园里诺登舍尔德先生高高的墓碑旁，才又感受到了他的威望和力量。

---

① 约翰内斯·开普勒（Johannes Kepler，1571—1630年），德国天文学家、数学家。

路德维希·诺贝尔

(Ludwig Nobel)

　　1707 年，乌普兰（Uppland）区的行政长官彼得·诺贝留斯（Peter Nobelius）的生命结束了。

　　诺贝留斯的家族来自朔嫩（Schonen）东诺贝尔吕弗（Östra Nöbbelöv）教区，由此得到了家族的姓"诺贝留斯"。诺贝留斯先生的夫人温德拉（Vendela）女士是当地德高望重的奥洛夫·鲁德贝克（Olof Rudbeck）先生的女儿。诺贝留斯先生给他的孙子，伊曼纽尔（Immanuel）大夫一个简短的、叫起来十分响亮的姓氏"诺贝尔"。

　　之后，"诺贝尔"这个名字享誉时代、享誉世界，同样也使瑞典——我们祖国的名字为所有的国家和民族所熟知、所尊重。

　　伊曼纽尔·诺贝尔先生是著名的诺贝尔三兄弟罗伯特·诺贝尔（Robert Nobel）先生、路德维希·诺贝尔（Ludwig Nobel）先生和阿尔弗雷德·诺贝尔（Alfred Nobel）先生的父亲，他于 1801 年出生，作为技术专家、发明家、设计师和建筑工程师勇敢地奋斗了一生，于 1872 年去世。

1837 年，路德维希·诺贝尔的父亲伊曼纽尔·诺贝尔先生搬到了俄罗斯的圣彼得堡，在那里成立了一家机械加工厂，工厂因承接俄罗斯海军的大批订单而发展成为一家知名的军工企业。此外，他还发明了水雷，运用在克里米亚战争（Krim①）、芬兰喀琅施塔得（Kronstadt）保卫战以及芬兰堡（Sveaborg）防御战中。战争结束之后，由于政府方面不再有订单，伊曼纽尔先生只得将他的工厂转让给他的债权人。但足够聪明的是，他让自己的儿子路德维希先生继续担任了该厂的厂长。

1859 年，父亲伊曼纽尔·诺贝尔先生回到了瑞典斯德哥尔摩，在赫伦内堡（Heleneborg）成立了一家新的工厂。在这家工厂里，他与他的第四个儿子埃米尔（Emil）着手进行硝化甘油的试验，从而也导致他遭遇了重大损失。1864 年，工厂不幸爆炸，儿子艾米尔·诺贝尔和其他四位员工被炸身亡。但试验的失败和罹患的疾病并没有战胜年迈的发明家顽强的生命力。很快，他又天才地预见、开发和生产了公寓里使用的热水供暖器以及胶合板——两项发明，从而决定了他们辉煌的未来。

父亲杰出的才能和钢铁般的毅力遗传给了他的三个儿子，其中罗伯特·诺贝尔先生和路德维希·诺贝尔先生享誉整个波罗的海（Ostsee）到太平洋的俄罗斯帝国大地，阿尔弗雷德先生之后更是闻

① 克里米亚战争，俄罗斯称之为东方战争，是 1853 年至 1856 年间在欧洲爆发的一场战争，俄国与英、法为争夺小亚细亚地区权利而战，战场在黑海沿岸的克里米亚半岛。

名于全世界。

　　路德维希·诺贝尔先生在圣彼得堡干得风生水起，接手父亲的工厂之后，他又成立了一家自己的工厂，生产各种各样的战争物资，几年后逐渐发展成为一家颇具规模的兵工厂。

　　为了保证俄罗斯军队庞大的枪支——伯丹型步枪的供应，需要大量合适的木材，出于经济原因，木材最好能取自俄国本地。制造枪托最合适的木材是胡桃木，而大量的胡桃树生长在高加索（Kaukasien）。为了购买胡桃树木或者买下整个胡桃林，罗伯特·诺贝尔先生于 1873 年被派去巴库（Baku）。

　　在巴库，罗伯特先生听说巴拉恰尼（Balachany）附近和像楔子一样纵深插进里海（Kaspische Meer）里的阿普歇仑（Apscheron）半岛上蕴藏着石油。他即刻前往考察，深为这块土地上丰富的石油宝藏以及当地人过于原始的炼油方法感到惊叹：人们用泵将原油从地下取出来，而钻井用的动力还是马和牛。

　　罗伯特先生马上赶回圣彼得堡，制定了一个庞大的计划呈送给了他的兄弟路德维希先生。接下来，他们派遣工程师前往美国学习钻井技术，然后在巴拉恰尼收购蕴藏石油的地皮，成立了第一家原油精炼厂。没有几年工夫，原油精炼厂就发展成为世界上最大的企业之一。

　　刚开始，从巴拉恰尼油田至巴库炼油厂十二公里长的距离上，"诺贝尔兄弟石油公司（Bolaget Bröderna Nobel）"也是用两轮推车和皮囊袋运输原油，但很快他们就铺设了原油输送管道。在用被称为阿尔本（Arben）的两轮推车运输时，1 普特①原油的成本价为 35 戈比②，改为管道运输后，1 普特原油的价格降至 3 戈比。不到一年，他们昂贵的设备投资费用就收回来了。

黑城（Tjörnij gorod③）是巴库的一个城区，那里建有工厂、作坊、炼油厂和诺贝尔公司的住宅楼。为了使企业的工程师们和其他职工们下班后能够更好地休养生息，还建起了富丽堂皇的俱乐部大楼——石油别墅。同样，在巴拉恰尼也出现了一个小型的、由钻井工人居住的简陋宿舍与商店集合而成的小城区以及由一个个耸入云天的钻井井架形成的、井架林立的石油开采区。

企业发展之初，路德维希先生和阿尔弗雷德先生也曾为资金一下子被大量吞噬而产生过疑虑，但慢慢地，他们平静了下来，并坚信自己选定的道路是正确的。路德维希先生和罗伯特先生不仅仅是杰出的技术专家，在企业经营方面也具有特别明确的眼光。他们致力于公司的持续改善，不少独到的发明创造甚至超过了当时领先的美国顶级水平，包括石油精炼过程中剩下的"阿斯塔坎"（Astakan），即"残渣"，也会通过不同的方法得到再次利用，没有浪费一滴原油。

"诺贝尔兄弟石油公司"拥有一个大型的储油船船队，储油船由路德维希先生独立设计，在瑞典的穆塔拉（Motala）市制造。船队由瑞典人和芬兰人分别担任船长以及第一批轮机长，从里海向上航行至阿斯特拉罕（Astrachan④）。路德维希先生还设计了很多浅灰色的

① 1 普特约为 16.38 千克。
② 俄罗斯辅币名，100 戈比为 1 卢布。
③ 石油工业区，因石油生产导致黑烟笼罩得名。
④ 阿斯特拉罕位于俄罗斯南部伏尔加河汇入里海处。

油罐列车，行进在沙皇俄国所有的铁轨上。当时的铁路已经足够远地修到了西伯利亚。在沙俄的各大城市，"诺贝尔兄弟石油公司"有自己的写字楼和公司职员。为了到达黑海，进而延伸至世界各大洋，他们还铺设了一条长达八十三英里的、从巴库至巴统（Batum）的输油管道。

*

1885 年年初，我在贝斯蔻中学毕业考试的几个星期前，学校校长 C. G. 伯格曼（C. G. Bergman）先生在物理课后找到我问道：

"赫定同学，您愿意乘船走里海去巴库吗？"

"维加号"探险船返航五年来，我一直在进行极地探险研究，所以，校长的问话我根本不用思考就迅速地作了回答：

"愿意，我当然愿意。"

潜意识告诉我，如果此时不紧紧抓住这个黄金机会，没准就是若干年以后的事了，可谓机不可失，时不再来。

"好的，"校长伯格曼先生继续说道：

"学校有一位二年级的同学，名叫埃哈德·桑德格仑（Erhard Sandgren），他的父亲是一位工程师，也是一位钻井队队长，现在正在沙俄巴库巴拉恰尼的'诺贝尔兄弟石油公司'油田工作。他希望儿子今年秋季至下一年的春季能去他那里生活。为了使儿子不因此而耽误学业，希望有一位家庭教师陪同前往。您愿意接受这份家庭教师的工作吗？"

"当然愿意，校长先生！"我再一次做了肯定的答复。

"那太好了！您的父母会同意你的决定吗？"校长又问。

"我相信，他们一定会为儿子有这个难得的机会陶醉的。因为他们知道，儿子渴望了解这个世界。"

我没有说错，我的父母确实为这意外的建议感到高兴，只是没有让我注意到他们内心的担忧。

我的人生突然步入一个新的轨道，我将极地探险的书籍束之高阁，又开始到处寻找关于亚洲的读物。当时根本没有想到的是，地球上的最大陆地——亚洲，竟会像新娘一样伴随我的整个一生，即便在我人生的暮秋，我还时常因感激而怀念这位改变了我人生轨迹的伯格曼校长。

中学毕业考试不久，我在一张报纸上读到，我十分崇拜的、伟大的路德维希・诺贝尔先生现在正在斯德哥尔摩，住在豪华的大酒店里。这可是一个不容错过的好机会，我马上前去拜访，呈报了求见的愿望。诺贝尔先生接见了我。在客厅里，他带着审视的眼光向我走了过来，那样子，一定认为我是无数希望他雇用的、年轻的求职者中的一个。

路德维希先生个头不高，但肩膀宽阔，身体健壮，头发高高地向上梳起，灰白且浓密的胡须剪得短短的。他的鼻子不大，但有一个高且饱满、体现了聪明与智慧的额头。灰蓝色的眼睛反射出心灵的光芒，深陷的眼窝显示出一股善于与超凡的困难作斗争的思想者和奋斗者的气度。他的面部挂着严肃和忧郁的神情，我迅即有一种他不是特别欢迎我的感觉。他肯定对访客们感到厌烦，因为所有来碰运气的人，差不多都是想利用他的优势，期望从他这里获得好处。

路德维希・诺贝尔先生逼视着我，将手伸过来冷冷地问道：

"小先生，您有什么要求吗?"

我赶紧回答：

"诺贝尔先生，我其实什么要求都没有，只是因为我八月份要去
巴拉恰尼，做您属下一位工程师儿子的家庭教师。因此，如果能与
您见面，听您谈谈在巴库地区建立起来的宏大工业基地的话，我会
深感荣幸。"

"不过，我现在没有时间，但您可以明天晚上八点钟到我兄弟罗
伯特先生的公寓来，在那里我们可以就这个问题聊一聊。"路德维
希·诺贝尔先生实事求是地对我说。

罗伯特·诺贝尔先生住在诺尔马尔姆广场（Norrmalmstorg）附
近的诺尔兰街（Norrlandsgata），我按规定的时间到达。当我走进陈
设简单的客厅时，路德维希·诺贝尔先生将手放在我的肩上对他的
兄弟说道：

"瞧，还是一个瑞典学生!"

坐下来后他们问我，我与戏剧院的斯凡特·赫定先生以及国会
的斯文·阿道夫先生是不是亲戚关系。路德维希先生还询问了我的
爱好和计划，并认为，家庭教师的职业在巴拉恰尼是不会有什么前
途的。不，当然不，但家庭教师是我实现其他愿望的一个台阶。我
忙做解释，进而，我讲述了自己拥有的极地探险梦想。他们的观点
是，人首先要进行正确的职业培训，有了职业，才有可能去进行所
谓的发现之旅。我对他解释说，从巴库回到瑞典后，我会去学医的。

尽管他们的思维具有独创性、思维习惯着眼于规模宏大的事业
目标，尽管他们拥有世界级辽阔宽广的贸易空间，而且由于在无法

比拟的大沙俄帝国生活和奋斗，久而久之容易在一定程度上涂上一层外族绿锈，但寻根刨底，诺贝尔兄弟俩还是地道的瑞典人。在性情上，他们是和蔼可亲的、冷静安详的、正直诚实的、稳妥可靠的。我可以无拘无束地、愉快地与他们交谈，而且随着交谈的深入，气氛也越来越坦率友好，话题也越来越有趣，彼此间也越来越随意。

我们的谈话还涉及了当年诺登舍尔德先生"维加号"探险船的环欧亚探险航行，路德维希·诺贝尔先生主要还是从俄罗斯经济发展的角度关注和解读这一重大事件。

当诺登舍尔德先生探险成功经过东北通道返回瑞典途中、受到沙俄官方的邀请前往圣彼得堡、参加由沙皇陛下和俄国地理学界人士举行的隆重庆典时，路德维希·诺贝尔先生也特意在圣彼得堡维伯格拉永（Wiborger Rayon）他的家中为伟大的探险者举行了一个荣誉宴会。宴会上，他特意选用了定制的欧洲顶级瓷器之一的瑞典罗斯兰（Rörstrand）瓷盘用餐，瓷盘上烧制的装饰图案是探险队队员们的肖像以及北极风光。作为纪念礼品，每一位参加宴会的客人都得到了这样一个珍贵的瓷盘。

在谈话中，路德维希和罗伯特兄弟从未有哪怕是以暗示的方式涉及他们在亚洲初始阶段取得的重大成就，也没有提及他们为事业奋斗克服的种种困难、抱怨他们在为所有民族和国家的福祉带来积极效应的过程中遇到的重重阻力以及在某些方面受到的无端猜忌和反感。可能他们会这样认为，作为一个私人企业，他们的工作代表的只是他们自己，也可能会认为，只要我到了里海海岸，实地看到他们在巴库建立起来的宏大工业基地，自然会形成自己的判断。交谈中，他们的举止言语没有丝毫自夸的痕迹，给人的感觉是平淡的、知足的，但又是稳重的、自信的。因为他们立足于坚实可信的、诚实可靠的、有责任感的、由知识和工作作为保障的坚实大地上。

最后，两位诺贝尔先生都希望我的旅行能够富有教益、增进知识、愉快幸福。末了，路德维希·诺贝尔先生还特意嘱咐我，路过圣彼得堡时不要忘了去他家里坐坐。

那段时间我读到了一本书，这本书在很大程度上介绍了我必须了解的，诸如巴库城、石油钻探，还有我要长期居住地区的周边环境。

这是一本新书，1884 年在伦敦出版，书名是《永恒的火城——1883 年里海边石油城旅行见闻》，书作者是英国《晨邮报》（Morning Post）著名记者查尔斯·马尔文（Charles Marvin）先生。马尔文先生之前还写过一系列关于俄国向南推进、越过俄国哥特佩（Gök-tepe）、梅尔夫（Merw①）和赫拉特（Heart②）等地威胁印度的书籍。我带着极大的兴趣贪婪地阅读着这本书，感觉它比任何一本惊险小说都要精彩、吸引人。

由于人们知道，在巴库城至提弗里斯（Tiflis）的铁路兴建之前，在提弗里斯城购买相距一万三千公里的美国石油，比在只相距五百五十公里的巴库城还要便宜，所以，一直以来，俄国的石油需求都是由美国（Amerika）满足的。马尔文先生将美国维持俄国市场的努力以

---

① 梅尔夫，位于中亚土库曼斯坦马雷州的一个古代绿洲城市，是古代丝绸之路上的交通要道。
② 赫拉特，中亚古城，公元十一世纪至十三世纪世界上最大的城市之一，是中亚与西南亚、南亚交流的重要枢纽。

及反对诺贝尔先生在奥地利（Österreich）和德国（Deutschland）从事石油贸易的没有希望的抗争称为现代工业开发最值得关注的一个事件。

在东欧，诺贝尔先生的事业意味着一个真正的划时代的变革，路德维希·诺贝尔先生也被人们称为"巴库的石油大王"。

记者马尔文先生讲述到了诺贝尔兄弟的父亲伊曼纽尔先生。父亲在规划大型项目和开拓性的行动方面表现出了非同寻常的才华，而这一才华也作为一种宝贵遗产最大程度地遗传给了他的儿子们。路德维希先生的企业经营也是这样，从原始资金只有一万克朗开始，到二十年后日进一万克朗。

给记者马尔文留下深刻印象的还有诺贝尔先生拥有的一万五千辆油罐车以及在里海投入使用的、拥有十二艘大型船舶的船队。船队在伏尔加河（Wolga）上行驶，船舶修理厂则建在阿斯特拉罕、察里津（Zarizyn）等其他城市。大记者马尔文由衷地赞扬道，要在俄罗斯帝国运营如此庞大的、结构复杂的石油企业组织，在思考方法和实际操作上都需要耗费巨大的精力，只有像雷赛布（Lessep①）先生这种特别稀有的天才，或者路德维希·诺贝尔先生这种才华横溢的人物才能够成就这样的伟业。

马尔文先生访问巴拉恰尼的时候，属于诺贝尔先生的油井有四十个，十四个油井喷油，即通过地球内部的气压喷出原油，油泵在

----

① 全名：斐迪南·玛利·维孔特·德·雷赛布（Feidinand Marie Vicomte de Lessep, 1805—1894 年），法国外交官、实业家，主持开凿了著名的苏伊士运河。

这里是多余的。一个喷井每个月能出产原油约十一万二千吨。马尔文先生还描述了这个大型石油企业的不同分支，以及整个石油城的规划，包括工厂、船厂、车间、铁路、火车、工程师和工人宿舍等等。这些城市建筑都是根据诺贝尔先生的要求，在类似于戈壁滩的阿普歇仑半岛地面上建设起来的。

人们赞赏马尔文先生，为这位聪明的英国大记者对路德维希·诺贝尔先生的英明判断深感自豪。可当时在诺贝尔先生的家乡瑞典，几乎没有人提到这家大型企业，他们的真实情况还都是从国外获知的。

此外，记者马尔文先生在书中还描述了诺贝尔兄弟在俄国与腐败贿赂行为作斗争的事实以及他们正派诚实、坚持原则的坚定立场。他写道：

> 即便在今天的英国，诺贝尔兄弟的行为也是很少见的。

大记者马尔文先生认为诺贝尔先生应该成为有许多下属员工的英国企业家效仿的榜样。他在书中列举了诺贝尔先生关心公司员工福祉的众多事例，例如，在企业员工们居住的别墅周围均建有漂亮的花园，并利用石油运输船返航的机会从伏尔加河运回淡水用以浇灌员工们花园里的植物，企业工程师们还享有公司盈利的分成，等等。

当然，马尔文先生也明白，俄国石油行业的竞争者对诺贝尔兄弟是反感的，但他难以理解的是，俄国的新闻媒体好像也对诺贝尔兄弟存有敌意。他的猜测是，这些敌意应该是建立在极端的、斯拉夫人的仇外情绪基础上的。

马尔文陈述道，事实是，在英国，威廉·西门子（William Siemens①）先生作为一个德国人雇用了数百名德国工人在他的英国公司里工作，但英国政府在他去世后并没有拒绝赋予他安葬在威斯敏斯特修道院（Westminster-Abtei②）的崇高荣誉，也没有人因为他是德国人而抨击他。

路德维希·诺贝尔先生在俄国的地位类似于威廉·西门子先生在英国的地位，他也认为雇用俄国人在他的公司里工作是不合适的，因此雇用了很多瑞典工人。

大记者查尔斯·马尔文先生在该书的最后一个章节真诚地、颂歌一般地赞扬了路德维希·诺贝尔先生：诺贝尔先生干练精明、技术才华过人、拥有合乎逻辑的思想和行动以及绝对的正派诚实。只有这种高素质的伟人——不是一个擅长交易买卖的投机商——才能完成如此宏伟的业绩，才能在巴库城创建、从事石油工业而获取巨大的财富。

重要的日子终于来临了，1885 年 8 月 15 日这一天，我首次踏上了前往地球最大洲的旅途。告别家人当然是一件令人伤感的事情，但在前往亚洲门槛高加索山区的旅途上，陪伴我的有同学、同学的

① 全名：卡尔·威廉·西门子先生（Karl William Siemens, 1823—1883 年），是德国西门子家族第二个儿子，在英国办厂，1859 年取得英国国籍。

② 威斯敏斯特修道院又称西敏寺，是英国君主安葬或加冕登基的地点，许多英国贵族、诗人、将军、政治家、科学家等名人安葬在这里。

妈妈以及他两岁的小弟弟阿里（Ali）。

在芬兰的于莱奥堡（Uleaborg），我们坐上海船去俄国圣彼得堡，再坐火车经莫斯科、梁赞（Rjäsan）和罗斯托夫（Rostow）等地前往符拉迪克奥克兹（Wladikawkas①）。在那里，我们再乘车驶过二十英里长、给人留下深刻印象的格鲁吉亚（Grusinische）军用公路去提弗里斯，接着继续坐火车前往巴库，然后在巴库坐上马车去巴拉恰尼。

在巴拉恰尼，同学的父亲、钻井师傅约翰·桑德格伦（Johan Sandgren）先生和地质学家耶尔马·肖格伦（Hjalmar Sjögren）先生隆重设宴欢迎了我们。

在这里，我要度过八个月的时光，除了完成作为一位家庭教师的本职工作以外，我开始利用所有业余时间钻研现代炼油技术。

那个时候，也应该是英国记者查尔斯·马尔文先生来这里两年半之后，号称鞑靼村的巴拉恰尼一共有三百七十口钻井，或者说石油泉井，其中一百六十一口井在出油。"诺贝尔兄弟石油公司"拥有其中的七十五个石油泉井，其中四十二口油井在运行。原油通过油泵打进十三个大型油管，输送到建在巴库东边海岸黑城的炼油厂。

巴拉恰尼最壮观的景致莫过于喷油泉，当地下的气压将原油压出竖井，会形成一个向上高出地面六十至七十米的稠密油柱。如果刮风，油柱周围就会形成细密的油雨在空中飘洒，落下的油雨则收

————————

① 即海参崴。

集在被挖出来的"安巴尔"（Ambaren）或称"地槽"里。

诺贝尔第二十五号油井喷油持续了整整一年，一年中提供了一百四十六百万普特（Pud①）的原油，价值四百四十万卢布或者超过八百万克朗，原油精炼后的总价值更是会翻上四倍，真是一个令人咋舌的巨大数字概念。仔细想想，这还只是四十二个运行油井中一个油井产生的价值，更何况，大多数油井的产值还会高过诺贝尔第二十五号油井。

1886 年 2 月，我有机会观看了一场"豪华表演"：一个正在喷油的井架和近旁横放着的"安巴尔"油槽燃烧起了熊熊火焰，火苗通过滚动的烟云窜上了天空，而位于周围的其他井架则在冬夜里的烟云里幽灵般地若隐若现。遭遇这种倒霉事件，人们唯一能做的是赶紧将着火区隔离起来，防止它蔓延到周围可燃的、约十平方公里的危险区域。

当然，在巴库最使我难以忘怀的还是路德维希·诺贝尔先生亲临巴拉恰尼油井工地视察的时光，当钻井师傅桑德格伦先生告诉我这个消息的时候，我的那份激动和紧张简直无法形容。

拥有我们脚下地球内部闪光财富的大人物乘坐着他的四轮敞篷马车直接就在我、桑德格伦先生和肖格伦先生居住的房门前停了下来。留着花白胡子的诺贝尔先生带着一路奔波的苍白脸色和严肃神情走了进来，友好地向我们表示问候，还特意询问了我在这里的生活感受，并与我们一道共进午餐。

---

① 普特，沙俄时的重量单位，每普特为 16.38 公斤。

午餐后是油田参观，所有钻井井台的工头，如霍夫曼（Hofmann）先生、哈伦多尔夫（Hallendorf）先生、于伦哈梅尔（Gyllenhammer）先生以及办公室工作人员均各就各位等待老板的亲临视察。而就在这个时候，一件令人难以置信的事件真的就发生了，导致我的身价一下子上升到了一个新的高度。

伟大的"石油大王"走到我的身边问道：

"赫定，愿意与我一起坐车参观吗？"

"当然，我十分愿意！"

很快，我登上马车坐在了路德维希·诺贝尔先生的身边，我成了唯一一个在整个行程中在马车上陪伴他的人，而其他人都只能跟在马车的后面。

路德维希·诺贝尔先生一路上对我讲述了他对油田钻井的新想法和新规划，并告诉我不同团体之间的钩心斗角，我坐在那里好奇地、全神贯注地倾听着。然后他又问起我的规划，计划什么时候启程去波斯，想造访哪些有纪念意义的历史遗迹。此时的我，处境确实非同寻常，好像再次听到了女神给人间的孩子们带来幸运的振翼声。路德维希·诺贝尔先生是富可敌国的大人物，而我还只是一个刚刚中学毕业的穷学生。

在喷油井架和"安巴尔"油槽散发出来的原油气息中，我生动而又形象地向"石油大王"描绘了我的梦幻：

骑马翻过雄伟的厄尔布鲁士山脉（Elburs①）、去波斯国古城伊

———————

① 位于俄罗斯西南部大高加索山脉，休眠火山，号称欧洲第一高峰。

斯法罕（Isfahan）城参观清真寺以及沙阿阿拔斯（Abbas①）时期荒漠上的商旅客栈和桥梁、居鲁士（Cyrus②）陵墓、波斯波利斯（Persepolis③）神殿柱廊式入口和薛西斯（Xerxes④）宫殿里的圆柱、巴士拉（Basra⑤）的海枣、伊拉克卡尔巴拉城（Kerbela）朝圣大街、塞琉西亚（Seleukia⑥）的旧城废墟、中东著名河流底格里斯河（Tigris）畔的泰西封城（Ktesiphon⑦）拱形大厅……林林总总。最后还谈到了巴格达（Bagdad）哈伦·拉希德（Harun al-Rashid⑧）时代的废墟和《一千零一夜》……

　　坐在身边的路德维希·诺贝尔先生注意力并不太集中地听我漫无边际地讲述幻想，用深刻而又严肃的眼神看着我，他并不太明白我为什么会感到胆怯和害羞。因为，我从小接受的教育是，在与长辈交谈，特别是与有身份的人交谈时要努力做到举止礼貌和情绪上的自我克制。如果没有这些与我的生活相适应的礼节约束，我就会坦率而又真诚地对他说：尊敬的路德维希·诺贝尔先生，所有这些

---

① 阿拔斯一世（1571—1629 年），伊朗萨非王朝的沙阿，称为大帝。在他统治时期，萨非王朝达到了国力的巅峰。
② 居鲁士大帝（公元前 603—前 530 年），古代波斯帝国的缔造者，当代伊朗人将居鲁士尊称为"伊朗国父"。
③ 波斯波利斯，也叫波斯城，曾经是波斯帝国的首都，约在公元前 560 年由居鲁士二世所建造，城名在古波斯语中的含义为"波斯人的城市"。
④ 指其中两位波斯帝国阿契美尼德王朝的皇帝或国王兼埃及法老，即薛西斯一世和薛西斯二世。
⑤ 巴士拉，伊拉克巴士拉省省会，盛产被穆斯林誉为生命之果的海枣。
⑥ 塞琉西亚是希腊化时代和罗马时代的一座古城。
⑦ 伊拉克著名古城遗迹。
⑧ 哈伦·拉希德（Harun al-Rashid, 763—809 年），阿拉伯阿巴斯王朝第五任哈里发。

古代东方雄伟壮丽的遗迹和废墟，我都想实地参观考察，并用我手中的笔将它们写下来、画下来。但所有这些愿望的实现都必须有高昂的旅行费用作为后盾。而我，结束这里的工作满打满算只能挣到三百卢布，不会多出一个戈比①。而这三百卢布，对您路德维希·诺贝尔先生而言，四十二个油井中的任何一个都只需要几分钟就可以搞定。

如果我能正确地评判路德维希·诺贝尔先生的价值观，能窥视到幸运轮子上这位严格的、坚定不移的、具有挑战性的奋斗者的内心，那么，他一定会这样在想：不，年轻人，钱并不是那么容易赚的，你不能指望用金子去买你的幸福。幸福完全建立在你自己的基础之上，只有自己帮助自己，上帝才会帮助你。如果兜里装满了金钱，去波斯国研究古文物就算不上什么艺术了，那是每一个对冒险感兴趣的年轻人都能够做到的。真正的艺术行为不是用金钱去占领波斯，而是要通过与贫困和困难作不懈的斗争去实现，它建立在自己精明能干的基础之上，以为实现自己确定的目标而作出牺牲为前提。

可爱的年轻人，如果你有钢铁般的意志，你尽可以作为一名德尔维希（Derwisch②）步行去，即修行者、托钵僧，或者做一名赶着骡子跋涉的旅行者。伊斯法罕的清真寺以及波斯波利斯的神殿柱廊不会因为你是一个孤独的修行者，或者你是一个骑着阿拉伯高头大马、簇拥着随从的贵族青年匆匆瞥它一眼而失去大理石的光芒或者

① 卢布、戈比，均为沙俄币名，换算关系为：100 戈比等同于 1 卢布。
② 德尔维希，波斯语中是乞讨者、托钵僧、宗教苦行者，伊斯兰教中指不积蓄财产而生存的修士。

变得丑陋不堪。反之，更有可能的是，一个苦心修行的托钵僧得到的会更多，因为他作出了努力、付出了牺牲，他会带着比有钱的公子哥更加敏锐的目光去观赏、品味眼前辉煌的一切。

可能路德维希·诺贝尔先生还会这样想，身边的这个年轻人首先要通过严厉的、艰苦的学校学习，以便明确自己到底能做些什么。劳累和孤独是他首先应该克服的——"有天高的目标就得付出天大的努力！"

诺贝尔先生自己的生活就是拉丁谚语所描述的"循此苦旅，以达天际"的真实写照。自从他父亲在圣彼得堡破产以后，为求得自己内心的平静，路德维希先生首先将父亲欠下的所有债务还清，然后，开始努力攀登自己的目标，并持续不断地、勇敢地与不信任、忌妒和敌意作斗争。

就这样，我与尊敬的路德维希·诺贝尔先生坐在豪华的敞篷马车上行驶了好几个小时，从一个井架到另一个井架。有时候马车会停下来，"石油大王"与现场的工程师们、领班的工头们以及钻井的工人师傅们交谈几句，提出要求他们做到的指导性意见。

参观结束时，路德维希·诺贝尔先生与所有人告别并特意嘱咐我说：

"祝您幸运！返回时请到彼得堡来找我，告诉我你的旅行结果。"

告别时分，我深深地感觉到，这短短的几个小时弥足珍贵。它是我青少年时代最有意义的时光，已经深深地刻在了我的记忆之中，即便我现在已逾八秩高龄，但与"石油大王"同坐一辆马车的情景仍历历在目。

　　瑞典人民最伟大的儿子赞扬了我，我也未曾有一刻私自在想，为没有赢得他的探险旅行资助而感到懊恼。我知道，他对我的关注、给我的祝福比金钱更有价值。我接受了一次严厉的训导，这个训导不仅受用于我即将开始的首次波斯之行，而且使我一生受益匪浅。

　　当天晚上，躺在床上的我回忆起白天的一幕幕场景，赞许自己几近固执的坚决与果断：我要向"石油大王"证明自己，没有钱我也要完成波斯之行。我有一个强大的精神后盾，他会像永恒的星座一样照亮我前进的道路。

　　两年后，我又见到了路德维希·诺贝尔先生，但这是最后一次，他与第二任夫人埃德拉（Edla）女士去法国南部旅行之前在斯德哥尔摩小住了几天。诺贝尔先生言语不多，还像以前那样严肃，但双颊比以前似乎更加苍白消瘦，眼里饱含着湿润的光晕，表情也更加忧郁。

　　此次拜访中，我主要是在与兴致颇高、思维敏捷的诺贝尔夫人聊天，夫人也试图通过与我妙趣横生的交谈驱散身旁诺贝尔先生闷闷不乐的情绪。

　　"做我们的第八位女婿吧，赫定先生，"诺贝尔夫人风趣地说道："我们正在为女儿寻找如意郎君！"

　　尽管如此，乐观的夫人知道，路德维希先生的日子已经屈指可数了。

　　就在那一年的 4 月 12 日，年仅五十七岁的路德维希·诺贝尔先生在戛纳（Cannes）结束了他勤奋工作、充满荣耀的人生。

　　自两位瑞典籍伟人通过他们顽强的工作毅力和精神完成了在俄

罗斯帝国的伟大业绩，屈指数来，百年世纪已经过去大约四分之三的岁月了，他们造福于人类社会的巨大成果，今天仍在苏维埃社会主义共和国联盟发挥着巨大作用。

一位是阿道夫·诺登舍尔德先生，他向俄国提供了航道——东北通道，至今，这条航道仍有令人惊讶的、值得钦佩的能量供人利用，莫斯科的领导人也正在为科学的、经济的和战略的目的对东北通道进行探索、研究和实际开发。

另一位就是路德维希·诺贝尔先生，他在俄国巴库地区为石油开采开发出来的现代化方法，仍为今天的苏联人所利用。

鉴于他们在人类进步事业上取得的光辉成就，两位伟人也都得到了他们的祖国，特别是俄国人民给予的最高嘉许。

范伯利·阿明

(Vámbéry Armin)

在十九世纪的六十年代和七十年代，范伯利[①]这个名字可以说是举世闻名的。可现在，他似乎已经被人们遗忘了，只能间或地听到关于他的极少数童话般的传奇故事，知道那么一点点他作为托钵僧或者说一位笃信宗教浪迹天涯的乞讨者，在他那个时代、在当时还鲜为人知的中东地区以及亚洲西南部勇敢徒步旅行的事迹。

我之所以在本书中专门拿出一个章节来描述对范伯利先生的怀念，其主要动因是，我在1885—1886年间的第一次波斯探险旅行启程之前就已经拜读了他的两本旅行游记著作。这两本书都翻译成了瑞典文，在我的家乡引起了很大的轰动。一本书名为《中亚旅行》（瑞典文版出版时间是1865年），另一本书名为《在波斯徒步旅行的经历》（瑞典文版出版时间是1869年）。这次波斯旅行回来之后，我

---

① 范伯利·阿明（1832—1913年），犹太人，匈牙利研究东方的学者。

又读到了 1886 年在伦敦出版的一本关于他本人的书：《阿明纽斯·范伯利：他的生活和探险自述》。

当然，对我而言，最珍贵的怀念还是范伯利先生曾经十分友好地接待过我，与他的见面使当时的我深受鼓舞。那是我 1886 年 9 月第一次波斯探险旅行返回途中，在匈牙利（Ungarn）首都布达佩斯（Budapest）拜访了他。接下来，他又友好地为我的第一本探险旅行著作撰写了一篇内容详尽、颇受读者欢迎的前言。

范伯利先生出生在匈牙利一个贫穷的犹太人家庭，他真正的名字是赫尔曼·巴姆贝格（Hermann Bamberger），出名之后才使用范伯利·阿明这个响亮的名字，或者英文名阿明纽斯·范伯利（Arminius Vámbéry）。范伯利先生的父母很穷，五岁时父亲就去世了，之后母亲改嫁。

还是一个孩子的时候，范伯利先生就深深地为东方童话世界所吸引，这一意识倾向也可能源于他拥有的东方血统。

范伯利先生从小就瘫痪了，行走需要依靠拐杖，但在十岁时他毅然扔掉了拐杖，以坚强的毅力迫使自己能像正常人一样走路。十二岁时他就得为自己的生计发愁，开始在一家裁缝店里当学徒，后来又在一个旅店老板那里当家庭教师。他用工作积攒下来的为数不多的钱，在普雷斯堡（Preßburg）上了高级中学，在中学学习了拉丁语。

年轻的范伯利先生背着行囊徒步去了维也纳（Wien）、布拉格（Prag）和其他一些欧洲城市，途中投宿在教堂的神职人员那里。神职人员很喜欢听他朗读罗马诗歌。

　　1847 年，范伯利先生再次成为家庭教师，每天要教授近十个小时的语言课程，但课余时间他几乎全部奉献给了斯拉夫语以及希腊语、法语、英语、丹麦语和瑞典语的学习与研究。范伯利先生记忆力过人，能够倒背如流地诵读俄国诗人，包括哲学家罗蒙诺索夫（Lomonosow）先生、诗人剧作家普希金（Puschkin）先生、瑞典诗人泰格奈尔（Tegnér）先生、丹麦作家安徒生（Andersen）先生、丹麦诗人欧伦施莱厄（Oelenschläger）先生的名作。

　　他梦幻着辽阔的亚洲，梦幻着这块奇妙的冒险之地，《一千零一夜》故事的阅读根本满足不了他内心的渴望。为了深化自己对土耳其文学和诗歌的理解，他又认真学习了土耳其语，由于他有马扎尔人（Magyarisch①）的亲缘关系，故这门语言的学习比起其他语言要简单一些，以至于很快就掌握了阿拉伯文字。

　　虽然令他感到遗憾的是，没有编写出一部土耳其语词典，但1858 年，他自己出版了一部《德语—土耳其语》词典。

　　二十二岁时，范伯利先生揣着十五古尔登（Gulden②）乘坐多瑙河上的汽船前往罗马尼亚的加拉茨（Galatz）。他在船上的伙食费以及在前甲板上拥有的一个位置的费用，都是通过在船上为乘客们朗读意大利学者诗人彼特拉克（Petrarca）和意大利诗人塔索（Tasso）的著作以及讲述瑞典作家泰格奈尔《法里西奥夫传说》里的故事来支付的。

---

① 　马扎尔人构成匈牙利主体民族，故也称匈牙利人。
② 　德语国家和地区的古老货币单位。

他的这次旅行延伸到了土耳其的君士坦丁堡（Konstantinopel）。在那里，他作为一个土耳其人居住和生活，并受聘给一位帕夏①的儿子上法语课。由于他拥有渊博的语言知识，范伯利先生与许多高贵的、有教养的上层土耳其人建立了友好的关系。

通过与一位来自巴格达名叫艾哈迈德·艾芬迪（Ahmed Effendi）先生的朋友以及来自布哈拉一位名叫卡尔穆拉德（Chalmurad）的毛拉②交往，他吸收了很多亚洲思维以及看问题的观点和方法，心中渐渐萌发了越来越强烈的、要前往中亚旅行的计划。

在此期间，范伯利先生获得了匈牙利科学院通信院士的荣誉，并得到了资助他前往地球上最大陆地——亚洲腹地探险考察旅行六百古尔登的资金。

孩提时代，范伯利先生的生活是贫穷的，青年时代也几乎没有吃过一顿饱饭，但在此之后，他俨然已经成为斯坦布尔（Stambul③）上层人士的尊贵宾客。但即便如此，已经三十岁的他，仍然毫无顾忌地以一个貌似可怜的、乞讨的德尔维希，即托钵僧的形象出现，在陌生的道路上朝着他渴望的目标徒步跋涉着。

范伯利先生的探险旅行从斯坦布尔前往位于黑海南岸的土耳其城市特拉比松（Trapezunt）开始。5月21日，没有伪装成托钵僧的范伯利先生与几位亚美尼亚人（Armeniern）一道从特拉比松骑马去德黑兰。虽然他心存可能会遭受库尔德土匪袭击的恐惧，但最终还

① 帕夏是奥斯曼帝国高级官员的称谓。
② 伊斯兰教学者。
③ 土耳其君士坦丁堡最古老的一个城区。

是安然无恙地越过阿勒山（Ararat①）来到了波斯的边界。不过，在到达沙阿帝国的第一个地方仇义（Choi）之前，还是遇到了纠缠不休的狼群，好不容易才死里逃生。

范伯利先生在伊朗古城大不里士（Täbris）住了几个星期，以便使自己熟悉伊斯兰教的什叶教派。什叶教派与他作为土耳其人隶属的逊尼教派在某些观点上是不一致的。在那里，他以一个旁观者的身份参加了庆祝沙阿的大儿子穆扎法尔丁·沙王子（Musaffer-ed-Din Mirza②）荣升王位继承人的盛大庆典活动。要顺便说一句的是，这位权贵在四十四年之后也接待了我，那是在他成为卡扎尔王朝（Kadscharen③）国王登上王座之后。

范伯利先生到达伊朗加兹温（Kaswin）的时间是在穆哈兰姆月④里，什叶派教徒要在这个月纪念首领伊玛目⑤侯赛因（Hussein⑥）的身亡并用刀自残。他递交了从斯坦布尔带来的写给德黑兰土耳其公使海达尔·埃芬迪（Haidar Effendi）的一封介绍信，从而成为纪念活动中尊贵的客人。新结交的这位土耳其公使严肃地告诫他，切不可胆大妄为地冒险前往野蛮的中亚地区。

---

① 坐落在土耳其厄德尔省东北边界的高山，为土耳其最高峰。
② 穆扎法尔丁·沙（1853—1907 年），伊朗卡扎尔王朝第五任国王。
③ 卡扎尔王朝（1794—1925 年），伊朗北部卡扎尔部落（如今属于土库曼人）首领阿迦·穆罕默德·汗建立的王朝。
④ 回历年的第一个月，被称为"圣月"，圣月里禁止打斗。
⑤ 历史上伊斯兰教国家领袖的称呼。
⑥ 伊斯兰教创始人穆罕默德的外孙、什叶派第三任伊玛目侯赛因于公历 680 年的卡尔巴拉惨案中遇难，每年穆哈兰姆月的阿舒拉节期间都会有数以百万计的朝圣者前来拜谒圣陵，什叶派穆斯林信徒会以自残身体的方式来表示忏悔，缅怀殉道的侯赛因。

1862 年 9 月 2 日，范伯利先生与来自伊朗马什哈德（Mesched）和巴格达的朝圣者以及什叶派教徒一道离开了德黑兰。即便与什叶派教徒为伍，他也从来不会错过以逊尼教派朝圣者的身份履行每天的祷告。这位徒步漫游的《古兰经》① 经师从沙阿阿卜杜勒·阿齐姆（Abdul Azim）的圣陵旁走过后，在接下来的深夜里，还在前往位于卡尔巴拉伊玛目侯赛因圣陵途中遇到了一队臭气熏天的运送尸体的队伍。

很快，位于伊朗什叶派第二圣城库姆（Kum）的、法蒂玛（Fatima）圣陵绿色的穹顶凸显在南部地平线上。以伊斯兰教徒和云游四方托钵僧身份出现的范伯利先生也跟随其余的朝圣者去朝拜了对非信徒关闭的圣陵清真寺。

在伟大的阿拔斯沙阿首都伊斯法罕停留两个星期之后，范伯利先生继续旅行——这次是一个有六十位旅行者和一百五十头托运货物牲口的大型旅行商队。商队将沿途经过伊朗库米沙（Kumischah）城、叶斯蒂哈斯特（Jesdichast）城、阿巴代（Abadeh）城前往波斯阿契美尼德帝国的首都帕萨尔加德（Pasargadä）朝拜居鲁士大帝的圣陵。看起来，范伯利先生并不像我那样，对那些在大理石墙壁上刻上自己名字的欧洲游客心存反感，因为他的大名也永垂不朽地留在了圣陵的建筑物上。

在伊朗马夫达沙特（Merwdascht）平原，范伯利先生独自一人骑马去了塔赫特贾姆希德（Tacht-i-Djamschid），即波斯波利斯废墟。

---

① 《古兰经》又叫《可兰经》，是伊斯兰教唯一的根本经典。

他带着兴奋的心情描述被称为玫瑰与花园之城的、古老的伊朗设拉子城（Schiras），他是如此钟爱这座城市，在那里足足住了三个月之久。

在这段时间里，他与居住在设拉子城的瑞典医生菲戈贵伦（Fagergren）先生有过一段滑稽有趣的小插曲，他愉快且诙谐地这样写道：

> 我听说，一位来自欧洲的瑞典人住在这个城市，作为医生在这里行医。喜欢冒险乐趣的我很快产生了一个想法，要前去拜访这位瑞典医生。谨慎起见，我决定先隐匿自己的身份，伪装成托钵僧前往。
>
> 当我走进他的房间后，马上用托钵僧乞讨时习惯的腔调"呀，呼！呀，哈克"地问候他。乐施好善的医生很快将手插进衣兜，想给我些许施舍——常见的习惯动作，以便打发我这个托钵僧。
>
> "什么，你要给我钱，"我叫了起来：
>
> "不，我为你的信仰而来，而不是为钱而来的！我来自遥远的国度，是上天神灵遣派我来到你这里的，要将你从皈依的异教中解救出来，引导你走上正确的信仰之路。巴格达的教长指令我，要将你培养成为一位伊斯兰教徒！"
>
> 如此皈依的尝试对一位医生来说并不新鲜，医生菲戈贵伦先生克制地带着笑意回答道：
>
> "这确实是一番美意，我亲爱的托钵僧，但你让我皈依信仰

的尝试不应该用这种命令的口吻，你应该使用善意劝说的、态度友好的、音调悦耳的口吻。你能向我证明，你的上天神灵遣派你来我这里，是因为你有什么特别之处吗？"

"你真的对此产生怀疑吗？"我反问并接下去说道：

"可以这样说，只要我的大师口里吐出一个音节，就足以将所有科技领域的知识以及世界上所有的语言知识赋予他的弟子。你是一个外国人，很可能会说多国语言，你现在就可以用任何一种你熟悉的语言来检验我这位大师弟子的语言能力。"

医生盯着我看，看来，要隐瞒我的匿名身份并不容易。最后，他说起了他的母语瑞典话。

"瑞典语，"我说道：

"我的瑞典语说得与你一样好。"

为了证明我的瑞典语能力，我引用了几句瑞典诗人泰格奈尔最引以为傲的作品《法里西奥夫传说》里的诗句……

医生惊讶的程度简直无法形容。他又开始用德语盘问我，令他深感惊讶的是，我竟同样用德语予以回答。他的怀疑仍然没有消除，继续用法语、英语，试图引导着我踏上危险的薄冰层。当我用不同的语言分别与他交谈之后，才又回到我的波斯语，并十分严肃地以他的灵魂救赎为题宣读了一段《古兰经》中的诗句……可怜的医生此时完全惊慌失措了。

当他正想对我的国籍身份进行猜测的时候，我马上站起来与他告别，我说：

"我让你考虑到明天早晨八点，你是希望表态信仰伊斯兰教，还是希望堕落成本大师愤怒的牺牲品。"

第二天一早，我剥去伪装面罩，让他重新认识了我。医生相当高兴，我们像兄弟一样地拥抱在了一起。

之后，范伯利先生作为客人在瑞典医生菲戈贵伦先生处逗留了六个星期，他们一起交谈，还经常一同出去郊游。

告别瑞典医生，范伯利先生从设拉子城又回到了德黑兰。在那里，他与二十三位来自浩罕城（Kokand①，后来成为俄罗斯内亚）和布哈拉城的以及来自中国新疆喀什噶尔和阿克苏（Aksu）的托钵僧们成为好朋友。他们的向导名叫哈德叙·比拉尔（Hadschi Bilal）。

范伯利先生现在又成为一名苦行云游的托钵僧了，化名为哈德叙·雷希德（Hadschi Reschid）。贫穷的团队越过厄尔布鲁士山前往里海海岸。

那段时间，时不时会有人怀疑范伯利先生的身份。有的说，他的皮肤是白皙的，像一个欧洲人，有的人甚至觉得他的身份是伪装出来的，怀疑他是刺探俄国情报的英国间谍。

他们在柯梅希特培（Komeschtepe）逗留了三个星期，为即将长途跋涉通过危险的、无水的沙漠地带做相应的准备。在土库曼的约穆登（Jomuden），范伯利先生看见了许多被抢来的和被出卖的波斯奴隶。他也不乏惊慌地、恐惧地思考可能会发生在自己身上的命运，

---

① 浩罕汗国，中亚古国，十八世纪初由乌兹别克明格部落建立，于 1876 年为俄罗斯帝国所灭。

因为托钵僧也有可能被这里的土库曼土匪绑架。

　　有一次，一位土库曼人指着他的鼻子说道：

　　"来自罗马（Rum①）的那个瘸子哈德叙是一个快活人，他能够扮演一个了不起的傻瓜！"

　　一位名叫米尔·穆罕默德（Mir Mohammed）的阿富汗人猜疑：范伯利先生是一个有学问的、聪明的"弗伦克（Frenk②）"，建议旅行团队的向导，不要带他去下一个目的地希瓦（Chiwa③）。

　　有时候他们会在荒原上迷路，晚上靠星座的帮助辨识方向。北极星在当地的称呼是"泰米尔卡奇可（Temir Kazik）"，意即铁尖，因为它是不动的。饮用水装在水袋里，有一句格言这样说道：

　　　　给沙漠中干渴的人一滴水，能抵百年罪过。

　　有一次他们遭遇倾盆大雨，正好能够在池塘里获取淡水，将水袋又重新灌满，为继续前往希瓦提供保障。一路旅行中，范伯利先生还顺便考察了中亚流量最大的河流，古老的又称为阿姆河（Amu-darja）的乌许斯河（Oxus）河床。

　　希瓦汗国的可汗赛义德·穆罕默德（Seid Muhemmed）汗，也

---

① 这里的罗马指土耳其。伊斯兰世界里，直到十五世纪还称小亚细亚和土耳其帝国为罗马。
② 指欧洲人。
③ 希瓦古名为花剌子模，是乌兹别克境内的一个绿洲城市。

就是花剌子模国（Charezm①）的皇帝，因生性残暴和奴隶交易而臭
名昭著。但范伯利先生却赢得了他的欢心，因为他祝福可汗可以活
到一百二十岁，还得到了可汗赏赐的一百二十块金锭和一头毛驴。
作为托钵僧的范伯利先生拒绝了金锭，但收下了毛驴。可汗还特地
邀请他逗留帝国一个月，安排他住在富丽堂皇的皇宫里。

　　7月2日，范伯利先生离开希瓦汗国，越过阿姆河踏上征途，开
始了新的历险，并于7月12日到达布哈拉。布哈拉的埃米尔发动了
打击浩罕国的战争。在这座被神赐福的城市里，我们这位化名为哈
德叙·雷希德先生的朋友不仅与法学院、神学院和清真寺的高层学
者们交往，也结识了不少下层各民族的普通民众，与吉尔吉斯族人、
钦察人、卡尔梅克人、乌兹别克人、塔吉克人、土著印度人以及犹
太人打成一片。

　　在撒马尔罕（Samarkand②），范伯利先生就住在帖木儿（Timur）
圣陵清真寺的旁边。在此期间，朝圣者团队的向导朋友哈德叙·比
拉尔试图说服他，并愿意陪同他经哈密（Hami）去北京，或者去伊
斯兰教第一大圣城麦加（Mekka）。不过，如此长距离的跋涉，他们
缺乏必要的资金。但这个建议还是令范伯利先生十分心动，他在书
中写道：

　　　　跨越大陆前往北京的征程，要经过塔塔尔人、吉尔吉斯族

----

① 花剌子模是一个位于中亚西部阿姆河三角洲地区的大型绿洲，中世纪曾是一
　个强大的帝国——花剌子模帝国。现今为乌兹别克斯坦和土库曼斯坦的一
　部分。
② 撒马尔罕为乌兹别克斯坦第二大城市，伊斯兰教学术中心，中亚最古老的城市
　之一。

人和中国人的古老疆域，这可是马可·波罗（Marco Polo①）都不敢冒昧采取的行动，事实上也是一个无可比拟的伟大壮举。

他当时才三十一岁，相信这一伟大的旅途以后还会有机会实现。事实是，这一梦想并没有实现，命运到底没有给他超越马可·波罗的机会。伟大的威尼斯人不仅横跨了亚洲，而且勇敢地面对了其他更多的风险和奇遇——还没有伪装。

在回西方的途中，范伯利先生经过了赫拉特。

1863 年 11 月 10 日，他再次离开定下来去马什哈德的旅行商队，取与以前出发时同样的路线：经德黑兰、特拉比松返回土耳其君士坦丁堡。

1864 年，他应英国皇家地理学会（Royal Geographical Society）的邀请前往伦敦做关于探险旅行的演讲报告，当时的学会主席罗德里克·默奇森（Roderik Murchison）先生，也是利文斯通先生的朋友，一位伟大的极地探险家，特别为他举行了庆祝会。

当时，范伯利先生告诫帕麦斯顿（Palmerston②）勋爵，要他务必警惕俄国的计划。曾经有心怀恶意的谣言，诬陷范伯利先生为东方间谍，他在书中开玩笑说：人们认为他在亚洲为欧洲人效力，又认为他在欧洲为亚洲人效力。

① 马可·波罗（1254—1324 年），威尼斯共和国商人、旅行家及探险家。马可·波罗在一次威尼斯和热那亚之间的海战中被俘虏，在监狱里口述其旅行经历，由鲁斯蒂谦写出《马可·波罗游记》。他的游记让欧洲人得以了解中亚和中国，促进了东西方的交流和发展。
② 全名亨利·约翰·坦普尔·帕麦斯顿（Henry John Temple Palmerston, 1784—1865 年），英国前首相，英格兰第二帝国时期最著名的帝国主义者。

他的第一本书委托给了出版商约翰·默里（John Murray）先生，默里先生也是利文斯通先生的出版商，范伯利先生喜形于色地说：

"书的出版使我获得了比金钱更多的东西，它使我不仅赢得了英国人的认可，也在所有欧洲国家和美国赢得了荣誉和知名度。"

在巴黎，拿破仑三世（Napoleon III）的表现使范伯利先生不知所措，给他留下了一个无意义的浅薄印象。当这位皇子在伟大的科西嘉人（Korsen①）画像前接待他时问道，他是否也认为，皇子看上去不像他的这位叔父。范伯利先生礼貌地予以证实。

在匈牙利，弗朗茨·约瑟夫（Franz Joseph②）皇帝陛下对他十分友好，并于 1865 年批准他成为布达佩斯大学东方语言学教授。

到了太阳在他的人生中永远落下来的那一天，他应该——如他在一本书的结尾中写到的——能够宣告：

> 先生，尽管天气很热，却是一个好日子！

这就是范伯利先生的人生道路，他的名字享誉世界，他的书以不同的语言文字在世界各地发行。作为东方学学者、土耳其语系的语言研究者，他也逐渐将注意力转向自我并公开发表了不少研究成果。

我的第一次波斯之旅，也是从德黑兰经伊斯法罕去设拉子城，与范伯利先生走的是同样路线。在我通过欧洲从君士坦丁堡过布达

---

① 　指出生于科西嘉岛的拿破仑一世。
② 　弗朗茨·约瑟夫一世（1830—1916 年），奥地利帝国和奥匈帝国皇帝。十九世纪到二十世纪初中欧和南欧的统治者。

佩斯、维也纳和柏林回到瑞典的途中，他是唯一一个吸引我去拜访的东方探险家。

范伯利先生当时才五十四岁，但一脸带灰白点的浓密胡须给人的感觉就像一个老头。当他听说，我是直接从他年轻时代的梦幻之地波斯来的时候，和蔼可亲的面庞上迅即洋溢起了友好的光彩，并称我是最受欢迎的客人。

他请我，将探险经历从头至尾原原本本地讲给他听。在我讲述的过程中，他不断地提问、插话，而我的每一次回答，在他看来，都像是一位波斯朋友在问候他、向他致意。

范伯利先生的波斯之旅是在三十一至三十二岁之间完成的，而我是在二十一岁。他是作为修行苦旅的托钵僧，而我是作为孤独的"外国人"或者欧洲人。但我们的经历是相似的，我们行走的路线是一致的，我们有缘，在生活中建立起了牢不可破的友谊。

后来的这些年里，我们又常在布达佩斯见面。

1911 年 12 月 4 日，他用热情洋溢的语言祝贺我为学校编写的教科书《从极地到极地》的出版，并亲自监督将此书翻译成匈牙利语言文字。

1912 年 6 月 26 日，范伯利先生给我写了一封信，已经过去三十八年的这封信今天读来仍有一定的意义：

　　您的信——《一个警告》①——对我来说像是消夏避暑的一

————————————

① 《一个警告》是斯文·赫定 1912 年写的一个提醒瑞典国人务必警惕来自俄国的战争威胁的小册子。

阵清风，我十分高兴地阅读了。对我来说特别高兴的是，我们能在信中亲切友好地见面，交流各自的想法。

在《一个警告》中，您提醒国人警惕、防范俄国人的阴谋政策，警告国人反对专业政治家们矫揉造作营造出来的所谓安宁，这当然是正确的。这些政客缺乏全球眼光，缺乏对不同民族性格的深刻研究，要知道，民族性格的研究不是走在客厅的镶木地板上能够完成的。

我的告诫已经超过四十年了，但现在，我沉默下来了，因为我认为，麦考莱（Macaulay①）先生是对的，当他写下"冒险成就了英国，政治家却要摧毁它……"的时候。我不希望成为一个比罗马教皇更甚的天主教徒、比英国人更甚的英国人……

请经常写信给我，使我能经常想到您这位还未老去的朋友！

H.范伯利

范伯利先生想到了他 1885 年出版的著作《俄国入侵中亚、英国困境以及捍卫印度生存的斗争》，这是一本在他那个时代引起了巨大轰动的书，是一本涉及的主题引起了世人广泛深入探讨的书。

从一位匈牙利朋友处我得到了范伯利先生写给我的最后一封信，是他 1913 年 9 月 15 日去世的半年前，即 1912 年 12 月 5 日写给我的。信中，他感谢我赠送的新书《外喜马拉雅山》。他为我的亚洲探险生涯祝福并痛苦地对我说，八十一岁高龄的他还在怎样抗争、怎

---

① 全名托马斯·巴宾顿·麦考莱（Thomas Babington Macaulay, 1800—1859 年），英国维多利亚时代早期辉格派历史学家、政治家、诗人。

样受折磨、怎样工作，还总是在一定程度上受到周边妒忌和猜疑的人的恶意诽谤。

信的末尾，他表达了对所处的这个世界和人类的困倦和痛苦：

> 我还能在这个世界上旅行，不过已经缺乏兴趣了。如果一个人假扮托钵僧生活了这么多年，认识了这么多的国家和人民，那么这个人现在就可以真正地以一个冷静的托钵僧的眼光，从他的斗室出发注视和鄙视这个世界了。
>
> 请接受您的老朋友衷心的祝愿
>
> H.范伯利

就这样，他的身影在世界舞台上、在我的生活中消失了，但对逝者的记忆，将会永远地埋藏在我的心田。

亨里克·易卜生
(Henrik Ibsen①)

　　我的波斯之旅终于在 1886 年 4 月 6 日这一天开始了，在巴拉恰尼的整个冬季，我都被这个旅行计划魂牵梦绕着，尽管争取路德维希·诺贝尔先生资助的愿望并没有实现。

　　我从巴库乘船渡过里海前往波斯海岸，平安抵达德黑兰后租了一匹马，独自骑行经过伊斯法罕、波斯波利斯和设拉子城到达波斯湾海岸边的布什尔（Buschir）城。在那里，"亚述号（Assyria）"船将我带到巴士拉，之后又乘明轮蒸汽船②"梅吉迪号（Medjidie）"到达巴格达。

　　在陆地上旅行，我可以自己做主，遇到合适的风景可以停下来画上几笔，但在河船上就是另外一回事了，我的旅行必须与其他乘

---

① 全名：亨里克·约翰·易卜生（Henrik Johan Ibsen，1828—1906 年），生于挪威希恩，是一位影响深远的挪威剧作家，被认为是现代现实主义戏剧的创始人。
② 利用设置在船体外转动的明轮带动叶片拨水推进的船舶，明轮安装在船尾或者舷侧，至十九世纪六十年代才逐渐被螺旋桨替代。

客的航行时间联系在一起，船的停泊不能随心所欲。河船上的乘客无一例外地是东方人：土耳其人、波斯人、阿拉伯人、贝都因人（Beduinen①）和几个来自巴基斯坦夕喀浦（Shikarpur）放高利贷的土著印度人。

在设拉子城到布什尔宽阔的商道旁，我从位于法夕斯坦（Farsistan）山里的沙普尔（Schapur）小山庄出发，顺道去参观了山岩上凿刻的、产生于萨珊（Sassaniden②）时代辉煌的浮雕。

但是泰西封古城！难道就只允许我远远地观赏它吗？

国王宫殿雄伟壮观的大厅穹顶耸立在由底格里斯河撒野狂奔的弯流冲击而形成的、平坦辽阔的低洼地上。底格里斯河一路由东西方向向东南方向蜿蜒，在廓尔纳（Korna）汇入幼发拉底河（Euphrat）。两条著名的河流在这里融为一体，以新的、更加响亮的名字——阿拉伯河（Schat-el-Arab）向波斯湾滚滚流去。

幸运的是，一位诚实能干的小伙子——年轻的英国船长帮助了我，他略显尴尬但十分友好地笑着对我说：

"原来您是想参观王宫遗址，这没问题，我可以给您两个小时的参观时间。泰西封古城遗址坐落在临近半岛的一个岬角上，三面由底格里斯河包围着。我的'梅吉迪号'船沿河上行会近距离地驶过遗址，这个时候您可以朝东南方向清楚地看到古城。船驶过河弯从另外一边下行回到古城遗址需要大约两小时四十分钟的时间，而当

---

① 贝都因人是以氏族部落为基本单位在沙漠旷野过游牧生活的阿拉伯人。

② 萨珊王朝也称波斯第二帝国，是最后一个前伊斯兰时期的波斯帝国，与罗马帝国共存超过四百年。

船再次经过遗址时您又可以从西北方向观看遗址。人步行走过岬角需要大约半个小时。船在第一次经过遗址的时候，会有两个阿拉伯人用舢板船摇桨送您到岸上，另外还有两位导游陪着您参观。两小时四十分钟以后，我们的船会在另外一边再次经过遗址，舢板船可以在这个时候接您回到船上。很多英国游客就是乘我的船如此参观泰西封古城遗址的。"

我马上接受了这个切实可行的参观建议。

登上岬角后，我与两位导游尽力赶路，很快站在了泰西封古城王宫废墟前。我将王宫里里外外都认真地观看了一遍，并尽可能在速写本上画了下来。当我们按约定的两小时四十分钟后到达岸边时，准时看见下行的明轮蒸汽船"梅吉迪号"正冒着阵阵黑烟停在河面上等候我们。蓝色的河水翻着白沫围绕着船轮跳跃，小舢板船接上我们，很快又回到了船上。

可爱的年轻船长十分欣赏我为经历了一千五百年风雨洗礼、见证过去富丽堂皇的岁月而画下的泰西封古城遗址速写画作。

在阿拔斯王朝哈里发（Kalifen①）童话一般的巴格达逗留几天之后，我骑马前往伊朗的克尔曼沙赫（Kirmanschah），去参观位于塔基·布斯坦（Tak-i-Bostan）山上两个极具艺术价值的山岩浮雕岩洞，再登山往上参观值得骄傲的国王大流士（Darius②）留下的、用古波斯楔形文字刻下的铭文。

---

① 哈里发是穆罕默德去世以后，伊斯兰阿拉伯政权元首的称谓，伊斯兰政治、宗教领袖。
② 大流士一世（公元前 550—前 485 年），大流士大帝，波斯帝国第三位皇帝。

　　我的旅行继续，去德黑兰，跨海去科拉斯诺多维斯克（Kras-
nodowsk）和巴库，再取道提弗里斯去巴统，过黑海去君士坦丁堡。
然后穿过土耳其、保加利亚（Bulgarien）、匈牙利、奥地利前往德国
柏林。接下来过德国北部的施特拉尔松德（Stralsund）城去瑞典的
马尔默和哥德堡（Göteborg）。

　　我并没有直接回斯德哥尔摩，而是在哥德堡逗留了几天，那是
因为我对波斯沙阿的牙医海本涅特（Hybennet）大夫有一个承诺，
要亲自将一个昂贵的小包裹交给哥德堡宫廷总管马格努斯·拉格伯
格（Magnus Lagerberg）先生。

　　在哥德堡逗留期间，拉格伯格先生陪我去了哥德堡博物馆，在
那里我又结识了斯·阿·赫德伦（S. A. Hedlund）先生，他后来也
成了我的好朋友和我探险活动的资助人。我与赫德伦先生谈到了波
斯科学考察旅行应该有内行的考古学家参与的想法，赫德伦先生对
我的建议很感兴趣，随即还特别召集了一个会议，听取了我对科考
计划的陈述。

　　但这是另外一个故事了——上述计划并没有真正予以实施。随
着时间的推移，我在其他地区的考察旅行和考古征服上，已经不同
于我的首次波斯探险了，在科学考察领域也赋予了完全新的内容。

　　我在这里提到以上这一段经历，只是想说明，为什么渴望早日
回到家乡的我没有坐火车直接回斯德哥尔摩，而是坐了需要长长三
天时间才能到家的运河船。应该说，这是赫德伦先生的主意。

　　他对我说：

　　"赫定先生，如果你不通过乘船一路游览运河回到斯德哥尔摩，

那就太缺乏理智了，以后可能就没有这种机会了。从你讲述的所有内容中我感觉到，你已经展开了飞翔的双翅，要像一只猎鹰在辽阔的天空翱翔。但如果你乘坐运河上的'帕拉斯（Pallas）号'游船，你的眼前就会展开一幅美妙的风景长卷，而且这幅硕大的风景长卷要比你在波斯见到的风景漂亮多了，也迷人多了。这段航行绝对不会使你后悔的。现在正值九月，没准你还是甲板上唯一的一位乘客。"

我愉快地接受了这一游览建议。

我将随身行李搬上了"帕拉斯号"运河船，向友好的船长先生表示问候并向他打听，我是不是唯一的一位乘客。

船长高兴地告诉我说：

"虽然秋季乘船游览的客人不多，但您也不是今天唯一的乘客，我们会有五个人共进午餐，另外有三位乘客，三位中还有一位是著名人士。"

"这位著名人士是谁呢？"我好奇地打听。

"亨里克·易卜生先生，"船长得意地回答。

"易卜生先生？他来游运河了？我想，他应该居住在德国的慕尼黑？"

"您说得没错，但他现在就住在我们运河船'帕拉斯号'上。"

"那其他两位乘客又是谁呢？"我继续打听。

"安·夏洛特·莱弗勒（Ann-Charlotte-Leffler）女士和一位上校，上校是易卜生先生的私人医生。"

"那好，我知道了，这是一个文学团队，需要宁静。请放心，我不会打扰他们。"我客气地作答。

　　或许莱弗勒女士和作为医生的上校先生之所以主动请缨为伟大的挪威剧作家亨里克·易卜生提供导游服务，是希望在三天的运河游览航程中，有机会探究深层次的社会问题和人类问题，因为易卜生先生举世闻名的众多著作均涉及了这些问题，而我却没有钻研文学历史事件的动机和兴趣。

　　幸亏在赫德伦先生的友好建议下我登上了游船，在三天的航程里，我竟成了这些问题的一个生动的见证人。

　　面对尊贵的、拥有"狮王"的三人名流团队，我礼貌地作了简单的自我介绍，却受到了三人团队亲切友好的宽容相待，他们甚至产生了一定程度上的好奇感，希望听我讲述在永恒的火焰地区以及在古老的波斯帝国的历险故事。

　　一般来说，我们只是在吃饭的时候见面，话题常常围绕旅行、日常生活以及两岸红艳艳、金灿灿的秋叶展开。航行中，运河两岸的风景在不断地、富有魔力地变幻着，秋高气爽、艳阳高照，眼前展现出来的是一幅幅童话般美丽而且壮观的景色。

　　一天晚餐后，暮色降临甲板，易卜生先生主动向我走了过来并问道：

　　"赫定先生，您能在晚上陪我喝点吗？"

　　"好啊，易卜生先生，我非常乐意也非常开心，但我可不是喝酒的能手。"

　　"赫定先生，您尽可以根据自己的愿望多喝或者少喝，这没有关系。我只是想听您讲讲离奇的探险经历，想知道您考察萨珊王朝时代那些著名的古城残垣时都见到了什么。"

独一无二的采访就这样开始了，一连三个晚上，当然，除了介绍我的探险经历之外，也聊了许多其他内容。只有我们两人单独坐在船上的餐厅里，易卜生先生的威士忌苏打饮料是深色的，简单而又有营养，而我的酒只是略微有点色彩暗示。他说话的声音很轻，不矫揉造作，但十分亲切有趣。言谈中看得出，他很欣赏我的介绍。虽然我没有时间也没有动机专门研究萨珊时期（226—651 年）的历史，但我能够向易卜生先生展示我在古城遗址画下的速写本以及在沙普尔和塔基·布斯坦匆匆画下的、关于山岩浮雕的简洁素描以及波斯波利斯薛西斯宫殿的速写草图。

有时候我们会长时间一言不发地、静心沉思地观看和分析某一个著名文物景点的速写画作。他最感兴趣的是为泰西封王宫画的那张草图，视线总是会不断地回到这张画上来，并一次又一次地向我询问废墟现在的境况，询问王宫建设时使用的建筑材料，探讨修复的可能性以及如何保护废墟遗址不至于继续受到破坏的可行性措施。

当然，如果我想弄清楚易卜生先生对泰西封遗址深感兴趣的原因恐怕需要很长的时间，事实上超过了六十年。当时的我还只是一个初出茅庐的学生，没有兴趣去感受和研究易卜生先生的戏剧和相关问题，也没有兴趣去讨论他著名的戏剧作品。我的兴趣建立在另外一个世界上，初谙世事的我热衷阅读的是旅行游记、历险传奇，是弗里克塞尔湖（Fryxell①）的故事、冰岛的传说、地球大气层的科

---

① 弗里克塞尔湖位于南极洲维多利亚地泰勒谷下端，加拿大冰川和联邦冰川之间。以美国伊利诺伊州奥古斯塔那学院冰川地质学家弗里乔夫·弗里克塞尔的名字命名。

考报道以及其他的科学发现。

　　我的母亲和她的几位朋友与我不同，她们相当严肃地对待易卜生先生的戏剧作品，直到现在我都还依稀记得，她们经常聚在一起议论易卜生先生的剧作《皇帝与加利利人》。她们认为，克里斯腾（Christen）在反对罗马皇位上最后一个继位的叛教者尤利安努斯（Julianus①）表现出来的坚强不屈实在令人感到不可思议。

　　皇帝在泰西封受到致命伤害时叫喊道：

　　　　你胜利了，加利利人！

　　这句给母亲留下了极为深刻印象的话，我经常能从她的嘴里听到。她不仅仅视这句话为易卜生先生历史戏剧的最高表现，而且还认为是我们这个时代，甚至是未来千年的胜利号角。

　　在波斯执政的阿尔沙克王朝（Arsakiden②）选择泰西封作为他们的皇都，同样，萨珊王朝在数百年的执政中也将泰西封作为权力中心的所在地和首都。萨珊王朝的国王沙普尔一世（Sapor 或 Schapur，241—272 年③）在埃德萨（Edessa）战役中战胜了罗马皇帝瓦勒瑞安努斯（Valerianus，253—260 年）并将他俘虏后关进监

---

① 全名：弗拉维乌斯·克劳狄乌斯·尤利安努斯（Flavius Claudius Julianus，331—363 年），君士坦丁王朝罗马皇帝，361—363 年在位。有时候他被称为尤利安二世。

② 阿尔沙克王朝（54—428 年），亚美尼亚王国的第四个奴隶制王朝，共传二十九个国王，统治了三百七十四年。

③ 沙普尔一世，伊朗萨珊王朝的王中王，一位杰出的军人，文化的庇护者。

狱，从此罗马皇帝就再也没有回去过。

在设拉子城与布什尔两城的中间，一直都还有一个叫沙普尔的小村庄，国王沙普尔一世在世的时候这里是一个鲜花盛开的城市。在这个村庄的附近，沙普尔一世在山岩上留下了一系列的浮雕，其中一个就是易卜生先生在我的速写本上找到的。这个浮雕的速写画刊登在我 1887 年出版的第一本书上。

一个插曲：在这个岩壁上凿刻的、与真人大小几乎一致的大型浮雕上，国王沙普尔一世骑在马上，伸长手臂指着跪在前方的乞降者罗马皇帝瓦勒瑞安努斯。罗马皇帝的两只手臂向胜利者举着，掌心向上表示无条件地投降。沙普尔一世的马踩着一个躺在地上的人，这个人则象征着被打败了的罗马军队。

萨珊王朝在泰西封古城修建了很多宏伟建筑，其中有富丽堂皇的塔克基斯拉王宫（Tak-i-Kesra①），王宫的外围墙和中心的拱形穹顶 1886 年都还在。

在阿拔斯王朝的哈里发手下，泰西封古城开始衰落，被巴格达超过。

在泰西封古城的周围，尤利安努斯（361—363 年）进攻沙普尔一世孙子的儿子沙普尔二世，开始时取得了对抗波斯军队的胜利。在沙普尔二世将这里大火尽数焚毁、变成荒野以阻止罗马人的粮食供应之后，尤利安努斯将部队撤回到西北方向位于底格里斯河岸的萨迈拉（Samarra）地区，他在那里遭遇波斯军队，受了致命的伤。

———————————

① 塔克基斯拉宫是一座波斯萨珊王朝建筑，位于泰西封萨尔曼公园，是古城泰西封唯一残存的建筑，其拱状结构为世界之最早。

步入老年的我终于为易卜生先生的戏剧作品激动了，当我认真阅读了《皇帝与加利利人》以后，才真正理解为什么易卜生先生当初会对我 1886 年的速写草图以及我在"帕拉斯号"餐厅里的相关介绍如此感兴趣。值得庆幸的是，他并没有在"帕拉斯号"运河船上直接问我是否阅读过他的作品。

当然，在"帕拉斯号"运河船上与易卜生先生的交谈，不仅仅只是我对他说，他也在对我讲述。他给我讲述了 1869 年苏伊士运河开通时的印象，一如瑞典探险家路易斯·帕兰德（Louis Palander）先生那样，易卜生先生也应邀参加了苏伊士运河的通航仪式。

易卜生先生的思想会特别停留在值得关注的事实上，他认为，在前进的道路上，人类的精神力量总是在竭尽所能地不断提升发展空间，它改变了上帝的旨意，利用现代技术的帮助成功地实施了"人工剖腹产手术"——将亚洲和非洲分开，将红海与地中海、印度洋以及大西洋联系了起来。

我与亨里克·易卜生先生第一次见面的时候，他就已经有五十六岁了，之后又生活了二十年。在此期间写下了戏剧作品《海上夫人》《海达·高布乐》《建筑大师索内斯》《小艾友夫》《约翰·盖勃吕尔·博克曼》以及《咱们死人醒来的时候》等作品。

世纪之交的前夕，我与易卜生先生又见过几次面，一次是在瑞典诗人卡尔·斯诺伊尔斯基（Carl Snoilsky）先生张罗的一次晚宴上。

在国王奥斯卡陛下给易卜生先生颁发荣誉奖章的午宴上，我也见到了尊敬的易卜生先生。受邀出席午宴的有数名瑞典文学界泰斗以及嘉宾。宴会后，我与易卜生先生愉快地进行了交谈。他回忆起我们共同旅行时的所有细节，甚至还能准确地说出"帕拉斯号"运河船船长的名字。同样，他还能记住不少我们当时交谈的内容，包括我描绘泰西封古城以及沙普尔的素描本。第二天，我又去他下榻的里德贝格（Rydberg）酒店拜访。他热情地接待了我，在房间里给我介绍桌上一排排躺在红色、黑色小盒子里他获得的所有荣誉勋章。他的介绍带着难以形容的满足感，他还能清楚地记得，哪一枚勋章是哪一位君王颁发的，这些不同的荣誉勋章又分别是在什么时候缀在自己胸前的。而所有勋章中他最得意的一枚就是刚刚荣获的、奥斯卡国王颁发的瑞典北极星大十字勋章。当时令我不解的是，为什么他只是严肃认真地展示荣获的这些勋章而闭口不谈他创作的、使他誉满全球的诗歌作品呢？

大师到底是怎么想的呢？

在一本带有肖像和许多著名人士签名的本子上他是这样写的：

> 我的诗歌在哪里，
> 我的祖国就在哪里。

新世纪初，我在丹麦克里斯蒂安尼亚自由城（Christiania①）想拜访易卜生先生的时候，才得知他因生病不能接待任何客人的消息。

他不再写诗，也不再将世界置于火焰中了。

他是一颗很快就要陨落的伟大的星星。

---

① 克里斯蒂安尼亚自由城又称克里斯蒂安尼亚，是丹麦哥本哈根的一处宣称自治的区域，实行无政府主义公社制度。

比昂斯滕·比昂松

(Björnstjerne Bjornson)

对于比昂斯滕·比昂松先生①1872年拥护斯堪的纳维亚（Skandinavia②）国家靠拢德国以及在挪威—瑞典联盟国旗争执中的激烈诋毁，包括他对国王无条件申诉权问题的干预，我是完全没有记忆的。我当时还只是一个不谙世事的学生娃，对政治上的每日论战没有什么兴趣。但是，当这位著名诗人于八十年代末开始他反对"大瑞典"的战役行动并在外国报刊杂志上频频发文抨击瑞典时，当他要求要么挪威与瑞典在联盟中地位完全等同，要么联邦解散并且越走越远地进而在俄国新闻媒体上请求俄国支持调停瑞典与挪威两

---

① 全名：比昂斯滕·斯彻纳·马丁努斯·比昂松（Björnstjerne Martinus Bjørnson，1832—1910年），挪威作家，1903年诺贝尔文学奖获得者。比昂松先生与亨里克·易卜生先生、约纳斯·李先生和亚历山大·谢朗先生并称为挪威"四大作家"。比昂松还是挪威国歌歌词的作者。

② 斯堪的纳维亚一词在地理上包括瑞典、挪威和芬兰的一部分，但在政治上还包括丹麦。这些国家互相视对方属于斯堪的纳维亚，虽然政治上彼此独立，但共同的称谓显示了其文化、语言和历史的深厚渊源。

国间的争论时，只是到了这个时候，我才被彻底激怒了。我不能理解一个挪威人怎么会采取如此伤害感情的过激行动来反对我的国家。我还特别清晰地记得当时的怒不可遏，当比昂松先生在俄国欲进攻挪威北部这一危险问题上作出了如此表态时：即只要俄国需要，人们尽可毫不迟疑地放弃如哈默菲斯特（Hammerfest①）这样的"偏僻小地方"。但要问到我的观点，我会说，除了勇敢地为祖国的每一平方英寸土地而战，不可能有其他的选择。

我是在 1887 年至 1888 年冬季第一次见到比昂斯滕·比昂松先生的，那段时间，他正在许多地方，包括在瑞典的斯德哥尔摩做公开演讲，演讲的主题是"婚姻的一夫一妻制和一夫多妻制"。我母亲十分钦佩比昂松先生的诗歌和他高尚的伦理见解，故也将我带去听他的这些演讲。

演讲在斯德哥尔摩最大的一个教堂举行，会场上座无虚席。我还十分清楚地记得，他像一位新时代的预言家走上教堂布道坛，声音洪亮地向在座的听众表达他的观点，还有他那狮王般蓬乱的发须、因激动挥起的手臂以及紧紧攥着的拳头。他魁梧的外表形象和个人魅力，他针对所有反伦理的、反道德的、反婚姻忠诚而表达出来的掷地有声的词汇以及强有力的、抨击似的、谴责似的评判，都给听众留下了深刻的印象。

但我对比昂斯滕·比昂松先生最珍贵的记忆还是在 1889 年的夏

---

① 哈默菲斯特是挪威北部的一个港市，属挪威芬马克郡管辖，为欧洲最北的港市，也一直被认为是世界上最北面的一座城镇。战争中哈默菲斯特曾被夷为平地。

天，虽说他本人当时并不在场，但他描述的内容却给我留下了不可磨灭的印象。我是带着非同寻常的热情和钦佩在向他学习。

我当时正饱受虹膜炎疾病的折磨，三个月时间都必须躺在一个几乎没有光线的房子里，通常是父亲或母亲或一位姐妹坐在屏风后面为我朗读一些文学作品，以便我的时间能过得更快一些。我母亲朗读的书中有一本就是比昂斯滕·比昂松先生写的诗集《新娘之歌》。这本诗集由挪威著名画家阿道夫·蒂德曼（Adolph Tidemand）先生插画并在 1873 年以精装本出版，扉页上写着，献给丹麦伟大的童话诗人汉斯·克里斯汀·安徒生（Hans Christian Andersen①）。

我真的不知道，为什么描述挪威民众生活的美丽文字当时能如此深深地抓住我的心，以至于我的母亲给我朗读汉斯·浩根（Hans Haugen）先生和米尔德雷德·廷沃德（Mildred Tingvold）先生写的爱情故事的时候，我竟会感动地在床上哭起来。即便是不久前我再次读到这本书，还是觉得那么美丽感人，只是无法再诱惑眼泪从我健康的眼睛中流淌下来了。究其原因，很可能在于心弦的触动。年轻人的心弦对于爱和眼泪是敏感的，但随着年龄的增长、阅历的丰富，时间已经将人的精神打磨得更加坚强了。

1903 年 12 月，我得以第一次与比昂斯滕·比昂松先生单独接触并有过几次交谈的机会，他当时来斯德哥尔摩接受诺贝尔文学奖。

① 汉斯·克里斯汀·安徒生（Hans Christian Andersen, 1805—1875 年），通称安徒生，丹麦作家暨诗人、哲学家，因其童话作品而闻名于世。安徒生笔下著名的童话故事包括《冰雪女王》《拇指姑娘》《卖火柴的小女孩》《丑小鸭》和《国王的新衣》等。他的作品被翻译成一百五十种语言在全球出版发行，还激发了大量电影、舞台剧、芭蕾舞剧及动画的创作。

获奖的评语是：

> ……作为对他崇高的、杰出的、多样化诗歌作品认可的一个象征。他以诗人鲜活的灵感和难得的赤子之心，把作品写得雍容、华丽而又缤纷。

隆重庄严的诺贝尔文学奖颁奖仪式在音乐学院举行，颁奖仪式上，高大魁梧的比昂松先生，像来自维京时代的一位北欧大侠。他健步走到国王奥斯卡的身前，准备从国王手中接过获奖证书和金牌。

这真是一个令人值得深思、回味的情景，两位身材高大、头发花白的巨人相对相视而立：一边是"精神帝国的国王"，一边是瑞典—挪威联盟帝国的国王，同时也是比昂松先生在演讲中、文章中激情昂扬抨击的对象。但在高贵的瑞典国王的面前，比昂松先生十分注重礼节地弯腰鞠躬，而颁奖的国王好像也忘掉了比昂松先生抨击他的那些尖锐措辞。

在诺贝尔颁奖典礼的历史上，似乎还从未有过这样的场景，在座的学界名人给予了如此暴风雨般的热烈掌声和赞赏声，也没有哪一个颁奖仪式像那天那样，使在场人士带着如此巨大的热情和献身精神高唱挪威国歌：

> 是的，我们热爱祖国……

在斯德哥尔摩的这次访问中，比昂松先生的钦佩者和女性崇拜者为他举办了一个又一个庆祝会。卡尔·瓦布格（Karl Warburg）教授特别为他举办了宴会。宴会上，国王奥斯卡二世最小的儿子尤金（Eugen）王子明确地拒绝接受宴会主人排定的座次，而要求将尊贵的客人比昂松先生以及女主人瓦布格教授夫人请到正座上，而自己却谦恭地在他们右边位置上坐下。

宴会后，我有机会向伟大的诗人介绍第一次通过聆听《新娘之歌》认识他的经历，可这一次，却是诗人的眼睛湿润了。遗憾的是，我记不住他当时回答的原文，但大致意思如下：这可能吗？您，一个博士，无数次在亚洲荒原上跋涉、在中国西藏的崇山峻岭上攀登，为有意义的人生奋斗，见到了如此多我们并不熟悉的神奇国度，并留下了吸引人的精彩描述，您怎么还能记住《新娘之歌》那个无足轻重的小作品呢？他还补充说了一些亲切友好的话语，诸如他多年来一直在关注我的生活轨迹之类的话。

当然，交谈中没有涉及我们之间在瑞典—挪威两国联盟问题上以及其他政治问题上的分歧，哪怕一丁点儿暗示都没有。

在斯德哥尔摩连续举办庆祝会期间，我们还在著名雕塑家约翰·伯耶松（John Börjeson）教授举办的宴会上见了面。伯耶松教授住在伯格尔（Bergel）赛格尔街 1 号的老工作室里，他总是力求在一个最具独创性、最有名气、也最传统的氛围中接待来他这里赴宴的尊贵客人。

同样，瑞典著名诗人维尔纳·冯·海登斯坦（Verner von Hei-denstam①）先生也是比昂松先生的钦佩者。在伟大的挪威诗人逝世

---

① 全名：卡尔·古斯塔夫·维尔纳·冯·海登斯坦（Carl Gustaf Verner von Hei-denstam，1859—1940 年），瑞典诗人、小说家，诺贝尔文学奖获得者。

以后，海登斯坦先生写了一首题为《挪威的父亲》的诗歌，诗句
如下：

> 以前是兄弟国家，现在是陌生国家
>
> 以前手拉着手，现在纽带断开
>
> 人民的心灵深处不想沉默
>
> 因为沸腾着一首兄弟之歌
>
> 我们在缓缓的日落中观看
>
> 为你悲伤胜过为我们自己

在第一次世界大战期间，我曾多次与比昂斯滕・比昂松先生一
道前往德国东部前线访问，之后又多次高兴地在我家亲自接待这位
尊贵的客人，听他讲述他卓越的性格特征、他的挪威故事以及奇闻
逸事，享受着与他在一起的快乐时光。

1944 年，比昂松先生的第二个儿子厄林（Erling）给我写了一封
十分友好的信，注明的日期和地点是"奥利斯塔德（Aulestad），2 月
12 日"，他刚刚读完了我以前写的一本关于中国西藏的书。

信一开头是这样写的：

> 我十分高兴给您写这封信！您可能早就忘记我了，1903 年，
> 我父亲接受诺贝尔文学奖时，我也十分幸福地在斯德哥尔摩见
> 到了您。

不，这一天我是不会忘记的，你，厄林先生，我当然也不会忘

记。不过，我不愿意想到的，或者说，我最希望忘掉的，是比昂松先生针对瑞典和瑞典—挪威联盟发表的严厉且强硬的措辞。可能先生已经为他的这些话感到后悔，当他见到瑞典人民不计前嫌、慷慨大方地将世界文学领域的最高荣誉诺贝尔文学奖颁发给他的时候。

在时代的长河中，我不断地会有这种感觉，似乎又听见了远方的童话和歌唱，犹如心头上的《新娘之歌》在渐行渐弱地回响。

弗里乔夫·南森

(Fridtjof Nansen)

在我一生中遇见的所有真正伟大的和著名的人物中，弗里乔夫·南森先生①理应获得一个荣誉席位。作为一位北极地区的探险研究者和先驱者，他在年轻的时候就用实际行动充分证实了自己非同寻常的探险实力。为了实现确定的理想目标，他孜孜不倦地努力奋斗，是任何一个时代都应该遵循的光辉榜样。他拥有的成熟个性，在我们这个地球上相当少见，他的牺牲精神、坚强意志和人类友爱超出了他同时代的其他人。在世界面临分裂、人类遭遇不幸的今天，南森先生无疑是我们值得信赖的同仁。他向顽固的、自私的、奴役人民的权贵统治指明了理性的、和解的道路——一条能够给地球以安宁、和平、宽容和谅解的唯一道路。

---

① 全名：弗里乔夫·韦德尔-亚尔斯伯格·南森（Fridtjof Wedel-Jarlsberg Nansen，1861—1930 年），挪威探险家、科学家、人道主义者和外交家。1922 年，因担任国际联盟高级专员时的工作而获得诺贝尔和平奖。1888 年，他首次带领一支滑雪队用越野滑雪的方式横跨了世界第一大岛屿格陵兰岛。

1887 年，我第一次见到了弗里乔夫·南森先生。

在斯德哥尔摩，每个月的第一个星期六（除了夏季）都会举办伊顿（Idun）协会会员的社交聚会活动，协会的成员在当时、哪怕在今天都是一些著名的科学家、作家以及受过高等专业教育的艺术家、音乐家、高级军官或者在其就业领域富有成就的杰出人物。这些人因其地位或因其工作性质会频频出现在国家的、公众的生活之中。那些暂时居住在斯德哥尔摩的国外思想界知名人士或者外交官员也经常是这个社交聚会活动的特邀嘉宾。

这个协会没有主席，但有一个常任秘书，常任秘书往往是由一位知名的、受人尊敬的人担任，同时也是一位有能力在晚间报告结束后针对刚做过的报告主题既实事求是又机智风趣的即兴演讲者。

我现在提及的这次伊顿协会晚间活动，至今在我的记忆中仍十分清晰，其情景就像发生在昨天一样。

当时，伊顿协会的秘书是有修养、有见地、受人欢迎的图书管理员哈拉尔德·维瑟尔格伦（Harald Wieselgren）先生。在协会聚会当晚自由活动的间隙，他与诺登舍尔德先生、克里斯蒂安·罗文（Christian Loven）教授三人组成的小团队向我径直走了过来，维瑟尔格伦先生对我说道：

"赫定先生，我们这里有一位挪威年轻人，名叫弗里乔夫·南森，是挪威卑尔根（Bergen）博物馆的文物保管员，他明年要去格陵兰岛。你也是这样一位徒步探险旅行家，今天晚上可以陪陪他。"

"衷心欢迎，南森先生！"面对南森先生，我打了一个招呼。

我们的目光瞬间相遇，相互之间不经意的一个眼神交换，其意义胜过了伸出两只手的有力相握。

南森先生确实是一个非凡的人物，在斯德哥尔摩凤凰酒店伊顿协会的聚会大厅里，他自信、生机勃勃的举止赢得了大家的惊讶和钦佩。他的衣装相当特别：一件浅灰色的、配上两排纽扣直到喉结都扣住了的男式短上衣，一条运动型长裤，既没有衣领或围巾，也没有硬邦邦的袖口。

有关南森先生的着装，当时还有这样一个传言：他第一次拜见英国国王爱德华七世（Eduard Ⅶ①）时——国王当时可能还只是一位威尔士亲王——穿的也是出席伊顿协会聚会时穿的这套运动服。按照严格的英国宫廷礼节，觐见亲王都必须穿黑色的男士礼服出席。当宫廷主管看到南森先生穿的竟是一身灰色的运动服时，赶紧在客人还没有进来时就惊恐地将真情报告给了亲王。令人没想到的是，威尔士亲王当即表明了自己的态度：

"我要见的是这个人，至于他穿什么，无所谓。"

同样，在这次伊顿聚会上，人们起初也抱有与宫廷主管同样的想法，但几分钟过后，与会的人就不会去关注那些个人小事、不再想他今天应该穿什么衣服、合不合乎名流们聚会的礼仪习惯了。相反，这套运动装使他相当出众地站在那里，似乎在暗示，他已经在前往格陵兰岛的探险运动途中了。

南森先生身材高大、体态修长、结实、匀称，给人的第一印象

---

① 爱德华七世（Edward Ⅶ，1841—1910 年），全名阿尔伯特·爱德华（Albert Edward），英国国王及印度殖民时期的皇帝。

是精力充沛生机勃勃的，具有不可战胜的顽强意志力和一往无前、什么艰难险阻都不在话下的英雄气魄。那感觉，似乎穿越格陵兰岛冰雪第一人非他莫属。他的自身形象不错——虽然说不上十分英俊，但能让人切切实实地感觉到是十分典型的挪威人种。高高的额头显示出他的才智、聪明和精神面貌，友好的、浅蓝色的眼睛体现了他对人类、对地球、对责任、对目标的挚爱和追求。一张嘴显示了他毫不动摇的勇气、值得信赖的天赋以及领导才能。还有那轮廓分明的下巴，是强大的力量和进取心的象征。说实在的，我在生活中极少见如此讨人喜欢的挪威年轻人。见到他，人顿时会对他的本领和判断力产生无限的信任感。如果他再用充满自信的、平静的、动听的言语表达他要脚蹬滑雪板横穿格陵兰岛、从北海岸一直滑到西海岸的坚定决心，那听者对他的成功是一定不会怀疑的。

1883 年，瑞典人诺登舍尔德先生以五十一岁的高龄、驾探险船在岛和陆地中间穿过，尽管是在一个比南森先生更有意义的广阔位置上。然而，这一壮举南森先生在二十七岁时就以自己年轻旺盛的精力成功完成了。与诺登舍尔德先生的业绩相比不同的只是，南森先生是从东海岸出发，旅行结束是在有人居住的西部地区。

南森先生此次斯德哥尔摩之行的目的是要与诺登舍尔德先生见面，当面讲解他的探险旅行计划，听取经验丰富的航海家前辈针对他这一大型行动提出的建议并了解与探险相关的装备以及落实计划实施过程中的相关细节。

我与南森先生在"伊顿之夜"结下的深厚友谊一直保持到 1930 年 5 月 13 日他去世的那一天。我是在探险途中的北京收到他去世的噩耗的。在四十二年的时间长河里，我与他多次在一起探讨政治问题，特别是在瑞典—挪威联盟相关问题的争议上，我俩经常各执己见，舌战激烈。但尽管面对整个世界，我们会唇枪舌剑地公开争论，包括各自在《泰晤士报》（Times）上发表辩论文章。但这种争论丝毫没有损伤到我们之间业已存在的传统友谊，彼此之间不仅没有放弃自己的政治见解，相反通过争论，友谊的纽带连接得更加牢固了。

1888 年，是南森先生向人类展示他在格陵兰岛内陆冰上卓越才华的时候。很多业内人士都相信，他一定能够幸运地到达冰盖①。然而，在他出发之后很长的一段时间里，并没有传出有关他探险旅行期间的任何消息。人们诧异，南森先生饿死了？冻僵了？或者是被一个阴险的、隐蔽的冰缝给吞噬了？

当然，这种担忧不是没有道理的，四十二年之后，担忧的可能性就得到了证实：提出"大陆漂移学说②"的著名德国地质学家、气象学家、地球物理学家阿尔弗雷德·魏格纳（Alfred Wegener）先生于 1905—1908 年与丹麦船长约翰·彼得·科赫（Johan Peter Koch）一道从丹马沙（Danmarkshavn③）出发，穿过格陵兰岛到达格陵兰西海岸的乌佩纳维克（Upernivik）小镇，就是在内陆冰上度过的冬季。而 1930 年，魏格纳先生又兴师动众地开始一次新的、大规模的格陵兰岛科考探险旅行。他在西部的乌马纳克（Umanak）建有一个

---

① 冰盖指连续的冰川冰覆盖了五万平方公里以上的陆地，因此也称作大陆冰川。目前仅有的冰盖在南极洲与格陵兰岛。
② "大陆漂移学说"是解释地壳运动和海陆分布、演变的学说。大陆彼此之间以及大陆相对于大洋盆地间的大规模水平运动，称大陆漂移。
③ 丹马沙又称丹麦港。

观测站，在东部的斯科比桑峡湾（Scoresbysund）附近建有第二个观测站，在东西部之间又建了第三个、名字叫"冰中"的观测站。但就在从"冰中"观测站返回西海岸的途中，魏格纳先生不幸遇难身亡。遇难的时间是 1930 年的 11 月，也就是南森先生去世的半年之后。

我不是一个有着一张灾难般的、四处呱呱乱叫的乌鸦嘴的人，但我没有忌讳，愿意道出心里真实的想法。

1888 年 2 月我给南森先生写了一封信，祝福他即将启程的探险旅行马到成功，并建议他认真读读刚刚出版的美军中尉格里利（Greely①）先生描写关于富兰克林夫人湾（Lady-Franklin-Bai）探险队美国观测站不幸遭遇的书以及指挥官施莱（Schley）先生写的关于他在考察旅行中拯救格里利先生的文字。

不过，南森先生横贯格陵兰岛的探险旅行是幸运的，他真正在冰面和雪地上滑雪旅行用了一个半月。在此期间的冬季里，他还在西海岸开展了关于因纽特人生活习性的研究。

南森先生结束格陵兰岛探险旅行返回挪威的 1889 年，我还在斯德哥尔摩大学挪威著名教授沃尔德马·克里斯托弗·布勒格先生处学习地质学。每到夏季，教授都会带领学生前往挪威长途旅行，开展长达几个月的野外实习活动。同样，1889 年的夏季，布勒格教授也带领学生们在挪威的朗厄松峡湾（Langesundsfjord）附近开展实习活动，正好在这个时候，南森先生格陵兰岛探险归来。

————————————————

① 全名：阿道夫·格里利（Adolphus Greely，1844—1935 年），美国军官、探险家，富兰克林夫人湾探险队队长。

南森先生坐船抵达峡湾。

5 月 30 日，克里斯蒂安尼亚自由城隆重举行了南森先生探险归来抵港庆祝仪式。庆典委员会特别邀请我与布勒格教授参加庆典大会，我乘坐教授的船一同驶向峡湾。峡湾处的湖面上，停泊着一长溜大小船只、帆船、快艇和小驳船，准备迎接凯旋的、勇敢的冰上探险者。整个挪威都在为他欢呼、为他激动、为他骄傲。彩旗在风中飘扬，人们在兴高采烈地为庆祝胜利者归来的节日气氛贡献着热情。

峡湾欢迎的热烈气氛正如 1928 年出版的、年轻的探险者南森先生为青少年撰写的书籍《滑雪穿过格陵兰岛》中结尾简单而又谦虚地写到的那样：

> 我们的船首先停靠哥本哈根，在那里受到了隆重的接待。耶稣升天节那一天，即 1889 年 5 月 30 日，船抵达了克里斯蒂安尼亚自由城，在峡湾迎接我们的有上百条帆船和一长溜蒸汽船。当船靠近港口，看到了节日般拥挤以及朗厄松桥上黑压压的人群时，同伴迪特里希森（Dietrichsen）先生兴奋地喊道：
>
> "拉夫纳（Ravna）先生，你看看，真是太美好了，处处都是欢乐的人群！"
>
> "是的，美好，太美好了，但如果都是驯鹿的话，那就更美好了。"拉普人（Lappe①）拉夫纳先生风趣地回答道。

---

① 拉普人为北欧民族之一，自称"萨米人"，主要分布在挪威、瑞典、芬兰和俄罗斯四国境内的北极地区，属于蒙古人种和欧罗巴人种的混合类型。拉普人是欧洲至今仍过着游牧生活的民族，主要靠驯鹿为生，冬季南迁，春季北移，一年四季，赶着鹿群游荡。

接下来是愉快的、无拘无束的盛大宴会，宴会上又是一片献给南森先生以及他同伴的、献给他们勇敢和坚强探险精神的响亮的赞扬声。我受邀代表瑞典以及瑞典地理学会在会上发言，发言中我强调说：尽管我没有得到瑞典地理学会的直接委托，但我相信，全体瑞典人民也和挪威人民一样，为南森先生格陵兰岛探险旅行取得的辉煌成就感到由衷的高兴。

1889 年 10 月 18 日，南森先生莅临斯德哥尔摩格兰德酒店大厅，接受瑞典人类学学会、地理学会颁发的学会最高奖——维加金质奖章。尊贵的瑞典国王亲临会场。南森先生是第六位获得这个奖项的人，前面五位获奖者分别是：瑞典人诺登舍尔德先生、瑞典人帕兰德先生、美国人史丹利先生、俄国人普尔热瓦尔斯基先生和德国人容克（Junker）先生。

一个星期以后，我前往德国柏林，在柏林大学著名中国旅行家冯·李希霍芬（von Richthofen）男爵身边学习亚洲地理学。李希霍芬教授也十分钦佩南森先生，与整个柏林，特别是大学生们一样，教授也希望能将这位为世人颂扬的、著名的挪威人作为嘉宾请到柏林地理学会来。李希霍芬教授请我尽一切努力，邀请南森先生访问柏林。我赶紧根据这个意愿写了一封邀请信，回信中南森先生是这样写的：

克里斯蒂安尼亚自由城，Drammensveien 36

1889 年 11 月 14 日

亲爱的朋友：

衷心感谢您的来信，也衷心感谢访问斯德哥尔摩期间我们在一起的、令人难忘的美好时光。如你所知，我现在十分忙碌，故回信只能短短地写上几行字，不能如我希望的那样详细叙述。

至于去柏林讲学事宜，我还真不知道能否找到时间。对此，我抱有怀疑的态度。因为，我正勤勉于写书，在著述完成之前，我不想分心干其他的事。我十分高兴的是，冯·李希霍芬教授重视这件事，希望我访问柏林地理学会。只要有可能，我都会欣然接受这个邀请的。但正如上面所说，我十分怀疑能否成行。

我正在为我的著述寻找德国出版商，我已经给莱比锡（Leipzig）布罗克豪斯（Brockhaus）出版社、莱斯兰德（Reisland）出版社以及在不伦瑞克（Braunschweig）的魏维格（Vieweg）出版社、索恩（Sohn）出版社分别写了信。如果您能与他们取得联系或者给我介绍一个能接受我的书的其他好的出版社，而且我还没有与上述出版社签约的话，我将十分感激。

我的夫人十分感谢您对她的问候！

致以衷心的问候！

你的朋友：弗里乔夫·南森

当时在柏林的我，也因出书一事感到懊恼，我自己的书一直都没有找到合适的德国出版商。但我请求李希霍芬男爵，无论如何要为我联系上南森先生介绍的莱比锡出版商 F. A. 布罗克豪斯先生。幸运的是，南森先生和我的旅行游记后来都通过这家出版社在德国出版了。

南森先生后来成为克里斯蒂安尼亚自由城海洋学研究所的教授，也开始准备他的"跨越极地海洋"世界著名旅行。而我在 1890—1891 年完成了第二次亚洲旅行之后，于 1892 年再次回到柏林大学李希霍芬教授身边工作。1893—1897 年，我又完成了内亚和中国西藏北部的旅行，于 1897 年 5 月回到了斯德哥尔摩。

每一个人都会记住南森先生勇敢的、新的探险计划的。

由于 1881 年由美国海军上尉德朗（De Long①）舰长指挥、在美国旧金山启航、最后沉没于冰海的"珍妮特号（Jeannette）"沉船的部分残骸漂过海洋冲到了格陵兰岛海岸边。这个事实表明，一定存在着一股涌向格陵兰岛的海流。南森先生认为，只需要让船与浮冰冻在一起，再任随这股海流漂移，就可以漂过北极。如果海流没有将他的"前进（Fram）号"直接送到极地或者只是漂流到邻近地点，人们就能够步行走过冰层到达要寻找的地轴北极极点。

所有的都在按照预先的计划进行，但他终究还是没有到达北极极点。在 86 度 14 分处——尽管比其他北极探险家已经走得更加接近北极点——他还是不得不与约翰森（Johansen）先生掉头返回，转向弗朗茨约瑟夫群岛②，希望在那里越冬。

1896 年 6 月 17 日，他们在弗洛拉角（Flora）遇见了英国探险家杰克逊（Jackson），同年 8 月回到了挪威的瓦尔多（Vardö）。令人难

---

① 全名：乔治·华盛顿·德朗（George Washington De Long，1844—1881 年），美国海军军官及探险家。德朗上尉驾驶的"珍妮特号"被困浮冰并沉没。德朗及船员弃船乘坐救生船前往西伯利亚，在西伯利亚因饥饿死亡。

② 弗朗茨约瑟夫群岛是俄罗斯在北冰洋中的一座群岛，由 191 个冰封岛屿组成，面积 16 134 平方公里，又名法兰士约瑟夫群岛。该群岛 1873 年被奥匈帝国探险家发现，以奥匈帝国皇帝弗朗茨·约瑟夫一世之名命名，并成为奥匈帝国的海外领地，曾计划像格陵兰岛一样安排移民，但尚在移民初始阶段奥匈帝国就解体了。

以想象的是，一个星期之后，随浮冰漂流的"前进号"探险船也童话般奇迹地回到了瓦尔多。

在世界上首先引起巨大轰动的是一个相当有意义的科学论断，即证明了极地海洋是一个有着令人意想不到深度的大型深海盆地。

"珍妮特—海流"也被证明了，只是新陆地并没有被发现。

但如果漂流的浮冰没有将"前进号"送到切柳斯金角以北如此远的地方，那么，由俄国航海家维利基茨基 1913 年发现的双岛——北地群岛就有可能像防浪堤一样将"前进号"挡在中途，这样，他们的航行很可能会比实际发生的更早完成，也就会在俄国探险家之前完成新陆地这一重要的地理发现。

在诺登舍尔德先生与南森先生两个北极探险家之间，既有相似之处又有不同之处。

两个人的计划都建立在海流有可能提供支持的基础之上。诺登舍尔德先生是利用来自西伯利亚河流的淡水水流，这股水流在夏季会流向西伯利亚的北海岸。南森先生是借助海流漂过整个北极海洋，而海流的存在通过"珍妮特号"从新西伯利亚岛漂流至格陵兰岛的船体残骸得到了证明。

两位探险家的计划都在全体船员的努力下、在航船没有损失的前提下得以实施。两位都是极地研究领域的开拓者，都带回了非同寻常的科研成果。诺登舍尔德先生几乎实现了他的整个计划，唯一没有满足他要求的是不得不经历被困浮冰的越冬行动。不过，从科学研究的角度出发，越冬之举却丰富了他科考旅行的总体成果。南森先生亲自抵达北极极点的尝试虽然失败了，但他证明了"珍妮

特—海流"的存在，并且以乘雪橇在北极冰雪上驰行的行为完成了
世界体育运动史上的一项壮举。

两位探险家都引起了举世轰动，他们的探险航行在整个，包括
未来的北极海洋探险舞台上都是令人瞩目的最高成就。浪漫的、戏
剧性的、充满阳刚气的壮举，为实现幻想中的、令人陶醉、鼓舞人
心的高纬度追求，特别是勇敢、冒险前往极地本身的行为——都在
北极科考探险的历史上留下了浓墨重彩的一笔。他们的著作不仅现
在，即便在将来也都是抢手的、洛阳纸贵的畅销书。

不过，曾经的浪漫在今天这个时代已经没有表现的空间了。因
为，亚洲和美洲的北海岸都已经扩建成新的军事基地，军用飞机每
两个小时就会从斯匹茨卑尔根群岛和弗朗茨约瑟夫群岛直线越过极
地飞向白令海。

我从亚洲探险旅行回来五天之后的 1897 年 5 月 15 日，国王在王
宫为斯德哥尔摩开幕的一个展览举办庆祝活动，在致辞中，国王有
一段关于我的、风趣盎然的评价语。他说：

> 半年前我们隆重地接待了南森先生。正是南森先生在无边
> 无际的北极海洋上探寻陆地的时候，我们的赫定先生却在辽阔
> 无垠的亚洲沙漠上寻找水源。

1899—1902 年间，在我新的内亚和中国西藏探险之旅结束前往
印度之后，再次接到了克里斯蒂安尼亚自由城地理学会的邀请。利
用这个访问机会，我得以经常与南森先生见面交流。回到斯德哥尔

摩之后，我给他写了一封信，一方面感谢他对我的热情接待，另一方面，也将在同一时间里收到的、史丹利先生在纽约的经纪人梅杰·庞德（Major Pond）先生请我去美国演讲的邀请告诉了他。

庞德先生请我在美国巡回做一百场探险旅行报告，报酬是七万五千美元。在给南森先生的信中，我附上了这个邀请函以及合同草案的副本并征求他的看法。收到我的信后，南森先生于 1902 年 4 月 24 日给我回复了一封长信，信中对我接受庞德先生邀请一事详尽地、有理有据地写上了七点告诫意见，并向我披露了他自己被欺骗的事实。我接受南森先生的建议，拒绝了这份邀请。

那个时候，南森先生正在勤奋研究"大陆架①"问题，他还请教我有关浪蚀、冲蚀以及波浪拍打西藏湖湖岸带来的影响等问题，我都尽可能地做了详尽的解答。他很客气地请我原谅，说"提出这么多问题来打扰我、折磨我"，实际上，我很乐意与他共同探讨。

1905 年，瑞典—挪威两国在联盟问题上出现了严重分歧。瑞典方面希望作出巨大牺牲来挽救联盟，而挪威方面希望无论如何与瑞典解体，完全走独立自主的道路。特别是在过去的十年间，两国联盟之间的结合处总能清楚地听见分歧和冲突的声音。南森先生是坚定维护挪威独立权利的先锋分子，而我又是一个特别坚定的联盟派，总觉得面对大国之间的战争威胁，两国联盟的解体是十分危险的。

为了维护两国联盟，博斯特罗姆（Boström）内阁②尽了最大努

---

① 大陆架，又叫"陆棚"或"大陆浅滩"，指大陆沿岸土地在海面下向海洋自然延伸被海水覆盖的陆地，通常被认为是大陆的一部分。
② 1905 年瑞典首相为艾里克·古斯塔夫·博斯特罗姆（Erik Gustaf Boström）。

力，退得尽可能远了，现在已经站在了不能再退的临界线上了。

但不论是南森先生还是我，都没有因为这一政治上的思想隔阂而损害到维持了将近二十年的传统友谊。

在前面写的章节中，我已经讲到了瑞典地理学会举办的"维加号"返航二十五周年的庆典活动，那一年正是我担任学会主席。因此，我特别给南森先生写了一封十分恳切、发自内心的邀请信。我邀请他来瑞典，并希望通过他的出席，为我们的纪念活动增光添彩。我很清楚，邀请南森先生与会是我身为主席的分内责任，不会有什么政治上的风险。即便南森先生到场会使一个或几个人感到不愉快，但绝大多数与会人员都还是会给他理应获得的尊重和荣誉的。我相信，有教养的绅士们的态度是不会受现实政治风向左右的。

尽管如此，南森先生还是在回函中提到了挪威现在所处的舆论环境，友好地谢绝了这一邀请。

鉴于旷日持久的"瑞典—挪威联盟"争议于 1905 年春天呈现出白热化的表现形式，事实上，挪威议会在 6 月 7 日就已经作出了"瑞典—挪威联盟"解体的最后决定。因此，也很容易理解，如他在信中公开且真诚地写到的，他没有时间也没有兴趣在这个敏感的节骨眼上来斯德哥尔摩参加"维加号"返航二十五周年的纪念活动。

1905 年 3 月 25 日，英国《泰晤士报》刊登了南森先生一篇题为《瑞典—挪威冲突》的、内容相当详尽的长篇大论。文章注明的地点和时间是：利萨克（Lysaker）、1905 年 3 月 15 日。在那篇文章里，南森先生从挪威的利益出发阐述了他的见解，多角度地抨击了瑞典。

他所持的观点是，瑞典政府在诸多事务及问题上对联盟的兄弟国犯下了错误。

而我却认为，在一些根本问题上，南森先生对瑞典的指控是片面的、误导性的、迷惑人的。他的其他错误还表现在，对两国联盟积极意义上的、某些重要观点的理解没有涉及。因此，南森先生刊登在《泰晤士报》上的文章引起了瑞典以及瑞典媒体的强烈不满和愤慨。

在涉及两国联盟的争议这一大是大非问题上，我很快作出了要以我的意志或者说要违背我的意愿、与我的老朋友南森先生在国外论坛上作坚决斗争的决定。我也在《泰晤士报》上撰文，在全面驳斥南森先生观点的同时阐述瑞典方面的观点和立场。

我想，这应该是一个十分吸引人的文斗事件，如果将南森先生发表在 3 月 25 日《泰晤士报》上反对瑞典的长篇指控文章和我发表在同一张报纸上的答辩文章在这里原文刊出的话。但考虑到本书版面的不足，我只能摘引我文章的结尾部分，其内容和观点在联盟解体三十五年后的今天看来都还是正确的。

我是这样写的：

> 还有一点，是南森先生的文章中完全没有涉及的，但应该是英国读者们感兴趣的，即瑞典—挪威共同半岛，斯堪的纳维亚半岛①的共同防御问题。根据 1876 年的约定，在挪威境外，只能部署挪威陆军的现役军团，而针对共同防御，国王能支配

---

① 斯堪的纳维亚半岛有两个国，即西部的挪威和南部的瑞典。

的是挪威现役军团全部武装力量的百分之七十一。但在 1885 年之后，根据挪威新制定的法律条款，国王能支配的现役军团武装力量比例一下子降到了百分之三十一，也就是说，在战争发生的情况下，挪威为瑞典的防御或者为联盟共同半岛的防御只负有投入三分之一武装力量的义务。但相对而言，瑞典为挪威的防御或者为联盟共同半岛的防御，却要投入挪威方难以比拟的、全部的武装力量和舰队。鉴于挪威在防御和独立性受到威胁的情况下可以享受瑞典军事力量的巨大优势这一不平等现象，人们应该从一开始就在可能的、军事力量的全面比较中为挪威确定无条件可讲的义务，即要在更大的范围内为斯堪的纳维亚半岛的共同防御作出贡献。

我提到的是可能性。难道还会有哪怕是一位欧洲政治家，在去年发生的、旧世界北半球上一个如此受人关注的强权转移事件之后，敢于否定斯堪的纳维亚半岛面临的危险性已经大大提高了这一现实吗？认真思考这一重要问题，对于挪威方面是大有益处的，就不会在分裂主义的幻想中丧失自己。

鉴于具有世界知名度的挪威政治家们在利用他们的影响力，以一个对我们双方不利、对他们自己又十分片面的形式解说瑞典—挪威联盟，我想，也应该允许我在这里告诫国外人士，不要不加评判地相信挪威方面提交的所有要求。

南森先生在《泰晤士报》上发表了一篇占有两个条栏篇幅的长文作答。

我在英国报纸上刊登的唯一一篇文章，涉及的特别详尽的是瑞

典—挪威联盟解体后可能会出现的军事政治形势。三十五年之后，
德国袭击挪威并占领了这个国家。当时，斯堪的纳维亚山脉的两边，
确实有很多人在问，如果瑞典—挪威联盟还存在的话，这一事件将
会怎样发展。在此我要说的是，如果瑞典—挪威联盟还存在的话，
一种可能性是，瑞典有义务投入全部武装力量参与到挪威的防御中
去，瑞典会与德国处于战争状态。另一种可能性是，德国考虑到瑞
典—挪威的联盟关系，提前放弃对挪威的进攻。无论如何，如果瑞
典—挪威联盟存在的话，对 1940 年 4 月 9 日的挪威来说绝对是一个
优势。

　　"瑞典—挪威联盟"解体四个月后，我前往中国西藏以及外喜马
拉雅山旅行，并于 1909 年 1 月 17 日回到了斯德哥尔摩。我看到了南
森先生祝贺我归来的电报，原文如下：

　　　　欢迎你，衷心祝福你在令人钦佩的旅行中取得了巨大的
　　成果。

　　　　　　　　　　　　　　　　　　　　弗里乔夫·南森

　　同一天，我还收到了挪威地理学会亲切友好的邀请函，并在四
月底我两个月欧洲巡回讲座之后兑现了这个邀请。在我到达挪威的
时候，南森先生写了下面几行话，其内容清楚地表明，在《泰晤士
报》上的那场众所周知的笔战并没有给我们之间的友谊留下半点
阴影：

利萨克，1909 年 4 月 22 日

亲爱的朋友：

我衷心地欢迎你在伟大的探险旅行之后来到挪威。我相当高兴，又能与你见面，又能握住你的手了。更令人感到高兴的是，又能听到你的介绍，了解你完成的辉煌业绩了。

遗憾的只是，我不能亲临欢迎你的宴会，因为我从来没有造访过这种社交聚会。我内心会感到十分高兴的是，如果你和你的妹妹能够定下一个时间与我单独见面的话，当然，这个时间对你们来说也应该是合适的。

我知道，你在这里逗留的时间短暂，活动安排得很满。尽管如此，还是希望你能挤出时间给老朋友。我会十分高兴，如果今天晚上在报告会上有机会见面并且在一起交谈的话。

再次衷心地欢迎你！

你的老朋友：

弗里乔夫·南森

当然，我们有见面的时间，在利萨克南森先生的家里，也在克里斯蒂安尼亚自由城海洋学研究所他的办公室里。在他的实验室里，他还向我们展示了两个有趣的实验。在一个相当大的、装有水的容器里，竖直地放着一个冰块，在一根插在水中不同位置的管子帮助下，通过管子挤压出染红了的液体，然后就能够看见，有颜色的一股寒流是怎样从冰块慢慢地流向容器底部的。

1911 年，我忙着写地理学青少年读本《从极地到极地》一书，

由于南森先生是北极研究历史上最出色的人物，书中自然少不了关
于他壮举的描述。在整理书稿的过程中，我写信问他，是否反对我
在书中引用从他的书《穿越黑夜和北冰洋》中摘选的综述内容。他
在长长的回信中作了以下回答，方方面面地反映出南森先生高尚的、
非凡的精神品质和情感特征：

利萨克，1911 年 4 月 17 日

亲爱的朋友：

　　你的愿望令我感到高兴，其实我完全不用回答，你尽可以
毫无顾忌地使用我书中你需要的资料。我也很高兴，如果我能
以这种方式与瑞典的青少年见面，也很希望通过你的介绍送去
我对他们的衷心问候。

　　你知道的，我坚定地相信北欧的年轻人，还特别相信瑞典
青年。我确信，他们那里蕴藏着面向未来的巨大可能性。不仅
仅因为年轻人是一种材料，一种能够成长出真正男人——还有
女人的材料，而且还因为他们熟悉的北欧自然，他们熟悉的北
欧莽莽森林、辽阔大地以及它的荒僻、它的没有混乱的秩序和
一马平川……所有这些，都一定会以一种特殊的方式对年轻人
产生着不断深化的和日益高尚的作用。并且，北欧的生活，面
对大自然的自主独立，能磨炼出一个人的坚强意志，锻炼出人
的强健臂膀。我有这种感觉，在过去的这些年里，在认清了以
前可能出现的萎靡不振之后，北欧青年表现出来了一股清新而
且健康的面貌。青年人就像柔软的、洁白的蜡，会被他们的上
帝（即伟大的理想、崇高的目标）予以塑造。因此，现在正是

他们要树立起高远目标，靠近热情火焰的时候。如果说我应该对年轻人说点什么的话，那就是：加强体育锻炼，走进大自然，找回自我。

我能肯定，你的书对年轻人气质情感的培养会起到很大的作用，引导他们走在正确的道路上。为年轻人写书，是一个非常有价值的、为世人所感激的计划。年轻人接受能力强、易于影响，为什么我们不能经常为他们做些什么呢？老年人已经渐趋于老态，影响他们比较困难，社会应该给他们提供最合适于他们的消遣和娱乐，但对孩子们完全应该有另外一种更好的、更高的要求。可惜的是，像你这样的好书在我们这里是太过稀缺了。

你的这封友好来信，我是昨天晚上散步回家后准备上床睡觉时收到的，它带给了我以前那些年的美好回忆和问候。躺在床上读着这封信，过去的岁月又像情景剧一般地在我的眼前一幕幕闪过，栩栩如生地展现在我的面前：灿烂辉煌的、勇敢无畏的、渴望战斗的、一切皆有可能的……在我们初识的时候，你向我介绍了你的人生规划，在此之后，你更是以钢铁一般的坚强意志力实施了这些计划。与你相比，我甚至都感到难以启齿。我的规划总会遇到一些意外，我总是让自己在情绪的浪潮中挣扎。

是啊，过去已经遥远了，我们几乎不再见面，衰老在一个属于自己的角落里。

与你见面是我的一个大愿望，遗憾的是，我不能参加 R. G. 先生的晚宴。我要做的工作都已经堆积起来了，因此也拒绝了所有的邀请，包括谢绝了寇松（Curzon）先生友好的邀请。好几年来，我几乎都不外出，也慢慢地变成一个小老头了，一个不再需要与人交际、不会再坐在宴会桌边的老朽了。

你来我们这个地方走走，难道也是一种难以实现的愿望吗？与你见面是美好的，你知道的，任何时候你都是受欢迎的贵客。我现在，说出来都有些难为情，一个成年的、离家一年半的女儿从国外回来了，我深感惬意。她请我转达对你友好问候的谢意。

请转达我对你的妹妹真诚和衷心的祝愿！

亲爱的老朋友，祝你生活愉快！

希望我们能在不久的将来再次重逢！

　　　　　　　　　　　　　　　　　你真诚的老朋友：

　　　　　　　　　　　　　　　　　弗里乔夫·南森

八月里，我与南森先生之间又发生了一个小冲突，那是因为在俄国《新时代报》（Nowoje Wremia）上刊登的一篇文章。在文章中，南森先生针对我告诫国人对外来侵略要加强警惕的小册子《一个警告》表明了他与我相左的观点。同样，这个小事件也没有影响到我们之间长久的友好关系。

在 8 月 17 日的信中，他是这样写的：

我完全同意你瑞典和挪威要团结起来的观点，但这更多的只是鉴于目前形势暂时的需要，面向未来又会发生什么呢。因此，我感到十分遗憾的是，为了维护我们中立的立场，我们之间不应该结成防御联盟。

1924 年的晚秋，南森先生对用飞艇考察北极地区相当感兴趣，因此，他与德国陆军上尉布润斯（Bruns）先生取得了联系。不用怀疑的是，尽管他已经六十三岁高龄，但当时仍十分渴望再回到他钟爱的极地海洋考察上来，回到他赢得胜利、扬名世界的领域上来。同样，德·吉尔（De Geer①）先生和我也十分热心布润斯先生的建议，因为我们都预见到，地理研究很快会利用航空器这一前景。但由于这一计划需要大量的时间和金钱，因此，不仅南森先生，包括我，还是把注意力转向了其他方面。南森先生担任柏林一家新研究所负责人期间，一直从事飞艇考察事宜，他告诉我，很希望能亲自乘飞艇前往北极。

早在 1918 年，南森先生就开始从事大量造福于社会的工作，遣返德国、俄国和西伯利亚的战俘。1921 年，他被任命为国际联盟"难民和战俘事务高级专员"，遣返了约四十万名战俘。在整个旧世界的北部地区，"南森护照②"畅通无阻，具有不可抗拒的权利。为营救难民，他运用自己的影响力多次前往亚洲旅行，写下了多本著作。1927 年出版的《走过亚美尼亚》就是一本顶级杰作。在这次旅行中，后来遭人唾弃的知名人士维德孔·吉斯林

---

① 应为路易斯·德·吉尔（Louis de Geer），1876 年就任瑞典第一任首相。
② "南森护照"正式名称应为"无国籍人士护照"，是一种国际上承认的难民旅行证件，由国际联盟首推，最初是为苏俄内战的难民而设。1933 年，亚美尼亚人、亚述人和土耳其人也进入了颁发的范围。"南森护照"由挪威外交官南森先生于 1922 年设计，统筹"南森护照"签发事宜的南森国际难民办公室于 1938 年获得诺贝尔和平奖。

（Vidkun Quisling①）担任他的秘书。在与红十字会以及俄罗斯政府
的合作中，南森先生为伏尔加地区数百万饥民履行援助措施，救助
了五十万濒临死亡的饥民。由于履行这一使命取得的辉煌成就，他
因此获得了诺贝尔和平奖。

　　1925 年 9 月 5 日，德国海军上将勒维措夫（Levetzow）先生受
胡戈·容克斯（Hugo Junkers②）教授的委托，用容克斯 G.23 飞机
将卡尔·弗洛尔曼（Carl Florman）先生和我接到了德国伟大的飞机
制造商容克斯先生的家乡德绍（Dessau）。第二天，南森先生也被接
到了这个城市。

　　容克斯先生以"欧洲联盟"为名成立了一个航空团体，团体的
使命是在整个欧洲开辟定期的飞行航线，当时已经有十二个欧洲国
家是这个团体的会员。每个国家在"欧洲联盟"中有一名代表，南
森先生代表挪威，我代表瑞典。在尊贵的、友好的容克斯先生家里
以及他的工厂里，我们一起度过了难忘的一天，目睹了航空领域最
新的、最伟大的发明。

　　在此期间，当南森先生与他的夫人、女儿飞往慕尼黑，飞机在
飞行途中被浓雾锁住必须返航的时候，我们惶恐不安的心悬了好几

---

① 　全名：维德孔·亚伯拉罕·劳里茨·容松·吉斯林（Vidkun Abraham Lauritz
　　Jonssøn Quisling，1887—1945 年）。1921 年苏俄饥荒期间，吉斯林和弗里乔
　　夫·南森共同在伏尔加地区组织人道主义援助活动，获得国际声誉。第二次世
　　界大战期间任挪威首相，因与纳粹德国同流合污，1945 年被处以死刑。
② 　胡戈·容克斯（Hugo Junkers，1859—1935 年），发明家，德国著名飞机设计师、
　　热动力学专家和航空工业企业家，容克斯飞机与发动机制造厂的创办者。一生
　　拥有三百八十项专利。

个小时，直到收到他们安然无恙的电报才放下心来。

二十年代初，当南森先生以他钢铁般坚强的意志力投入到救助数百万苏俄饥民工作中的时候，我与南森先生在斯德哥尔摩还见过几次面，一次是在布拉西岛（Blasieholm）教堂，在那里，他做了一次十分感人的讲座。

我与南森先生的最后一次见面是 1926 年的夏天，在贡内尔·安德森（Gunnar Andersson）教授位于瑞典尤尔斯岛（Djursholm）的比尔卡（Birka）别墅里。除了我们两人，著名的瑞典化学家，1903 年诺贝尔化学奖获得者斯凡特·阿伦尼乌斯（Svante Arrhenius）先生是唯一的客人。

晚饭后我与南森先生驾车在斯德哥尔摩不远的周边地区好好地转了转，最后将车停在莫斯贝克（Mosebake）。整个晚上我们都坐在外面，沐浴着落日余晖，伴随着北欧夜幕的降临。

我们从来没有像这样在一起回忆过去、谈论现实、展望未来。

为什么我没有在他离开斯德哥尔摩以后将我们的这次谈话详细记载下来？那是因为，我根本就没有想到这会是我们之间的最后一次见面。我总是想当然地认为，我们很快会再次见面的。

几个小时很快就过去了，他要乘夜班火车赶回挪威。我们相互有力地握手、高兴地告别！离别那个瞬间留下的身影在我的眼睛里永远消失了。

南森先生寄给我的最后一批书是：《踏着冰雪走过格陵兰岛》以及为年轻人阅读出版的改写本《通过高加索前往伏尔加》。书扉页上的献辞写道：

> 献给斯文·赫定先生，衷心的祝福！
>
> 你的老朋友弗里乔夫·南森，珀尔胡登（Polhöjden），1929 年。

由于在这本了不起的杰作前言上注明的日期是"1929 年 11 月"，而这段时间我正在中国的张家口（Kalgan），这也正是南森先生 1930 年 5 月 13 日逝世前的几个月。

南森先生的逝世崩断了一段保持了四十二年之久的、即便我俩有在英国《泰晤士报》和俄国《新时代报》上那场唇枪舌剑的笔战都没有受到丝毫影响的友谊纽带。

我钦佩南森先生，钦佩他的意志力、他对祖国的热爱、他为苦难民众谋福祉而拥有的伟大的、热情的奉献精神。这种钦佩随着时间的推移在不断地加强，也在不断地丰富着我的生活。直到我生命的最后一刻，我都不会忘记他高大的形象、他严肃的目光和他声音中拥有的透彻的有说服力的语调。作为一个理想化的、最为高大的男子汉形象，他永远屹立在我的眼前。

瑞典国王奥斯卡二世

(König Oskar II)

　　自打孩提时代及上学期间起，在我鲜活的记忆中，国王奥斯卡二世①就是一个身材魁梧、相貌英俊、儒雅高贵的形象。每到斯德哥尔摩皇后岛上夏日节庆活动以及 5 月 1 日动物园岛上国王的隆重游行检阅活动，我的父母都会带上我和我的兄弟姐妹，我们能挤在看热闹的人海中见到国王。同样，在贝斯蔻中学读书期间，每当国王与王后来学校听课，我们这些年轻的中学生就会兴奋得像过节一样。国王的所有四个王子都是我在帕斯特贝斯蔻中学的校友。

　　1889 年，在国王奥斯卡二世的支持下，斯德哥尔摩举办了一次大型的东方学者大会。大会的隆重召开，激活了我脑海里存留着的、当年旅行波斯国伊斯法罕、波斯波利斯、设拉子城、巴格达古城那

① 奥斯卡二世，原名奥斯卡·弗雷德里克（Oscar Frederik，1829—1907 年），1872 年至 1905 年期间为瑞典—挪威国王，1872 年至去世期间为瑞典国王。

些日渐消退的、童话般的、华丽堂皇的东方国家记忆。我的内心涌起了一股难以抗拒的、要再一次见到来自我曾经度过了整整一年时间的东方国家代表的愿望。幸运的是，我参加了这个会议、入席了在王宫以及在皇后岛上举办的欢迎招待会和庆祝宴会，目睹了博学的、精通外语的国王与尊贵宾客们侃侃交谈的场面。

在众多来自东方的宾客中，有一个就是波斯国沙阿遣派的特别使团。

这一年的夏末，我和母亲以及两个姐妹正在达尔毕育度假。一天，收到了父亲写来的一封信，信中透露了一个令我们深感意外也非同寻常的消息。在信的第一页上方，父亲描画了一个波斯帝国的国徽——狮子和冉冉上升的太阳。信的主要内容是：斯文，你明天上午十点钟务必赶到斯德哥尔摩国务部长处，国务部长已经向国王奥斯卡陛下郑重地推荐了你，准备让你陪同国王陛下的特别公使团前往波斯国觐见波斯沙阿。

从信的笔迹上看得出来，向我通告这一消息时，父亲握笔的手都在微微发抖。我感觉得到，对国家的这一褒奖和信任，父亲有多么高兴！同样可以想象的是，父亲的来信给离家在田园风光中度假的我们带来的喜悦和兴奋之情是多么难以描述。

我马上与同在一起的普热瓦利斯基先生告别，当时我正在与他合作，试图将他的探险旅行游记翻译成瑞典语。

特鲁萨（Trosa）开往斯德哥尔摩的汽船是凌晨六点启航，经过足足一个小时紧赶慢赶的长途步行，我按时登上了汽船。船到达斯德哥尔摩后我先回了一趟家，从父亲那里获取了拜访国务部长的具体信息。

　　拜见国务部长，一切相当顺利。尊贵的部长先生亲自陪我一同去了外交部长卡尔·勒文霍普特（Carl Lewenhaupt）先生处。两位部长商定，指派我担任国王奥斯卡二世派往波斯国、为波斯国沙阿颁发皇家六翼天使勋章（Seraphinenorden①）特别公使团的翻译人员。要成为特别公使团正式成员还必须暂时委任我为瑞典领事，只有这样，我才可以名正言顺地穿上绣金的、气派的、庄重而又华丽的外交官制服。

　　拜访苏丹和沙阿的旅行描述我在本书后面有两个章节专门介绍，这次旅行正是我前往亚洲心脏地区探险考察旅行的起因。

　　这次波斯国访问旅行回来之后，我又多次受到国王奥斯卡的嘉奖和鼓励。打那以后直至国王陛下逝世，国王一直都是我探险考察旅行的坚实后盾，是从未拒绝过我的探险经费的资助者。对于我在尚未人知的内亚地区的考察活动，国王也非常关心。我经常会被召进王宫，向国王陛下汇报已经取得的考察成果以及介绍我的下一步探险计划。

　　有一次，我在瑞典医学会的老房子里向地理学会会员陈述我新的大型探险考察计划时，没有接到邀请的、地理学会最大的赞助者国王陛下此时也走了进来，直接就坐在座位上认真听了起来。

---

① "皇家六翼天使勋章"是瑞典国王弗雷德里克一世创建的皇家骑士勋章，同时创设的还有剑勋章和北极星勋章。"皇家六翼天使勋章"仅向外国国家元首和王室成员颁发，是瑞典最高等级的勋章。

十分感谢奥斯卡国王陛下以及其他资助者的慷慨解囊，1893 年秋季，我为期近四年、横穿内亚和中国西藏的探险考察旅行启动。一路旅行，我都会尽量争取时间给尊敬的国王陛下写信、寄发照片、汇报我的探险进程、所见所闻以及获得的宝贵印象。

中国新疆的喀什噶尔城是我旅行第一年的主要宿营地，在这个城市我幸运地收到了国王的亲笔回信，落款时间是 1894 年 3 月 28 日：

亲爱的赫定！

不久前我收到了很多你寄来的特别有意思的照片，因此很想早点向你表示感谢。尽管我根本不知道，这封短信什么时候能送到正在历险旅行的你的手中。

你是在地球上直到现在仍无人涉足的荒原上徒步旅行的勇敢探险者，因此，你的一路顺利、你的幸运是我最强烈的愿望。

我衷心地祝愿你，希望你为祖国赢得荣誉，希望探险旅行胜利归来时在祖国再次接见你。这份荣誉，是祖国勇敢的、坚定的儿子理应得到的。

我估计，一旦抵达帕米尔（Pamir）高原东部，你探险旅行中最艰难的一段征途也就要开始了。因此我也十分焦急地、紧张地期待收到你的下一封来信。

愿上帝陪伴你、保佑你！

奥斯卡

1897 年 5 月 10 日，我结束了近四年内亚和中国西藏探险旅行经西伯利亚、莫斯科和圣彼得堡回到了斯德哥尔摩，回来的第二天就受到了尊贵的奥斯卡国王陛下的接见并得到了嘉奖。

5 月 15 日，在斯德哥尔摩举办的大型艺术暨工业展览开幕，当天晚上，王室夫妇宴请嘉宾，邀请了部长、国会议员、外交使节、市议员以及其他著名公众人物约八百余人。

宴会上，国王陛下在多次举杯祝酒之后，一个我意想不到的情景发生了。王室最高内廷总监奥古斯特·冯·罗森（August von Rosen）伯爵匆匆来到我的身边小声对我说道：

"赫定先生，请跟我来，国王陛下要专门为你发表一段演讲，陛下希望演讲的时候你能站在他的身边。"

国王端着酒杯走到了宴会大厅的中央，此时嘹亮的喇叭声突然响起，所有的人都深感好奇：接下来会发生什么呢？

新闻媒体第二天报道了宴会上发生的这一令人难忘的插曲：

> 国王再次发表演讲，洪亮的声音给人一种发自内心的、特别真诚的感觉。
>
> 国王在一系列的官方祝酒词结束之后说道，还有一个人，他应该在今天的晚宴上得到特别的嘉奖。我们知道，就在几个星期前，挪威的弗里乔夫·南森先生在这里、在瑞典的斯德哥尔摩接受了非同寻常的高尚荣誉。但我认为，只有这样才更加合乎情理，即一个瑞典人的儿子作为地理学学者给这个国家的名字增添光彩。瑞典人当然不会忘记，要给予瑞典人的儿子应有的荣誉和认可。
>
> 这个人，就是斯文·赫定博士！

他在极度艰难的、充满危险的探险考察旅行之后，于几天前带着幸运、带着科学上十分有价值的发现回到了祖国。

挪威的极地探险家在科学研究的框架下、在前所未有的考验中付出了勇气和毅力。事实是，就在南森先生冒着生命危险在无边无际的北极海洋探寻陆地的时候，我们的赫定先生也同样冒着生命危险在辽阔无垠的亚洲沙漠上为了生存艰辛地、以断钢碎铁的强大毅力寻找水源。要知道，水是不习惯在荒无人烟的内亚高原流动的。

作为一国之君王，我的责任是重大的，但权力也是大而宝贵的。作为国王陛下的我，现在就要动用这一大而宝贵的权力，以瑞典人民的名义，面对今天在座的政治家们以及团体组织的、同样也是这个民族的代表们提出一个要求，请允许一位拥有与瑞典人民同样情感的国王，此时仅仅以一个宣谕官的身份将这个名字（斯文·赫定）响亮地喊出来，同时也邀请在座的各位共同举杯、随着我的喊声齐声高呼这个名字，为斯文·赫定送上祝福。

"一个强有力的……生命万岁！"

随即，国王与他身边远行归来的嘉宾碰杯。

国王陛下演讲时一直站在身旁的年轻学者斯文·赫定先生，兴奋地接受了这一热情的、少有的荣誉。

上面是援引报纸上的一段话。

尊贵的奥斯卡国王陛下将一段热情有加的祝酒词，送给了我这样一名年轻的科考探险旅行新手、一个开路先锋、一个勇敢的冒险者。国王陛下的祝酒词是那么简洁而又感人，不仅拥有一般人难以掌握的高超演讲艺术，而且合情合理、智慧而又准确。国王陛下是在面对全民族的代表，用强有力的、洋溢着男子汉阳刚之气的语调表达他的观点的。

令人值得注意的是，作为国王陛下，他是当着整个瑞典王室家庭以及自己国家身居高位的人物和各国外交使节，是在今晚所有贵宾的面前说这番话的。它充分表明了，即便是在这个隆重庄严的时候，我们的陛下还心系着一个尚不知名的、不为人注意的、前往内亚的徒步旅行者。

当然，国王陛下的支持不是只限于口头辞令，更是从自己的私人钱柜里拿出钱来资助这位科考队员的旅行。事实上，没有国土陛下伸出的援手，我的内亚探险旅行是不可能实现的。

同样，在 1899 年至 1902 年我的第二次亚洲探险旅行全过程中，我都会尽可能地给我的资助者国王陛下寄旅行报告。

1902 年的 6 月 27 日，我又幸运地回到了斯德哥尔摩，我的父母和兄弟姐妹在船桥码头迎接我。我们刚回到家，王室最高内廷总监奥古斯特·冯·罗森伯爵就走了进来，口头传达了国王陛下的欢迎词后又将国王当天写的信交给了我：

急切地！欢迎你回到了家乡！我亲爱的赫定！

我很高兴，要提升你理应得到的爵位，这将是我欢迎你探险归来的礼物。请你考虑一下，然后在星期二上午之前将你对头衔称呼的愿望告诉奥古斯特·冯·罗森伯爵。

　　你亲切的朋友：奥斯卡

　　关于这个问题，我们可以星期二再详谈。

　　星期二的上午，作为另外一种"欢迎"，国王赠送给了我一个钻石礼物，同时就"头衔称呼"征求我的想法。他想到了"冯"①，一个类似于帕兰德·冯·维加这样的附加名字。我恳请国王原谅，表明了我只想保留自己原有的名字、不需要附加名字的愿望。一般来说，作为一位尊贵君主，面对否定的意见会十分敏感。但此时，陛下只是蹙动了一下额头，稍稍沉默了一会儿。

　　很快，国王的面容开朗了，友好地说道：

　　"是的，你是对的，你的名字不宜改动，因为，你已经用这个名字为我们祖国赢得了良好的声誉，保留原有的名字最好，不需要什么额外的修饰。"

　　我的所有旅行游记书籍，我都以精装本的形式赠送给了国王一套。由于国王没有时间一一阅读，故多次邀请我在皇后岛上，在两人毫不拘束地吃完饭后再由我给他讲述书中内容的重点部分。

　　在其他国家主要城市为我安排的隆重欢迎会上，也会有向当事国地理学会领军人物颁发瑞典荣誉勋章的议程。

　　我访问巴黎的时候，瑞典驻法国大使迪尤（Due）先生认为，有必要利用这个机会为三位法国人授予北极星大十字勋章。他们分别

---

① "冯"出自德语介词"von"，意即"来自……地方的"，如德国宰相奥托·冯·俾斯麦，大致意思是"来自俾斯麦的奥托"。一般而言，是贵族姓名的一个传统标志。

是：巴黎地理学会主席米尔恩·爱德华兹（Milne Edwards）教授，以前的马达加斯加（Madagaskar）总督查尔斯·乐·米尔·德·维勒斯（Charles Le Myr de Villers）先生，第三位是罗兰·波拿巴（Roland Bonaparte）王子。奥斯卡国王陛下很快批准了这一授勋计划。

当迪尤大使和我在瑞典驻法大使馆举行的宴会上向罗兰王子禀告国王陛下的这一决定时，王子礼貌鞠躬，微笑着表达了自己的愿望。他说，希望尊贵的瑞典国王陛下能够理解，他不能接受这一荣誉恩赐。对他的态度我们表示遗憾，同时也表达了我们的忧虑，即他的拒绝会使瑞典国王陛下感觉受到了伤害。罗兰王子眼里闪烁着光芒回答说：

"你们应该明白的，尊敬的先生们，我非常感谢贵国国王陛下，但是，一个波拿巴王朝（Bonaparte①）的人是不可能接受一位贝尔纳多特王朝（Bernadotte②）的人授予的勋章的。"

对国王奥斯卡陛下，我珍藏的特别令人感动的记忆是他去世两年前我们的最后一次见面。

1905年夏天，由于"瑞典—挪威联盟"的解体，他的身心承受着巨大的痛楚，比起平常，他那段时间的情绪也显得特别敏感，特别容易激动。

在我高度紧张地完成了新一轮前往亚洲探险考察的准备工作，

---

① 波拿巴王朝是法国的一个王朝，1804年由来自科西嘉岛的拿破仑·波拿巴建立。该王朝重合统治三十八年，影响法国政治近一个世纪。
② 贝尔纳多特王朝是自1818年起至今统治瑞典的王朝，在1818年至1905年间还同时统治着挪威。

而且必要的旅行资金绝大部分已经从瑞典的赞助商们，特别是从伊曼纽尔·诺贝尔先生那里得到之后，我还是在长时间地犹豫，该不该用可能会使老国王陛下为难的小事去打搅他。那个秋天，国王陛下更多地在思考其他的问题，而不是我的探险旅行计划。当然，我也不想不与国王告别就悄悄启程，拜访国王的事就这样一直拖到了出发前的最后几天。

我想在 10 月 13 日星期二，国王"普通接待日"这一天去拜访陛下，但这天上午一件重要的事又耽误了我的时间，当我匆忙踏上王宫台阶的时候就已经是中午 12 点 45 分了。国王的接待时间只到中午 1 点，还剩下短短一刻钟的时间。接见厅的值班人员奥斯卡·霍尔特曼（Oscar Holtermann）先生对我说，今天的觐见接待时间已经结束，国王马上就要离开觐见室了。我赶紧解释道：10 月 16 日，也就是三天后，我就要离开斯德哥尔摩前往亚洲开始我的探险旅行了，我会非常遗憾，如果没有机会在此之前与尊贵的国王陛下告别的话。听了我的解释，霍尔特曼先生请我稍等一会儿，然后去了国王办公室。返回时告诉我，尊贵的国王陛下决定延时接见我。

一身笔挺的蓝色制服和雪白的头发与胡子将身材魁梧高大的国王打扮得潇洒而又高贵，带着"一副不折不扣君主派头"的国王走进了觐见室。看得出，国王陛下此时的情绪不是很好。这次觐见时间很短，也不像以往那样发自内心。

"你今天来得很晚！"国王说。

"是的，陛下，但结束觐见的铃声还没有在 1 点钟敲响。"我向国王解释。

"不对，已经敲响了，请特别留意！"

我们看了看手表，离中午 1 点只有 5 分钟了。

"没关系，坐下吧，你有什么要求吗？"

"我要与尊贵的陛下告别，因为，星期五我就启程去亚洲了。"

"噢，那祝你旅途愉快！"

"尊贵的陛下，很遗憾的是，您这一次没有像以前一样在我的探险旅行赞助者中居首席位置。"

"是的，确实令人遗憾，但我的资金状况与以前大不相同了。你应该知道，我已经失去了挪威俸禄，已经负担不起额外的开支了。"

"这我知道，尊贵的陛下！但我不能不与您告别就这样离开。"

"上帝与你同在！"

说到这里，他站起来走出了觐见室，这次觐见就这么草草结束了。

我深感沮丧，这么多年来的伟大行善者今天在我的面前表现出了不甚愉快的情绪。因此，离开觐见室后，我直接去找了好朋友弗雷德里克·瓦赫特迈斯特（Fredrick Wachtmeister）伯爵，他当时正在短期为外交部长服务。我向他讲述了不成功的觐见过程，伯爵笑着对我说：

"你不是唯一一个今天感觉到国王情绪不佳的人，但我向你保证，他肯定有能力赞助你的旅行，这与他的挪威俸禄没有什么关系，老先生总觉得自己穷得像一个乞丐。我找机会与国王说说，明天听我的消息吧。"

我相机又提出了另外一个要求：

"还有一件事要麻烦你。我这次的旅行计划是沿阿富汗边境从德黑兰骑马前往锡斯坦（Seistan），我希望通过国王陛下的关照能在那里享受优待和保护。这种优待与保护只有波斯国沙阿才能提供，因此，如果国王陛下就此写一封给波斯国沙阿的亲笔信，对我来说则有着难以估量的价值。今天在觐见室里与国王见面的时候，我根本没有机会向他陈述这一要求。"

"赫定先生，你不用着急，我保证，你一定会得到国王写给波斯国沙阿的亲笔信的。"

第二天上午，一位外交部信使来到我家，首先，将奥斯卡国王陛下的亲笔信交给了我，另外告诉我，瓦赫特迈斯特伯爵让我转告您，您可以在下午三点去国王的私人官邸。服装：日常便服。

我急切地打开了国王的信：

斯德哥尔摩王宫

1905 年 10 月 14 日

我亲爱的赫定：

自你在我这里因新的科考旅行即将启程与我告别之后，我又产生了新的想法。我愿意赞助你、支持你热爱祖国付诸的光荣行动。

因此，我已经委托王宫总管，更详尽地告诉你我对此作出的决定。此外，我给波斯国沙阿也写了一封亲笔信，请他给你提供保护并满足你友好的需求。

在此，我祝愿你即将开始的旅途一切顺利，我仍然是你真诚的拥护者。

奥斯卡

按照约定的时间，我随值班副官去了国王私人官邸办公室。尊贵的国王陛下在办公桌后站起来迎面向我走了过来，拥抱着我并紧紧握住我的手，湿润的眼睛看着我说道：

"请原谅我，昨天我表现得是那么不友好、那么冷淡。希望你能够理解，这段时间对我来说有多么艰难，挪威给我带来了多少忧虑和苦恼。

"我整夜失眠，昨天还显得特别累，故也特别烦躁。不过，都已经过去了，不要再去想它了。不言而喻的是，我愿意仍像以前那样做你的赞助者，热情地追随你的征程。你现在可以去王宫主管那里，他正在办公室等着你，由他来告诉你相关的细节。"

接下来的谈话我记得不是那么太清楚了。大约是，国王希望知道，这次亚洲旅行我将造访的地区，期待取得哪些成果。他显得十分高兴、活跃、健谈，不时在办公室里来回走动，有时会将手放在我的肩上。尊贵的国王陛下对我一直是那么亲切友好，像慈爱的父亲一样，那一天更是甚过以往。

在备受宠爱、亲善、轻松的气氛中，尊贵的奥斯卡国王陛下再次握住了我的手，祝我探险旅行一路顺利，成功凯旋。

我衷心地感谢国王，离开了国王，永远地……

我再一次看了看身前的国王，我赞叹他智慧的、高贵的容貌，他银白色的、丝绸般闪亮的头发，他富有教养的气质、帝王般的姿态，特别是他那善良的、友好的眼神。我赞叹，一位七十七岁的老者还能做到如此灵活敏捷、风度儒雅。

这是我这一生中与国王奥斯卡陛下的最后一次见面，他办公室大门的关闭对我而言也意味着他走向陵墓通道的大门在慢慢打开。

再没有人像国王奥斯卡陛下那样，以如此高贵的身份和地位赞助和支持我的亚洲征服之旅了，再没有人会带着如此饱满的热情、如此坦率的态度来理解我的探险考察计划了。同样，也再没有人在我的探险考察结束之后带着清晰的眼光审视、评判我探险考察科学成果的价值了。备受国王陛下宠爱的我，会带着无尽的感激之情，一直怀念他，直至自己生命的最后时刻。

费迪南·冯·李希霍芬教授

(Ferdinand von Richthofen[①])

　　诺登舍尔德先生的"维加航行"唤起了整个世界的惊讶与钦佩，我作为一个仅十五岁的目击者，见证了"维加号"凯旋回到斯德哥尔摩极其壮观而又隆重的场面。当时我就立志，总有一天会追随诺登舍尔德先生的足迹去闯荡北极。可是，一个偶然的机会触动了我，最终导致我放弃了所有的极地探险梦想，而代替这个梦想的是，我去了巴库，并从巴库继续旅行去了波斯国和伊拉克（Irak）。

　　从波斯国回来以后，我用了几年时间，在瑞典斯德哥尔摩大学沃尔德马·克里斯托弗·布勒格教授处以及乌普萨拉大学艾维德·

---

① 费迪南·冯·李希霍芬男爵（Ferdinand von Richthofen，1833—1905 年），德国旅行家、地理和地质学家，以提出"丝绸之路"而出名。1860 年，李希霍芬先生参与普鲁士政府组织的东亚远征队，考察了亚洲的许多地方。1868 年起，他曾七次到中国，正式地指出了罗布泊的位置并考察过都江堰。李希霍芬先生用在中国考察的资料，完成了巨著《中国——我的旅行与研究》。"丝绸之路"一词便首次出现于该书第一卷中。在考察中国景德镇期间，他以地名命名景德镇高岭出产的用于烧瓷的土，从此便有"高岭土"之名，享誉中外。

古斯塔夫·胡格博姆（Arvid Gustaf Högbom）教授处从事地理学研究。对我来说，最有意义的工作是，对内亚和中国西藏尚不为人所知的地区进行地理等相关学科的考察。

为了为自己定下的、庞大的全面考察使命做好准备，我决定1889年秋季前往德国柏林。

柏林有当今世界上最具权威的亚洲地理学专家、著名的中国研究专家费迪南·冯·李希霍芬男爵。自1886年开始，李希霍芬男爵就是柏林洪堡大学自然地理学教授。这位不仅在精神上，而且在身体上都十分强势的教授对我的人生和我的命运产生了十分明确和重大的影响。在我所见的众多伟人中，像李希霍芬教授这样与我如此接近又如此崇高地唤起我钦佩感的人并不多。

李希霍芬先生1833年5月5日出生于德国普鲁士上西里西亚（Oberschlesien）的卡尔斯鲁厄（Carlsruhe）。

在今天看来，李希霍芬先生与所有地理学家不一致的观点在于，他认为，地质学是地理学研究的基础和前提，他自己就致力于在阿尔卑斯山（Alpen①）、喀尔巴阡山（Karpaten②）和其他地区的地质学野外研究。1860年，他开始了在属于荷兰的东印度③、印度半岛和北美地域的长距离旅行。

1868年，他将中国作为考察对象，在所有方向上详细探索研究

---

① 阿尔卑斯山，欧洲最高及横跨范围最广的山脉，它覆盖了意大利北部边界以及法国东南部、瑞士、列支敦士登、德国南部，东至奥地利及斯洛文尼亚。
② 喀尔巴阡山脉，绵延约一千五百公里，横跨中东欧，是仅次于斯堪的纳维亚山脉（一千七百公里）的欧洲第二长山脉。
③ 指1800年至1949年荷兰人统治的印度尼西亚。

了四年时间。他的伟大著作《中国》，不仅仅只是奠定了他对中国陆地认识的基础，而且奠定了他对整个亚洲大陆认识的不可动摇的基础。

在巨著《中国》中，李希霍芬先生详细地并以令人信服的论据提出了日益严重的中国北部黄土沉积物的堆积是在千年风力作用下、从中亚风化了的荒漠刮过去的风积尘①的著名论断。他指出了内陆水系区，即内流区、边缘地区以及它们之间的过渡地区，叙述了随着岁月流逝已经变成地球上大荒漠的远古内海，描述了中国的山脉系统尤其西藏的山脉系统以及它们在中国不同气候带之间作为边界墙意义的相互关系，描述了亚洲高原大江大河的来源以及东南亚季风降雨形成江河流水的原因。

亚洲自然地理学通过李希霍芬先生划时代的、开创性的工作形成了一个统一的、有独立的体系的、协调一致的稳定学科，它的范围超出了迄今为止人们在这个方向上的思考或者说预想。历史上，还没有人像李希霍芬先生那样，对漫长时间里建立在地质学基础上的发展过程作了如此透彻的、天才的解释和阐明，这些睿智的论述一直在地质现象和气候现象的描述上起着重要作用，并共同对人们认识亚洲坚硬地壳的形式和形成作出了贡献。

科学研究的进展是长期的、一个逐渐深化的、不断专业化的、不断扩展的过程。在李希霍芬先生《中国》专著第一卷出版后七十三年时间的流逝中，人们对地球表面的认知取得了巨大的进展，李

---

① 李希霍芬最早提出的中国黄土"风成论"。

希霍芬先生的有些理论也得到了更改，有些地方甚至背离了他的某些说法，但由他奠定的自然地理学基础却是不可动摇的，也是经得起未来历代考验的。

《中国》第一卷著作的出版在整个科学界引起了轰动，作者李希霍芬先生一下子举世闻名。不仅仅在他所在的德国，也在所有其他文明国家，人们开始视李希霍芬先生为当代地理学领域最伟大的领导者——"自然地理学大师"。

隶属于书籍《中国》第一卷的还有一本《中国地图册-Ⅰ》。之后数年，又陆续出版了《中国》第二卷、《中国》第四卷、《中国》第五卷三本著作，1912年出版了带《中国地图册-Ⅱ》的著作《中国》第三卷。书籍的出版者是梯森（Tiessen）教授和格罗尔（Groll）教授。

《中国》第一卷本的出版以及书中令人刮目相看的导论、对地球陆地上中国这个部分的翔实研究和考察，使李希霍芬先生的职业生涯发生了改变，他从一名科考旅行者和发现者的身份转行到大学当了一名教书先生，成为一名新时代地理学领域最杰出、最著名的学派创建者。

他首先受聘在德国波恩（Bonn）大学当教授，之后到了莱比锡（Leipzig）大学，最后于1886年接受了柏林（Berlin）大学地理学教授职位，直至他1905年10月5日去世。

当时，瑞典的大学里还没有地理学教授，如果一个瑞典学生想接受大学地理学专业教育，就必须去国外大学学习。

德国那个时候正是殖民地扩张的全盛时期，地理学的教学也进入了前所未有的黄金时代。当时，拉采尔（Ratzel①）教授在莱比锡大学讲授政治地理学、克希荷夫（Kirchhoff）教授在哈勒（Halle）大学讲授普通地理学、克吕默尔（Krümmel）教授在基尔（Kiel）大学讲授海洋学、李希霍芬教授在柏林大学讲授自然地理学、海因里希·基佩特（Heinrich Kiepert）教授在柏林大学讲授历史地理学。当然，我选择前往柏林大学最重要的动因是，李希霍芬先生在那里。在他那个时代，不，在所有时代，李希霍芬先生都是全世界当之无愧的、首屈一指的亚洲研究专家。

可以这样说，即便当时瑞典有大学讲授地理学，我的脚步还是会踏进柏林大学的课堂。因为，只有那里才是李希霍芬先生严肃认真讲学的地方，才是感受他清晰闪亮的、活跃奔放的学术思想的地方。

我在弗里德里希威廉大学（Friedrich-Wilhelms-Universität②）学习的 1889 年、1890 年和 1892 年，柏林完全是另外一个模样，不同于二十五年之后，更不同于五十年之后的今天。尽管当时的柏林已经是一个人口密集、生活繁华的大都市，但还没有有轨电车，没有汽车，人们出行的代步工具是马车。走在大街上，人们完全不用担心会被身边疾驰而过的小轿车撞倒。看见大街上一辆辆来自乡村的、由有耐心和耐力的聪明牵引犬拉着堆满蔬菜的小箱车情景时，人们还以为是置身在一个大的农庄。

---

① 全名：弗里德里希·拉采尔（Friedrich Ratzel，1844—1904 年），德国地理学家，地理环境决定论的倡导者。

② 柏林大学 1810 年建校，正式名称为"弗里德里希威廉大学"（Friedrich-Wilhelms-Universität），被世人简称为柏林大学。1949 年，为纪念学校的创始人、著名的洪堡兄弟，重新命名为柏林洪堡大学。

从 1889 年至 1914 年间，外地人会强烈地感受到柏林的快速上升和发展，实际上，柏林成为新德意志帝国的首都及一个强大的联邦州领先城市也才短短十八年时间。

我在 1889 年 10 月 29 日写给父母的第一封信中谈了自己的感受："在柏林，我感觉就好像是在整个欧洲的首都。"

即便是现在，1950 年，世界政治都还总是围绕着柏林。但是，对我个人来说，最重要的柏林记忆一直都定格在第一次拜访我敬仰的导师费迪南·冯·李希霍芬男爵那一天。

李希霍芬先生当时五十六岁，世界知名，为人钦佩，而我只是一个年约二十四岁才华一般的学生，除了莽撞地骑着马走了一圈波斯国外别无其他成就。在去见李希霍芬教授的途中，我感觉就像是一大早去赶考的学生忐忑不安。我拥有的唯一武器是诺登舍尔德先生给我的一张写上了几行友好推荐文字的名片以及布勒格教授的一封信。

李希霍芬教授住在柏林选帝侯（Kurfürstens）大街 117 号一幢外观讲究的楼房里，我迈着迟疑的脚步、揣着不断加剧的心跳、踏着铺着地毯的楼梯走上了三楼。一块写有教授大名"F. v. Richthofen（费迪南·冯·李希霍芬）"的金字门牌钉在具有八十年代风格精美雕刻的橡木门上。

按响门铃，佣人开门将我迎进了宽敞的工作室。不一会儿，一位身材笔直、高大魁梧的人走了进来，注视我的眼光是严肃的、审视的、具有穿透性的。他就是我今天要拜访的、著名的李希霍芬教授。高高的额头象征着教授的智慧，蕴含着深不可测的对地球历史的幻想，一嘴浓密的、剪得短短的络腮胡展示着教授不懈努力、坚毅顽强的性格。

教授绽开了亲切的笑容，向我伸出手，请我落座。

"我看，您是一位瑞典人，有什么愿望吗?"教授问道。

我赶紧作答：

"是的，尊敬的教授先生，我是一名瑞典人，叫斯文·赫定。我的愿望是能在柏林大学亲耳聆听您的课程。教授先生，希望您能带领我、指导我去面对大的亚洲地理问题。直到现在，我还只有一次仓促骑马去波斯国以及一次去美索不达米亚（Mesopotamien①）探险旅行的经历，但我正在做前往内亚以及中国西藏地理学探险考察的准备。在布勒格教授那里我已经学习了两年，并且跟着教授在挪威从事过地质考察。这是他写给您的一封推荐信，我这里还有一张诺登舍尔德先生向您引荐我的名片。"

李希霍芬教授接过名片仔细看了看，然后又打开布勒格教授的介绍信，兴致勃勃地读了起来，专注的神情，好像已经忘记了坐在对面的我。读完信后，教授具有穿透力的眼睛又盯住了我，目光明亮起来，脸上也有了笑容。

他热情地对我说：

"是这样，您对这个世界已经有了一定的见识，您能来找我，我很高兴，十分欢迎您的到来。在学习期间，我们会有很多时间议论亚洲地理以及您的愿望和计划。这个学期的课程从星期一开始，我星期一、星期二、星期四和星期五都分别有课。课外时间我们可以

---

① 美索不达米亚是古希腊对两河流域的称谓，两条河指的是幼发拉底河和底格里斯河，位于今天的伊拉克。

去大学的地质研究所，在那里，每个星期二晚上我都有一个面向学生的学术讲座。您也可以在那里与同学们相识，从同学们那里你会得到很多相关信息的。从今天开始，您也是我和我大人欢迎的客人，有时间可以经常来家里坐坐。"

我表示衷心感谢，李希霍芬教授陪伴我走了出去。冰块融化，我赢得了"战役"的胜利，揣着渐显平静的心跳走下了楼。

在这种略显严肃庄重的形式下——又像是一个裂开的、将学生与教授分开的深谷——我与李希霍芬先生建立起了友谊。这一友谊随着时间的推移一直在不断加深、巩固，持续了整整十六年，直到尊敬的教授去世。

我很快成了李希霍芬教授的得意门生，也成了他家的常客。他对我的旅行计划表现出极大的兴趣，同时对我单独授课。可以这样说，没有人会像我那样专注地听他讲授关于欧洲地质、地球海流和气候的专业课程，我的课堂笔记也做得相当详细，晚上回到宿舍还会再认真誊正一遍。

李希霍芬教授的课并不是那么容易听懂的，教授学识丰富、思路敏捷、洞察力强，但由于讲课逻辑线条很清晰，从而使内容的理解变得简单，学生也容易记住。教授所有的表达都清晰地体现出富有逻辑这一特点，不论是在课堂的讲台上，还是在地理学讲座的斜面桌前，不论是在协会团体面对许多双眼睛的演讲中，还是在关于日常生活的一般性言谈中。

在语言方面，教授可是不可多得的大师。他的德语表达始终是高雅的、考究的，语句中蕴含着艺术意味，听起来有滋有味。一般平民性的表达方式对他来说是陌生的，那些低俗的、诅咒的、过激的、冲动的词汇从来就没有冒出过他的嘴唇，不纯洁的肮脏想法在他的脑子里根本就没有空间。如果他不赞成某个人的行为，要实事求是地、也完全有理由地批评某人，他也总是以一种克制的、适度的形式。但教授爱憎分明，例如在评论 1889—1890 年之间完成了德意志—东非考察旅行的、德国最大最有价值的殖民地创建者卡尔·彼得斯（Carl Peters①）博士时，教授就强烈地表达了对这位博士先生做法的不满，他鄙视彼得斯博士，认为他根本就不配享有文化传承者的殊荣。

一如他的语言和思维，李希霍芬先生的外表形象也是平素少见的。他高大威严，像一个大主教，崇高庄严，像一位国王，教养高雅，像一个贵族。他内在的精神上的性格、他深刻虔诚的观点、他的博学多才以及他的天赋，均代表了人类最高贵的一面。随着时间一年年地过去，在先生身边耳濡目染，也使我在人的身份等级、学识涵养、名气荣誉等方面积攒了不少优秀的个人品质。

没有人像费迪南·冯·李希霍芬教授那样给我的一生留下了如此深刻的、强有力的、持久不衰的印象。同样，在其他人的身边，我也没有像在李希霍芬先生身边那样感觉到自己的渺小和无足轻重。教授具有的性格特点和品质，是一般人很少具备的。

虚荣心对于李希霍芬先生来说是一个十分陌生的概念，一般人乐意追求的、被大众接受和爱戴的愿望，他会觉得无所谓。在嘉奖

---

① 卡尔·彼得斯（1856—1918 年），德国探险家、新闻工作者、哲学家，殖民者，对德国东非殖民地的建立起了重要作用。

和赞扬面前，他表现得很不敏感。尽管他是一个伟大的先驱者、开路先锋，但是他从不刻意显摆，不希望被别人看出来。只要谈话涉及他的丰功伟绩，他就会拘谨、寡言，或者，他会很快转移话题，转移到与自己业绩不相干的其他领域。他的举世闻名只是局限在科学界、在受过高等教育的知识分子圈子里，一般民众并不认识他。妒忌、狭隘、吝啬的思想在他的心灵里找不到存在的空间。对于其他人的成功，他会由衷地感到高兴和钦佩。

对于我的未来他也有过建言，但这个建言并没有实现，而现在再要去遵循他的建言，看来也为时太晚。可谓光阴似箭，时不我待。

李希霍芬先生对我的殷切希望是：努力成为一个有作为的地质学家和古生物学家。他认为，地质学是一切地理学知识的基础，没有这个基础，地理学就只是一个没有内核的外壳。尽管地质学也像地理学一样，作为科学形成了自己的外壳，即包围着我们这个行星的地壳。地壳是一个永恒的界限，脱离这个界限，所有在天空和地球上真实的寻找都被判定是落空的。

这是李希霍芬先生的愿望，而我希望将来能关注印度支那河流的上游以及我们这个大地球上尚不为人知的、错综复杂的山脉系统。我以为，在这些山脉系统中，由东南亚季风持续不断提供的巨大洪水水头正在唱着一首首隆隆的、势不可挡的赞美诗，它令人难以抵挡地诱惑着我。但对李希霍芬教授来说，中国西藏的地质学建设以及它与中国西部和印度支那半岛连绵不断的山脉的密切联系才是地球上最值得研究的和最广泛的问题。

我确实无法胜任这一研究，我太早地踏上了前往亚洲未开发的荒芜地域的征途，我已经感受到了太多太多东方的瑰丽与豪华，我已经被大荒漠的静谧以及长途跋涉的孤独与寂寞所深深感动。更令我难以接受的是，如果还要我继续长时间地坐在教室的冷板凳上的话。

　　我的地质学知识欠缺，这也正是李希霍芬先生希望帮助我提高的方面，十年的亚洲旅行都没有使我彻底摆脱这个缺陷。其实，在柏林大学学习时我已经站在了十字路口：要么利用年轻的时光完成大学的地质学学业，要么遵循自己的内心呼唤，做一个地理学领域的开拓者，在亚洲腹地鲜为人知、不为人知的地域展开一个专业人士能够做到的、系统的探索工作。

　　我毅然地选择了后者。

　　不过，自己在探险旅行上欠缺的地质知识，我在三十八年之后也找到机会弥补上了。我与四位年轻的瑞典地质工作者和古生物工作者一道，运用广泛的专业知识在内亚的大部分地区以及中国新疆（Sinkiang）、中国西藏、南山（Nanschan）、柴达木（Tsaidam）和蒙古（Mongolei）地区考察了数年。我自己的发现还都是富有地理学特征的，最主要的是，赋予了塔里木（Tarim）、罗布泊（Lop-nor）、塔克拉玛干（Takla makan）、外喜马拉雅山、印度河（Indus）的源头以及布拉马普特拉河（Brahmaputta①）这些名称以地理学上的意义。

---

① 布拉马普特拉河是南亚最大的一条国际河流，其上游在中国境内，称为雅鲁藏布江。

　　我在中国大沙漠上发现的古城废墟遗址也招来了一大批来自德国、日本、美国、法国和英国的各路探险家们，他们是德国的勒柯克（Le-Coq①）先生、德国的格伦威德尔（Grünwedel②）先生、英国的斯坦因（Stein③）先生、日本的橘氏（Taschibana④）、法国佩利奥（Pelliot⑤）先生和美国的亨廷顿（Huntington⑥）先生。

　　李希霍芬先生的每一节课都是一种经历、一个严肃的活动，课堂教学的氛围认真且庄重，像是在进行礼拜仪式。
　　每每上课，教室里座无虚席。教室的门会准时打开，穿着礼服的教授走进来，将礼帽轻轻放在桌子右边，然后庄重地站在讲台上，迎来所有听课者报之热烈的、表达衷心欢迎的顿足声。一开始

---

① 全名：阿尔伯特·冯·勒柯克（Albert von Le Coq, 1860—1930 年），德国探险家，参与组织了前往中国新疆吐鲁番的探险活动。冯·勒柯克以对新疆壁画切割而闻名，他的行为遭到了格伦威德尔等人的批评。
② 全名：阿尔伯特·格伦威德尔（Albert Grünwedel, 1856—1935 年），柏林民族人类学博物馆馆长，与冯·勒柯克先生先后率领德国探险队沿中国新疆丝绸之路北线进行过四次考察，十二年间，共计四百二十三箱珍贵文物被运回德国。
③ 全名：马尔克·奥莱尔·斯坦因（Marc Aurel Stein, 1862—1943 年），著名英国考古学家、艺术史家、语言学家、地理学家、探险家和文化大盗。曾经分别于1900—1901 年、1906—1908 年、1913—1916 年、1930—1931 年进行了四次著名的中亚考察，其考察的重点地区是中国的新疆和甘肃。
④ 全名：橘瑞超（Tachibana Zuicho, 1890—1968 年），日本净土真宗本愿寺派僧侣，著名的佛教遗迹探险家。
⑤ 全名：保罗·欧仁·佩利奥（Paul Eugène Pelliot, 1878—1945 年），法国语言学家、汉学家、探险家。1908 年前往中国敦煌石窟探险，购买了大批敦煌文物运往法国，今藏法国国家图书馆老馆。
⑥ 全名：伊斯沃思·亨廷顿（Huntington, Ellsworth, 1876—1947 年），美国现代地理学家。旅游考察过西南亚、中亚等地。

我对顿足这样一种表达礼貌的特别形式很不理解，感觉与瑞典学生静穆起立的欢迎形式相比，顿足是一种未曾开化的举动。欢迎过后，李希霍芬先生会令人难以察觉的微微点头表示致谢并开始讲课：

"先生们！"这是大教授每每开讲的第一句话。

讲课时，李希霍芬先生利用地图，或者由学生代表格哈德·肖特（Gerhard Schott）拿着彩色粉笔在黑板上画，座位席上鸦雀无声，只有铅笔在纸上急速飞动的声音。

位于柏林申克尔（Schinkel）广场1号的柏林大学地理学研究所是一个供师生们舒适学习和研究的场所，室内的布置简洁实用：大图书馆里放着一个挨着一个搁满了书籍的书架，有多个大型书桌供大家学习或者绘制地图，墙上挂着大量的地形参考图，桌上搁置着各式地理学教学用品，如地图册、地球仪、天体仪、确定地理坐标的天文学仪器，等等。

每逢星期二晚上七点钟，师生们会聚集在地理学研究所的大会议室里，会议室放有一张长条形桌子和地图支架，还有黑板等教具。先是由一到两个学生根据自选主题做一个小型讲座，讲座后李希霍芬教授做简短点评，然后大家再围绕主题进行讨论。讨论结束之后，李希霍芬教授也会经常与同学们一起去赫尔姆（Helm）小餐馆或施巴藤啤酒馆（Spatenbräu）吃消夜：饮黑啤、品尝夹着冷肉片和瑞士奶酪的黄油面包。

李希霍芬教授十分高兴能经常与学生们在一起，有时候他会给同学们讲记忆中的中国旅行故事，但他很少与同学们一起留到最后，一般坐上一个小时左右就会先行离开。但只要教授先生坐在桌旁，消夜的气氛就会显得庄严、安静。一旦他站起来准备离去，同学们都会站起来，像面对国王一样地鞠躬致意，语调是尊敬的、拘谨的，之后同学们才会真正地自由放任起来。

围绕在李希霍芬教授讲台边的不仅仅只是来自德国和奥地利的学生，还有来自其他国家的，如俄国、英格兰、法国、美利坚合众国和智利（Chile）等国的学生，而我则是唯一一个来自瑞典国的学生。

在柏林求学期间，由于李希霍芬先生的关系，我与不少知名的地质学家、地理学家以及其他领域的科学家有了比较密切的接触，其中有奥地利地质学家修斯（Sueß）先生、德国地貌学家及地质学家彭克（Penck）先生、蒂策（Tietze）先生、菲尔绍（Virchow）先生、亥姆霍兹（Helmholtz）先生和施韦因福特（Schweinfurth）先生。此外，还有他的私人朋友，如《马可·波罗的书》的作者、当时全英最著名的东方学家英国上校亨利·玉尔（Henry Yule）爵士，该书可称得上是所有有志于亚洲研究者的金矿。

法国作家儒勒的肖像画一直挂在李希霍芬教授办公室里最显耀的位置，即便今天，儒勒先生的大名都还会在我这个年纪大的亚洲迷心里掀起高高的波浪，遗憾的是，直到今天我都没有享受到面见这位大作家的荣幸。

我在李希霍芬教授的研究所留下的最深刻记忆应该是1890年2月的一个晚上，这个晚上，我面对教授先生和同学们作了一场关于尼古拉·米哈伊洛维奇·普热瓦利斯基先生在亚洲腹地探险考察的讲座，在我自己绘制的巨幅地形图上介绍这位伟大的俄国人横穿亚洲陌生区域的勇敢征途。这个晚上我显得格外怯场，甚至可以说，在此之后举行的无数次讲座中，我都没有如此怯场的感觉。在李希霍芬教授面前夸夸其谈地讲解内亚和中国西藏岂不是班门弄斧、自不量力吗？但讲座结束后，李希霍芬教授不仅对我表达了满意之情，还立马组织了针对这个主题的、令人感兴趣的大型学术讨论会。

李希霍芬教授写给我的所有信件已经由恩斯特·提森（Ernst Tiessen）教授在 1933 年 5 月 5 日大师一百周年诞辰日之际结集出版了，我为该书撰写了前言。这些信件堪称信函书写艺术的珍珠，体现了教授先生高超的、熟练的文字表达能力，更为难得的是，这些信件只是写给唯一一个读者的。

格奥尔格·瓦格纳（Georg Wagener）教授在谈到这些信函时说道：

> 这些信件是对李希霍芬先生高贵的身份、善良的性格和仁慈的人性关怀最有效的、最具权威的证明，读者能够感受到信函上飘逸着的写信人独特的人格气息。出类拔萃的李希霍芬先生，不仅仅具有令人钦佩的价值，还有令人爱戴的价值，他是一个高尚的人，一个拥有美好意义的语言贵族。

教授的书信之于我具有难以描述的价值，它们要么寄到斯德哥尔摩我的家中，要么寄往亚洲荒原与其他信件一起通过信使送到旅行途中我的手中，激励着我克服旅途上艰难险阻的雄心壮志，增添我不断前进的信心和力量。我钦佩的、敬重的导师还总是在信中与我探讨新的问题，也给我讲述他在柏林大学授课的情况，讲述大学里来自地球上不同地区同学们的学习、工作和研究状况，讲述新学年选修他课程的新学生。第一封信写自 1889 年，最后一封信则是教授去世的 1905 年，持续十六年之久。

汇编了敬爱导师信件的这本书，直到今天都还是一本出类拔萃的、值得膜拜的、具有宗教般意义的布道杰作，完全值得今天这个时代的年轻探险旅行者们认真拜读。

在 1902 年至 1904 年的信件中，李希霍芬先生又回到探讨大型亚洲地理学问题的任务和使命上来了，他特别叮嘱我说：

> 中亚和中国西藏一直都是地球上最令人感兴趣的地区，那里的问题多种多样、形形色色、别具一格、重要非凡，在某种程度上说，它将继续成为您的终身事业和毕生使命。

在伟大的探险发现时代过去之后，他在信中问道：

> 哪里还会有这种任务和使命呢？
>
> 您，我亲爱的朋友，已经赐予您这种机会了，您在南极周围以外的地区，在伟大的科考事业大厦上放上了最后一块拱顶石。您还有幸穿越了那些不属于欧洲列强势力范围的新的国家和地区，在那里，科考探险需要的知识不仅仅是集中的，也是广泛的……
>
> 很快，中亚也会像非洲腹地那样分裂。
>
> 过去是一个多么辉煌的时代，德国非洲探险家纳赫蒂加尔

(Nachtigal) 先生、施维因富特先生、利文斯通先生、容克先生、史丹利先生以及其他探险家们，穿越了当时还没有强权势力染指的地区，从四面八方带来了新的信息和知识。

自打非洲被瓜分以后，关于非洲的文献就失去了它浪漫的魅力和刺激。每一个欧洲国家都在虎视眈眈地盯着，防止其他政治势力所属的成员染指它们统治的国家和地区。每一个欧洲国家都在为一己之私利去结识这些国家，有些国家甚至在肆无忌惮地、冷酷无情地利用这些国家，榨取这些国家的资源。

如此发展下去，世界强权势力很快就会面对您在亚洲征服的那些辽阔领地了，这些领地完全可以被称为"赫定亚纳"（Hediniana）。可以想象，"赫定亚纳"也是会被瓜分的。

勇敢的、年轻的瑞典人满怀热切的理想主义情怀穿越中亚的纪念，将会为后人保存和继承。

接下来探险考察的主角将是英国人和俄国人了。过去英国人是自由的、宽宏大量的，允许其他民族的成员掀开印度女郎美丽的面纱，但现在不行了。俄国可能还会继续允许其他人参与。

但无论如何，您都一定能找到一条畅通无阻的道路，如果您希望继续探险旅行的话。

李希霍芬先生认为内亚也会像非洲一样被政治瓜分的预言最终被印证了，尽管没有他预言的那么早就发生。相反，他的这一想法没有兑现，即俄国人会比英国人更长久地允许外国人继续在他们的领地上进行探险考察。是世界大战，是日益增长的民族主义和布尔什维克主义影响了他预言的准确性。

我的第一本书《1899—1902 年中亚探险旅行科学成果》出版之后，自然给我最尊敬的导师寄上了一本，包括绘制的十六张塔里木河的地图。收到后他十分高兴。

1905 年 2 月 17 日，李希霍芬教授给我写了最后一封信。在信中，他衷心地祝福我即将到来的生日快乐，对我直到目前的生活进行了十分友好的回顾，还充满期望地最后写道：

> 我只能希望您，保持住旺盛的精力和健康，一颗心自始至终对您的家人、您的朋友充满热情，对您选定的神圣使命充满热情。实际上，我还希望您能建立起一个美满的、健全的家庭，幸运地碰到一位忠诚的、令人爱戴的夫人。不过，我的劝诫您很可能听不进去，因为您追求的不是舒适安逸的生活、不是躺在过去赢得的荣耀桂冠上休息。

信中，他感谢我送给他的新书《西藏历险记》，对此他也写道：

> 这一定是年轻人最喜欢读的一本书。

信中告别的话语是：

> 我衷心地祝愿您的生活继续拥有幸福、力量和快乐的意义，我们之间的友谊长存。
>
> 忠诚的、您的
> 费迪南·冯·李希霍芬

　　这一年的 10 月 7 日，我父亲走进我的房间神情庄重地、特别难过地对我说：

　　"斯文，李希霍芬先生去世了！"

　　我震惊了，父亲给我看了早报上的消息，消息下面是讣告。讣告告知，葬礼将于 10 月 10 日在古老的柏林圣马太（Matthäi）教堂公墓举行。

　　当我 10 月 17 日开始我的中国西藏之旅经过柏林时，伟大的导师已经安息在坟墓里了。自此，有着十七年记忆的这座城市对我失去了魅力。

　　柏林，我尊敬的导师在这里生活过，我对亚洲的无比向往是在这里被唤起来的，除了母亲，导师是最体贴我的人，是最能理解我的努力、懂得我的渴望的人。

　　我不得不赶紧离开柏林——我记忆中的这个地方。

　　同样，在之后我孤独的亚洲探险旅行的三年时间里，每每有一个新的发现我都会想到尊敬的导师，好像导师穿着黑色长衫的高大身影又出现在了我的眼前：高高隆起的额头，严肃的带着探究目光的黑色眼睛。我总有一种鲜活的感觉，我最为尊敬的导师仍在另外一个世界引导着我。

苏丹阿卜杜勒·哈米德二世

(Sultan Abdul Hamid II[①])

今天的欧洲人去君士坦丁堡，或者如土耳其人现在对这座老城的称呼——伊斯坦布尔（Istanbul），大都会乘坐西方的火车。而我1886年8月第一次来这座著名的大都市时，则是从波斯国、高加索、经巴统、特拉比松和其他一些城市绕道抵达这个小亚细亚半岛的北海岸的。

我的第一次君士坦丁堡之行是乘坐俄国"罗斯多夫-敖德萨（Rostow-Odessa）号"海船，那是一次在风暴中的风雨飘摇的航行。

海船终于停止了隆隆的运转、左右摇摆地驶进了清晰呈现出来的狭窄海峡。海峡将欧洲与亚洲分开，将黑海以及连接黑海的河流

---

① 阿卜杜勒·哈米德二世（1842—1918年）为奥斯曼帝国的苏丹和哈里发，1876年至1909年在位。晚年他暴君式的统治导致了土耳其人普遍的不满情绪。1908年青年土耳其党人领导的武装革命爆发，并于1909年废黜了阿卜杜勒·哈米德二世（史称三三一事件），他先被软禁在萨洛尼卡，后转移至伊斯坦布尔，1918年2月10日去世。

与地中海，包括地球上的其他海洋连接在了一起。

"罗斯多夫-敖德萨号"海船骄傲得像一位公主，缓缓地滑进富有吸力的海面。我的眼前，博斯普鲁斯海峡（Bosporus①）波光潋滟的海水在两岸画一般的山崖与峡谷谷口之间，在阿纳托利芬内尔（Anatoli Fener）的灯塔和鲁梅利芬内尔（Rumeli Fener）的灯塔之间，在伊斯兰式的、热那亚式的防御工事和城堡宫殿之间。两岸茂密的梧桐树、月桂树以及柏树，在灰色的、黄褐色的风景基调中衬托得多姿多彩，清晰而又美妙。

在河流一般狭窄、童话一般美丽的博斯普鲁斯海峡航行不到三英里，亚洲一侧斯库台（Skutari②）城区白色的房屋、漂亮的花园和墓园就吸引了我新奇的目光。深色的柏树将一抹淡淡的阴影投射到街边打着瞌睡的伊斯兰教（Islam）信徒脸上。与之相对的欧洲一侧则是另外一幅令人不可思议的美丽画卷，有加拉塔（Galata）城区高大的石塔，裴拉（Pera）城区房屋墙上耀眼的马赛克壁画以及小巷。在伊斯坦布尔一侧还耸立着一座座宏伟华丽的清真寺和高耸入云的尖塔，尖塔阳台上呼报祈祷时刻的宣礼官每天会五次宣礼虔诚的信徒们进行祷告。

这里是亚洲和欧洲两大洲以及黑海和马尔马拉海（Marmara）两个海洋的焦点，云集了不少船舶——客船、货船、帆船以及各式码头。朝南扩展开来的则是马尔马拉海一望无际亮盈盈的海平面。地

---

① 博斯普鲁斯海峡又名伊斯坦布尔海峡，介于欧洲与亚洲之间，北连黑海，南通马尔马拉海和地中海，土耳其第一大城伊斯坦布尔隔着博斯普鲁斯海峡与小亚细亚半岛相望，是连接黑海以及地中海的唯一航道。
② 斯库台，今天的于斯屈达尔，君士坦丁堡较大的一个城区。

球上没有一个大都市有君士坦丁堡如此绝妙的地理环境。

那一次，我在这里逗留了十天，拜访了久仰的伊斯兰教国家最高统治者苏丹的城市——伊斯坦布尔的名胜古迹。我将我的见闻写进了 1887 年出版的第一本书里。那个时候的伊斯坦布尔一片祥和，各民族、各国之间洋溢着团结和睦的友好气氛。

记得到达伊斯坦布尔城不久的一天，当我沿着"裴拉独立大街"散步的时候，在一群土耳其人和欧洲人中间，一位有着贵族外表的人注意到了我。当他看见我时，对身边的女士叫唤了起来：

"这里怎么会有一名瑞典籍学生！"

我马上站住并作了自我介绍。这位贵族竟是卡尔·古斯塔夫·弗兰格尔（Carl Gustaf Wrangel）伯爵，《爱马者手册》以及《在文明界限之前》一书的作者。我们很快成了年轻的朋友，尊贵的伯爵十分喜欢听我介绍在波斯国骑马探险的经历，并十分高兴地为我游览城市以及周边地区充当最内行的导游。

＊

当我第二次前往君士坦丁堡时，就已经肩负着瑞典国王赋予的特殊使命了。

1890 年，欧洲的君主还在依据老习惯，一次次地派遣特使团前往亚洲拜访专制帝国的君主。有的是希望与这些亚洲国家建立起贸易联系，有的则如人们常说的，加强业已建立起来的两个国家之间和两个民族之间传统的友谊。

在 1889 年夏天斯德哥尔摩举行的东方学者会议上，波斯国的苏丹派出了由众多德高望重的官员组成的使团前往瑞典觐见国王陛下，并呈献了纳瑟尔丁沙阿授予瑞典国王的"蒂姆萨·胡梅加姆"（Timsal Humajum）最高勋章。珍贵的勋章是一个在象牙上画下的、镶着宝石边框的波斯国王肖像。礼尚往来，瑞典国王奥斯卡二世也别无选择，要派遣一个特使团回访，并作为回礼，要向波斯国最高统治者"沙阿中的沙阿"或者说国王中的国王呈献"六翼天使皇家勋章"。

瑞典特使团团长是挪威籍的王公大臣 F. W. 崔斯裘（F. W. Treschow）先生，其他团员有，在君士坦丁堡加入特使团的瑞典国驻伊斯坦布尔公使馆秘书 C. E. 冯·盖吉尔（C. E. von Geijer）先生、王宫贴身卫队少尉武官克莱斯·莱文霍普特（Claes Lewenhaupt）伯爵和我。

由于我在一定程度上熟悉这个国家和这个国家的语言，故当时的瑞典国国务部长古斯塔夫·阿克谢尔姆（Gustaf Äkerhielm）男爵友好地推荐我随行。我高兴随行还有一个最主要原因，是我有机会在随特使团到达德黑兰后一个人继续旅行。我打算再深入亚洲心脏地区，实现我伟大的地理学探险考察的梦想。

参加了在德国柏林有波斯国外交代办米尔扎·里扎（Mirza Riza）汗以及冯·李希霍夫男爵列席、由公使阿尔弗雷德·拉格海姆（Alfr. Lagerheim）先生举行的晚宴之后，前往波斯国的瑞典特使团于 1890 年 4 月 15 日乘坐东方快车离开了柏林。

特使团在奥地利维也纳停留时，正好赶上史梅尔茨（Schmelz）阅兵场上的皇家阅兵式，我们在瑞典国外交代办阿克曼（Äkermann）先生的陪同下出席了这一隆重的仪式。六十岁的奥匈帝国皇帝弗朗茨·约瑟夫陛下，身材高大、风度翩翩，像一个富有活力的年轻人，骑着高头大马在大公爵们和将军们组成的队伍前飞快走过，随后神情庄重地检阅从他身前走过的奥匈帝国受阅方队。

从匈牙利的布达佩斯开始，我们的火车车厢里就增添了一个令人心仪的小型旅行团队——匈牙利探险家贝拉·塞切尼（Bela Szechenyi①）伯爵以及他的两位后来分别嫁给了卡罗里（Karoli）伯爵和特勒齐（Teleki）伯爵的漂亮女儿。我真正熟悉这位伟大的科学探险家塞切尼伯爵是之后在中国甘肃（Kansu）前往安西县（An-his②）的旅途中，一路上我仔细阅读了他写的旅行游记。火车上，我们交谈甚欢，也自此结下了终身友谊。

虽然，特使团的目的地是波斯国的德黑兰，但由于要途经土耳其的君士坦丁堡，故国王委托公使团团长转交一封亲笔信函给土耳其的苏丹。奥斯卡二世认识这位土耳其君主，多年前由于卡尔王子生病曾访问过这个城市。基于这个原因，我们才能够幸运地在位于马尔马拉海出口处美丽的博斯普鲁斯海峡边的这座大都市里停留。当然，也就没有错过瑞典国驻土耳其公使莱纳特·罗伊特舍尔德（Lennart Reuterskiöld）先生为我们安排的、内容丰富的观光游览项目。

日程的一个内容是 4 月 25 日星期五举行的祈祷仪式。

由于苏丹阿卜杜勒·哈米德二世不喜欢耸立在博斯普鲁斯海峡

---

① 贝拉·塞切尼，匈牙利伯爵，著名探险家，1877 年 12 月，他开始东亚探险之旅，曾在中国探险数年，著述有《贝拉·塞切尼伯爵东亚科学考察成果 1877—1880 年》。

② 现甘肃瓜州县。

岸边富丽堂皇的多尔玛巴赫切（Dolma Bahce①）大宫殿，故在其东北方向的高地上又兴建了一座名为"吉尔蒂斯奇奥斯克"（Jildiskiosk）的王宫，即星辰宫。在星辰宫的附近还建了一座能使他英名千古流芳、被称为哈米迪耶（Hamidieh）的清真寺。这座白色的小清真寺有一个圆顶和唯一的一个尖塔，从它的阳台上就能听到苏丹宫殿里的祈祷声。

　　一年只有一次，即在开斋节期间，这位土耳其君王才会隆重访问伊斯坦布尔的斯坦布尔（Stambul）城区。这个时候，阿卜杜勒·哈米德二世会在加拉塔大桥上、经金角湾前往古老的苏丹多尔玛巴切宫殿，去朝拜先知穆罕默德的披风大衣。其余时间他住在吉尔蒂斯奇奥斯克宫殿里，在他的花园里和棕榈树间散步，包括礼拜五去清真寺做祷告。至于在哪一座清真寺从事这一神圣的行为，只有他自己和身边的亲信们才会知道。

　　"塞拉姆里克"（Selamlik）的实际意义是"接待厅"，不过，以前人们将"塞拉姆里克"理解成苏丹去清真寺的"礼拜五朝拜之行"。4 月 25 日这一天，我们接到邀请，当然不是去参加伊斯兰教的礼拜，而是要在苏丹陛下去清真寺朝拜的途中向尊贵的君王表达敬意。

---

① 多尔玛巴赫切宫是土耳其伊斯坦布尔的一座宫殿，耸立在博斯普鲁斯海峡欧洲海岸边。多尔玛巴赫切宫由苏丹阿卜杜勒·迈吉德一世下令兴建，1843 年开始施工，1856 年完成。建筑工程耗费五百万奥斯曼金镑，相当于三十五吨黄金，十四吨黄金用于制成金箔装饰宫殿的天花板。一共有六位土耳其苏丹曾经住在该宫殿。

我们被带到一个接待厅里，接待厅的露台一直延伸到街道上。受邀的客人们在亭楼的房间里由侍从官艾敏贝伊（Emin-Bei①）接待，大家聚在接待厅里谈天说地。客人中有俄国外交大使尼立多夫（Nelidoff）先生、意大利外交大使布朗可（Blanc）先生、匈牙利探险家贝拉·塞切尼伯爵，还有刚与德国商人，也是业余考古爱好者的海因里希·施里曼（Schliemann）先生在小亚细亚半岛上完成了考古学旅行返回的德国医生、人类学家、史前学家鲁道夫·菲尔绍（Rudolf Virchow）教授。

当侍从官艾敏贝伊向瑞典特使团表示热烈欢迎之后，我们都走出接待厅来到阳台上。这个时候，城市卫戍部队的八千士兵已经在宫殿和清真寺之间形成了夹道欢迎的队列，所有的目光此刻都投向了"吉尔蒂斯奇奥斯克宫殿"。

只见"星辰宫"里驶出一辆黑色的小型敞篷马车，马车由两匹高大的白马拉着，一位身着华丽阅兵制服的马车夫驾驭。与此同时，八千士兵齐声高呼：

"Padischahim tjock jakscha！（意即君王万岁！）"

敞篷马车的后座上坐着头戴红色菲斯帽、身披黑色外套的君王、土耳其苏丹阿卜杜勒·哈米德二世，与苏丹相对而坐的是王宫总管。王宫总管是一个响当当的名字拥有者，即加齐（Ghazi②）称号获得者奥斯曼帝国的元帅、战斗英雄、陆军大臣奥

---

① 贝伊，原为突厥语中"总督""老爷"之意，现代突厥语中则是对成年男子的尊称，可以理解为"先生"。
② "加齐"是阿拉伯语，指"战士""英雄"，原指为扩大伊斯兰教而进行宗教战争的骑士，有军功的高级军官也常获得"加齐"称号。

斯曼·努里（Osman Nuri）帕夏，一般称呼他为"奥斯曼帕夏"、一头普列文（Plewna①）雄狮。当敞篷马车经过我们外交人员所在的亭楼时，苏丹微微点头向我们问好，并将右手举到额头致意。

接下来，苏丹君王的车经过拱门进了清真寺的花园，从我们的视线中消失了。礼拜五祷告开始。

祷告上，他也如所有虔诚信徒一般，听从领拜者的声音。

不一会儿，土耳其专制君主阿卜杜勒·哈米德二世又露面了，通过车窗检阅眼前走过的雄伟之师。走在最前面的是步兵部队，身着蓝色上装、红色军裤和蓝色军靴，头上也是一顶红色的、带一缕流苏的圆锥形菲斯帽。然后是奥斯曼帝国勇敢的雇佣军部队，菲斯帽上缠着绿色的头巾。再接下来是阿尔巴尼亚步兵、炮兵，最后是卡宾枪队、手枪队、举着红色长矛的骑兵大队——第一个骑兵中队的战马是白色的、第二个骑兵中队的战马是褐色的、第三个骑兵中队的战马则是黑色的。

苏丹阿卜杜勒·哈米德二世离开清真寺时，乘坐的是另外一辆马车了，陪伴他的是师团将军维里·里扎（Weli Riza）帕夏。他现在要去卫戍部队医院，给每一位伤病员分派一个土耳其镑。

4月28日，我们瑞典特使团受邀去苏丹君王的吉尔蒂斯奇奥斯克宫殿参加宴会和觐见，这是伊斯兰教弟子们和穆罕默德的信徒们斋月禁食期里的一天。

---

① 普列文，保加利亚城市，原属奥斯曼帝国。这里指俄土战争中的普列文战役，奥斯曼·努里帕夏率土耳其军队顽强抵抗了俄军的数次进攻。

伊斯兰教的习俗，斋月里，只要太阳还位于地平线的上方，任何人都是不允许吃、喝或者吸烟的。白日里，人们闲散地打发着时光，睡觉、做梦，期盼着太阳落山后晚间和深夜里的节庆活动，虔诚地数着时间等着太阳落山。

白天，街道上、集市上是安静的，只有那些没有主子的流浪狗以及在君士坦丁堡城里几近被驯服了的亚洲胡狼一如往常地在四处游荡，寻找着残羹剩食，以至于经常能看到这些流浪的饿兽为抢夺猎物相互疯狂撕咬的情景。

但只要太阳一落山，整个城市生活的热情就会被唤起。太阳女王越是接近地平线，街市上的活动就会越多，聚集的市民也会越多，每过半个小时还会有一阵喧闹声冲天响起。市场上会燃起灯火，有烤羊肉串、手抓饭以及煮俄罗斯式铜茶饮等吃喝摊点。每到这个时候，餐馆门前会涌来不少饥民。白天里，即便是饥民乞丐也会严格遵守《古兰经》的禁食戒律。

迎接我们前往"吉尔蒂斯奇奥斯克宫殿"的两辆四轮轻便马车准时停在了我们居住的酒店门口，驻土耳其公使罗伊特斯舍尔德先生、崔斯裘先生和特使团的土耳其语翻译蒂莫尼（Timoni）先生上了第一辆车，另一辆车上则是我和勒文霍普特男爵。

酒店距"吉尔蒂斯奇奥斯克宫殿"的车程大约在半个小时左右，我们必须在黄昏笼罩城市之前到达目的地。疾驰的马车像是在与太阳赛跑，不能去得太晚，影响了苏丹陛下开斋饭或者说斋月餐桌，对虔诚的信徒来说是大不敬的。此时，虽说城里的房屋和小巷已经笼罩在太阳落山后的阴影中，但清真寺的圆顶上还辉映着灿烂的晚霞。

没过多久，我们的马车开始爬行向上，又沐浴在阳光下了，太阳在地平线上还有差不多两个直径的距离，起伏的地形救了我们。当我们的车停在"吉尔蒂斯奇奥斯克宫殿"大门前时，半个月亮撒下的光辉已经映照在圣索菲亚（Hagia Sophia）大教堂的穹顶上以及苏丹艾哈迈德（Achmed①）清真寺、哈米迪亚清真寺的圆顶上，看上去像闪闪发亮的金子。

公使的引见人加利卜贝伊（Ghalib-Bei）先生欢迎我们一行。他带着我们走过宫殿内院，踏上铺了地毯的大理石台阶，经过一个华丽前厅后进了一个大的雅厅。雅厅里铺着昂贵的地毯，摆放着欧洲家具，中央上方是一盏插上了许多蜡烛的枝状吊灯。我们在这里接受礼仪大师穆尼尔（Munir）帕夏的接见，一位高大强壮留着一脸黑色短胡须的土耳其人。

穆尼尔帕夏带我们进了一间同样雅致的厅室，厅室里集中了接受邀请来这里共进晚餐的所有客人，而在那里等待我们的，也是今晚宴会主人苏丹君王的代表，是我前面提到的、威名赫赫的最高御前大臣及苏丹部队司令奥斯曼·努里帕夏。

这个时候，尊贵的苏丹陛下、土耳其专制君主阿卜杜勒·哈米德二世正在自己的房间里吃开斋饭。

在场的宾客，除了驻土耳其公使罗伊特舍尔德先生和瑞典特使团

---

① 指艾哈迈德一世（1590—1617 年），奥斯曼帝国苏丹，1603 年继位。艾哈迈德一世为穆罕默德三世之子，是帝国首位在成年前登基的苏丹。

外，还有奥匈帝国驻土耳其大使巴伦·加利西（Baron Galice）先生以及他的第一个大使馆参赞巴伦·卡尔（Baron Call）先生，有贝拉·塞切尼伯爵和他的将军兄弟。此外，还有施瓦岑贝格（Schwarzenberg）侯爵、穆尼尔帕夏、维力·利扎帕夏以及苏丹陛下的第一个机要文书苏勒佳（Sureja）先生和加利卜贝伊。

当所有的客人作了自我介绍之后，侍从们打开了通向宴会厅的大门，宴会厅里，宽大的晚宴桌上方四盏银臂吊灯发出耀眼的光芒。起初，在场的每一个人都站在自己座椅的后面，当主人的代表奥斯曼帕夏落座后，大家才陆续坐了下来。奥斯曼帕夏左右坐着加利西先生和罗伊特斯舍尔德先生，我的旁边坐着崔斯裘先生和加利卜贝伊先生。

晚宴现场充满着庄重肃穆的气氛，只见几位帕夏一动不动立柱一般直挺挺地端坐着，一言不发地像待在一个坟墓里。宴会气氛感觉竟像在一个阴森森的葬礼上，枝形吊灯冷峻的光焰阴森森地洒在大的灵柩台上，围坐着的人则像在等待即将抬进来放在灵柩台上的灵柩似的。在座的我们这些信奉基督教的西方客人表现得倒是很有教养，文质彬彬的，既要保持自己的尊严，还要做土耳其人遵循的榜样。在太阳的上沿还没有落在西边地平线下之前他们还得再努力坚持最后几分钟。

晚宴桌上，围绕着每一套餐具的是一圈小银盘，银盘上堆着冷肉片、甜食、蜂蜜、坚果和其他一些小食品，大盘里则放满了无花果、葡萄、甜橙以及其他香气袭人的新鲜水果。由于我们这些不受斋月限制的基督徒客人中午已经吃得很饱，也喝了很多茶水，故对我们而言，再等上个五分钟，并不是什么十分难受的事。而在座的穆斯林可是饿了整整一天，况且明天一早他们又得遵守戒律开始斋月里新的一天禁食。

夜色已经完全覆盖了城区，当斯坦布尔和加拉塔之间标志太阳已经下山的炮声隆隆响起之后，市场上的餐馆以及各家各户都开始大吃大喝起来。由于"吉尔蒂斯亭"地处高岗，这里的白天比金角湾的白天要长些许时分。

突然，一扇侧门打开，一位身穿工作制服的人悄无声息地快步走到奥斯曼帕夏的身边耳语了几句。看来他只听懂了耳语中唯一一个只有一个音节的词，大概意思应该是：可以吃了，太阳已经落山！

"普列文雄狮"——奥斯曼帕夏微笑着、挥动着有力的手势号召他麾下的"战士们"，现在可以向"外围工事"发起进攻了。接下来又走进来四位男仆，端来了晚宴的第一道菜，甜蔬菜汤，配料是羊肠碎片。十五道纯土耳其特色佳肴：裹着羊肉的肉馅饼、烤羊肉串、羊肉丸子、各类炒饭或者米布丁、素菜米饭陆续端了上来，最后是冰激凌和水果。所有食物都放在银盘上，只有吃冰激凌时用的是金盘和金勺。在座的欧洲人酒喝得很多，而土耳其人只喝水或土耳其清凉饮料，如柠檬汁。

令人吃惊的是，在整个晚宴进行的过程中，作为苏丹陛下代表的主人奥斯曼帕夏一直是沉默的，不仅不与邻座的客人，也不与在座的任何一个人说话，看来斋月里进食也是一种庄重严肃的宗教行为。在场的穆斯林信徒们也都是一脸虔诚，内心在感谢真主，今天的节食时段终于过去了。

晚宴结束后，奥斯曼帕夏起立鞠躬将我们带进隔壁的一间会客室里。由于尊贵的苏丹陛下还没有吃完，大家站在一起边喝土耳其咖啡边聊天地候着。个子不高但身材匀称、强壮结实、戴着菲斯帽的奥斯曼帕夏现在一个人站在一旁满意地品味着咖啡——明亮饱满的天庭、亲切友好的眼神、白色的髭胡及浓密的、剪得短短的络腮胡子，还带着一脸善意可感的微笑。

此时的我被眼前的英雄给迷住了，一位勇敢地、光荣地为祖国战斗过，流过血的大英雄。在 1877 年至 1878 年的俄国—土耳其战争中，正是他率领土耳其军队重创了俄国军队的数次进攻。在沙皇军队重整旗鼓、托德尔本（Todleben）将军和斯柯别列夫（Skobelew①）将军欲在普列文城将他包围之前，奥斯曼帕夏机智灵活、转移到一个坚实的城堡里继续顽强固守。从 1877 年 9 月 3 日至 12 月 10 日三个多月的时间里，他一直被俄军大部队包围着。最后在斯柯别列夫将军将他与他的增援部队、给养和弹药隔离起来的时候，才不得不带着四万名士兵、两千名军官和七十七门大炮投降了。尽管是降将，但他还是完全有理由获得奥斯曼苏丹官方的"加齐"头衔，即英雄头衔，因为他在与无伊斯兰教信仰者的战争中赢得了一系列辉煌的胜利。

十三年光阴流逝，现在他独自一人，平淡而又知足地站在其他

---

① 全名：米哈伊尔·德米特里耶维奇·斯柯别列夫（Michail Dmitrijewitsch Skobe-lew，1843—1882 年），俄国步兵上将，中亚征服者，因其在征服中亚和第十次俄土战争中的表现而著名。

达官显贵中间，站在那些根本就没有获得"加齐"头衔的同胞们中间，站在与战争中强迫他放弃普列文城堡防守的敌人持同一政见的西方人中间。

我当时已经二十五岁，以前经常听父母和熟人们带着钦佩之情谈到奥斯曼·努里这个名字，在我们这批中学男同学中间，这个名字与德意志帝国的俾斯麦将军、毛奇（Moltke[①]）元帅、斯柯别列夫将军一样如雷贯耳。而现在，我正与他同在一屋，还是在场的欧洲客人中唯一一个能说上几句土耳其语的人。我暗自琢磨，这很可能是我一生中唯一一次能与奥斯曼·努里帕夏面对面地站在一起的机会，如果我不把握住这个机会与这位拥有历史意义的大英雄说上几句话，以后恐怕就不会再有这个机会了。在巴拉恰尼时，我曾在巴基·哈诺夫（Baki Khanoff）先生处学过几句阿塞拜疆的鞑靼语。也大概是强烈的虚荣心起作用吧，想刻意在特使团团长和同伴们面前秀秀我的鞑靼语，让他们为我独有的语言能力而感到惊叹。不管当时是怎样想的，总之，我坚定地向奥斯曼帕夏走了过去，鞠躬致意后用鞑靼语恭敬地说道：

"奥斯曼帕夏，我相当幸运，今天能站在英雄的面前，您的大名我从小就已经知道了。"

奥斯曼帕夏友好地笑了笑说：

"我没听错吧，您说的是鞑靼语，您在哪里学到了这种语言？"

---

① 全名：赫尔穆特·卡尔·贝恩哈特·冯·毛奇（Helmuth KarlBernhard von Moltke，1800—1891 年），通称老毛奇，普鲁士和德意志总参谋长、军事家、德国陆军元帅。

　　我告诉他我在俄国巴拉恰尼诺贝尔先生那里的经历，告诉他我的首次波斯国之旅、巴格达之旅，表达我热爱东方并为再次莅临波斯国感到由衷高兴的心情。听了我的介绍，他变得健谈，对一位欧洲人能结结巴巴地说他的家乡话明显地有了好感。

　　当我回答了他提出的是否已经见到了波斯国的沙阿、对伊斯法罕城印象如何等问题之后，穆尼尔帕夏走过来禀告他，尊贵的苏丹陛下阿卜杜勒·哈米德二世已经在觐见厅等候瑞典特使团了。

　　同样，苏丹陛下觐见大厅的装修也是欧洲风格，精美的地毯，闪亮的枝形吊灯。觐见过程只持续了短短半个小时——特使团并没有与这位土耳其君王探讨国家大事。

　　首先，瑞典特使团团长崔斯裘先生走上前用惯用的外交方式递交了瑞典国王的亲笔信后说道：

　　"苏丹陛下，我在这里很荣幸地以瑞典国王的名义……"

　　尽管阿卜杜勒·哈米德二世懂法语，但按王宫的规矩，他不能直接与一位不信真主的人说话，因此，穆尼尔帕夏必须行使翻译职能。苏丹陛下微笑着，翻译还没有将译文说完，明白其意的他就已经开始礼貌地点头致意了。他回答道，自己会写上一封亲笔函对瑞典国王陛下的友好盛情表示衷心感谢，并表示，国王以及国王家庭几年前在君士坦丁堡的逗留是他最清晰、也是最美好的记忆。当他了解到我们此行的最终目标是波斯国后，还特别请特使团团长崔斯裘先生转达他对波斯国沙阿的问候。特使团武官、王宫卫队少尉勒文霍普特伯爵的阅兵军服给他留下了深刻印象，他甚至提出，希望得到一张伯爵穿这套漂亮军服的照片。之于我，他只是简单地问了问我的波斯之行都去了哪些地方。

苏丹阿卜杜勒·哈米德二世当时才四十八岁，在土耳其皇位上已经坐了十四个年头。菲斯帽下，他的头发已经开始泛白，但浓密的胡子仍黝黑发亮。他的眼光锐利，富有穿透力，鼻梁虽然有些弯曲，但显得结实有力。他的脸色偏黄，个子不高，而且消瘦。觐见时，苏丹陛下穿着一件过长的军服上装，军装的纽扣是金色的，瑞典皇家六翼天使勋章和十二枚小型勋章挂在胸前，左手一直紧紧地攥着挂在身上的弯刀把柄。有人曾对我们说过，他一直对针对他的谋杀和部下的叛乱存有戒心，估计对我们瑞典特使团也放心不下，面对我们神情亦显紧张。在整个觐见过程中，他的目光还好几次偷偷扫过觐见大厅，好像是在窥视，有没有不经允许的人会擅自闯进来，明显地表现出了内心的不安。

难道不可一世的苏丹阿卜杜勒·哈米德二世也会担心自己的王位和自由会在某一天失去吗？难道在命运起决定作用的时期，还会有一位独裁者比他更加强势、要代替他掌握帝国的舵盘吗？难道还会有这样一个人，瞧不起他豪华的吉尔蒂斯奇奥斯克，蔑视他壮观的哈米迪耶清真寺吗？难道他想到了曾在监狱里受苦受难的兄长苏丹穆拉德（Murad①）五世吗？难道他也预计到了自己的生命会不幸运地结束吗？

觐见结束，苏丹阿卜杜勒·哈米德二世伸过手来与我们告别，

———————

① 穆拉德五世（1840—1904年），奥斯曼帝国第三十三位苏丹，1876年5月30日继位。即位仅九十三天后，穆拉德五世被废黜，理由是患有精神疾病。

我们鞠躬致谢，离开了吉尔蒂斯奇奥斯克宫殿，登上马车返回酒店。

马车驶过街市、驶过还回响着吃喝嘈杂声音的小巷。这是最晚的餐饮，很多穆斯林习惯在太阳升起之前再饱饱地吃上一顿，以便尽可能地缩短白天节食所受折磨的时间。

波斯沙阿纳瑟尔丁

(Nasr-ed-Din, Schah von Persien[①])

英国驻土耳其大使威廉·怀特（William White）先生是我们瑞典特使团秘书盖吉尔先生的岳父。1890 年 4 月 30 日，我们离开土耳其君士坦丁堡那天，怀特先生热心地将他的私人汽艇提供给我们使用，以便我们能够按时登上"罗斯多夫敖德萨号"海轮。

对我而言，海轮已经是一个多次见面的老熟人了，它现在载着我们特使团沿着我 1886 年来时的相反方向在博斯普鲁斯海峡上航行。

我们乘坐的火车经过科尔基斯（Kolchis[②]）森林前往提弗里斯，再通过库拉（Kura）荒凉的山谷前往巴库。

在一个火车要停留半小时、以便旅客们有时间吃上一顿午饭的小车站，我们特使团也下了车。我们特别委托列车员在此期间为我

---

① 全名：纳瑟尔丁·沙·卡扎尔（1831—1896 年），伊朗卡扎尔王朝的第四任沙阿君主，在任时间长达四十九年，仅次于萨珊王朝的沙普尔二世和萨非王朝的塔赫玛斯普一世。
② 科尔基斯是格鲁吉亚的一个地区，位于该国西部，历史上也曾是一个王国。

们照看好行李，特使团的秘书盖吉尔先生，我们中唯一的职业外交官认为，为保险起见，应该随身将黄色的手提包带上，因为包里装着的是关系到我们此行使命最重要的、准备颁发给波斯国沙阿的一枚珍贵的"瑞典皇家六翼天使勋章"。

小火车站饮食店里已经聚集着不少民族的人，俄罗斯人、高加索人、塔塔尔人等，我们一行在餐馆墙角找到一个没有人坐、板凳与墙体连在一起的餐桌点餐吃饭。

火车站的铃声敲响了第一遍，不一会儿又听到了第二遍铃声，如果第三遍铃声响起，则意味着火车将在一分钟后开动。我们赶紧付账走出了小饮食店，可走到半路我惊慌地叫了起来：

"我们的黄色手提包！"

发现遗忘了手提包的我，箭一般地冲回小饮食店里靠墙角的那张餐桌，可就在我到达餐桌的那一刻，火车拉响了汽笛，开始缓缓启动。饮食店的服务员正在收拾餐桌。

简直就是一个奇迹，在此期间，竟然没有一个骗子或者是无赖看见了这个漂亮的手提包，没有将它拎走藏到一个不会被人发现的角落。没有！确实没有，奇迹竟然发生，手提包仍完好无损地躺在板凳下面。很快，我倒像一个职业小偷，弯腰拎包迅速向已经启动的火车冲了过去。

移动的火车行驶速度已经相当高了，我们的那节车厢，已经载着三个心情极度恐惧的同伴从我眼前开了过去。说时迟那时快，当列车尾部开到我身前的时候，我计算好提前量，敏捷得像一只猴子箭步跳上了有栏杆的尾部平台。那个时候的列车前后车厢之间不能通行，至少高加索的火车还是这样一种结构。这样，我就必须与珍贵的、极其重要的手提包一同留在尾部车厢，直到一个小时之后列车停靠下一个车站。

到了下一个车站，我马上跳下火车，急速奔向瑞典特使团所在的那节车厢。

特使团全体成员们以难以描述的惊喜欢呼我的归来。可以想象的是，在列车行驶的这一个多小时时间里他们三人忧心忡忡的心情，真不会亚于蹲在地狱里备受折磨。现在好了，云开雾散，困境过去了。当然，由于这一突发事件，我的身价也因我的英雄壮举得以迅速攀升。

先前忧心忡忡的特使团团长崔斯裘先生后怕地对大家说：

"我们该怎么办，如果真碰上了一个调皮捣蛋的骗子无赖或者说一个别有用心的惯盗，这样的人在这个国家应该是不会少的。如果他们盯上了我们这四位衣冠楚楚、举止雅致、提着一个漂亮手提包的人，想当然地会认为包内装着大量现钞或者金货，一定会相机在候车室里尾随我们，然后抓住我们心理放松的某一个瞬间，完成偷窃手提包的特殊使命！你们说，真要是发生了这一偷窃事件，我们该怎么办！"

"那我们得上吊了。"勒文霍普特先生带着一贯的冷静戏谑道。

"我们唯一能做的是麻烦提弗里斯的总督大人。"盖吉尔先生说。

"但是，"我插嘴说道：

"如果在此期间小偷逃得无影无踪，该怎么办？高加索地区有很多山谷和小茅草房，将一个小小的手提包藏起来岂不易如反掌。在我看来，如果手提包真的弄丢了，最可靠的办法是马上电告国内，再寄上一个新的'皇家六翼天使勋章'来，我们在这里耐心等待就是了。"

有惊无险的事件过去了，我们的旅行得以继续。

骑着骏马，在波斯国哥萨克族向导的引领下，我们经巴库、里海前往波斯海岸的安扎利港（Enseli），然后翻过厄尔布鲁士山前往加兹温。一路上，当地人对我们这支混编的、颇为花哨的队伍纷纷投过来新奇惊讶的目光。晚上，我们留宿在有煤油灯和硬脂蜡烛照明的大帐篷里。我们的饮食可谓是波斯国烹调艺术中最为讲究的上等佳肴。顺便要说一句的是，为我们配备的几位向导此时也享受着波斯高官们才有资格享受的、与外国特使团共同进餐的优厚待遇。

在加兹温城受到隆重接待后，我们又乘坐俄式马车继续前行，于 5 月 22 日到达了位于德黑兰城前的阿斯匹迪瓦尼（Asp-divani）花园入口。

在接下来的两个星期时间里，特使团在波斯国沙阿的首都德黑兰逗留，经历的所有一切都像发生在《一千零一夜》的梦境之中，在衰退没落与金碧辉煌混合共存的以及东方国家华丽灿烂的苍白反光之中。

昔日的辉煌曾令十七世纪初沙阿阿拔斯大帝时代的本特（Bengt）先生，或者说普法尔茨选帝侯卡尔过去遣派到波斯国王的使者眼花缭乱。与此同时，人们也能感觉到，波斯帝国国徽上的太阳正夕阳西下，昔日威风凛凛的雄狮正懒散地躺在地上，狮爪上的弯刀也没有能力再高高举起来了。尽管如此，纳瑟尔丁沙阿，这位来自鞑靼人部落坐在古老波斯国王宝座上的卡扎尔王朝第四代独裁者的王宫上空，依然回响着美妙的童话和赞歌、散发着东方国家富丽堂皇的耀眼光彩。

对于我们这些来自北欧的外国人来说，短暂的波斯国参访时光成了终生难忘的经历。

波斯国当时还残留着的、昔日辉煌伟大的阴影在今天也都成了历史，令人难以想象的是，就在我们这次波斯国之行的六年之后，纳瑟尔丁沙阿竟在前往古城德黑兰朝拜阿卜杜勒·阿齐姆沙阿圣陵的途中被一位狂热偏激的信仰者给谋杀了。打那之后，相继又有五个新的沙阿坐上了波斯国的王位。

卡扎尔王朝被消灭后，一位强势的军人，礼萨沙阿·巴列维（Riza Schah Pehlevi①）一跃跳上了王座。但他也最终被废黜，放逐海外，因为他表现得太过强势，不符合某些大国的利益。谁知道，是否还会闯进一个强有力的、意志坚强的人，再度坚决地为古老帝国的生存权利继续抗争呢。

现在的波斯国已经现代化了，有了汽车、火车、飞机以及所有体现欧洲文明的附属品。我们还能见到的、古老时代留下的最后印记，随着时间的流逝会消失得越来越多，过去辉煌的一切不可能再现了。

---

① 礼萨沙阿·巴列维，即礼萨汗（1878—1944年），伊朗沙阿，巴列维王朝的缔造者。礼萨汗对伊朗进行一连串的西方化改革，兴建现代化设施，同时革除旧有风俗，加强中央集权制度。第二次世界大战时，伊朗宣布中立，不肯支援英国及苏联等同盟国，又不肯与纳粹德国断交，更成为德国最大的贸易伙伴。在英苏入侵伊朗的逼迫下，礼萨汗于1941年退位，流亡海外，1944年于南非病逝。

还是让我们回到花园阿斯匹迪瓦尼。水晶般清澈的河水在大理石镶嵌的运河里潺潺流动，无数呈圆形布置的喷泉射向大型水池的中央。在梧桐树、桑树和金合欢树阴影下，炎热失去了它该有的威力。园亭里，主人为我们这些来自欧洲的贵客提供冷饮，一位波斯高官代表至高无上的沙阿君王欢迎我们，大型军乐队演奏助兴，还特别为我们演奏了瑞典进行曲。

接着，我们被带到了二十匹名贵的阿拉伯纯种马身边，其中两匹垫着绣金的黑色马鞍，分别是特使团团长崔斯裘先生和矮小肥胖、留着白色络腮胡须、戴着一副金边眼镜的纳赛尔·穆尔克（Nasr-ul-Mulk）将军的坐骑。其他几匹骏马垫的是绣银的红色马鞍，马鞍下还衬垫着黑豹皮垫。骑上高头骏马的我们，在王宫主人和波斯军官的陪同下走过一段长长的、由波斯士兵组成的夹道欢迎队伍。

我们骑马穿过由上釉彩陶装饰而成的高大城门楼，走过碧亚巴（Biaba），即两边站立着茂密梧桐树的、长长的林荫大道。林荫道两旁有不少德黑兰群众、赶驴的路人以及修行苦旅的托钵僧，他们纷纷向我们闪亮的制服和漂亮的骏马投来惊羡的目光。随行的军乐声活跃了骑在马上的瑞典国王特使团成员的兴致，我们的心跳伴随着马蹄声和音乐声的节奏，风度翩翩、得意洋洋地走进了一个漂亮的大花园。

将军官邸坐落在这座大花园里，这也是我们特使团在德黑兰特定的居住地。

宫殿进口大厅的墙壁上镶盖着数不清的小型三角形红宝石玻璃镜面，一个铺有地毯的大理石台阶通向主要楼层。在楼上大厅里，主人为我们特使团又举行了一场欢迎仪式。大厅的墙壁和天花板也由玻璃镜面镶盖，地板上铺着富有童话色彩的、华贵的大地毯，天花板上垂吊着大型玻璃枝形吊灯。如果夕阳的光线通过三扇面向花园的大窗户投射进来，厅内就会出现一种神奇的、魔幻般的光感，在场的人会有一种超脱世俗的、置身于太阳宫里的感觉。如果走到楼梯口俯视进口处大厅，太阳射线会在四周红色的三角形立体菱面上产生折射，人又会有一种置身于炽热的火山口的感觉。

当护送我们的骑兵队伍离开之后，一位老先生走进了大厅，他的外表以及言谈举止都透露出与生俱来的贵族气质。他有一双黑色的、亲切友善的眼睛，留着一脸整齐的白色络腮胡子，穿着黑色长袍，戴着一顶简单的黑色库拉（Kullah），即普通的波斯尖顶帽。他名叫杰西佳汗·马西尔·埃德·多维奇（Jahija Khan Muschir-ed-Dovich），与纳瑟尔丁沙阿唯一的姐姐结了婚，是尊贵的波斯国沙阿的姐夫。杰西佳汗说，他作为官邸的主人很幸运地得到了沙阿的指令，将这座漂亮的将军官邸提供给贵宾居住，然后转向崔斯裘团长说道：

"您现在是官邸的拥有者，我只是一位管理者。尊敬的先生们，希望你们在这里生活愉快。现在请你们跟我来，看看你们的房间及睡房。"

5月24日下午4点，是觐见纳瑟尔丁沙阿陛下的时间。

三辆豪华型庆典马车提前来到了我们居住的将军官邸门口。第一辆马车由四匹马尾均染成了紫色的白马拉着，这是为特使团团长崔斯裘先生和礼仪官先生准备的。第二辆马车是为盖吉尔先生以及

"梅曼达"（Mähmandar）即"迎宾官"准备的，迎宾官早在波斯海岸就已经与我们汇合了。第三辆马车是我和勒文霍普特先生乘坐的。所有车套中的左侧马上都坐着一个马夫，走在队伍最前面的是举着银杖的侍令官，引领着由十二匹马组成的仪仗马队，十二匹马都驮着绣金马鞍和红色丝绒鞍垫。三辆豪华马车两旁是四十位穿着红色警服的警察，正举着手杖来回维持秩序，以保证车队与观看的群众之间保持着一定的安全距离。

波斯国文学与新闻事业部部长艾特马·艾斯·萨尔坦讷（Etemades-Saltaner）先生是一位年长的、典雅且有教养的高级官员，说一口无瑕疵的流利法语。在我们出发前已经先期与我们会晤，并在我们之前去了王宫。

在王宫外院我们下车步行走进内花园。内花园里四处可见杨树、梧桐树以及柏树投下的巨大树荫，人工河、水池和喷泉散发着湿气，洋溢着透人心脾的清凉气息。

走过几处铺着地毯的台阶，我们进了接待大厅，在那里等候觐见沙阿陛下时刻的到来。接待大厅的墙上悬挂着卡扎尔王朝时历任国王的大幅画像。在这里，我们又受到四位部长先生以及将军、王宫主管，特别是沙阿陛下的亲属、年轻的瑟尔·埃德·多菲（Sehired-Dovieh）先生的欢迎。他们均穿着传统的波斯民族盛装，即一袭长长的刺绣晨袍，晨袍上的扣子都是金色的。这里的人抽带银嘴的水烟，水烟上垂吊着一串绿松石和红宝石银链。接待室里还摆放着水果、茶饮和各式糕点。

此时，一位王宫侍从官走了过来，向瑟尔·埃德·多菲先生大

纳瑟尔丁沙阿陛下请特使团团长崔斯裘先生转达他对瑞典国王的谢意并说，他十分感谢在去年斯德哥尔摩东方学者大会上，他的波斯公使米尔萨·穆赫辛（Mirsa Mohsin）汗受到了贵国尊敬的国王陛下的友好接待。然后他谈到了北欧国家的地理状况，并询问，现在是否有铁路连接瑞典的斯德哥尔摩与挪威的克里斯蒂安尼亚自由城，这一铁路是走跨海大桥还是沿着海岸线。他还表示，他曾经三次，即1873年、1878年和1889年去过法兰克斯坦（Frengistan），即欧洲，如果有第四次的话，他首先要访问的就是瑞典和挪威。

不过，纳瑟尔丁沙阿陛下希望的这一欧洲之行最终还是没有实现，因为众多毛拉（Molla①）和神职团体以及他自己的宫廷贵妇都对他访问一个没有伊斯兰教信仰的国家持坚决反对的态度。同样，一次前往麦加朝圣的行程也没有付诸实施，尽管神职人员都相当支持和理解，尽管麦加朝拜的头衔或者说一个麦加朝圣者的身份对于一个伊斯兰教徒来说是值得追求的，会给他身为国君的声望增添非同一般的荣耀。

尊贵的沙阿接着转向盖吉尔先生，询问他拥有的外交级别。对于勒文霍普特先生，与一个月前见到的土耳其苏丹阿卜杜勒·哈米德二世一样，纳瑟尔丁沙阿也对他的一身骑士军装颇感兴趣。

最后，他才转过头来与我交谈。他关切地问起了我的上一次波斯之行，问我在不熟悉他的母语，也没有雇一名阿塞拜疆鞑靼语翻译的前提下，为什么还要来波斯旅行。他问我去了波斯国哪些地方，留下的印象如何，我都一一简要地作了回答。我说：伊斯法罕城和

---

① 伊斯兰教学者。

设拉子城是地球上最美丽的两个城市，世界上也没有哪一个国家能与波斯媲美。波斯美丽的大自然，雄伟的山川、寂静的荒原、荒漠商队、沙漠绿洲、清泉以及壮观湍急的河流都给我留下了难以磨灭的极好印象。看上去沙阿陛下对我的这一番评语感觉良好，他笑了起来并说道，他到过他帝国的所有地方，一本记载他前往阿富汗边境马什哈德城朝拜伊玛目礼萨圣陵的旅行游记著作也已经写完，还配上了插图。

最后纳瑟尔丁沙阿陛下坦白地告诉团长崔斯裘先生，是他特意将德黑兰最漂亮的将军官邸提供给我们居住的，并衷心希望我们能对德黑兰以及城市周边地区留下良好的观感。

国事就绪，我们又一步一鞠躬地退到了门边，这个十分讲究的阿拉伯礼节我们幸运地顺利完成了。

根据王宫的要求，我们又短时间拜访了外交大臣米尔萨·阿巴斯（Mirsa Abbas）汗，一个严肃认真但阴郁易怒的老人，一脸长长的黑胡子，戴着一顶高高的波斯尖顶帽。

瑞典特使团作为沙阿尊贵客人在德黑兰的十四天里，从早到晚不间断地参加了一系列极为愉快隆重的庆祝活动和接见活动。我们参观了沙阿陛下的博物馆，包括沙阿收藏纯阿拉伯血统、纯波斯血统以及两者杂交名贵马匹的王宫马厩，还甚感荣耀地出席了骑兵部队和炮兵部队的盛大阅兵式。阅兵式上，我们贵宾帐篷就支在沙阿陛下帐篷的旁边。

在我们居住的将军官邸还举办了欢快的社交聚会活动。花园里燃烧着束束火炬，孟加拉烟火的红色光芒交织在树丛间、大理石墙壁间、运河间，奇异魔幻的晚会气氛。整个晚上，管乐、弦乐、手鼓组成的波斯小乐队的演奏声以及男女歌手饱含忧郁的歌唱声轮番在花园回响。

时间一天天过去，直到我们再次与尊贵的沙阿陛下见面告别。当然，告别的礼仪就没有觐见礼仪那么隆重豪华了。

最后一天的早晨，马车将瑞典特使团送到加兹温城，在那里特使团再骑上骏马前往里海海岸。

经与特使团团长崔斯裘先生磋商，我及时发电报与瑞典国王取得了联系，希望能得到我在德黑兰独自离开特使团的许可。我计划从德黑兰开始继续我的亚洲旅行，经撒马尔罕和布哈拉前往内亚直至中国。当然，在此之后的一切均是我的个人行为，由我自行负责。我很荣幸，尊贵的国王陛下不仅同意了我的请求，而且还承诺承担我这次离队后旅行的所有费用。

在城堡的大门前，我告诉了崔斯裘先生这一消息，并与盖吉尔先生和勒文霍普特先生一一告别，目送马车载着他们消失在车轮扬起的滚滚尘埃中。

当然，我暂时还不是一个人，还有 1886 年在德黑兰结识的老朋友海本涅特大夫陪伴着我。特使团一离开德黑兰他就将我接到了家里，他的大花园里也有大理石墙壁、喷泉和金鱼。应该说，到了他家，我才有了在德黑兰经历无止境的庆典活动之后的真正休息。

一天，海本涅特大夫接到了纳瑟尔丁沙阿陛下的命令，7 月 4 日要参加陛下前往厄尔布鲁士山享受清凉山风的夏季避暑旅行。大夫突然产生了一个极好的想法：带我同行。

对我来说，这真是一个令人难忘的经历，能亲眼见证一位伟大君主的和平团队之旅，而且与当年大流士和薛西斯的旅行有着同样的外在形式。到目前为止，还只有三位欧洲人可以夸口见证过这一旅行，即沙阿的第一私人医生、法国人索洛岑（Tholozen）大夫，另外两位就是法国医生弗夫里耶（Feuvrier）大夫和瑞典医生海本涅特大夫了。而今年，即1890年，索洛岑大夫回法国休假，第一贴身医生由弗夫里耶大夫顶替。

当然，是否允许我随队旅行，完全取决于沙阿陛下本人。尊贵的沙阿陛下的回答是：可以，乐见随行。作为随行证明，还送给我一个装有金币的小包，金币上印有沙阿的肖像。这个赠品的象征意义在于：

但愿你在我们的旅行中不会蒙受缺失什么的折磨！

那个年代，一位波斯君王前往厄尔布鲁士山的度假旅行与我们瑞典国王古斯塔夫前往图尔加恩（Tullgarn）或者索利丹（Solliden）度假地的旅行完全不一样。波斯君王的随从有上千人：大臣们、将军们、王宫管家们，还有医生、轿夫、仆人、警察、宪兵、士兵、厨师、马夫、商队主管以及一大批各负其责的佣人。

队伍中还有一大群经过挑选的后宫嫔妃以及伺候嫔妃的女佣、宦官和其他的漂亮姑娘。顺便要说一句的是，愿上帝保佑那些不幸的人，如果在两条腿放在一侧、坐在马背上的后宫嫔妃走过时，这些人没有来得及背过脸去的话，就得接受严厉的惩罚。

7月4日一大早，我与海本涅特大夫骑上马急忙赶往厄尔布鲁士山北部，经过尼亚瓦兰（Niaweran）避暑行宫时，看见了等在行宫门前沙阿陛下的座驾。那是一辆大型的黑色旅行车，座驾前站着六匹白马，白马的两只耳朵之间装饰着高高的红色头缨，马尾均按礼仪习惯染成了紫色。

不一会儿，君王的车队就超过了我们。按照惯例，只要沙阿陛下的座驾或者沙阿骑马超前时，只有他的亲信随从允许骑在马背上。因此，我们赶紧下马，将马缰交给马夫，恭敬地站在大路边，让沉重的座驾与它的宣谕官、轿夫以及座驾后尾随的骑兵护卫队从我们身前隆隆驶过。

继续前进，山路开始高低起伏，马车的行进也越来越困难。君王的车队拐上了一条侧路进入一个花园稍事休息，国君开始坐在大树的树荫下享用早餐。这时，供沙阿骑行的骏马将会牵过来，而不适合在山道行驶的君王座驾将驶回尼亚瓦兰避暑行宫。我们也效仿君王在一个小花园里用早餐。小花园远离大路，不会影响到沙阿陛下以及护驾马队的经过。在此期间，信使和其他任务在肩的骑兵经常会来回疾驰经过。

一天下来，晃晃悠悠的行军队伍往往会延展十至三十公里。庞大的、缓慢的旅行团队终于到达了第一天的宿营地。

整个宿营地是一个通风的临时帐篷城，在大部队到达之前，先头部队就已经搭建起来了。旅行过程中的宿营地都是在此之前根据山势的地形结构以及草地分布安排好了的。狭窄的山间谷地和山脊不会考虑，帐篷城只会搭建在地势相对平坦的宽阔谷地。

　　纳瑟尔丁沙阿陛下宿营的帐篷、厨房以及所有其他的服务设施都是双份的，当他在一个帐篷中安歇下来，另一个帐篷就会马上搭建起来。如果他对一个帐篷的位置不满意，或者仅仅只是出于某种情绪，也会突然命令牵过马来，离开这个地方。这个时候，新的帐篷就必须在新选位置迅速搭建好，君王在不满意的帐篷里长时间等待是闻所未闻，也是绝对不允许的。一旦发生这种情况，怠慢者将要接受严厉的惩罚。

　　一如色诺芬（Xenophon①）先生和阿契美尼德（Achömenid②）大帝时代，宿营地总是根据传承下来的古老形式按一定的规划搭建。纳瑟尔丁沙阿陛下的帐篷有：大型接待帐、饮食帐、沐浴帐、理发帐、入厕帐以及就寝帐，还有办公帐、王宫管理帐、秘书帐等。各个帐篷均呈正方形布置，以两米高为限，在地面打上桩，桩与桩之间用绳索将红色的布幔绷着围起来。在没有通行证或能说出当天暗语的情况下，没有一个凡人胆敢冒生命危险擅自闯入沙阿的帐篷群或在帐篷周边逗留。

　　在沙阿的大帐篷群内，还有一个小的以几乎同样的方式围起来的区域，那是后宫妻妾们的帐篷。

　　由于整个宿营地布置有序，露宿的人很容易知道帐篷间狭窄的路径通向何方，如何才能找到自己的帐篷或朋友的帐篷。

　　海本涅特大夫和我共享一个宽敞的锥形帐篷，两个地铺分别安

---

① 色诺芬（公元前 427—前 355 年）雅典人，军事家，文史学家，苏格拉底的弟子，以记录当时的希腊历史、苏格拉底语录而著称。曾在公元前 401 年率领希腊雇佣军，历经千难万险，穿越大半个波斯帝国回到希腊本土。晚年的著作《长征记》详尽记述了这段传奇经历。

② 阿契美尼德大帝，波斯帝国阿契美尼德王朝的祖先，波斯王国的建立者。

置在帐篷立柱的两边，帐篷里放有一张小桌子、两把折叠椅和一块地毯。帐篷的进口处我们特意架了一个遮阳顶棚，在顶棚下我们可以接待来访的客人，还特别接待了弗夫里耶大夫和文化大臣艾特马·艾斯·萨尔坦讷先生。

规模宏大的骆驼运输队驮着帐篷、箱子、炊具以及君主沙阿、众多朝臣们的给养，走过山谷向厄尔布鲁士山上爬去，骆驼运输队经常会堵塞在狭窄而又陡峭、即便是骑兵也难以通过的山路上。不过，它不会影响大队的行进，因为所有的运输活动都会提前在深夜里完成。即便如此，我们还是经历了一次大的拥堵。

拥堵发生在向下流向德黑兰城的德夏德舍卢德（Dschad-scherud）河与经一个大弯绕过达马万德山（Demavend①）后流向里海的拉俄河（Lar）之间的关隘，我们堵在了由数百骆驼与数百毛驴组成的、正准备翻过陡峭关隘口的运输队中间。

一个个令人难以置信的画面在我们的眼前滚动，原本寂寞荒凉的隘口热闹非凡而充满生气，人与牲口、生命与运动，恰似一幅庞大的、形色混杂、翻天覆地、民族迁徙的壮观画面。回荡在岩壁间驼铃的叮当声、毛驴的嘶叫声以及人群的喊叫声，又恰似一曲令人赞叹的恢宏的交响乐章。

我们骑马来到了关隘口的脚下，要在这里等待前后两个运输团队之间形成的间隙，再从这里向上、左右蜿蜒行进四十二个弯道后

① 达马万德山位于德黑兰东北约六十六公里的厄尔布鲁士山脉，最高点达海拔五千六百一十米，伊朗最高峰，中东地区最高的火山。

抵达隘口的最高处。在一个合适的瞬间，我们汇入了运输队，随同大部队到达了关隘的顶部。一路登山，拉着骆驼的人、赶着毛驴的人吆喝着他们的牲口，因鼻绳拴得太紧，骆驼不时会发出痛苦的嘶鸣。经常发生的事故是，这里一头骆驼滚落到山崖斜坡，那里又有一头毛驴，驮着沉重的瓷器和铁锅家什叮叮当当地掉进深渊。尽管关隘险峻，但浩荡的队伍还是将最后一个弯道甩在了身后，最终站在了隘口顶上。

站在隘口顶部，我们惬意地看着迁徙的运输队从身边缓缓走过，一头头高大的骆驼神气得也像东方国家的君王，自豪地、庄严地迈着方步。远去的驼铃声渐行渐弱，后续登上隘口的驼铃声又会渐近渐强起来。为防止山路拥堵，关隘顶上是不允许牲口停歇的。

拉俄河流经的山谷在我们脚下展开，蓝色的、冠有白色泡沫的水以及夏季两岸泛绿的草地展现出令人感叹的、清新而又美丽的景象。耸立在原始山脉和谷地上的是无比秀丽号称波斯第一高峰的达马万德山峰，峰顶终年积雪，是一个丧失了活动能力的死火山锥口。

在最后一支运输队走过、驼铃声不再灌进耳膜之后，我与海本涅特大夫仍不忍这么快就离开这个绝妙的观景台，继续端坐在岩石上，心满意足地沉浸于眼前雄伟壮观的风景以及不断变幻的彩色画面之中。

时间在慢慢流逝，太阳在山间清新的空气中灼热地燃烧。此时，在我们走过的山道上，一个向上骑行的队伍正在四十二个弯道上轻步慢跑，领头的正是骑在高大沉稳的牡马上的波斯国王纳瑟尔丁沙阿，其他陪同人员则在他身后保持着适当的距离。我们赶紧站了起来，同时取下了帽子以示尊重。只见沙阿陛下一人冲上了关隘顶，随从们仍保持着相当的距离。

君主乘骑的每一匹骏马性情都必须是绝对安静的，此时国王豪华的坐骑也铜铸一般地站在了隘顶上，训练有素的牡马不仅没有丝毫的紧张不安，也没有表现出要去拉俄河畔寻找香甜青草的欲望。

我们看到了沙阿陛下此时骑在马上笔挺的身姿侧影。他穿着深色上衣，头上戴着一顶黑色的尖顶帽，也像他沉静的骏马一样一动不动稳稳地坐在马鞍上。沙阿的眼光慢慢地由南至北滑过属于他辽阔帝国里最美丽的风景，然后眼睛不再移动地向上盯住了北方拔地而起的达马万德山峰锥形的峰顶。除了我与海本涅特大夫，还真没有一个欧洲人能如此近距离地观赏一位波斯专制君主骑着骏马岿然不动屹立在山顶的伟岸身姿。

此时此刻，在雄伟壮观的、白雪像银鼬大衣覆盖着的帝国群山前，尊贵的君主会想些什么呢？他一定在想，我的王座也一定会像达马万德山峰一样千秋万代坚如磐石。即便在迷雾茫茫的未来，即便人类种族在徒劳的抗争之后长时间地冻结并最终在地球表面完全根除，他也还会永远地在无边无际的宇宙空间里像一颗永恒的星辰昂着高贵的头！

沙阿陛下现在所在的高度是两千八百米，而达马万德山峰两倍于这个高度。

一阵轻风吹过了关隘顶端，只见沙阿陛下招了招手，他的贴身侍从马上拿着一件褐色的披肩斗篷走了过来。他接过披肩斗篷披在身上，然后低头抓住缰绳慢慢地向山谷走去。

当沙阿与他的骑兵卫队到达山底，我与海本涅特大夫才开始启程前往美丽的拉俄河河谷。河谷里能见到放养绵羊和山羊群游牧部落的帐篷。帐篷外，妇女们挤着羊奶，孩子们在与小羊羔们嬉戏玩耍。

几天之后，我们才真正到达达马万德山峰的脚下。

在德黑兰时，我就对海本涅特大夫表示过，这次我一定要攀上达马万德山峰的峰顶。为了实现这个目标，我从一位英国公使馆医生那里借了一整套登山用的必要工具，还特意准备了一个测量沸点温度的沸点测高计。我自己还有一个金属膜盒气压计和一个普通的温度计。

尊贵的纳瑟尔丁沙阿陛下听说了我的登山计划后，马上命令属下尽其所能地给我提供帮助。我得到了一封君王亲笔写给位于山口拉纳（Ränäh）村庄行政长官拉菲贝伊（Räfi-Bei）长老的信件，还特意为我配备了一位马夫兼厨师的卫兵。拉菲贝伊长老当然是不假思索、无条件地遵从君王的指示，为我请来了两位经常登达马万德山峰、在火山口边缘采集硫磺然后拿到市场上去出售的、有登山经验的老乡。

当然，我在这里并不是为了描述艰难的、踩着嚓嚓作响的积雪、攀登高无止境的山坡这一惊险的徒步登山过程。

1890 年 7 月 11 日，正好是我写这段经历的六十年前，我登上山顶到达了达马万德山峰火山口的边缘，在峰顶停留了大约一个小时，不仅观赏了童话般的远方景色，还画了几张速写图并测定了山峰的高度：五千四百六十五米。之后更确切、更科学测定的实际高度比我测定的高度高出了二百米左右。

两天后我回到了位于拉俄河河谷的宿营地，很快就被尊贵的沙阿陛下叫了过去，还特别叮嘱必须带上我画的速写本。沙阿陛下有几个贴身的内廷大臣怀疑我是否真的登上了顶峰，他们不能理解的是，为了圆自己一个小小的登山心愿，我竟会不惜冒生命危险，战胜大诗人菲尔多西（Firdusi①）作品中的以及一般在波斯信仰中描述的关在山里的恶魔。事实上，"达马万德"山峰的命名就是从"Div bend"中引申出来的，意即"被囚禁的魔鬼"。

我走进了纳瑟尔丁沙阿陛下的大帐，大帐里有地毯、坐垫、长沙发和优雅的高级吊灯。沙阿陛下刚刚洗了一个热水澡，为避免感冒，尖顶帽下还隔着一块小的白色毛巾。在他身旁几步远的地方站着十二个内廷大臣，其中的两个大臣对我的登山业绩持怀疑态度。

根据沙阿陛下的愿望，我汇报了登山过程中的所有详细情况，最后感谢尊贵的沙阿陛下对我登山行动的友好支持，还特别申明了，如果没有沙阿陛下的鼎力支持，我的登山目标是不可能实现的。他认真地听着，不时点头表示理解。

然后，他带着内行的眼光翻看我在火山口边缘的速写画以及火山喷气孔陡峭的内斜面的图示。看到其中一幅速写画时，他将速写本递到了持怀疑态度的内廷大臣面前，带着尖锐的、不容置疑的语

---

① 菲尔多西（940—1020年），广受尊重的波斯诗人，与萨迪、哈菲兹和莫拉维一起被誉为"波斯诗坛四柱"。

调说道：

"Bula but!"意即"瞧，他确实登上了山顶。"

其他人此时都得将手放在胸前弯腰深鞠躬，以示恭顺赞同。

夏末时节，我们再一次在沙阿纳瑟尔丁陛下位于厄尔布鲁士山里的谢列坦内克（Scherestanek）宫殿里住了两个星期。

最后一次见到波斯沙阿纳瑟尔丁陛下是在同一年的9月初，那是我准备启程去神圣的马什哈德和俄国突厥斯坦以及中国新疆的几天前。

告别觐见在苏耳坦拿巴德（Sultanetabad）王宫里举行，海本涅特大夫与我一同前往。王宫侍从官通知我们，尊贵的沙阿陛下将在王宫花园里接见我们。

在那里我们见到了一位更像是幻想家的君王。我们在一边候着，看着他慢慢地徜徉在茂盛的灌木丛中、大树间、由夏末蔷薇花及其他花丛形成的亚灌木间，不时会站上一会儿，摸摸花朵或嗅嗅花萼间溢出的芬芳花香。

我们耐心地等待着。

突然间，他转过身向等待觐见的我们招了招手。在询问我对此次夏季旅行是否满意、是否会再写一本书、是否会继续画速写之后，尊贵的沙阿陛下又开始关心起我新的旅行。当听到我要从德黑兰去马什哈德、骑马走完九百公里的行程计划后，他对我说起了自己前往那个城市的朝圣之旅以及他正在写的那本关于朝圣的书。他当时就承诺，要送这本书的样本给我。君王信守诺言，书的样本第二天我就收到了。至于有史以来比起所有中亚其他城市更负盛名的撒马尔罕和布哈拉，沙阿陛下特别感兴趣。尽管他自己没有去过，但他知道塔梅尔兰（Tamerlan①）的圣陵，熟悉波斯诗人萨迪（Saadi）悦耳动听的诗句：

> 为了她脸上美丽的红云，
> 我会以布哈拉、撒马尔罕相赠
> 如果漂亮的设拉子姑娘
> 把我的心放在了她的手中

最后，尊贵的沙阿祝愿我有一个幸运的旅行，然后转过身，继续着他在蔷薇花间的散步，继续着他孤独的思考。

---

① 欧洲国家对帖木儿的称呼。

赛义德·阿布德·阿哈德，布哈拉的埃米尔
(Seid Abdul Ahad，Emir von Buchara)

帖木儿，又叫帖木儿兰（Timur-Leng），即跛子帖木儿、跛子铁①，或者如欧洲人赋予的、音调优美的称呼——塔梅尔兰。

帖木儿是在撒马尔罕南部方向九英里处的沙赫里萨布兹（Schachrisjabs）城出生的，在 1405 年讹答剌（Otrar）第三十六次征战的战前准备中逝世。他本打算进攻强大的中国明朝第二个统治者——永乐大帝（Jung Lo②）。

帖木儿是世界历史上伟大的征服者、占领者之一，他统治了莫斯科和莫斯科人的帝国，先后占领了花剌子模以及所有中亚帝国，诸如印度、波斯、巴格达、阿勒颇（Aleppo③）、大马士革（Damaskus④）、

---

① 在察合台语中，帖木儿意即"铁"。
② 中国明朝第三任皇帝朱棣（1402—1424 年），年号"永乐"。
③ 阿勒颇，叙利亚北部城市。奥斯曼帝国统治时期这里称为哈勒普，是奥斯曼国家第三大城市。
④ 大马士革，叙利亚的首都，全世界最古老的有人持续居住的城市，建城至今四千多年，人居时间更长达一万年之久。

叙利亚（Syrien）和埃及（Ägypten）。他的目标是要统治整个亚洲。

当我 1891 年 1 月 31 日在帖木儿帝国的国都撒马尔罕城停留时，帖木儿大帝早就安息在天蓝色陶釉圆顶下的古尔埃米尔（Gur Emir①）圣陵里了。历经地球上近五个世纪的沧桑巨变，在他子孙后代长长的序列中，排在最后一位的就是埃米尔赛义德·阿布德·阿哈德，统治着帖木儿庞大世界帝国后期风雨飘摇的、有其名无其实的残余部分布哈拉：阿拉伯语为布克哈阿-伊-舍利弗（Bokhara-i-Scherif），意即"被赐福的布哈拉"。

英国政治家寇松勋爵的观点看起来倾向于古罗马历史学家昆图斯·库尔蒂乌斯（Quintus Curtius）的观点，即巴扎利亚（Bazaria）是古老的布哈拉。在巴扎利亚，伟大的亚历山大率领他的骑兵队伍在公元前 328 年的冬天"国王狩猎"季节里猎杀了四千野生动物，勇敢的国王独自一人战胜了一头狮子，正如一位斯巴达公使所赞颂的，国王在荒原上赢得了一顶新的王冠。

布哈拉城最早的命运是笼罩在黑暗之中的。在公元 1000 年寿终正寝的萨曼王朝统治时期，"被赐福的布哈拉"是最著名的科学文化以及伊斯兰教的堡垒和中心。来自世界各地求知的年轻人潮水般地涌向这里，聚集在布哈拉法学或神学学院知名的大师身边，通过那里最困难的考试，直到成吉思汗率领疯狂的蒙古铁骑最终将繁华的帝国、城市，包括布哈拉这座当时的科学重镇以及整个中东地区贸易中心城市化为灰烬。现在，谁要是骑马从德黑兰去马什哈德，就

---

① 波斯语，意即国王之墓。

会有足够的机会看到这场刮过人类的，将高度的、古老的文化趋于
毁灭的灾难性风暴留下的痕迹。只有在我们这个时代，成吉思汗才
可能遇到能制服他的大师级对手。

尽管那是个困难的时期，马可波罗的父亲尼科洛（Niccolo）先
生与他的兄弟马费奥（Maffeo）先生还是在十三世纪六十年代造访了
布哈拉，并高度地赞扬了这个城市，称之为一座"多元的、高贵的、
伟大的城市"。

在塔梅尔兰帝国或帖木儿帝国一个世纪的统治之后是乌兹别克
人，他们建立了新的王朝。王朝的君主是阿卜杜拉（Abdullah①）
汗，他的名字在许多至今仍存在的古老的神学院、法学院以及清真
寺里都能找到。

接下来又是布哈拉帝国的衰败时期。

我结识的是最后一位埃米尔，即 1784 年建立布哈拉帝国曼吉特
（Manghit②）王朝的最后一个代表。他的祖父纳斯鲁拉（Nasrullah）
汗是一个凶残的君王，他的父亲，穆扎法尔丁汗则是一个聪明的有
本事的君主，将帝国留给了他与一个女奴生下的第四个儿子埃米尔
赛义德·阿布德·阿哈德。在我认识这个君王的时候，他已经在父
亲留给他的王座上坐了六年。

---

① 阿卜杜拉汗（1533—1598 年），中亚布哈拉汗国君主。1557 年，他攻占布哈拉，
　使该城变成汗国的政治和伊斯兰文化中心。史学家称他为"乌兹别克杰出的政
　治家和军事家"。
② 布哈拉汗国共分为三个王朝：昔班尼王朝（1500—1599 年）、阿斯特拉罕王朝
　（又称"札尼王朝"，1599—1785 年）和曼吉特王朝（又称"海达尔王朝""布
　哈拉埃米尔国"，1785—1920 年）。

俄国与布哈拉之间的关系通过俄罗斯帝国考夫曼将军（Kauff-
mann①）于 1868 年以及 1873 年签订的两个和平条约确定了下来。
俄国为自己取得了撒马尔罕和泽拉夫尚（Serafschan）省，将布哈拉
汗国的剩余部分变成了四面八方均由纯粹的俄罗斯领土包围起来的
岛屿。条约规定，允许埃米尔穆扎法尔丁保留王位和全体朝臣，而
当地行政部门则由当地居民商定。俄罗斯还要求新的埃米尔赛义
德·阿布德·阿哈德于 1886 年 11 月在一份政令上签字，奴隶交易的
禁令继续生效，并且每一个人都能获得一张人身自由的凭据。

　　1890 年 12 月，我在中国新疆喀什噶尔与英国代办、后来以探险
家著称的弗朗西斯·荣赫鹏（Francis Younghusband②）先生共度圣
诞节后于 1891 年 1 月到达了撒马尔罕，在那里见到了平易近人、善
于交际的副总督珀可洛夫（Pokoloff）先生。他兴奋地告诉我，布哈
拉王朝的埃米尔现在在沙赫里萨布兹。听到这个消息，我马上产生
了一个新的想法，希望去拜见塔梅尔兰大帝的最后一位继任者。我
问珀可洛夫先生，怎样才能实现这个愿望。他一口答应为我牵线，
还觉得这是世界上最容易实现的事。与此同时，我给俄罗斯布哈拉
代理人及大臣代办、我认识的莱瑟（Lessar）先生发了一封电报。莱
瑟先生迅即给埃米尔在撒马尔罕的代表发电报，再由撒马尔罕的代
表写信通过骑兵信使交给在沙赫里萨布兹的埃米尔的王宫内廷总管。
内廷总管的电报回复说：埃米尔提出要先了解我的背景。莱瑟先生

---

① 　全名：康斯坦丁·彼得洛维奇·考夫曼（1818—1882 年）。俄罗斯帝国将军，
　　他征服了三个汗国并统治俄罗斯土耳其斯坦达二十年之久。

② 　荣赫鹏爵士（1863—1942 年），英属印度政府官员，作家、探险家。最臭名昭
　　著的行为是 1904 年率英国军队入侵西藏拉萨。

的回答是：斯文·赫定先生是瑞典国向波斯沙阿陛下遣派的一位国
王公使。

终于得到了埃米尔赛义德·阿布德·阿哈德陛下的首肯，欢迎
我的访问。

当时的处境确实有些尴尬，我实际只是派往波斯君王的瑞典国
王特使团里的一名成员，现在的我不负任何国家使命，除了代表我
自己不代表任何其他个人和组织。但是，我还是自我安慰道，现在
的埃米尔也没有任何实权，只是作为被俄国玩弄于股掌之上、四肢
可动的一个玩偶坐在他的王座上。

我唯一的、全权委托的依据只是莱瑟先生发的那封引见电报。

珀可洛夫将军为我前往沙赫里萨布兹拜见埃米尔赛义德·阿布
德·阿哈德陛下的旅行遣派了两名高加索"吉吉特"，意即两名高加
索骑手，并配备了一流的骏马。

1 月 31 日出发，远处明亮的是雷基斯坦（Registan）广场旁富丽
堂皇的伊斯兰教法学院和神学院、帖木儿大帝为纪念心爱的妻子萨
莱·穆尔克·哈努姆而兴建的比比哈努姆清真寺（Bibi-Khanym）以
及帖木儿大帝的古尔埃米尔圣陵。在古尔埃米尔圣陵绿色的陶釉圆
顶下，帖木儿安息在由一整块深绿色的软玉石建成的墓穴中，陵室
上方一个雪花石膏板上写着这样一句话：

　　若我活着，人类就会发抖。

不一会儿，撒马尔罕城市狭窄的通道和集市被我们甩到了身后。

踏上花丛间的乡村大道，一路上遇到了不少赶着牲口、驮着草料、木柴和农副产品的小型商队，还有徒步旅行者、赶着毛驴的农民、云游四方苦行修炼的托钵僧、蒙着马鬃网头罩的妇女、儿童和乞丐。

四周是一片荒凉，雪越下越大，也越来越厚。雪地上，只有一条黑色的小径绕过雪堆蜿蜒向前，远方背景是连绵的、高高耸立的撒马尔罕陶山脉。一位骑手飞驰而过，我的"吉吉特"骑手告诉我，这位骑手要在晚上赶到沙赫里萨布兹城，将我已在途中的消息禀告尊贵的埃米尔君王。

不一会儿，我们就遇到了一队穿着彩色长袍来迎接我们的骑手，他们在路旁一路排开坐下后，面对我双手交叉放在胸前深深鞠躬。我友好地回礼并示意他们上马，以便我们能继续跟随着他们前行。

"尊贵的埃米尔陛下派他们专程为您作荣誉警卫和陪同，""吉吉特"骑手解释道。

傍晚时分，我们在一个叫卡拉图贝（Kara-tube）的村庄里留宿，村子里的阿克撒卡尔（Aksakal），即"白胡子老人"，或者说村里的"长老"热情地接待了我，让我住进了铺有地毯的贵宾房。房间里有一张床、一个桌子和几把椅子，桌上的盘子里放着上等的新鲜水果，有葡萄、杏子、甜瓜等，晚餐端上桌的是甜汤、米饭、羊肉和水果。

第二天一早，我们骑马走上了撒马尔罕陶山脊。山路的旁边，看见三只雄健的兀鹫正津津有味地蚕食着倒毙在地上的马匹。山上积雪近一米厚，山口的高度达一千五百五十米，南坡则十分陡峭。

我们到达布哈拉地区的第一个地点是凯纳尔（Keinär）村，在那里我们遇到了迎接我们的又一支马队，马队的领头人名叫阿卜杜勒·卡里姆·米拉朔尔（Abdul Kerim Miraschor），是埃米尔的梅曼达尔，即迎宾官。他身材高大、肥胖，满嘴黑胡子，缠着白色头巾，穿着彩色长袍。他由干事努尔·穆罕默德·米尔萨·巴斯奇（Nur Muhammed Mirsa Baschi）陪同，以埃米尔君主的名义特别在"被赐福的布哈拉"地面上欢迎我。

同样地，四百九十年前，卡斯蒂利亚王国（Kastilien①）国王亨利三世（Heinrich III）派遣使者罗·哥泽来滋·克拉维约（Don Gonçales de Clavijo②）朝觐帖木儿大帝，从沙赫里萨布兹城去撒马尔罕的途中也是受到如此隆重欢迎的。塔梅尔兰骑兵队途中相迎，陪着他走进世界占领者帖木儿大帝的重要城市撒马尔罕。不同的是，克拉维约先生率领着一个使团，有供他支配的骑兵、军官和外交人员，而我却是独自一人，仅有的两名奴仆，还不是我自己的。没准布哈拉的官员们还会作如是想，我只是一个打前站的喽啰，真正的大使者还在后面。当然话说回来，我要觐见的也不是当年大名鼎鼎的塔梅尔兰大帝。

在我们前方，基塔布（Kitab）城的花园的轮廓呈现在皑皑白雪上方，由于是融雪天气，长长的骑兵队伍踩在一脚深的积雪中发出了阵阵"嚓嚓嚓"的脚步声。

在一个宽阔的平地广场上，又有一支新的马队穿着彩色衣服、缠

---

① 卡斯蒂利亚王国是伊比利亚半岛历史上的一个王国，与阿拉贡等王国合并后，形成今日的西班牙。
② 罗·哥泽来滋·克拉维约，西班牙卡斯蒂利亚王国的宫廷大臣、使节、旅行家及作家。十五世纪初出使帖木儿帝国并到撒马尔罕向帖木儿大帝朝觐。

着白色头巾在等候我们。领头者穿着一件闪闪发亮的、带金线刺绣的、中亚式红色丝绒长袍"哈拉特"，马鞍坐垫也同样精致豪华。他的名字和头衔是沙迪贝克·卡拉奥尔·贝吉·史加奥尔（Schadibek Karaol Begi Schigaol），也是受君主埃米尔赛义德·阿布德·阿哈德的委托来欢迎我的。与他同行的还有哈米蒂安·阿格哈卢克·米拉守（Hamidjan Aghalluk Miraschor）先生和基塔布城的市长以及几位市议员。所见官员都穿得非常正式和讲究，彩色的服饰，头上缠着织入了银丝线的白色头巾，腰间还挂着金银打造的插着弯刀的刀鞘，马鞍上缀着金扣、金色的马镫等等，充分体现了令人目不暇接、眼花缭乱的东方国家的富丽堂皇。

在东方国家的绚丽华彩面前，我就像一个最寒酸的流浪者。我穿着一件破旧的、吉尔吉斯人的羊皮袄，戴着一顶同样质料的羊皮帽，头上还顶着一条俄式垂着两个尖布角的头套，穿着一双长筒开司米山羊绒毡靴。当然，我没有给机会让他们留意到我的寒酸，自始至终表现出应有的庄重和尊严、自信和沉着。显而易见，我的上乘表现给他们留下了深刻的印象。

又迎来了几支新的马队陪伴我们同行。庞大的马队现在行进在土墙间长长的窄巷里，马步蹦蹦跳跳地在泥泞的道路上愉快地移动着。巷子两边的门前都站着欢迎的、看热闹的男男女女和孩子们，他们向我们深深地鞠躬致意，口里喊道：

"萨雷姆-阿莱库姆（salem aleikum）!"意即"祝你平安"。

我也回礼答道：

"乌-阿莱库姆-乌萨拉姆-乌-拉赫梅特-乌拉（u aleikum ussalam u rahmet Ullah)!"，意即"祝你平安，真主保佑"。

在集市的主要街道上，充满着拥挤的人群。

黄昏渐渐过渡到黑暗。此时，两个提着纸灯笼的人走在了骑行队伍的前面。终于，我们走上高大的桥梁，走过桥头卫兵，进入了基塔布城堡。

下马后，我被带进一个大的房间，房间桌上十一个碗盏里堆放的水果像山一样高，有花生、杏仁、葡萄干、甜点和其他可口的点心。

欢迎仪式过后，端来了数量可观且营养丰富的饭菜。饭后，一位官员带着一名学者，或者说一位秘书走了过来，礼貌地请求，能否允许他向我提几个问题：我的名字、我的头衔、我的国家、国家的形势、国家的首都、国民人数、国王的名字和年龄以及瑞典国王与俄罗斯沙皇之间的关系是敌对的还是友好的等等问题。可以想象的是，我的所有回答马上会呈交给尊贵的君主埃米尔。

不知不觉地，我们从基塔布的花园走进了沙赫里萨布兹城，帖木儿的大儿子贾汉吉尔（Dschehengir）就是在这里出生并于 1372 年二十岁时安葬在这里的。

克拉维约先生在他引人入胜的旅行游记中这样写道：

> 公使们到达后被领进了这家清真寺，受到了美味佳肴、香甜水果的款待。用膳过后，又将他们领进了供寝居的一座大型宫殿。

他还说，帖木儿贝格（Beg①），他是如此称呼帖木儿大帝的，为

———————————

① 贝格是突厥语，表达"首领"或"酋长"之意。

自己在沙赫里萨布兹城修建了一个特别的陵墓，但当陵墓建成以后，君王觉得进陵墓的门楣太低，又下令将整个新建陵墓推倒了。

我也作为贵宾被安排住进了大型宫殿，用膳时，长长的餐桌上多达三十二个碗盏。床上的被子是红色和蓝色的丝绸，地上铺着昂贵的地毯，墙上挂着波斯大师们的肖像画。

我一住进宫殿，史加奥尔先生就将我的到来面呈埃米尔赛义德・阿布德・阿哈德陛下了，一切进展得十分顺利。

不久就有人通知我，觐见埃米尔的时间安排在 2 月 3 日的上午 9 点。

我与史加奥尔先生身着制服跟随一个强悍的骑兵队通过小巷和市场去艾克宫（Ak Serail），即白宫——埃米尔的宫殿。

在第一道门，军人向我致敬。在第二道门，我们下马步行。走在我们前面的是两个穿着绣金长袍、手中举着金杖的传令官。通过宫殿内院，我们到达了第三道也是最后一道大门。第三道大门应该说在 1891 年是布哈拉最值得关注的建筑，进口大门规模宏伟。"皮西塔克"，即入口处，是特别漂亮的伊斯兰教寺院尖塔，装饰着色彩斑斓的上釉彩陶。大门通向我现在要去的、五百年前帖木儿大帝修建的古老的艾克宫。尊贵的统治过整个西亚、东欧以及非洲东北部的埃米尔在这个宫殿里住过。只要走过了艾克宫宏伟大门，人们就完全可以自豪地说，踏上了真正的古典的大地。

在艾克宫的大门口，我又受到身着华丽服饰的四十位王宫成员的热烈欢迎。

觐见埃米尔赛义德・阿布德・阿哈德陛下是在一个宽敞的房间

里，房间地板上铺的是昂贵的牛血色地毯，房间里只放有两个舒适的靠背椅，史加奥尔先生和其他随行人员都得在门外候着。

我开始了第一个鞠躬致意。觐见仪式与在波斯国觐见沙阿陛下的程序一样：一步一鞠躬，三步之后，即最后一个鞠躬礼毕就站在君王身前了。在鞠躬的过程中，君王就站了起来，与我握手并示意我坐下。

三十二岁的埃米尔君主，不仅身材高大、高贵典雅、和蔼亲切，还是一个相貌特别英俊的男子，一双深沉冷静的黑色眼睛，流露出来的神情和举止富有君王般的尊严。不过，从他的眼光中我还是窥视到了内心的忧郁，这种难言的情绪很可能源自他心灵深处的哀伤。

在欧洲客人的眼前，他只是一个影子，一个无足轻重、无所作为、俄罗斯沙皇的花瓶。他那身天蓝色的、富丽堂皇的、缀上了金质钻石勋章的丝绒长袍也像一缕正在燃烧但很快就又会熄灭的火焰。他一定有被俄罗斯熊爪紧紧拽着的感觉，也一定清楚，自己的日子是屈指可数的。挂在他胸前熠熠生辉的安德烈十字勋章①只是俄罗斯帝国皇帝亚历山大三世的一个表面作秀。他手中把玩的那把依旧插在黄金刀鞘里的弯刀，也只是昔日塔梅尔兰大帝武装力量胜利加冕的一个闪光标志。今天的他，埃米尔赛义德·阿布德·阿哈德陛下，只是一个由沙皇暂时标榜的、拥有捷列克哥萨克（Terekkosaken）人最高统帅头衔的、不再期待未来的傀儡埃米尔。

最后一个塔梅尔兰帝王王座上的埃米尔注定是一个历史的悲剧

---

① 安德烈勋章是俄罗斯联邦及俄罗斯帝国最高等级的勋章，是 1698 年俄罗斯帝国设立的第一个勋章。在被苏联废除后，俄罗斯于 1998 年又重新设立其为最高等级勋章。

角色。在俄国十一月革命①之后他就完全消失了，1918年，他的帝国的生命也走到了尽头，成了布尔什维克乌兹别克斯坦的一个部分。

我与埃米尔赛义德·阿布德·阿哈德陛下单独留在大房间里，连翻译都不需要，谈话完全用波斯语。他身边的人称他为德申阿泊阿里（Dschenab Ali），即高贵的主子，公开的称谓则是哈雷特-伊-埃米尔（Harret-i-Emir），即皇帝陛下。

一坐定，尊贵的埃米尔就问我，来这里一路是否顺利？旅行中是否倍受风雪冷冻的折磨？我是否对他为使我旅行更加方便采取的马队迎接措施感到满意？还询问了很多其他有关日常生活方面的问题。然后他与我聊起了瑞典，可以看出，他对之前采访过我的学者或秘书阿格哈鲁克（Aghalluk）先生记下来的文字内容有了一定程度的了解。但他对瑞典的地理位置并不是很明确，特别是在与俄国的地理关系上缺乏认识。他问我，是否能坐火车或轮船从圣彼得堡去斯德哥尔摩？当我告诉他，不仅从陆地上，还能从海上实现这一旅行时，他竟感到不可思议。他感到惊讶的还有，瑞典作为俄罗斯帝国的邻邦竟能够独立自主地有自己的国王，不仅不依赖俄国的沙皇，甚至还能与沙皇友好相处。他还问我，奥斯卡国王执政了多少年？是不是从未与俄国打过仗？我介绍说，瑞典与俄国的最后一次战争已经过去了八十年，而且在与沙皇俄国军队的战争中，瑞典军队是占上风的胜利者。他很可能不太相信我的这一介绍，觉得我在大夸海口。

_____

① 即俄国十月革命。

尊贵的君王埃米尔还问了许多我们瑞典特使团拜见波斯国沙阿的轶事以及关于纳瑟尔丁沙阿和土耳其苏丹阿卜杜勒·哈米德的一些情况。不过，对这两位君王他也只是知其名，从未见过其人。

觐见结束时，他对我说，他的近臣们向他介绍了我的速写和绘画，并问我，是否可以看看我的绘画作品。当然可以！觐见之后我就将速写本寄给了他，不久就完好无损地还给我了。

在埃米尔将准备的问题全都问过以后，他站了起来，与我握手告别并请我转达对瑞典国王奥斯卡陛下的问候。

在宫殿内院里，王公大臣们和史加奥尔先生站在最前面等着我，制服颜色耀眼、金光熠熠的一群士兵陪着我，以国礼般的仪仗阵势前往总督行宫。那里等待我的是近四十道佳肴的早餐，而且是一次性端上桌来。

早餐结束后，史加奥尔先生站了起来说道：

"鉴于对您的友谊，高贵的主子要授予您一枚勋章。"

勋章是一枚纯金质的星徽，附带一份证书。证书中最主要的内容还是表达了尊贵的埃米尔对俄国沙皇的顺从。

证书是这样写的：

在这段幸运的日子里，斯文·赫定先生为了参观这个美丽的国度，从斯德哥尔摩来到了突厥斯坦。在我们与俄罗斯帝国沙皇陛下建立起来的友谊纽带的基础之上，他得到允许，来到了"赐福的布哈拉"，并且荣耀地出现在我们面前，使我们相互得以认识。由于我们在俄罗斯沙皇陛下友谊中建立起来的信任，我们给斯文·赫定先生敬献 Nischan-dar-ul-Saltanet-i-Bokhara-i-Scherif 勋章。愿您将勋章缀在胸前，作为我们友谊的纪念。

颁发日期为 1308 年的 Djumadiusani 月①。

埃米尔赛义德·阿布德·阿哈德

在返回古老典雅的布哈拉城时，还是由尊贵的埃米尔陛下遣派的王宫"吉吉特"骑手组成的友好团队引领。

之后，我在学识丰富、亲切友好的莱瑟先生处度过了一个星期。几年后，莱瑟先生成为俄国派往北京的常驻公使。

我深感庆幸的是，自己有机会作为客人在"赐福的布哈拉"游历并见证了一颗即将永远消逝的星辰。

---

① 应为布哈拉汗国纪年的表述。

奥古斯特·斯特林堡
(August Strindberg)

在我的一生中，与斯特林堡（Strindberg①）先生的私下接触只有一次，在一起交谈了大约一个小时左右。可就这么一个短暂匆忙、看上去分量及重要性都太过微弱的小插曲，就已经足以使我有理由认为，斯特林堡先生是我这些年交往的知名人士中当之无愧的一个。至于他的形象为什么会在我的"名人画廊"里占有一席之地，真正的原因当然不是我们之间唯一的那一次交谈，更多的是因为发生在我们俩之间，也就是在他逝世的前两年由他挑起的一场针对我的笔战。我应对挑战并不是因为我个人的自尊和自负受到了伤害，而是出于捍卫客观事实，出于实事求是的精神。既然斯特林堡先生用勤奋的笔在最近写下的两篇文章中对我挥起了鞭子，我就有充分的理

---

① 奥古斯特·斯特林堡（August Strindberg，1849—1912年），瑞典作家、剧作家和画家，瑞典现代文学奠基人，世界现代戏剧之父。在其四十余年的创作生涯里，他写了六十多部戏剧和三十多部著作，其著作涵盖范围有小说、历史、自传、政治和文化赏析等，其作品着重现的是自然主义和表现主义。1874年还著有《中国语言源流》一书。

由不能忘记，将他的肖像也堂而皇之地挂进我的"名人画廊"。

尽管我与斯特林堡先生见面的具体日期已经模糊，但印象中，应该是我去中国新疆探险考察之旅回来之后，因为这次考察旅行的内容是我们见面交谈的动因之一。当然，也应该是在我 1893 年至 1897 年间穿越整个亚洲的长途探险考察之旅启程之前，因为这次旅行之后我就再也没有机会与斯特林堡先生面对面地交谈了。由此推算，我们的见面交谈，最有可能发生在 1891 年 11 月或 12 月间。

在一个来自不同领域的许多社会名流参加的晚间聚会上，我见到了从未谋过面的斯特林堡先生。他毫无拘束地抛开了通常那些不必要的礼节径直向我走了过来，友好且风趣地对我说道：

"候选人先生，您去过中亚，还越过了中华帝国的边界线，是吗？"

"是的，有这么回事。"我谨慎地回答。

接着，斯特林堡先生向我提出了一系列亚洲问题，这些问题能充分表明，他的确在亚洲地界上徒步游历过这一事实。在回答中，我特别将话题停留在造访布哈拉、撒马尔罕古城池以及觐见塔梅尔兰大帝的最后一位继任者埃米尔赛义德·阿布德·阿哈德陛下的经历上。但能引起他特别关注的还是翻越崇山峻岭前往中国西部城市喀什噶尔的征程，在这点上差不多耗去了我们一个小时交谈中的大部分时段。

他问我，与中国人打交道对我来说是不是很困难？中国人是怎样对待一位来自北欧的外国人的？言谈间也可以感觉到，他对中国疆域倾心的程度胜过了西方对亚历山大大帝和塔梅尔兰大帝时代古典亚洲的记忆。

不过，几分钟后，斯特林堡先生就将话题转到了显而易见比起其他所有问题都更加感兴趣的话题上来了，即中国语言以及中国语言与其他语言的渊源关系。就这一话题，我们之间的谈话更像是一场演讲而不是一次对话。虽然我现在已经记不住他谈话间提出的那些论据了，但仍旧十分清楚的感觉是，他的话充满信念、充满激情，就像他发现了一个巨大的语言宝藏，言下之意，好像当时汉学研究和教育的有关学说在他眼里都是些毫无意义的胡说八道似的。他当时所持的观点是，他已经找到了打开所有长期令人困惑不解的问题的钥匙，将会给当时的学术界呈交一份具有革命性的见解和认知。他强调的原理、提出的论据是，语言的发展在一定程度上建立在语音近似的基础之上。

看上去他十分希望赢得我对他观点的支持。

我对他说，我的专业在自然地理学领域，从来没有研究过中国语言。况且，要想学好中国语言需要一个人全部精力的投入，即便是穷尽一生也不一定能掌握汉语拥有的丰富内容。我也要求自己，对他观点的正确与否，从历史学角度、地理学角度以及人种学、民族学角度提出我的一些质疑。但我的这些想法对他来说似乎没有任何意义，他的语音近似论可以将所有的异议予以推翻。

因此，可以理解的是，当斯特林堡先生在《蓝书》（1907—1912年）一书中对自然史和人文科学进行严厉谴责的同时，他的思考也回到了关于中国语言发展上。这应该被视为，是他过去爱好的重新觉醒。

就斯特林堡先生面对我表现出来的个人魅力，我能强烈地感觉到，他是一个能使人产生高度好感和亲切感的人，即便我有强大的意志力，也难以抗拒当时产生的这种印象，即，我关于亚洲、关于中国的谈话给他带来了欣喜和快乐。他希望与我见面，非常愿意与一位刚刚从亚洲腹地、从中国土地上归来的人促膝交谈。至于后来他拥有的导致他人生倍感痛苦的猜疑、妒忌和仇恨的性格特点，在1891年的那次见面中还看不出半点蛛丝马迹。

我对斯特林堡先生个人魅力保留的唯一记忆是惬意的、可爱的，以至于我经常为此感到遗憾，为何我们两人的道路只有那么一次短暂的相交。

斯特林堡先生博学多才，具有多方面的兴趣，其中最出色的业绩之一，是他年龄未满三十岁时在"瑞典人类学及地理学学会"地理分会主办的杂志——1897年第6期第1册——发表了论文，论文的题目是《菲利普·约翰·冯·史托兰伯（Philipp Johann von Strahlenberg①）与他的亚洲地图》，作者奥古斯特·斯特林堡。

论文报告的时间与地点：1879年2月15日，地理学分会。

在说明中他介绍道：

---

① 菲利普·约翰·冯·史托兰伯（1676—1747年），地理学家。1694年加入瑞典陆军，参与了大北方战争，在1709年的波尔塔瓦会战中被俄罗斯帝国军队俘虏并流放西伯利亚的托博尔斯克。史托兰伯在托博尔斯克潜心学习研究西伯利亚的地理学及人类学。1730年，获释回到斯德哥尔摩后，他将这段时间的所学出版成书，书名为《欧洲和亚洲北部、东部的历史和地理》，在书中，他画出了完整的俄国地图，对俄国地图制作有很大贡献。

　　附上的地图在比例上与国王图书馆馆藏的照相平版印刷地
图样本完全一致。

　　在国王图书馆馆藏的杂志分册上有人用铅笔写下了如下附注：

　　　铜版保留在林雪平（Linköping①）市教会图书馆。

　　史托兰伯先生将他著名的北亚地图发表在他写的、同样著名的
《欧洲和亚洲北部、东部的历史和地理》著作上。
　　著作中有一段长长的富有启发性的标题文字：

　　　欧洲与亚洲的北部与东部是如此之大，包括了拥有辽阔西
　　伯利亚的俄罗斯帝国和巨大的鞑靼族（Tartarey）地界。本书在
　　对旧时期和新时期历史地理的描述中，介绍了很多其他不为人
　　知的信息，连同一个还从未问世的、附有三十二种鞑靼民族语
　　言的多种语言表以及一个卡尔梅克人（Kalmuckisch②）的语言
　　词汇表，还特别有一张上面提到的国家和地区的、正确的大地
　　图和一些不同的黄铜印刷雕版资料。这些黄铜印刷雕版资料，
　　均是当时在俄国的瑞典战俘们远征探险途中、经认真仔细调研后
　　收集的资料基础上，由菲利普·约翰·冯·史托兰伯先生雕刻印
　　刷而成。斯德哥尔摩，1730 年，由作者的出版社出版。

———————————

①　瑞典东南部东约特兰省的一个自治市。
②　卡尔梅克人，分布于西伯利亚南部，是俄罗斯联邦和蒙古国境内的一个民族。

　　这个标题文字概要说明了该书的主要内容。

　　史托兰伯先生的著作在十八世纪五十年代出版，之后又以很多其他语言的版本，并且被大量有理论高度的著作作为重要的资料出处所引用。诺登舍尔德先生在《维加号探险船欧亚航行》一书的第二部分中也强调了史托兰伯先生著作中关于亚洲北部和东北部论述的学术价值。

　　值得注意的是，诺登舍尔德先生的著作中没有一句话提到斯特林堡先生的功绩，应该说，一张在当时社会情况下绘制得相当好的、在很多方面都超前于那个时代的、令人深感意外的地图，如果没有斯特林堡先生慧眼的发现，是很容易被人遗忘的。在这点上，斯特林堡先生确实功不可没。

　　在斯特林堡先生方面，他对沿西伯利亚整个北方海岸的"维加航行"也未置一词。那是因为，在他论文发表以及举办论文报告会的时候，还不知道诺登舍尔德先生的探险结果，"维加号"探险船那个时候还在北极越冬。

　　但史托兰伯先生与诺登舍尔德先生之间的共同点则是一目了然的。

　　也可能正好在诺登舍尔德先生制定旅行计划以及在探险航行启程的时候，激发了斯特林堡先生对亚洲极地以及展现诺登舍尔德先生预先确定的航行路线的最好地图——这张在"维加号"探险船返航一百五十年前就已经完成了的地图——的兴趣。应该说，直到斯特林堡先生去世，诺登舍尔德先生都是他敬佩的少数几位科学家之一。

在我的书《西藏南部，过去的发现与我在 1906—1908 年间的研究之比较》（第 1 册，第 247 页，1917 年斯德哥尔摩出版）中，我特意为瑞典国王的两位特种兵史托兰伯先生和雷纳特（Renat）先生写了一个章节，并且强调了斯特林堡先生的功绩。我的评价是，正是因为斯特林堡先生对史托兰伯先生和雷纳特先生的重视，他们的贡献才得到了业界如此高度的尊重。

在上面提到的斯特林堡先生在地理杂志发表的论文中，他出色地、也特别清晰地评价了史托兰伯先生以及与他一起拘禁在俄罗斯的瑞典俘虏对地图绘制的特别贡献，并阐述道，正是通过收集他们的文章和陈述，史托兰伯先生绘制的地图才得以充实和完善。

关于古斯塔夫·约翰·雷纳特（Gustaf Johan Renat①）先生绘制的准噶尔（Dsungarei）和中国新疆地图，斯特林堡先生的功绩甚至还要大。为卡尔梅克可汗②效力的雷纳特先生，以令人钦佩的技巧绘制了他的地图，部分是基于自己的实地考察，部分是通过询问土生土长的当地人。

乌普萨拉主教埃里克·本泽路斯（Eric Benzelius）先生与他的兄弟古斯塔夫·本泽路斯（Gustaf Benzelius）先生与 1733 年回到祖国的雷纳特先生见面后，马上表现出对地图的价值以及对这位瑞典国王的特种兵对陌生国家的关注和说明的完全理解。

---

① 古斯塔夫·约翰·雷纳特，瑞典炮兵军官，参与大北方战争，在 1709 年的波尔塔瓦会战中被俄罗斯帝国军队俘虏并流放西伯利亚，后编入俄军派往东方服役。在额尔齐斯河中游左岸的亚梅什湖又被准噶尔骑兵俘虏。1734 年，雷纳特回到瑞典，带回两幅地图，其中一幅是"准噶尔地图"，被称作"雷纳特 1 号地图"。
② 应为准噶尔策妄阿拉布坦可汗。

看起来，1738 年乌普萨拉大主教雅各普·本泽路斯（Jakob Ben-
zelius）先生让人复制了原始的地图。直到 1879 年，斯特林堡先生在
林雪平市教会图书馆里发现这张地图时，这张原始地图竟无人知晓
地在那里躺了将近一百五十年。当然，也没有被克拉普罗特（Kla-
proth①）先生和洪堡（Humboldt②）先生在制作划时代的内亚地图
中所利用。

在俄国探险家普热瓦利斯基 1876 年至 1877 年期间去罗布泊探险
考察之前，雷纳特先生绘制的关于这个湖泊的以及对普热瓦利斯基
先生而言太过汹涌的河流的地图都是最值得参考的。

斯特林堡先生认为，俄国人拥有雷纳特先生的这张地图要比瑞
典人拥有这张地图意义更大，故将这张地图寄给了在圣彼得堡的俄
罗斯帝国地理学会。在俄罗斯帝国地理学会杂志上，俄国奥·艾·
冯·斯杜本多尔夫（O. E. von Stubendorff）将军针对地图发表了极
为专业的评论。

斯杜本多尔夫将军认为这一发现具有特别的价值，我们有充分
的理由对斯特林堡先生表示感谢。

---

① 全名：朱利斯·克拉普罗特（Julius Heinrich Klaproth，1783—1835 年），德国语
  言学家、历史学家、东方学家、民族学家、探险家。与法国汉学家雷暮沙一
  同为东亚研究作出了重要贡献。1834 年出版《玄奘在中亚与印度的旅行》
  一书。
② 全名：弗里德里希·威廉·海因里希·亚历山大·冯·洪堡（Friedrich Wilhelm
  Heinrich Alexander von Humboldt，1769—1859 年)，德国自然科学家、自然地理
  学家，近代气候学、植物地理学、地球物理学的创始人之一，被誉为现代地理
  学的金字塔和现代地理学之父。曾前往南美洲、美国和中亚进行科学旅行探险，
  著有《中部亚洲》一书。

他在俄国的杂志上发表的文章中有这样一个推论：

> 显而易见，雷纳特先生根本就没有到过这一地区。

斯杜本多尔夫将军的断言无疑是对的，尽管如此，它改变不了雷纳特先生的地图领先一百五十年的伟大意义，特别是关于中国新疆部分，也丝毫无损于斯特林堡先生最终发现这张地图的伟大功绩。

斯特林堡先生对史托兰伯先生绘制的地图和雷纳特先生获得的地图表现出来的无限的、也完全有理由的钦佩一直保持到了他生命的终点。

足足三十年之后的 1910 年，斯特林堡先生在去世的前两年又回到那两张值得关注的地图册，但这一次在形式和语调上与以前则完全不同。

在我和尼古拉·米哈伊洛维奇·普热瓦利斯基先生要求理应得到的荣誉，即普热瓦利斯基先生是第一个欧洲人、我是第一个瑞典人到达中国罗布泊地区这一命名时，斯特林堡先生则认为，我们对于这份荣誉的要求是非分的、无理的。斯特林堡先生的观点是，发现罗布泊的是古斯塔夫·约翰·雷纳特先生，但他对这一观点的正确性又提不出任何一个有力的论据。

其实很简单，雷纳特先生是通过某种其他方式获得这张地图的。因为，在雷纳特先生为卡尔梅克可汗效力的时候，卡尔梅克可汗与中国正处于战争状态。在战争状态中，中国根本不可能允许一名卡尔梅克可汗的使者进入他们的领地。很有可能，耶稣传教士、葡萄牙人贝内迪克特·格斯（Benedikt Goes①）先生在 1605 年前后去过罗布泊。但没有人知道，因为中国肃州（Suchow）的伊斯兰教徒于 1607 年格斯传教士逝世后将他的日记本就烧掉了。发现罗布泊的荣誉，或者说 1876 年发现时被当地人称为"喀喇库顺（Kara-Koschun）"的罗布泊这份荣誉，应该归于俄罗斯人尼古拉·米哈伊洛维奇·普热瓦利斯基先生。

1905 年之前，即斯特林堡先生在他的著作《对瑞典民族的演说》中唇枪舌剑地对瑞典的诗歌艺术、戏剧艺术和地理学进行严厉谴责的五年之前，我的书《1899—1902 年中亚探险考察的科学结果》就已经公开出版了。从有六百六十一页的罗布泊分册中，如果斯特林堡先生读过这本书的话，就应该能够得到关于罗布泊当时状况的、基本问题的完整解读。

就当时可能知道的，也就是说直到 1934 年已知的罗布泊历史的最后记载，我在 1937 年出版的书《游移的湖泊》也已经描述了。一个从最古老时代开始的基本历史概况，我在《西藏南部》第一卷中也提供了。如已经提到的，我在书中已经将应该获得的荣誉席位给了史托兰伯先生和雷纳特先生以及他们的地图，但这已经是斯特林堡先生死后多年的事了。

在斯特林堡先生最后一本书中的另外一个位置，他提出了一个涉及我的问题：

---

① 贝内迪克特·格斯，又名鄂本笃（Bento de Goès，1562—1607 年），葡萄牙耶稣会士、传教士、探险家。主要事迹为从印度穿越阿富汗和帕米尔山区，直到中国。1607 年 4 月 11 日，因劳累病逝于中国肃州。

　　他在什么地方发现过新大陆呢？

　　而他自己给出的令人感到意外的答案竟是：

　　没有，他既没有发现塔里木盆地，也没有发现罗布泊湖泊、戈壁或者西藏。

　　塔里木盆地在公元前二百多年古老的汉朝以前就已经相当有名了，并记载在它的编年史中。一千五百年后，或者说在 1273 年，马可·波罗走过了整个塔里木盆地，访问了"罗布城①"。戈壁，或者说大戈壁，中国人自数千年来就已经了解了。在印度传说的"圣经"中，古老土地上的玛纳斯湖（Manasarowar②）和冈仁波齐山（Kailas③）在罗马建立的那个时候就已经有了。

　　古老的印度"圣经"大多出自民间的叙事诗、传说和故事，但其中也包含着丰富的地理学内容，还涉及了喜马拉雅山脉、圣湖和冈仁波齐山——地球上最神圣的山峰。印度史诗《罗摩衍那》④ 中甚至还提到了湖泊的水面会随着雨季雨水的多少上升和下降的地理学知识。同样，希腊的、罗马的、中国的、阿拉伯的地理学也都或多

---

① 罗布城指的就是"罗布泊"。
② 玛纳斯湖，位于中国新疆伊犁州，在克拉玛依附近，是一个已经干涸的湖泊。
③ 冈仁波齐峰海拔六千七百一十四米，是冈底斯山第二高峰，在中国西藏普兰县境内。世界公认的神山，被印度教、藏传佛教、西藏原生宗教苯教以及古耆那教认定为"世界的中心"。
④ 《罗摩衍那》的字面意思为"罗摩的历险经历"，与《摩诃婆罗多》并列为印度两大史诗，作者是印度作家蚁垤（跋弥）。

或少地有模糊的关于中国西藏的认知。Tebet（西藏）这个名字首先就源于欧洲，第一次出现在 1452 年弗拉·毛罗（Fra Mauros①）先生绘制的世界地图上。

　　当然不会是我斯文·赫定自远古就发现了这些众所周知的领土和水域，这一点斯特林堡先生根本就无需去证明。

　　南森先生的凯旋使斯特林堡先生寝食难安。斯特林堡先生在他的《发现者—骗术》章节中写道：

　　　　南森先生希望占领极地，但只达到了北纬 86 度，成了一个
　　　童话王子。这是挪威式的！一如费迪南（Ferdinand②）与伊莎
　　　贝拉（Isabella③）国王伉俪对待哥伦布（Columbus④）先生那

---

① 弗拉·毛罗（Fra Mauro，？—1459 年）是十五世纪威尼斯卡玛尔迪斯的修士。作为一位地图学家，毛罗于 1457 年受葡萄牙国王的委托，利用同时代探险家的活动资料，以惊人的精确程度绘制了一幅极大的圆形世界地图，即闻名于今的"弗拉·毛罗地图"，此图现藏于威尼斯马尔奇亚纳图书馆。

② 这里应该指的是费尔南多二世（Fernando II, 1452—1516 年），通过与卡斯提尔女王伊莎贝拉一世的婚姻，费尔南多二世成为统一西班牙王国后的第一个国王，并开创了伟大的西班牙帝国。

③ 伊莎贝拉一世（Isabel I, 1451—1504 年），是卡斯蒂利亚的女王。她与丈夫费尔南多二世完成了收复失地运动，为日后他们的外孙卡洛斯一世统一西班牙帝国奠定了基础。她支持克里斯托弗·哥伦布开拓美洲新大陆，为开拓发展西方文明作出了重大贡献。

④ 全名：克里斯托弗·哥伦布（1451—1506 年），著名探险家、航海家。在西班牙伊莎贝拉一世及费尔南多二世的赞助下，于 1492 年到 1502 年间四次横渡大西洋，并且成功到达美洲。哥伦布成功开拓了新天地，扩展了西方文明，同时拉开了西班牙殖民美洲的序幕，是欧洲殖民后来"新大陆"的先驱。由于哥伦布发现及开拓美洲的成就，西班牙及美国等国把他发现美洲大陆的日子定为法定假日，亦即哥伦布日。

样，我们的瑞典国王伉俪也前往克里斯蒂安尼亚自由城欢迎南森，为这个事实上没有占领极地的人开庆祝会。这更是瑞典式的！事实是，他启程去了北极，但没有实现目标，他是一位失败者。

在这本特别的书中，所有批评性的、攻击性的长篇大论都是以这种方式，为不加批判的公众们消遣似的阅读。斯特林堡先生不是在开玩笑，而是十分认真写下来的。

人们不禁会问，伟大的、天才的作家写下《对瑞典民族的演说》这本书到底出于什么目的。他还一次又一次地在书中反复强调，在史托兰伯先生将亚洲绘制成地图、写成书以后，普热瓦利斯基和我就只是后来者，只是在进行"他人已经完成了的工作"，是拾人牙慧。这样一来，外行们会因此得出印象，即内亚、罗布泊和塔里木盆地都位于西伯利亚，我们什么都没有找到。因为所有的都已经被史托兰伯先生发现了，弄清楚了。而在这一点上，史托兰伯先生一直强调的是，自己的工作"只是在亚洲和欧洲的东部和北部……"

关于在俄国的这些瑞典俘虏的命运和工作没有人比斯特林堡先生知道得更加清楚了，但恕我直言，对地球亚洲地面上存在的所有事物，他还只是处在深不可测的无知之中。不仅如此，他还自以为是地以无风度、不聪明的放肆方式暴露出自己在最简单的基础知识方面存在的缺陷。

如果说斯特林堡先生的天性或者理解力发生了蜕变是因为年龄的原因，毕竟在写最后一本书时，他已经有六十一岁了。但我认为，寻求这种解释对他来说是站不住脚的，也是不公平的。在整个生活历程中，斯特林堡先生都是一个无所畏惧的骑士，一个不能容忍有人高他一头的好强之人，至少不能高过他本人。因此，寻找和挑剔所有人的毛病，怀疑和妒忌所有的成功人士，是他一贯的特点。

在那个时候，有人就对我说过，斯特林堡先生是不可能向我道歉的。1900 年 1 月 17 日，正好在他六十岁生日的前五天，我从外喜马拉雅山探险返回家乡，这不，又抢了他的风头。

他在书中写道：

> 为什么要将国家和人民送到码头栈桥上和车站站台上去，如果他返回抵达港口和车站？

当然，我是不情愿以这种方式卷入所谓的"斯特林堡大论战"中的，论战在 1910 年夏天白热化了，那个时候我正住在巴根海湾（Baggensfjärd）附近的斯库吉索（Skogsö）。

斯特林堡先生在《晚报》（Aftontidning）上抨击我，我则在《今日新闻报》（Dagens Nyheter）上回击他。值此论战之际，我收到了一大堆或理智或不理智的读者来信。当论战的风暴渐渐平息后，我便十分反感这些信件，以至于后来将信件连同几块大石头塞进了一个口袋，驾船驶出巴根海湾，将这些蹩脚的东西沉入了海底。

没过多久，我就深感后悔，觉得自己不应该用如此强硬、如此激烈的言辞反驳斯特林堡先生对我的攻击。最好的态度应该是，像我们瑞典诗人、小说家、诺贝尔文学奖获得者海登斯坦先生以及其他斯特林堡先生妒忌的被攻击者那样保持沉默。现在看起来，试图让斯特林堡先生改变思想——我的初衷——简直就是一个徒劳的冒失行为。

当时我甚至还有一个强烈的、与斯特林堡先生再见上一面的愿望，想请他原谅我没有控制住的、情绪冲动的对他的反击行为。出于这个目的，我还特别请瑞典科学院我熟悉的、也应该属于斯特林堡先生私下小圈子里的朋友卡尔海姆·于伦舍尔德（Carlheim-Gyllensköld）教授转达我想与他见面的意愿。

教授笑着回答道：

"不可能的！他是不会理解你的良好意愿的。他甚至会觉得可疑，会认为你还想再当面羞辱他。不行，行不通的，他是不会对你敞开大门的。"

不久后我听说，教授自己也如斯特林堡先生的其他朋友一样"失宠"了。一次，也是最后的一次，当于伦舍尔德教授敲响斯特林堡先生的门后，斯特林堡先生只是将门开了一个小缝隙，连安全门链都没有松开。当他看到是这位"朋友"来访时便大声喊道：

"原来是你，你……滚开！"

然后愤愤地关上了门。

在他逝世的 1912 年，斯特林堡先生出版了他的最后一本小册子《沙皇的信使或者锯锉的秘密》。在这本书中，他主要抨击为建造 F-战舰的融资，其间还是没有忘记顺便对我几度扬起鞭子进行了告别式的打击。

斯特林堡先生的作品《一出梦的戏剧》中有这样一个金句：

为人感到惋惜！

　　这句话其实用在斯特林堡先生自己身上是再贴切不过了，我是真心为斯特林堡先生感到惋惜！他不仅对自己不平和，对这个世界也不平和，而又长期被泼妇和黑势力驱赶着。不过，尽管他有不满和激愤，有孤独、怀疑、仇恨、妒忌，但他的整个一生仍然是汹涌澎湃的、努力奋斗的、勤勉工作的。

　　毫不怀疑的是，斯特林堡先生将永远是瑞典文学创造的一个最天才的、最勤奋的灵魂和精神。在戏剧领域，他更是世界文学领域最伟大的人物之一。

阿尔弗雷德·诺贝尔

(Alfred Nobel)

在我们这个时代，像阿尔弗雷德·诺贝尔①如此享誉世界的瑞典人还真不多。其他伟人通常像流星一样地在时代的天空中闪耀、然后很快会光度消失，进而熄灭，最后只能在某些参考书和文章中再次见到他们。而伟大的阿尔弗雷德·诺贝尔先生却有以自己名字命名的节日——诺贝尔节②。"诺贝尔节"一年接着一年地，像圣诞节、夏至节一样有规律地如期而至。

在全世界，他的名字和对他的怀念一直都是那么清新和富有活

---

① 阿尔弗雷德·伯恩哈德·诺贝尔（Alfred Bernhard Nobel，1833—1896 年），瑞典著名发明家、企业家、化学家、化学工程师、武器制造商和硝酸甘油炸药发明者。他曾拥有以生产武器为主的波佛斯公司及一座炼钢厂。在遗嘱中，他利用其庞大财富创立了诺贝尔奖，各种诺贝尔奖项均以他的名字命名。

② 诺贝尔节为诺贝尔奖颁发日。诺贝尔奖是根据阿尔弗雷德·诺贝尔先生遗嘱于1901 年开始每年颁发的五个奖项，它们是：物理奖、化学奖、生理学或医学奖、文学奖、和平奖。1968 年，瑞典中央银行又设立了瑞典银行纪念诺贝尔经济科学奖，简称"诺贝尔经济学奖"。诺贝尔奖被普遍认为是所颁奖的领域内最有声望的奖项。

力，特别是在一代又一代崇尚科学的、思想的、和平的信徒中间。

由于他在当代产生的以及未来拥有的广泛的影响力，我想不同于其他章节地先对阿尔弗雷德·诺贝尔先生的生活作一个一般性的介绍，然后再转向我头脑中形成的对他的个人记忆。[①]

阿尔弗雷德·伯恩哈德·诺贝尔（Alfred Bernhard Nobel）先生1833 年 10 月 21 日在斯德哥尔摩出生，他在这里只上了一年学就随父亲去了俄国的圣彼得堡，在那里继续接受家庭教师的教育。在国外的学习结束之后，阿尔弗雷德·诺贝尔先生开始与他的兄弟们一起在父亲的工厂里工作，工作内容主要是研究硝化甘油作为炸药的应用可能性。通过不辞劳苦的工作干劲和坚韧不拔的顽强精神，经过不间断的试验以及新的发明创造，他终于成为世界上炸药技术的先驱者。

回到斯德哥尔摩的父亲要生产一种用硝化甘油做添加物的新的黑火药，便把两个儿子从圣彼得堡召回做自己的助手。阿尔弗雷德和他的兄弟埃米尔遵命回家参与父亲新炸药的研究工作。不幸的是，1863 年秋季，位于赫伦内堡的诺贝尔炸药实验室发生了爆炸事件。在这个当地引起了巨大轰动的爆炸事件中，不仅其他工作人员未能幸免，就连他的兄弟埃米尔·诺贝尔也被当场炸死。

1865 年，诺贝尔先生硝化甘油股份公司成立，已完成的发明得到了很大程度的利用，之后，他在斯德哥尔摩附近的温特维肯

---

① 参考纪念文集：《阿尔弗雷德·诺贝尔以及他的家庭》，作者：亨里克·舒克（Henrik Schück）和拉格纳·索尔曼（Ragnar Sohlman），诺贝尔基金会 1926 年出版。——作者注

（Vintervik）又兴建了一家新的工厂。经验日益丰富的阿尔弗雷德・诺贝尔在 1866 年和 1867 年又先后发明了甘油炸药，而最具划时代意义的是他后来发明的特快明胶甘油炸药和少烟的巴里斯特（Ballisit）炸药，或者干脆就称之为"诺贝尔火药"。

阿尔弗雷德・诺贝尔先生不仅在欧洲，还在美国成立了一系列的公司，以便能充分利用他的发明来创造财富。他在法国巴黎和意大利圣雷莫（San Remo）建有实验室，1890 年他移居圣雷莫。

1893 年，也就是阿尔弗雷德・诺贝尔先生去世的三年前，他购买了世界知名的、历史悠久的瑞典钢铁及军火工业公司波佛斯—古尔斯邦（Bofors-Gullspäng）的股票。他孜孜不倦地工作、生产开发，其意义在很大程度上是为瑞典的军事装备服务，尽管他一心向往永久和平。

1946 年出版由比尔格・斯特克岑（Birger Steckzen）先生编撰的内容丰富的纪念册《波佛斯，一个火炮生产厂的历史》是一本值得阅读的书籍。这本书是在阿尔弗雷德・诺贝尔先生的积极协助下、在他生命的最后一年倾心奉献出来的一个杰作。

《波佛斯，一个火炮生产厂的历史》一书披露了瑞典大地上发生的一些事件，使阿尔弗雷德・诺贝尔先生作为一个在国外享有盛誉的先驱者的形象生动可感地呈现在我们面前。从这本书中我们可以看到，阿尔弗雷德・诺贝尔先生不仅仅在自己的专业科学领域是一位具有全面知识的专家，一位新意迭出、想象力丰富的发明家，一位注重实践的先驱者，一位天才的、清楚地监管着并扩大着自己巨大财富的金融家，而且还是一位能用清楚的、锐利的眼光观察评判自己下属的帅才。但更主要的是，他还是一位使自己名字的意义拥有举世最高荣誉和最高价值的伟人。

同样，在这本关于"波佛斯"历史的杰作中还写道，1892 年前后，这家著名的钢铁厂处在一个何去何从令人忧虑的状态，其原因是，必须在欧洲大陆不断上升的军事装备需求中与其他大国的军火生产商竞争，如德国克虏伯兵工厂（Krupp）、法国施耐德—勒克鲁索钢铁厂（Schneider-Creusot）和地中海冶金及造船厂（Les Forges et Chantiers de la Méditerranée）、英国阿姆斯壮（Armstrong）造船厂以及维克斯公司（Vickers）。当然，原因还有，瑞典军队和海军舰队对合乎时代要求的大炮和装甲板增长的需求不大以及军费开支的不足。

《波佛斯，一个火炮生产厂的历史》中写道，正好在这个时刻，阿尔弗雷德·诺贝尔先生出现了。尽管他的影响力只局限在短短的三年之内。但是：

> 他的工作赢得了非同寻常的意义。他在工作中表现出来的出众的、富有魅力的个人品质即便在他死后多年都还在大众中留有深刻的印象。他在不同问题上的介入像一根红线一样贯穿于整个瑞典钢铁工业。

书中提到了阿尔弗雷德·诺贝尔先生最后岁月的作为：

> 他已经对炮兵和武器技术问题越来越感兴趣。这些问题，

一如他不厌其烦强调的，就像是一道道思考题吸引着他。作为一个有着多重性格的人，诺贝尔先生一方面为武器技术的研发投入了自己全部的力量，但在另一方面，他又是一位多年在思想上对自己的发明投入实际运用的强烈的反对者，这就好像，他一只手打算取回，而另一只手又已经给出去了一样。

由于法国当局，特别是在射击试验上给阿尔弗雷德·诺贝尔先生设置了诸多障碍，迫使他于 1890 年将法国的实验室迁移到了意大利的圣雷莫。但在意大利，他也没有足够的空间从事弹道技术试验，而这项试验又正是他思想上首先要考虑的问题：

> 因此，他开始考虑将试验车间转移到瑞典。在瑞典，他的试验工作就可以大张旗鼓地展开了，还可以得到政府当局的一些支持。他也希望通过这一举措，能够有效地利用瑞典的军事工业。
>
> 尽管阿尔弗雷德·诺贝尔先生的生活方式是世界公民似的，人们戏称他是"欧洲最富有的流浪者"，但他在内心仍是一位深深植根于祖国大地的瑞典人。他的观点是，保卫瑞典的武器就应该在瑞典本土生产。如果国家有这样一个工业分支，军工武器就不需要依赖进口，就可以大张旗鼓地生产防御性武器。既然瑞典有军工生产厂家，而作为一个瑞典人不去维护它，那也未免太可悲、太可笑了。他是这样说的。

在 1893 年与 1894 年岁月交接之际，凯尔贝 & 苏讷尔（Kjellberg

& Söner) 公司将"波佛斯"工厂卖给了阿尔弗雷德·诺贝尔先生，这样一来，他就成了波佛斯—古尔斯邦股份公司的大股东，1894 年和 1895 年间他又成了工厂唯一的股东。

　　　对诺贝尔先生而言，这一购买意味着生产能力的扩大。
　　　掌握了生产现代化火炮的工厂，他就有了最好的可能性，所有有意义的尝试都可以付诸实施了。

　　阿尔弗雷德·诺贝尔先生的目标是，要建立一个具有国际规模的大型大炮工业企业，要使他在这一领域里的所有创意都能够不受影响地开发出来。虽然他在"波佛斯"工厂往往只是作短期停留，但即便人在国外，他都还是在亲自指挥工厂的运营。

　　在《波佛斯，一个火炮生产厂的历史》书中描述的有关阿尔弗雷德·诺贝尔先生的下列特征应该是符合事实和恰当中肯的：

　　　阿尔弗雷德·诺贝尔先生是一位爱思考的聪明人，有着相当高贵的个人品质。他的内心世界和精神生活是奇特的、不平凡的，他不断变化的观点和不同的性格特征总是在对立中互相碰撞或者互相补充。
　　　他既是一位想象力丰富的发明大家，同时又是一位冷静理智的成功商贾。在从事创造发明的尝试过程中，他是一位有魄力有胆识的乐观主义者，但在针对人的研究和观察上，他显然又是一位悲观主义者。在工作中，他的目标意识明确，但在对世界的认识上又似乎没有合乎逻辑的思想或行动。他是一位狂热的、反对战争的和平主义者，但同时又是一位用于战争的领先武器的开发商。他是这个世界上巨大财富的拥有者，但在个人生活上，又是一位非常简朴知足的人。他居住在繁华的国际大都市，但又特别向往、喜欢安静孤寂的生活。

阿尔弗雷德·诺贝尔先生就是这样一位有着鲜明性格特征的人，一位远离于其他凡人的超尘脱俗的人。不过，他的很多思想和成就也只有在后世才会真正显示出来。

阿尔弗雷德·诺贝尔先生是一位伟大的发明家和思想家，同时也是一位勤奋的写信人，一封封长长的、思绪纷繁的、忧心忡忡的信件会像冰雹一样打在"波佛斯"工厂先生们的头上。

他一去"波佛斯"钢铁厂，就会带着极大的兴趣和热爱参与到工厂的工作中去。不过，比起在工作日里，他更乐意在周末休息日去工厂，因为，当工人们把他当作"名人"惊奇地注视时，他会感到十分尴尬。他梦幻着他的新子弹能像洞开"黄油"、打穿"已经咬了一口的食物"那样穿透装甲板。

1895 年 2 月 12 日，孤独的、简朴的阿尔弗雷德·诺贝尔先生给他的知己朋友拉格纳·索尔曼（Ragenar Sohlman）先生写了下面这封信：

> 有两样东西我从来不向他人借：金钱和计划，但如果一位像您这样非常卓越的人准备借给我一点点友谊，我倒是非常乐意接受并对此相当感谢的。

但就在这几天前，他也曾写信给这位收信人：

> 在"波佛斯"工厂的工作是富有活力的，当工作中提出的
> 新问题经过努力获得了正确答案时。当然，这也是十分美好的，
> 能看到一位年迈的瑞典老人在武器制造业上与德国人、英国人
> 竞争。

阿尔弗雷德·诺贝尔先生确实是死在工作岗位上的，他在 1896
年 12 月 7 日给"波佛斯"工厂的最后一封信中这样写道：

> 寄来的样品特别好，纯净的硝化纤维素火药在我看来相当
> 优秀。遗憾的是我的身体状况一直不好，经过努力也只能写下
> 这几行字。不过，一旦身体好转，我就会回到我们共同感兴趣
> 的工作上来。

信写完几个小时以后，阿尔弗雷德·诺贝尔先生就中风倒下了。
1896 年 12 月 10 日深夜，阿尔弗雷德·诺贝尔先生在圣雷莫终止了
他的生命，结束了人生最后的一个繁忙的工作日。

*

我与阿尔弗雷德·诺贝尔先生单独见面的机会并不多，但不多
的接触就已经足够使我对这位伟人留下深刻记忆了。他富有活力的
精神状态、不断涌现出来的想象力，涵盖了整个地球、整个宇宙直
至永恒。他是一位伟大的思想家和浪漫的幻想家，一位完全有理由、

比起其他人更满足古罗马喜剧作家泰伦提乌斯（Terenz）先生这句话
的人：

> 我是一个对人的一切都不陌生的人。

阿尔弗雷德·诺贝尔先生身材不高，但有一个超出常人的高阔
的额头，这是他思想的一个锻造车间，在这个车间里，锤炼出了一
位伟大先驱者实现开创性业绩的革命性的划时代的思想。他有着所
有诺贝尔兄弟们共同拥有的、在性格特征上与众不同的、深邃的、
严肃的、具有穿透力的眼睛，有着浓密且黑中带灰的、剪得短短的
络腮胡子。他的外表，给人的感觉并不强壮，更多地表现出的是一
个柔弱的、过度操劳的、急需休息而又从来得不到休息时间的样子。
他的衣着非常简单，一看就知道，是一位在外貌上对自己没有哪怕
一丁点儿留意的人。一袭风度翩翩、高雅别致、按最新款式量身定
做的，而且还是刚刚熨帖过的摩登西服着装，对这位高贵的人来说
是一个完全陌生的概念。在他人眼中，仅看外表，就服装和举止而
言，他就像一个下班后在穿戴上稍稍讲究了点、平淡无奇、简朴知
足的一般工人。

不过，一经接触，人们马上就会意识到，站在面前的阿尔弗雷
德·诺贝尔先生是这个世界上一位伟大的思想家，一位勇敢的先驱
者，一位拓路先锋，一位遇到障碍不会退缩、乐于克服所有困难、
有兴趣与挡在前进路上、阻碍目标实现的、看上去又十分难解的问
题不屈不挠进行斗争的人。

与阿尔弗雷德·诺贝尔先生聊天，既是一个难得的享受，又是

一件劳神的苦差，对话的人必须始终保持高度的注意力才能跟上他思想的快速节奏。他跳跃的思路、突然表达出来的非同寻常的观点，往往令人意想不到，也应接不暇。他的话语如同一只在风暴中展翅翱翔的飞燕，会从一个话题迅速转到另外一个话题。在他思想的快速运转中，地球似乎缩小了，距离也似乎失去了意义。

我曾三次拜访阿尔弗雷德·诺贝尔先生，自我感觉他愿意与我交谈，换句话说，我并不是一位不受他欢迎的人。我对亚洲的介绍，包括我要继续探访考察内亚和中国西藏尚不为人知地区的愿望，他当然不是太感兴趣。但这个话题却导出了他超出一般性意义的看法：一个人真想做成一件事，而且不动摇地去做，就一定会拥有实现自己目标的最佳前景。

1895 年 11 月 27 日，阿尔弗雷德·诺贝尔先生在位于巴黎的瑞典俱乐部里签下了在整个世界引起了巨大轰动、令世人钦佩不已的遗嘱。

阿尔弗雷德·诺贝尔先生在遗嘱中向世人宣告，要用自己的全部巨额遗产建立起一个基金会，遗嘱中写道：

> 遗产每年产生的利息将作为奖励颁发给在前一年度中为人类作出了杰出贡献的人。利息划分为五个等份，分配如下：一份奖给在物理界有最重大发现或发明的人；一份奖给在化学界有最重大发现或改进的人；一份奖给在生理学界或者医学界有最重大发现的人；一份奖给在文学界创作出最佳作品的人；一份奖给为促进民族团结友好、取消或裁减常备军队以及为和平

会议的组织和宣传尽到了最大努力或作出了最大贡献的人。物理奖和化学奖由斯德哥尔摩瑞典科学院颁发；医学或生理学奖由斯德哥尔摩卡罗琳医学院颁发；文学奖由斯德哥尔摩文学院颁发；和平奖则由挪威议会委员会颁发。

我的坚决而又明确的愿望是，获奖候选人的国籍完全不予考虑，也就是说，不管他或者她是不是斯堪的纳维亚人，在世界范围内，谁最符合条件谁就应该获得这笔奖金。

1946 年，在阿尔弗雷德·诺贝尔先生逝世五十周年的纪念日里隆重举行了纪念活动。

1950 年，由他名字命名的"诺贝尔奖"已经颁发了半个世纪。五十年来，每年 12 月 10 日举行的诺贝尔授奖盛会都赢得了它的全部意义和国际社会的积极参与。在瑞典，诺贝尔颁奖日已经成为科学界的固定节日，同样，在挪威的奥斯陆（Oslo）和美国的纽约，也会在这一天举行特别的庆祝活动。

十分荣幸的是，在 1916 年，在瑞典人维尔纳·冯·海登斯坦先生获得了诺贝尔文学奖时，我以瑞典科学院主席的身份于 1917 年初夏在证券交易大楼一个特别会议上将这份荣誉授予了他，以"褒奖他在瑞典文学新纪元中所拥有的重要代表地位"。几年之后的 1923 年，我又以瑞典科学院主席的身份将诺贝尔物理学奖颁发给了来自美国帕萨迪纳（Pasadena）的罗伯特·安德鲁斯·密立根（Robert Andrews Millikan）先生，以奖励他对"基本电荷和光电效应研究"作出的突出贡献。

正是阿尔弗雷德·诺贝尔先生留下的无与伦比的独特遗嘱，赋予了三家瑞典科学院面对全世界科学研究领域和文学创作领域一个无上荣耀的特殊地位。他的壮举不仅为他的祖国增添了光彩，也给他个人竖立了一座不朽的丰碑。

在三家获授权颁发诺贝尔奖的瑞典科学院中，认识阿尔弗雷德·诺贝尔先生的人已经不多了。在这些人的记忆中，阿尔弗雷德·诺贝尔先生是一位非同寻常的、伟大高尚的人，一位孜孜不倦、充满奋斗精神的天才，一位在个人发明和创意工作中从不知道歇息的人。可以这样说，作为一名科学研究者，一位影响世界的诺贝尔奖创立者，阿尔弗雷德·诺贝尔先生具有的水平也是完全有资格获得物理学奖、化学奖以及和平奖的，甚至能在美丽浪漫的文学领域获得文学奖。

幸运的是，阿尔弗雷德·诺贝尔先生并没有经历他的武器技术发明在世界范围内得到广泛应用的时期。不幸运的是，他为和平以及为人类服务的努力是处在一个政治气候乌云密布的时代。

今天，在我们这个荒谬疯狂和概念混乱的野蛮追求已经达到极点的时代，我仍然能看到彼岸一位伟大的、个头不高的、简朴知足的人。我相信，我还能听到他严格的、不连贯的、公正中肯的声音，他在用圣火一般燃烧的语言讲述着他承载着的幻想和信念。

李鸿章

(Li Hong-chang)

　　在十九世纪下半叶，李鸿章①这个名字比起中华帝国历代天子都更要闻名于世，在他的家乡中国，他甚至能比肩慈禧太后的威望。

　　李鸿章先生在他生涯的最后阶段，被西方世界赞誉为中国"伟大的老人"，并将他与英国的格莱斯顿（Gladstone②）首相和德国的"铁血宰相"俾斯麦先生相提并论。

　　在我讲述与他老人家匆匆会晤之前，想首先对年轻一代、对这位老人没有什么印象的其他人介绍他一生中的些许轶事。我的介绍引用的依据是瑞典汉学家、语言学家、文字学家高本汉（Bernhard Karlgren）先生的阐述。

---

① 李鸿章（1823—1901 年），清朝安徽合肥人，晚清重臣。官东宫三师、文华殿大学士、北洋通商大臣、直隶总督，爵位一等肃毅伯，追赠太傅，追晋侯爵。与曾国藩、左宗棠、张之洞并称"晚清四大名臣"。曾被英国维多利亚女王授予皇家维多利亚勋章。

② 全名：威廉·尤尔特·格莱斯顿（William Ewart Gladstone，1809—1898 年），英国自由党政治家，担任英国首相长达 12 年，还四次担任财政大臣。

　　李鸿章先生 1823 年出生，在我见到他的时候，已经是一位七十五岁高龄的老人了。1853 年，他站在志愿军团的最前列，参加了抗击反抗朝廷的太平军的战斗，之后于 1862 年被中国清朝政府委任为江苏省巡抚。而这一年，太平军在狂热的首领率领下，占领的地盘不断扩大以至于威胁到了大上海。就在上海防御遭到太平军重创的时候，为支援清朝政府军，侨居上海的外籍人士成立了一支号称"常胜军①"的志愿军团。1863 年 3 月，在此之后在非洲享有盛名的将军查尔斯·戈登（Charles Gordon）当时接过军权担任了"常胜军"的总指挥。

　　戈登将军以"中国人戈登"和"戈登帕夏"而闻名遐迩，高本汉先生对他的描述是：

　　　　一个清教徒似的人，一个对士兵军事训练、战场纪律要求特别严格的人，一个真正出于理想动机在打仗的人。在长期的、局势瞬息多变的战争中，戈登将军与李鸿章先生默契配合，终于打败了太平军，南京于 1864 年被攻克。这场历时十四年的太平天国叛乱给中国内地人民的生命和财产带来的损失是惊人的。

　　1867 年，李鸿章先生担任两广（广东、广西）总督，两年后又接管直隶总督。高本汉先生是这样介绍李鸿章先生的：

---

① 　常胜军，初名洋枪队，指清政府为镇压太平军，由清朝官方、商贾出资与英、美等外国军官，中国、欧美、南洋等士兵组成的雇佣兵武力，历任队长为华飞烈、白聚文、查尔斯·戈登。李鸿章率淮军曾与这一武装联手，攻占了嘉定、青浦、昆山、吴江、姑苏、常州、溧阳、吴兴等地。1864 年 5 月，常胜军与淮军打下常州，有直指金陵（今南京）的态势。常胜军后来解散。

　　1874 年，在朝廷面临危机时，李鸿章先生率部及时赶到京城迎击从天津急行军赶来的叛军，在同治皇帝的母亲慈禧太后赢得权力中起到了决定性的作用。打那以后，他成了慈禧太后的左右手，也成为中国最有权势的人。

　　李鸿章先生通过灵活的外交手腕，尽可能好地遏制住了贪婪的外国人，尽管他也必须作出一系列明显的让步和妥协。另一方面，在 1894—1895 年的中日战争中，他也遭受了痛苦的失败，尽管他一直致力于通过军事上和经济上的改革来增强中国的防御实力。失败之后，他尊贵的地位被剥夺。作为一个被迫屈从的、清廷的和平谈判使者前往日本下关（Shimonoseki）市。一个在下关策划的、针对他的暗杀行动在民众中引起的舆论导致形势发生了有利于他的转变，他随后与日方缔结了"马关条约"①。

　　1896 年，他受清廷的遣派，率中国公使团周游西方列国，访问了俄国、德国、荷兰、比利时、法国、英国和美国。访问归来，他被朝廷任命为广东总督，成为中国最强势的地方大员。在 1900 年义和团运动期间，他不仅拒绝遵从京城发布的指令，反而还为外国人提供了最好的保护。

　　"受清廷遣派，率中国公使团周游西方列国"是李鸿章先生人生中很重要的一个阶段性事件，关于此，下面我要说几句个人印象，

① 《马关条约》是清政府与日本帝国于 1895 年 4 月 17 日在日本马关签署的条约，原名《马关新约》，又称《日清讲和条约》。清廷代表为钦差头等全权大臣李鸿章。

而这些个人印象都是 1897 年 3 月与这位著名人士在北京见面两个小时左右的交谈之后留下的。

我在北京逗留的时间相当短暂，只有 3 月 2 日至 3 月 14 日共十二天。到达这座中国皇城时，我这一次考察地球上亚洲大陆部分的旅行已经过去了三年加四个半月的时间。

在辽阔的吉尔吉斯草原，在雄伟的帕米尔高原和世界屋脊，在中国令人难以忍受的塔克拉玛干沙漠、游移的罗布泊湖以及沙漠覆盖的楼兰古城……我领教了足够多的寂寞和孤独以及神圣的、令人头晕的西藏高原反应，包括在柴达木盆地、阿拉善（Ala-chan）、鄂尔多斯（Ordos）草原……探险经历的艰难困苦在催促着我，要带着考察成果早日返回家乡。

地球上最大的陆地——亚洲，它荒凉的、别具一格的大漠风景使我如此陶醉，使我充满着如此深切的敬畏之心。身临其境的我，无心留意哪怕是最有权势的、最有影响的大人物，以至于到达北京的时候，我甚至不知道李鸿章先生也在这里。因此，拜见李鸿章先生的建议，也不是我先提出来的。

我从张家口艰难跋涉到达北京后，首先要去的是存放着我数封邮件的俄国公使馆。公使馆的代办帕夫洛夫（Pawloff）先生十分热情地接待了我，让我住进了在此期间已经回俄国度假的公使先生在北京的最豪华的私人寓所。接下来的几天里则是无休止的各方应酬，不仅有数路客人的来访，还要出席各类大小宴会，接受晚上不同的邀请或者招待会。感觉时间过得非常之快。

一天晚上，热情的东道主帕夫洛夫先生问我，是否有兴趣拜访京城的大人物李鸿章先生。当然愿意！好啊！我马上应承了下来。很快，帕夫洛夫先生将所有必要事务都安排妥当后正式通知我，他和我都接到了邀请，将一同在李鸿章先生处共进午餐。这一邀请不仅仅意味着一次友好的觐见，而且是一次历时数小时地充满信任的交谈。

五十年前的北京城与今天的北京城是完全不一样的，当时街景中还看不到日本的黄包车，也只有几家大的公使馆拥有来自欧洲的车辆。街上拥挤着的基本上还都是小型的由一匹马或者一匹骡子拉着、带蓝色拱形布顶棚和两个大轮子的北京车。初春季节，车辆很容易陷在街道和胡同道上的烂泥里。

北京的大街上，有踩着高高木屐小步疾走的步行者，有风姿绰约端坐在轿子里、由苦力们抬着的阔太太，还有骑着蒙古马或骡子的骑行者……五彩斑斓的街市生活以及不断变化的街头景致十分吸引我们这些来自欧洲的游客。兜售商品的叫卖声、驱赶坐骑和拉车牲口的吆喝声、车马的喧嚣声、市民的吵闹声……此起彼伏、熙熙攘攘，潮涌一般。宽阔的林荫大道和成排大树，作为背景，衬托出来一幅幅生动的明亮清新的京城早春繁忙的景象。在图画一般展现中国人现实生活的繁杂纷乱的场景中，我这个北欧人的自我存在感几乎都丧失殆尽了。

在北京城里，你处处能见到灰色或红色的坚实墙体以及这里或那里耸立着的体现了中国建筑艺术特点的翘檐和弧形屋顶的高大城门楼了。红色城墙围绕着的紫禁城大门在当时还是紧闭着的，但在古老皇城生机勃勃生活之上、闪耀在皇宫顶上的金色光芒比起今天来要更加鲜艳夺目。因为，自打民国政府的先生们将古老的御龙者赶下了皇座之后，真龙天子就走进历史了。

　　我和帕夫洛夫先生坐在俄国公使馆的四轮单驾轻便马车上，马车小心翼翼地穿过拥挤的人群，缓慢地、摇摇晃晃地来到了李鸿章先生居住的房子前。马车停在大门口，门卫打开大门，我们被迎进了院落。走进前厅，俄国口语翻译先接待我们，落座后他告诉我们，李鸿章大人一会儿就会过来。

　　不一会儿，李鸿章阁下十分礼貌地、居高临下而又不失宽容地对我们的到来表示欢迎。

　　当时的情形显得很有意味，也十分滑稽。对中国而言，不幸运的对日战争过去之后，不是日本，而是俄国收获了最好的果实，因为，比起以前，俄国的边界更加逼近中国的领地。这一点，李鸿章先生比其他任何人都知道得更加清楚，即俄国才是中国最危险的邻国。但现在，他却要在中国宴请俄国沙皇的代表，而我又是俄国公使馆的客人，是由公使馆代办帕夫洛夫先生领到这里来的。这样一来，在李鸿章先生的眼前，我寻常的瑞典人身份实际上就没有什么意义了。

　　在一个大桌子上，李鸿章先生铺开了一张中国地图，并请我一一介绍在中国的探险旅行进程，俄国翻译则在一旁一个词一个词地翻译。当我最后讲到抵达北京城的时候，这位年迈的清朝官员朝我友好地点了点头，然后将我们带进了宴会厅。宴会厅的中央放着一张大圆桌，三人的餐饮均已摆上了桌。翻译人员不能落座，在整个进餐过程中他必须站在我与东道主之间尽职。

　　我简直难以置信，赫赫有名的大人物李鸿章先生竟是在这样一个俭朴的，甚至是有些寒酸的宴会厅里招待尊贵的外国客人。一张饭桌三把座椅就是宴会厅里的全部家当，地上没有哪怕是一小块地毯，窗户也没有挂上窗帘。粉刷过的白墙光秃秃的，不仅没有通常想象的那样挂上大艺术家书写的格言警句书法条幅或绘画作品，相反还有屋顶因漏水在墙面上留下的灰暗水渍印迹。唯一能引人注意的是墙上相隔一定距离挂着的两个嵌有照片的玻璃镜框。

　　主人首先领我走向了他与德国俾斯麦先生的合影照片，接着又介绍了另外一张英国格莱斯顿先生与他这位中国大人物的合影照片。看来，李鸿章先生很看重这两张照片。至于这两张珍贵的照片，如李鸿章大人明确强调的，并不是他希望得到与欧洲高贵友人合影的那份荣耀，而是他不想拒绝俾斯麦先生和格莱斯顿先生期望得到与他合影的这份荣耀。不过，五十多年后的今天，我还是能感觉得到，他对与俾斯麦先生的这份友谊实际上是深感自豪的。

　　当我之后向帕夫洛夫先生问起，李鸿章先生餐室里表现出来的这种表面上的穷酸出于何种动机时，他的回答是：

　　"李鸿章先生算得上中国居第二位或居第三位的权势人物，他拥有的财产可以说富可敌国。如果他愿意，其豪华奢侈的生活可以毫无困难地与慈禧太后相比。但是，他在北京的起居却非常简朴，与普通官员无异。因为只有这样，才能保护他不受他人怀疑，以免被人诬告利用手中的职权为自己牟取暴利。"

　　没有拘泥于中国人一般性的礼节，李鸿章先生请我们入座用餐。

鉴于墙上挂着的两张照片，我们之间的交谈自然从他去年的欧洲之行开始，他还特别将话题停留在了对德国柏林的访问上。

他向我描述了德国军队的威武景象，特别是德皇威廉二世为迎接他的访问在滕珀尔霍夫公园（Tempelhofer Feld）广场上举行的大型阅兵仪式。在谈到德国展示出空前强大的炮兵部队时，李鸿章先生不乏得意地说：

"德皇陛下的愿望是很明显的，他要赢得慈禧太后和中国的友谊和关注，促使大清朝廷在德国购买大炮。"

北京的外交官中当时就有这番议论，说李鸿章先生在给皇帝的报告中解释，德皇威廉二世、英国维多利亚王后以及他见到的其他欧洲君王，都希望通过展示强大的军事实力来恐吓他，相反这一举止暴露了他们对不可战胜的中国军队的恐惧。鉴于此，也有人嘲笑他说，他完全忘记了1894年至1895年发生在中日之间的那场不幸运的、失败了的"甲午战争"。

我有感觉，中国人漠视这场战争，我在来北京城途中曾问过一些农民，你们是不是没有受到战争的折磨，他们的回答是：

"什么战争？"

"抗击日本的战争！"

"日本，日本？原来您说的是去年居住在外海小岛上的小日本发起的那场反对天子的叛乱！"

当李鸿章先生自豪地讲完了他的欧洲之行后，我问道：

"阁下访问了这么多欧洲国家，怎么就没有顺路去一趟瑞典国呢？"

李鸿章先生的回答是：

"那是因为你们的国王没有邀请我，但我个人是有这个愿望的。如果穿越西伯利亚的铁路在这一两年之内修好，我就会访问你们国家。我一直对你们国家抱有兴趣，想了解瑞典国。"接着，李鸿章先生又问道：

"赫定先生，您的国家怎么样？人民幸福吗？"

我自豪地回答说：

"瑞典是一个很幸福的国度，那里有茂密的森林和富饶的土地，水力资源、铁矿资源都十分丰富。我们国家既没有穷人，也没有富人，冬天不冷，夏天不热，没有荒原，没有蝎子、龙和危险的动物，一切都井井有条的。"

听到这里，李鸿章先生竟睁大眼睛，眼光转向帕夫洛夫先生，用拳头捶打着桌面喊了起来：

"这可是一个值得关注的国家，我建议你们沙皇陛下，要占领瑞典。"

俄国公使代办的神情马上尴尬起来并使他确信：

"尊敬的阁下，不会，不会，绝对不会的！沙皇陛下与瑞典挪威国王陛下是世界范围内最好的朋友，他们之间拥有的只是和平与信任。"

李鸿章先生又转向我问道：

"那你来北京的目的自然是想在天津（Tientsin）大学①谋到一个教授的职位啰？"

---

① 天津大学，始建于 1895 年 10 月，前身为清朝光绪皇帝御笔亲批、盛宣怀创办的北洋大学，初名北洋大学堂。

我马上回答：

"谢谢阁下的好意，但绝对不是！您即便给我开出高出一般十倍的薪酬，我都不会接受您的建议。我的目的只是要在中国鲜为人知，或者是不为人知的地区开展地理学和地质学的科学探险考察。"

李鸿章先生又问：

"如果您与您的考察队行进在不为人知的地区，面对远处相距十里或二十里的大山，您能判断出这座山里是否蕴藏着金矿吗？"

我回答说：

"尊敬的阁下，那可不行，不走进大山，不对大山里岩石种类进行分析研究是无法判断的。"

李鸿章先生说：

"那是，这样的话我也能够做到。如果远隔大山也能发现金矿的存在，则是一种特别的绝招和本领。请您现在在地图上再对我说说您的旅行路线。"

这时，俄国翻译将亚洲地图又拿了过来，我开始在地图上比画着从俄国奥伦堡（Orenburg）开始，经吉尔吉斯草原与中国的新疆、西藏、柴达木、鄂尔多斯以及中国北方其他地方的旅行路线。

李鸿章先生又说：

"我不明白，您为什么将金钱和时间都奉献给了这种徒劳的、不必要的行动上。您的长途旅行一定不是用来个人消遣的，此外，您一定也知道，茫茫荒原里并没有唾手可得的财富。"

我开玩笑似的回答道：

"坦率地说，我在探索，是否能找到一个供瑞典国王占领的合适领地。"

听到我的这句话，七十五岁高龄的老狐狸一张羊皮纸似的脸马上变形，不过随即又绽开了笑容。我刚刚丢失的面子似乎又找了回来，机智风趣的挑衅和冒犯竟使他相当高兴，他伸出两个大拇指连声说道：

"Cho，Cho！（好，好！）"

接着他端起香槟酒杯，给我敬酒，祝福我返程幸运，并承诺瑞典再见。

这一有趣的觐见宴席故事，很快在北京外交使团圈子中流传开来。

1911 年，奥托·福兰阁（Otto Franke①）教授在《东亚新生》上发表文章《李鸿章日记》，披露了李鸿章先生在访问德国腓特烈斯鲁厄时与俾斯麦侯爵的一段相当有趣的谈话。李鸿章先生出访欧洲的主要使命是代表中国出席在莫斯科举行的沙皇尼古拉二世的加冕仪式。利用这个机会，李鸿章先生顺便访问了其他几个欧洲大国。

关于李鸿章先生的这次欧洲之行，上海在 1897 年出版过一本中文小书，书名是《李大臣访问缔约国日记》。这本书有两个匿名作者，很可能就是后来中国驻英国的公使罗丰禄（Lo Feng Lu）先生以及后来在北京任外务部左侍郎的联芳（Lien Fang）先生。两位先生作为秘书和翻译都跟随李鸿章先生访问了欧洲，而且两位先生都对

---

① 奥托·福兰阁（1863—1946 年），德国近代著名汉学家。1888 年至 1901 年间任德国驻华使馆与领事馆翻译、领事等职。1901 年回德国后，担任过中国驻德使馆参赞。1907 年起，任汉堡大学汉语教授，后转任柏林大学汉语教授。

欧洲有数年的了解，并且有自己独特的看法。①

　　李鸿章先生出席莫斯科沙皇尼古拉加冕仪式的情景，书中写得并不是很多，倒是在德国的访问写得比较详细，特别是与俾斯麦侯爵的见面，似乎给李鸿章先生留下了很深刻的印象。

　　对在腓特烈斯鲁厄与俾斯麦侯爵的会晤，书中有以下生动的描述：

　　　　俾斯麦侯爵听说李鸿章大臣要来拜访他时，特意穿上了一套大号礼仪军服在私邸大门口等候着他。当李鸿章大臣的车驶进来，俾斯麦侯爵更是礼貌地鞠躬致意。这位有着强大影响力的欧洲大人物站在那里，姿态尊贵，面带微笑，显得庄严崇高。当中华帝国的伟大使者走了过来，两个人的手紧紧地握在了一起，站着就开始交谈起来。翻译则在一旁转述两人的谈话。

　　　　俾斯麦侯爵：

　　　　"我十分高兴，闻名世界的、在中华大帝国拥有崇高地位的您来到了我这里，您的访问给我们带来了至高无上的荣誉。"

　　　　李鸿章大臣若有所思地注视了一会儿侯爵，然后说道：

　　　　"我经常听到殿下的丰功伟绩，但一直都没有弄明白的是，一个人怎样才能够完成如此伟大的业绩。我以为这是神的业绩，不是在地球上生活的凡人能够做到的。不过现在，我看见了殿

────────────

① 　1949 年夏季，我收到了弗伦斯堡（Flensburg）年轻汉学家安妮·玛丽·达尔姆（Anne Marie Dalm）寄来的值得参考的文字资料，即转载的《李鸿章日记》的副本，同时还有一张 1940 年 4 月 1 日出版的《世纪》一书中的照片复制品。这幅照片就是李鸿章先生在北京家中给我看的那幅。只是由于重复复制，书中展示的是一张不充分的质量欠佳的复制品的复制品。但我还是要利用这个机会对安妮·玛丽·达尔姆博士的友好支持表达诚挚的感谢。——作者注

下的眼睛，好像洞察到了您不平凡的内心。"

俾斯麦侯爵：

"阁下赢得的伟绩同样是举世非凡的。"

李鸿章大臣：

"与殿下的伟绩相比，我的微不足道。"

俾斯麦侯爵：

"您这是对我相当大的奉承和恭维，说到底我们两人都只是在为国家尽自己的责任而已。"

讲到这里，两人都还没有走进房间。人们注意到，李鸿章大臣显得有些疲倦，一路走得很慢。两位值得尊重的老人坐定后又交谈起来。

李鸿章大臣：

"殿下身体如何？"

俾斯麦侯爵：

"我晚上睡不好觉，备受折磨。"

李鸿章大臣：

"我的身体也是常受疼痛的折磨。"

俾斯麦侯爵：

"好在疼痛还没有折磨到我，但晚上我总爱失眠。"

李鸿章大臣指着颧骨上的伤疤，这是去年在日本下关和平谈判期间一个狂热的日本刺客向他开枪留下的。

俾斯麦侯爵：

"我一直在承受神经疼的折磨。"

他们一同进餐，陪同人员也不例外。

李鸿章大臣:

"我来到这里是想向殿下请教一个问题。"

俾斯麦侯爵:

"什么问题?"

李鸿章大臣:

"有什么方法能使中国再度繁荣起来?"

俾斯麦侯爵:

"这个题目对我来说太遥远了。遗憾的是,我一般不太关心贵国的政治形势,因此在这里不敢断言。"

李鸿章大臣:

"难道就没有一个有利于国家繁荣的共有原则吗?"

俾斯麦侯爵:

"建立一支军队,就能重建国家权力,这是现存的唯一方法。军队的规模不需要特别大,不用超过五万人,但士兵必须年轻、勇敢、纪律性强。我觉得这样,就不会出现反叛行为了。"

李鸿章大臣:

"我们大中国并不缺人,缺少的只是称职的军事教官和相关的军事知识。三十多年来,我一直在努力使贫弱的国家强大起来。但现在,我内心里感到惭愧。在世界五大洲,还没有一个国家的军队能与德国军队相比。如果我回到中国,将会在有生之年用德国军队的优势来训练我们的军队。至于军事教官,我们也信赖德国。"

俾斯麦侯爵:

"建立起一支军队后,进步就会很快体现出来。一支这样的帝国军队不要分散在各地，而要放在最中心的、最重要的位置，可以在任何时候调往任何一个需要武装力量介入的地方，只要提前考虑到军队前往介入目标的道路即可！"

俾斯麦侯爵继续说道：

"我与今天的帝国总理冯・霍恩洛厄（von Hohenlohe）侯爵共事已经有三十年了。他是一个相当有本事的人，知道对内要保持秩序，对外要保持友谊。中国与德国已经建立了良好的关系，1884年我就与贵国的曾纪泽（Tseng①）侯爵在这个双方都觉得有意义的观点上进行过磋商。"

宴会结束后，宾主双方互赠了礼物，在场的人都用当时所说的照相机或者是画笔将两位先生的画面留了下来。接下来，俾斯麦侯爵递上一本有地球上很多著名人士签名的留言纪念册，请李大臣留言签名。

李鸿章先生很是高兴，提笔写下了这样一段话：

在三十多年的时间里，侯爵的大名如雷贯耳，但对我来说，当时您的名字还只是停留在一个明亮的声音和音调上，可谓闻其声不见其人。但今天，我亲自看见了这一大名的拥有者，领略了您的光华和荣耀。您就像一块珍贵的宝石，我都不敢抬眼注视。②

---

① 曾纪泽（1839—1890年），中国清代著名外交家，清朝中兴名臣。曾国藩之次子，袭封一等毅勇侯。曾任清政府驻英、法、俄国大使。

② 李鸿章的题字原文为：仰慕毕王声名三十余年今游欧洲谒晤于非得里路府第慰幸莫名——光绪二十二年五月十五日李鸿章题名。

当翻译讲出留言的内容，俾斯麦侯爵谦虚地摇了摇手。

会见结束时，他们再次相互鞠躬致意，两位老人长时间地、由衷地告别。

会见之后，俾斯麦侯爵对新闻界说道：

"访问中，李鸿章大臣表现出了极大的热情、尊重和肯定。我与李鸿章先生的交谈相当愉快，他给我留下的印象是：一位有名望的、不卑不亢的、世界上少见的外交官。"

*

在我与李鸿章先生见面四年后的 1892 年夏天，我也将脚步迈向了位于腓特烈斯鲁厄的俾斯麦侯爵私宅的铸铁格栅大门。在柏林的研学阶段一结束，我就难以抑制住在回国之前实现拜见俾斯麦侯爵的迫切愿望。

1889 年我曾在柏林见过俾斯麦侯爵两次——一次是圣诞节前，他开车在柏林城里转悠，为圣诞节庆购买礼物。第二次是 1890 年的王宫新年觐见会，他当时乘坐着一辆小型由两匹黑马拉着的、座舱封闭的两轮马车来到王宫。我当时与几位大学同学一道，在尽可能靠近宫殿的地方站在人行道边耐心地等待俾斯麦侯爵的到来。一长溜车辆从我们身边鱼贯驶过，大使、公使以及高级官员相继在宫殿大门口下车。最后，所有柏林人都熟悉的那辆黑色小马车十分接近地在我们身前缓缓驶过，我就在相距仅几米远的地方清楚地看见了车里坐着的老先生。孤独的侯爵带着专横跋扈的、闷闷不乐的表情坐在马车里面回应围观群众对他表示的崇敬和问候，半举着两根手指在盾形帽舌前致意。也就在这一年，俾斯麦侯爵不幸在反对德皇威廉二世的政治斗争游戏中落败。

两年半后的今天，我站在了腓特烈斯鲁私宅庭院的大门外，一位看样子服务过多年、年纪大的灰胡子看门人打开门后友好地问我有什么愿望。

"我想拜见俾斯麦侯爵。"我回答道。

"对不起，年轻人，俾斯麦侯爵身体欠安，不便见任何人。"

我欠过身子，庄重且自信地说道：

"请您告诉侯爵先生，我是一位来自瑞典的学生，在柏林李希霍芬教授那里学习地理学，曾两次徒步穿过波斯国，而且是瑞典挪威国王奥斯卡陛下特派觐见波斯沙阿的特使团成员。我相信，俾斯麦侯爵一定会对此感兴趣，如果他听到了我的这些经历。"

"那好，我再进去问问。"看门人说道，穿过庭院走了进去。

几分钟后他回来了，一看那垂头丧气的样子，我就知道拜见没戏了。

"年轻人，实在是不好意思，侯爵的侍从让我告诉你，侯爵病了，躺在床上，正好现在已经睡着了，不能打扰。"

无缘面见俾斯麦侯爵，我失望地回了瑞典。也因此，五十八年后的今天，他的名字在这个汇聚伟人和国王的文字性"名人画廊"里没有独立成章。但李鸿章先生在，借助李大臣的大名，俾斯麦侯爵的身影至少也在我们眼前掠过了。

沙皇尼古拉二世

(Zar Nikolaus II)

　　1897 年的春天，在北京逗留了十二天之后，我独自西行返回瑞典。途中经蒙古、西伯利亚前往俄国的圣彼得堡，并在坐落于普尔科沃（Pulkowa）天文台附近的沙皇村（Zarskowa Selo）宫殿里第一次受到了俄罗斯帝国末代沙皇陛下尼古拉二世①的接见。

　　觐见沙皇陛下的前一天我通过瑞典挪威公使馆收到了沙皇村宫殿内廷总监办公室写给我的一张卡片，卡片的内容大致如下：

　　　　遵循最高指令，我要向您公布这一崇高荣誉，尊贵的沙皇

---

① 全名：尼古拉·亚历山德罗维奇·罗曼诺夫，史称沙皇尼古拉二世（1868—1918 年），是俄罗斯罗曼诺夫王朝的最后一位沙皇，俄罗斯帝国末代皇帝（1894—1917 年），也是俄罗斯历史上唯一一个到过亚洲的君主。尼古拉二世统治初期，沙皇制度已经开始摇摇欲坠，末期更是内忧外患，他积极推行军事封建的帝国主义政策，对外大力侵略扩张，对内改革却不尽如人意，也是俄罗斯历史上最富争议的沙皇人物之一。一战结束后，尼古拉二世被革命军软禁，其居所被随后的布尔什维克军队占领，全数皇族都被枪决。

陛下将屈尊于5月5日下午两点在沙皇村皇宫里接见您。彼得堡前往普尔科沃的火车将在下午一点发车，到达普尔科沃火车站后将会有一辆华丽的马车接上您并将您送往皇宫。

所有前往沙皇村皇宫的道路都由哥萨克骑兵外三层地围绕皇宫守卫着，在最外一层我乘坐的马车就被站立在道路两边的哥萨克骑兵给喝住了。马车停下来后，车夫坐在驾驭台上将我的邀请卡递给了一位骑兵，骑兵仔细阅读了邀请卡后才予以放行。同样的审查过程在第二层以及最里面的第三层骑兵守卫处又都分别重复了一次。很快，马车抵达了沙皇陛下家人居住的皇宫翼楼。

沙皇尼古拉二世从来就不住冬宫，他觉得冬宫华丽的大厅太难看，更喜欢住在沙皇村以及彼得霍夫夏宫里。即便住在沙皇村，他也不喜欢那些装饰得过于富丽堂皇的房间，他忍受不了豪华和奢侈。他们现在居住的皇宫翼楼不仅室内设施相对简陋，而且房间也都比较小。

第一次觐见一国之君王，参见的人会觉得礼仪程序非同寻常，多次觐见后，也就习以为常了，无非是老一套程序的重复。

一位侍从官在前厅欢迎我，然后将我带到一个小接待室，并请我稍事静候。不一会儿进来一位仆人告诉我：

"Sawtrak gatowa。"意即，您的早餐已经准备好了。

我跟着他走进了一个小房间，房间的中间有一张为一个人进餐准备的餐桌。餐前小吃已经摆上了，它们是：来自沙皇自己捕鱼区乌拉河里颗粒粗大亮盈盈的鱼子酱、烤面包、黄油、伏尔加酒和白酒。我一个人孤零零地坐在餐室里缺乏任何服务地独自品尝了一点皇家鱼子酱、喝了一杯酒后又回到了接待室。

将近两点钟，侍从官再次现身，告诉我，沙皇陛下正在等我。

我随他走过前厅。他在前厅的另外一边打开一个门走了进去，很快又走出来请我进去，然后在身后轻轻将门关上。

沙皇尼古拉二世有力地握住了我的手，友好地对我表示欢迎，整个觐见过程他都说法语。初次见面，如果事先并不知道的话，我一定不会认为，这位身材不高看上去也不怎么强壮的人是皇帝，是整个俄国大地的主子，我会认为他是帝俄时代一位年轻的俄国农民。应该说，他的容貌和外在气质与印象中的大国君王相去甚远。

他穿着俄罗斯农民或者说工人常穿的极为普通的红色劳动服上装，领口和袖口扎得紧紧的，没有给内衣领子、领带或者衣袖留下任何表现的空间。长及膝盖的马裤是深蓝色的，带着红色条纹，也如短上衣和上衣袖子一样鼓囊囊的。脚上一双深筒靴子，胸前没有佩戴任何勋章和任何有象征性的徽章。

就称谓论，"沙皇"，在军队里的俗称是简单的不甚恭敬的"上校（Polkownik）"，女王的俗称则是"女上校"。就形象论，在沙皇村里，尼古拉二世貌似一位还凑合的俄国农民——一个有着一亿五千万臣民的伟大农民。

觐见时，沙皇尼古拉二世二十九岁，三年前才继承父亲亚历山大三世的皇位。看见他，会使人很容易地想起他的表哥、后来成为英国国王乔治五世（Georg V①）的乔治王子。他亲切友好、面善、朴实、寻常人一般，完全看不出是一个有着长长的祖先族谱、血统高贵的大人物，倒像在任何办公室里都能见到的一个不起眼的小文书。

沙皇陛下言谈举止表现出来的风格和方式也是非正式的、简朴的、不做作的、不受拘束的。见面五分钟以后，我们就随意地像两位相识多年的老朋友了，我就像他的同族老乡，尽管我们之间隔着地球上一个最大的帝国。一开始，我就能感觉到，他很乐意与我见面，愿意听我这个外国人讲述，还想从我这个外国人的嘴里知道帕米尔、俄罗斯斯突厥斯坦和西伯利亚的情况到底如何。在他这里，一个外国人不需要奉承和取悦他和他的国家，需要的只是真诚坦率的表达。

沙皇陛下在他的办公室里接见我。办公室长约十米，宽约八米，窄的一边有两扇窗户，办公桌在房间的中央，靠墙站立着一个不高的书柜，几张家庭照片装饰着墙面。窗户对面的墙壁上靠着一个相当大的桌子，桌子上摆着装帧精美的书籍、地图册和地图。我知道，沙皇陛下对亚洲地理特别感兴趣，也熟悉许多俄国探险家，如普热瓦利斯基先生、科斯洛（Koslow）先生、罗伯罗夫斯基（Roborowskij）先生、普耶特索夫（Pjetsow）先生、波塔宁（Potanin）先生以及他们在地球上最大陆地——亚洲大陆上的发现。他丰富的地理知识在谈

---

① 全名：乔治·弗雷德里克·厄内斯特·阿尔伯特（George Frederick Ernest Albert，1865—1936 年），英国国王及印度皇帝。乔治五世是德皇威廉二世的表弟、俄国沙皇尼古拉二世的表哥，曾兼任德国元帅，还是英女王伊丽莎白二世的祖父。乔治五世在位期间的 1922 年见证了大英帝国辉煌的鼎盛时期，其版图领土占全球土地面积的 22.5%，人口达到全球的五分之一（4.6 亿人）。

吐中清楚地体现出来了。

　　我们在靠窗的一个小桌旁坐下，沙皇陛下随即从一个金黄色的烟盒里取出一支香烟递给我，递上火后自己也抽了起来。

　　沙皇陛下的第一个问题涉及的是帕米尔斯基（Pamirskij）哨所，这是建在世界屋脊上的一个新哨所，其目的在于监视英属印度帝国与阿富汗（Afghanistan）的边界。我告诉沙皇陛下，1894 年的冬末，我在那里受到了司令官赛特瑟夫（Saitseff）上校以及他的下属军官和士兵们热情友好的接待。

　　他还怀着极大的兴趣听我介绍了我 1895 年夏天在新的一次帕米尔探险旅行时在费尔干纳（Fergana）总督巴普洛·史维柯维斯基（Pawlo Schweikowskij）将军那里做客的经历。史维柯维斯基将军当时是俄国边境委员会的负责人，这个委员会与一个英国—阿富汗委员会最终共同确定了俄国与英属阿富汗领地之间的山区边界线。英国当时的负责人是杰拉尔德（Gerard）将军。

　　沙皇陛下问我，是否认为这个边界线的划分对俄罗斯是有益的。

　　我回答说，这个边界线的划分在我看来对三个国家都十分有利，因为，俄国授权者史维柯维斯基将军接受了杰拉尔德将军的建议。但我不太明白的一个地段是，在与从东向西延伸的一段山脉平行的、一个长且宽的山谷地段，为什么要设立"边界锥"，而不直接将这段平行的山脉作为自然的边界线呢？"边界锥"从位于山脉的北山脚直接延伸到平原地带，很容易被吉尔吉斯人破坏，也有可能被风雪摧毁。

　　沙皇陛下兴奋地说道：

"真是太奇怪了，您也这样说！当时，为征得我的同意，标有新边界线的地图摆在我的面前时，我也有同样的看法。我的意见是，边界线应该尽可能地遵循山脉走势。"

接着，沙皇陛下请我来到靠墙的大桌前，桌上摊开的是一张大的亚洲地图。他的眼光扫过从奥兰海（Ålands①）至符拉迪沃斯托克的整个俄罗斯帝国领土，挥动着令人印象深刻的手势若有所思地说道：

"真是一个幅员辽阔的大帝国！"

我附和沙皇陛下的话说道：

"是的，尊敬的陛下！如果有人像我这样走过吉尔吉斯草原、帕米尔高原、俄罗斯内亚以及西伯利亚的大部分地区的话，就会为陛下统治下旧世界巨大的疆域而感到惊讶。"

与之相关的，沙皇陛下也对我介绍了他作为皇位继承人后在1890年至1891年期间前往东方国家、东亚和西伯利亚旅行中的一些经历。他十分享受那段幸运的、深受启发、颇有教益的长距离旅行。

他兴奋地说：

"我之前还从来没有如此清楚地认识到一个君主的责任，是这一次长途旅行使我深深感觉到一位俄罗斯沙皇肩头的重担。"

我说：

"亚洲各地的民众对俄罗斯以及它的君王'白色沙皇②'，即穆斯

---

① 奥兰海是波罗的海的一个海，位于波的尼亚湾南部，连接克瓦尔肯和博滕海，为来往于瑞典和芬兰的商业船只提供了重要路线。

② 白色是沙俄帝国皇室的代表颜色，沙皇常被冠以"白色沙皇"之称。

林信徒的'阿克巴锡沙阿（Akpadischah①）'和蒙古人的'查干汗'（Tsagan Khan②）充满着崇高的敬意。"

沙皇陛下十分理解地点了点头。

当然，我没有提到他身为皇太子访问日本时遭遇的针对他的谋杀事件，但一直留在他额头上清晰可见的红色疤痕，则是经历这一突发事件的印证。

沙皇陛下从写字台上拿起一支红色铅笔，请我在桌上的大地图上标出我探险旅行中去过的最重要的地方。从俄国奥伦堡开始，经塔什干（Taschkent）、麦哲伦海峡、帕米尔高原、喀什噶尔、罗布泊、西藏以及长途跋涉直到北京。他在我标出的每一个地址下面画了一条红杠，并请我，将通过中国塔克拉玛干沙漠那段不幸的灾难行程以及通过西藏、柴达木和蒙古的中国旅途再画进去。

我向沙皇尼古拉二世提出请求，即允许我在我即将出版的俄语版旅行游记著作扉页题"献给尊敬的沙皇陛下!"的敬献词时，他表示深感荣幸。

他特别感兴趣的还有，我在大沙漠行进中是怎么与缺水口渴的困境作斗争的，罗布泊争端问题是怎么解决的。他希望能使李希霍夫先生与普热瓦利斯基先生之间关于罗布泊游移湖的争论得到一个清楚的解释。

最后，他与我聊了一会儿穿行西伯利亚的火车线路，并问我，

---

① 又称阿克巴锡汗，意即"白头汗"。
② 意即"白汗"，寓意圣洁、吉祥。

是走哪一段路程到达西伯利亚火车沿线的？第一次登上火车是在什么地方？

我回答说，我是在坎斯克（Kansk）上的火车，但坐火车的旅行者都必须先坐船渡过叶尼塞河到达克拉斯诺亚尔斯克（Krasnojarsk）。在融雪天气里，这段行程是十分糟糕、也是有危险的。说到这里他又问道，叶尼塞河桥梁的修建工程已经进展到了哪一步，同时对此深表遗憾，即铁路工程师没有现在就作出决定，使这座大桥能够达到并行两条轨道的宽度。他富有前瞻性地认为，有朝一日并行两条铁路轨道就有必要了，而且整个铁路都应该建成双轨的。他还向我打听，西伯利亚铁路是不是给人留下了一个十分坚固的印象，火车站的建筑是不是很实用，火车的车厢是不是很漂亮、很舒适，等等。

当我对他说，我很吃惊，一张从坎斯克到莫斯科一等车厢的票价只是五十二卢布时，他新奇地问道：

"为何感到吃惊，您认为这个价格是贵还是便宜呢？"

"相当便宜，陛下！这一段距离可不短。"

在沙皇陛下作出觐见结束的表示之前，我们在一起又抽了好几支烟，其间沙皇陛下还对我说：

"我相信，您的探险旅行不会就此结束，在某一个美好的日子里，您还会再前往内亚，是吗？"

"是的，尊敬的陛下，我还有庞大的探险旅行计划。"我兴奋地脱口而出。

"那下一站想去哪一个地区呢？"沙皇陛下感兴趣地问道。

我赶紧回答：

"我还要去尚不为人知的荒原沙漠，人们都期待在那里有一些考古学方面的发现。还要考察塔里木河的河道、古老的罗布泊湖泊，特别是神秘的中国西藏地区。现有的关于中国西藏的地图还有许多大的空白处。"

沙皇陛下说：

"是的，毫无疑问，您还有很多使命要完成。那么，在您为下一次探险考察做准备时，请务必提前告诉我，没准我能为您探险计划的成功助一臂之力。"

我衷心感谢尊贵的沙皇陛下友好的自荐，然后与他告别，返回普尔科沃和彼得堡。

沙皇尼古拉二世给我的第一个印象是十分亲切，我确信，他支持我探险考察旅行的承诺无论如何都是认真严肃的，也一定是会兑现的。

*

没过多久我就有了机会，再次当面领教了尼古拉二世沙皇陛下的热情与慷慨。

1899 年的夏至节，在我的中亚探险考察旅行出发之前，我短暂地又去了一趟彼得堡，将新的考察研究计划当面呈交给了沙皇陛下。其结果是，作为支持，沙皇陛下派遣了四位西伯利亚哥萨克士兵与我同行。

我从来未曾想到过，科考旅行中会带上几名俄国士兵，而且是前往中国的领地，还有可能进入印度。这个想法完全是沙皇陛下主动提出来的。

1899 年，我们之间的交谈在彼得霍夫宫进行，关于派士兵随行一事有如下交谈内容：

> 沙皇陛下：
>
> "为了您个人的安全，也为了您的整个探险考察旅行能顺利进行，我准备，当然其费用完全由我承担，派一个由二十四位哥萨克士兵组成的护卫队与您随行。他们完全听从您的吩咐，在所有事务的处理上绝对地服从您。"
>
> 斯文·赫定：
>
> "我非常感谢陛下的慷慨大方，但我不是职业军人，没有向哥萨克士兵发号施令的经验。同时，我相信与我随行的亚洲人，他们已经习惯了与马、与旅途中的商队打交道，他们比任何人都熟悉这些地区，他们才是最好的护卫者。"
>
> 沙皇陛下：
>
> "不，您这样说是不对的。尽管当地人有经验，但他们都比不上我的哥萨克士兵。我在穿越帝国的旅行中，总是带上哥萨克士兵。如果说我对您的探险活动还有什么忠告的话，那就是，您应该带上他们。"
>
> 斯文·赫定：
>
> "尊贵的陛下，我是这样想的：如果我作为一个瑞典人带着俄国哥萨克士兵越过俄罗斯帝国的边界踏上陌生的邻国国土，一定会招来不少多疑的目光。人们会问，我来这里的目的到底是不是在地理学的研究和自然科学的研究上。"

沙皇陛下爽朗地笑了起来并大声说道：

"啊哈，不，不，不！没有人会这么愚蠢地考虑问题！您只管带上哥萨克士兵，我向您保证，您一定不会后悔的。您尽可以放心地信任他们，如果需要，他们可以为您献出生命。您还可以利用他们为您引导旅行团队、喂养牲口、配置马鞍、搭架帐篷，您可以遣派他们做任何事。"

沙皇陛下十分放心，可我的状态却一点也不乐观。一方面，我在亚洲逗留、辗转近五年，都是与当地人在一起，还经常是处在非常危险的环境中，但从未遇到过什么困难，事实上一切进展都十分顺利。因此，我更喜欢，包括这一次，继续沿用经过时间考验的团队组织系统。但另一方面，我也不能一味地拒绝而伤害到、冒犯到沙皇陛下，这也是我最不愿意看到的。

经过短暂的考虑后我回答说：

"尊贵的陛下，请允许我对您的慷慨大方和良好愿望表示衷心的感谢，在以往的旅行中，我积累的有益经验是，在人烟稀少和无人居住的地区、在很难通过的地区，越是规模小的团队推进越是容易，团队过大总会出现方方面面的难题。例如，从塔里木盆地的克里雅（Kerija）至沙西阿（Schahiar）荒原行进时，与我同行的只有四个当地人，他们步行，三匹骆驼驮着食物、水和行李。因此，我将十分感谢，如果随行的哥萨克士兵不超过四个人的话。"

沙皇陛下：

　　"那好，就派遣四个士兵随行。"

　　接下来我们谈妥相关事宜，告别时，大俄罗斯帝国的专制君主对我说：

　　"请您还是经常给我写写信，告诉我您的探险旅行进行得如何，与哥萨克士兵打交道都有些什么经验，我会关注您以及我的哥萨克士兵。我希望，您在顺利完成探险考察旅行后再来我这里做客。"

　　我想，四十六年前读过我的书《在亚洲心脏》的人应该还会有所记忆，我在书中是如何热情地、高度地赞扬四位哥萨克士兵三年间在为我服务过程中表现出来的、经受了严峻考验的忠诚和能干。我要真诚坦率地感谢尊贵的沙皇陛下，正是他，那么坚决地要求哥萨克士兵与我随行。

　　在1899年至1902年长达三年的探险考察旅行中，我给沙皇尼古拉二世陛下写过四封信。信中，除了详细地汇报哥萨克士兵以及对他们的使用情况之外，还包含了我写给瑞典奥斯卡国王以及写给俄国驻喀什噶尔领事彼得罗夫斯基先生（Petrowskij）信中的同样内容。

　　尊敬的领事彼得罗夫斯基先生全权负责我欧洲所有邮件的往来，他的这一工作得到了奥斯卡国王的高度赞扬。要知道，在荒原沙漠里写完一封信并不像今天这么容易。我没有携带打字机，必须盘腿直接坐在帐篷里的地铺上写。尽管如此，我的字迹仍是可读的。沙皇陛下对我说，他不仅亲自阅读了我的信，还悉数读给尊贵的皇后听了。

1904 年 12 月初，我利用在俄国皇家地理学会做与我的科学图书《1899—1902 年中亚探险考察旅行的科学成果》有关内容的讲座机会，向尼古拉二世沙皇陛下呈送了我这几年探险旅行著作的俄文版，这些著作也同时是奉献给科考旅行途中陪伴我的忠诚的哥萨克士兵的。

我们瑞典国驻圣彼得堡公使、尊敬的奥古斯特·格尔登史托尔培（August Gyldenstolpe）伯爵先生在俄国外交大臣弗拉基米尔·尼古拉耶维奇·拉姆斯多夫（Vladimir Nikolaevich Lamsdorf）伯爵处为我呈报了面见沙皇尼古拉二世陛下的请求。如习惯的那样，我又得到了一张带有说明的火车票前往沙皇陛下居住的沙皇村。

早餐和鱼子酱这一次端进了另一个侧房，没有看见侍从，只有魁伟的士兵穿着漂亮的切尔克斯军装威风凛凛地站在那里。其中一位士兵领着我进了前厅，在那里我翻看着一本由沙皇自己拍摄的家庭照片影集，直到当值的侍从武官鲍里斯·弗拉基米罗维奇（Boris Wladimirowitsch）大公爵走了进来。大公爵给我讲了一些沙皇陛下以及陛下年轻时的趣闻轶事，并指了指放在另一个房间里陛下玩过的滑梯。滑梯滑板仍光亮照人，保持着儿时常有人滑的状态。

准时两点半钟，大公爵说道：

"现在您该去觐见沙皇陛下了，尊敬的博士先生！"

"您不再通报了？"我问了一句。

"不用再通报了，陛下在等着您呢。"

沙皇陛下正坐在写字台后，写字台上铺着纸张、信件、电报和文件，都等待着他的签字。他站了起来，以我熟悉的友好姿态对我的到来表示欢迎，诙谐幽默地眨了眨眼问我：

"过得怎么样啊，博士先生？不过，这个问题我问得是不是有些多余？"

在我表达了同样的问候之后，他笑着回答说：

"我过得很好，在您的眼里，我是不是在饱受痛苦的折磨？"

接着我向沙皇陛下呈上了我的精装本著作。

"我已经看见您的著作了，您将这本书特别奉献给忠诚的哥萨克士兵，我对此感到非常高兴并十分赞赏。"

他翻开我的"呈献之作"当着我的面就朗读了起来，在献辞的结尾还特别用了重读音调：

　　我的这一奉献之作对于我要向你们表达的炽热友情和真诚感激来说还只是一个微弱的证明，它是你们为我付出的无法衡量的服务以及你们在探险旅行中每一天都表现出来的、不可动摇的忠诚和个人之间的信任而应该得到的！

接着他又补充说道：

"您对哥萨克士兵的这一段真诚表达令我深受感动。"

然后，沙皇陛下聊起了《1899—1902 年中亚探险考察旅行的科学成果》一书中我的插画和地图，思想又回到了给他留下了很多闪亮的愉快记忆的印度之行。他感到遗憾的只是，一直没有机会与任印度总督的寇松勋爵见面，他一直认为寇松勋爵是这个时代不可多得的一位伟大政治家。

当然，他也十分关心我下一次前往中国西藏的探险考察。在谈话即将结束而我没有任何暗示的前提下他又主动提出了这个话题：

"请放在心上，我承诺为您的下一次旅行、也根据您的愿望提供陪同的哥萨克士兵，无论我的国家处于战争或者和平状态。"

大公爵鲍里斯先生在陪我走出宫殿的时候，还顺便在走过不同房间时就墙上挂着的沙皇陛下的几幅照片给我作了简短的介绍。鲍里斯先生刚刚从日俄战场上归来，讲解时神情显得格外严肃。

在圣彼得堡的这段时间里，我有机会在公使馆内或者公使馆外，与不少政界以及地理学界的知名人士见面。旅顺港（Port Arthur[①]）当时还没有被日军攻陷，大家都还坚定地相信俄国会最终赢得胜利，俄军的库罗帕特金（Kuropatkin）将军一定会在陆地上、罗杰斯特文斯基（Roschestwenskij）将军一定会在海上歼灭日本军队[②]。

俄国元老及国会顾问谢苗诺夫（Semjonoff）将军对我说：

"日本人根本不是我们的对手，我们一战必胜。"

沙皇陛下没有对我透露他自己的想法。他是一个贵族，一个心肠仁慈、性格软弱、情绪敏感的人，一个与人为善、热爱和平的人。遗憾的是，他缺乏力量和果敢，而这正是在与日本人的战争以及十年后与德国人的战争中一个大国专制君主需要具备的素质。他对付不了两个强势的时代潮流，即军官团的战争意志以及因为不幸运的战争强化了的革命运动。他既没有得到军官团也没有得到大公爵们

---

① 旅顺港，其英译"亚瑟"（Arthur）之名，源于声称首个发现此地的英军将领的名字。

② 发生在 1904 年的日俄旅顺口争夺战，是日本和沙俄两个帝国主义国家，为争夺对中国东北和朝鲜的殖民统治权益，以中国旅顺为主战场发动的一场侵略战争。

的承认，他缺乏将自己的意志付诸实施的力量。他感觉自己没有把握，于是也别无选择地只能屈从于强权。但人们不能不给予他真诚的同情，在与沙皇陛下的谈话中我总有这种感觉，他是一位不幸的人。

我的下一个中国西藏之行，取道波斯、俾路支斯坦、印度、克什米尔（Kaschmir）和拉达克，当然就不需要哥萨克士兵的护送了。返回时我经过的是日本、韩国、中国东北和西伯利亚。

1909年1月中旬，我又在沙皇村向沙皇陛下报告我的探险经历和成果。其间，我们也谈到了神秘莫测的多杰（Dortje①）先生，谈到了多杰先生手下位于克里米亚半岛南岸里瓦儿亚（Livadia）的达赖喇嘛（Dalai Lama）公使馆。这是一个在印度引起了人们普遍怀疑的事件，即人们怀疑俄国已经计划将中国西藏并入它的势力范围之内。人们的观点是，俄国的这一步骤，旨在与印度作对。但沙皇尼古拉二世陛下认为这种怀疑是错误的。他在里瓦儿亚接见过多杰先生，接受了达赖喇嘛的礼物，并通过多杰先生回了礼，并给在拉萨（Lhasa）的教会长老寄去了一封亲笔信。应该说，在这点上，他根本就没有政治上的盘算或者说政治上的企图。

接着，沙皇陛下给我看了好几本他家庭新近拍摄的影集，影集就放在写字台后低矮的书柜里。他特别在一出生就注定有朝一日会戴上沉重的俄国皇冠的儿子阿列克谢·尼古拉耶维奇（Alexei Niko-lajewitsch）的一张照片上停留了一段时间。我仔细端详着照片说道，

① 阿格旺多杰，又称阿旺·洛桑·德尔智，一位出生于蒙古族的格鲁派僧侣，第十三世达赖喇嘛的政治顾问，主张出卖中国西藏予俄国的核心人物。1904年，达赖喇嘛再度派遣德尔智赴俄国向沙皇尼古拉二世求援，但是遭拒绝。

一看照片就知道皇太子是一个非同寻常的可爱孩子。

沙皇陛下高兴地表示赞同，并送了一张他自己的签名照片给我。在我表示感谢的时候，他问我，是否也喜欢皇太子的这张照片。我的回答自然是肯定的，他马上承诺加洗一张寄给我。当时，我私下里还认为，这顺口说的一句承诺是没有多大意义的——沙皇陛下该有多少其他的事放在心上！

五个月之后的 1909 年夏天，沙皇尼古拉二世与他的夫人乘坐"史坦达尔特（Schtandart）号"船来到了斯德哥尔摩并简短地去王宫拜访了我们尊贵的国王夫妇。

在俄国沙皇陛下到达的几天前，瑞典警方就投入了大量的警力，采取了非常明确和严格的防范措施。瑞典王宫里外外也都检查了一遍，并由秘密警察日夜看护着。可以断言，谁要想在敞篷车经过王宫所在的山岗和之后进入王宫大院内短短的行程中以及在国王的宾客和随从们要逗留几个小时的楼梯上、走廊上和房间里投放炸弹是完全不可能的。

晚宴上，瑞典国王陛下与俄国沙皇陛下分别发表了热情的祝酒词，强调了瑞典与俄国两国之间以及皇室之间拥有的传统友谊和真诚信任。宴会过后，大家都集中到了国王大厅，由瑞典王储介绍在场的政府官员和其他知名人士。

在宴会大厅里，尊敬的沙皇陛下单独与我谈起了新的探险考察计划，并保证他会信守承诺，继续派哥萨克士兵随我出征。但他认为，我的下一次探险旅行必须带上二十四个士兵。

十点钟，豪华的皇宫宴会活动结束，尊贵的宾客带着相随的先生们和女士们再次离开国王的宫殿走进四驾马车。在先行骑兵的引导下，通过密集站立的骑兵和步兵队伍前往"瓦萨奥登（Vasaorden）号"小艇，再由小艇将他们送到豪华的"史坦达尔特号"船上。

欢送的人群都集中在洛佳德阶梯的栅栏边，当看到造型精美的小艇在明亮的夏夜安全地靠近了俄罗斯皇家船只，大家悬着的心才彻底放了下来。

令人感到遗憾的是，暗藏在国王花园东侧林荫道旁谋杀者射出的子弹打中了宴会结束后返回途中军官团队里的贝克曼（Beckmann）将军。将军中弹后直挺挺躺在了林荫道上。作案者冷酷地解释说：因为他不能靠近该吃这一粒子弹的人，所以必须在穿阅兵制服的队伍中找一个高级官员来当替死鬼。

第二天一大早，在"史坦达尔特号"离开斯德哥尔摩航道之前，我又接待了一位来访的、沙皇尼古拉二世陛下的副官，他的使命是面呈沙皇陛下给我的信件。我穿着拖鞋和睡服面见军官，并为自己穿一身不体面的睡袍向副官表示抱歉。副官笑着表示理解，他感谢我能抓紧时间与他见面，因为他的小艇直接就停靠在我家门前的码头上，沙皇陛下的"史坦达尔特号"船将在半个小时以后起锚开航。他很快将信交给我，鞠躬致意之后，如匆匆赶来一样匆匆地离开了。

信封里，是一张用丝绸纸精心包着的沙皇陛下儿子的照片，尼古拉二世兑现了在彼得堡沙皇村对我的承诺。照片上还有赠送者的亲笔题字：

察列维奇·阿列克谢（Cesarevitch Alexis）斯德哥尔摩，1909 年两年半之后，我又一次见到了沙皇尼古拉二世陛下，而且是在一个十分独特的局势下。

1911 年，斯塔夫（Staaff①）内阁取消了国王和国会准备建造装甲战舰的决定，而提出要在纽瓦船厂（Newawerft）加速建造装甲战舰的原因，是世界上大国之间业已存在的、预示着一场风暴即将来临的紧张关系。我认为我有责任告诫我们的人民确信，必须首先建造所谓的 F-舰艇。当然，我的观点有军事专家们的意见作为后盾。

我撰写了《一个警告》的小册子，矛头自然对准的是大国俄国。在这一点上，我必然会陷入两难之境。一方面，我与俄国关系密切，另一方面，在瑞典陆军以及海军舰队中我也有很多朋友，也常常与他们一起探讨要警惕俄国入侵我国的国内外战争形势。

1912 年 1 月中旬，我前往圣彼得堡。瑞典驻圣彼得堡公使、我的好朋友布兰斯特罗姆（Brändström）将军为我联系好了在沙皇村觐见沙皇尼古拉二世陛下的时间。

觐见沙皇陛下，我阐明了此行的目的并对他说，我撰写了一个题为《一个警告》的小册子，其目的是在瑞典民族中唤起对目前有战争威胁的危险认识。我在小册子中告诫国民，由于其他强权，特别是俄罗斯帝国正在建造新的战舰，他们拥有所有可能的军事装备，这一进程的进一步发展可能导致的结果就是战争，我们必须做好战争准备。

沙皇陛下对我说：

---

① 全名：卡尔·斯塔夫（Karl Staaff），两任瑞典首相。

"我们建造军舰肯定不是用来对付瑞典的，而是对付另外一个军力日渐强盛的、在波罗的海给我们带来了危险的强权。"

我说：

"是的，尊敬的陛下！我知道，俄罗斯帝国一向对瑞典国抱有友好的愿望，但是理智告诉我们，我们必须以最大的能力使自己足够强大起来，只有强大起来，才能更好地保护我们的中立立场。因为我们民族热爱和平，希望与所有邻邦保持友好关系。"

沙皇陛下说：

"瑞典人完全不必担心我们，但您的观点是对的，自己必须真正武装起来。因为在欧洲全面爆发战争的时候，可能会出现任何一个大国都无法控制的局势和冲突。这样一来，也就有可能出现，我们会违背意愿地对某些国家采取战争行动，而这些国家在一般意义上有可能就是我们希望和平相处的国家。"

我接着说：

"我觐见陛下的愿望是想事先禀告陛下，因为《一个警告》的小册子马上就会付印，用不了几天就会出版，我不希望尊敬的陛下会因此而感到意外。另外，我还想特别强调一点，这只是我个人对瑞典未来一种担忧的表达。从俄罗斯帝国角度出发，一定会对我这本小册子的内容感到惊讶、存有异议。尽管如此，我还是非常感谢多年来尊敬的陛下和俄罗斯帝国给予我科考旅行的巨大支持和善意理解。"

沙皇陛下十分平静且坦然地接受了我的通报，他的神态举止与以前没有什么变化，他感谢我坦率的表达，并希望威胁的疑云能得以化解，紧张的气氛得以平息和消除。

很有可能，沙皇陛下后来从他身边某些同僚的报告中针对我的

《一个警告》小册子得出了完全不相一致的观点。

在斯德哥尔摩皇后岛瑞典国王举行的一次午宴上，国王将我拉到一边说道，他刚刚从驻圣彼得堡公使布兰斯特罗姆将军那里得到了一个消息：在冬宫举行的新年招待会上，沙皇尼古拉二世陛下按惯例首先问候了各国大使并发表了讲话。讲话结束后，君主径直走到身着戎装站在各国大使和公使团队里的布兰斯特罗姆将军身边，请将军向瑞典国王转达他的惊讶和反感，即我，斯文·赫定，一个一直得到俄国巨大支持的人，现在却针对俄罗斯写出了如此充满敌意的文字，导致瑞典人民相信俄罗斯帝国有挑起战争的意图。

一如既往，国王用阳刚气十足的话真诚地、公正地安慰我说：

"赫定先生，沙皇尼古拉二世愿怎么想就怎么想吧，我告诉你这个消息只是觉得你应该知道他的想法。我认为，你做的是对的，对得起自己的良知和祖国，你没有背离你的责任。"

打那以后，我就再也没有见过沙皇陛下了，沙皇时代的俄罗斯帝国对我关上了大门。

在我最后一次觐见沙皇尼古拉二世陛下一年半之后的 1914 年 8 月 1 日，一如我提醒我们民族的那样，世界大战爆发。

1917 年年底，布尔什维克英雄们点燃了火把，将所有沙皇彼得时代以来成长起来的旧事物全部扫地出门。

沙皇尼古拉二世像罪犯一样，与他的夫人、年轻的皇太子阿列克谢以及他的兄弟姐妹都被枪杀了。没有人知道，他们的墓穴在斯维尔德洛夫斯克（Swerdlowsk）云杉林里的什么地方。只有风在树冠间吟唱着悲叹的歌，萦绕在他们最后休眠的地方。

萨·奥·安德鲁
(S. A. Andrée)

在我 1893 年至 1897 年于北京李鸿章先生处结束的穿越亚洲的旅行中，经历了两个围绕着萨拉蒙·奥古斯特·安德鲁（Salomon August Andrée①）先生人生的重要事件。其一，1893 年，他驾驭自由气球飘过了波罗的海，其二，1897 年他驾驭气球开始第二次极地飞行，离开斯德哥尔摩后就再也没有返回。

1893 年 10 月 16 日，我前往俄国的圣彼得堡，作为客人在维伯格拉永的诺贝尔之家我的一位来自巴拉恰尼的老朋友、石油公司负责人亚尔玛·克鲁赛尔（Hjalmar Crusell）先生那里住了几天。

在那里我们收到了这样一封电报：

> 1893 年 10 月 19 日，安德鲁先生驾驭气球飞越群岛，被狂

---

① 萨拉蒙·奥古斯特·安德鲁（Salomon August Andrée，1854—1897 年），十九世纪瑞典探险家，热衷于驾驭气球北极探险。1897 年，安德鲁与他的两位同仁在北极气球探险活动中遇难。

风吹到了波罗的海。气球从桑德罕（Sandhamn）岛出发时，悬浮在水面上方约二十米的高度。

我依稀记得，当时我们的内心是多么的不安，是带着何等焦虑的心情与朋友们彻夜议论着顽强的气球驾驭者安德鲁先生于破晓时分眼见瑞典大陆在自己身后逐渐消失、孤立无援地漂移在波涛汹涌的大海上空毫无希望的处境。

我与安德鲁先生从未见过面，但与所有瑞典人一样，我一直兴致盎然、钦佩有加地关注着他"斯韦阿（Svea）号"气球的每一次升空。

安德鲁先生本是一位在专利局工作的工程师，但他将全部的业余时间都贡献给了认真研究自由气球漂移的技术技巧上。研究如何驾驭自由气球征服大气层空间，研究它的物理学原理、构成，研究空气温度、空气密度、风力、云的形成以及其他一系列有关的问题。而我一直都认为，他内心燃烧的火焰不仅仅是在空间的研究上，我确信，他事业真正的标杆一定更高。

在安德鲁先生飞越群岛的同一年，南森先生也驾驶他的"前进号"探险船开始了北极征服之旅。

在"数理点"的意义上，所有文化大国中最顽强的冰海探索者们都在进行着一项真正的赛跑，它涉及的是人类可能达到的尽可能高的纬度。每一个顶尖的纬度纪录、每一位创造了接近 90 度这个合适新纬度的人就是极地探险的伟大凯旋者。

当时的交通工具是陈旧的，只要海上可以行船，人们就会驾船出海抵达冰岸，再由雪橇犬或人力拉着雪橇在冰层上前进。只有南森先生，在格陵兰岛海岸发现船舶残骸的基础上，想出了天才的探险计划，即，将不可抗拒的大自然力量作为动力加以利用，让探险船冻结在冰块上，把自己要完成的航行任务委托给极地狂风。这样，他的探险船就会尽可能近地接近极点。然后再驱动雪橇，抵达渴望的"数理点"就不会有克服不了的大困难了。

当我听到安德鲁先生驾驭自由气球"斯韦阿号"升空的消息后就在猜想，他一定是受了南森先生计划的启发，同样想将自然风力作为气球前进的动力。南森先生利用大海海流的力量，安德鲁先生是要利用空间气流的力量。南森先生的选择是可靠的、有效的，他要利用的这股海流的存在是有足够依据的。安德鲁先生信赖风力，但是，在飘往极地的空中航道上，大气中是否会出现这股气流，不仅他没有，其他人也没有详尽的知识和经验。不管怎样，在1893年10月19日风力将他送到海洋上空之前，我就在猜疑，他驾驭自由气球进军极地的真正目的，莫非是要冒险实现一个前无古人的壮举。

对当时住在诺贝尔之家的所有人来说，真是一个天大的喜讯传来，第二天，我们又收到了一份新的电报：

安德鲁先生被救，他在芬兰岛礁上着陆，一切顺利！

收到这样一个喜讯，我就不用再担心勇敢同胞的命运，可以安心地向亚洲心脏地区进发了。

1895年，我在中国的喀什噶尔收到了家乡寄来的一批信件和报纸，方得知安德鲁先生新的勇敢计划。他要在下一年，即 1896 年，借助南风驾驭气球从斯匹茨卑尔根群岛北部海岸的丹麦岛升空飘越极地海洋。飘移过程中，如果风向不是直接瞄准极地海洋的话，他还要尝试借助牵引绳和风帆的作用在忽左忽右的风中控制气球的飞行方向。这个消息对我来说倒没有什么太大的意外，一个像安德鲁先生这样的年轻人，当然，南森先生也是如此，是不会满足于一个小小的成就的，他们要创造的是令世人惊叹的举世伟业。

我抱着极大的兴趣仔细阅读了安德鲁先生为飘越极地海洋所做的所有准备工作：精确的设计计算、气球拉索的材料和操作，气球的个别细节，它的规模大小和选材、带观察和导航平台的圆形吊篮以及吊篮的内部设施和装备、吊篮吊环、仪器、压载、浮标、信鸽、小船、武器——所有的看起来都一一考虑进去了，真是一个引人入胜的详细规划。

报纸还报道了安德鲁先生在瑞典科学院和皇家地理学会所做讲座的基本情况以及他大胆的计划在全世界引起的轰动，也包括在某些方面受到的批评和指责。

老一辈瑞典国王古斯塔夫·瓦萨（Gustaf Vasa①）曾经说过：

"瑞典民族是一个顽强不屈的民族，是一个乐于从事伟大事业的民族。"

国王的话在这里也得到了证实，十五年前迎接"维加号"探险船胜利返航的瑞典民族当然会为安德鲁先生的这一伟大业绩感到由衷高

___
① 古斯塔夫一世，1523—1560 年在位的瑞典国王，瓦萨王朝的创建者。曾在 1521 年反抗统治瑞典兼丹麦国王克里斯蒂安二世的起义中被选为摄政。

兴，无论成功与否都会永远铭记创造和从事这一伟大业绩的英雄。

由于国王陛下、阿尔弗雷德·诺贝尔先生以及其他赞助者的慷慨支持，安德鲁先生募集到了气球探险必要的十三万克朗资金，以令人折服的干劲实现了自己的筹资意愿。

探险气球，计划在丹麦岛上升空，因为气球仓库建在那里，气球要在那里填充氢气，为升空全副武装。所谓"万事俱备，只欠南风"。可日子一天天过去，一个个星期过去，南风迟迟没有等来。鉴于时间太晚，1896 年的气球升空计划不得不最终放弃，安德鲁先生只得败退返回瑞典。

但就在准备跨海撤退之前，一个少有的戏剧性事件突然发生了。

8 月 14 日，安德鲁先生与他的同仁在丹麦岛（Dänen-Insel）上看见海上一条自北而来的船抛锚停在一块礁石附近。船在"阿姆斯特丹岛"（Amsterdam）海面南部上，看上去，礁石的名字应该是"荷兰礁石"（Holländerriff）。安德鲁先生带上两位同伴驾船前往探望这艘神秘的船，令人感到意外的是，这条船正是南森先生数天前结束了三年冰块上的"拘禁"得以脱身的、著名的"前进号"探险船。

安德鲁先生上船问候斯维尔德鲁普先生和其他同行人员，并问道："我能够与南森先生说话吗？"

听到这话，斯维尔德鲁普先生深感惊讶：

"南森先生？他难道没有回来吗？他一年半之前就在冰上离开我们了！"

斯维尔德鲁普先生急忙驾船赶去挪威，要马上给"前进号"探险船补充给养，然后再返回弗朗茨约瑟夫群岛去寻找南森先生。

在挪威海岸的某一个地方，斯维尔德鲁普先生登岸后急促地敲打着电报局的大门。已近深夜，熟睡中被吵醒的工作人员恼怒地大声叫道：

"深更半夜地，怎么不讲一点儿礼貌！"

"请您赶快开门，我是'前进号'探险船上的人！"

听到"前进号"探险船的大名，电报局工作人员赶紧下楼。

斯维尔德鲁普先生说：

"我从安德鲁先生那里得知，人们直到现在都还不知道南森先生的具体下落。"

"您说什么呢？南森先生！他8月13日就已经回到瓦尔多了，现在在哈默菲斯特！"电报局工作人员回复说。

如果南森先生与他同样顽强不屈的同仁约翰森先生幸运的话，能通过地球表面那一段最崎岖也最危险的地带抵达极地，那他的伟大壮举无疑会更加辉煌。

鉴于"前进号"探险船被解救以及南森先生抵达瓦尔多，两者先后只相差一天时间，导致人们忽略了已经成为次要事件的极地。大家关心的是勇敢探险者们的业绩和神奇的、不可思议的幸运解决方案以及他们在行动过程中表现出来的钢铁意志和不屈不挠的坚强毅力。

当美国探险家皮里（Peary①）先生从极地探险返回，由于他将旗帜在北极或者说至少在北极的附近升起来了，故他的成功在各地

———————————

① 全名：罗伯特·埃德温·皮里（Robert Edwin Peary, 1856—1920年），美国海军少将，极地探险家，世界上第一位徒步抵达北极极点的人。

引起了一定的轰动。但无论如何，世人对他的关注都不能与对南森先生的关注相提并论。是的，皮里将军的目标实现了，南森先生实现目标的尝试失败了。但从中人们看到的却是，业绩小的、目标未最终实现的南森先生反而将大众的目光吸引住了。而一般而言，人们应该更多地关注实现了目标的人才是。

作为一个人，南森先生是通过他正直的、坦率的、诚实可靠的性格，他眼睛里流露出来的忧郁以及他说话令人喜欢的、具有吸引力的音调赢得世人的普遍尊重的，人们钦佩他的勇敢、他的信心和他战胜前进路上所有困难的钢铁般的意志力。这是探险者首要的品质，是令同时代人推崇和陶醉的优秀品质。不仅仅如此，南森先生在讲述探险经历和成果的报告中以及撰写的文章中表现出来的高超的演讲水平和行文风格，也是他能成功赢得人心的重要因素。

我与皮里先生在英国伦敦见过几面，在我看来，皮里先生就缺少南森先生拥有的大家风范，在外表和言谈举止上谈不上有什么个人魅力。

在英国皇家地理学会周年纪念日的晚宴上，我们围坐在同一张桌子旁。由于我们两人同时获得了学会颁发的高贵的金质奖章，因此，晚宴上要共同发表一个祝酒词。我坚持举荐年纪大的皮里先生代表我祝酒致谢，但皮里先生却执意拒绝，说他反感演讲，让我以两人的名义在晚宴上答谢。当然，我也做到了。

第二天，我受邀与皮里将军以及他和蔼可亲的夫人一起吃饭，席间谈话也大都在我与皮里夫人之间，将军只是偶尔插几句话，看上去情绪似乎不高。他大概也有这种感觉，即他的功绩并没有得到社会正确的评估，或者说根本就没有被业界认识到。因为，业界批评甚至质疑他业绩可信性的声音越来越大。他前往极地的最后一个阶段只带了一个黑人，白人同仁被他剥夺了留在极地的荣誉，这种行为方式是美国人和欧洲人都不认可和赞同的。利嘴毒舌的人说，皮里将军要白纸黑字地证明自己，是他率先到达了有争议的北极点。由于不诚实的库克（Cook①）医生声称，他在皮里将军之前就已经到达了北极，而且这一声称一开始还为多方人士所相信。因此，皮里将军当时沮丧的情绪也是可以理解的。

虽说英国皇家地理学会具有骑士风度、宽宏大量地认可了皮里征服北极的功绩，但在除美利坚合众国以外的其他国家，业界人士对地理学领域的这一历史事件确实是抱着不以为然的态度。

而正是在南森先生凯旋的时候，安德鲁先生必须作为一个被战胜者出现在人们面前，即一个因失败踏上了归程的人，一个被自然力战胜了的人。而自然力，即风力正是他挑选的同盟者，他的整个计划都是建立在得到自然力帮助的基础之上。对他而言，事态未按原计划发展是一个痛苦且失望的过程。

我在北京读到安德鲁先生败退的消息时，产生的第一个想法是：他为什么不在丹麦岛登上气球吊篮，借助北风的力量沿空中航线漂移回到瑞典？反正所有的装备都得带回瑞典，不正好可以利用这个机会证明他理论的正确性，即气球拉索不仅仅能在冰层上空，还能

① 全名：弗雷德里克·库克（Frederick Cook，1865—1940年），美国探险家，也宣称自己是登上北极极点第一人。

在大海上空使用吗？无疑，气球车间是为气球在南风中启程升空建造的，但在附加的压载以及随时待命的团队帮助下，充满氢气的气球也一定是可以在北风的帮助下把他们带回到瑞典陆地的，无危险升空的可能性完全存在。这个计划需要的只是勇气，还不需要极地漂移要求的所谓大勇气。如果沿着空中航线漂移幸运地回到瑞典的话，仅返程本身就不失为一项伟大的、高级别的气球探险壮举。

《面向极地》是一本值得赞誉的书，这本书应该是 1930 年夏季在挪威白岛（Weißen Insel①）上找到的安德鲁先生、斯特林德贝里（Strindberg②）先生、弗兰克（Fraenkel③）先生日记的基础上编辑而成的，由瑞典人类学和地理学学会在同一年出版。在这本书中，人们能读到一个有影响力的阐述，这个阐述是南森先生 1897 年夏季对安德鲁先生为第二次漂移做准备时表达出来的。

这一年的春天，南森先生来到了斯德哥尔摩，与安德鲁先生有过一次详谈。回到挪威克里斯蒂安尼亚自由城之后，南森先生又给安德鲁先生写过一封信，在信中，他讲述了"前进号"探险船在航行中应该注意的要点，并附上了在船上填写的气象日志。

*

1897 年 5 月 10 日，长途旅行之后的我又回到了斯德哥尔摩，两

---

① 白岛，位于挪威斯瓦尔巴群岛的一个无人岛，是安德鲁与两位同行者在北极进行气球探险活动遇难的地点。
② 全名：尼尔斯·斯特林德贝里（Nils Strindberg, 1872—1897 年），与安德鲁进行气球极地漂移探险丧生的同伴。
③ 全名：克努特·弗兰克（Knut Fraenkel, 1870—1897 年），与安德鲁进行气球极地漂移探险丧生的同伴。

天之后收到了萨拉蒙·奥古斯特·安德鲁先生 5 月 13 日在费尼克斯（Fenix）旅馆共进午宴的邀请。他希望在已经定下来的、5 月 15 日第二次乘气球前往斯匹茨卑尔根群岛探险漂移旅行之前与我见上一面。当然，我也为有这样一个见面的机会感到高兴，终于能够当面结识伟大而又著名的瑞典同胞了，并且是在他探险旅行出征之前。无论如何，北极气球探险成败与否都将是举世闻名的壮举，在极地探险历史上的任何时候都会占据一个重要的位置。

安德鲁先生的午宴一共邀请了五位客人。当我走进宴会厅时，身材高大、相貌英俊、神情稳重的他带着轻松愉快的微笑欢迎我并紧紧地握住了我的手。宴席上，他将话题引到了我的身上，他的原话虽然我没有记录下来，但重要的内容还是留在了我的记忆中。

他说：我们两人是兄弟关系，因为地球表面的探索是我们共同追求的目标，所以我们之间的关系自然应该像兄弟一样。接着他又向我表明，他一直在怀着紧张的心情追踪我不同阶段的探险旅程，我一去就是几年的亚洲探险之旅经历的孤独和寂寞是支持他极地探险的道德支柱，能够在精神上激励他克服在斯匹茨卑尔根群岛上以及返回家乡途中可能遇到的诸多艰难险阻。

最后，安德鲁先生还表达说：你站在经过长途跋涉后实现了的目标旁，我则站在一项计划、一个行动即将开始的门槛上，出口处还被看不清的雾霾笼罩着。不过也像所有的业绩结束时一样，我希望，人们会认识到，我为此付出了我的所有。因此，尽管我们之间的区别相当大，但最本质的共同点是，我们两人都把命豁出来了。我衷心地祝贺你，并真诚地为你的成功感到高兴。

这大概就是他所说的内容，他试图强忍住自己实际上难以掩饰的忧郁。

我感谢他赋予我的无上荣耀，热情地邀请我参加了这一令人难以忘怀的聚会，这是为我举办的一个欢迎会，也是为他举办的一个欢送会。同时，我还要感谢他，给了我这样一个机会，使我能够亲口告诉他，两年前，我是怀着多么激动和钦佩的心情第一次了解到他伟大的、天才的计划，我是多么热忱地在北京追寻着他计划的准备工作以及他一步一步向前迈进的过程的。我表示，尽管多少次发现之旅的首次努力都是以失败告终而必须从头再来，但我相信，他的这一次努力一定会马到成功、载誉而归。

我再一次见到安德鲁先生就是出发的 5 月 15 日了，只是匆匆一面，他要坐夜班火车去北部，以便越过特罗姆瑟岛（Tromsö）到达气球升空的斯匹茨卑尔根群岛。只有少数几个最亲近的朋友来到了火车站台，他本人在火车启动的最后一分钟到达站台，与每一位送行的人衷心告别。我不会忘记他那挺直的身板，胳膊上挽着一束红色玫瑰花，站在车厢门踏板上那充满阳刚之气、果敢、意志力坚强的男子汉形象。此时此刻，他不再忧郁，而是精神饱满、意气风发地要全力以赴完成他一生中最伟大的壮举。

火车汽笛拉响，面向北方，车轮缓缓滚动，安德鲁先生还站在火车踏板上，直到渐渐从我们的视线中消失。

我深感惊讶的是，瑞典人民对安德鲁先生在斯德哥尔摩的第二次启程并没有表现出应有的、哪怕是一点点关注或者说关心。是的，他的第一次尝试没有成功，在大众眼里，他失去了效应，人们似乎厌倦了他，不再相信他了。但是，他仍然是一位民族英雄，他的再度出征，更需要他的民族给予充分的信任和鼓励。这个民族应该一如既往地给他们的民族英雄送上成千上万的祝福，他应该在大众的关注和关心中确信，尽管他失败过，但国家和人民对他仍然充满信心。可惜的是，朗朗春夜里，民众更愿意去供人消遣的酒吧，没有多余的精力放在这位不屈不挠的英雄身上。但就是这位民族英雄，伟大的萨拉蒙·奥古斯特·安德鲁先生，又两次，即在 1897 年 7 月 11 日升空以及在沉寂了三十三年之后的 1930 年，在他捐躯的白岛上，使瑞典人的名字再度令人敬仰地享誉全球。

1897 年 7 月 11 日，终于等来了徐徐南风吹过斯匹茨卑尔根群岛的时刻，萨拉蒙·奥古斯特·安德鲁先生、尼尔斯·斯特林德贝里先生和克努特·弗兰克先生登上了"老鹰号"（Örnen）气球的吊篮。这一刻，不仅仅在瑞典家乡以至于整个世界都再次觉醒，人们对勇敢的气球探险漂移航行表现出来极大的兴趣。气球探险的所有细节都在报纸上登了出来：系泊的罩、最后的告别声、气球拉索的不幸和压载的遗失以及气球在低压下吊篮划过水面后才上升到有意义高度的惊险过程，直到"老鹰号"气球永远地消失在了北方。

自从 7 月 13 日接到信鸽①发出的消息以后，"老鹰号"的探险漂移进入了一个大的沉默阶段。同样，在找到十三个传递信息的浮

---

① "信鸽"是安德鲁进行气球漂移时与外界联系的方式之一。安德鲁至少放出过四只信鸽，但只有一只被挪威汽船发现。该信显示的内容是：7 月 13 日，方向为东偏南 10°，情况良好。

标①中的三个后又出现了数不清的传言，诸如"老鹰号"已经幽灵般地飞过了西伯利亚、格陵兰岛或者北美，等等。在接下来的时间里，"幽灵现象"停止，或者说人们已经厌倦了同样的传言和故事，难以再激发起想象。"老鹰号"气球飞行的话题到此终结，人们不得不默认三位探险英雄已经牺牲进而开始举行悼念活动。

新世纪地球探险的历史，在围绕着北极和南极的海洋和大陆上，出现了一大批响当当的名字，仅列举下列几位：奥托·斯维德鲁普（Otto Sverdrup②）先生、阿蒙森先生，两人都到达了极地，还经过了西北和东北通道；爱尔兰南极探险家沙克尔顿（Shackleton③）先生和英国的罗伯特·斯科特（Robert Scott）先生；哈拉尔德·乌里克·斯维德鲁普（Harald Ulrik Sverdrup）先生；发现了双岛，即北地群岛的维利基茨基先生。当初，南森先生的"前进号"探险船的航道离得太远，错过双岛的发现。还有瑞典地理学家、冰川学家汉斯·

---

① "浮标"是安德鲁进行气球漂移时与外界联系的方式之一。浮标是使用软木封口的钢桶，通过投入水中或冰原上，凭借洋流运动，告诉发现浮标的人探险队的行动走向。但只有两个浮标（原文中为三个）被发现，其中一个于7月11日起飞后不久被安德鲁先生投下，上面写道："旅行很顺利，我们在海拔约二百五十米的空中飞行，起初方向是北偏东10°，后来是北偏东45°……天气很好，精神也不错。"另外一个是在出发一小时后投下的，显示他们的飞行高度已经达到了六百米。
② 奥托·斯维德鲁普（Otto Sverdrup，1854—1930年），挪威海洋学家、气象学家、现代海洋科学奠基者。1893年以"前进号"船长的身份参加了南森领导的北极探险队。
③ 全名：欧内斯特·亨利·沙克尔顿（Ernest Henry Shackleton，1874—1922年），爱尔兰南极探险家，以带领"宁录号"（Nimrod，1907—1909年）向南极进发和在1914—1916年带领"坚忍号"的南极探险经历而闻名于世。

维·阿尔曼（Hans W. Ahlmann）先生，拜尔德将军等其他很多人。

但没有人知道安德鲁先生，人们甚至可以这样对泰格奈尔先生①说：在北欧，他的名字很快就只是一个童话了。

1926 年 11 月 3 日，时任英国圣安德鲁斯（St. Andrews）大学校长的南森先生做了一个主题为"冒险的乐趣"的演讲报告，报告中他特别提到了安德鲁先生的极地气球飞行。南森先生是当代北极研究领域最具权威的人士，因此，他的观点比起所有其他人的观点来说都更具分量。

我将原文摘引在这里，顺便说一句，这段话也能在《南森的评论，弗里乔夫·南森的文章和讲话》书中（1942 年，第 672 页）找到：

> 在这里，我要向大家提到一项伟大的探险行动，我认为，这一探险行动中的冒险性与可能取得的成果相比是巨大的，它就是杰出的瑞典人安德鲁先生不幸运的气球极地飞行。

> 安德鲁先生制定的计划是乘坐气球吊篮飞越不为人知的北极地区，探险行动发生在 1896 年，那个时候的人类还没有可操纵的飞艇。他希望，气球能够长时间地悬浮在空中，并借助于自然风的力量将他带到陌生的地区。

> 在 1896 年，安德鲁先生就已经前往斯匹茨卑尔根群岛，要在那里将"老鹰号"探险气球升空放飞。后因那个夏天的气象

---

① 全名：厄斯特拉博·泰格奈尔（Esaias Tegner, 1782—1846 年)，瑞典诗人。泰格奈尔最引以为傲的作品是《法里西奥夫传说》，这是一部根据十四世纪同名冰岛传奇故事改编的浪漫史诗。

条件并不合适，不得不返回家乡将气球飘飞活动推迟到了下一年。

在此期间，我们的"前进号"探险船已经从陌生的极地海洋返回了，我们在极地持续三年记载下来的气象观测日志对安德鲁先生来说当然是极为珍贵的资料。在他的请求下，我于1897年初夏，在他再一次前往斯匹茨卑尔根群岛经过挪威时，将整个气象日志的表格副本寄给了他，同时还附上了一封信。

我在信中强调，他应该知道，在通常情况下，占主导地位的风势以及其他气象条件在夏季月份里并不适合于他的气球漂移探险计划。我要表达的意思是，他有勇气前进，也要有勇气回头。一旦看到气候条件并不适合，就要以同样的勇气果断地放弃漂移计划。

安德鲁先生从特罗姆瑟岛给我的答复是，感谢我寄给他的文字资料以及友好的建议，但解释说，他没有能力第二次获得面对失败的勇气。

1897 年 7 月 11 日，这位卓越的、杰出的瑞典人与他勇敢的两位同仁在斯匹茨卑尔根群岛登上气球升空、向陌生地区漂移之后就再也没有回来。

他的行为在某种程度上表现出了令人感到自豪的、以冒险为乐的伟大的牺牲精神、要有所作为的欲望以及不惧危险的勇气。我们当然不能拒绝对这种执着信念的钦佩。但是，我们还是由衷地感到遗憾，这种杰出的品质并没有用在富有成果的事情上。

这一番话是富有价值的，它是南森先生在安德鲁先生升空将近三十年后才说出来的，而在这个时间节点上，人们已经完全确信，安德鲁先生与他的两位同仁已经捐躯了。南森先生对待死者像对待生者一样具有骑士风度，他并没有直接批评安德鲁先生的处事方法。在演讲中，南森先生讲述了自己坦率真诚提出来的，也是聪明的、正确的建议，同时也说明了，他的建议并没有被采纳。

当然，安德鲁先生的答复也同样是坦率真诚的。

面对安德鲁先生扣人心弦的气球飞行之旅，南森先生所持的立场和态度，极大地摆脱和超越了当时在我们国家出现的，甚至今天仍然存在着的、对一个计划和行动报之以狭隘、自以为聪明的、高人一等的批评意见。

安德鲁先生的气球漂移探险行动是永垂史册、令世人难忘的，至少我是这样认为的。不以成败论英雄，这一事件本身就昭示出一项高尚的、勇敢的成就，一番英雄壮举，一个丰功伟绩，它充分证明了，瑞典人在骨子里是拥有男子汉气概和血性的。

我与南森先生看法不尽相同，我认为，安德鲁先生的行为不仅是勇敢的，而且也是正确的，尽管气象条件恶劣，但他没有轻言放弃初衷。是的，如南森先生所言，这就是一种勇气。安德鲁先生需要一种超出常人的勇气，才能做到第二次放弃漂移计划返回瑞典，在世人面前再次承认自己的失败。一个诚实能干的男子汉是不能简单地用勇气来衡量的。为了尊严、为了荣誉，他必须面对命运的挑战，冒不可能成功的风险。

风神是十分狡猾的，更何况是围绕着斯匹茨卑尔根群岛的夏季

风，"通常情况下"夏季风会是来自北方的南风，但再有规律的气候
中也有可能出现不规律的现象。

　　我 1923 年前往中国，途中逗留加利福尼亚（Kalifornien）。而 9
月 10 日这一天加利福尼亚要出现日全食，它的暗影应该到达圣迭戈
（San Diego）。我居住在当地的朋友信誓旦旦地向我保证，一定能欣
赏到日全食全过程，因为九月份加利福尼亚海岸边的天空一般来说
是明朗的。但正好在 9 月 10 日这一天，当太阳被月亮暗影完全挡住
的瞬间出现了意外，海上浓密的乌云压了过来，一下子笼罩了全海
岸，人们看见的只是一个漫射的不明确的阴影，虽然它一分钟以后
就消失了。

　　正如人们从我的旅行游记中读到的，我自己就经常在探险旅行
中的生死关头冒险作出后果可能十分严重的决定。这些决定往往看
上去是违背常理的，但正是因为这些违背常理的决定硬是将我需要
的成功给逼了出来。我说这些，只是想证明一点，我并不是空口无
凭、讲义气地站在安德鲁先生一边，主张盲目地去拒绝聪明人的警
告。事实是，谁不去勇敢面对风险，行事时总是被谨小慎微和一时
的所谓聪明所左右，那他是不大可能实现宏大目标的。冒险原则是
我探险旅行中一直遵循的原则，所以我特别能理解安德鲁先生。换
句话说，如果我处在他的位置，也一定会像他那样去做。如果 1897
年他再次作出无功而返的决定，势必会使他和他的祖国在世人眼前
颜面扫地，他做不到。因此，他必须升空，他必须漂移。同时，他
还必须力图表明，他的气球飞行技术理论是正确的，即在某种程度
上讲也可以不完全依赖风的方向。

当然，安德鲁先生内心到底是怎么想的，我们不可能知道。当我在他升空的两个月前与他见面时，他的神情看上去是严肃的，甚至也是忧虑的。在南森先生寄给他的气象日志里，他一定读到了自己的计划在实施上有可能失败的判断。尽管如此，他还是坚定不移地坚持为自己的创意奋斗到底，要与同仁一道一直拼搏到最极端的情况发生。

南森先生从气象日志中得出的判断，即比起七月夏季，其他季节里南风会更加充分的结论是完全可能的——可能在接近极夜结束之时，在某一个时间点上，位于寒极维尔霍扬斯克山脉周围的东西伯利亚上空存在最高气温，而当西伯利亚北部海岸与极地之间有了大的温差，南风就可能会出现。但同时又可能带来另外的困难，即气球必须在黑暗的极寒中飞行。

在今天这个时代，乘坐飞机一两个小时就可以飞过极地流域，不用过多担心，但安德鲁先生那个年代是没有飞机的。

安德鲁先生是一位伟大的先驱，一位勇敢的开路先锋，他是尝试空中航行前往地球北极的第一人，在北极探险历史上，他将永远享有这一荣誉。而且作为驾驭自由气球尝试飞越北极的第一人，除他之外，还没有后继者。只是在他之后，飞行技术有了突飞猛进的发展，气球漂移的过程才完全由可操纵的飞艇或者飞机去完成了。

1930年夏天，我在北京怀着极为紧张的心情阅读着英文报纸上关于在白岛上找到了安德鲁先生、斯特林德贝里先生和弗兰克先生遗体的大通栏标题，知道了，他们因过分疲劳、寒冷和饥饿死在破烂帐篷屋里的消息。整个世界带着极大的同情接受了这一严酷的事实。

瑞典人民没有忘记他们勇敢的儿子，不仅向白岛派出了探险队，而且为三位已故英雄遗体残骸返回祖国举行了隆重的、光荣的迎接仪式。同年年底，在死者日记基础上整理出来的气球探险漂移记《面向极地》问世，踊跃的读者数迅即超过了其他任何一本瑞典书籍。

到此为止，这个悲剧性的事件终于找到了它的解答，得到了它的后记。尽管如此，还有一片悬浮着的疑云，似乎还是一个无法回答的问题，即，难道安德鲁先生一行到达白岛陆地后，命运就注定无法挽回了吗？就注定要以身殉职吗？他们为什么不能建造一个更加牢固的冬宿棚？为什么不能想办法用北极熊的皮毛自己制作皮毛服装和睡袋？为什么不储存北极熊的肉作为越冬食物？

许多前辈极地探险家在面临类似的险境时做到了成功越冬，如格里利先生在富兰克林夫人湾的探险，当然他也失去了一些同仁。此外，还有在南极周围地区探险的安德森（Andersson）先生、杜斯（Duse）先生、格隆登（Grunden）先生以及在弗朗茨约瑟夫地的南森先生和约翰森先生。

一种可能的解释是，安德鲁先生和他的两位同仁降落白岛的时候身体就已经处于疲劳过度的极端状态，无法再从事任何事情了。尽管死者的日记中并没有直接这样写，但能够看得出，三个人身体已经处于极度衰弱的状态，想要干点什么事，包括写点什么的能力都已经丧失了。尽管那个时间点的白岛，真正的酷寒季节应该还没有开始。事实上，他们所有的笔记活动已经停止。很有可能是在冬装欠缺、装备糟糕的条件下，白岛十月的寒冷就足够将三个无望的人彻底冻得丧失活动能力。

在 1906 年至 1907 年以及 1907 年至 1908 年的两个冬季里，我在西藏高原经受了最寒冷的季节，夜间的温度持续在零下 35 摄氏度左右，后一年的最低温度甚至达到了零下 39.8 摄氏度。经历了极度寒冷的我知道，什么叫作人被冻住了。所幸的是，我有合适的防寒服装，有皮毛大衣和燃料，哪怕燃料只是牦牛粪。

在酷寒来临的日子里，人是不可能干什么事的，更可怕的是，伴随着逼人的阵阵寒风，人会变得疲沓、无动于衷、漠不关心，困倦并嗜睡。在某些时候，例如在波斯的达马万德山峰、中国新疆的慕士塔格峰（Mustag-ata）和喀喇昆仑山脉的达普桑峰（Dapsang），我甚至都感觉到人已经冻僵的滋味儿。在那种极端情况下，人几乎会不可抗拒地受到嗜睡困境的侵袭，进而会完全忘掉危险，不受控制地、不由自主地睡下去。处于这种状态的人当时就只有一个要求，躺下睡觉。一个人的身心状态一旦达到了这个程度，处于这样一种境界，就感觉不到寒冷了，当然也就不怕寒冷了。人不再做前一个阶段的梦，不再希望得到取暖的篝火了。人冻僵的感觉是一种从瘫痪和麻痹中要解脱出来的感觉。如果人在这个时候倒了下去，想去休息一会儿，就很容易陷入昏眩，沉浸在一种有诱惑力的舒适状态，像在无法忍受的疼痛中打了一针吗啡一样。人处于即将被冻僵的最后一个阶段实际上是轻松的，像在麻醉状态中做了一个美妙的梦。当寒冷使生命功能停止的时候，人就一无所知了，一旦躺下就不会再醒来。

两位英国人马洛里（Mallory）先生与欧文（Irvin）先生，他们试图登上八千八百八十九米的艾佛勒斯峰（Everest），即珠穆朗玛峰。在望远镜的追踪下，他们登上八千五百米的高度后就再也没有返回，很可能是被迫在黑暗中过夜。自然也是因为他们没有穿足够保暖的衣服登山，又没能带上足够保暖的睡袋。毋庸置疑的是，他们在山上被冻僵了，像北欧国家高山里那些众多勇敢的滑雪者一样。大多是由于暴风雪、疲惫或者缺乏方向定位而被迫停了下来，以期待天气的好转。但如果寒冷的气候十分严峻，他们就会在消极的等待中被冻住，最终导致主观上丧失危险意识。

勇敢的、不幸运的安德鲁先生与他的同仁也应该是这样结束生命的，即便他们在被寒冷裹住之前就已经意识到，极地黑夜的点点繁星很可能会在白岛他们的坟墓上空熠熠闪烁。

1950 年年初，丹麦医生特里德（Tryde）先生提出了他的猜想。他认为，北极熊肉中的旋毛虫是导致安德鲁先生一行死亡的真正原因。但这只能是一个猜想！事实上，他们生命后记中的最后一个段落始终没有写出来，北极上空的星辰是不会泄露他们的秘密的。

一个从来就没有完成过伟大壮举的人，一个根本没有想到要将自己的生命投入到为理想奋斗中去的人，就会对安德鲁先生的行为进行指责，会视他为鲁莽的、冒失的、逞能的人，会将他的气球漂移探险行动简单地称为一项算不上什么大本领的体育活动，会称他的探险行动并不是着眼于科学研究，而只是在寻找到达极地的一条新的途径。

斯维德鲁普教授指出，安德鲁先生的航行并不是没有科学上的意义。如果风的力量对他来说是有利的，安德鲁先生很有可能在维利基茨基先生之前发现北地群岛。如果幸运之神垂青他的话，他就是一位凯旋的统帅，整个世界就会为他的成就而欢呼。这样的话，就不会有人去理会他所谓装备上的某些不足或者挑剔他在科学成果上的欠缺了，就不会对地球探险历史上这唯一一番前无古人后无来者的壮举进行指责了。

对于我们而言，要像南森先生那样，在业绩和幸运之间进行区别，要尊重对牺牲者的纪念并且为牺牲者的壮举感到自豪，在任何时候都要视他们为勇敢的化身和体现了人类意志力的、视死如归的光辉榜样。

亨利·莫顿·史丹利

(Henry M. Stanley①)

在十九世纪对黑非洲进行过探险考察的、长长的一系列伟大而又著名的探险者中，我们能找到瑞典的安德森先生和瓦尔贝里（Wahlberg）先生，而其中光辉盖过了同时代人和后继者的两个名字则是利文斯通先生和史丹利先生。通过他俩 1871 年 11 月 10 日在乌吉吉（Ujiji②）戏剧性的见面——这个见面，不仅仅给利文斯通先生生命的最后两年注入了新的活力，同时也是史丹利先生辉煌生涯的开始——使他俩的命运以一种极为罕见的方式联系在了一起，以至于要讲述他们中一个人的人生就不得不提到另外一个人的故事。

利文斯通先生敬畏上帝的深厚意识和他的人类博爱、他为废除奴隶制度作出的英雄般的勇敢斗争、他对非洲民族和部落父亲一般

① 全名：亨利·莫顿·史丹利（Henry Morton Stanley, 1841—1904 年），英裔美国记者、探险家，外号"破岩者"。他曾远赴中非寻找英国传教士戴维·利文斯通。此外，他也曾探索、开发过刚果地区。
② 坦桑尼亚小镇。

的关怀和帮助以及最后通过他在地理学领域具有的开拓意义的发现，无疑又是两位伟人中更加伟大的一位。总而言之，他茕茕孑立、高高在上，居于所有时代、所有国家的探险发现者之上。他的名字在任何年代都与特别的、永恒的伟大联系在一起。

　　在将近三十年的工作时间里，利文斯通先生几乎是非洲大地上唯一的一位白人。在黑佣和搬运工的陪伴下，他朝着伟大的发现一步一步地向前跋涉。他在尚比西河（Sambesi①）的上游发现了恩加米湖（Ngamisee②）、维多利亚瀑布（Victoriafall③）和无数的河流、湖泊。他走过干燥的卡拉哈里沙漠（Kalahari④）、沼泽地，艰难地跋涉在几个月都见不到太阳的原始森林里，有时候还得用斧头砍开树林间浓密的攀缘茎叶、藤本植物形成的波浪般的枝蔓垂帘，才能拓展出一条可供前行的小径。潮湿森林里下滴的水珠像不间断的雨滴落在勇敢的徒步旅行者身上。不仅如此，徒步旅行者还要与孕育着发高烧危险的恶劣天气搏斗，与可怕的以吮吸脊椎动物鲜血为生的采采蝇搏斗。

　　1813 年，戴维·利文斯通先生出生在苏格兰（Schottland）格拉斯哥（Glasgow）布兰太尔（Blantyre）一个朴素简朴的家庭里，他

---

①　尚比西河，又称赞比西河，全长两千五百七十四公里，是非洲的第四大河流，源于赞比亚（尚比亚）西北部，流经赞比亚、津巴布韦边境时已呈滔滔洪水之势，到达长一百三十多公里的巴托卡峡谷（Batoka Canyon）时骤然落下百多米，形成世界三大瀑布之一的维多利亚瀑布。
②　恩加米湖是博茨瓦纳喀拉哈里沙漠北面的内流湖。
③　维多利亚瀑布，或称莫西奥图尼亚瀑布，位于非洲赞比西河的中游，是世界三大瀑布之一。
④　卡拉哈里沙漠是非洲南部的一大平原沙漠，覆盖总面积约九十万平方公里。

接受了医生—传教士的教育，于 1840 年由伦敦传教会派往非洲。

　　一开始，利文斯通先生的年薪是一百英镑，但他总是处于缺钱的困境，以至于要从朋友和地理学家那里得到部分接济。在第一个十二年里，他的工作主要是传教，但毫不怀疑的是，他当时就已经更多地感觉到自己拥有的不可抗拒的、要解决非洲大的地理问题的欲望。因为，非洲腹地对欧洲而言，在十九世纪中叶还是一个无人问津的未知领域。也可以说，在这些国家里的行走，每天都会有新的发现，都有可能为地图的草图链提交一个新的环节，以至于最后得出非洲湖泊河流相连的地理系统。利文斯通先生坚持不懈地在莽莽大森林里探究科学上直到当时都还感到陌生的动物、植物世界，绘制极具价值的地貌草图。

　　在 1853 年至 1854 年间，利文斯通先生横跨非洲，从卢安达（Luanda）到达了东海岸，他是包括少尉爱德华·格莱鲁普（Edvard Gleerup）先生在内的、长长的一系列欧洲人中第一个从海岸到海岸、征服黑非洲的人。

　　在下一年的 1855 年，利文斯通先生回到了英国皇家地理学会，学会给予了他极高的荣誉。为了今后的考察，他与这个世界上享有盛誉的地理学会建立了紧密的联系。当时的学会主席罗德里克·默奇森先生成了他最好也是最忠诚的朋友，能够在各个方面支持他的地理考察计划。最使他感到高兴的是，这次在英国家乡与家人和孩子们见了面。

　　当时，在利文斯通先生就职的伦敦传教会里，也有一些指责非难他的声音，说他更像一个地理科学的研究者，而不是一位虔诚的宗教传教士。因此，他离开了传教士会，以便能拥有更大的在地理科学研究方面的自由活动空间。

　　如果研究利文斯通先生的人生经历和相关报道，人们往往会出现这样一个疑问，即发现陌生的非洲大陆的奥秘是否本就是他的主要工作？或者说，他是否只是将陌生陆地的发现更多地看作是了解非洲大陆全部知识的一种途径？或者说，他认为这才是迫切的、必要的，即在非洲大陆的发现中得到一个非洲奴隶交易分布的现状，以便能更容易、更有效地与这种社会弊端作斗争，直到最后将其彻底根除。

　　这些问题实际上很难回答。

　　在荆棘丛生、历经磨难生涯的最后阶段，他就像被罗马神话里的复仇女神所驱动一般，在勘探尼罗河（Nil①）源头的发现上作出了最大的努力。如果他知道这些努力会失败的话，他就会认为自己在非洲的整个人生都是错误的。

　　但作为一位人类博爱主义者，当利文斯通先生看见阿拉伯人口贩子把黑人当作牲口残酷折磨、随便交易的现实时，他内心燃起的要解救他们的激情又胜过了其他任何一切。对于他来说，没有什么比将自己最终摈除"世界皆知的痛苦"之梦想付诸实施更加重要的了。他对发生在桑吉巴尔（Sansibar②）地区以及其他海岸地区的这种闻所未闻的、对人的尊严贬损和屈辱的现象，即奴隶市场上的黑

---

① 尼罗河是一条流经非洲东部与北部的河流，与中非地区的刚果河、南非地区的赞比西河、西非地区的尼日尔河共同构成非洲最大的四个河流系统。全长六千六百五十公里，是世界上第一长河流。
② 桑吉巴尔是位于东非坦桑尼亚联合共和国东部的半自治区，包括印度洋的桑吉巴尔群岛，1964 年与坦噶尼喀合并组成坦桑尼亚。

人买卖以及父母与孩子被人口贩子残忍分开的恶行深恶痛绝，人类这种神圣的亲生骨肉关系只有上帝才有资格介入。

如此一来，在利文斯通先生的整个一生中，一直有两个力量在围绕着他的心灵作斗争，一个是对有着不幸遭遇的非洲黑奴的爱，另一个是对地球上黑奴们赖以生存的家园的爱。正是精神追求的这两个方向将他塑造成为一个如此有魅力、不可思议、令世人肃然起敬的伟人。

人们在注意到他地理学上了不起的发现以及这些发现的重大意义的同时，也会不可抗拒地钦佩这位伟大的传教士、人类之友、博爱主义者在非洲的人世救赎。而人们在注意到他忠诚地遵从主"云游四海、普度众生"的旨意付出慈善义举的同时，又会联想到他创造性地、天才地对地球表层进行研究和考察的非凡能力，联想到他的生命历程中、在足迹遍及的陆地上完成的伟大的前无古人后无来者的地理学辉煌业绩。

在伦敦逗留期间，利文斯通先生作为民族英雄受到了热烈欢迎，但崇拜和敬仰并没有使他感到自己有什么特别。他的演讲报告虽然十分朴实、平静，但却能抓住所有听众的心。他内心的希望还是能早日回到非洲。

1858 年至 1864 年间，他开始从事尚比西河的探险，当时也有不少白种人参加这项探险活动。他们用小船和很多其他先进的设备装备起来，以求尽可能大范围地开展考察研究。

这个时候，利文斯通先生所拥有的与众不同的济世情怀就体现出来了。具有多方面才能的他，通过安然温良的性格和坚定不移的冷静，在令人深感惊讶的高度上赢得了当地黑人无尽的信任和爱戴。他明白怎样与黑人打交道，黑人也愿意听从他的指挥，也只有他，从不摆白皮肤高人一等的臭架子。他不理解他的白人同胞，白人同胞也不理解他，甚至还会认为利文斯通先生是一个精神不正常的疯子。其结果是，一个接一个的白人同胞离开了他，最后又只剩下他一个人，一个最能与黑人兄弟、与非洲国家的孩子们和睦相处的白种人。利文斯通先生是在非洲传播宗教的耶稣使者，他是置身于非洲人中的一个殉道者，他在非洲为他的信仰、他的希望、他的博爱而献身。

利文斯通先生非洲生涯的最后几年，即 1865—1873 年，其首要事业是致力于与奴隶买卖作斗争以及勘探尼罗河的源头。

*

亨利·莫顿·史丹利先生，一个威尔士人，富有天赋地、富有勇气和进取心地、爱冒险地、顽强不惧地开辟了自己的人生之路。

在美国内战期间，他时而为北方的美利坚合众国战斗，时而为南方的美利坚联盟战斗。后来，他在西班牙马德里（Madrid）担任报社新闻记者。

当收到《纽约先驱报》（*New York Harald*）老板小戈登·贝内特（Gordon Bennett Jr.）先生意义重大的、委托他去非洲寻找利文斯通先生这份意义重大的电报时，史丹利先生拥有的锐利目光才得以为世人所知。至于前往非洲探险所需要的经费和装备，戈登·贝内特先生放手由史丹利先生自行决定，其目的只有一个，必须完成找到利文斯通先生这一重要使命。

伟大的传教士利文斯通先生当时已经失联三年，他的家庭以及朋友们都十分担心他的生死。他已经衰老，工作疲劳，且只身一人，肯定十分需要帮助。戈登·贝内特先生十分清楚，如果史丹利先生成功地找到了利文斯通先生，对《纽约先驱报》来说就是一项辉煌的业绩，报纸定会在世界上名声大振，刊载的文章也会被其他众多媒体援引和转载。

1871 年 1 月，史丹利先生到达了桑吉巴尔，在当地，他补充了一流的探险装备，雇用了搬运脚夫。但他并不知道利文斯通先生在什么地方，只是碰运气似的走进了非洲大陆。他的整个团队全副武装。与利文斯通先生不同的是，史丹利先生在武力的使用上是毫不犹豫的，西进途中，他还卷入了阿拉伯奴隶贩子与米兰博（Mirambo①）首领之间的一场小型战争。

史丹利先生到达坦噶尼喀湖（Tanganjika②）东部的塔波拉（Tabora）时，利文斯通先生的团队正好在乌吉吉。

一天，利文斯通先生正坐在黏土茅草房的大门前休息，他的贴身女佣苏西（Susi）气喘吁吁地跑过来叫道：

"一个英国人来了，我看见他了！"

利文斯通先生带着寻常的、不动声色的平静心态听着这个突然而至的新消息，并朝塔波拉方向看了过去。他看见了一群人，显而易见是一群脚夫，但从行头上看像是一支来自欧洲的荒漠考察队。

---

① 非洲尼亚姆维齐族首领，十九世纪与奴隶贩子作斗争的领导人。
② 坦噶尼喀湖是非洲中部的一个淡水湖，位于东非大裂谷区的西部裂谷部分。湖岸线长达一千九百公里，最深处一千四百七十米，为世界第六大湖。

考察队队伍的前面举着一面美国国旗，飘动的旗帜下走着一位年轻的欧洲人。整个村子都沸腾了，村民们跑了出来，大声地叫喊着，围观的群众在茅草屋门口形成了一个大的半圆。

只见利文斯通先生慢慢站了起来，史丹利先生也快速地迎了过去。这一刻，两个人都显得有些尴尬，不知道说什么好。还是年轻的史丹利先生首先打破沉默，简单地实际上也不需要回答地问了一句，这可是一句响彻全球的问话：

"我想，您就是利文斯通博士了？"

"是的。"传教士笑着回答，说着举起他著名的领事帽向史丹利先生致意，领事帽的金色吊带都已经泛白了。

史丹利先生和利文斯通先生都为这不期而遇感到意外和惊喜，但很快，意外与惊喜平息下来，两人随和地聊了起来。史丹利先生打开行李，拿出了一叠来自利文斯通先生家乡的信件，还有崭新的衣服、食物以及尽可能携带上的常用的小物件，这些都是孤独在外的利文斯通先生好几年没有见到而且急需的东西。

史丹利先生请利文斯通先生首先安静地阅读信件。利文斯通先生只打开了孩子们写的信，当他确信家中一切安好时，随即将所有信件放到一边说道：

"三年来，我一直都在等待信件，再等上几天也无妨。"

接下来他们开始了持续数小时的交谈，所有史丹利先生介绍的内容，对利文斯通先生来说都是新鲜的，诸如德法战争、大西洋海底电缆以及苏伊士运河的开通等外面世界发生的大小事件。

他们俩在乌吉吉团聚的这些日子里，利文斯通先生的健康状况也在一天天好起来，他常兴奋地对他的新朋友说：

"You have brought me new life"（你给我带来了新的生命）！

朝夕相处，史丹利先生也对传教士有了真切的了解，在之后他出版的第一本书中，十分钦佩地写下了他感受到的利文斯通先生优秀的个人品格。他钦佩利文斯通先生渊博的知识、高端的学养以及坚强的意志力，欣赏他的果敢刚毅、对当地人无尽的容忍以及在人生沉浮中表现出来的镇定自若，赞颂他拥有的深切的宗教情怀和不可动摇的对上帝的信仰。

"这样一个完美的、稳健平和的人，我还从来没有见过。毫无疑问，认识利文斯通先生对我的一生、对我性格的改变都产生了很大的影响。"

这是史丹利先生二十七年之后在伦敦对我说的一番话。

在阿拉伯人和当地人陈述的基础之上，利文斯通先生一直有这样一个信念，即坚信坦噶尼喀湖水向北注入了尼罗河。这个信念也是将他留在非洲的原因之一，他也十分坚定地认为，这个地理学科考任务他一定要、也一定能够完成。

在将近四个月的时间里，两位情投意合的朋友生活在一起、工作在一起、奋斗在一起。他们从乌吉吉出发，开始寻找坦噶尼喀湖泊的出水口。遗憾的是，他们走过的所有河流都是流进湖泊的。他们又回到塔波拉，即当地人称呼的乌尼亚尼姆贝（Unianiembe）。到了那里，史丹利先生就已经走完了返回桑吉巴尔征程的四分之一。身负使命的他必须马上回家，要尽早为戈登·贝内特先生的《纽约先驱报》送去找到了利文斯通先生这一特大新闻。

1872 年的 3 月 14 日，两位知己告别。

史丹利先生从利文斯通先生处拿到了很多信件、日记以及他写给英国皇家地理学会的报告。两人痛苦地、情感不舍地永别了。史丹利先生还徒劳地抱着希望，试图劝促利文斯通先生随他一起回桑吉巴尔和欧洲。对利文斯通先生而言，回归故乡不能说不是一个大的诱惑，但意志力坚定的利文斯通先生是不会放弃他认定的责任和义务的。

他对史丹利先生说：

"只需要六个月时间，我的工作就会全部完成，到了那个时候，我也就能没有遗憾地安心回家了。"

当然，对史丹利先生而言是困难的，也是痛苦的，看到利文斯通先生与他的同伴们再次返回西部走向僻壤、走进孤独和蛮荒，而他自己的脚步则是疾步向东前往桑吉巴尔，走向城市、走进文明。

当然，如果利文斯通先生与史丹利先生同返欧洲，人们至少不会产生怀疑，即认为史丹利先生的非洲行报告是一场骗局。

起初，不少人在猜测，站在他们面前口若悬河的史丹利先生会不会是一个精明干练的美国报业骗子，只是当他拿出了利文斯通先生亲笔写下的信件和有关报道后，人们才不得不承认事实，并向史丹利先生赔礼道歉。尽管如此，人们对他的不理解，仍像一根硬刺扎在他的心口，以至于多少年之后，他还面对我讲述了一直藏于内心的这一痛楚。

但无论如何，史丹利先生找到了利文斯通先生的首发消息在世界上引起了极大的轰动，数家报纸详细地报道和转载了这一戏剧性

事件的始末。史丹利先生一跃而成为世界名人，他写的书籍因而也
收获了令人意想不到的高额酬金。

　　直到今天，我还能模糊地记起年幼时，我的父母以及他们的朋
友对这个一夜之间世界知名的大人物的莫大兴趣。所有文化大国的
人民，特别是在那些视利文斯通先生为时代最伟大的、最高贵的、
最大公无私的人类之友的民族，对史丹利先生的功绩都怀有无尽的
感激之情。因为，是他历经千辛万苦找到了利文斯通先生，至少在
一段时间里挽救了他的生命。

　　史丹利先生的第一部著作《我是怎样找到利文斯通先生的》瑞
典文版，我大概是在十三岁时读到的。这本书给年幼的我留下了不
可磨灭的印象，它使我想到了费尼莫尔·库柏先生关于印第安人的
著作和儒勒·凡尔纳先生写下的令人惊讶的冒险经历。他们之间最
大的区别只是，史丹利先生的报道是真切发生的事实。史丹利先生
的著作在年幼的我心里点起了一把火，一把要探究地球秘密的兴趣
之火，这一束火焰至今仍在我的心头明亮地、熊熊地燃烧着。

　　史丹利先生的著作为一个瑞典少年打开了想象中的非洲大门，
非洲的神秘莫测，这个黑色民族拥有令人惊讶的大型动物，还有它
的湖泊、森林、河流……

　　当时的我根本不会想到，竟然有这么一天，我会亲身面对史丹
利先生，亲口听他讲述、印证他书中给我留下的印象以及回答我孩
提时的好奇，并最终彻底了解到，他找到利文斯通先生千辛万苦的
曲折经历。

　　一般而言，一个具有利文斯通先生这样等级和身份的基督徒是

从来不会感到孤独的，但自从与生活乐观、充满信心、工作努力的
史丹利先生在塔波拉告别之后，利文斯通先生竟感到了一种别样的
孤独。

在他梦寐以求的、缓慢艰难的寻找尼罗河源头的西行徒步旅途
中，他从事着自然科学上的研究，记笔记、绘草图、写信件。

在 1872 年 7 月 5 日的日记中，他只记录了一个词：

累、累！

在利文斯通先生孤独的探险旅行中，他改变了以前制定的首先
探勘卢阿拉巴大河（Lualaba①）的计划，决定从寻找班韦乌卢湖
（Bangweolo②）入手，他认为，这个湖泊应该就是尼罗河的源头。

8 月中旬，他久盼的一支新的运输队来了。运输队的脚夫中有一
个能说一口漂亮英语的非洲小伙子，名叫雅各伯·维莱特（Jacop
Wainwright），他成了利文斯通先生生命最后一个阶段最为可靠的见
证人。两位值得信赖的佣人朱玛（Chuma）和苏西也都还守在他的
身边。

当利文斯通先生与他新的、配备精良的探险考察队回到坦噶尼
喀湖之后，他又开始了一个历时八个半月充满苦楚、劳累和艰难的
探险计划。

_____

① 卢阿拉巴河是刚果河的上游，发源于扎伊尔沙巴高原赞比亚境内的东非大裂谷
的高地山区，赞比亚境内称谦比西河，向北流出博约马瀑布后则称为刚果河。
② 班韦乌卢湖在赞比亚东北部，属刚果河水系。班韦乌卢沼地和班韦乌卢平原构
成全球最大的湿地系统。

第一个月之后他就在日记里写道：

> 我已经病了，八天来，几乎没有进食。

探险考察队在南部绕着坦噶尼喀湖向西南部行进。雨季来临，几乎整个旅途都是在滂沱的大雨之中。不仅仅因为疾病，还有气候或险要的地势都在消磨着、摧毁着他们的力量和决心。很可能利文斯通先生也已经感觉到自己时日不多、没有多少光阴可以失去了。

从班韦乌卢湖的北岸走过来，探险考察队于 4 月 25 日终于到达了卢利马拉河（Lulimala）。病中的利文斯通先生将这条河称为莫里拉莫河（Molilamo）。在这里，利文斯通先生用颤抖的手在日记里写下了最后几句话：

> 完全精疲力竭了，待在这里——恢复——派人去买奶羊了。
> 我们现在在莫里拉莫河岸边。

为了过河，探险考察队将病重的利文斯通先生抬到了独木舟上，但过了河利文斯通先生就再也走不动了。他们不得不临时在河边搭建了一个棚子，将他抬进了简陋的草棚。

晚上，值夜的男孩看见草棚里的主人正跪在卧榻旁，仿佛在默默祈祷。待第一声鸡鸣时，男孩又瞥了草棚里一眼，主人还是保持着一动不动的祷告姿势。他赶紧叫来苏西，摸了摸主人的脉搏才得知，利文斯通先生已经仙逝了。

利文斯通先生在给他兄弟约翰的信中这样写道：

　　　如果慈悲的上帝在天上赋予我力量并给我施加影响，使我的事业尽管如此艰难但也能圆满完成的话，那我就不会抱怨饥饿和辛劳了。特别是，如果上帝允许我在非洲内部结束奴隶交易的罪恶行径，我会发自内心地感谢上帝、赞美上帝。而发现尼罗河源头的价值，对我而言只在于，在它的发现上，我的意见在世界上能够得到重视。

　　从利文斯通先生的遗信中我们可以体会到，最重要的是他肩负的义务和责任，痛苦和拼搏算不了什么。

　　在这最后一次的探险考察旅行中，他一开始就在地理学上有重大发现，如发现了班韦乌卢湖和姆韦鲁湖（Mweru①），只是在这次探险考察旅行结束的时候，地理学方面没有什么大的建树。尽管如此，他还通过自己的以身殉职告诉了这个世界，他逝世后不久，这个世界就会结束奴隶交易的丑行。

　　以身殉职的传教士利文斯通先生最后的旅程是：一位英雄的送葬队列，还应该说，是一位英雄的凯旋队列。

　　利文斯通先生的心脏和内脏起初装在一个金属容器里深深地埋在班韦乌卢湖边契坦波村（Chitambo）里的一棵大树底下。黑人小伙子雅各伯·维莱特将伟人的名字刻在了树干上。考虑到这棵有纪念意义的树只会是一个暂时的存在，或早或迟地会被毁掉，故几年之后，人们将其砍伐，将刻有利文斯通先生名字的树干部分运到了

---

①　姆韦鲁湖位于赞比亚和刚果民主共和国边境。

伦敦。1898 年，我有幸在英国皇家地理学会纪念馆里见到了这个珍贵的藏品。

利文斯通先生的遗体在黑人小伙子雅各伯·维莱特的指导下，由死者生前忠诚的仆人朱玛和苏西经过一定的防腐处理后绑在了一根棍子上。他们抬着先生的遗体，经过坦噶尼喀湖，穿过塔波拉地区，长途跋涉了整整九个月时间，走完了二千七百公里的路程后到达巴加莫约（Bagamoyo①）。在那里，忠实的仆人才将肩上这一无比珍贵的负荷转交给了英国领事馆。

1874 年 2 月，一艘巡洋舰将死者经亚丁送往南安普敦（Southampton②），从这里再转运到伦敦的英国皇家地理学会大楼。

整个世界的目光都在追随着这支送葬队伍。

1874 年 4 月 18 日，在非洲传教的耶稣使者、伟大的利文斯通先生的遗体残骸经过伦敦的大街运往威斯敏斯特修道院。送葬的队伍中有他的脚夫雅各伯·维莱特和忠实的仆人朱玛和苏西，他们被允许陪伴主人和尊师前往他最后的安息处。在场的人还有一直与利文斯通先生非洲之行保持着密切联系的他的岳父、高贵的罗伯特·莫法特（Robert Moffat）博士。

莫法特（Robert Moffat）博士的女儿、利文斯通先生的夫人玛丽·利文斯通（Mary Livingstone）女士已经先于丈夫十三年在非洲去世了。

不言而喻的是，送葬的队伍中还有利文斯通先生在非洲见到的

① 巴加莫约是坦桑尼亚的城镇，历史名城和港口，位于达累斯萨拉姆以北七十五公里处，毗邻桑吉巴尔。十九世纪东非最大的奴隶贸易市场之一。
② 南安普敦，英国英格兰东南区域汉普郡的港口城市。

最后一位欧洲人亨利·莫顿·史丹利先生。

✳

在利文斯通先生生与死的问题上，我的叙述可能是稍微长了一些，但那不仅仅只是因为，利文斯通先生是第一位最伟大的、在童年时期就唤起了我要做一名去陌生国度探险的旅行家兴趣的人，更主要的原因还在于，不写利文斯通先生，就不可能理解他的后继者、伟大的史丹利先生。

在非洲探险事业上，史丹利先生之后又创下新的业绩，一方面是受寻找利文斯通先生成功之旅的激励，另一方面还因为他以前就对旅行和冒险有着浓厚的兴趣。他参加过美国的内战，1867 年又在阿比西尼亚（Abessinien）参加了英国战争。他是《纽约先驱报》驻西班牙、土耳其和波斯国的新闻记者，出席了苏伊士运河的开通典礼。

但促使他开始新的非洲探险活动的最大最终的推动力则是来自伟大的利文斯通先生。

1874 年年初，史丹利先生率领一支装备精良由士兵和脚夫组成的探险队从巴加莫约出发前往维多利亚湖。在穿越乌干达（Uganda）到达艾尔伯特-爱德华（Albert-Edward①）湖后，他基本上就全面完成了坦噶尼喀湖制图学上的所有工作。

1876 年 11 月 5 日，他到达了谜一般神秘的卢阿拉巴河，并经考

---

① 艾尔伯特-爱德华湖位于刚果民主共和国和乌干达边境，是非洲七大湖中面积最小的一个湖泊。"艾尔伯特-爱德华湖"由发现者史丹利命名，以表达对威尔士亲王、王子艾尔伯特爱德华也就是后来的英国国王爱德华七世的敬意。

察确定，不仅仅这条河流，就连坦噶尼喀湖与尼罗河都没有哪怕一点点水系上的联系。他继续沿着汹涌澎湃的卢阿拉巴河向下游方向做勘探旅行，一开始在岸边行走，还有当地强势的军阀阿拉伯首领提普踢皮（Tippu Tip①）参与保护。但继续往西，就只有采用独木舟和皮筏作为旅行工具了。一路考察旅行，他还要与野蛮好战的部落进行无休止的小型战斗。史丹利先生与他的同伴们沿着当时还完全不为人知的刚果湾（Kongobogen）向上，从而又确定了卢阿拉巴河是刚果河的上游部分这一重要的地理学概念。

1877 年 8 月 8 日，当史丹利先生到达刚果河出口处波马（Boma）的时候，他就已经解决了地理学上一个最高级别的问题，并横跨了从印度洋到大西洋不为人知的非洲地域。

在后来的那些年里，史丹利先生对自己已经发现的成果又进行了新的补充，其中有利奥波德二世（Leopold Ⅱ②）湖和来自北部与刚果河结合的支流阿鲁维米大河（Aruvimi③）的发现。

为了完成比利时国王利奥波德二世赋予的使命，史丹利先生在刚果国布置了与所属道路相连接的站点链。当然这一工作也是在一些有才干的瑞典官员帮助下完成的，其中就有爱德华·格莱鲁普先生、彼得·穆勒（Peter Möller）先生和阿维德·韦斯特（Arvid Wester）先生。

---

① 提普踢皮，臭名昭著的奴隶贩子。
② 利奥波德二世，比利时国王，全名利奥波德·路易·菲利普·马利·维克多（Léopold Louis Philippe Marie Victor，1835—1909 年）。为了扩充比利时在非洲的势力，利奥波德二世要求亨利·莫顿·史丹利帮助开发刚果。
③ 阿鲁维米河是刚果河的右岸支流。

1888 年和 1889 年，史丹利先生的名字再次享誉全球，那是因为他在苏丹南部赤道非洲营救埃敏（Emin①）帕夏取得的成就。尽管我现在已经年迈，但还记得十分清楚，当时的我是带着怎样一种紧张的心情关注着史丹利先生和埃敏帕夏的命运以及当时地球上所有新闻媒体是怎样描述他的英勇壮举和世界各地是怎样庆贺欢呼他凯旋的。

从此，史丹利先生奠定了他自成一体的全球地位，取得了在伟大的地理发现历史上、在揭开大的非洲问题黑幕上的头把交椅。他唯一的竞争者只有利文斯通先生，但奇怪的是，两位伟人又是那样密不可分地、互相补充地缠绕在一起。

史丹利先生 1841 年出生在英国的威尔士（Wales），原来的名字为罗兰兹（Rowlands）。后来，一位美国新奥尔良（New Orleans）的商人领养了他，给了他亨利·莫顿·史丹利这个名字，直到去世他都没有再改变这个名字，即便在他闻名于世的时代。

1892 年，他再次成为英国臣民，并从 1895 年至 1901 年成为英国下议院议员（M. P.）。

1897 年，他再次访问了南非，这次访问被视为他对黑色非洲大陆的一次告别访问。

1899 年，他获得了爵士头衔。

一如上面所述，1898 年，我与还未获得爵士头衔的、与非洲已经永久告别了的史丹利先生见了面。

---

① 埃敏帕夏（1840—1892 年），德国医生、探险家和埃及苏丹行政主管。1878 年被指派为赤道省省长。马赫迪起义时，埃及政府放弃苏丹，埃敏帕夏陷入孤立，1888 年被亨利·莫顿·史丹利所营救。

1898 年初，我第一次接到在英国皇家地理学会做演讲报告的邀请，会上授予我两枚金质奖章中的"创立者"金质奖章，皮里先生获得了另一枚"赞助者"金质奖章①。皮里先生和我同时受邀参加了 1898 年 5 月 25 日举行的英国皇家地理学会周年庆典宴会。参加宴会的共有二百五十人，大多是地理学家、探险发现的旅行家。

在这个会议期间，我从皇家地理学会秘书约翰·斯科特-凯尔蒂（John Scott-Keltie）博士处得知，史丹利先生住在伦敦，他每个星期都有一天要去茶室喝下午茶。

一位穿制服的服务员为我打开了茶室的大门，并大声地、发音严重错误地呼叫着我的名字。走进茶室，我受到了史丹利先生和夫人极具礼节性的欢迎。他们请我在茶桌旁坐下，茶室里不少其他客人正三三两两地站着聊天。

一开始，我没有作自我介绍，伟大的"非洲探险家"还不清楚我到底是何方人氏，相互只是在闲聊一些无关紧要的话题，而我却亲眼见到了自十九世纪七十年代初以来在上百份瑞典以及外国报刊杂志照片上多次见到的、我崇拜的史丹利先生。尽管才五十七岁，但史丹利先生看上去显老，小胡子与银灰色的头发一样白，不过仍显得很有力量、精力充沛、身体健康。不论从哪个角度看，先生的仪态、举止、风度也都十分得体。

①　1830 年成立的英国皇家地理学会于 1831 年开始设立奖项，颁发各类奖二十多项，旨在鼓励和支持地理科学家们积极投入科学研究和探险活动。1836 年起启用皇家奖章的形式授予获奖者，每年评选一次，一次一位获奖者，由英国女王亲自批准。从 1839 年起，皇家奖章分为"创立者"奖章和"赞助者"奖章，是世界上同类荣誉奖章中认可度最高的。

过了一会儿，他才开始问我，为什么来伦敦，有没有拜访他的打算，对他还有哪些愿望和要求。

"是的，我有愿望！"我赶紧回答道：

"我的愿望就是想见到您并认识您这位以无法克制的、强大的能量开启了人类认识黑非洲文明大门的伟大探险家。在我还是一个少年的时候，就读过了您不朽的著作《我是怎样找到利文斯通的》，打那以后我就带着极大的钦佩之情心醉神迷地学习和研究您所有的旅行文字。此外，我与穆勒先生、格莱鲁普先生、韦斯特先生以及其他与您在刚果国共过事的瑞典人是好朋友。"

"是的，瑞典人是所有我在刚果国合作工作过的、欧洲人中的佼佼者——您该不是因为这些瑞典人或者是因为我才给予我在伦敦见到您的荣誉吧？"他好奇地、不乏客气地问道。

"不仅仅是，尊敬的史丹利先生！我来伦敦是受英国皇家地理学会的邀请在学会的周年庆典宴会上接受'创立者'金质奖章的。"我回答道。

听到这一介绍，史丹利先生先是吃了一惊，然后马上起身将双手递了过来，并叫着我的名字。只是到了这个时候，我俩之间尚显陌生的冰块才开始融化。史丹利先生叫上他的夫人，请茶室里的众人安静，开始用热情洋溢的语言向在场的人介绍起我来。我们的交谈也开始步入正轨，直到最后整个茶室里只剩下我和史丹利夫妇。

我还从来没有见过这样一位清醒的、专注的听众——伟大的探险家史丹利先生。就是他，在非洲莽莽的原始森林里艰难跋涉，甚至每前进一步都要用大砍刀和斧头劈开身前缠绕着的灌木丛以及由树枝或下垂的藤蔓形成的网状枝条。他曾在几个月见不到阳光的、黑云般压顶的森林树冠下，在持续滴落的、湿透衣衫的露水下，在不断灌进耳朵里的猴群和鹦鹉一阵阵、一声声警告般的尖叫声中风餐露宿……

相比较而言，史丹利先生也被我的内亚探险描述，被无边无际的、阳光暴晒下灼热干燥的、人们根本就找不到生物蛛丝马迹的大沙漠所深深吸引。虽然，史丹利先生从里海到波斯大海湾横跨波斯的旅行中，在他开始寻找利文斯通先生的旅程之前，也曾骑马走过了贫瘠干燥的、沙漠一般的大漠荒原。但他在整个行程中从来就没有缺过水，而我在戈壁滩和塔克拉玛干的旅行中是既没有水也见不到生物的……我的精彩讲述，对史丹利先生而言，也类似一个引人入胜的童话故事。

这次见面临分别的时候，史丹利先生主动邀请我几天以后再来。

同样，第二次的会晤也给我留下了终生难忘的记忆，围坐着桌子聊天的只有我们三个人。多萝西·史丹利（Dorothe Stanley）夫人，婚前的名字是多萝西·坦南特（Tennant），年轻漂亮、有修养、有活力，与她的先生一样，对我的冒险经历也很感兴趣。

史丹利夫妇俩有一台当时世上少有的录音机，他们希望把我关于 1895 年大沙漠探险旅行的讲述录进去。我十分愿意，但提出了要求，录音时我必须是一个人在房间里。我只有七分钟的录音时间，因此必须集中注意力、挑出富有戏剧性的重点内容进行介绍。我说得很快，但很清晰，尽量采用短小精悍的句子，边录边注视着针头在滚筒上以令人担心的速度快速行进。我终于精确地按时完成了录音工作，当我的最后一句话在滚筒上消失，刻录针头也正好停止了运动。录完以后，我才请男主人和女主人走进屋来。

史丹利先生将录音内容倒回来重新播放了一遍，我也因此第一次在机器上听到了自己的声音，不过，声音的属性却令听者难以辨认。史丹利先生目不转睛地盯着针头，斟酌着录下的每一句话，那神情，好像关系到的是一位先知的布道。先生漂亮的夫人也在一旁观看操作。当最后一句话听完，他对我表示衷心感谢，并向我保证，他和他的夫人以及客人们会经常听着这段录音与我一道在内亚的大沙漠上长途跋涉。

当然，谈话间我也询问了有关利文斯通先生的一些情况，他带着好感和同情热情地介绍他的前任，他视利文斯通先生是一生中遇到的最伟大最尊贵的人。

当我问他，是否还会经常带着忧伤的心情思考非洲，是否渴望再回到莽莽大森林，回到辽阔无垠、由他首次发现的湖泊旁，是否想再次领略卢阿拉巴河、刚果河和阿鲁维米河宁静的、庄严雄伟的洪流时，他的回答是：

"那当然！确实是这样，只要我的思想回到了非洲记忆，或者就像现在这样，与一位像我一样，生活的轨道延伸到了地球上不为人知的地区的同仁交谈的时候，我就有这种多愁善感的情绪。否则，我就会像一个陌生人或者一位匆匆过客在被人们称为荒漠的伦敦踟蹰。

"伦敦是一个我既没有名气也没有朋友，我的探险旅行完全被人遗忘的地方。您可以想想，我沉沦得如此之低，现在就只是一个普通的国会议员！我年轻的时候，还误认为英国国会是下一个梵蒂冈，是神圣的罗马教廷，是地球上最为高贵的、最有教养的政府权力机构。但现在，当我在国会里待了三年之后，才了解得更多了、也更清楚了。我经常会为国会里那些无知的慷慨陈词感到惊讶。这些陌生的大人物们往往会带着高傲的优越感以及同情心取笑一般地注视我，以至于人们完全无需惊讶，一个生活的大部分光阴在黑非洲度过的人，在如此光芒耀眼的下议院里会变得头昏脑涨。我感觉自己在这个机构里极不舒服，我不属于它，更不适合待在里面。"

回到瑞典以后，我与史丹利先生就美国方面邀请我在美利坚合众国开展系列讲座活动这一话题有一个长时间的通信往来。在他和南森先生的建议下，我拒绝了这一邀请。1898年，我又收到过史丹利先生的几封短信，其中一封还附上了他的一张照片。

1909年10月史丹利夫人寄给我一本写上了友好题词的、关于她先生生平的大作《亨利·莫顿·史丹利爵士自传——巴斯骑士大十字勋章（G. C. B.）获得者》，由他的夫人多萝西·史丹利女士出版。

在这本书的最后一个章节里，史丹利先生披露了自己内心关于英国国会的最隐秘的观点，这个章节的标题是"告别国会"。他在书中对下议院的同仁们进行了毫不留情的批评，以"可怜的、可爱的、古老的英国"开篇，勾画了一个要在白尼罗河流域、苏丹和埃及执行的反对南非总统克留格尔（Krüger①）先生的黑暗的政治画面。

---

① 全名：斯特凡努斯·约翰内斯·保卢斯·克留格尔（Stephanus Johannes Paulus Kruger，1825—1904年），简称保罗·克留格尔，被人亲切地称为保罗大叔，南非共和国总统。在第二次布尔战争期间，他以领导布尔人争取脱离英国统治的独立自治的斗争而闻名。

史丹利先生在阐述了英国针对南非软弱无力的政治担忧之后，继续说道：

> 用不了多久我们就会被赶出埃及、被清洗出苏伊士运河。是不是，然后呢？

在最后这个章节中，史丹利先生还谈到了他们在离伦敦十三英里外买下的"荆豆山庄"，他的余生就是在那里度过的。

书中还写道，行将过世的先生在清醒的一刻曾问过夫人：

> 我死后，人们会将我埋在什么地方？

夫人回答：

> 史丹利，我将永远与你在一起，但他们也应该允许你进威斯敏斯特修道院！

他回答说：

> 要将我放在利文斯通先生的旁边，因为这样才是正当的，也是合理的。

亨利·莫顿·史丹利先生1904年5月9日逝世以后，遗体运到了伦敦。史丹利夫人沉痛地讲到了葬礼：

　　5 月 17 日，星期四，史丹利先生的棺木抬进了威斯敏斯特修道院，放在了我们举行结婚仪式的祭坛前面，致悼词之后，人中豪杰，亨利·莫顿·史丹利爵士并没有当即下葬，而是抬进了英格兰东南部萨里郡（Surrey）毕尔布赖特（Pirbright）的圣米迦勒教堂墓园。因为威斯敏斯特修道院的牧师约瑟夫·阿米蒂奇·罗宾逊（Joseph Armtage Robinson）拒绝史丹利先生安葬在那里，这段历史真相也流传给了后世。

在毕尔布赖特圣米迦勒教堂墓园的墓地上，史丹利夫人为夫君立了一个大的花岗岩墓碑，在碑的正面耶稣复活的十字架下，刻下了以下文字：

Henry Morton Stanley，Bula，1841—1904，Africa（亨利·莫顿·史丹利，破岩者①，1841—1904 年，非洲）

还要提到的是，1909 年至 1911 年间，我和我的妹妹阿尔玛作为客人拜访过几次史丹利夫人，她对人们没有给予伟大的非洲探险家亨利·莫顿·史丹利先生与大卫·利文斯通先生下葬在一起的待遇感到极为不满，而他俩的名字和命运又是那么紧密地联系在一起。

史丹利先生的很多朋友却认为，史丹利先生生活经历的戏剧性通过葬礼上对他怀念的不公正和不尊重又得到了进一步的加强。

----

① "破岩者"是史丹利的外号，也是史丹利在刚果的名字。原文是刚果语 Bula Matari，意为"破岩者"或"破岩"。之所以得到这个名字，很可能是因为他在刚果国的时候曾经和普通工人在刚果河边一起破岩筑路。

　　我与斯科特-凯尔蒂博士也谈论过这个问题，他的看法是，特别
是宗教界持有的观点是，由于史丹利先生太过严厉地、在某些时候
甚至是极为残酷地对待跟随他的黑人，因而他丧失了与利文斯通先
生、牛顿（Newton①）先生和狄更斯（Dickens②）先生葬在同一个
修道院的权利。

　　在世界上众多新的探险发现者中，亨利·莫顿·史丹利先生无
疑是当之无愧的、最伟大的一位。

---

①　全名：艾萨克·牛顿（Isaac Newton，1643—1727 年），英格兰物理学家、数学
　　家、天文学家、自然哲学家和炼金术士。
②　全名：查尔斯·约翰·赫芬姆·狄更斯（Charles John Huffam Dickens，1812—
　　1870 年），英国十九世纪中期作家、评论家。

纳特汉·瑟德尔布罗姆大主教

(Nathan Söderblom)

1898 年 2 月，我第一次抵达巴黎，受到了巴黎地理学会的隆重接待。瑞典—挪威地理学会特别举行宴会，除了我还邀请了一些法国人，特别是地理学界的知名人士。宴会上，我坐在瑞典大使迪尤的身边，不言而喻的是，大使先生会以雅致动听的挪威语在宴会上致辞。但更令我深感惊讶的却是宴会上一位一头金发的年轻先生的演讲。

只见他敲了敲玻璃杯后站了起来。

"他是谁?"我轻声问迪尤大使。

"他就是我们大使馆的牧师纳特汉·瑟德尔布罗姆先生①,"大使先生回答。

这个名字当时对我来说是完全陌生的，不过，很快我就注意力

---

① 纳特汉·瑟德尔布罗姆（1866—1931 年），瑞典著名神学家、宗教历史学家。瑟德尔布罗姆先生积极倡导各国基督教会的团结，始终不渝地为世界和平而努力，1930 年获得诺贝尔和平奖，是宗教界第一个获得诺贝尔和平奖的人。

集中地、好奇地、惊讶地、热情地聆听起他关于亚洲地理的精彩演讲来了。因为，如此形式完美、礼节讲究、口才出众的演讲我还从未耳闻过。他谈到了大亚洲，谈到了大漠商队清脆的驼铃声，谈到了大沙漠、大戈壁滩和荒僻的大原野，谈到了中国西藏高原白雪皑皑的雄奇山峰以及人类对尚不为人所熟知的陌生大陆的征服和勇敢顽强的坚强意志，还谈到了加洛林王族的精神和不达目的誓不罢休的坚定信心。他的生动演讲给人的感觉就像他亲身经历过一样，一幅幅硕大的亚洲风景画面在他的眼前有序地滚动着。

我第一次听到来自瑞典特勒讷（Trönö）教会的这位年轻牧师说出来的充满艺术魅力的、经典的、不可思议的、和谐悦耳的声音，就着魔似的被深深吸引住了。他丝毫没有掩饰对自己祖国的热情，那热情就像一支明亮的火炬在听众的头顶上舞动着，他心灵燃烧着的一团团火焰，被他睿智的思想和优美的语言烘托得炽热而又明亮。

在之后的那些年里，我一次又一次地见到瑟德尔布罗姆先生，即便我们被千山万水分隔多年。他后来是瑞典乌普萨拉大学的教授，1912 年至 1914 年又在德国莱比锡大学任教。在德国的土地上，他获得了瑞典教会地位的最高头衔。同样，在第一次世界大战期间，我们也见过好几次面。

每年的 2 月 11 日是日本的国庆节，斯德哥尔摩的"瑞典-日本协会"会在这一天举办一些庆祝活动，我是该协会的创始人之一。

1921 年的日本国庆节，协会董事会除邀请了其他尊贵的客人以外，还邀请了当时已成为大主教的瑟德尔布罗姆先生。宴会过后，大家三三两两地聚在一起聊天，我与瑟德尔布罗姆先生谈论的话题是芬兰大元帅、曾经的摄政王曼纳海姆（Mannerheim①）先生。

瑟德尔布罗姆先生语音朗朗地说道：

“是的，他很了不起！可惜，我一直没有面见曼纳海姆大元帅的机会。很想见他一面。”

我对他说：

“曼纳海姆元帅2月17日会来斯德哥尔摩，已经约好晚上七点在我家共进晚宴，还有我的母亲。如果您，尊敬的大主教先生也能屈尊给我们这一份荣耀的话，我们将十分高兴。”

瑟德尔布罗姆先生说：

“我得先看看时间安排，2月17日那天我有一个主教会议、参加两个就职仪式和一个教堂落成典礼，还有接见神职人员等其他琐事，不过我想，17日的七点我一定会到！”

这是一个值得纪念的晚宴，除了曼纳海姆元帅和瑟德尔布罗姆大主教之外，我们还邀请了另外几位朋友。曼纳海姆元帅坐在我母亲的左边，大主教瑟德尔布罗姆先生坐在她的右边。席间，我们谈到了一个民族什么都可能丧失，就是不能丧失民族尊严的精神，谈到了一支勇敢的军队同样要能够很好地理解寒冷、饥饿和胜利。我还回忆了当年在巴黎初识他这位年轻牧师的情景以及他的岳母还是我母亲青年时代的朋友等愉快轶事。

晚宴过后我们又在一起长时间地交谈，瑟德尔布罗姆先生很是兴奋。而我，能给芬兰常胜大将军与我们国家宗教界杰出人物提供

---

① 全名：卡尔·古斯塔夫·埃米尔·曼纳海姆（Carl Gustaf Emil Mannerheim，1867—1951年）芬兰瑞典族，芬兰第二任摄政王、芬兰共和国第六任总统及芬兰元帅。

一个交往的机会，自然也感到特别高兴。

正好一个月之后，大主教瑟德尔布罗姆先生被一致通过选进了瑞典科学院。对此，他没有掩饰自己发自内心的喜悦，态度还十分积极，只要是没有他必须参加的其他重要活动，他都会欣然出席瑞典科学院的会议。尽管他往往来得比较晚，也习惯在会议结束之前匆忙离去，但只要他在场，讨论的气氛就会十分活跃。他不仅个人魅力四射，说话也机智风趣。一旦他离开，与会者们就会有一种流于日常的、平淡空泛的感觉。

那段时间里，我经常会将我出版的新书寄给大主教，每每收到新书后他都会十分兴奋地，甚至是太过殷勤地表示感谢。

针对浪漫的、小说一般情景描写亚洲高原的《藏布喇嘛的朝圣之旅》一书，他在回信的开头这样写道：

> 耶稣受难期的第五个星期日
>
> (Judica)，1922 年
>
> 萨尔斯塔（Salsta）
>
> 瓦特霍尔玛（Wattholma）
>
> 兄弟！
>
> 如果我相信生命有轮回、人有来世的话，我就能肯定地说，你的前世的前世应该是一头牦牛，你的前世则是一头野驴。这样，你才能以一个佛陀或者说一个菩萨拥有的默想能力回顾自己过往的经历，并将你在凡尘间的意识体验写下来、印出来。
>
> 但现在的我并不相信生命轮回，因此，你在我的眼前就是一

位会施展魔法的魔术师了，因为你的书是魔幻般的、无与伦比的。

　　什么时候旱獭将它的秘密透露给你了？你是怎样找到人与自然、人与动物之间的结合点的？这些问题一直使我处于兴奋状态，引诱着我这样一个或多或少还有些理智的人。

　　对你的叙述我始终保持着急切的心情，半夜里，我就已经将这本书狼吞虎咽地读完了一半。

　　　　　　　　　　　　你的纳特汉·瑟德尔布罗姆

　　不会有人像他这样，始终不渝地理解一个人，勉励一个人作出新的努力、拥有新的希望。与他交谈，你马上就会感觉到，他有多么快乐、多么阳光、多么友好。在社交圈子里，在接受邀请参加的节庆宴会上，他，不用你希望或者说你只需要知道，他总是场上的中心人物。

　　他自己就是一位熟谙生活的艺术大师，1921 年，他在我兄弟的宾客留言簿上是这样写的：

　　　　一个好的生活准则是这样的：我们应该对生活作如此安排，仿佛我们要活上一百岁，同时又要做好准备，随时有可能死去。

　　大主教瑟德尔布罗姆先生所作的悼词，对一个人生命终结的总结和生命短暂的态度不是阴沉昏暗的，他灵活地运用《圣经》语言，语言的表达像在用一块块鲜亮的"马赛克"镶嵌出一幅由死者毕生事业形成的令人印象深刻的精彩画面。他的悼词通过舒缓悦耳的语音语调宣读出来，显得自然而又不失庄重。

谁要是在 1911 年的 2 月参加了瑞典著名诗人古斯塔夫·弗洛丁（Gustaf Fröding）先生在克拉拉教堂的葬礼，或者在 1931 年的 3 月 12 日在格罗森（Großen）大教堂参加了瑞典著名诗人、诺贝尔文学奖获得者埃里克·阿克塞尔·卡尔费尔特（Erik Axel Karlfeldt）先生的葬礼，就会对大主教瑟德尔布罗姆先生在葬礼上发表的精彩绝伦的悼词留下难忘的印象。

令人印象特别深刻的还有 1920 年在莫拉（Mora）公墓举行的瑞典著名画家安德斯·佐恩（Anders Zorn）先生的葬礼。八位莫拉大汉，穿着漂亮的家乡传统服装，托着灵柩。灵柩没有用肩扛，而是用他们之间绷拉起来的宽宽的带子托着的。大主教随着送葬队伍跟在他们的后面走向挖开了的墓穴。

瑟德尔布罗姆先生那天的悼词充分证明了他天才的创造力和完美的演讲艺术，表明的思想、表达的语言均源自《圣经》，神圣的尊严在数百个行将枯萎的花环中鲜明地衬托了出来。这些用彩色布条以及过于刺目的颜色编织起来花环实际上是违背了伟大的艺术家佐恩先生对于和谐与尊严的要求的。

1925 年初，在"花卉基金"（Blumenfons）第一座大厦兴建的奠基礼上，大主教在讲话中明确地表达了这样一个思想：漠视、放弃对贫穷、对老人、对疾病患者的关怀和福利是一个民族没有高度文明的表现。讲话中他没有稿子，很可能是没有时间准备这个讲话，尽管如此，这个讲话在形式、内容和语言的表达上仍堪称完美杰作。

瑟德尔布罗姆先生的幽默是清新动人的，他的宗教宽容、他的人类情怀是伟大的。在乌普萨拉参加了佐恩先生的葬礼后，我们在一起又聊起了这位伟大艺术家的一系列趣闻轶事。

我告诉他，一次纪念"维加号"探险船返航周年大会后，我与阿尔伯特·恩斯特罗姆（Albert Engström）先生随佐恩先生去了他的工作室。那是四月底的一天，昭示着新一天来临的太阳已经在东边地平线上露出了笑脸。佐恩先生脱下了他的燕尾服，穿上了拖鞋。当威士忌酒和苏打水端了上来，半睡半醒的佐恩先生说道：

"你们相信吗，即便救世主现在从天而降来到我们身边，也会认为是置身于一个美好的集体中？"

听到这话，瑟德尔布罗姆先生笑了起来说道：

"佐恩先生也多次对我开过类似的玩笑，但他的这种表达没有半点亵渎上帝的意思。他关乎宗教问题，关于死亡与永恒的思路，其形式是奇特的，就像他的画作一样，总是现实的。他对现实问题的思考是十分严肃的，不会想到开玩笑，更不会想到去亵渎。"

在我家举行的一次小型朋友聚会上，我给瑟德尔布罗姆先生看了在北京故宫拍卖会上买下的两件华丽的中国龙袍，一件是清代康熙（Kang Hsi）皇帝穿过的，一件是清代乾隆（Chien Lung）皇帝穿过的。大主教披上了其中一件，趾高气扬地、带着专制君主盛气凌人的架势在房间里走来走去，然后坐在一张靠背椅上打趣地说道：

"成为一位'天子'的感觉简直是太奇妙了，这可是我平生第一次登上了中国'皇座'。"

1926 年的春天，我作为客人在德皇威廉二世陛下的荷兰多伦（Doorn）宫殿住了三天，这样，我有机会每天早晨九点钟聆听德皇陛下十五分钟短小的读经祷告。离开的时候，德皇陛下特别递给我一个装着几份他布道经文的卷筒，请我转交给大主教瑟德尔布罗姆先生，并请他回信对德皇陛下布道经文中针对某些问题表达出来的观点谈谈他的看法。瑟德尔布罗姆先生读了布道经文后马上就给威廉皇帝写了回信。

　　1926 年的秋末，我又动身前往亚洲，直到 1931 年的年底才回到瑞典。在家乡长住的这一段时间里，我一方面准备探险考察文字资料的出版，一方面也举办了一系列的考察讲座。讲座的第一场在斯德哥尔摩市，第二场就在瑟德尔布罗姆先生所在的乌普萨拉市，我和妹妹阿尔玛那天就住在大主教家里。

　　第二天一大早，当我们准备开车前往耶夫勒市（Gävle）的时候，突然下起了鹅毛大雪。大主教没有穿大衣，也没有戴帽子，陪着我们走出房门。即便户外纷纷扬扬的大雪盖住了他金黄色的头发，但他还是一动不动、精神焕发、愉快地站在门前为我们送行。

　　"上帝赐福于你们，阿尔玛和斯文！"当汽车开动的时候，他边说边频频挥动手臂与我们告别。

　　同年的 4 月 12 日，大主教瑟德尔布罗姆先生在格罗森大教堂里、在瑞典著名诗人托马斯·约斯塔·特兰斯特罗默（Tomas Gösta Tranströmer）的灵柩旁宣读《圣经》，为逝世的诗人致悼词。

　　这是我最后一次见到他，最后一次聆听他洪亮悦耳的声音。

　　正好在这三个月后，瑟德尔布罗姆先生流星般闪亮的、造福、统一整个基督教界的作用和影响结束了，一位世间少有的伟人的工作日结束了。他谢世的消息使整个瑞典国并越过国界使世界各地都沉浸在深深的悲痛之中。

　　这是一个温暖而又明亮的夏日，被邀请参加葬礼的客人们慢慢地走过大主教的房子，以便在盖棺之前再见他最后一面。庄重肃穆的队伍抬着灵枢走进教堂墓园，将瑟德尔布罗姆先生下葬在主祭坛下的墓穴里，走在送葬队伍最前面的是尊贵的瑞典国王陛下。从特勒讷市的教堂到位于首位福音信义会瑞典大主教劳伦提斯·彼得里（Laurentius Petri）墓园旁瑟德尔布罗姆大主教永远的安息地，瑟德尔布罗姆先生走的是一条为光明、为真理、为和平服务的道路，一条向前、向上的进取道路。

　　瑟德尔布罗姆先生的人生目标是，在基督教博爱的地基上，与仇恨作斗争，治愈战争的创伤，再次将地球上各民族之间被战争断开的纽带联系起来。由于纳特汉·瑟德尔布罗姆先生在世界上的影响，我们瑞典教会在世界基督教界，在教会生活和工作中一直居于领先位置。瑟德尔布罗姆大主教成为新教教徒中地位最高的神职人员。

　　人们说，自德国神学家、哲学家马丁·路德（Martin Luther）时代以来，在基督教新教世界就再也没有一位教会长老有瑟德尔布罗姆大主教那么大的影响力。这是我们瑞典教会的一份责任，也是我们瑞典民族的一份荣耀。在那个权力分崩离析的时代，纳特汉·瑟德尔布罗姆大主教作为继承人接过了使命，倡导世界各国基督教会的团结，始终不渝地为世界和平而努力。他是屹立在教会领域的一位伟大人物，是教会历史上当之无愧的"世界教会之父"。

　　通过大主教纳特汉·瑟德尔布罗姆先生，我们瑞典教会重新赢得了国际地位。虽说通过古斯塔夫二世·阿道夫的杰出政策，瑞典教会在一个小的范围内也获得了这个意义，但瑟德尔布罗姆先生作为一位具有历史意义的、我们这个时代世界级伟人的地位是当之无愧、不容被低估的。

在本书展现的名人画廊里，纳特汉·瑟德尔布罗姆大主教的地位也是独特的，他高于其他所有人，能认识他、站在他的身边是我的幸运。他的光芒，他人道的、仁慈的高大身影我永远不会忘记。在我的心目中，他似乎还活着，还在安慰着我们，还在时代的厄运中、生命的考验中赐予我们以希望。

被赐福的、可爱的、值得尊敬的伟人，他的思想和事业将永远活在我们民族人民的心中。

卡米伊·弗拉马利翁

(Camille Flammarion)

在巴黎与纳特汉·瑟德尔布罗姆先生第一次见面的前一天，我还有幸认识了另外一位伟大的思想家和幻想家卡米伊·弗拉马利翁[①]先生。一如瑟德尔布罗姆先生，弗拉马利翁先生也是一位在永恒的大海海边沙滩上把玩石头的人。两个人的思想都活动在神秘莫测的无边无际的空间，不同的只是，一个人活动的空间是精神世界，另一个人活动的空间是物质世界。

我与瑟德尔布罗姆先生也多次谈到这位伟大的法国天文学家，因为我们两人都对他以及他的著作充满着钦佩之感。

1862年，法国巴黎出版了卡米伊·弗拉马利翁先生撰写的《众多有生命居住的星球》这本书，一下子就在读者中引起了巨大的轰

[①] 全名：尼可拉斯·卡米伊·弗拉马利翁（Nicolas Camille Flammarion，1842—1925年），法国天文学家、作家和灵性主义者。他是一位多产作家，出版著作超过五十种，其中包含天文学的科学普及读物、数本知名的早期科幻小说和一些关于通灵术的书籍。1882年，他创办杂志《天文学》，并在奥格列河畔朱维西建立起个人天文台。

动，该书持续再版并被翻译成众多其他文字。年轻一代带着极大的
热情狼吞虎咽地捧读着这本新著，年轻的眼睛被打开了，看到了明
亮的夜空向地球之子展示出来的绚丽场景。

1868 年，这本书的瑞典文版由拉尔斯·约翰·西尔塔（L. J. Hi-
erta）出版社出版，同样，一经出版就在我们国家受到思想家们、幻
想家们以及爱好思考的年轻或年老读者们的热烈欢迎。我母亲当时
二十八岁，很快就买了一本，勤奋地深究起无尽宇宙空间里存在的
那些个崇高庄严的问题。"有生命居住的星球"是一个十分吸引我母
亲的命题，她十分崇拜书的作者弗拉马利翁先生。正是这位年轻的
法国作家极为清楚地、确信无疑地以闪耀着光芒的幻想，引导着她
的思想也像其他人一样，插上想象的翅膀，飞离地球向往着遥远的、
广袤的星空，向往着拥有百万个太阳的神秘莫测的银河系、星云。
若与这本书相比，全世界所有的童话和传奇故事都显得相形见绌。

像古典诗人写下的史诗，弗拉马利翁先生对地球人难以想象的、
自亘古以来就已经展开了的、不受时空限制的宇宙舞台上永无止境、
相互追随的事件进行了出色的描写。

当我渐渐长大，开始意识到围绕着自己的大自然和社会生活的
时候，我的母亲也开始给我介绍织女星、天狼星、大角星和其他黑
夜降临时在我们头顶上空闪烁着的且越来越明亮的星座了。天上，
不只是有上帝挂的天灯，还有无数颗太阳，比我们见到的太阳大得
多的太阳，它的数量甚至超过了海底所有沙粒和地球沙漠所有沙粒
的总和。母亲还对我说，人类居住的庞大地球，在浩瀚的宇宙里只
是一个悬浮着的不起眼的小沙粒，宇宙里还有数不清的类似于地球

这样的星球。她还告诉我，在这些星球上同样生活着人类或者其他类型的生命，这些生命体比起地球人甚至可能进化得更加完美。它们也经历了认识世界的陌生阶段，也是在进化的道路上不断获得真知的。而上帝——浩瀚宇宙的创造者，离他们更近，胜过了还未完全进化的地球人类。

上学以后，我的视野得以扩大，妈妈就给我阅读弗拉马利翁先生写的《众多有生命居住的星球》这本书并讲解书中的内容。随着时间的推移，我在母亲的熏陶下也渐渐熟悉了一等星、二等星和许多其他星辰。使我感到遗憾的是，我只掌握了北部星空，大概南部的星空总是在躲避着我的眼睛吧。

1881年，十六岁的我开始自己阅读《众多有生命居住的星球》，接着又读了1880年出版的同样是卡米伊·弗拉马利翁先生写的《天空的奇迹》。第二本书中，弗拉马利翁先生写了太阳，太阳的整个行星、彗星、恒星以及星系系统。他试图告诉读者，太空宇宙——上帝这一令人难以置信的了不起的创造，是既没有起点也没有终点的。即便人类能够追寻一束通过数百万、数千万光年的光线，人类也都还总是处在宇宙空间永无穷尽的门槛边。

弗拉马利翁先生的文笔和风格总是充满着炽热的激情，满怀着对造物主毫不动摇的信仰。

不能说弗拉马利翁先生是一位严格的、科学意义上的天文学家，但他将丰富的、浩瀚的天文学知识通俗易懂地写出来的学识能力，却是每一个读过他书的人都不得不为之折服和认可的。

他在世界上无数读者的心中燃起了热情的火焰，使无数读者明白了科学的魔力，特别是在美国，他促使赞助商们捐资创立有意义的研究基金会。

弗拉马利翁先生数量众多的其他著作中，还有一本 1893 年出版的名为《世界末日》[①] 的书。在这本书中，他用鲜明的色彩和比科幻作家儒勒·凡尔纳先生更胜一筹的幻想，给我们描绘了地球和人类在未来不同时期的一系列图景，以至于上千万年后，人类的最后一对伴侣会成为死亡赤道石头般坚硬的、冰冻大地上的牺牲品。

很早我就认为弗拉马利翁是一个天文学家的名字，就连名字的发音都十分贴切。在《天空的奇迹》一书中，他通过自己的名字用以下语言讲述了与天文学的不解之缘：

> 我曾经读过一篇中世纪题为《猎户座的火焰》（Flamma Orionis[②]）的天文学论文，打那以后，"弗拉马利翁"这个名字对我来说就十分珍贵了，我爱这个名字！

我与弗拉马利翁先生的第一次见面可以说是一个意外的幸运，整个见面时间还不到一个小时，但却是我终生难忘的。

我第一次访问巴黎期间，巴黎地理学会的一项重要活动是在一家大型日报的业务大楼举办欢迎招待会，记忆中应该是《新闻报》

----

① 《世界末日》是一本科幻小说，描写一颗彗星撞击地球后数百年间生物逐渐灭绝的故事。
② 弗拉马利翁先生的名字中 Flammarion 与《猎户座的火焰》书名中的 Flamma Orionis 的外文书写和发音都十分类似。

(Le Journal) 报业大楼。招待会结束后，在与会者们相互之间告别的时候，报社的首席编辑走过来问我：

"赫定博士，弗拉马利翁先生现在正在编辑部，他希望面见您表示问候，您不会反对吧？"

"怎么会！恰恰相反，能与他交谈是我的荣幸和快乐。"我马上表达了希望见面的高兴心情。

首席编辑将我带进了一间小屋，弗拉马利翁先生正坐在里面读报纸的校样稿。我们走进小屋的时候，他站起来并迎面向我走了过来。弗拉马利翁先生个子并不高，一头浓密的、灰白相间的头发，留着胡须，还有修剪过的、短短的络腮胡子。他笑着将手递了过来，同时带着审视的目光打量着我，目光是真诚严肃的、亲切友好的，一副十分独特的面部表情。

没有一般意义上的客套，他平静且不受拘束地说了起来。他说，他很高兴，与一位在奇异的、美妙的地球上见过大世面的人见面，同时告诉我，他特别感兴趣的是我对帕米尔高原和西藏的印象。他相信，在高原明亮寒冷的冬夜上空，星星的光芒一定是十分少见的清澈。

我高兴地证实了他的猜测，并简短地讲述了脑海里无法抹去的、四年前在帕米尔高原最高山峰上因登顶失败不得不在六千三百米处宿营度过高原之夜的记忆。在那个地方、在那个夜晚，展现在我眼前的壮观华丽的夜空景象是用语言难以描述的。如果能在这个高度上建立一个天文台，人们就可以排除超过一半以上的大气层干扰，处在一片没有丝毫地球污染的洁净的空气之中。弗拉马利翁先生很赞赏我的这一想法，他在巴黎郊区就建有自己的天文台。

但是，我继续说，根据我的经验，人只有在与星座和上帝单独
在一起并且由寂静的气氛包围着的时候，才能够真正理解宇宙太空
的深不可测和创始者上帝的巨大神秘，或者说才会得到内心的感悟。
我的内心也切实地感觉到，尘世间的人即便是目光最敏锐的天文学
家用最大倍率的天文望远镜，也不能够如此清晰地观察到星云和星
团，不能够如此令人折服地感觉到靠近了上帝。只有超脱尘世的人，
当他在生命危险的当口目不转睛地注视着这陌生宇宙的时候，才会
根据他的信仰相信陌生的宇宙才是他的极乐世界以及生命丧钟敲响
时向往的那个天堂。

我又简短地讲了讲穿越塔克拉玛干大沙漠的经历，讲了讲在荒
漠里也有离上帝更近的感觉。当我跋涉在高高的沙丘脊背上，在我
感觉疲惫干渴时，力量耗尽时，死寂的气氛在那个时候就会围绕着
我。我无力地倒在夜晚潮湿的沙堆上，杀气腾腾的茫茫沙海在我的
周围展开，只有头顶上还闪耀着星星，发出无可比拟的灿烂光芒。
我听得见天文钟的嘀嗒声和心脏的跳动，两个都预示着我正处在生
命旅程的最后一个阶段——濒临死亡的阶段！但死神威胁不了我。

当星辰离我越来越近，我就会越来越清晰地认识到，很快我就
会松开生命的最后镣铐了。我当时的幻觉是，正迎面走向一个光芒
万丈的华丽典礼，一只永恒的手正牵着我步入一个无限幸福的极乐
世界。我从来没有如此信赖过星星，也从来没有想到一个晚上竟会
产生如此浓烈的爱意！在此之后，每当我仰望星空，注视星辰，就
会有见到危难中赋予我希望的忠诚的老朋友的感觉。

弗拉马利翁先生很受感动地听着我的讲述，说道：

"灵感的源泉！"

事实上，短暂的交谈我竟成了主讲者，弗拉马利翁先生并不像我了解他那样了解我，他不断提出新的问题使我总是处于紧张状态。我对他说，他的著作在瑞典广为人知，我和我的母亲对他的书爱不释手，我们对太空奇迹的那份热爱与他是分不开的。看得出来，他很乐意听到北欧人发自内心的高度评价。我还对他说，学生时代的我就在他著作插图的基础上画出了关于北部星空的一系列图像，还有黄道带、星座位置、行星以及行星与太阳的比例关系以及相位、星云、彗星的图像，还将这些画页装订成册。

结束时，我俩的手紧紧地握在了一起，我再次向他表示感谢，感谢他在此之前给予我的一切——我们的道路就此永久地分开了。

尽管我对卡米伊·弗拉马利翁先生本人，对他的生活、他的梦想和希望完全不知，但这位传奇般的男人却给我留下了强有力的不可磨灭的印象，他是我关于无边无际的宇宙与人类地球的杰出解说者。在生命走向永恒的道路上，他是我的领路人。因此，直到今天，我一直都怀着感激和钦佩的心情怀念着他。

寇松勋爵

(Lord Curzon)

　　对勋爵寇松先生①的生活进行详尽的描述，一步一步地追寻他闪光的生涯，对于一个作者来说将是一个十分艰巨的任务，它要求作者对大不列颠全球帝国鼎盛时期约三十年的历史要有一个全面的、深刻的了解。

　　正是在大英帝国这段历史鼎盛时期，寇松勋爵被任命为英属印度的总督，他不仅赢得了大英帝国在海外最值得信任的最高职位，

---

① 全名：乔治·纳撒尼尔·寇松（George Nathaniel Curzon，1859—1925年），第
　　一代凯德尔斯顿的寇松侯爵，英国保守党政治家，曾任英属印度总督（1899—
　　1905年），因在印度分割孟加拉、用兵入侵中国西藏、划分苏波边界而闻名。
　　晚年自1919年至1924年任外相，曾在决定英国的政策方面起主要作用。寇松
　　勋爵在第二任总督期内遇到麻烦，与担任印度军队总司令的喀土穆勋爵基奇纳
　　发生了尖锐冲突，导致寇松勋爵提出辞呈回到伦敦，却没有得到一般卸任总督
　　应该得到的伯爵称号。当托利党首相安德鲁·博纳·劳病危去职时，寇松勋爵
　　又满怀接任首相的信心，不料又事与愿违，首相职位落在了斯坦利·鲍德温手
　　中，他继续任外相直到1924年鲍德温改让内维尔·张伯伦接任外相。1921年
　　寇松受封侯爵。

而且在政治生涯即将结束之际又成为了大英帝国的外交大臣，而他在任的那个时候，大英帝国正好在接管了德国在非洲的领地之后实现了地球上最大范围的扩张。大不列颠的君权延伸到了五大洲三大洋，统治着五亿人民，换句话说，全人类四分之一的人都成了大英帝国的臣民。

寇松先生在六十六年跌宕起伏、成功时大时小的政治生涯中所经受的政治风浪并不是本书感兴趣的话题。罗纳德赛（Nonaldshay）勋爵在撰写的三大本《寇松勋爵的生活——骑士嘉德勋章 K. G. 拥有者凯德尔斯顿的乔治·纳撒尼尔·寇松勋爵授权自传》书中已经作了比较全面的描述。

寇松勋爵一生中最感失望的是，没有最终成为大英帝国的首相，没有实现他最终"攀上树梢"的人生最伟大的抱负。尽管如此，在全球范围内参与建设大英帝国宏伟大厦所有知名的建筑师中，他当数最重要、最最重要的一个。

寇松勋爵的生活从来没有大众化过，既没有在他的家乡大英帝国，也没有在他行使职权的英属印度。在他决心将孟加拉（Bengale）分开、将孟加拉的东半部与印度的阿萨姆邦（Assam）合并的地方，还导致了人民对他的仇恨。

寇松勋爵给人的第一感觉是高傲自大的，以贵族身份自居，人们常说他的举止行为是在类比"恺撒（Cäsar①）大帝"，一心要成为

---

① 全名：盖乌斯·尤利乌斯·恺撒（Gaius Iulius Cäsar，公元前 100—前 44 年），罗马共和国末期的军事统帅、政治家，是罗马共和国体制转向罗马帝国的关键人物，史称恺撒大帝或罗马共和国的独裁者。

大不列颠最重要的资深执政官，要一举登上印度帝国总督的宝座。面对下属，他是一个严格要求高得甚至近乎苛求的主子，与下属之间总是隔着一条不可逾越的鸿沟。事实是，他们中只有极少数人能够私下与他接近。他傲慢自大的、拒人于千里之外的、看上去冷若冰霜的天性，也导致他得罪了不少人。他的野心没有边际，尽管这个野心并不只是简单地放在建立起个人的伟大和高高在上之上，首先还是放在谋求大英帝国的福祉和权益上。

即使是在建筑物的外在辉煌与规模上，他也要超过莫卧儿帝国的第三位统治者阿克巴（Akbar①）沙阿。这个赶超对象不是他人给他树立的，完全是他自己刻意定下的目标。他下令对加尔各答（Kalkutta②）兴建的维多利亚纪念馆进行豪华装修，其豪华的程度要能与位于印度阿格拉（Agra）的泰姬·玛哈尔（Tadsch Mahal③）宫媲美。

他一定是带着虔诚和敬畏，读到了作家吉卜林（Kipling④）先生为1897年英国女王六十周年执政庆典而写下的诗歌《曲终人散》（Recessional）：

---

① 阿克巴·沙二世（Mirza Akbar，1760—1837年），统治印度次大陆莫卧儿帝国的第十六任皇帝，在沙·阿拉姆二世去世之后于1806年登基。
② 加尔各答是印度西孟加拉邦首府，1772年至1911年，加尔各答一直是英属印度的首都。
③ 泰姬·玛哈尔陵是位于印度北方邦阿格拉的一座用白色大理石建造的陵墓，是莫卧儿王朝第五代皇帝沙·贾汗为了纪念第二任夫人、已故皇后兴建的陵墓。其设计结合了印度建筑和波斯建筑的风格，被认为是莫卧儿建筑最精美的例子，被称为"印度穆斯林艺术的瑰宝奇葩""世界遗产中令世人赞叹的经典杰作之一"。印度诗人泰戈尔形容"泰姬·玛哈尔陵是挂在时空脸颊上的一颗泪珠"。
④ 全名：约瑟夫·鲁德亚德·吉卜林（Joseph Rudyard Kipling，1865—1936年），生于印度孟买，英国作家及诗人。

> 我们先祖自古信奉的神，
>
> 我们迤远战线的主，
>
> 他法力无边的手，
>
> 覆盖着生长棕榈和寒松的辽阔疆土；
>
> 主万军之神啊，还求与我们同在，
>
> 唯恐我们忘记——唯恐我们忘记！

在二十年漫长的时间里，我在印度和英国与寇松勋爵有过多次见面，他给我留下的印象以及我对他个人品格保存下来的记忆，相比我听到的某些英国人对他的评价是完全不一样的。

根据我的见解，寇松勋爵是一个富有特别意义的人物，有着上流人高贵的气质，是一个既在举止行为表现上，也在业绩、文章、言语和思想上都能给人留下深刻印象的令人十分敬佩的人物。他高大的身材，寡言的性格，严肃镇定、气度不凡的形象，直到今天都还生动地呈现在我的眼前。拥有这些性格特征，充分说明他是一个不平凡的人物，可以说，在我一生中见过的所有大人物中，他当仁不让地名列前茅。

如果在我记忆的长河中追溯，我能找到的只有一个人，也只有这个人在人的伟大和人的重要意义以及严肃认真的深刻上可以与他比肩，那就是德国的亚洲研究学者、地质学家费迪南·冯·李希霍芬男爵。若让我评说，这两个人都是"绅士"这个美誉的最佳诠释。一个是拥有无限权力的"绅士"，管辖着一个人口多达三亿二千万的庞大帝国，另一个是在科学界摘取了桂冠和荣耀的"绅士"，活跃在一个无边无垠的地理大世界里。

就我的经验而言，寇松勋爵是一位拥有魅力的、有吸引力的男人，与他在一起度过的时光也是我最美丽的、最珍贵的记忆之一。一旦我们在一起聊起内亚大陆的地理问题，所谓高傲的"恺撒大帝"的阴影就会消失得无影无踪，即刻让位于一位理智的、冷静的、有评判能力的、逻辑性很强的自然科学家的形象。寇松勋爵拥有一位真正的科学研究者应该具备的优秀品质。

从印度离职回到英国以后，寇松勋爵担任了三年英国皇家地理学会的主席，从中就可以看到他对地理学研究工作的热爱以及要为地理学事业作出贡献的强烈愿望。

与寇松勋爵一起工作过一段时间，十分熟悉寇松勋爵的另一名伟大人物温斯顿·丘吉尔（Winston Churchill①）先生，在他的著作《伟大的同时代人》中，对杰出的寇松先生有过一段十分亲切友好的描写。

丘吉尔先生认为，令人不得不赞叹的是，生活偏爱寇松，给了他最好的天性、创造了最好的条件——出生、财富、一流的教育、少见的才能以及保证他在伊顿（Eton②）公学取得优异学习成绩的聪明的头脑、非凡的理解力、雄辩的口才、俊朗的外表、令人印象深

---

① 全名：温斯顿·伦纳德·斯宾塞-丘吉尔（Winston Leonard Spencer-Churchill，1874—1965 年），二十世纪初期至中期的英国保守党政治家、演说家、外交家、军事家和作家，两次出任英国首相，被认为是二十世纪世界上最重要的政治领袖之一。此外，他在文学上也有较高成就，曾于 1953 年获诺贝尔文学奖。

② 伊顿公学，全名为温莎宫畔伊顿圣母英皇书院，位于英格兰伊顿，是英国著名的男子公学。

刻的绅士风度——但是，幸运之神却没有使他成为一个伟大的领袖或者说没有使他在权力的追逐中赢得有力的追随者和拥戴者。虽然在一个党派中，他往往占据着强势的地位，但从来都没有成为党派中最重要的人物，尽管他有一双他人少有的"敏锐的眼睛"——目光如炬，能洞察话语和事物，能透过朦胧的外表看到事物背后的本质。丘吉尔先生甚至说，尽管他勤奋、博学，有科学思想、社会影响、财富、声誉、清醒的理智、突出的才能……而所有这一切对寇松先生的地位冲顶最终都没有起到作用。丘吉尔先生还说，他从来没有遇到过像寇松先生如此出色的演说家。

寇松先生特别喜欢写信，而且是长长的典范级的信，他好像在信件书写艺术中找到了一种能够战胜长期折磨他身体疼痛①的方法。为了支撑住弯曲的脊柱骨，他的身体需要夹在钢制的胸衣里，就这样，他还坚持每天写信，有时候坐在写字台后一直写到深夜。

在文章的结尾，丘吉尔先生写到了寇松勋爵从政生涯遇到的巨大失落。英国首相博纳·劳（Bonar Law）先生因健康原因隐退，应该说，当时没有其他人比寇松勋爵离首相的位置更近了。他被召回伦敦，他坚信，自己将会亲自从国王手中接过大英帝国的最高职务——首相任命书。但当国王秘书斯坦福德哈姆（Stamfordham）勋爵在卡尔顿府联排（Carlton House Terrace）街寇松勋爵的家里面对勋爵呈报时，只说了一句：鲍德温（Baldwin②）先生已经被召进了白金汉宫（Buckingham Palace）。

---

① 寇松的脊柱骨在学生时代就已经弯曲了。
② 全名：斯坦利·鲍德温（Stanley Baldwin, 1867—1947 年），英国保守党政治家，曾经出任财政大臣及三任英国首相。

丘吉尔先生写道：

> 这个打击是痛苦的，听到这个消息的第一瞬间他都不知如
> 何是好。
> 如果说他最终输掉了这场权力角逐的比赛，那正好说明他诚
> 实正派地、像男人一样地在公平竞争。所谓悠悠万事，德行唯上。

1924 年，政府组阁时，他又必须将外交大臣的职位拱手交给其
他人，有尊严地再次承受新的失败。无疑，这也意味着他长期的艰
难的政治生涯注定要在失落中结束。

丘吉尔先生在寇松勋爵传记篇章的结尾中以赞扬的口吻，精辟
且形象地总结了寇松勋爵的整个人生：

> 早晨是金，中午是铜，晚上是铅。但它们全都是真实的，
> 加工后，每一个都在依照自己的模式闪闪发光。

＊

还在年轻的时候，志向远大的寇松先生就对自己的政治前途有
着十分清晰的愿景，事先就已经将政治生涯的各个阶段经过思考地、
有把握地划定了，就像他的最大对手基奇纳勋爵事先规划好了战役
作战计划一样，其标志性的战役是打击马赫迪（Mahdi①）、托钵僧

---

① 全名：穆罕默德·艾哈迈德·马赫迪（Muhammad Ahmad Mahdi, 1844—1885
年），苏丹人民起义的领导者，率领信徒击败英国埃及联军，创建独立的苏
丹国。

和恩图曼（Omdurman①）战役。

　　早早地，在脚还未踏进亚洲大地之前，寇松勋爵就认定了自己会成为印度总督的前景，并且还完全有把握实现这一愿望。因此，他通过系统的全面学习，熟悉了亚洲国家的历史，特别是印度的历史。与此同时，他机敏的眼光还一直在追踪俄罗斯势力在印度西北边境目的明确的推进。当然，他并不满足于书本知识，他要用自己的眼睛去观察围绕着印度斯坦（Hindustan②）形成的国家圈。他的最后一次旅行去了强大的对手俄国在内亚的领地，在那里他度过了1888年的11月、12月以及1889年的1月，同一年出版了他的名著《1889年在中亚的俄罗斯以及英俄问题》。这本书的方向源于英国诗人马修·阿诺德（Matthew Arnold③）先生著作中摘引的指导原则：

　　　　在俄国人的边界上，两军的侦探完全在近距离地窥视着对方。

　　在这本书中，寇松勋爵讲述了俄国对印度的威胁会带来的危险，书中的材料都是在俄国军官以及政治家们讲述的基础上整理出来的。俄罗斯帝国的规模不可估量，但俄国的政治家们也经常会犯不可估量的错误。俄国在向印度边境的推进中，其步骤往往是步步为营的。

---

① 　恩图曼战役发生在1898年，是英国在马赫迪战争后期远征苏丹恩图曼的一场战役。交战方分别是英国埃及联军与当地的伊斯兰教马赫迪军。
② 　印度斯坦特指印度次大陆北部以及西北部，该地区范围内生活的南亚民族一般被称作"印度斯坦人"。
③ 　马修·阿诺德（Matthew Arnold，1822—1888年），英国近代诗人、批评家、教育家。

自从奥伦堡的俄国军队在契纳亚叶夫（Tschernjajeff）将军、考夫曼将军、斯科别列夫将军以及其他将军的率领下，从奥伦堡向塔什干、撒马尔罕、土库曼人（Turkmenen①）的领地和整个突厥斯坦推进、意在将这片领地归属到俄国沙皇的君权之下时，人们就开始在担心，下一个要占领的就一定是印度的咽喉位置赫拉特等一系列领土了。有的人甚至断定，赫拉特的沦陷将会是英属印度丧失的标志。

寇松勋爵问道，如果赫拉特被攻占，我们要打仗吗？难道要发起一场战争，写下世界历史上最恐怖的一页吗？这场战争会因印度的失去而停止吗？整个大英世界帝国会因此而陷入危险境地吗？

寇松勋爵强调指出，摆在俄国军队前进路上的是难以克服的运输困难。一旦敌人的军队侵入阿富汗抵达坎达哈（Kandahar）城，英国就能够像护国公克伦威尔（Cromwell②）先生那样宣告：

上帝已经将战争的决定权交到了我们的手上！

寇松勋爵还相信，俄国的政治家和将军们并没有要占领印度的企图，而只是在规划一个进军的行动，以便将英国人的注意力从金角湾（Goldenen Horn③）吸引过来。

---

① 土库曼族是一个中亚突厥语民族，分布于阿富汗、伊朗东北部、叙利亚、伊拉克和北高加索以及巴基斯坦北部等地，民族总人口数为九百万。

② 全名：奥利弗·克伦威尔（Oliver Cromwell, 1599—1658 年），英国政治人物、1653 年至 1658 年间出任英格兰—苏格兰—爱尔兰联邦之护国公。

③ 金角湾又称哈利奇湾，是土耳其伊斯坦布尔的一个天然峡湾，从马尔马拉海伸入欧洲大陆的细长水域。金角湾对君士坦丁堡的防卫有着很大的作用。

　　寇松先生曾问过一位俄国将军，他们想什么时候进攻印度，将军的回答是：

　　"如果他们在欧洲妨碍了我们或者把我们挡在了内亚，我们就会侵犯阿富汗和印度的边界，因为欧洲才是我们的主要目标。"

　　在关于进攻印度的历史回顾中，寇松勋爵特别提到了俄国女皇凯瑟琳（Katharina①）大帝的计划、沙皇保罗（Paul②）的计划和拿破仑（Napoleon③）的计划以及拿破仑对沙皇亚历山大④提出的应在波斯沙阿的支持下共同发起一场对印度进攻的建议。寇松勋爵以令人钦佩的、清楚明了的专门知识，阐述了自 1791 年以来俄罗斯对内亚的征服和占领。他特别关注到 1876 年和 1877 年间，费尔干纳总督斯可别列夫（Skobelew）将军精心准备的进攻印度的行军部署，极其冷静地、在充分意识到面临俄罗斯危险的前提下仔细审视了这个行军部署。

　　他说：

　　"这里存在着一个难以捉摸的、严峻的和涉及面相当大的英俄

——————————

① 凯瑟琳大帝（1729—1796 年），俄罗斯帝国史上在位时间最长（1762 年至 1796 年在位）的女皇。

② 保罗一世·彼得罗维奇（1754—1801 年），俄罗斯帝国皇帝，称号保罗一世，他四十二岁登基，仅在位五年。

③ 拿破仑·波拿巴（Napoléon Bonaparte，1769—1821 年），法国军事家、政治家与法学家，在法国大革命末期和法国大革命战争中达到权力巅峰。1804—1815 年为法兰西皇帝拿破仑一世。

④ 亚历山大一世·巴甫洛维奇（1777—1825 年），第十任俄罗斯帝国皇帝（1801—1825 年在位），保罗一世之子。由于亚历山大一世于拿破仑战争中击败法兰西第一帝国的拿破仑一世，复兴欧洲各国王室，因此被欧洲各国和俄国尊为"神圣王、欧洲的救世主"。

问题。"

阿富汗是英国唯一的一个致命弱点。俄国 1877 年在喀布尔（Kabul①）的阴谋诡计②是 1878 年罗伯茨勋爵（Roberts③）致力于阿富汗战争④的直接诱因。尽管印度每年给阿富汗埃米尔支付十二万四千英镑，还赠送武器装备，尽管埃米尔也知道，英国对阿富汗的自由没有威胁。不过，根据寇松勋爵的观点，阿富汗的埃米尔还是令人捉摸不透的、不可靠的。对寇松勋爵而言，生命攸关的问题是，要将印度以及借此将大英帝国从俄罗斯帝国的威胁中解救出来，他指出的也是大方针上的防御可能性。

在寇松勋爵之后出版的典范级的也充分体现了他深刻认知的著作《远东问题》和《帕米尔和乌许斯河的来源》以及最后他所有著作中最为优秀、内容也最为丰富的两册本著作《波斯与波斯问题》中，寇松勋爵以之前同样敏锐的观察力和警惕性又回到了俄罗斯帝国针对印度以及南亚国家坚决的、目标意识明确的威胁上来了。

---

① 喀布尔，一座有三千多年的历史名城，1773 年以后成为阿富汗首都。
② 1877 年，俄国向喀布尔派出了一支强大的军事代表团，由尼古拉·斯托列托夫（Nikolai Skobelew）少将率领。代表团的使命是争取阿富汗的配合，共同打击英国。
③ 全名：弗雷德里克·斯雷·罗伯茨（Frederick Sleigh Roberts, 1832—1914 年），英国陆军元帅，参加第二次英国—阿富汗战争、布尔战争。
④ 指 1878 年至 1880 年间发生的英国与阿富汗之间的第二次战争。1878 年夏，英国政府要求阿富汗埃米尔希尔·阿里汗在喀布尔接待与俄国类似的英国军事代表团。但是在埃米尔以无法保障代表团安全为借口拒绝了英国人，英印政府指责阿富汗侮辱了英国女王派到印度的代表尼维尔·张伯伦勋爵。英国不能承受失去阿富汗的风险，作为报复，发动了阿富汗战争。第二次英阿战争以《甘达马克条约》的签订和英国承认阿富汗新的埃米尔阿卜杜拉赫曼汗作为结束。

由于我 1891 年曾有过两次波斯之旅，故在戈萨（Gotha）的亚历山大·苏潘（Alexander Supan）教授热情地邀请我针对寇松勋爵的书《波斯与波斯问题》为彼得曼（Petermann）先生的报告写一个评论。虽然对于书作者乔治·纳撒尼尔·寇松先生，我当时是未见其人，只知其名，但我还是接受了这一邀请，认真阅读了他的书。在评论文章的结尾我是这样写的：寇松先生的书是自夏尔丹（Char-din①）以来关于波斯国写得最好的一本。

因为这层关系，我给寇松勋爵专门写过一封信，也收到了他十分友好的回复。

关于《波斯与波斯问题》一书的评论文章是我与寇松勋爵接触的第一步，但它更多只是一种仓促的暂时性的相识。我与他真正的第一次见面是在 1897 年 11 月 22 日英国皇家地理学会我的报告会上，之后又在学会秘书长斯科特-凯尔蒂博士那里见了几次面。

那个时候，他最热切执着追求的目标终于实现了，被任命为责任重大的大英帝国所属印度总督，在很短的时间内就要走马上任。由于我将在之后的 1899 年再次开始亚洲腹地的探险考察之旅并准备前往中国西藏，故寇松勋爵再三叮嘱我不要错过去印度与他见面的机会。

1901 年的初夏，我在为前往拉萨的旅程做准备，因此在罗布泊附近的恰卡里克（Tscharkhlik）委托最后一位信使往中国喀什噶尔带了一批信，其中有一封就是写给寇松总督的。在信中，我报告了

---

① 全名：基恩·夏尔丹（Jean Chardin），法国旅行家，著有《波斯和东印度之行》一书。

想通过中国西藏前往印度的意图，当然我也遵守规定的义务告诉他，与我随行的还有四名俄罗斯哥萨克士兵，还补充说，我很可能需要向他借三千卢比①的资金。

到达印度拉达克的列城（Leh）时，我收到了寇松总督友好的回复，内容如下：

西姆拉总督府（Viceregal Lodge，Simla）

1901 年 9 月 25 日

亲爱的斯文·赫定博士：

我一直怀着极大的兴趣关注着报纸上关于您的报道，让我有机会随时记录您那些美妙而又惊险的探险旅行。现在，我又高兴地知道，这次旅行您会在印度做短暂停留。

我十分乐意满足你的任何要求。

您在印度逗留的两至三个月时间里，随行的哥萨克士兵可以驻扎在列城，您可以从中选一个士兵作为您的随身侍从。我已经告知克什米尔特派代表，您可以从列城的杜尔巴（Durbar②）财政部门预支三千卢比以内的金额，这笔款您可以在印度期间的任何时间内归还。

我仅有一条苛刻的提议，那就是，您必须屈尊来一趟加尔各答。我从元月到三月底都在那里，如果能够在印度总督府接待您，亲口听您讲述探险旅途中全部的所见所闻，我将深感

---

① 印度、巴基斯坦、尼泊尔、斯里兰卡等国的货币。
② 印度的土邦王侯。

荣幸！

相信我，您真诚的寇松

1901 年 12 月 29 日，我到达列城后发了一封电报感谢寇松总督的提议，很快就又收到了以下回电：

祝贺您在历经艰难的旅程和饱览了万千气象后安全抵达（列城），能很快在这里见到您，我倍感欣喜。

总督

1902 年 1 月 25 日至 2 月 5 日这一期间，我成为寇松勋爵夫妇家中的客人。

第一天是个星期日，而星期日他们一家一般都是在巴拉克波（Barrackpore）宫殿里度过的，前往宫殿，我得在胡格利河（Hugli）乘坐两个小时的汽船。在宫殿公园里热带树冠投下的一片阴凉处，我找到了总督大人，还有总督美丽的夫人以及他们可爱的女儿、几个相伴的随从。

寇松总督衷心地欢迎我的到来，但很快就针对我的探险旅程提出了一系列思想连贯、条理分明的问题。

午餐过后，寇松夫人带着我坐上小马车沿着一条大公路兜风，一路上见到了不少来来往往的长长的大象商队。

晚餐时又多了两位客人，厄内斯特·卡塞尔（Ernest Cassel）先生和奥斯卡·布朗宁（Oscar Browning）教授。总督副官告诉我说，前者作为寇松总督的荣誉宾客，他为"饥荒基金"慷慨解囊数千卢比，后者是寇松总督的老师。令总督大人不快的是，这位老师总是过分亲昵地直呼他的名字乔治。布朗宁教授是一位和蔼可亲、轻松愉快、非同寻常的老先生，来总督府已经有一个多月了。

平日里，我只是在午餐和晚餐的时候能够见到寇松总督，有时候他会邀请我去他的办公室，与我一起聊聊中国西藏。

一次，一艘德国军舰和一艘奥地利军舰同时停泊在加尔各答港口，总督邀请两艘军舰的舰长共进早餐。在祝酒词中，寇松总督的话总是热情地、长时间地停留在奥地利皇帝弗朗茨·约瑟夫身上，在谈到德国客人时则刻意简短而且冷淡。

作为一方总督，寇松勋爵在英属印度政府中留下了他个性鲜明的烙印，他的雄心壮志促使着他不断努力奋斗，一心要成为像克莱芙（Clive①）先生和沃伦·黑斯廷斯（Warren Hastings②）先生一样流芳千古的著名人士。他的勤奋也渗透到了政府管理机构的所有分支机构。

他头脑清醒，对地理学和考古学研究有着浓厚的兴趣。对保存印度文物古迹，对教育事业、新闻事业，简言之，对所有事物都充满热情，面面俱到的工作热情也使得他一刻也停不下来。

我还记得他面对新闻媒体的代表发表的一番全盘否定的讲话。演讲中，他警告新闻界并提醒新闻界不要忘记自己的责任。人们在

----

① 全名：罗伯特·克莱芙（Robert Clive，1725—1774年），英国陆军少将，为不列颠东印度公司在孟加拉建立起军事、政治霸权。

② 沃伦·黑斯廷斯（1732—1818年），英国殖民地官员，长年在印度各地任职，1773年至1785年为首任印度总督，也是最著名的印度总督。

报纸上经常看不到真实的东西——他的原话大概就是这样：我们的观点是，政府犯了错误，政府是愚蠢的。这样，读者会得出这个印象，即"我们"代表的是整个民族。而事实是，"我们"的后面，只是你们这些值得怀疑、思想狭隘、完全不懂得该怎样治理印度的新闻人。

仅从心理学而不是从行政管理技术的观点出发，孟加拉的分裂很可能是一个在民众中引起了不满风暴的错误。

总的来说，要想被他人爱戴，寇松勋爵显得太过强大、要求太高、太盛气凌人。在与一些部门负责人的交谈中我得到的印象是，他们很绝望，寇松总督不会放手让他们处理自己的专业任务。寇松总督总是在干涉、主宰所有事务，哪怕是最小的细节他都要知道，都要自己亲力亲为。我特别记得一位司法部门官员的抱怨声：从某种程度上讲，寇松勋爵在所有情况下都要自己阅读文件、作出决断。这样做实际上意义不大，也没有人能够理解，作为一方大总督，他怎么能做到如此事无巨细、面面俱到呢。不过，他虽然积极努力、夜以继日地扑在工作上，但并没有给人留下匆忙仓促的印象。

一次，我们一起去加尔各答观看戏剧，当第一幕结束、观众席上的灯再次亮起来的时候，寇松总督的座位就已经空置了。他竟提前退了场。大概他会作如是想，作为一方总督，在剧场里亮个相，对得起在座的观众就足够了。

与寇松总督关系亲近的先生们还告诉我，对土著印度人判处死刑的案件审理中，寇松总督十分慎重，亲自日以继夜地审阅所有审讯记录、原告卷宗和辩护词，以便尽可能地找到减轻犯人罪行的可能性来挽救土著印度人的生命。在土著印度人与白种人的法律争执中，寇松总督不会因偏袒种族而更多地免除或减轻白种人的罪行，如果当地人确认无罪的话。

寇松勋爵的一个工作特点是严谨性，他处事认真仔细，力求精准确切。他爱对所有问题寻根刨底，不仅仅只是对作为大英帝国政府和管理机构高级官员遇到的所有分内问题，也包括对他职责以外的其他问题。例如，他十分关心印度文物考古局的工作，支持当地名胜古迹和古代豪华建筑物的修缮和保护并斥巨资从事新的考古研究和挖掘工作。

他还是英国考古学家奥莱尔·斯坦因（Aurel Stein①）先生在印度和克什米尔，甚至整个内亚的保护者和强大后盾。

寇松总督特别钟爱用白色花岗岩石材兴建起来的具有童话般神奇魔力的泰姬·玛哈尔圣陵。这座陵墓是莫卧儿王朝第五代皇帝沙·贾汗（Schah Jahan）在亚穆纳河（Jumna）岸边为他最怜爱的夫人穆塔兹·玛哈尔（Mumtaz Khanum）修建的。从四个花园大门朝里延伸的、两旁种着古老且高大柏树的道路通向圣陵大厅，莫卧儿皇帝和他的夫人就长眠在穹顶的下面。

正好在我拜访的那些日子里，一位过分热心的阿格拉最高行政长官将道路两旁的高大柏树都给砍了。他认为，高大的柏树挡住了圣陵的穹顶和尖塔天际线。当寇松总督知道这个事件后，马上将这

----

① 全名：马尔克·奥莱尔·斯坦因（1862—1943 年），考古学家、艺术史家、语言学家、地理学家和探险家，国际敦煌学的开山鼻祖之一，也是最早的研究者与公布者之一。他的许多著作仍是敦煌吐鲁番学研究者们的案边必备之书。斯坦因在中国积贫积弱、有关人员愚昧无知的情况下，用极其不光彩的欺骗手段掠夺了大量敦煌遗书。

位最高长官革了职，同时吩咐人将柏树又重新种植了起来。

对寇松总督而言，责任高于一切。在加尔各答的总督府里，他一吃完午餐就会走进办公室办公。即便晚餐过后，有时候也会去客人那里待上约半个小时。

第一次见到寇松总督的那个星期日，我与布朗宁教授、卡塞尔先生以及副官长时间坐在一起，直到卡塞尔先生坐船离开加尔各答前往缅甸（Burma）。

温斯顿·丘吉尔先生在《伟大的同时代人》书中用以下赞许的语言对寇松勋爵的印度总督工作进行了评价：

> 寇松担任印度总督时期是他最伟大的一段时期。在将近七年的时间里，他以拥有的至高无上的权力统治着幅员辽阔的英属印度帝国，他为履行这一神圣使命付出的智慧之力是他的后继者们望尘莫及的。他对印度的一切都深感兴趣，凡是他接触到的、手中掌握的，他都尽其所能地进行了改善。他对印度各民族有着真诚的热爱，并不遗余力地为他们争取基本的尊严和权利。他拥有令人惊叹的勤奋和努力，一支尖刻犀利、孜孜不倦的笔在无穷尽的公文上填写——豪华的、隆重的礼仪——这些都是他长期担任总督期间为统治印度斯坦的大不列颠政府作出的贡献。他推行谋求和平的、与明确反对军国主义观点联系在一起的边境政策。大量成效显著的政府工作规划以及政府所有分支部门开明包容的、充满人性的特点，一切的一切叠加起来，使得寇松勋爵的总督时期成为英国—印度历史大书上令人

难忘的、值得纪念的一页。

不幸的是，这段辉煌的历史却以悲伤和愤怒结束。

在寇松总督和总司令基奇纳勋爵之间发生了影响深远的争斗事件，在仔细斟酌事件经过后的今天，我认为，寇松先生毫无疑问是正确的一方。

丘吉尔先生在这里提到了寇松总督与基奇纳总司令之间尖锐的争斗。这一争斗涉及的要点是，基奇纳总司令要求对印度的国防预算拥有独立的决定权，而寇松总督的意图是，整个预算，包括军事上的预算都得由总督监督和负责。而在伦敦政府方面，就连寇松勋爵最要好的两位朋友贝尔福（Balfour）先生和国务秘书布罗德里克（Brodrick）先生都赞成基奇纳总司令的主张。就因为这，寇松先生只得恼怒地离职回家。

离任的总督与新上任的总督在印度的孟买（Bombay）见面。

新上任的总督明托（Minto）勋爵的私人秘书詹姆士·邓洛普·史密斯（James Dunlop Smith）先生 1906 年在西姆拉（Simla①）对我说，通常印度总督的权力交接仪式是相当隆重、仪式感很强的，但这一次却相当简单草率。寇松勋爵仅穿日常便服，在没有任何仪式感的氛围下急急忙忙、毫不讲究地迎接他的接替者。两位总督仅迎面说了几句意义不大的话就完成了这一永久载入史册的、令寇松勋爵深感痛苦的权力交接仪式。

---

① 西姆拉位于印度北部喜马拉雅山山区，是印度喜马偕尔邦的首府。英属印度时期以此为夏都，将西姆拉建成了著名的避暑胜地。

　　遗憾的是，死神并没有让寇松勋爵亲眼看到自己最杰出的著作《在印度的英国政府，总督与总督府的故事》出版，就召集他加入坐上了总督宝座但已经去世的前任名人群里去了。

　　通过这本倾注了他大量心血的著作，他竖立起了一座丰碑。书中不仅汇集了他工作中处理过的数量可观的行政素材，也写到了他自己。在这本书中，他关注的题材也并不完全是英国在印度的历史，并不只是英国势力外在的表现、政府行宫的形成、错综复杂的民间事务的管理和组织结构、殖民地的地方总督们为臣服的印度人民谋福祉努力取得的成就以及在印度太阳照耀下这些总督们的个人命运。战争、征服、暴动、改革过程等等，总而言之，一般性的历史事件在寇松先生的遗作中基本上没有怎么提及。

　　印度，一个多民族的国家，释迦牟尼佛祖的故乡，亚洲流行的大部分佛教都源于这里。《一千零一夜》的寓言故事发生在这里，莫卧儿大帝和他的后裔也生活在这里。

　　东印度公司，英国的一个贸易公司，目标明确、手段灵活地在印度建立了政权统治，这个政权最终转交到了英国政府的手上。从此，印度成为大英帝国王冠上最珍贵的一颗珠宝。而今天，这个数千年来因诗歌和宗教思想著称的伟大国度，更是引起了全世界比以往任何时候都更加强烈的关注。

　　现在，这里上演着一场正剧，一场在 1939 年还不会有人想到的正剧。1947 年，英国人将臣服大不列颠王冠超过一百三十年的、印度帝国的管理权交还给了印度和伊斯兰民族。两年之后，当地人开始全面承担起印度帝国社会政治生活秩序的管理，大英帝国王冠上最大的一颗珠宝就这样被取下来了。

印度在我们这个时期翻天覆地的变化以及英国人在其中扮演的失败角色，寇松勋爵若在九泉之下得知，肯定是不会安宁的。他根本就不会想到，在他谢世四十二年之后会出现这种结局。他的宏伟目标是，在大不列颠世界帝国的保护之下，实现印度帝国长治久安的辉煌未来。可以想象的是，这位曾经的印度总督会怎样评价他的后继者韦维尔（Wawell①）总督的政策以及那位抓到了最困难的一个阄的英属印度最后一位总督，或者说伴随大英帝国的印度殖民地走进历史的蒙巴顿（Mountbatten②）勋爵的政绩。印度帝国命运戏剧性的发展最深层的理由以及真正的原因是什么？为什么英国人必须将印度交出？难道就没有其他的选择吗？这些都将会在今后的岁月里留待历史学家们去解释。这个问题规模很大，牵涉大英帝国在第二次世界大战奉行的给英国带来了悲剧性结局的政策。

历史会对丧失印度负有责任的那些英国政治家作出公正的评判，但人们还是得承认，蒙巴顿勋爵的谢幕表演十分出色，他既有礼节又有尊严地完成了这个棘手的主权回归移交任务。

在英国告别印度的那一刻，人们会自然想起寇松勋爵那个时代关于印度帝国的思想，他留下了探讨印度问题最好的思路。因此，

---

① 全名：阿奇博尔德·珀西瓦尔·韦维尔（Archibald Percival Wavell，1883—1950年），二战中任中东英军司令部总司令。1941年调任印度英军总司令，1943年晋升陆军元帅，同年6月出任印度总督。

② 全名：路易·弗朗西斯·阿尔伯特·维克托·尼古拉斯·蒙巴顿（Louis Francis Albert Victor Nicholas Mountbatten，1900—1979年），曾任英国皇家海军元帅、英军海陆空三军国防参谋长、末任印度总督。

我想从他的大作《在印度的英国政府，总督与总督府的故事》一书中提出以下几个要点。

还没有读完这两本内容丰富、有精美插图装饰的书籍，人们就会十分清楚地感觉到，书的作者在很多方面都称得上是一位才华横溢的著名的资深执政官。正因为如此，大英帝国才会将最大的一个地方政府委托给他来管理，他自己也认为，他有权利、有资格对前任总督以及他们的业绩作出评价。

在数位前任英属印度总督中，寇松勋爵对沃伦·黑斯廷斯先生以及达尔豪斯（Dalhousie①）先生钦佩得五体投地。对其他总督，如克莱芙总督、坎宁（Canning）总督、梅奥（Mayo）总督，他则以赞赏的口吻表达了发自内心的好感，而个别能力不足的地方总督则受到了他丝毫不讲情面的抨击。至于其他在印度政府中没有留下什么值得关注痕迹的人物他就没有置评了，保持着宽厚容忍的沉默。

读寇松勋爵的书，人总会有一种感觉，像是聆听在六年零三个月的时间里铁腕掌握着三亿二千万印度人民命运的恺撒大帝在述说，又像是一段来自古老的莫卧儿帝国时代的动人传说。他以西方现代国家的管理形式，铸就了总督王座新的辉煌。

寇松勋爵热爱印度和印度人民，热爱印度帝国的首府加尔各答。他熟悉加尔各答市几乎每一条重要的街巷和每一栋重要的大楼以及它们悠久的历史。在加尔各答，他履行着自己的义务和职责，通过夜以继日的工作，努力地整理和钻研他的前任留下的无数文件、卷宗。他

---

① 第一代达尔豪斯侯爵，全名：詹姆斯·安德鲁·布朗-拉姆齐（James Andrew Broun-Ramsay，1812—1860 年），苏格兰政治家。曾在 1848 年至 1856 年间担任印度总督。

热爱这个城市，这是沃伦·黑斯廷斯总督坚定不移、温和、有创造性地与偏见和狭隘做过斗争的城市，是大作家萨克雷（Thackeray①）先生出生的城市，是麦考莱先生从事写作的地方。

1690 年，孟加拉的英国东印度公司代理人约伯·查诺克（Job Charnock②）先生居住在胡格利河边一个以秸秆为顶的茅舍里，他是真正的加尔各答市的奠基人。他的后继者戈尔兹伯勒（Godsborough）先生建造了第一座楼房，这座楼房之后被誉为政府大厦。接下来又兴建了五座政府大楼，之后才建成了值得骄傲的宫殿，被誉为"世界上一个君王最漂亮的代表或者说世界上最漂亮的地方政府大楼"。宫殿里有一个"议事大厅"，在大厅的墙壁上，首任总督沃伦·黑斯廷斯先生正以严肃的神情俯视着直至 1923 年的二十三位殖民地历任总督。

寇松勋爵在写到加尔各答的这座宫殿式政府大楼时是特别富有感情的，因为这栋建筑简直就是他祖父在德比郡（Derbzshire）的行宫凯德尔斯顿庄园（Kedleston Hall）的翻版。专横、独裁、有才能、贵族气十足的韦尔斯利（Wellesley③）伯爵在 1798 年至 1803 年任职期间修建了这座宫殿式的政府大楼。宫殿里的豪华设施，对收缴地

---

① 全名：威廉·梅克比斯·萨克雷（William Makepeace Thackeray, 1811—1863 年），印度加尔各答出生，维多利亚时代与狄更斯齐名的英国小说家。

② 约伯·查诺克（？—1693 年），英国人，1655 年前往印度，任职于英国东印度公司。首站驻守北印度卡辛巴刹尔，以殖民侵略手段大举经营该区域。1680 年，他成为该公司在北印度胡格利的主政者。1690 年，查诺克于加尔各答成立东印度公司交易据点，以便于英国殖民印度。一般说来，他被认为是印度加尔各答的开埠者，不过此说最近遭到学者的否定。

③ 全名：理查德·韦尔斯利（Richard Wellesley, 1760—1842 年），1798 年至 1805 年间出任印度总督，后来担任英国内阁外交大臣和爱尔兰总督。

产的财产补偿、宫殿周边街道的重新铺设以及所有其他开支，共耗费了东印度公司十七万英镑。他的大肆挥霍在政府管理委员会引起了一波愤怒的浪潮。可他毫不在意，因为，当时的英国首相威廉·皮特（William Pitt①）先生是他最特别的朋友，他能够享受到庇护。

当然，这座豪华的宫殿在当时以及在此之后，一直都受到了参观者们由衷的钦佩和赞赏。

在寇松勋爵当职总督的岁月里，他对加尔各答有历史意义的重要文物建筑进行了深入的研究，有不下一百三十六座建筑物都相继标上了文物纪念铭牌。其中有克莱芙总督故居、沃伦·黑斯廷斯总督故居以及萨克雷先生度过了青少年时代的故居。

1901 年，寇松总督花一万三千英镑买下了黑斯廷斯先生的官邸，并将其整理后作为接待印度王爷的宾馆。1774 年至 1785 年期间，在印度孟加拉威廉堡的印度殖民地第一任总督黑斯廷斯先生将这个官邸当作乡村别墅使用。

寇松勋爵在书中写道：

> 在这个庭院里居住、散步的是著名人士沃伦·黑斯廷斯先生和他那位令人心醉神迷的，也曾活跃在英属印度帝国生活舞台上的漂亮夫人。

---

① 小威廉·皮特（William Pitt the Younger, 1759—1806 年），是活跃在十八世纪晚期、十九世纪早期的英国政治家。1783 年，他获任首相，时年二十四岁，时至今日，仍然是英国历史上最年轻的首相。担任首相期间，他同时兼任财政大臣。历史学家查尔斯·佩特里认为他是英国历史上最伟大的首相之一。

　　自 1783 年以来，英国政府规定，驻印度殖民地的总督、驻印度孟买和马德拉斯（Madras）的最高行政长官以及印度总司令，在公职任期内不允许离开当地。这在当时是最严格的一个规定，相当于驻外官员必须在不舒适的、甚至是不甚健康的气候条件下连续流放多年。1893 年，时任英国印度副总督的克罗默（Cromer）勋爵，竟如他的前任戈申（Goschen）勋爵一样断然拒绝了接替兰斯多恩（Landsdowne）勋爵担任印度总督的任命。他认为在印度待上五年不能回国，时间太长难以忍受。而在埃及任职时，克罗默勋爵觉得还可以承受，因为每年夏天可以回苏格兰度假。也难怪，寇松勋爵1905 年第二次接受总督职位的附加条件就是，就任之前必须回家乡住上整整七个月。

　　如果寇松勋爵将印度总督的职位和权力与英国首相的职位和权力作一个比较的话，他会更倾向于前者。作为英属印度总督，虽说在人事方面的权力受到了限制，他不能任命自己的亲信，但几乎在所有外交政策和帝国边界问题方面，他都能够代表英国政府全权处理。他负责与印度王爷们谈判，然后再直接与英国国王和政府协调取得一致。每个月的第二个星期，维多利亚女王都会亲笔给寇松勋爵写一封信，最后一封信就是在女王逝世的那个星期写的。相比之下，爱德华国王的信写得很少。

　　乔治五世在印度加冕为印度皇帝①，但寇松勋爵并不支持委任一

———————————

① 乔治五世是唯一一位亲自前往印度加冕印度皇帝的君王，戴的是由印度政府支付的价值六万英镑专为这次活动制作的新王冠。

位英国王室成员担任印度总督。他自己是第一位将印度的王爷们视为印度英国管理机构的参与者而且乐意将一部分责任交给当地管理者的殖民地总督。他善于用保留印度优良的传统来强化英国人在印度的统治。

在寇松总督看来，印度的未来在很大程度上取决于当地的王侯们面对二十世纪初土著印度人中兴起的、民族"独立"运动的态度和立场。专制政体的友好时期已经过去了，印度人民开始要求政治上的自主、自治，新任总督统治印度殖民地肩负的使命也面临着越来越大的挑战。但寇松总督非常自信，他认为，鉴于他强有力的在保护印度古代文物方面所做的大量工作，印度民众对他的怀念会在很大程度上清晰地留在记忆中，而这种记忆比他向印度管理机构灌输新的思想和智慧要有用得多。

寇松勋爵书中关于英属官员印度执政生涯的最佳描述体现在最后一个章节。在这个章节里，他给我们描绘了前任总督一系列卓越的图景。他在书中自问，他的英国同胞们是否有印度大地上经历了一百五十年斗争的概念？他提醒同胞们注意，围绕着总督府的，有响亮的喇叭声和隆隆的礼炮声带来的璀璨光华，但也有悲痛、忧虑、苦恼和倍受失败打击的历史存在。

无论人们对印度人民和王公们争取民族自由和独立的不懈追求抱有多大的热情，都不应该否定英属印度政府是一个模范的和天才的政府，它在世界历史上是绝无仅有的。在长达一百七十八年的时间里，英国人按照自己的意志灵活、无成见、不偏不倚地改变了三亿二千万印度人民——现在是四亿人民，在人民中最大可能地保证了纪律和秩序。他们以值得仿效的典范方式向世人表明了，如何才能解决一直以来存在着的、最大的也是最为困难的殖民地问题。

记得有一天，我与寇松勋爵吃过午餐后坐在巴拉克波宫殿里香蕉树下的藤椅上探讨亚洲问题，我们对俄国突厥斯坦与印度作了一个大致的比较。

寇松总督说：

"面对印度，七百万人的俄国内亚不值一提！小小的塔什干的生活，也根本无法与世界著名的大都市加尔各答相比较。"

他带着满意的口吻说到了他的前任总督取得的成就，同时毫不避讳地表现出自己的雄心大志，自己要成为一位经受得住历史评判的最伟大的总督之一。

接下来是寇松总督与基奇纳总司令之间的纷争，这一纷争直接导致了 1905 年 8 月寇松总督的辞职。

我在之前写给寇松总督的信中表明了我的意图，即 1906 年希望能从印度启程前往中国西藏，请求他在职权范围内尽一切可能地支持我的探险计划。寇松勋爵在写给我的回信中，仍然非常乐意地允诺了。没有想到的是，与基奇纳总司令纷争的进展对寇松总督不利，他不得不在比以前预计的时间更早地返回英国。

应该说，寇松总督的退位对我的探险旅行计划是一个相当沉重的打击，因为，我此次探险计划的很大部分是建立在与寇松勋爵良好个人关系之上的。我心里很清楚，尽管我之前批评了他出兵入侵中国西藏的军事行动，但他还是会全力帮助我，为我打开所有通向禁区中国西藏的关卡。

在英国新任首相坎贝尔·班纳曼（Campbell Bannerman）组成的新内阁中，约翰·莫莱（John Morley①）先生是主管印度事务的国务大臣，他始终坚定地、不动摇地对我的申请，包括继任印度总督明托勋爵前后为我提出的所有申请抱着拒绝态度，不允许我越过印度边界前往中国西藏。温斯顿·丘吉尔先生在这一届新内阁中主管海外殖民地事务的政府部门藩政院担任副部长。

我的中国西藏之旅结束之后，也就是 1909 年的 2 月和 3 月间，有部分时间是在英国度过的。在此期间，我多次与寇松勋爵在伦敦市区他的家中见面，他也在 1909 年发行的《地理新闻》杂志上针对我的探险考察旅行发表重要见解。在英国皇家地理学会 2 月 23 日举行的讨论会上，部分英国地理学家针对我就中国西藏南部山脉和大型河流源头所持的观点提出了批评意见，对此，寇松勋爵是不赞成的，他完全站在我这一边。

1911 年，寇松勋爵被选为英国皇家地理学会主席，这一年也正好是新国王的加冕年。根据惯例，为了给学会"周年纪念日晚宴"增添喜庆色彩，寇松主席给学会里所有伟大的金质奖章获得者发出了出席 5 月 26 日盛大宴会的集体信函邀请。在给我的邀请函中他特别补充写道：

> 请您务必出席，亲爱的赫定先生，这是我们再次见面、重

---

① 约翰·莫莱（John Morley, 1838—1923 年），英国政治家。曾任记者、报刊编辑和国会议员，最高职务任至英国印度事务大臣、枢密院议长。

温过去记忆的极好机会。

我应邀去了伦敦，又多次与他会晤。他亲自邀请我和我妹妹在国王加冕日里去他家，以便在他家阳台上视线方便地观看街上欢庆游行的队伍。但最终，我们还是在国王加冕日之前离开了伦敦。

1912 年，我寄给他一本针对俄国战争威胁写的小册子《一个警告》，并在信中对文章的内容和意义进行了解释说明。

他在回信中特别写道：

……如果任何人阻挡了俄国人在政治上恣意扩张的道路，俄国人就会非常憎恨，我只能这样说，俄国人会认为您的小册子是一本不友好的坏书。尽管如此，您的责任还是要放在优先考虑自己的国家上，在这一点上，不能因以前朋友的恼怒而受到影响。

英国皇家地理学会准备迁址，我希望，在您下一次来访时，能看到我们学会会址在一个令人欢欣、赏心悦目的地方。

可是，皇家地理学会迁址以及我对他们新址的拜访均没有实现，寇松主席的愿望落空是因为在此期间世界大战爆发了。

作为英国皇家地理学会的主席，寇松勋爵在这个岗位上同样发挥了他的杰出才能，也全身心地投入到肩负的新的使命上来了。他特别想丰富和充实地理学会的博物馆。博物馆里很大一部分馆藏，即工具、仪器和其他可供参观的实物都应该是富兰克林（Franklin①）先生、利文斯通先生、史丹利先生和其他探险家们在探险考察旅行时使用过的。

1914 年的春季，他给我写了一封信，希望我能捐一些实物给学会博物馆。我寄去了挑选出来的一些用旧皮套装着的旷日弥久、历经风雨的随身器具，并附上了器具的目录，包括年表及其他细节说明。

在这个"黑色夏季②"之初，即 1914 年的 6 月 7 日，他在给我的回信中写道：

西南卡尔顿联排屋 1 号（1 Carlton Terrace，S. W.）

1914 年 6 月 7 日

亲爱的斯文·赫定：

很高兴收到了您的来信，并抱着极大的兴趣期待着装有您宝贝的邮包，您的宝贝将理所当然地在皇家地理学会新的博物馆里展出。您将您的宝贝慷慨地寄给我们，充分地体现出您非同寻常的、乐于助人的爱心。您一定要相信，您捐赠的这些宝贝毫无疑问地会在这里引起参观者们的极大兴趣。

我现在已经辞去了英国皇家地理学会主席的职务，在这个职位上我工作了三年，达到了预期的目标。

---

① 全名：约翰·富兰克林（John Franklin，1786—1847 年），英国船长及北极探险家，在搜寻西北航道之旅中失踪。
② 第一次世界大战于 1914 年夏季的 7 月 28 日爆发，故作者在这里称之为"黑色夏季"。

我把皇家地理学会搬进了新的、漂亮的工作空间，会员人数增加到了五百人，收入也增加到了两千英镑。

学会的工作我已经交给了佛瑞斯菲（Freshfield）先生，因为我肩负的其他责任太重了。

我一直在远远地关注着您的政治活动以及您为了祖国发出的呼吁在公众中产生的影响。

为什么你们不缔结斯堪的纳维亚联盟来对抗共同面临的危险？

为您的下一本著作出版送上最良好的祝愿并衷心祝福您！

您真诚的寇松

寇松勋爵在信中提到的"共同面临的危险"，指的就是来自俄国的战争威胁，也是寇松先生在整个生涯中都担心的、警惕的、通过他的政策一直在抵制和反对的俄罗斯帝国。

他看到了俄国针对印度的危险，也可以说，派遣武装力量入侵中国西藏正是寇松总督挑战沙皇权力的一个插曲。他是在第一次世界大战爆发的前两个月给我写上面这封信的，他建议瑞典国、挪威国和丹麦国应该为抵御"共同面临的危险"携手成立斯堪的纳维亚联盟。不过，1914年8月4日，他自己的国家——英国也同样作为俄罗斯帝国的协约国投入了反对欧洲文明的战争。

这是一个可以理解的原因，即第一次世界大战的爆发结束了我与寇松勋爵之间的通信联系。所有老的联系也都中断了，寇松勋爵便是我失去的老朋友中的一位。因此，我也不清楚，他对我在一战中的观点抱有什么样的想法。但是我充分相信，作为一名清醒的历史研究者，他一定知道俄国掠夺了我们波罗的海的领土和芬兰的领土，并认识到，对比对印度的威胁，俄罗斯帝国的势力对瑞典的威胁更大，危险也更大。当然，他也一定会理解，为什么我对世界大战中的俄罗斯帝国毫无好感，不赞成他们向西方推进的行动。他也应该有更确切的理由对此感到惊讶，即在瑞典，竟然有人，不，竟然有一个完整的党派，面对"共同面临的危险"视而不见。

寇松勋爵在世界大战中以及在接下来那些年里的立场不属于本书要讨论的范畴，虽然他对德国的诋毁与其他政治家无异，但这些都无损于他在我心目中的形象，也不会使他的真挚友情留给我的珍贵记忆显得黯淡、苍白。因此，得知他去世的消息后，唤起我的不仅仅只是一种悲伤，还有一种发自内心的真正的失落感。

他还是那样清晰地站在我的身前：一位伟大、气质高贵、曾经掌握着三亿二千万印度人民命运的英国前印度殖民地总督，一位意志坚如钢铁的角力士，一位情趣典雅性格忧郁的幻想家，一位用几乎没有笑过的嘴唇思考的思想家，一位在英国议院讲坛上充满艺术魅力的演说家，一位在英国地理文献领域享有盛名的作家，一位认识全面且值得信赖的亚洲问题专家。

对我而言，寇松勋爵，这个名字与整个莫卧儿帝国宫殿的富丽堂皇联系在一起，与喜马拉雅山洁白的、高耸入云的雪峰联系在一起，与热带棕榈树和红树间飒飒作响的轻风联系在一起，与美洲黑人美妙的班卓琴琴声以及与响彻在温煦的印度夏夜里年轻人明亮的歌声联系在一起……

一切都已离我远去

——远远的、久久的，

没有车载着我

从这里驶向曼德勒……①

　　如此经常地、一如既往地，寇松勋爵塑造着我美好的、丰富的人生，一如他还在我的身边。我常常带着忧伤和渴望的情感，回忆我在他身边的那些辉煌的日子，带着钦佩和谢意怀念着这位老朋友。

————————

①　英国作家吉卜林的诗《去曼德勒的路》中的诗句。

法罗顿的格雷子爵
(Lord Grey of Fallodon)

爱德华·格雷（Edward Grey①）先生 1862 年出生，二十岁时承继了他父亲的头衔以及位于诺森伯兰郡（Northumberland）法罗顿的家族遗产。1905 年，他作为英国外交大臣进入首相甘贝尔·班纳曼的内阁并在新任首相阿斯奎斯（Asquith②）内阁继续蝉联这个职位，直到 1916 年退出英国政界。

我接受英国泰恩赛德（Tyneside）地理学会的邀请，在 1902 年 12 月 13 日为该学会会员作了一次探险考察的学术报告。由于该地区地域博大，有广泛的贸易关系以及丰富的煤田，故泰恩河畔的中心城市纽卡斯尔（New-castle-upon-Tyne）建有自己的地理学会。

我一直认为，面对一个水平高的、优秀的听众群作报告，是一

---

① 第一代法罗顿的格雷子爵爱德华·格雷（Edward Grey, 1862—1933 年），英国自由党政治家。1905 年至 1916 年间担任外交大臣，是英国任期最长的外交大臣。格雷先生还是一位鸟类学家。

② 全名赫伯特·亨利·阿斯奎斯（Herbert Henry Asquith, 1852—1928 年），英国自由党政治家，曾任内政大臣及财政大臣，1908 年至 1916 年出任英国首相。

件十分愉快的事，也是一份至高的荣誉。在英国，城市地理学会会长或主席的人选一般来说不会是一名地理学家，而是一名杰出的出人头地的社会名流。这是因为，学会在一定程度上能够通过会长或者主席的赫赫大名被赋予荣耀的光彩因而得到普遍的尊重，在"撒网捕鱼"式的招收新会员方面具有很大的吸引力。

英国泰恩赛德地理学会挑选的主席就是大名鼎鼎的政治家、国务活动家爱德华·格雷阁下。

1902 年 12 月 13 日晚上，我十分高兴地第一次见到了爱德华·格雷阁下，并在报告过后的宴会上与这位德高望重、亲切友好、气质高贵的英国绅士以亚洲以及亚洲的动物为主题进行了交谈。

一般而言，地理学会的主席有责任在当晚讲座结束后向在场的听众介绍讲座的报告者。在对我的介绍中，爱德华阁下用几乎是过分赞赏的语言高度评价了我探险考察旅行的意义。

他指出，探险旅行是"堂堂正正的人、具有勇敢性格的人、输得起的人"坚定信念的美好标志，是对他人成就慷慨大方的认可，即便这个他人属于其他民族。四十八年前，这些值得赞美的、令人产生好感的性格特征，人们会认为是英国人特别拥有的专利。此外，爱德华阁下在阐述的过程中还相当正确地注意到，以前赴陌生国度探险旅行存在着的冒险、幻想和刺激的效应在我们这个时代已经失去了其意义，已经让位给了冷静清醒、理智干巴、合乎深度和严肃的科学研究。我认为，他的这个论断是合乎实际的，论断的提出是必要的，也是必然的。

爱德华阁下提出的关于在非洲和亚洲探险研究的任务不尽相同

的思想，人们也是完全可以赞成的。事实是，进入二十世纪之后，除了南北极地探险之外，非洲大地马上成了探险家们认为的地球上最具探险价值的地区。当时，大众的普遍意识还只是停留在对伟大的征服者利文斯通先生和史丹利先生的印象上，并神经质地、激动地期待着对神秘大陆和海洋有更新的、更惊心动魄的令人感兴趣的发现。但值得关注的是，与此同时，对大亚洲远古的神秘感的好奇也在不断增长。

除了埃及国和迦太基（Carthago①）国是例外，非洲没有历史，而亚洲的废墟中却藏匿着强大的在时代的黑暗中消失了的世界帝国。非洲展望着未来，亚洲掩埋了过去。亚洲古老的废墟间存在着无数问题的答案，对于新时期研究而言，亚洲拥有无法衡量的、取之不尽永不枯竭的探索领域。

整整七年过去后的 1909 年 2 月，我作为伦敦英国皇家地理学会的嘉宾，在瑞典驻英国公使赫尔曼·弗兰格尔（Herman Wrangel）伯爵举行的宴会上再一次见到了尊敬的爱德华·格雷阁下。宴会上还有其他几位英国国务活动家、国外的外交官以及地理学家。

那次宴会邀请的宾客中，我记忆特别深刻的有俄国大使亚历山大·冯·贝肯多夫（Alexander von Benckendorff）伯爵，他在哥本哈根、俄国任职以后从 1902 年直到他 1917 年去世一直作为俄国的代表在英国担任大使。他的政治观点与格雷先生的相近，致力于与德国、

① 迦太基，古国名。存在于公元前八世纪至公元前 146 年，位于今北非突尼斯北部，临突尼斯湾，当东西地中海要冲。公元前九世纪末，腓尼基人在此建立殖民城邦。公元前七世纪，发展成为强大的奴隶制国家。

英国的友好关系，并于 1907 年与格雷先生共同签订了关于阿富汗、中国西藏和波斯的协议。协议签订的那个时候，我作为西藏扎什喇嘛（Taschi Lama①）的客人正住在中国西藏的日喀则（Schigatse）。当时我就在这个令人难以接近的荒僻之地嘲笑格雷先生与贝肯多夫先生在协议中写进去的关于中国西藏问题的附加条件，即这个地区的边界在三年长的时间里对科学考察也要予以关闭。

宴会过后我与这两位政治家就此问题交换了意见，虽然我难以克制自己不满的情绪，但仍以礼貌的口吻请英国外交部长格雷先生和俄国大使贝肯多夫先生不要忘记，他们封闭通向中国西藏的关口、挡住我前往中国西藏的努力落空了，我当时就已经真真切切、十分有保障地置身于中国西藏地界内。他们笑着承认了失败，并认可我毫无阻碍翻越外喜马拉雅山的征途并没有给他们国家在政治上带来什么负面影响。事实是，瑞典人对神圣的中国西藏根本就没有企图。

过了一会儿，尊敬的爱德华阁下将我带到宴会厅一个僻静的角落，出乎意料地向我提出了一个与政治以及内亚地理问题完全无关的另外一个话题。

我知道，爱德华·格雷先生是一位伟大的动物学家，对禽鸟世界的研究有着极大的热情。当然，我在这方面拥有的素材也很丰富，但我到底该选择哪一个题材才能取悦于友好亲切的爱德华阁下呢？

是灰黑色的不吉祥的乌鸦吗？它们金属般的叫声在空中回响，数星期地尾随着我们探险考察队，灾星般盘旋着肿胀病态的躯体，

---

① "扎什喇嘛"又称"班禅喇嘛"。

然后再自上而下像分配遗产似的分食着阵亡倒地的骆驼和马匹。

是山鹑吗？一旦骒马的铃铛声惊扰了它们平和的生活，它们就会惊慌且有趣地"嘎嘎嘎"地叫唤，提醒幼鸟赶快逃离。

是猫头鹰吗？根据当地人的信仰，如果山间出现了杀人越货的土匪，猫头鹰总是会用神秘的叫声警告我们。

是国王秃鹰吗？它们悬浮飘飞在中国西藏的崇山峻岭间，不时会闪电般地俯冲而下在山谷深处捕食田鼠。或者拂晓时分庄严地屹立在山崖之巅，像琐罗亚斯德教（Zarathustra①）神父一样，郑重地期待着新一天的到来。若留心观看，国王秃鹰锐利的目光在太阳跃出地平线的那一瞬间竟会像熊熊燃烧的火焰。

或者我应该向爱德华阁下介绍帝王一般高贵的天鹅？它们雪白的羽毛在黄色的芦苇丛中、在罗布泊绿色的湖岸背景衬托下格外清晰明亮。每当我们走过，它们会担心地护着小小的、黄绒球一般的雏鹅，带着孩子们躲进芦苇丛中寻求庇护。

不，爱德华阁下需要知道的是令人印象更加深刻的、更加难忘的禽鸟。

我开始整理纷乱的思路，让所有的禽鸟在我心灵的眼睛前一一飞过。突然间，我听到了春天里从印度飞往西伯利亚大雁翅膀扑腾扑腾的扇动声。是的，我要向尊敬的爱德华阁下介绍我为之赞叹、钦佩和羡慕的西藏大雁。

---

① 琐罗亚斯德教是基督教诞生之前中东最有影响的宗教，是古代波斯帝国的国教，也是中亚等地的宗教，在中国被称为"祆教"。

　　每当我在一望无际的大沙漠寻找水源或者在中国西藏石头荒原上艰难地为我的马匹和骡子寻找牧场的时候，经常会看到一群群大雁的雁阵纪律严明、不间断地组成各种队形在我们的头顶上方，在数百米的地球上空朝着它们既定的目标飞行。如果要在某一个淡水湖畔栖息，头雁会不失时机地发出指令，跟随其后的雁群也会"嘎嘎嘎"地及时作出回答，表示明白并已经做好了降落栖息的准备。

　　我兴奋地告诉爱德华阁下：有一次，我们辛苦了一天的征程在一个有新鲜淡水的水源边结束，水里可见不少龟甲动物在来回游动。水源延伸出一条小溪潺潺地流向不远处的一个盐水湖，小溪的两岸生长着并不茂盛的小草。干枯的野牦牛粪是我们宿营的燃料。

　　傍晚时分，西边的太阳开始落山，晚霞也在慢慢消失，暮色渐渐降临。篝火熄灭后，帐篷里一片寂静，夜幕笼罩着大地，满天的繁星闪耀着无与伦比的光辉。不同往常的是，无风的夜晚，四周是一片庄严肃穆的宁静。我们所在的位置，离下一个游牧部落至少有五十英里。这时，有人听到南方远远地、越来越近、越来越清晰地传来了大雁的叫声，雁阵正以楔形阵势飞行在前往西伯利亚夏宿地的途中。

　　只见雁阵开始下降，向我们宿营地方向飞来，变化着的、嘈杂的"嘎嘎嘎"的叫声越来越近也越来越激动。我相信，我已经听到头雁警告的叫唤声了，它在紧急告诫雁群：

　　"今晚我们不能在习惯了的水源附近栖息了，那里已经有了人类！"

　　随后，一阵阵纷乱的雁叫嘈杂声过后，雁阵开始上升，扇动翅膀的朝圣者队列随之消失在了北方的天空。

　　带着微笑，爱德华阁下十分好奇地、专注地听着我的讲述，他赞叹着，进而又问道：

　　"太神奇了、太令人着迷了，但大雁怎么能够翻山越岭寻找到自己固有的飞行航线呢？怎么会在长途飞行中不迷失方向呢？"

　　我回答：

　　"我能确信，大雁在视觉和听觉功能上、在感觉上、在对我们来说还十分陌生的、辨识方向的能力上有一个特殊的装置，它工作起来比我们人类的指南针、经纬仪和测距仪要清晰多了，也可靠多了。确实很难断言，它们是不是把头上的星辰当作了路标，因为，即便在风暴中飞行，在乌云密布不见星辰的气候条件下，它们也能保障飞行的方向不发生改变。当然也有可能，天气不好时它们会在云层的上方飞行，无意识地在利用星辰指引方向。但不容置疑的是，每一个大雁团队都飞行在祖先上千年来一直保持着的传统航线上。事实是，在西伯利亚出生和长大的雏雁跟随长辈雁在秋季飞向印度，来年就有能力继承父母引导的路线飞返西伯利亚了。"

　　爱德华阁下思考了一会儿接着又问道：

　　"您真的相信，大雁能够在浓密的云雾中找到它惯有的飞行路线吗？您难道注意到了它们飞行的每一种可能性吗？"

　　"是的，"我回答：

　　"还有一次，我们在塔里木河下游一片林区空地上宿营。一场罕见的来自东北偏东方向强劲的春季风暴刮了过来，迅疾将沙粒和灰尘卷上了高空，形成了人的肉眼根本难以透视的、云一般的沙尘暴。

灰雾笼罩中，方圆五十米范围内看到的只是蔽天飞扬的尘土。可是，我竟听见了宿营地上空大雁的叫唤声。我连忙走出帐篷试图搜寻，森林里树尖一个挨着一个，灰雾中实际很难看清。这次飞过的雁阵不是一个单独的、整齐的楔形阵，而是多个小雁群，前后跟随，间隔一两分钟的距离。每一只飞过的大雁都会掠过一个相同的树尖，并丝毫不差地保持着前面大雁飞行的方向。西藏大雁就是这样灵活地、纪律严明地飞行在腾起的灰雾和狂风中间。"

结束介绍时我告诉爱德华阁下，我不是猎人，从不杀生，当然也不会猎杀大雁。但我的探险队中总是会有一两个猎人，因为，在中国西藏荒野之地，我们能最大程度地依赖他们解决食物问题。我有这种感觉，当地人认为，猎杀大雁犯的是不可饶恕的谋杀罪。

一天，我们探险队在中国西藏南部一个湖边部落宿营，当地一位年轻人来到我的帐篷里痛苦地抱怨道，我的一名哥萨克士兵射杀了一只大雁。他相当绝望也深感震惊。

他对我申诉说：

"难道您的部下不知道，大雁与我们一样是游牧民族吗？它们也生活在幸福的婚姻生活之中吗？现在，您的部下杀死了一只雄雁，剩下的那只孤独守寡的雌雁该有多么不幸，它会一天接着一天地在这里守候它'心爱丈夫'的归来，最后也会伤心地死去。"

我徒劳地安慰年轻人，并郑重承诺，会严格禁止部下再猎杀大雁。虽然当天晚饭有香喷喷的油炸雁肉，但我却没有半点食欲，我忧伤地想到了在悲痛中守寡的那只雌雁。

弗兰格尔伯爵的客人们准备离开了，爱德华阁下最后兴奋地对我说道：

"亲爱的赫定博士，我能整个晚上留在这里聆听您这些令人着迷的故事……依我看，聪明且多情的大雁真是胜过了所有愚蠢无聊、幼稚可笑的政治家们。遗憾的是，我每天还都得在外交部里为这些政治家们烦恼。真想与您一道前去大雁帝国旅行。"

几天以后，我接受第一代布莱克本（Blackburm）的莫莱勋爵邀请在雅典娜俱乐部共进晚宴。这是一个十分小的、经过精心挑选了的人文圈子，参加晚宴的人只有寇松勋爵、伦敦德里勋爵、爱德华·格雷阁下、冯·诺福克（von Norfolk）公爵和里其蒙·里奇（Richmond Richie）阁下。最后一位是莫莱勋爵印度事务部办公室里最亲密的同事，这位同事与小说家萨克雷先生的女儿结了婚。萨克雷先生的女儿可是一位俏皮风趣、十分活跃且小巧玲珑的女士，与这位女士我倒是见过好几次面。

席间，包括宴席结束之后，大家在一起聊了不少睿智的、有见解的、关于政治哲学方面的话题，当然也少不了议论同时代那些当领导的国务活动家们的轶事。爱德华阁下一般保持沉默，只是偶尔会插上几句话，只是到了即将离席时他才大声说道：

"你们说的这一切都非常有趣，但与赫定博士讲述的精彩的西藏大雁故事相比，就显得太微不足道了。"

话一说完，在座的先生们都笑了起来，齐刷刷地将眼光投向了我，我那尴尬难堪的感觉，就像人们常说的脊背都顶着墙了。这也意味着，要么死去，要么在莫莱勋爵的宴席上再讲讲西藏大雁的故事。我当然乐意作后一种选择，不仅仅是为了证明爱德华阁下所言不虚，还要使这些自信的、高傲的、同时又自觉高贵有魅力的、号称"世界大帝国的建筑师们"记住，地球上还有其他地域，地球上空还有其他空间，是他们实施抢劫的双手达不到的。

我带着些许煽动性意味的故事游戏是否达到了预期效果不得而知，但有一点可以肯定的是，在我娓娓讲述的时候，这些大名鼎鼎的大英帝国的国务活动家们，至少暂时忘记了政治舞台上错综复杂、尔虞我诈的现实，被大自然纯洁的、不可征服的伟大力量给深深吸引住了。与之相比，他们在世界帝国建设中的所有努力以及所谓的成功，虚荣得像一阵微不足道的、抓不住的轻风。总之，在座的勋爵们向我劈头盖脸地提出了很多问题，当然，回答他们费解的这些问题对我来说就是小菜一碟了。

这是我与尊敬的爱德华·格雷阁下的最后一次见面。

1909 年，我将我的著作《外喜马拉雅》寄给他，很快就收到了他十分友好的回信。

1914 年秋季，我与他还有过一次间接的但十分有意思的接触。这一接触是在英国海军上将阿尔伯特·马卡姆（Albert Markham）先生的帮助下实现的。

马卡姆将军通过几次早期极地探险考察声名鹊起，我则是 1911 年 6 月受邀在英国皇家地理学会作演讲报告时认识马卡姆将军的，之后与几位知名地理学家又应邀在他家里共进午宴。当时的他对我表现得相当友好，对我的探险旅行也抱有极大的兴趣。

但由于我在第一次世界大战中公开表态支持德国，故我的名字被英国皇家地理学会从名誉会员册中拿掉了。正是这位阿尔伯特·

马卡姆阁下，在 1914 年秋季，以英国下议院议员的身份向英国外交部提出了以下质询：这位赫定博士，一个英皇授予的印度帝国大爵士，竟是一个与国王的敌人为伍的人，难道他还是值得我们尊敬的绅士吗？

当时，作为外交大臣的爱德华·格雷阁下对这个问题作了很肯定的回答，他说，斯文·赫定先生的情况他十分清楚，他只是一位地理学科领域的科学工作者。并解释说，我们不能将斯文·赫定先生作为个案单独处理，这样的科学工作者很多，要一视同仁，与其他类似的情形放在一起审核。

在此之后，有关这一事件我就再也没有听到什么传言了。很可能爱德华阁下认为，这件事对战争的开端不会有值得关注的影响，也可能他还在遥想我讲的故事——西藏大雁。

1914 年 6 月，爱德华·格雷阁下试图使英国从大国战争中摆脱出来，但无疑使他感到痛苦的是，要无可奈何地面对不容变更的事件。他的观点是，大英帝国最重要的不是要保持中立，而是要保持与法国和俄国的联盟，德国入侵比利时给他的观点提供了外因条件，8 月 4 日，英国宣布对德国宣战。

当劳合·乔治（Lloyd George①） 1916 年接管政府，爱德华·格雷阁下交出了外交大臣的职务，保留法罗顿的格雷子爵头衔，之后回到自己的庄园度过了生命的最后几年。

---

① 全名：大卫·劳合·乔治 (David Lloyd George，1863—1945 年)，英国自由党政治家，在 1916 年出任英国首相领导战时内阁。

除了其他著作，爱德华·格雷阁下还写过一本题为《鸟的魅力》的书，该书也有瑞典文版。他在书中简洁朴实地描写了自己细心观察公园树枝上的鸟类以及作为客鸟飞来栖息在法罗顿草地两个水塘里水禽生活的体会。

在这个伟人的身上，有很多最杰出的和骑士般高贵的品质。他被誉为纯英格兰血统的人，我十分想念他散发出来的那股浓浓的人情味。

罗尔德·阿蒙森

(Roald Amundsen)

在极地探险的历史上，罗尔德·阿蒙森先生①无疑是相当重要的一位人士，若谈到极地探险的距离和范围，他的权杖征服的地区是没有任何人能与之比肩的。一如南森先生在格陵兰岛内陆冰上利用诺登舍尔德先生东北通道的经验，阿蒙森先生也是紧紧追随着他伟大同胞南森先生的足迹。如果说南森先生放弃了向北极极点进军的最后努力，阿蒙森先生则是坚定不移地要达到北极探险的数学点目标，而且还并不满足于一个北极，他要征服的是南北两极。在他的征服列表上，西北通道和东北通道都登记在册。

阿蒙森先生用五十六年短暂的生命，实现了所有大民族和小民族航海人和科学家超过一百年间努力希望达到的目标。世人由衷地钦佩和赞许他取得的成就，为了人类的极地探险事业，阿蒙森先生

---

① 罗尔德·恩格尔布雷希特·格拉范林·阿蒙森（Roald Engelbregt Gravning Amundsen，1872—1928年），挪威极地探险家，1911年至1912年，他领导的探险队成为第一支到达南极的探险队。

奋斗到了命运赋予他生命所有工作日的最后一天。

除了无所畏惧的勇气和蔑视一切障碍的胆量和魄力，阿蒙森先生还拥有可贵的精神财富，即自信乐观的态度、聪明灵活的谋略。在一般情况下，他完成极地探险计划需要投入的资金都要比他在挪威能募集到的资金高出很多。他善于主动与财力雄厚的其他国家代理人取得联系，对他而言，只要是对实现目标有利，与美国人、意大利人或者法国人合作都是无关紧要的。他还清楚地知道，自己总有一天会衰老，不再具有极地探险需要的充沛力量，因此，他几乎是不让自己休息一天地同时从事着细致费神的、探险考察结果的文字整理工作。

在使用不同操作方法、交通工具完成自己极地探险旅行计划，实现极地探险高的数学纬度方面而言，阿蒙森先生也算得上是一位站在新旧时代分界线上的极地探险家。

诺登舍尔德先生、南森先生和所有与他们同时代的极地探险家们都属于旧时代探险家，即属于使用桅船、雪橇和雪橇犬的探险时代。安德鲁先生属于第一个尝试空中气球漂移飞行的探险家，而阿蒙森先生则属于第一个既体现了旧时代传统方式也体现了新时代创新方式的极地探险家。他使用了所有的移动工具，如传统的船舶、雪橇、雪橇犬以及现代化的飞机、可操控的飞艇。

从这个意义上讲，拜尔德将军也属于新时代探险家，因为他越过陌生地区使用的唯一移动工具是飞机。现代人从事南极陆地的探险，飞机已经是必不可少的工具了，尽管目前科学意义上单打独斗式的探险研究没有雪橇和雪橇犬还是很难做到。拜尔德将军通过他果敢的、具有典范作用的飞行探险开启了极地探险历史新的时代。

对他来说，围绕地球极地地域的地理学研究是第一位的，他将人类
对星球表面的认知大大提高了一步。

阿蒙森先生吸引人的探险业绩在很大程度上基于他创造的最佳
纪录，尽管如此，他也并没有忽略科学研究工作，他将科考工作交
给了杰出的专业人士，如随行的哈拉尔德·乌里克·斯维德鲁普先
生、芬恩·马尔姆格伦（Finn Malmgren）先生等人。

探险家汉斯·维·阿尔曼（Hans W. Ahlmann）先生在极地探险
旅行过程中十分蔑视一味地追求纪录，对他来说科学研究才是最重
要的。在这一方面，他在我们这个时代的极地研究中，不仅仅在瑞
典，就是在全世界也是顶尖的。

在讲述我个人与罗尔德·阿蒙森先生的关系之前，还要回忆一
下他同样光芒四射的戏剧性轨迹，即从一个极到另一个极这个最重
要的阶段。

还是一个孩子的时候，阿蒙森就梦想着北极的西北航道，而这
一梦想，很可能就是被诺登舍尔德先生驾驶"维加号"的航海旅行
激发出来的。

1897 年和 1898 年间，他参加了比利时海军军官杰拉许（Gerlache）
先生率领的"比尔吉克（Belgica）号"南极探险队。以至于十二年
后，当他作为一个装备精良的探险队队长再度回到这个地区，围绕
地球南极这一大块冰冻大陆急待解决的问题，对他来说就已经不那
么陌生了。

1903 年，阿蒙森先生驾驶探险渔船"格约亚（Gjöa）号"驶向
了加拿大北极地区的群岛。

在第一次北极探险期间，他确定了磁北极的位置。由于"格约亚号"探险渔船冻结在了海面上，阿蒙森先生在威廉王岛（King Willian-Land）的南侧逗留了两年。在逗留期间，他完成了周边地区多项不同的地理考察发现，并且研究了附近生存的爱斯基摩部落。顺便要说一句的是，丹麦著名极地探险家、被称为爱斯基摩学之父的克努兹·拉斯穆森（Knud Rasmussen）先生在这个领域的研究超过了所有的先驱者。

1905 年的夏末，阿蒙森先生"格约亚号"脱离了冰上监禁，但就在他们欲完成一段有价值的航程返回之前，渔船又被冻住了。他们不得不又在冰上度过 1905 年至 1906 年的冬季。只是到了 1906 年的夏季，阿蒙森先生的探险船才能继续沿着阿拉斯加（Alaska①）海岸向诺姆（Nome②）航行。这艘吨位小经受了多重考验的探险渔船返航之后留在了美国的旧金山市。1923 年，我有机会在那里见到了这艘探险渔船。它停泊在一个静静的港口，即金门公园一个水塘里的冰块之间。

在美洲被发现的后续百年间，大西洋与太平洋之间的航道开发对于新大陆的居民而言一直都是十分诱人的。当时，从北美东海岸驾船去西海岸，除了环绕合恩（Horn③）角没有其他水路。只是在1850 年至 1854 年间，北部的航道，即西北水道，才由英国船长麦克·克鲁尔（Mac Clure）先生发现，但他也只是行驶了其中的一段水

---

① 阿拉斯加州，是美国位于北美洲最西北端的联邦州。此州以东与加拿大的英属哥伦比亚省和育空地区相邻，此州的最西端位于阿图岛，与俄罗斯在白令海峡以西有一海上边界。

② 诺姆是美国阿拉斯加州的一座城市。

③ 合恩角，南美洲智利火地群岛南端的陆岬，位于合恩岛，南美洲的最南端。

道。在返回家乡的航行中，麦克·林托克（Mac Clintock①）先生帮助
了他。麦克·林托克先生是许多寻找驾驶英国军舰"幽冥（Erebus）
号"和"恐怖（Terror）号"开展探险的伟大探险家富兰克林先生踪
迹人士中的一个，两艘军舰的沉没在百年前曾引起极大的轰动。

1898 年，我在英国皇家地理学会见到了麦克·林托克先生，与
先生聊起了富兰克林时代，他当时已经有七十九岁高龄了。

这样，罗尔德·阿蒙森先生成为驾驶船舶在海洋上从美洲东部
抵达大洋西部的第一人。

1909 年 11 月，阿蒙森先生又开始准备新的航行，这一次他要驾
驶南森先生著名的"前进号"探险船，这也意味着，他希望原定的
这次航行从阿拉斯加北部所在的海域开始，启程定在 1910 年 6 月。
可就在这次航行中，阿蒙森先生中途变卦，私下作出了改变航行目
标、不去北极而前往南极的决定，因为皮里先生已经在此之前于
1909 年到达了北极。

可以这样说，"前进号"是带着所谓密封的指令启程的，只是当
探险队在 1910 年 9 月离开马德拉岛（Madeira②）后，阿蒙森先生才
对同行的十九位考察队员公开了变化方向前往南极的秘密。"前进号"
开始掉头朝南，于 1911 年 1 月到达了罗斯海（Roß③）南部的鲸湾。

---

① 全名：弗朗西斯·利奥波德·麦克·林托克（Frances Leopold Mc Clintock，
   1819—1907 年），英国航海家，北极探险家。奉英国政府之命曾三次去加拿大
   北极群岛探险并寻找遇难的约翰·富兰克林探险队。
② 马德拉岛是葡萄牙西南方向北大西洋中东部的群岛。
③ 罗斯海是南太平洋深入南极洲的大海湾，由英国探险家詹姆斯·罗斯于 1841 年
   发现。

在罗斯海岸的沙洲上建立了"前进号之家"后，阿蒙森先生率领五位探险队员，带着四只雪橇、五十二条雪橇犬以及四个月的口粮前往极地，并于 11 月 13 日到达南部纬度 85 度，于 12 月 6 日到达位于三千二百七十五米绝对高度的南部纬度 87 度 40 分。

勇敢的滑雪者指挥着他们的雪橇犬拉着雪橇越过平缓倾斜的高原笔直向南，于 1911 年 12 月 14 日到达"极地之家"。"极地之家"由阿蒙森先生建立，南部纬度是 89 度 58 分 5 秒，或者说，在离南极点三公里的地方。12 月 14 日至 17 日，他们留在"极地之家"，并在不同的方向上展开巡逻侦察。毋庸置疑的是，阿蒙森先生标记了南极的数学点。在南极点上，他插上旗杆，升起了挪威国旗，留下了南极被他征服的标志。

1912 年的 1 月 17 日，英国探险家罗伯特·斯科特到达南极，找到了挪威国旗和南极极点已被征服的标志。

1 月 25 日，阿蒙森先生带着两只雪橇和十一条雪橇犬又回到了罗斯海岸边的"前进号之家"。

7 月 31 日，探险队进入克里斯蒂安尼亚自由城。

在接下来的 1913 年，阿蒙森先生接受邀请在瑞典地理学会作探险报告，并荣获"维加奖章"。

1916 年，新的探险考察准备就绪，阿蒙森先生计划沿着南森先生的足迹，从珍妮特岛（Jeannette-Insel①）方向向北横穿北冰洋靠

———————————————

① 珍妮特岛是俄罗斯的岛屿，位于东西伯利亚海，由美国北极探险队"珍妮特号"成员所发现。

近极点，这样，他就可以容易地在冰块上到达极点。

阿蒙森先生驾驶"莫德号"探险船沿着诺登舍尔德先生的足迹驶向切柳斯金角，但与"维加号"探险船不同的是，"莫德号"在那里被冻住了。船从 1918 年 10 月到 1919 年 9 月 12 日一直被困在冰面上，冰块挫败了他们抵达珍妮特岛的努力。在科尔尤琴海湾附近，也就是二十九年前"维加号"探险船被困在冰面上越冬的地方，"莫德号"又被困在冰面上越冬，从 1919 年至 1920 年，直到冰块消融以后才向诺姆市驶去。

1925 年，阿蒙森先生试图与五位同仁，其中有赫贾马尔·里泽-拉森（Hj. Riiser-Larsen）先生和美国人埃尔斯沃斯（Ellsworth）先生，驾驶两架飞机从空中抵达北极。他们在斯匹茨卑尔根群岛登上飞机，第二天则被迫在 87 度 44 分处紧急着陆。6 月 15 日，他们乘坐其中的一架飞机返回。

1926 年 5 月 9 日，美国人拜尔德驾驶飞机在十五个半小时的时间里完成了从斯匹茨卑尔根群岛前往极地而又返回的行程。在这次旅行中，拜尔德先生见到了正准备与意大利飞行员翁贝托·诺比莱（Umberto Nobile①）先生登上可操纵的飞艇"诺格（Norge）号"飞往极地的阿蒙森先生。在围绕着梦寐以求的只刮南风的北极点争夺战中，拜尔德先生同样以阿蒙森先生十四年前针对斯科特先生先下手为强的手段夺下南极极点的方式，在阿蒙森先生之前夺下了北极

---

① 全名：翁贝托·诺比莱（Umberto Nobile，1885—1978 年），意大利飞行员，北极探险家。他的知名工作是主导建造并驾驶"诺格号"飞艇与挪威探险家罗尔德·阿蒙森完成了一次极地探险。他的第二次极地探索以空难告终。翁贝托·诺比莱在这次空难中摔断了胳膊，依靠国际救援行动才得以生还。

极点。但事实上，无论是拜尔德先生还是阿蒙森先生，都没有被学界赋予如皮里先生第一成就的伟大意义。

"诺格号"于 1926 年 5 月 11 日从斯匹茨卑尔根群岛升空，连续飞行七十六小时越过极地到达了阿拉斯加的特勒（Teller）。

1928 年 7 月 17 日，翁贝托·诺比莱先生驾驶可操纵的飞艇"意大利（Italia）号"，携带十六名乘客，乘客中有气象学家芬恩·马尔姆格伦先生，在特罗姆瑟岛升空，开始了新一轮的极地飞行。但飞行很不幸运，在冰面上降落时，机体吊舱摔裂。为了尽可能减轻飞艇重量，十个人留在了冰面上，飞艇则载着其他六人凭借风力继续飞行，最后永久消失未能返回。而留在冰面上的十人中除一人死亡外，其他人均获救，只是在此之后，气象学家芬恩·马尔姆格伦先生还是牺牲了生命。

当这一不幸事件通过收音机公之于世以后，不少国家竞相派员参与救援遇难飞艇的任务。瑞典也派出了一个飞行探险队，由机长伦德伯格（Lundborg）领导。幸运的是，他们顺利到达出事地点，并救回了诺比莱先生。

当时，法国也派出"莱瑟姆号（Latham）"救援飞机，六位救援人员中就有之前既驾驶过飞机也驾驶过飞艇飞越了极地的罗尔德·阿蒙森先生。因此，相比其他任何人他都更富有经验，他的决心是不惜一切代价救出诺比莱先生。

1928 年 7 月 18 日，"莱瑟姆号"在特罗姆瑟岛起飞，按计划两个小时后应该抵达斯匹茨卑尔根群岛。但飞机根本就没有接近他们的目标，也没有任何回音。据猜测，很可能"莱瑟姆号"起飞不久就在特罗姆瑟岛北部空域直接陷入海上浓雾，以至于无法判断距离海面的高度，导致在全速飞行中，飞机直接冲进海水沉入了海底。事实是，被海浪冲到挪威海岸的飞机残骸证明了他们悲惨的命运。

就这样，著名的勇敢的挪威探险家罗尔德·阿蒙森先生终止了他辉煌的人生。他生命的结束简直就是戏剧舞台上非凡的一幕，没有比这最后一幕更英勇、更悲壮的了。

如果人们觉得有理由，指责罗尔德·阿蒙森先生是带着冷静清醒的思考和完全主动的意识将罗伯特·斯科特先生一生为之奋斗的征服南极的胜利成果剥夺了的话，人们同时也就必须承认，罗尔德·阿蒙森先生也已经用令人钦佩的方式，对缺乏骑士风度的英国竞争者以及竞争者声称拥有的地球南极优先权作出了必要的补偿。也正因为如此，在挪威海岸前漆黑的海洋深处无人所知的墓碑旁，挪威国旗悲壮地带着对英雄真诚的尊敬和钦佩降了下来。

*

在十九世纪至二十世纪之交的那些日子里，我与罗尔德·阿蒙森先生在克里斯蒂安尼亚自由城见过几面，记忆特别深刻的是在地理学会我的一场演讲报告过后的交谈。当时参加聊天的还有南森先生，我们数小时地坐在一起针对一些重要的地理问题交换意见。

1909 年的春天，还是在这个地理学会，我做关于外喜马拉雅山的探险报告，那段时间里我与罗尔德·阿蒙森先生走得很近，当时同在的还有我的妹妹阿尔玛。当我们准备坐火车回瑞典时，罗尔德·阿蒙森先生赶来火车站，递给阿尔玛一束红色的玫瑰花。之后，我们之间又有了一段比较活跃的通信往来，不过，他的大部分信件还都是写给我妹妹的。

在这里，值得一提的是他在一次探险考察开始阶段写给我的一封信，正是在这一次探险中，他临时决定将探险目标由北极改为南极，而且写这封信的时候，他的"前进号"探险船还在英吉利海峡（Ärmelkanal）上缓慢行驶。在这之前，他对我一直保守着秘密。当变更航向的计划公之于众以后，他在给我的信中才公开了这一秘密，并作了相应的说明：

　　"前进号"探险队

　　　　　　　　　　　　　　　"前进号"，1910 年 8 月 24 日

亲爱的赫定！

　　你收到这封信的时候，一定也已经听说我此次探险的航线发生了改变。

　　是的，我认为我是被迫走出这一步的，不这样做，我其他的探险考察计划就难以实现。

　　今天，为了筹集资金，人们必须拥有一种带平衡技巧的艺术本领，如果运作得不那么好，就不可能拥有足够的资金来达到自己的目的，人们得像杂技演员一样甘于这种表演。

　　从马德拉岛开始，我们开始改变航线前往南极周边地区。我们拥有良好的装备，希望能顺利完成探险工作。这样，我也才能为我的北极流域探险工作筹集到必要的资金。

　　愉快地生活，亲爱的朋友，衷心祝福你和你的妹妹！

　　　　　　　　　　　　　　　　　　喜欢你的

　　　　　　　　　　　　　　　　　罗尔德·阿蒙森

　　这封信的意义在于，它披露了阿蒙森先生将探险目标改向南极的理由，这是一个求得平衡的杂技艺术技巧，是为了设法获得完成北极探险这一大计划所需资金的一个权宜之计、应急措施。为了达到这一目的，他选择绕道南极，选择了一个在地球上不可能再大的弯道。只有这样，他的愿望才有保障实现。通过这一"杂技之旅"引起的轰动效应，他就能够赢得足够的资金，为自己筹集到前往另一极，即北极探险考察所需要的经费。

　　得知阿蒙森先生抵达南极点后，我和我妹妹马上发电报祝贺他的成功业绩。受瑞典地理学会的委托，我以董事会成员的身份以书面形式正式邀请阿蒙森先生来瑞典作演讲报告。同时通知他，学会已经决定授予他"维加奖章"。此外，我还邀请他，在斯德哥尔摩逗留期间就住在我的家里。

　　1912 年 9 月 27 日，瑞典地理学会在斯德哥尔摩隆重举行了南极发现者罗尔德·阿蒙森先生的荣誉颁奖大会。大会发言者、南北极探险领域富有经验的极地科学研究者、参加了 1901 年至 1904 年"南极周围地区"探险考察的约翰·古纳·安特生（Johan Gunnar Andersson①）教授以富有男子汉气魄的语言向与会贵宾致欢迎词。同一天晚上的宴会上，著名探险家路易斯·帕兰德将军也以同样激动人心而有力的语言发表了祝贺词。他回忆了阿蒙森先生在通过西北水道航行中高度灵活的计划和执行过程中表现出来的卓越能力以

---

① 　约翰·古纳·安特生（1874—1960 年），瑞典考古学家、古生物学家、地质学家，中国现代考古学的奠基人之一。安特生是他的中文名字，安特生的学术遗产现主要收藏于瑞典东方博物馆。

及在南极探险准备和实施过程中表现出来的睿智、细致以及果敢刚毅。

阿蒙森先生逗留斯德哥尔摩期间就住在我的家里，成为我父母和姐妹们欢迎和喜爱的座上宾。在我们家，他留下了不少令人难忘的时光，但绝大多数时间，他还是行走在外面大世界里。他积极拜访极地旅行者们，与之热情交谈，并与出版商洽谈。在瑞典国王手中，他还荣耀地接过了北极星大十字勋章。

接下来爆发的世界大战终止了我们之间的接触。我的立场在德国一边，而阿蒙森先生则站在德国的对立面，立场还十分坚定，甚至将数年间获得的所有德国荣誉奖章全部退了回去。但对我来说，他的政治立场无关紧要，我一直认为，科学研究的位置始终高于政治上日新月异的浮沉兴衰。

我们还见过一次，是在他第一次飞行探险之后，也是他在斯德哥尔摩的又一次报告会，但不是在地理学会的框架下举行的，我也只是作为一位听众并荣幸地参加了欢迎这位维京人的荣誉晚宴。

晚宴上，我们仍像以前一样友好地坐在一起交谈。我还清楚地记得，我问阿蒙森先生，为什么"莫德号"探险船长时间被浮冰冻结在切柳斯金角时，他没有利用那个机会向海洋以北勘探，而诺登舍尔德先生当时已经在亚洲北部海角发现了可航行的海面，只是没有时间顺道向北航行而已。若以此为基础，阿蒙森先生只要一直顺着可航行的海面，就有可能在一个夏季里抵达白令海峡。

诺登舍尔德先生已经在陆地与——什么地方？——很可能是北边的陆地之间发现了飞翔的大雁。阿蒙森先生一句话回答了我的问题：

"我没有雪橇犬。"

我克制着自己合理的不同意见，即没有雪橇犬也是可以去的，雪橇可以让水手们拉着前进。1872 年，诺登舍尔德先生和帕兰德先生的雪橇在东北大地上就不是由雪橇犬拉动的。在陆地与北地群岛或者说与列宁岛之间的海峡并不宽，因此，阿蒙森先生是完全有能力，也有可能在最伟大的北部极地海洋地理发现中、成为世纪之交以来发现维利基茨基海峡的第一人。

这是我们的最后一次见面，两年以后他为了救一个在最后那些年里并没有什么友情的竞争者付出了自己的生命，他富有男子汉气魄的骑士般高贵行为永垂不朽！

罗伯特·法尔肯·斯科特
(Robert F. Scott)

　　罗伯特·斯科特①是一个被特别戏剧性和悲剧性的光辉笼罩着的名字。他能赢得举世声誉不仅仅只是因为，他的探险计划有思路清晰目标明确的设计和结构，而且也因为，他实施探险计划中表现出来的钢铁般的毅力，尤其还因为，他是一名科学探险事业的殉道者。为了实现伟大的目标，他不仅奉献出了自己宝贵的生命，而且在到达南极点的最后一刻，即，在目标唾手可得的重要关头被其他同行抢了先机。

　　斯科特先生 1868 年出生，是一名英国海军上尉军官。1901—

---

① 全名：罗伯特·法尔肯·斯科特 (Robert Falcon Scott, 1868—1912 年)，英国海军军官、极地探险家，他曾带领两支探险队前往南极地区，它们分别是 1901—1904 年的"发现探险队"和 1910—1913 年命运不济的"特拉诺瓦探险队"。在第一次探险中，他创下了南纬 82 度的新纪录，并发现了南极高原，而南极极点就位于南极高原。他发现并命名了爱德华七世半岛。在第二次探险中，斯科特带领一个五人小组于 1912 年 1 月 17 日到达南极极点，距阿蒙森南极探险队到达还不到五个星期。人们习惯称他为"斯科特船长"。1912 年 3 月 29 日，罗伯特·斯科特在南极洲遇难。

1904 年间，他率领"发现（Discovery）探险队"于 1902 年发现了位于玛丽伯德地西北端的南极洲半岛，之后被命名为爱德华七世半岛（King Edward VII.-Land）。这一次探险旅行可以说是对下一次命运上倒霉的、灾难性的但事业上成功的南极探险考察的全面准备。

在第二次南极探险旅行中，斯科特先生与他的同仁们于 1912 年 1 月 17 日抵达南极极点，但比阿蒙森先生晚了一个月。在从极地返回的途中，探险队全体队员不幸遇难。

同年的 11 月，人们在南极洲他们最后的宿营地找到了尸体和旅行日记。从而，斯科特先生和他的探险队队员们以特别值得称道的方式，不仅带回了科学上的，而且还带回了具有普遍意义的、十分有价值的考察成果。至于大不列颠人民得到斯科特先生去世消息表现出来的悲伤、同情和钦佩之情感，我将在本章中用英国人自己的报道予以报告。

我个人关于斯科特先生的记忆自然发生在他的两次探险旅行之间，也就是在 1904 年至 1910 年之间。

罗伯特·斯科特船长率领"发现探险队"回到家乡以后，他贡献出来的在地理学科上的重大发现、丰富的科学成果及成就引起了整个学术界的钦佩，特别是在地理学领域。瑞典人类起源和发展学会及地理学会一致决定，授予斯科特先生"维加奖章"。

1905 年，作为学会主席的我十分愉快地接受了这个任务，由我向新的"维加奖章"获得者斯科特先生发出了来瑞典出席"维加号"科考探险船胜利返航二十五周年的纪念活动，即"维加日"庆典活动的邀请函。

斯科特先生在 1905 年 2 月 3 日给我的回函中，十分独特地表明了他的观点以及他高尚的、有教养的谦虚态度。他没有掩饰自己能获得这枚在自己记忆中特别宝贵的奖章的喜悦之情，但同时又认为，自己在科学发现上所取得的成就还不足以获得如此崇高的荣誉。

遗憾的是，斯科特先生表达的想在斯德哥尔摩听众中见到来自挪威的南森先生的愿望当时无法实现。作为主办方，我曾竭尽所能地劝说南森先生与会，但因瑞典—挪威联盟解体事件正处于中心位置，南森先生有其他想法，故必须放弃斯德哥尔摩之行。这一点我在本书关于南森先生的章节中已经提到了。所以，斯科特先生的话不是没有道理，即他在信中以"能否在听众席上见到挪威的南森先生"这样一种风趣的影射方式提问，即以瑞典人常说的"爱尔兰式问话"婉转地表达了自己的这一心愿。

可就在"维加日"庆典活动以及隆重接待斯科特先生的准备工作刚刚结束的三月底，我们却接到斯科特先生的通知，他必须遗憾地取消这次斯德哥尔摩之行，因为这段时间他不能休假。在我随即去信劝说他仍然无法允诺成行的情况下，我马上与英国驻瑞典公使瑞内尔·罗德（Rennell Rodd）阁下取得联系。罗德阁下通报我说，英国国家舰队举行军事演习，所以这段时间里所有海军军官均不允许请假离开。

尽管如此，我们瑞典地理学会"维加纪念日"二十五周年庆典活动照常隆重举行。作为当值主席，我代表学会向当年资助"维加号"航行、现在已经渐老的国王陛下致以崇高的敬意，并向与会者报告了当今世界著名的亚洲和欧洲探险旅行概况。接下来谈到了英国在地球上陆地和海洋考察研究发现之旅方面的杰出成就，最后谈到了罗伯特·斯科特船长率领的"发现探险队"的考察旅行。

在会议上，我用英语对瑞内尔·罗德阁下说了以下一段话：

地球上，海洋上与陆地上从极地到极地的穿越与探险考察，几乎都是英国人在包打天下，在这点上，没有其他民族能够与之比肩。罗伯特·斯科特船长率领的探险队，以令人尊重的、与之相称的方式被冠之以前任拥有的"英国国家南极探险队"之名，这意味着他们肩负着将 1840 年由詹姆斯·罗斯（James Ross）阁下开始的研究事业向前推进一步的光荣使命。

斯科特船长得到的指令是，率领探险队探索隐藏在大的冰洲南部以及维多利亚海岸大山脉西部的秘密。

当时，很多国家都向南极地区派出了探险考察队，英国探险队由斯科特船长率领，瑞典探险队由地质学家、地理学家和极地探险家奥托·诺登舍尔德（Otto Nordenskiöld）先生率领，苏格兰探险队由博物学家、海洋学家、极地探险家及科学家布鲁斯（Bruce）先生率领，德国探险队由地理学家、地球物理学家及极地科学家德里加尔斯基（Drygalski）先生率领，法国探险队由法国科学家、医生及极地探险家沙尔科（Charcot）先生率领，而地理学界一致将成功的宝押在了英国探险队上。

沿着紧靠维多利亚陆地的冰洲，斯科特船长向东推进，直到发现了一块新的陆地，他将这块陆地用英国国王爱德华七世的名字命名。在"发现探险队"被冻结在冰面上整整两年的冬营地时间里，他们有大量值得关注的雪橇旅行。雪橇穿过怒号的持续不断的暴风雪滑行在南极洲神秘的、还从未有人涉足过的、荒芜的、由永久凝固不化的冰层覆盖着的陆地上。

由"发现探险队"收集到的特别是古化石植物以及探险队观察到的现象均属于最最珍贵的、还从未有过一支探险队将其带回了家乡的发现。斯科特船长的报告称得上是"令人印象深刻的冒险和令人不可思议的拯救"。同样,斯科特先生也没有辜负自己拥有的画家和诗人的天赋。在探险考察的报告中,他生动形象地描绘了南极冬夜皎洁的月光映照在极地雪山上的奇幻景象给他留下的辉煌印象以及冬日里南极光彩虹横跨天空时映射在冰面上熠熠生辉的耀眼光芒。

我们钦佩赞赏斯科特先生的胜利之旅,而亲耳聆听斯科特先生讲述探险经历和收获,更将是我们在座各位的巨大喜悦。遗憾的是,因为国内的重要公务,斯科特先生不能如愿亲临今天的会场,但是他想得很周到,友好地将足够多的幻灯片寄了过来,幻灯片的内容马上会通过大屏幕一张张出现在我们眼前。

我请求您,尊敬的瑞内尔·罗德阁下确信,我们瑞典地理学会深感幸运,通过您这位富有代表性的人物又赢得了一位新的"维加奖章"拥有者。作为代表人物的您,也经历了非洲探险之旅,特别是阿比西尼亚的探险之旅,也理所当然地是我们地理学家中的一员。因此,在我们地理学会今后的会议中,您一直都是受欢迎的嘉宾。

在这里,我还要以我们学会的名义,请您转达我们对斯科特先生的衷心祝愿,也请允许我在这里表达我们的愿望,我们尊敬的国王陛下屈尊，托您将这枚"维加奖章"亲手交给斯科特先生。

接下来是晚上的两场报告会，亲身参加过维加航行的司令官安德烈亚斯·彼得·霍夫加德（Andreas Peter Hovgaard）先生回顾维加航行的历史事件，大学教授贡内尔·安德森先生宣讲斯科特先生的底稿，并播放英国"发现探险队"极地科考旅行事件过程的幻灯片。

1905 年的秋天，我开始第三次中国西藏之旅，并于 1908 年回到了印度西姆拉城。在当时任印度总督明托勋爵那里，我第一次见到了斯科特先生，使我们有机会相互之间交换了关于 1905 年"维加纪念日"庆典活动的记忆。他从 1906 年至 1910 年被派遣到印度，与我一样，与明托勋爵的私人秘书詹姆斯·邓洛普·史密特上校保持着良好的私人关系。

1910 年，斯科特先生率领他的"特拉诺瓦（Terra nova）探险队"开始了倒霉的灾难性的第二次南极探险之旅。我曾写信给他，祝他有一个幸运的胜利的考察旅行。1910 年 6 月他还从伦敦写信再次对我的祝福表示感谢，并表示，此次考察结束之后有望访问斯德哥尔摩。这也是我最后一次与罗伯特·斯科特先生的直接联系。当然，我们盼望着他探险之旅回来后能在斯德哥尔摩一聚，但希望落空了，永恒的寒冰将他和其他四位同伴永远地留在了南极。

在英国皇家地理学会的刊物《地理新闻》1913 年 3 月号的第 201 页，我们能读到一篇悲剧性的令人感动的描写，从中我们能了解到斯科特船长带着对民族和人民的忠诚，以男子汉的英勇气概与地球两极中的一个拼死搏斗到生命最后一刻的悲壮情景以及在探险目标实现后返回途中顽强求生的绝望努力。

在我看来，这样做是恰如其分的，即在下面的章节中记录下勇敢的高贵的罗伯特·斯科特先生的事迹，让今天的读者记住一个忙碌了一生的伟大英雄的最后一段人生经历，向全世界披露他与他的四位同伴告别人世的情景，使英国地理学家们当时留下的印象再次生动起来。

在这里发表的一段缩短了的英国皇家地理学会的会议报道，事实上是一个英烈追悼会的报道。

1913 年 2 月 10 日，斯科特船长率领的探险队遭遇不幸的消息传遍了整个世界，尽管很多地方的人们根本不愿意相信，但不幸的消息还是在当天就得到了证实，也引起了世界各地一片沮丧和悲哀。

人们不可能长时间地怀疑消息的真实性，也不得不沉痛接受斯科特船长与他的四位探险同伴在南极极点返回途中殉职的噩耗。他们在离下一个存有食物和燃料的补给站仅十七公里的地方，像囚犯一样地被肆虐的暴风雪拘禁在帐篷里，最后冻死、饿死在里面——与大本营还相距二百四十公里。

2 月 10 日的晚上，本是英国皇家地理学会的例行会议时间，董事会临时决定改变会议日程，利用这个时间来通报斯科特先生与他同伴捐躯的消息。

　　关于这次会议的报道，《地理新闻》杂志在《斯科特船长的消息》一文中引用了几句开场白——斯科特船长 1912 年 3 月 25 日在日记中写下的最后几句话，即斯科特船长对自己使命的呼唤和对祖国的祝福。

　　日记中，斯科特船长解释说，这场灾难不是探险活动组织上出现错误导致的，而是意外的不幸，是探险行动本身隐含着的危险所致。

　　1. 由于 1911 年 3 月使用小矮马的失败迫使他减少了必须携带的给养储备，出发的日期也不得不予以推迟。

　　2. 前往南极一路的天气，特别是在南纬度 83 度时的暴风雪，耽误了他们的行程。

　　3. 冰川深雪沟里柔软的积雪同样导致他们前进的速度放缓。

　　我们拼尽全力与前进路上的障碍作斗争，并战胜了它们，但这些努力无疑消耗了我们的给养储存。

　　在前往极地长达九百五十公里的征程上，有关装备、给养和补给站，包括返回的所有细节问题都作了相应的准备，一切应该进展顺利。

　　先头小组将会以好的状态并携带剩余的给养返回，如果没有返回，那就有可能我们期待的人遭遇危险并离开了我们。

　　埃文斯（Evans①）先生原本是组里体力最为强壮的人。地形虽然不是很恶劣，但天气却十分糟糕，回程中没有碰到一个

————————

① 全名：埃德加·埃文斯（Edgar Evans, 1876—1912 年），英国海军军士、探险家，随斯科特船长到达南极极点，最后在由南极极点回程时因摔跤受伤，痛苦不堪而导致精神失常，最后死于体力不支。

好的天气。这种状况再加上一个病倒了的同伴埃文斯，在很大程度上增加了前进的负荷。走在极度困难的冰面上，埃文斯先生还得承受脑震荡的折磨。

他离开了我们，算是一个因病自然死亡的人。一个不再满员的队伍，在一个已经走得太远的季节。

不过，这并不是我们没有预料到的冰洲上的意外。

我坚持认为，我们的规划是满足回程要求的，世界上没有人会想到，我们会在这个季节遇到如此严寒的温度和恶劣的天气形势。在南纬度86度时，我们在零下20度和30度的气候里，而在冰洲上南纬度82度以及在三千五百米的高度，白天的温度是零下10度，晚上是零下47度。此外，行进中一直是顶着迎面刮来的持续强风。

斯科特的观点是，糟糕的一步步不间断恶化的天气导致了他们的毁灭。

我不认为，每一个人类生命都会像我们这样经历如此岁月。尽管气候恶劣，但如果不是还有一位病人奥茨（Oates①）先生，如果不是补给站里缺乏足够的给养和燃料的话，我们还都能挺过来。一个令我难以理解的事情是，如果没有暴风雪，我们与一个有给养和燃料的补给站本来相距只有十七公里了。

---

① 全名：劳伦斯·爱德华·哥拉斯·奥茨（Lawrence Edward Grace Oates, 1880—1912年），英国南极探险家，随斯科特船长到达南极极点。从南极极点返回的路上，奥茨受到严重的冻伤，在他认识到牺牲自我换取队友生存希望的必要性后，故意离开了营帐，留下一句话："我出去一下，可能需要一些时间。"之后就消失在了暴风雪中。奥茨的尸体至今没有找到。

最后的打击一定是最厉害的、最致命的。

我们很虚弱，写字都感觉十分困难，但我自己对这次旅行并不感到遗憾。因为它表明了，我们英国人是能够承受艰难命运的，是能够做到互相帮助的，是能够像以往一样勇敢面对死亡的。

我们知道，我们遭受到了危险——极大的危险——运气不在我们这一边，非同寻常的意外事件在与我们作对。因此，我们也没有什么可抱怨的，只能是屈从天意，并且做到，顽强地以我们最好的表现坚持到生命的最后一刻。

但如果我们捐躯了，我们的生命也是在承诺过的探险考察旅行中奉献给了祖国的荣誉。因此，我要呼吁我们的同胞，请务必照顾好我们的家人。如果我们得以幸存，那是命运对我们的赏赐。我会向世人讲述探险经历中同伴们勇敢无畏的进取心、与困难不屈不挠顽强搏斗的故事，我相信，这些生动的故事将会重重地敲打着每一位英国人的心。

便条上简单朴实的话语和我们的遗骸也在讲述我们的命运。

最后，他再一次请求国家，照顾好死者的家人。

在英国皇家地理学会的会议上，报告者继续讲述着如下内容：

这是我们学会遇到的极大的不幸事件，所有会员都沉浸在深深的悲痛之中。

关于这一不幸事件，我无法离开"中央新闻"报道的那样讲出其他更多的细节。斯科特船长的计划是要走完他与极地之

间相距的一千五百三十公里行程的。出发时探险队跟随他的是
十六个人，其中两个组、每组四人在途中分距离地留了下来，
四个人应该跟随他到达了目标。

直到救护队 1912 年 3 月离开大本营，由斯科特船长率领的
探险队在 1911 年 11 月出发后就再也没有回来。他们留下的最后
消息是：离南极还有二百四十公里，令人感到高兴的是，大家
都很健康。

1912 年 1 月 4 日，他们继续前进。

大约在 1912 年的 1 月 17 日，由斯科特船长、少尉鲍尔斯
（Bowers①）先生、威尔森（Wilson②）博士、负责照顾小矮马
的骑兵上尉奥茨先生以及在印度海军中服役的中士埃文斯先生
组成的先头小组抵达了南极极点。

在那里，他们见到了阿蒙森先生的帐篷和证书。但在返回
的途中，他们遭受到了灾难性的打击。2 月 17 日埃文斯先生因
体力不支去世，3 月 17 日骑兵上尉奥茨先生去世。大约在 3 月
20 日，剩下的三人斯科特船长、威尔森博士和鲍尔斯少尉在大
约离被称为"一吨补给点"十七公里的地方被飓风袭击，几天
后死在了他们的帐篷里。

明天，我们对悲剧事件会知道得更多一些，我们也会听到，
他的同仁们是怎么得知这些事件以及牺牲者的日记是怎么找
到的。

---

① 全名：亨利·鲍尔斯（Herry Bowers，1883—1912 年），英国极地探险家。
② 全名：爱德华·威尔森（Edward Adrian Wilson，？—1912 年），英国极地探
险家。

以前的极地探险队从未有过如此精良的装备，应该说，最致命的危险是暴风雪。在极地，如果没有足够的保护，人就会在这种暴风雪中丧命。

斯科特夫人现航行在南美和新西兰（Neu-Seeland）之间的大海上，为丈夫的事宜正在来这里的途中，遗憾的是她到不了今天的吊唁会现场。我现在只能说，我们所有在座的人为斯科特船长与他的同伴们所遭受的失败命运该有多么深切的遗憾。这些勇者的牺牲展现了英国人最了不起的、最崇高的形象。这种值得称许的优秀品质从来没有像他们那样在如此高的程度上体现出来。斯科特船长是大不列颠海军拥有崇高科学目标的理想典范。他的同伴们与他一样，坚强不屈，尽职尽责，奋斗到了生命的最后一刻。

之后，我们将倾听已经了解到的事件全部，但现在我们还只能够想象他们付出的代价。

在1913年2月24日召开的另外一次皇家地理学会会议上，作为当时学会主席的寇松勋爵主持了会议，他特别说道：

斯科特船长已经用他生命的最后时光和最后语言，向朋友们不可辩驳地展示了他一生要证明的一切。他是勤奋简朴的、杰出辉煌的、严肃认真的、不可战胜的。他是人类一位了不起的组织者、天才的领导者。他具有人类最完美的、忘我的、无私的高尚品质。直到最后，他想到的都还是战友，留下的都还是对战友的赞美。他临死前希望的是，不责备任何人，他毫无怨言地屈从于无法探明究竟的天意的安排。在他以从容不迫的英雄气概、在生命的最后一刻、在直视死亡的瞬间平静地坐下、泰然镇定地权衡他以及他的战友同伴的处境和行为时，难道我们不应该给他以最高的赞美吗？

斯科特船长的成功还表现在这位简朴的、对演说和写作并没有特别天赋的人留下的信息上。这些弥足珍贵的信息达到了一个经过训练的口才才能够达到的最高水平。这位探险旅行中的发现者实现了自己的目标，虽说这个目标只是找到了另外一位比他提前到达南极极点的人，但比起将一个无可争议的奖项带回家的很多探险家来说，斯科特船长将会更长久地存留在人们的记忆之中。

"斯科特船长自己希望，"寇松勋爵继续说道：

与他的同伴一直留在永恒的冰层里，在上帝喜欢的地方安息。从某种意义上讲，作为他的长眠之处，没有其他地方比南极洲更合适的了。作为第一个撩开南极神秘面纱的人，他留在这个与自然、与生态共存的环境中，其生其死都将是永垂不朽的。

寇松勋爵还谈到了悲剧的原因：

在同样的程度和范围上，阿蒙森先生在某种程度上受到了美好天气、健康身体和意外幸运的青睐。但斯科特船长却要与三倍于阿蒙森先生所面对的强大的、敌对的自然力作斗争，要置身于从来没有经历过的、意想不到的、严酷的、具有毁灭性力量的气候环境之中，要置身于两位同伴先后累垮以及各类不幸的偶发事件之中。

前往南极的行程还算说得过去，事实上，探险队只是比原计划晚了两天到达目标，这也意味着，直到那个时候都还没有遇到真正意义上的挫折。我不觉得有这种所谓的可能。

寇松先生继续说道：

即探险队发现了阿蒙森先生的帐篷后产生了失望的情绪。整个探险队知道，阿蒙森先生已经领先于他们，是有可能第一个到达南极极点的人。更何况，在到达南极极点之前，他们就已经看到了阿蒙森先生的雪橇犬留下的踪迹。

在返程途中，埃文斯先生累垮了，成为其他人的负担。自从奥茨先生走路摇摇晃晃，前进的困难又进一步增大。但下山还是很快，如果之后不发生意外，一切就都会顺利。当然，这是一个错误，即用人力代替雪橇犬拉雪橇。尽管如此，距离能获救的地点也就十七公里了。至于雪橇犬，挪威人倒是想到了，它们还是训练有素的滑雪运动员。

寇松勋爵对救援工作以及补给点设置的批评将放在探险救援队返程以后提出，但他相信，这个问题也是能够得到满意回答的。

在回答有关"利益和目的"问题时，斯科特船长在1910年

7 月探险队出发前就已经写道，地球的南极是伟大的，是对英国人而言极为有价值的目标，这个世界级行动的实施将表现出，我们国家要将古老的传说变为现实。当然，探险行动也涉及了人类知识财富的扩展。对此，富有价值的成就还在于，斯科特船长获得了对人类尚未涉足的地球一个部分的科学描述。他带上了地理学、气象学、磁学和其他学科研究分支的专业人员。

寇松勋爵用以下的话结束了他的发言：

　　皇家地理学会主席、学会委员会和所有会员一致决定，对罗伯特·法尔肯·斯科特船长、爱德华·亚德里亚·威尔森博士、骑兵上尉劳伦斯·爱德华·奥茨先生、少尉亨利·罗伯森·鲍尔斯先生以及海军中士埃德加·埃文斯先生在地理学和科学上完成的难以估量的伟大业绩予以认可并记录在册。同时，对斯科特船长夫人和上述人员的家庭、对他们的亲人遭遇到的这一巨大损失表示我们深切的同情和关怀。

写在这里，我就没有什么可以再补充的了，这个英雄的故事本身就已经说清楚了，它已经将一个值得钦佩的插曲保存在了业绩和勇敢都表现得如此丰富的英国人的探险发现历史里。

是的，为了发现西北通道，英国海军将军约翰·富兰克林爵士驾驶"幽冥号"探险船和"恐怖号"探险船开展的大规模探险航行是一个规模更大的悲惨事件。因为，两艘船都沉没了，且无一人生还。他们离开探险船后，还曾试图驾驭雪橇找到人类，不幸的是，都在征途中丧生了。他们的苦难征途是一段具有英雄壮举的和自我牺牲的历史。百年来，关于他们的命运，一直都还是一个难解的谜。

这样，我们就能更好地认识罗伯特·斯科特先生与他最后一批同伴的死亡之旅了，他传递给国家的消息和对国人的呼吁在朴素的庄严中完成了。

毋庸讳言，斯科特船长在南极极点看见了挪威的国旗，他与他的同仁道义上的、心灵上的力量会因此而降低。试想，多年的准备和征途中所有这些非寻常人能做到的努力奋斗付之东流，难道不是一种令人可怕的失望吗？他甚至会想到，人生中所有的奋斗都失去了意义，如此继续坚持下去，作为一个受到打击的英雄回到家乡真的有价值吗？

斯科特船长很可能没有想到，他事实上赢得了胜利，他是凯旋者。他的眼光可能一下子模糊了，在面对一个外人将他额头上的月桂花环扯坏了的时候。面对人类，他在不公正地反对他自己。

事实上，这个世界仍以同样隆重的规模镇定自若地承受了他的精神力量、他的失败，钦佩他、敬重他在多年的准备之后实现了自己的目标。

一个英雄死去了，但人们对他的怀念是永远不会死去的。

喀土穆的基奇纳勋爵
(Lord Kitchener of Khartum)

　　即便只是将基奇纳先生①辉煌生涯的轮廓以极其简短扼要的形式描述出来，人们也不应该忽视"戈登帕夏"在他人生中扮演的角色，正是因为戈登帕夏令整个人类都为之屏住呼吸的命运使基奇纳先生一举成名。

　　基奇纳先生与戈登先生的关系，就像史丹利先生与利文斯通先生的关系一样。史丹利先生是在寻找全世界人都尊敬的杰出的英国传教士，基奇纳先生则是前往戈登将军战死的地方，为维护大英帝国的声望，以极其恐怖的方式为他的战死报仇雪恨。如果没有利文

---

① 全名：霍雷肖·赫伯特·基奇纳（Horatio Herbert Kitchener，1850—1916年），英国陆军元帅，是英国军界实力派人物，在第一次世界大战初期扮演了中心角色。1883年在中东服役，1892年成为埃及陆军总司令。1898年在恩图曼镇压马赫迪苏丹军，成为该国总督。第二次布尔战争中，基奇纳采取烧杀等残酷手段，镇压游击队。1902—1909年在印度任职期间，因与印度总督寇松爵士发生分歧，导致寇松总督辞职。1914年起任英国陆军大臣，1916年6月5日领命乘巡洋舰前往俄国途中触水雷身亡。

斯通先生，史丹利先生很可能一直就是一个默默无闻的报社小记者。同样，如果没有戈登先生，基奇纳先生在一定程度上也只可能登上他在大英帝国可能达到的职位，他的名字不会像火一样燃爆全球。

利文斯通先生和戈登先生，两人都属于出类拔萃的人杰，两人都在为各自的崇高理想奋斗，并在彻底根除奴隶买卖的奋斗中，燃起了同样辉煌的圣火。两人都是极其虔诚的宗教人士，两人也都在为受苦受难的人类服务中献出了自己宝贵的生命。

而史丹利先生和基奇纳先生，两人肩负的使命都是被派遣出去寻找失踪的，或还活着或已经死去的英雄，但两人都不同于他们各自要找的对象。两人都对非洲黑人和阿拉伯人不抱热情，只认准自己的行动目标。而且两人都取得了成功，也都因此闻名于世。

戈登先生 1833 年出生，他参加了克里米亚战争，参加了英法联军入侵中国的战争。1863 年，他率领英法"常胜军"镇压中国的太平天国运动，以"中国人戈登"之名著称。1874 年，他以上校军衔被任命为埃及位于赤道省的总督。作为苏丹地区、达尔富尔（Darfur）地区和赤道省的总督，他狂热地、不遗余力地为根除阿拉伯人贩卖黑人奴隶的丑恶现象而努力工作。在世界不同地区就任不同职务之后，1883 年，戈登先生再次在喀土穆担任总督一职。

当时的苏丹，有一位勇敢的阿拉伯首领，他就是被称为阿拉伯人救世主的马赫迪，是反对埃及外来统治者的一面起义旗帜。在打击这一不断壮大的马赫迪救世军的战斗中，戈登将军支配的只是少数几个埃及军官、英国军官和准备不充足又不可靠的军队。长期战斗之后的某一天，戈登将军被困在了一个旷日持久的、给他带来了灭顶之灾的巨大包围中。但他还是通过强大的、有影响力的个人魅力和勇敢无畏的精神、充满信念的模范作用，成功地将一小群忠诚于他的人团结在自己身边。

戈登先生最后阶段这些消息传遍了埃及和其他世界，接下来笼罩着这位总督的是一片昏暗和沉默。整个世界都在悬浮着的紧张气氛中期待着英国人开始营救戈登将军的军事行动。戈登将军也坚信，英国会派增援部队赶来。可格莱斯顿首相领导下的内阁却犹豫不决，直到最后时刻才作出决定，派增援部队前往喀土穆。

为了救下一批重要的文字资料、图画和日记，戈登将军将两位在包围中留在他那里的英国人和部分埃及军官用小艇送往尼罗河下游。此外，也希望这支队伍能给援军带去他在喀土穆受困的消息。但小艇最后还是被马赫迪救世军捕获，所有人都被处死。

戈登将军与他的同僚继续在喀土穆进行着没有希望的战斗。

1885 年 1 月 26 日，勇猛的马赫迪的军队越过交通壕和围墙冲进了喀土穆，尽管戈登将军的宫殿上空还飘扬着英国国旗。但，时机已经过去，戈登不得不带着部分亲信逃了出去，继续在一座奥地利教会教堂里负隅顽抗。逃亡途中，他们不断遭到马赫迪救世军士兵的袭击，最终还是遭遇悉数被歼的悲惨命运。

1 月 28 日，当英国援军赶到，远远看见的就只有已经降下来的英国国旗。每一个人都知道，这意味着什么。

*

只是在十三年之后，英国政府才准备为戈登将军彻底复仇，而赫伯特·基奇纳（Herbert Kitchener）将军就是这个领命前去复仇的人。

赫伯特·基奇纳先生 1850 年在爱尔兰（Irland）出生，其军旅生涯开始于工兵部队。起先被派到巴勒斯坦（Palästina）和塞浦路斯（Cypern）两地从事地形测绘员工作，之后，他加入埃及军队，参与打击阿拉伯帕夏的战斗。1883 年至 1885 年，他参与了在苏丹反对马赫迪救世主的行动，1892 年，被任命为埃及军队的总司令。

直到今天，我记忆中的印象还是那么生动和新鲜。当时我是一名临近毕业的大学学生，关于马赫迪攻打喀土穆战争的印象都是在那个多事之秋阅读报纸报道留下来的。那段时间里，人们天天纠结报纸内容，为戈登先生的命运悬着一颗心，都在盼望拯救他的英国援军早日到达。

马赫迪救世主 1881 年高举叛乱旗帜，仅仅用了四年时间就成为全苏丹最大的独裁者，不幸的是，在攻陷喀土穆城五个月后，马赫迪的生命历程也结束了。他的后继者阿卜杜拉哈里发继续统治不幸的民族长达十三年之久。独裁者将所有响当当的硬币和收入悉数搜刮进了自己的帝国。在哈里发阿卜杜拉的奴役下，一半民众丧失了生命。凭借从人民中勒索搜刮来的财富，阿卜杜拉建立了一支武装到牙齿随时准备出击的军队。他知道，找他算账的那一天终会到来的。他将救世主马赫迪的安葬地——一个高大的圆顶圣陵——恩图曼作为他的首都。但是，他并没有在那里修建防御工事，刚愎自用的他坚信，没有一个基督徒胆敢侵犯到沙漠深处。

可就在 1896 年，一支英国—埃及征讨联军沿着尼罗河向南进军，征讨战役（1896 年至 1898 年）的总指挥就是赫伯特·基奇纳将军。

　　基奇纳将军有条不紊地遵循着自己两年前根据战役目标需要制定好的周密作战计划。该作战计划几乎考虑到了所有可能的细节，包括部队行军途中何时抵达何地都作了明确规定。在发源于阿比西尼亚高原的尼罗河支流阿特巴拉河（Atbara）畔，基奇纳将军在一举歼灭了阿卜杜拉的一支军队后率部继续向梅特马（Metema）进军。

　　走在队伍最前面的是先头侦察部队，接下来是骑兵队以及由埃及士兵组成的由沙漠灰战马牵引着重炮、榴弹炮的炮兵连。英国士兵穿着轻便的浅灰色军装，头戴印度钢盔，埃及人缠着彩色的头巾，军官则穿着绣上了金边的官服。整个部队坚定不移地向着既定目标进军。

　　运输队由骡马队、单峰骆驼队组成，牲口戴着遮阳小帽，驮载着两万两千名士兵所需的给养、弹药、武器、帐篷和其他物资，尾随着的是供食用的牲畜群，公牛、绵羊、山羊也都朝着南方在干枯的、扬起漫天尘雾的尼留菲鲁（Nilufer）湖中行进。浅灰色的茫茫大地上，部队像一条黑蛇沿着河流蜿蜒行进，恰似旧约全书时代埃及大地上一支长长的民族迁徙队伍。

＊

　　基奇纳将军的战斗部队中有一位年仅二十四岁的匈牙利少尉军官，后来也成为闻名于世的大人物，他就是著名的温斯顿·丘吉尔先生。1900 年，他发表了一篇引人注目的、描写苏丹战役的文章，题目是《河流上的战争，重新征服苏丹的历史记录》。

　　丘吉尔先生在报道中这样写道：战役开始时伦敦的气氛相当阴沉，报纸上醒目的大标题是"一个崇尚武力的政府""一个无能的将军""苏丹新的灾难"……当时，人们还没有听到任何"进军失败"

的消息。

另一方面，丘吉尔先生写下了身处战役前线的所有人，特别是他本人对基奇纳总司令的佩服和崇敬。

他写道：

在作战计划处于危险境地的关头，基奇纳总司令凭借天才的组织能力令形势转危为安。他赶往蒙格拉特（Moghrat），拿起电话下达命令，所幸电话还能使用。所有的军事行动都取决于基奇纳将军的决策，他天才的军事组织能力从来没有像现在这样如此清晰地体现出来。他熟悉战役过程的所有细节，清楚供他支配的每一个士兵、苦力以及骆驼、驮驴的具体位置。尽管运输时间延后，但他还是在短短几个小时里成功地将五千名将士再度在前线受损的地段集中起来并且关心他们的给养饮食直到工作结束。七天之后，联系恢复，尽管进军延迟了，但作战计划并没有受到实质性的影响。

11 月 3 日，赫伯特·基奇纳阁下骑马巡视战线，感到十分满意。这一切都归功于他缜密的作战思路，也包括在他个人的积极干预下，作战思路的迅速落实。

丘吉尔先生还提到了基奇纳将军令人产生好感的人性一面。

他写道：

我很高兴，能够报道这一事实。

在部队向固守在用荆棘灌木围栏内的敌人进攻之前，赫伯特·基奇纳将军下达了如下命令，对所有投降求饶的敌人都要给予宽恕，不允许杀掉已经受伤的、没有什么威胁了的修士、托钵僧。他再三叮嘱部下，士兵们必须了解阿拉伯语中表示"阿门""宽恕"等俘虏求饶的重要词汇。当然，在战争进行的过程中，此项命令是不可能得到有效落实的。可以理解的是，即便在欧洲战场上，夺取一个工事堡垒时都会有毫不留情的刺刀血刃肉搏战，处于极度危险中的士兵，首先考虑的还是要尽力保护自己的生命安全……

*

1898 年 8 月 28 日，基奇纳将军离喀土穆城还有四天的行程，他十分清楚，戈登将军败走麦城的地方，将成为他人生永远的制高点。他兴奋地在想，哈里发阿卜杜拉现在就要为马赫迪，也要为他自己犯下的滔天罪行付出代价了。

部队在一步步逼近，河岸明亮的绿树丛中，金合欢树和含羞草闪耀着光芒。部队在山岗间、在灌木丛中跋涉前进，涨水季节，灰色的炮艇探索着沿着埃及河流慢慢地逆水上行。这里或那里，时不时会出现骑行的苦行僧。远远地，部队看见了敌军白色的帐篷，一声令下，骑兵举戈催马，在马蹄扬起的漫天灰雾中向白色的敌营帐篷冲了过去。随即，人们听见了急速擂鼓的声音——这是哈里发在呼吁他的军队拿起武器。但是，他们并没有冒险迎战，而是掉头折返。

基奇纳将军率部继续前进。

南部，远远的地平线处，看到了喀土穆城中马赫迪圣陵高高拱起的穹顶，围绕着它的是灰色和黄色黏土房屋组成的恩图曼城。军队和城市之间是一片青草贫瘠的辽阔平原。城市前沿有一抹昏暗朦胧的战线，这是驻守的哈里发阿卜杜拉的军队，效忠哈里发的军队要誓死将来犯之敌抵御在城外。

愿上帝怜悯他们！不过，面对来犯之敌，哈里发本人也不得不这样想，天国的大门已经敞开了，他的生命现在就要为天国捐躯。

游戏就要开始，一场残酷的、将整个苏丹笼罩在恐惧中的、令世人记恨数百年的战争游戏。

哈里发的托钵僧团队冲了出来，令人恐惧的战争叫嚣声混杂着武器碰撞的喧嚣声在天空中回响。在距来犯之敌一公里的地方，托钵僧团队站住了，又返回了。

基奇纳将军指挥着部队不动声色地在寂静的夜晚里窥视着，等待着。

9月2日早晨，基奇纳将军的部队摆好了战斗队形，南部又出现了由苏丹托钵僧组成的骑兵部队，队列紧凑，像埃及蝗虫一般铺天盖地、不顾一切、盲目地冲向毁灭。战斗的呐喊声划破长空，飘扬的战旗下闪动着的是一双双被宗教狂热烧红了的眼睛。哈里发阿卜杜拉的信徒们发起了不间断的冲锋，要将来犯的白种人以及在战争中与白种人为伍的埃及同胞踩在铁蹄下。

当哈里发的队伍冲进了子弹的有效射程范围，基奇纳将军的队伍数千个枪口突然同时开火。马克沁机枪齐射，托钵僧成排倒下，哈里发的骑兵被迫停止了冲锋。但在狂躁的盲目的宗教情绪驱使下，他们面向死亡又继续冲上前去，表现出令人胆寒的大无畏的献身精神。机枪在不停歇地扫射，托钵僧骑兵一个连队一个连队地战死。前面的倒下了，后面的又冲了上来，一波接着一波，前赴后继、英勇不屈。穿着白色的浸满鲜血长袍的阵亡将士像秋天的树叶成片地躺在大地上。死伤惨重的托钵僧将士不得不暂时从阵地上撤了下来。

"向恩图曼进军"的命令回响在战场上，基奇纳将军率领他的部队继续向恩图曼城进攻。顽强的哈里发再一次在象征先知的绿旗旁插上了四方旗，号召最后的信徒们进行绝望的反抗。

尽管苏丹国的托钵僧们仍像一头头发狂的雄狮，但基奇纳将军手下的白、黄、黑三色将士，比起这些无惧死亡的托钵僧来也毫不逊色。托钵僧们成排冲向英国人燃起的火海，冲在通向天国乐园的道路上！为了苏丹国的统治，为了哈里发阿卜杜拉，为了永恒的幸福、胜利或者死亡。

戈登将军死亡时升起来的哈里发旗帜降了下来。

战争结束，哈里发的军队被悉数歼灭：一万一千名死亡、一万六千名伤员、四千名俘虏。哈里发本人逃走了，但在太阳落山之前，他作为一个离群的被放逐的难民或逃亡者在荒野里迷路了。

在一年以后的一场小型战争中，哈里发阿卜杜拉阵亡。

赢得胜利的基奇纳将军要履行他的神圣责任，在离戈登将军战死超过了十三年的今天，为英雄举行一个庄严的葬礼。

复仇获胜的英国军队在戈登宫殿的院落里以正方形队形集结，基奇纳将军站在一侧，身边是他师团的、总参谋部的将军们。

基奇纳将军手臂一举，大英帝国的国旗在戈登宫殿里升了起来，炮艇响起的隆隆礼炮声在向国旗致敬，英国国歌也随之奏响。基奇

纳将军给出第二个手势，埃及赫迪夫（Khediven①）乐曲声响起，埃
及国旗在英国国旗旁边也升了起来。接着是四位神职人员为死难者
祈祷。

在盛大的胜利庆典活动中，他，基奇纳将军，实现了十三年来
一直置于眼前的预定目标。

基奇纳将军带着"恩图曼战役"的胜利成果回到英国，一跃成
为地位显赫的贵族，获得了国家三万英镑的嘉奖。

1894 年，他被任命为苏丹总督。同年 12 月，基奇纳将军被派往
南非战场，担任陆军元帅罗伯特勋爵的参谋长。第二年，他又成为
布尔（Buren）战争中总司令罗伯特勋爵的继任者，使布尔战争在两
年后胜利结束。回到英国后，他又一次接受了国家五万英镑的嘉奖
以及其他珍贵奖品。

基奇纳将军的大名一下子誉满全球，在整个大英民族的欢呼声
中，他成为万民景仰的一位民族英雄和伟大的"大英帝国大厦的建
设者"。

＊

我第一次考察旅行去印度西姆拉城的时候，基奇纳先生已经担
任了四年的印度军队总司令。那是 1906 年的 5 月，我当时住在明托
勋爵的总统宫殿里，期待着前往中国西藏的过境许可。

在一个大型国宴上，我第一次见到了这位著名的英国将军。

国宴上宾客云集，英国的、印度的高层人士均身着华丽的阅兵

---

① 赫迪夫是一个名号，衍生自波斯语勋爵，等同于欧洲的总督，意指君主。

制服，挽着一身晚礼服打扮、珠光宝气的阔太太，在宴会厅里期待着英属印度总督的亮相。

基奇纳将军是最后一个走进国宴大厅的宾客。他身穿一身红色军服，胸前缀满了宝石、大十字勋章以及在各个战役中获得的多枚勋章。高大的身材、稳健的姿态，一下子成了整个大厅的聚焦点。他用令人过目难忘的深蓝色眼睛扫过在场主动向他鞠躬致意的、栩栩如生如同陈列馆里蜡像的先生们和太太们，自信、冷静、不屑一顾的神情，毫不掩饰地表现出了他打心底里对整个国宴来宾的藐视。面对向他崇敬地行屈膝礼的各色美人，他几乎没有想到要回礼致意，只是随意地伸过去两个指头。面对在场的高官显贵，他也只是向将军们以及地位高的官员们伸手相握。

当他来到我的身前，听副官介绍了我的名字之后，基奇纳将军站住了，有力地握住我的手兴奋地说道：

"很高兴见到您，斯文·赫定博士，我读过您的一些书。我们应该找一个时间坐在一起好好聊聊。"

在准备离开西姆拉前往中国西藏探险的前一天，我问基奇纳将军的值班副官，什么时候能面见总司令告别。得到的回答是：将军建议今天下午六点。

我准时于六点来到了将军府第，他正与秘书伯德伍德（Birdwood）上校坐在一起，看见我后马上打招呼：

"瞧，赫定先生来了！"

在一起，我们聊起了我从印度前往中国西藏过境许可被拒绝一事，他认为伦敦政府的行为太狭隘吝啬，小题大做。然后，话题转向了未来的欧洲和亚洲战争。他不惧怕俄罗斯。他对我谈起了他的苏丹回忆，谈起了戈登帕夏以及所有英国政府犯下的过错——真是一个奇迹，屡犯错误的英国人还能将整个世界抓在手中。基奇纳勋爵有多方面的兴趣，十分活跃，事实上，也很友好。最后他问我，能为我做些什么。我回答说，今天我只有一个请求，希望收藏一张他的照片。

很快，一张有亲笔签名的照片递给了我。离开的时候，他将我一直送到了人力车旁。

基奇纳将军有一双引人注目的漂亮的深蓝色眼睛，但他的脸庞却是粗糙的、泛红的。聊天的时候他喜欢笑，一点也不生硬干巴。由于身材高大，他的动作不太灵活，甚至可以说有些迟钝。

在我这次中国西藏探险旅行成功完成返回印度西姆拉的 1908 年 9 月，明托总督提出建议，希望我在西姆拉为受邀宾客作一场探险演讲报告。基奇纳勋爵当时正在外地出差，我发电报向他致以问候，并表示希望他能出席这个报告会时，他回了一封电报告知我，其内容如下：

请你们告诉斯文·赫定先生，在这个世界上，没有什么能够阻止我参加他的报告会。如果说我对什么还感兴趣的话，那就是阅读关于他旅行经历的报道。还请转告他，我十分感谢他希望我亲临报告会的这一番盛情。

他如约准时到达了报告会现场，衷心地向我表示祝贺并自始至终认真听取了我的演讲。

从这一天开始直到我离开印度西姆拉期间，我与基奇纳勋爵又有过多次见面，下面的内容是我根据日记中写下的、对陆军元帅基奇纳先生的零星记忆。

1908 年 10 月 1 日。前天，我单独与基奇纳先生进餐，只有他的两个副官在场，其中一位就是从印度去中国西藏的菲茨杰拉德上尉。尽管我提前一刻钟就到了，但在接待大厅还是遇见了比我更加提前到的陆军元帅。他显得轻松愉快、亲切友好，同志般的没有丝毫高人一等的架子，也看不到半点显示军人性格特征的，特别是大多数常胜将军们常常摆出的不苟言笑的严肃呆板。

基奇纳先生再次感谢我 9 月 24 日所作的他深感兴趣的演讲报告，并告诉我，他印象最为深刻的一段是，我再一次绕道穿越中国西藏北部的决定。他还问我，实施这一明智步骤有什么感觉，并赞扬我干得不错。

然后，他给我唠叨起他的斯诺登（Snowdon）豪华官邸里建筑结构上的一些改变，特别令他感到自豪的是那个白色的大客厅。我带着真诚的钦佩仔细观看了他的客厅，也真诚地当面向他表达了这份钦佩之情。

宫殿改建的每一张图纸都是基奇纳将军亲手绘制的，包括每一个细节。基奇纳先生有这样一个特点，干一项工作时，会非常投入，而一旦这个工作完成，就会立马对此失去兴趣，又开始完全另类的新的工作：建一个园林设备、一个屋顶平台或者一个他从来就没有上场玩过的网球场。

　　在一个更像接待室的前厅，悬挂着恩图曼和南非的旗帜，矗立着亚历山大大帝①和恺撒大帝的半身塑像，激发起我们聊这两位旷世英雄的兴趣。前厅里还展示了不少基奇纳将军收藏的来自中国、波斯国以及其他国家的宝贝珍品。吃饭的时候，我们的谈话就更加活跃了，几次谈到了地球，谈到了地理学的经度和纬度。

　　由于我收到了赴日本访问的邀请，因此还特别谈到了日本，他对我说：

　　"如果您不利用可能不会再有的机会去一趟日本的话，那您就是一位失去理智的人了。"

　　他认为，日本人主动邀请一位欧洲人是极不寻常的，也是最值得重视的。他鼓励我下决心访问天皇的国度。临告别的时候，他还特意补上了一句"替我问候日本"。他认为，我个人拥有的名气已经够大了，否则的话，就要为我写上几封引荐信了。

　　这是一个相当有趣的晚上。基奇纳勋爵是一个有影响力、令人敬佩、能给人留下深刻印象的人，他想到哪说到哪，喜欢开玩笑，经常还会为自己说的笑话和轶事放声大笑起来。

　　西姆拉城，星期二，1908 年 10 月 6 日。参加基奇纳将军的官邸舞会，在那里一直逗留至次日凌晨两点半。

　　晚宴上，基奇纳将军特意没有安排女士坐在身边，而邀请了我。

① 马其顿的亚历山大三世（公元前 356—前 323 年），世称亚历山大大帝。亚历山大出生于佩拉，二十岁从父王腓力二世手上继承马其顿王位，也开始了他前无古人的大型军事征服活动，到三十岁时已经建立起当时疆域最大的帝国，范围从希腊、小亚细亚、埃及、波斯、两河流域、阿富汗以及印度西北部。他在战场上从未被击败过，被认为是历史上最伟大的将军之一。

菲茨杰拉德上尉提前知会我，让我做好心理准备，基奇纳先生希望我今晚过后，在明托勋爵和夫人出去旅行期间搬到他的斯诺登宫殿里去住。他说，将军很重视这件事，几天前就在叮嘱。我知道，我该怎么回答，尽管我并不那么愿意离开我在西姆拉总督官邸的舒适公寓。

基奇纳勋爵来了并叫道：

"斯文·赫定，您听着，总督要出行，您明天就搬到我这里来吧。"

我十分感谢他的好客，答应了他的邀请，承诺 10 月 7 日上午就搬到他的官邸里去小住几日。

基奇纳勋爵还是一位亲切友好的主人，喜欢合乎礼俗地随意与官邸里服务的年轻女孩子们开开玩笑。有时候，他也会一个人留在房间里，眼睛盯着地板作思考状来回踱步。

明托勋爵曾问过我，是否在基奇纳将军的斯诺登宫殿里看见了克留格尔总统的靠背椅，它应该镶嵌在前厅的护墙板上——但我没有看见。我在斯诺登宫殿里问一位女士，是否知道这一稀罕物件在哪里，可她否定了。当我请她去问问房间里踱步的基奇纳将军时，她流露出畏惧状，还好奇地问我是否有这个胆量。

我十分镇定地走进房间问基奇纳先生：

"基奇纳勋爵，请问，克留格尔总统的椅子在哪里？"

基奇纳将军给我展示了这把珍贵的椅子，并告诉我，他是怎样将这把椅子在南非战争过后带来印度的。

当我告别离开时，他又不失时机地补充一句：

"别忘了星期三十点钟搬过来！"

10月7日的上午，我搬到了基奇纳将军官邸——斯诺登宫殿，人还没到宫殿门廊，基奇纳将军就迎了出来。他热情地挽住我的手臂，亲自带着我上楼走进为我准备的新公寓，并客气地希望我能感到满意。

公寓的房间里摆放着色彩缤纷的蓝色和黄色鲜花，散发着印度夏日一般的初秋气息。睡房里睡床相当大，与床配套的大床头柜上，摆放着十四本关于中国西藏的书籍。菲茨杰拉德上尉告诉我，这些鲜花都是陆军大元帅亲自在花园里采摘的，同样，这些关于中国西藏的书籍也都是从他的藏书室里精心挑选出来的。

吃过饭后，基奇纳将军问我，是否有兴趣陪他出去散散步。当然可以！——散步选取的路线面向马什奥布拉（Mashobra）和中国西藏方向。一抬头，前方就是雨季后水晶一般透亮的雪光盈盈的喜马拉雅山山峰。雄伟的山峰如此近距离地耸立在我们眼前，像在侃侃述说山那边神秘久远的故事。

触景生情，基奇纳将军的思想也围绕着我9月24日作的中国西藏探险演讲报告，报告给了他一个比以往任何时候都更加清晰的西藏印象。

他对我说：

"当您在西姆拉遭遇到英国当局的阻力而又没有其他选择时，当您为了前往无人知晓的中国西藏无人区回到拉达克、再一次踏上长长的前往北部的大弯道时，难道不困难吗？您要再一次承受所有辛劳，还要再一次在中国西藏海拔最高的地区度过一次寒冬。斯文·赫定先生，一个人能作出这样的决定，确实是需要十分坚强的意志力的。"

我回答，我不能为迁就自己的生活而放弃未竟事业回到印度和
欧洲，它关系到我个人的荣誉。我希望，也必须清楚地定义和阐明
外喜马拉雅山主要部分的地形学意义，我也希望成为到达布拉马普
特拉河源头和印度河源头的欧洲第一人。一个世界大洲的腹地有着
一系列大的地理问题亟待解决。

我前往中国西藏陌生地区的旅行遇到了来自伦敦英国政府的顽
固阻挠。我知道，时任英属印度总督明托勋爵和他的秘书邓禄普·
史密特（Dunlop Smith）先生在竭尽全力地帮助我，中国人尤其西
藏人的态度也不会对我的探险旅行形成障碍，但是，伦敦的英国政
府却成了我最大的敌人。他们毫不妥协、无法通融的立场，使我
的意志力和自尊心前所未有地达到了极为紧张的高度。我要正告
那些先生政客们，与他们相比，我更了解中国西藏，即便没有他
们在某些方面的帮助，我也一样有能力排除探险征途上遇到的所
有障碍。

"事实上很幸运，我如愿以偿了。十分高兴的还有，在返程途中
的印度，我就已经收到了英国皇家地理学会的正式邀请，要在伦敦
一个隆重的会议上报告我此次中国西藏探险的经历和成果。"我对基
奇纳将军说道。

基奇纳将军赞扬我的坚定顽强，对国务秘书、印度事务大臣约
翰·莫莱先生以及温斯顿·丘吉尔先生担任副部长的伦敦英国政府
藩政院，他没有给予丝毫阿谀奉承的评价。

他还对我说：

"我在埃及的那些年里，就已经领教过政府部门的这些官僚们

了。我接受的大多数来自伦敦的指令都是不切实际令人难以实施的，直截了当地说，他们的想法迂腐、愚蠢。我的观点是，直线是两点间最短的距离，但伦敦的先生们却认为这样更好，即从一个点出发，然后再尽可能七拐八弯地到达另一个点。我很高兴地看到，您坚持遵循自己的意愿踏上了中国西藏探险的征程，并且完成了自己的伟大计划。从这个意义上讲，您战胜了那些目光短视的在政治借口下有意刁难、伸腿绊您的小人。"

基奇纳将军的腿有点跛，但外人几乎察觉不到，那是两年前骑马时崴了一只脚留下的后遗症。但他的步履稳健有力，只是散步时间一般不能超过一个小时。他唯一消遣解闷的乐子就是逗他的那只矮小的长卷毛犬，一旦爱犬落在了后面，他就会停下脚步打趣地叫唤道：

"快跟上来，你这个小畜生！"

散步回到官邸后，我们坐在大客厅里，点上香烟，端上香槟酒和苏打水，又天南海北地闲聊了一段时间，琢磨着天地间的奇闻逸事。

他对三年前发生的瑞典—挪威联盟解体一事很感兴趣，但不能理解的是，为什么这两个"连体长大的双胞胎"在政治上和战略上却不能联合在一起，两国所处的地理位置也需要这个合乎情理的解决方案。他认为，联盟对挪威的意义特别重大，一旦战争爆发，就可以得到瑞典方面的大力支持。

愉快的闲聊很容易使人忽略时间，不知不觉到了八点，再有几分钟就该去吃晚饭了。今晚围坐在餐桌旁的还是只有四个人，喝过咖啡和利口酒后，我们又相约打台球直至深夜。

与副官道声晚安，我和主人走到了通往各自睡房的楼梯口。

走在大厅里，人就像在穿过一个由英国殖民地恩图曼、德兰士瓦（Transvaal）以及奥兰治自由邦（Oranje）的旗帜形成的彩色穹顶。在大厅里，我们俩又站了近一个小时，基奇纳将军向我详细讲述了穹顶上挂着的、他赢得的每一面旗帜的情形。那得意的神情，似乎这一面面旗帜的颜色和图案比起他浴血奋战赢得胜利的一场场战役更值得炫耀。

大厅里的最为突出的是一张一人高的戈登将军画像，它几乎夺去了每一位到临大厅者的第一束目光。基奇纳将军热情洋溢地讲述了他钦佩的戈登将军，称他为一位时代伟人、一位英雄、一位殉道者、一位传奇人物。值得注意的是，他根本就没有提到在派遣援军援救戈登将军的决策上，格莱斯顿为首相的英国政府的疏忽和延误。但话又说回来，如果不是增援部队晚到几天，就不会有基奇纳将军的复仇之战，他也不会享有如此高的世界知名度。在大英帝国的历史上，他也就不会获得这样一个值得骄傲的荣誉位置了。

终于，我们走上了楼。硕大的官邸此时寂静无声，外面笼罩着讳莫如深的黑暗。当我们在我的卧室门前互道晚安的时候，也意味着我们俩在一起不分离地待了整整一天。

接下来的几天差不多也都是以同样的方式度过的，早餐桌上总是我和基奇纳将军两人。有一次我晚到半个小时，尽管他已经用完早餐，但还是耐心地坐下来陪伴我，他丰富的谈资就像从不干涸的河水一直充盈着我。

　　伟大的军队统帅有时候也会很孩子气的，做些看上去纯粹毫无意义的事。比如，他能够数小时地闲坐在我的对面，一边擦着他收藏的那把古老的波斯弯刀的刀把和刀锋，一边不间断地与我聊着天。他热爱高级勋章和贵族头衔，并问我是否认为，"喀土穆的基奇纳"这个称呼听起来罕见而且有力。单独一个"基奇纳"太过普通，但与"喀土穆"连在一起，名字听上去就十分响亮，因为名字的背景是强人戈登先生悲剧化的场景。凭良心，我十分赞成他的说法，我对他说，十年前，在这个响亮的名字美化了所有瑞典报纸版面的时候，我就非常钦佩他，我感叹道：

　　"尊敬的基奇纳将军，您只要想一想，如果当时我知道，未来竟会有机会作为您的客人与您数天在一起，那该是多么地不可思议！"

　　他礼貌地回答说，能与我见面也是他的荣幸。

　　基奇纳将军还有其他一些小的性格体现。比方说，一个大的宴会，在客人到来之前，他会站在餐桌的一端，弯腰弓身、目光审核似的从一头瞄到另一头，检查所有的餐具是否像一个准备接受检阅的部队摆放得整整齐齐。如果某一个座位上的酒杯有哪怕一个厘米的超前，他都要移回来。然后再眯眼观察，直到所有的餐具从头至尾毫厘不差地对齐。

　　基奇纳将军有一种不可抗拒的对所有事物都求变求好的内在要求。在干燥地区洼地的驻防地，他提出铺设水管，为全体士兵建造新的舒适的木建营房的建议。一方面他会在波浪形的丘陵地区铲除土丘建造平原，而另一方面，又会在平原地区堆土兴建土丘。他来到印度时，斯诺登官邸的外围有一个高地挡住了视线，而正好那里适合修建一个网球场。令大家深感吃惊的是，他竟下令将小山搬走。

结果是，小山搬走了，网球场建好了，他也不再去过问了。

　　与女士们的关系，基奇纳将军表现出来的是冷淡、不感兴趣。不过，在总督府举办的大型宴会和舞会上，当可爱的女士们面带微笑、面红耳赤地面对他行屈膝礼时，他的表现还是十分礼貌和得体的。唯一例外的是，他对待明托总督夫人的态度，在总督夫人到临的每一个宴会或舞会上，他都会亲自将夫人引领到桌旁。他十分仰慕明托夫人的亲切、聪慧、美丽和妩媚。

　　基奇纳先生留给人的感觉是爱憎鲜明的，要么是友好亲善，要么是反感厌恶。在大型宴会和活动上，他一次又一次见到的那些先生们和女士们，在他的眼里，简直就是一堆无意义的"零"。对于他们，他抱着一种不加掩饰的无所谓态度。也正因为如此，参加宴会和大型活动，他经常是在明托总督夫妇来之前的最后几分钟才到场。对在场宾客以及宾客们面对他呈上的恭顺问候，他表现得也是不屑一顾。相反，他高过一般人的身板、笔挺的军人姿态、高昂着的头以及两只深蓝色眼睛里闪射出来的、能越过在场所有人的头直视远方陌生地平线的严肃眼光、高高在上、孤傲不群的形象，能将在场所有人的目光一下子吸引过来。人们的第一感觉是，一个大人物来了，一个有历史故事的人来了。人们充分地感受到了他的魅力，他反而得到了在场所有人的崇敬和钦佩，所有人也都希望有幸能站在他的身边。

　　我住在斯诺登官邸期间，基奇纳将军身心非常放松，好像一下子从圣坛上走了下来。他从不提我的博士头衔，经常对我直呼其名。当我几天后说出忧虑，即常住这里会影响到他肩负的责任重大的工作时，他说：斯文，一方面，你的身心必须从中国西藏探险之旅的辛劳中恢复过来，另一方面，您留在这里也能更有效地排遣我的寂寞和孤独。

有一次，他甚至孩子气地叫唤道：

"我讨厌那些该诅咒的、要把您带去日本的轮船！"

五天的朝夕相处，我感觉，基奇纳将军除了与我聊天、散心，好像根本就没有干什么公务似的。在早餐桌旁，我说出心中的这一忧虑，可他向我保证，完全可以放心，所有的工作他都按计划完成了。但又怎么可能呢？他一手掌握着整个印度的防御力量，这可是一个拥有国民五十四倍于瑞典的大帝国，每天要收到多少来自数不清的军事据点和外围岗亭的报告和消息——从喜马拉雅山的余脉到锡兰太阳光灼热的山谷，从帕米尔高原监视俄国的哨所、俾路支斯坦的奎塔（Quetta）到阿萨姆邦和缅甸边境，从拉达克连天风雪呼号的山谷到热风吹拂棕榈树和红树树冠的热带原野。

我问基奇纳将军，是不是总计数亿卢布的军队预算任务，不需要耗费他这个总司令多少时间和精力，他回答说：

"当然不是，在解决军队的技术问题上，我有很多专业人士和能干的专家，只需要检查他们的工作成果即可。如您已经知道的，寇松勋爵认为他有权力和责任，不仅要掌管民事机构的整个预算，还要掌管整个军队的预算。在这一点上，我是绝对不能认可的。我与寇松勋爵势必会干起来，直到拔刀相见。既然我是胜利者，寇松勋爵就必须走人。"

基奇纳将军对他在印度军队内部实施的改革方案感到自豪和满意，但在我看来，这可是一个难以看到希望的使命和任务。要从上百个不同民族和部落汇成的士兵海洋里，在这种巴比伦式的语言和宗教的混乱中，特别是在那些彼此纠结着强烈宗教仇恨的伊斯兰教徒和印度教教徒那里，为一个统一的军队筛选出合适的治军方案，要从诸多相互隔阂的元素中努力形成一个没有摩擦、能顺利组合在一起并肩作战的部队谈何容易。

当我问道：虽说英国人是印度的主人，难道就不担心成分复杂的、多民族的军队里会出现哪怕一次被巧妙点燃的、被阴谋煽动起来的暴动火花吗？

他回答：

"不会的，完全没有这个危险。我把军队牢牢地抓在手中，暴动是没有机会的，一旦有这方面的苗头也会迅即被镇压下去。我遵循的原则是，将不同民族的士兵融合在一起。如果您在某一次军事演习中观看前线阵地，您就会清楚地发现，每十个士兵中就会有一个旁遮普（Punjabi）士兵，旁遮普士兵左边是非洲士兵，而非洲士兵的下一个队友先是一个孟加拉士兵，接下来就可能是一个廓尔喀士兵了。您再观察下一个十个士兵的队列，就会看到，先走过来的又是一个旁遮普士兵……不同种族士兵混杂在一起的队伍是不可能共同策划谋反的，相反，从这个角度上讲，还会互相提防。"

我们在一起谈到了日俄战争，这是基奇纳将军最感兴趣的话题。当我表达，日本军人很优秀，他们有能力在中国东北战场战胜俄国军队时，他回答道：

"这说明不了什么，或者它只是更多地说明，日本士兵优于俄国士兵。更重要的原因是，日本军队有一个强有力的和目标明确的军事指挥官。日本士兵有精神上的优势，他们在军队中灌输这种精神，以振作为自己国家和国家利益抵御一切敢于来犯之敌的士气。日本人不希望俄罗斯人占据他们的邻邦。此外，俄军的指挥官库罗帕特金将军①是一个平庸的军事领导者，如果俄国士兵由勇敢的、老练的、又有才能的军官指挥，日本野津道贯（Oyama②）将军和黑木为桢（Kuroki③）将军就会失败。"

基奇纳将军令人佩服的个性应该与德国威廉皇帝有些类似。

有一次聊天，我提到了德皇威廉二世，基奇纳将军马上请我讲讲，我与德皇陛下都说了些什么，德皇陛下是怎么说的，给我留下了什么印象。

我与基奇纳将军之间确实不缺乏聊天的素材，也都喜欢整天在一起交换思想和各自的记忆。我们聊斯柯别列夫将军针对印度的进攻计划，并预想，如果有朝一日俄罗斯军队进犯印度的话，可能的、行之有效的防御措施有哪些。我们聊亚历山大大帝的战役和拿破仑的计划，但最令我感兴趣的还是聆听基奇纳将军谈论他个人的生活。应该说，给一个心情急切、专注倾听、时不时还会针对所讲内容提出理智见解而他又能很快予以回答的听众讲述自己经历的故事，他还是感到十分享受的。

---

① 全名：亚历克塞·库罗帕特金（Alexei Nikolayevich Kuropatkin，1848—1925年），沙皇俄国陆军大臣，通常被认为对日俄战争中的重大失败负有责任，尤其是奉天会战及辽阳会战两役。
② 野津道贯（1841—1908年），明治时代日本帝国陆军大将，日俄战争时第四军司令官。
③ 黑木为桢（1844—1923年），日本帝国陆军将官，日俄战争开战后任第一军司令官。

值得一提的还有基奇纳将军对古老中国瓷器的收藏，在他的斯诺登官邸里，他用这些精美的瓷器装饰着他的桌子、橱柜和墙壁。他特别钟爱搜集来自康熙和乾隆年间的中国花瓶、杯盏、盆碗和其他器皿，一赞美起它们典雅的造型和秀丽的色彩，就会如数家珍，滔滔不绝。我甚至怀疑，他的介绍是不是在吹牛，过分地夸大了他对中国瓷器的了解。但他说得头头是道，像一个鉴瓷行家，对他口若悬河的渲染之词，我自然只能是被动地洗耳恭听。

在我们的多次谈话中，陆军元帅都会将话题回到印度面临俄国的威胁这个现实问题上来。他很清醒，认为这一危险无时不在，但他又坚信，任何一个对印度可能发生的进攻都是注定要失败的。基奇纳将军的防御重点在印度的西北地区，所有可能想到的俄国方面针对阿富汗和开伯尔（Khaiber）山口的进攻意图，他都作了充分的应对准备。北部有中国西藏和喜马拉雅山筑起的不可逾越的天然屏障，而东部则没有任何有威胁的危险因素。

有时候，基奇纳将军会出现曲解的，甚至是错误的思想表达，而这种表达又更像是一个普通的玩笑。一次他说：

"我深感好奇，你们从来不授予我诺贝尔和平奖，但确实是我给苏丹和南美带来了安定与和平。可以说，在这个时代，我为和平所作的贡献多过了任何一个人。可惜的是，诺贝尔和平奖直到现在都还与我无缘。"

我说：

"是的，但您所说的苏丹和平又是怎样实现的呢？"

基奇纳将军说：

"我用子弹消灭了苏丹国所有持枪的男人，打那以后，苏丹平静了、安宁了，整个国家拥有着持续稳定的和平。"

我又说：

"诺贝尔先生的理念是不通过强权和流血实现和平，和平的实现要建立在宣传的、人道的以及双方理解的民族调解的基础之上，希望通过他的奖励来支持废止武力的，至少是对现有武力有所限制的和平运动。诺贝尔先生委托颁发瑞典奖项的挪威议会，根本不会认可您用子弹实现的苏丹和平。"

基奇纳先生说：

"这是不对的，没有人能够否认，是我给苏丹带来了持久的和平，这已经足够使我享有诺贝尔和平奖的殊荣了。"

我接着又说：

"我认为，在我们这个时代，为大不列颠世界帝国的牢固和稳定作出贡献的大多数人，都不是诺贝尔先生心目中的和平建设者。"

基奇纳先生又说：

"是的，我完全理解。诺贝尔先生是一个梦想家、空想家，所以他不明白，我们大英帝国对整个人类意味着什么。"

基奇纳将军的性格是善与恶的特有混合，他能够将数千托钵僧像杀野鸡一样成排地杀死，但同时又可以闲坐在那里充满慈爱地抚摸他的那条小卷毛狗，给他溺爱的小宠物喂食并牵出去散步。他是印度军队不受任何限制的总司令，监管着所有边界的帝国工事，但也是一位能与不期而至的客人谈天说地、为客人的舒适和愉快奉献上整整一个星期时间的人。

10月10日，是我们最后一次并肩散步走在通向喜马拉雅山和中国西藏的道路上，他再次谈起了埃及记忆以及苏丹战役中的戏剧性情节。比起布尔战争，他更留恋生活中的这段经历。

10月11日星期日，是我在基奇纳将军那里的最后一天。像往常一样，我们俩共进早餐，一起聊了近两个小时，然后我与参谋部他的同仁们告别。基奇纳将军陪着我走过走廊来到前门花园，一辆轻便的十分讲究的两座双高轮敞篷马车已经在等我了。一匹健壮的皮毛呈深褐色的牡马站在两个车辕间，正不耐烦地在"澳大利亚草地"上跺着马蹄。基奇纳将军帮助我坐上马车后自己也坐了上去。他想干什么，难道要自己赶马车不成！还真是，这位大人物，尊敬的勋爵、印度军队的总司令，完全出乎我意料地一手抓住缰绳，一手扬起了马鞭，牡马咋舌，触电一般迅即小跑起来。冲过有哨兵站岗的大门，奔跑在通向西姆拉的道路上。

马车飞快穿过教堂前宽敞的广场，正好是在做完礼拜的教徒们穿着夏日轻松的礼拜天长袍离开教堂的时候。所有的人都毕恭毕敬地向基奇纳将军致意，可他满不在乎，相反，倒像一头暴躁的狮子怒对那些不幸的、可能还沉浸在教堂祈祷气氛中没能及时让开马路的"幻想者"们。

"让开，让开！快把路让开！"基奇纳将军几乎是在怒吼，看上去就是一个十足的暴君。

当然，没有撞倒任何一位"幻想者"，我们的马车顺利抵达火车站。几个从斯诺登宫殿提前赶到的佣人扶住马匹，基奇纳将军将我扶下车后一直送我到火车车厢。没有任何客套，也没有多愁善感的依依不舍，只是紧紧地握住我的手振振有词地说了一句：

"记得在日本给我写信，再见！"

我正想再一次对他的友好接待表达诚挚谢意，还没等我张开口他就大叫了起来：

"不要说谢了，没有什么意义！"

说完就向马车走了过去，孤独地回他豪华的斯诺登宫殿官邸去了。

*

我按时到达了印度的孟买。

我在"德里号"海轮上找到了舒适的舱室，也结交了一位好朋友——安德鲁斯（Andrews）船长。海轮经哥伦坡（Colombo①）、槟榔屿（Penang②）、新加坡后到达香港。香港总督、著名的非洲探险家弗雷德里克·卢加德（Fredrick Lugard）阁下像接待侯爵一般隆重地接待了我。

抵达香港的乘客中有一位博学且高贵的耶稣会神父罗伯特先生，他来自上海徐家汇（Sikawei）。他对基奇纳将军很感兴趣，也十分理解我想通过他在上海买几件中国古董瓷器作为礼物答谢基奇纳将军的愿望。罗伯特神父承诺说，利用他在中国上海商界的关系，能很容易地并以说得过去的价格买到精美的中国瓷瓶。我给了他基奇纳将军在印度的地址，希望他能够圆满完成我的这一郑重委托。

---

① 哥伦坡位于锡兰岛西南岸，濒印度洋，是斯里兰卡的最大城市与商业中心，同时也是西部省的行政中心。

② 槟榔屿是马来西亚西北部一个风光明媚的小岛，因盛产槟榔而得名。

在其他章节中我已经提到过，英国乔治五世加冕之前，我与妹妹阿尔玛在伦敦度过了几个星期的假期，在此期间我也见到了基奇纳将军。他作为我的客人参加了我在塞西尔（Cecil）酒店举办的宴会，同桌的有瑞典王储、明托勋爵、贝登堡（Baden-Powell①）男爵和荣赫鹏爵士。

基奇纳将军生涯的最后几年，不是本书要介绍的内容。

1914 年 8 月初，第一次世界大战爆发，基奇纳将军当时人在伦敦，作为帝国国防部长进入了阿斯奎斯首相的内阁。他的梦想是想作为印度总督而重返印度，但这一愿望并没有实现。有人说，国王承诺会支持他的这一愿望，但很可能——也有一定道理——人们心存恐惧，任命这位灭掉了马赫迪后继者和苏丹托钵僧的强人，会引起现在已经被称为巴基斯坦地区的那些印度穆斯林人的反感。

在内阁就职期间他感到很别扭，经常与身边同事争吵。他，一个一辈子只在下达命令、指挥下属的人，是不习惯依赖首相，也是做不到去适应、迎合那些政治家们的卑鄙手段的。

大概基奇纳将军会视自己的最后一次航程为整个生涯受欢迎的终止符。

在斯卡格拉克海峡海战（Skagerrak②）结束几天之后，基奇纳

---

① 全名：罗伯特·史蒂芬生·史密斯·贝登堡（Robert Stephenson Smyth Baden-Powell，1857—1941 年），英国陆军中将、作家。

② 斯卡格拉克海峡海战，又称日德兰海战，是 1916 年 5 月 31 日至 6 月 1 日英德双方在丹麦日德兰半岛附近北海海域爆发的一场大规模海战。

将军领受了大英帝国一个任务，前往俄国圣彼得堡向尼古拉沙皇转交他的表兄弟国王乔治五世的重要信件。当时，人们还在世界媒体上纷纷讨论和"八卦"他此行的动机以及基奇纳将军缝在马甲里的信件内容。人们说，该信内容涉及的应该是，提醒和鼓励沙皇要作出新的努力，同时也警告沙皇，不允许与德国单方面签订合约。我从不同方面还听到了另一个传言，传得还十分广泛。传言称，基奇纳将军的第二个重大使命是开辟英国与俄国之间的安全陆上交通通道，即避开作为中立地位"防波堤"的斯堪的纳维亚半岛这一障碍，直接从纳尔维克（Narvik）——基努那（Kiruna）——吕勒奥（Luleå）走陆路经波罗的海前往俄罗斯。

基奇纳将军以自己独具的钢铁般的果敢和坚毅，遵守计划中事先约定的地点和时间，于 1916 年 6 月 5 日中午准时到达了斯卡帕湾（Scepa Flow），并通知海军上将杰利科（Jellicoe①），计划当天晚上启航。

一场少见的飓风怒号着刮过奥克尼（Orkney）群岛，大海上翻腾起滚滚巨浪，呼啸着冲击着群岛上的礁石。四天前，角礁前刚刚爆发了一场针对德国海军上将舍尔（Scheer②）指挥的德国公海舰队

① 全名：约翰·拉什沃思·杰利科（John Rushworth Jellicoe, 1859—1935 年），英国皇家海军元帅。他曾在 1900 年镇压义和团运动中身负重伤。在 1916 年的日德兰海战中，德国公海舰队陷入杰利科将军的重围，但杰利科将军过于谨慎的指挥，使德国舰队得以率部逃脱。
② 全名：莱茵哈特·卡尔·弗里德里希·冯·舍尔莱因哈特·舍尔（Reinhard Karl Friedrich Scheer, 1859—1935 年），德国海军上将，日德兰海战中德国公海舰队指挥官。

的激烈海战。尽管是一场势均力敌的实力较量，但英国海军杰利科上将损失的舰船和士兵要比舍尔上将多多了。所以，并不奇怪的是，在严峻的形势面前，杰利科上将的心理在一定程度上失去了平衡，以至于对基奇纳将军海上航行的先决条件并没有进行必要的、彻底的、缜密的安全检查。

基奇纳将军舰船的航行路线应该是经罗弗敦（Lofoten）群岛，再过北角和摩尔曼斯克（Murmansk）前往位于白海（Weißen Meer）的俄国阿尔汉格尔斯克。但启航前要先作出正确判断，即航行的方向应该保持在奥克尼群岛以东还是以西。杰利科元帅认为靠西走波罗的海和丹麦卡特加特间的海峡是可靠的，因为不久前才清除了这一海域的水雷。人们也大都认为奥克尼群岛东部海域不甚安全，担心德国人在东部海域又布下了水雷。

尽管如此，杰利科上将的选择还是令人难以理解，因为，一艘英国军舰 6 月 2 日就在奥克尼群岛西部海峡遭遇水雷而沉没。估计杰利科上将对这一沉舰事件毫不知情，也可能是下属疏忽，没有及时向他报告这一事件。可以理解的是，如果他掌握了这一实情，知道奥克尼群岛西部海域没有再次清除水雷，他就不会不负责任地下达走这条航线的命令，基奇纳将军和舰船上几乎所有水兵就不会在启航后仅几个小时就丧失了生命。

运送陆军元帅和他在印度的忠诚副官菲茨杰拉德先生去阿尔汉格尔斯克的是杰利科上将亲自选定的"汉普郡号（Hampshire）"巡洋舰。该巡洋舰不仅性能良好，各方面的装备也是一流的，随行的还有两艘驱逐舰护航。舰队启航时，所有水兵都站在停泊于军港的军舰舷梯旁高唱英国国歌《天佑国王》。

遗憾的是，这支中型舰队一驶进奥克尼群岛西部海峡就遭遇到了惊涛骇浪，以至于两艘护航的驱逐舰均无法保持应有的航速不得不返回斯卡帕湾。没过多久，"汉普郡号"巡洋舰就撞上第一枚、接着又撞上了第二枚德国水雷。半个小时以后，巡洋舰下沉至 30 英寻①深处。

这是晚上八点钟。

"汉普郡号"巡洋舰上四艘救生艇在汹涌的海浪中无法下水，但甲板上配备的救生设备派上了用场。最终，十一人获救，第十二名在登陆后因心力衰竭毙命。

基奇纳将军到底是怎么死的，无人知晓。

*

1916 年 6 月 9 日，我在一名德国军官的护送下，骑马兼驾车地从伊朗的亚述（Assur）古城沿着底格里斯河前往位于伊拉克的摩苏尔（Mosul）尼尼微（Ninive）遗址，途中巧遇一位德国人，他对我讲述了新近发生的两个世界历史事件。一个是 5 月 31 日至 6 月 1 日发生在斯卡格拉克海峡的日德兰海战，另一个则是基奇纳将军乘坐的"汉普郡号"巡洋舰的沉没。当时的我，只能是沉默不语、神情庄重、态度严肃地接受基奇纳勋爵死亡的噩耗，面对德国人，我不能暴露自己感情上的悲伤。

他，喀土穆的基奇纳勋爵，一位托钵僧和荒原沙漠的战胜者，就这样被大海的惊涛骇浪吞没了。

---

① 1 英寻 = 1.828 8 米。

在遥远的东方，他像喜马拉雅山雪峰上的一只雄鹰，傲视着大印度帝国的广袤原野。几年前，我在那里享受到了他热情的接待。他的音容笑貌从来没有像现在这样如此清晰地出现在我的眼前，因为我知道，他已经与世长辞了。

明托勋爵

(Lord Minto)

　　1905 年 10 月 16 日，在我离开斯德哥尔摩，离开可爱的老家，离开我的父母和兄弟姐妹，第三次踏上神奇的中国西藏探险之旅时，我十分确信，印度方面为我过境中国西藏的一切手续都已经准备就绪。我的前面，就好像是一场在等待着我的已经摆上了山珍海味的盛宴。因为，与前两次相比，这次考察探险之旅有着更多取得巨大成功的先决条件。

　　确实，在上一次的亚洲探险考察中，俄国人慷慨地给我提供了我希望得到的所有帮助，我甚至从沙皇陛下那里得到了一支由四名哥萨克士兵组成的、最具保障价值的旅行护卫队。尽管清朝当局并不乐见我在他们疆土西藏做这种漫游似的探险旅行，但也从来没有在旅途行程上给我设置过任何障碍。

　　现在的我，已经有寇松勋爵的郑重承诺，如之前写到的，当时还在印度总督职位上的寇松勋爵曾表示，愿意利用他的职务便利给予我希望得到的一切帮助，而其中最为主要的帮助就是为我打开已经关闭了的、通往喜马拉雅山北部童话世界的山口。

但现实与梦幻往往相去甚远，政治上的怀疑像一个大的路障挡在了我前进的道路上。即便是人们在印度和中国西藏的边界上降下一道铁幕，也难比我从伦敦政府那里得到的断然拒绝和给我向中国西藏地理学上空白地区进军的计划设置的那道几乎无法逾越的障碍。我像一个在希望和失望之间被他人抛来抛去的球，必须在印度的西姆拉城忐忑不安地度过两个星期，等待命运对我的裁决。

不过，也正是那段不确定的令人焦虑的日子，与我生活中最明亮的也最珍贵的记忆联系在了一起。我还从来没有享受过如此令人陶醉、令人感到兴奋的客居生活以及在西姆拉城总督府里明托勋爵①和夫人赐给我的、如此美好的友情和关怀。

在这段令人难忘的日子里，我也同时在经历从来没有经历过的巨大矛盾和对立，担当一个在我的探险考察经历中从未担当过的，在事件多变的、紧张的、戏剧性发展过程中被动接受命运摆布的角色。这就是 1906 年初夏在印度、在中国西藏的大门前发生的事件。

在印度的西姆拉，我一天接着一天地、详细地给父母写信，讲述我在这里的经历和命运。在明托勋爵家庭的怀抱里，我赢得的是希望和胜利，而伦敦英国政府带给我的只是失望和失败。幸运的是，尽管有来自官方的阻力，我最终还是成功地达到了目的，完成了在中国西藏探险计划中要完成的、确定地图上尚为空白点地区的地理

---

① 全名：吉尔伯特·约翰·艾略特-默里-基宁蒙德 (Gilbert John Elliot-Murray-Kynynmound, 1845—1914 年)，四世明托伯爵，英国政治家，英国驻加拿大总督 (1898—1905 年)、印度总督 (1905—1910 年)。

基线的任务。

如果将我写给家中的二百多页信纸的文字，再加上我之后在旅行过程中从中国西藏写给明托勋爵私人秘书詹姆斯·邓洛普·史密特上校的文字，就足够一本厚厚的书所需要的素材了。

下面的文字，我仅局限于重点的、具有戏剧性情节的介绍，而在这些戏剧性的情节中，明托勋爵扮演着极为重要的角色。

我的行程从家乡斯德哥尔摩开始，先经过欧洲大陆前往土耳其国的君士坦丁堡城，再过黑海去塞瓦斯托波尔（Sewastopol）、巴统和特拉比松，然后坐车经过埃尔祖鲁姆（Erzerum）、大不里士和加兹温前往德黑兰。从德黑兰出发，我骑上骆驼穿过东波斯国大沙漠前往锡斯坦，再骑快速单峰骆驼横过俾路支斯坦去与印度火车线联网的努什基（Nuschki），最后到达印度军事据点奎塔。在奎塔，我乘坐火车行驶四个小时，从一千六百八十米的高处下行至奎塔南部延伸的只有一百米高的低洼地。那天是 1906 年 5 月 21 日，低洼地的气温就已经高达三十八摄氏度了。

在印度西北部继续行驶，到达安巴拉（Umbala）和加尔加（Kalka）后，火车要越过喜马拉雅山南部支脉在狭窄的轨道上行驶六个半小时才能到达西姆拉城。一路上，少见的、野性的原生态风景令人十分陶醉。

火车在狭窄的陡坡弯道上缓慢地蜿蜒向上盘旋，横穿过山脊，接着又螺旋形曲曲弯弯地向下，疾驰在深深的山谷里，在浪花飞溅的小溪旁和喀喀轰响的桥梁上，然后又盘旋向上攀越过新的山脊，穿过了长一点二五公里的一零七隧道后才终于抵达了西姆拉。

英属印度政府的美丽夏都出现在了我的眼前。

西姆拉山城看起来像一群燕窝，一个一个地黏结在由昏暗的喜马拉雅山雪杉森林环绕着的悬崖上，它的背景是耸立如云的喜马拉雅山雪峰，北面则是我梦中的大地——中国西藏。

火车停在西姆拉火车站，一位政府外事处官员和两名缠着穆斯林头巾的雇佣兵很快来到了我的身边。外事处的官员告诉我，已经在格兰德大酒店为我预订了房间，雇佣兵则殷勤地为我搬运行李。

下榻格兰德酒店，还没来得及环顾周围的环境，老朋友弗朗西斯·荣赫鹏爵士就走进了房间，对我的到来表示热烈欢迎。荣赫鹏爵士不久前被任命为克什米尔的代办，他现在正在度假，计划上任前在西姆拉休息几个星期，好好呼吸呼吸高山和森林的纯净空气。我与他1890年在喀什噶尔的大毡帐篷里庆祝过圣诞节，在英国皇家地理学会的会议上也见过面，现在我们同住在一家印度酒店。他热情地请我一同吃晚饭，还邀请了不少官员作陪。

当其他客人走后，我俩又坐在一起聊到了半夜。聊过去的岁月，聊中国西藏问题以及1903—1904年由他率领的前往拉萨的军事"远征"，但谈话间并没有提及我的这次考察计划。

第二天，5月23日，一个个严肃而又认真的游戏就陆续开始了。在对西姆拉城还没有进行任何访问之前，我收到了第一份来自明托勋爵和基奇纳总司令的盛情邀请。所有的都在按欧洲的宫廷礼仪进行。

基奇纳总司令的邀请是这样写的：

　　总司令荣耀地邀请您，斯文·赫定博士，5 月 29 日星期二晚八点出席晚宴。尊敬的总督阁下和总督夫人也将莅临晚宴。

　　5 月 23 日上午，我要去英属印度政府外事办公室听取对我过境申请的判决。还是弗朗西斯·荣赫鹏爵士，这位在我整个西姆拉城逗留期间，即直到 6 月 9 日都还令人感动地为我热心提供帮助的老朋友来接我。我们各坐一辆黄包车前往总督府外事办公室，由于西姆拉的胡同和街道都很狭窄，故只允许总督大人、总司令和旁遮普最高长官的马和车使用。

　　印度的黄包车，至少是西姆拉以及邻近山区的黄包车，比起中国苦力们拉着跑的两个轮子的小黄包车高级多了也舒适多了。在西姆拉，每一个黄包车都有五个穿红衣的男青年苦力，一个人在前面领跑，拓开道路，两个人拉车，两个人在旁边陪走，以便随时替换拉车的同伴。

　　英属印度政府外事办公室里负责外事的秘书是路易斯·丹恩（Louis Dane）爵士，一位高大的日耳曼族男士，英俊潇洒，诙谐友好，很善于与人打交道。他受明托总督阁下的委托，要向我宣读伦敦政府，也就是他们的主管上级、印度事务大臣约翰·莫莱先生作出的决定。

　　可能是路易斯爵士不愿意这么快就将一个对我具有毁灭性打击的决定传达给我，或者说他还想多留一点时间让我经过长途跋涉的已经疲惫的精力能得到更多的恢复，总之，他似乎在尽可能长时间地犹豫、拖延，在我有可能被不幸消息击倒之前与我轻松地聊天，用无关紧要的枝节问题折磨希望早点得到消息的我。诸如我来印度大陆的旅行经历、对波斯国的印象以及我见过并留宿过的大英帝国在德黑兰的代办格兰特·达夫（Grant Duff）先生的情况，还有我穿越俾路支斯坦的长途骑行，等等。

我从容冷静地认真回答了丹恩爵士提出的所有问题，并操外交辞令客气地补充说道，非常感谢伦敦政府的慷慨大方，允许我使用努什基道路，尽管这段公路出于战备需要是保密的，不允许外来旅行人员和车辆通过。丹恩爵士回答道，允许您使用这段道路，是因为我们知道，您一定会遵守在德黑兰签署的责任和义务，即未经过印度德拉敦（Dehra Dun）当局的事先审核，您的所有文字资料和地图资料均不允许公开。我还问道，为什么从努什基前往那士勒巴特（Nasretabad）六百公里长的道路上，即在印度的最西部前哨，没有使用汽车运输，比起单峰骆驼，汽车更快也更加舒适。

"是的，"他回答道：

"您的想法是好的，只是交通需求量很小。不过，从另一个角度看，来印度的道路难走也不失为一个优势。"

该来的总归要来，轮到对我这名被宣判者宣布早已作出的判决了。友好的微笑从路易斯·丹恩爵士的脸上消失，代之以一脸严肃。坐在一旁的荣赫鹏爵士也预感到决定性的时刻已经来临，眼睛竟盯着地板一动不动。

短短一段时间的沉默之后，丹恩爵士简单扼要地告诉我：

"很遗憾，尊敬的博士先生，我必须告诉您，英皇陛下的政府拒绝了您从印度一侧过境前往中国西藏的申请。"

我没有当即认可这个决定，感觉这简直是一个使人即刻瘫痪的决定，我致力于地理学科填补地图上的空白点的、向印度大江大河源头推进的、骄傲的考察计划似乎一下子被人撕得粉碎，纸屑飞得到处都是。我有一种被人出卖了、背叛了的感觉。

我失声喊了起来：

"什么，我的申请被拒绝了！为什么？"

"赫定先生，显而易见，这是我国政府的最后决定，虽然尊敬的明托总督先生站在您这一边，但他为您的说情也遗憾地被政府驳回了。"丹恩爵士作了进一步的解释。

我仍据理力争：

"我的这一新考察旅行启程的时候，我是坚信勋爵寇松先生曾经对我的承诺的。他还承诺要为我提供三位在地形学、天文学和气象学方面受过专门培训的助手以及提供印度方面能够提供的所有支持，还承诺施加他的影响，敦促拉萨政府批准我在西藏的所有行动。当然，他承诺的前提条件是我到达印度的时候他还在印度总督的职位上，我想当然地以为，他的后继者是一定会信守前任的这份承诺的。"

丹恩爵士马上解释说：

"博士先生，您的理解完全正确！您完全可以相信，为了您考察计划的实现，明托勋爵至少也会像前任寇松勋爵一样，在同样的范围内、付出同样努力地为您提供尽可能的支持，如果他有这个决定权，一切都能按照他的愿望行事的话。如果不是半年前，也就是去年的12月份伦敦政府换届了的话，先前的一切承诺也都会顺理成章地付诸实施。可现在情形不同了，亨利·甘贝尔-班纳曼首相领导下的新内阁相比原来内阁，在处理与中国西藏政府的关系上持有的却是另外一种目光短浅的观点。

"博士先生，就目前情况而言，我们只能在印度西姆拉为您深表遗憾。在我看来，您从印度过境前往中国西藏的前景是渺茫的。如您现在听到的，我对您说的话是相当坦诚的，所有实情都已经和盘托出。我明白，伦敦的英国政府给您带来了多么尴尬不幸的处境。但您也要理解，我们英属印度政府确实只是莫莱先生手中的一个工具。"说到这里，丹恩爵士换了一种口气：

"博士先生，请允许我现在问您：在这一不幸处境下，您的下一步打算是什么？"

我说：

"丹恩爵士，您提的这个问题在我突然间遭受到看上去已经毫无希望的毁灭性打击之后并不是那么容易即刻回答的。我当然明白，聪明的选择是仍走我的老路，再经俄国迂回入境中国西藏。我以前从北部入境的探险旅行中，总是能得到俄国方面最大的支持，俄国人从来没有拒绝过我希望得到的帮助。现在，我终于明白这个想法是一个错误，即期望从英国这里也得到与俄国一样的友谊和支持。"

不甘失败的我接着问道：

"请您告诉我，尊敬的丹恩爵士，您认为这种努力有价值吗，如果我以个人的名义直接发电报向英国首相求助的话？"

丹恩爵士回答：

"为什么不可以呢？尝试一下又不会损失什么，没准还有成功的可能。这样一来，首相阁下与莫莱先生一定会再次审核您的申请。请问，您是否已经想好了具体的电文？"

我马上拟写了电文，内容也得到了丹恩爵士的认可，原文如下：

首相，伦敦。

阁下两年前在议会关于我的探险旅行和我的著作表达出来的友好话语，使我有勇气直接面向您并以地理学研究的名义，请求您的政府给予我经过印度西姆拉的嘎托（Gartok）地区进入中国西藏的旅行许可。

我的计划是对藏布江北部无人居住的一大片地区以及内湖周围进行科学考察，并从那里再回到印度。我熟悉印度与中国西藏之间目前业已存在的政治关系。鉴于二十一年来我与亚洲人和平共处的经历，这一次我也想完全依照规定得体地办理过境手续。我将会遵循已有的所有规定，并将其视为义不容辞的责任，以避免在边境上可能发生的令人不愉快的事件与冲突。

电报很快发出去了，接着我与荣赫鹏爵士与丹恩爵士告别。

从丹恩爵士那里出来后，我与荣赫鹏爵士直接去了勋爵达弗林（Dufferin①）总督 1884—1888 年兴建的总督官邸，在接待大厅我填写明托总督夫妇和基奇纳勋爵的访客表格。总督阁下的私人秘书、詹姆斯·邓洛普上校的办公室就在大厅旁边。

詹姆斯爵士是一位高贵、讲究、有气派的绅士，有一双友好的充满智慧的眼睛，他兴奋地张开双臂迎接我们。反掌之间，我们便

---

① 全名：弗雷德里克·坦普尔·汉密尔顿-坦普尔-布莱克伍德（Frederick Temple Hamilton-Temple-Blackwood，1826—1902 年），英国外交家，曾任加拿大总督和印度总督。

成了很好的朋友。作为总督秘书，詹姆斯爵士经手所有来往于英国、印度以及其余地区的公函，因此，他对我目前的处境也是了如指掌。他当即针对伦敦当局如此对待我的过境申请表达了十分不满的情绪，还乐观地告诉我，明托总督十分关注内阁的这一不智之举，也在为我仗义执言。应该说，我的过境希望直到现在都还没有泯灭，在与莫莱先生交换意见后，没准会有转机。

有了第一次的拜访，以后我几乎天天都来见邓洛普先生——明托勋爵以及其他同仁都是这样称呼他的——在他的办公室里往往一坐就是几个小时。信件、文件、档案和电报纸在邓洛普先生身前的桌上堆积如山。不言而喻的是，我的到访势必会影响到他的工作，但他从未有过自己繁忙的表示，而且每当我要离开，大多数情况下都还会再热情地留我多坐一会儿。

邓洛普先生成了我的挚友，在此之前我还从未有如此知心的好朋友，这份对友谊坚不可摧的忠诚一直保持到了他 1921 年去世。难能可贵的是，他还是唯一一位，尽管我在第一次世界大战中同情英国的敌对方德国，仍与我保持着传统友谊的英国人。他是一位宽宏大量的人，一位能够在政治观点和个人感情之间作出正确区分的人。

第二天，5 月 29 日，总督府举办第一个季度国宴，数百位高官显贵和印度王爷作为宾客集中在金碧辉煌的宴会大厅。所有人穿上了节日盛装，佩戴着琳琅满目的珠宝饰物，彩色的豪华制服一套赛过一套。印度王爷们带有金银丝线的白色头巾在英国绅士优雅入时的衣着面前显现出一种格外奇特的魅力。最后一位走进宴会大厅的嘉宾则是不可一世的基奇纳将军。

只见宣谕官走到主要入口处高声叫道：

"明托总督与夫人驾到！"

整个大厅里的嘉宾此时都屏住了呼吸，只见明托总督身着亮丽的总督检阅服庄重大方地走了进来。明托总督身材中等，有着儒雅的令人亲近的外表，轮廓鲜明的脸庞始终带着亲切和蔼的笑容，给人的感觉就是一位天生富有教养的英国绅士。他用简短的语言向大多数在场的嘉宾逐一致以问候，走到我身边的时候，他用力握住手只说了一句：

"欢迎您来到印度！"

宴席上服务的是一大群穿着华丽制服、缠着白色头巾的土著印度佣人。宴席结束后大家都集中到了金銮殿，尊贵的明托总督登上了象征印度至上皇权的皇座御台，站在那里检阅在场的四百多名英国、印度高级官员以及穆斯林王爷。我与基奇纳将军、路易斯·丹恩爵士直接就站在明托勋爵的身后，因此我能够最近距离地观看这个驾驭在印度人头上、庄严隆重象征着英国权力的豪华仪式。

每一个在金銮殿里的宾客都要前往皇座御台觐见片刻，面向总督大人鞠躬致意。如果是一名英国人走过，明托总督会伸手相握，如果是一名印度人走过，他会摸摸他的头巾，如果是一名穆斯林在身前的队列中，他就会将手放在他的刀把上。

几天后，在旁遮普总督、陆军中尉里瓦茨（Rivaz）先生和夫人举办的晚宴上，我又见到了明托总督和夫人。与总督先生的交谈使我又增添了些许信心，他为伦敦政府不退让的态度感到遗憾和抱歉，但对我最终会得到过境许可仍抱乐观态度，他希望，莫莱先生能够理智起来。

晚宴上，和蔼可亲的明托夫人邀请我第二天就迁居到总督官邸来。于是，我很快离开酒店搬进了总督官邸里为我提供的布置典雅、既有洗澡间又有阳台的豪华公寓。直到离开西姆拉城，我一直都是总督留宿的贵客，并且能享受到与友好的总督家人共同进餐的莫大殊荣。我居住的两室公寓在上层，直接与明托总督的办公室相对。

一天，明托总督请我给他个人作一场报告，总督先生的直接愿望是想看看我穿越波斯东部旅行中的地图、绘制的图画以及拍摄的照片。邓洛普先生当时也在场，他之后给我谈了一些不应该透露给我的内部信息。邓洛普先生说，我的这次"私人报告"更加坚定了总督大人支持我的决心，看来，我从印度直接过境中国西藏的可能性更大了。

当我第一次站在公寓阳台上时，清新明亮的室外空气扑面而来，远方喜马拉雅山南部雄伟的高山、耸入云端的雪峰、色彩斑斓的峭壁尽收眼底。但第二天这雄伟壮观的景象就被弥漫的山雾给笼罩了，雾罩景象一直持续到我离开总督府的那一天。这是太平洋刮过印度的西南季风，是雨季即将来临的前兆。山区朦胧难辨的雾霭不正是我无望处境的生动写照吗，它像一道无情的在我与神圣的中国西藏之间降下的难以穿越的铁幕。

在那些看不到成功、心绪颇受压抑的日子里，明托总督、总督夫人以及他们的三个女儿以令人感动的同情和关心以及慷慨大方的友谊给了郁闷沮丧的我以足够的安慰。

第一代明托勋爵吉尔伯特·艾略特（Gilbert Elliot）先生，1751年出生，1814年去世，住在南苏格兰位于英国边境附近的一座大庄园里。他也曾是英国派往印度的总督，当时的主要使命是，在印度殖民地做好应对令人担忧的、拿破仑进攻的防御准备。寇松总督的继任者明托总督同样用了家族的姓"艾略特"，他是第四代明托勋爵。

在寇松总督与基奇纳将军之间的争斗以基奇纳将军获胜结束之后，明托勋爵结束了五年加拿大总督职务被任命到这一新的工作岗位上。明托夫人美丽高贵、和蔼可亲、知书达理，真挚地钟爱着她的丈夫。夫妇俩在一起，给人的感觉就像是一对新婚不久的年轻伴侣。明托勋爵1845年出生，我第一次愉快地感受到他的友好和亲善的时候，已经是一位六十一岁的老人了。

明托夫妇有三个漂亮且充满活力的女儿，二十二岁的爱琳（Eileen）小姐、二十岁的露碧（Ruby）小姐和十七岁的维奥丽特（Violet）小姐。同样，四位女士们也在我与有权势的、固执的英国政府印度事务大臣莫莱先生不对等的抗争中全心全意地站在我这一边。他们都十分关切地跟踪着这一事件的发展，特别是当姐姐的爱琳女士，经常向我透露，她父亲私下是怎么议论我的前景的。

在总督官邸居住的这些日子里，每一天都是从房间里的早茶开始的。十点钟是早餐，一般在小餐室或者在楼下的柱廊厅里。中午一点半吃午餐，午餐一般会有几位客人，邓洛普先生总是在场，再加上两位或者所有四位副官。下午茶在大厅里，晚上八点是晚餐。晚餐则比较正式，穿晚礼服出席。大多数晚餐会有客人参加，而最舒适的晚餐则是我和邓洛普先生单独与总督家人在一起的时候。习惯的程序是，女士们晚餐后去客厅休息，男士们则继续坐在桌旁端着一杯波特葡萄酒（Portwein）边抽烟边聊天。每每用过餐，女士们会先站起来，面对总督深鞠躬再离席。如果没有客人在场，她们会开着玩笑滑稽地行一个宫廷屈膝礼，然后上前拥抱、吻别，愉快地说上一声：晚安，阁下！

我们三人，明托总督、秘书邓洛普先生和我，晚餐后经常会一起聊聊当代现实问题，有时候也会聊过往历史。明托总督特别赞赏拿破仑，一谈到这位伟大的科西嘉人的轶事，他总是兴致盎然、话不绝口。当然，我们也知道，有时候女士们还会在客厅里候着我们，我们会很快去客厅会合，一起谈论当天发生的趣闻，一同规划明天的活动。

在西姆拉山脚下，绵延着一条深深的山谷，多阴的森林里有一条陡斜的、曲曲弯弯的小路可以下行至这个山谷。山谷里建有一个大型赛马场，是西姆拉高雅世界的体育运动场。这里经常开展各种各样的运动项目，很多正规比赛也在这里决出胜负。露碧小姐和维奥丽特小姐经常在这里与军官们同场骑马竞技，勇敢地像男人们一样跨过同样危险的障碍。在我与明托总督一起观看的一场赛马比赛中，维奥丽特小姐还力战群雄赢得了第一名，获得了全场暴风雨般的欢呼声。

如果我与明托夫人单独在她的房间里，她会为我朗读在加拿大写的日记。夫人在加拿大有将近二十万公里的旅行历程，还访问了加拿大西北部因 1897 年至 1898 年淘金热而知名的克朗代克。有时候她会十分坦诚地，不受拘束地问我一些相当敏感、难以应答的私人问题，比如询问我对她家庭成员的印象，令我当时很是尴尬。

"您愿不愿意为我的三个女儿各画一幅肖像画？"夫人问。

"我可没有这个胆量，任何表现形式都不可能胜过她们现在拥有的美丽。"我客气地回答。

"哪一个女儿更中您的意呢？"夫人又问。

"我狂热地爱着您的三个女儿，但我不知道，我最爱的是哪一个——这个说辞也是我当时唯一的解救方式——当我孤独地骑行在西藏高原的时候，对于她们的美好记忆就会像悦耳的歌声一样常在我耳边响起，像美妙的舞蹈一样常在我的眼前翩翩出现。"我急中生智地赞美道。

"那是肯定的，只要您踏上充满危险的征程，我们都会一路为您祈祷。只要到了有可能寄信的地方，您就一定要给我们写信，告知您的现状。"夫人的嘱咐令我十分感动。

我承诺一定做到，当然，在探险旅行中我也忠诚地履行了自己的诺言。

有一次明托夫人问我，我是否相信，明托先生的伟大使命会得到世人正确的评价，他在伟大的印度总督的行列中是否会拥有一个受人尊敬的位置。

我回答说：

"寇松总督的伟大是基于他聪明的头脑、敏锐的思想以及他对亚洲，特别是对印度的全面认知。明托总督的伟大还在于他拥有一颗对印度炽热的、高贵的内心，在于他的热爱、他对在这块土地上生活着的多民族人民命运的无尽同情。我知道，明托总督对肩负着的使命有多么深刻的理解，并且在邓洛普先生和其他顾问们的协助下，他对诸多困难问题钻研得是多么周密和透彻。他的心和他的人道主义精神一定会使他赢得所有人的好感。我相信，他的英名在英国—印度历史上是一定会流芳千古的。"

"愿上帝成全您的美意。"总督夫人总是那么善解人意。

像纺织机上经纱和纬纱的纵横交错，在西姆拉城的这一段时间里，我的内心也一直处在矛盾冲突下的纠结和混乱之中，一方面享受着总督官邸令人陶醉的温馨的家庭生活，另一方面还面对着约翰·莫莱先生那把威胁般高悬在我头上的达摩克利斯之剑。

我给首相亨利·甘贝尔-班纳曼发了电报，但直到现在都还在期待回复。时间一天天在流逝。

终于，一次午餐时分，明托勋爵转向我，从包里取出一份电报，让我念一念：

电报：国务大臣致总督，日期：1906年6月1日。

首相希望您向斯文·赫定先生转达以下消息：我相信印度政府已经向您解释了所有原因，我们不可能为您赴中国西藏的申请以及在中国西藏的旅行提供任何便利，为此，我深表遗憾。同样，伦敦英国皇家地理学会会员以及在印度政府内任职的英国官员同样不可能获得类似的便利。

电报给予的答复是不令人鼓舞的，事实上，它掐灭了我的最后一星希望之火。

明托勋爵坚持又发了第二封电报。邓洛普先生给我宣读了明托勋爵的最后一封电报，措辞坚定有力，共一百五十个单词。电报中他清楚地表明，拒绝我的申请是错误的、不近情理的，没有人会从这种拒绝中获益，只会使斯文·赫定先生在黄金季节里损失掉几个月时间。最后，他请求内阁再次正确地权衡局势。他还建议，即便今后从印度南部进入中国西藏的关口原则上关闭，但对待"像斯文·赫定先生这样杰出的、合乎要求的科考探险者"，还是应该予以开放。此外，他还提出，从大英帝国的利益出发，可以派塞西尔·罗兰（Cecil Rawland）上尉作为英国代表与我同行，并强调指出，站在英国的立场上，如果这样的探险旅行能尽可能密切地与英国利益联系在一起的话，那更是百益而无一害的好事。

电报是明托勋爵亲自起草和发送的，并没有事先给邓洛普先生看……我们在晚餐时间谈到此事时，明托勋爵还一直充满着信心。我对总督说道，找不到什么词汇能表达我对他的感激之情，只能深感抱歉，一位在为三亿二千万人民操劳的总督还要为我的私事如此费心。

他笑了起来，说道：

"哦，不！赫定先生，我很愿意，我对您的计划很感兴趣。我相信，我们最终会如愿以偿的。"

在接下来的日子里，一场庆祝活动接着一场庆祝活动，我也得以利用这几天全面了解西姆拉城的社会生活。总督官邸举办了一场有三百号来宾参加的大型舞会，使我有机会陶醉在美丽和快乐的欢快气氛之中，对我这样一个长期在僻壤荒原艰辛跋涉的探险者来说，这种安逸和豪华简直是太享受也太奢侈了。

一次午宴，预言家安妮·贝赞特女士坐在我和总督之间，席间，她一直在给总督先生讲解她对神秘的超自然现象的探讨和分析，而对我，这位白发预言家关照得并不多。令我费解的是，她竟然会得到明托勋爵的赴宴邀请。因为，这位安妮·贝赞特女士不仅仅只是崇尚印度教，还致力于印度民族政治上的自由，提倡并经常发表几乎是在煽动土著印度人叛乱的政治性演讲。她一直积极支持印度脱离英国统治、争取完全自由的政治诉求运动。就在这次见面的两个星期后，我在斯里纳加尔还听到了她的一场这类政治性演讲报告。我感到惊讶的是，印度的英国当局竟没有将她绳之以法。不过，她一直都在鼓励我要树立信心，以她灵验的先知先觉送上吉言向我保证，我的所有计划都会如愿以偿，而且到了中国西藏也一定会受到热情接待。

接下来的一天，明托总督一家一如往常收拾好了行装，准备去马索布拉一个偏僻的地方度假，明托总督和维奥丽特小姐还要提前骑马前往。当他俩的马牵到了大门口，我赶紧下楼与他们告别。这是我与维奥丽特小姐见的最后一面，再见明托总督也是两年后从中国西藏返回印度的时候了。

明托总督骑上马之前还再次向我表示，他对国务大臣拒绝我的申请、无视他的电报请求极为恼怒。同时告诉我，无需向他这个总督披露我的旅行计划，这样，他就能够睁一只眼闭一只眼地在之后可能发生的、针对我中国西藏之行令人不愉快的讨论中凭良心冷静地作出如此回答，即：我本人已经去了斯里纳加尔，之后发生的任何事情都不知道，至于斯文·赫定选取哪一条路线去的中国西藏，也不知情。

我再次感谢总督先生为我做的所有一切，并表示，尊敬的总督先生舍己为人的友谊对我价值非凡，它胜过了为我打开前往中国西藏的关口，我永远不会忘记住在总督府的这一段美好时光。

说到这里，总督才一跃上马，与女儿一道扬鞭催马绝尘而去。

我与准备步明托勋爵后尘而去马索布拉的邓洛普先生又交谈了很长时间，同样，也与路易斯·丹恩爵士告别。丹恩爵士告诉我，印度政府外事办公室现在要向伦敦发一封新的电报，询问是否能允许我越过印度边界进入中国新疆地界。我的回答是，我认为这封电报纯属多余。但丹恩爵士仍坚持他的观点并在第二天早上将还应该取得邓洛普先生和总督先生同意后才能发出的电报送给我过目。

我告诉邓洛普先生对此有所准备，尽管明托总督人在途中，但他们之间一直都会有密切的联系。

明托总督第二天一早在与邓洛普先生详细讨论之后，打电话给丹恩爵士，命令他，电报没有必要再发了。邓洛普先生是电话交谈的见证人，尽管在通话中丹恩爵士仍固执己见，但终于没有如愿。在此之后，电报当着我的面烧掉了。

荣赫鹏爵士来我房间喝茶，他被任命为克什米尔的代办，管辖着直到喀喇昆仑山口的整个地区，因此，面对我，他的处境尴尬而又棘手。我劝他说，不要再为我前往中国西藏的计划和最终决定担心了，有可能的话，希望他用另外的方式帮助我，为我的荒漠探险队找几个可靠的助手。

我想，在印度的每个官员应该都接到了上峰的指令，要设法阻止我越过英属印度边境前去中国西藏。

相聚的最后一个星期日，我与明托夫人、爱琳小姐和露碧小姐在大厅里告别。女士们均穿着浅色的衣服，腰带上系着清香的花朵，戴着宽边的夏日遮阳帽，前往马索布拉的马车已经停在了大门口。

又是一次令人动容的告别，带着对我发自内心的祝福，她们登上了马车。护卫的骑士们身着华丽的白色与金色相间的制服，沐浴着周日灿烂的阳光。

明托夫人的车队出发了。

我站在大门口，孤独感油然而生，像一个被遗弃的孤儿。回到房间，我想写一封信，却迟迟下不了笔，舒适的寓所此时竟像一个倍感凄凉的牢房。我走上阳台，眼光投向远方，朝着季雨云后看不见的喜马拉雅山方向。

我一刻也不想在这里停留了，马上按铃叫来了侍从，并委托他将我的行李收拾好，准备马上去格兰德酒店。我慷慨地给所有侍从分发了小费，感谢他们这一段时间周到的服务，然后与在场的副官们告别。我坐上黄包车，最后一次经过红色岗亭，前往达夫（Duff）将军以及其他朋友处。

一整个晚上，孤独的我都沉浸在信件的书写中。

在此期间，邓洛普先生给我写了一封令人动容的信。他在信中表示，请我经常给他写信，并告诉我，他能为我所用，能在任何我需要的紧急情况下给我提供帮助。

印度西北地区的最高行政长官哈罗德·迪恩（Harold Deane）爵

士，他的官邸位于白沙瓦（Peschawar），那几天正好在西姆拉，我们得以经常见面。

哈罗德爵士拥有高大魁梧的日耳曼人身材，外表看上去十分俊朗，且具有男子汉的豪爽气概和独立自主的性格。迪恩先生也成了我最好朋友中的一个，他十分支持我前往中国西藏的探险计划。

离开西姆拉城的时候，哈罗德爵士给了我两封信，一封是写给克什米尔的土邦主普拉塔坡·辛格（Pratab Singh）先生的，另一封是给土邦主的秘书，一位无所不能无所不知的梵学家、博学家达贾·吉星·考尔（Daja Kischen Kaul）先生。在给土邦主的信中，他称呼王爷为"我亲爱的朋友"。荣赫鹏爵士对我说，哈罗德爵士在克什米尔的权力和影响比土邦主还要大。实际上，两封信更多的是要求土邦主和他的秘书多多给我提供方便。

哈罗德爵士吩咐他们，要为我提供旅行便利，详尽地满足我所有的愿望，诸如提供山口通行、佣人、食品以及运输用的骡马等等。哈罗德爵士还敦促克什米尔的土邦主，不仅要将我前往中国新疆的荒漠探险队全副武装起来，还要特别为我派遣一个由骁勇善战的拉德史普腾人（Radschputen①）和艾弗瑞迪人（Afridis②）组成的武装护卫队。所有这些指令克什米尔的土邦主都一一照办了。可以说，在克什米尔还没有哪一个君王得到了我如此优厚的待遇。

英属印度西姆拉政府已经与我没有任何关系了，现在为我服务的机构从属于克什米尔的土邦主。

---

① 又名拉杰普特人（Rajput），印度的一个尚武种族。
② 分布在印度与巴基斯坦间的一个骁勇善战的民族。

　　最后一个晚上，我与荣赫鹏爵士单独在格兰德酒店共进晚餐，几天后，他将赴斯里纳加尔就任克什米尔代办之职，过不了几天我们又有可能见面。但我对他保证，在斯里纳加尔，我就是一阵转瞬即逝的风。除了会有一次必要的礼节性拜访，我不会与他有过多接触。我不希望，因为我的到来给他的工作带来不便。当然，我没有和盘托出我制定的新的出境计划，他也没有问起，估计，他应该有所预知。

　　荣赫鹏爵士十分理解我的处境，他请我，到斯里纳加尔后每天都要去他那里，并承诺，作为一名恪守职责的官员，他会尽其所能，在不违反原则的前提下给我提供尽可能的帮助。

　　1906 年 6 月 13 日早晨，我启程前往斯里纳加尔，走进滂沱季雨。

　　我第一个拜访的是即将离职的斯里纳加尔代办皮尔斯（Pears）上校，他告诉我，他已经得到了西姆拉外事办公室的电报通知：

　　　　如果斯文·赫定博士企图前往中国新疆，那他必须拥有一本中国护照。

　　一本中国护照！

　　我到达的是印度，是来履行前总督寇松勋爵支持我的承诺的，即直接从西姆拉前往中国西藏，我根本不可能异想天开、有先见之明地带上一本中国护照。皮尔斯上校深表遗憾，但他必须执行命令。

　　我赶紧给驻英国伦敦的瑞典公使赫尔曼·弗兰格尔先生发了一

封电报，请他无论如何为我在伦敦的中国大使那里办理一本中国护
照。很快，弗兰格尔先生回电，中国大使已经为我签发了护照，护
照将由瑞典公使馆官员寄往印度转交给我。

对我而言，这意味着，还必须忐忑不安地等上大概六个星期，
只要我还没有拿到这本中国护照。当然，即便我拿到了护照，如果
莫莱先生继续给我制造阻力，他只需说上一句，不承认这个不是直
接从北京政府处得到的护照就可以了。

我继续做旅行的准备，以前往中国西藏的道路畅通无阻为前提。
在此期间，荣赫鹏爵士来斯里纳加尔走马上任。我与新任代办又见
了几面，一起参加了当地土邦主举行的庆典活动，当然我还是没有
泄露我的旅行计划。

终于，等到了邮差送来的我渴望中的前往中国新疆的护照。瑞
典公使赫尔曼·弗兰格尔先生给我帮的忙，其价值简直是难以估量。

我不会忘记"德国主护村布道团（Herrnhuter Misson①）"以及
拉达克地区的联合专员佩特森（Patterson）上尉在列城给我的十分
有益的帮助。对佩特森上尉接到的、与我和我的探险计划有关的命
令内容以及下达此命令的高层人士，我是一无所知，但我能明显地
感觉到，佩特森上尉是站在我这一边为我着想的。在购买马匹和招
募佣人上，他给了我很好的建议，并且在我们出发之际还谆谆告诫
大家，一路上要警惕未知的不取决于个人意志的命运挑战。

---

① 又称德国基督教摩拉维亚弟兄会，是一个西方基督教新教教派，十四世纪末起
源于波希米亚（今捷克）。

对内幕游戏，我完全没有概念。

1908 年秋，当我结束这次中国西藏探险旅行再次回到西姆拉城的时候，詹姆斯·邓洛普·史密特爵士让我看到了当时的阴谋和可能的危险，而这些正是我之前忽略了事实上也幸运地避免了的。他当时就担心，不妥协的主管印度事务的国务大臣莫莱先生会在美好的某一天下达最后通牒，将我驱逐出境，幸好还没有走到这一步。

事实是，英国政府已经电告明托总督，要佩特森上尉负责，不允许我从列城过境前往中国新疆，也就是说，不允许我按计划持护照北行中国新疆通过喀喇昆仑山口，脱离了英国印度势力范围之后再改变方向向东直接进入中国西藏。佩特森上尉得到的命令是，要不惜一切代价、采取一切措施阻止我"声北击东"旅行计划的实施。

一如既往的是，所有电报首先由明托总督的私人秘书邓洛普爵士经手。他有心将要"拘捕"我的这封电报压在了一大堆每天都要呈送给总督的报告和电报的最下面。事实上，邓洛普爵士从我写给他的信件中已经知道了我"声北击东"的进藏计划。只是在我离开列城很长时间了，估计在前往喀喇昆仑山口的商道上再也无法追逐到我的踪迹了，他才将电报抽出来给明托总督看，再转发给佩特森上尉。

由于我的反应是迅速的，抢先了一步，以至于任何针对我的侦查和追踪都不可能实现了。如此这般，我才毫发无损地进入了禁区西藏，进而不受任何干扰地继续向地图上的空白区域挺进，能够义无反顾地攀登喜马拉雅山不知名的高峰，在漫无边际的宇宙中迎着太阳昂首向上。

时至今日，四十四年的岁月已经过去了，我的英国对手与他们的最高上司莫莱先生都已经早早进了坟墓。是的，自从印度不再是大英帝国王冠中最昂贵的那颗珠宝后，我也能够毫无顾忌地披露经历的这段不得已的抗争历史了。从中，读者们也会明白，为什么我会带着对明托总督的感谢、对总督友好态度的钦佩，如此长时间地逗留在他那里。

当明托总督在最后一封长达一百五十个单词支持我在印度过境进入中国西藏的电报发出后，得到的竟是莫莱先生的拒绝以及希望他不要再继续为我说情的明确告诫。我难为情地对他说，我是多么不幸，而且因为我的不幸，给您带来了这么多麻烦。可明托总督的回答非常明确，这没有什么了不起的，重要的是你，斯文·赫定一定要获得成功。

与对明托总督一样，对邓洛普爵士的帮助我也是万分感谢的，两个人都在为我的前途着想。以对朋友坚贞不渝的忠诚，邓洛普爵士玩了一个相当大胆的游戏，没有丝毫犹豫地利用了工作上的便利，使我这艘小船能够在危险的礁石间顺利地迂回航行。

我家里有一个很大的信件袋，里面收藏的全是邓洛普爵士亲手写给我的信件，我们之间的来往信件完全可以编辑成一本厚厚的书籍。值得一提的是，我通过特别信使从中国西藏寄给他的信件，他在印度总督官邸的小印刷厂里印刷了四本。同样，这些信件对于认识我在这次探险考察期间与印度政府之间的关系也是相当有启发性的。

※

这次中国西藏科考探险活动圆满结束之后，我从雄伟的西藏高原沿喜马拉雅山南坡向下经萨特莱杰河（Satledsch①）所在的大峡谷前往印度。我骑着马，领着剩下的最后六个拉达克人以及规模变小了的探险队，走过鸟语花香的一片片森林和浪花飞溅、江水咆哮的一条条江河。在普村（Poo），我受到德国传教士的友好接待，并换上了干净的衣服。

1908 年 9 月初，我们偶然发现了归途中的第一个单层平顶房，终于站在了结实的屋顶下，睡在了舒适的床上。奇尼（Chini）和塔兰达（Taranda）两地已经被我们甩在了后面，归途中的我焦急地期待着下山后的第一批信件。

9 月 11 日，遇到了信使，收到了一大袋来自瑞典的信件和报纸。因此，我在兰普尔（Rampur）逗留了几天，狼吞虎咽地咀嚼着来自家乡的消息。

从现在开始，一个个事件接踵而来，走出莽莽荒原的我又越来越多地、越来越深入地走进了现代文明。每当我在一个新的客栈住宿，都会有当地长老慕名前来拜访，客栈桌子上放着果盘，柑橘、葡萄以及杏仁堆成一座座小山。有一次，还碰到了新闻记者。

我还高兴地收到了明托夫人以及邓洛普上校的信件，信中均友好地表达了他们对我回到印度的喜悦之情。

9 月 14 日，我遇到了邓洛普上校的黄包车，五名苦力拉着它，又给我捎来了不少来自家乡的信件。

我们前行的步伐越来越快，信使都只能慢慢地跟在后面了。穿过茂密的针叶林，登上新的山头，壮观亮丽的风景不断映入眼帘。

---

① 又称朗钦藏布河、象泉河。

在马尔干达（Markanda），我又受到了当地长老的隆重接待。

继续前行的途中，一位英国路透通讯社（Reuter）的记者出现了。

路经法谷（Fagu）时，听说基奇纳总司令刚来过这里，遗憾的是，没等到我来他就不得不提前离开了。

接着又见到给我带来信件的路透通讯社记者布赫（Buch）先生。

终于，穿过稀疏的森林，我窥见到了漂亮的西姆拉城白色建筑。一路上，来来往往的交通也随之活跃起来。

回到西姆拉山城，我的第一个目标是去裁缝店兰金（Rankin）先生那里做一套正装，为了方便我，他将另外一位顾客做的西服提前转让给了我。穿上新西服，我马上就去了老朋友邓洛普上校的天文台别墅屋。上校的姐姐马上遣派一名土著印度佣人去她兄弟处禀报。上校很快赶了回来，久别重逢的我俩又聚在一起没完没了地聊了起来。

聊天的时候又收到了明托总督和夫人的信函，邀请我无论如何要参加今天的晚宴，并指出这是家宴，我可以随意穿上自己喜欢的服装出席。

接着，接受英国《泰晤士报》记者的采访。记者得到了报社的电报指示，要我为报纸写一篇文章。我当然表示愿意，但要求稿酬。记者通过海底电缆电报询问位于伦敦的编辑部，编辑部回答：稿酬为二百英镑。同样，英国《每日邮报》（Daily Mail）和《每日电讯报》（Daily Telegraph）的代表也在找机会采访我。

邓洛普爵士和维克多·布鲁克（Victor Brook）上校都是我最好

的顾问，他们都建议我应该通过《泰晤士报》的报道使我探险归来的消息举世闻名。《泰晤士报》获得了我的第一个口头报告，并将电报稿发回了伦敦。那几天，拜访我的人真是络绎不绝。

当晚八点，我徒步走过宽阔的草坪去了总督官邸，总督的贴身副官接待了我。明托总督向我表示最衷心的欢迎，我再一次活蹦乱跳地站在了他的身前，其高兴之情真是难以言表。不言而喻的是，亲切和蔼的明托夫人也沉浸在极度的欣喜之中。维克多·布鲁克上校以及几位副官一个接一个连珠炮似的提问真令我应接不暇。关于我的探险经历，大家都急于想知道得更多更多。

转眼间，我离开西姆拉城已经整整二十五个月了，真令人难以置信。西姆拉城看起来没有什么外表上的改变，但明托总督告诉我，他对目前印度逐渐兴起的骚动深感不安。

1908 年 9 月 17 日那天，我与布鲁克上校进一步商讨了此次西姆拉城逗留期间的日程安排。

18 日，总督官邸举行舞会，舞会上，我理所当然地又成了大家争相观看的一个"大动物"，不言而喻的是，又得应对一阵又一阵连珠炮似的发问。当所有的宾客到齐、英国国歌《天佑国王》的音乐声在大厅嘹亮响起的时候，明托总督款款走了进来。舞会开始，美妙的音乐——《蓝色的多瑙河》响了起来。此时的我，一个习惯了荒原跋涉的人，在委婉动听的音乐声中，内心深处竟油然而生一种难言的苦涩的孤独感。明托总督三位美丽的女儿爱琳、露碧和维奥丽特小姐此时又都在英国，我十分想念她们。

我与明托总督有过一次关于名字"外喜马拉雅山"的长谈，这个名字是我为新发现的山脉选取的。"印度测绘局"希望能选另外一个名字，因为，英国陆军少将、考古学家亚历山大·坎宁安（Alexander Cunningham）爵士很多年前就已经为喜马拉雅山的北部山脉冠名"外喜马拉雅山"。不过，坎宁安爵士的冠名在地理学和山脉学上是不正确的。明托勋爵十分赞成我的意见，我将我的想法写进了电报报道，《泰晤士报》为这篇报道付了四千六百瑞典克朗。

第二天，我又住进了两年前住过的总督官邸公寓。

在此期间，我收到了来自世界各地的很多贺电，其中一封是瑞典国王陛下古斯塔夫发来的，很多是不同国家地理学会发来的。

雨季过去后，再举目眺望 1906 年英国内阁印度事务大臣莫莱先生对我无情关闭的、昂首屹立在印藏边境上的大山，竟显得格外壮丽威严。

在总督官邸的第一个星期，根据明托总督的愿望和要求，我一直在准备 9 月 24 日在总督官邸举办的中国西藏探险演讲报告。在官邸楼上的一个大厅里，我还绘制了一幅大的彩色地形草图。明托总督和夫人为这次演讲报告一共发出了一百四十五份特别邀请函，所有政府成员都在邀请之列，还有各路将军、高级官员，好几个地方的土邦王——瓜廖尔土邦（Gewalior）、印多尔土邦（Idar）、阿尔瓦尔土邦（Alwar）、比卡内尔土邦（Bikaner）——以及西姆拉城各社会团体的头头脑脑，包括现在正在西姆拉城旅游的来自世界各地的名流。

在总督官邸的那几天我的日程排得满满的：午餐、晚宴、上午接待来访者、回答没完没了的提问。感觉最舒适的是我不接待访客与明托总督及家人单独在一起的时光。午餐与晚宴之间以及夜晚的时光则是我留在绘制地图的大厅里最理想的工作时间。大厅里，我新发现的西藏高山在三张大绘图纸上高高耸立，绘制好的三张绘图纸最后会拼接在一起。

一天晚上，明托夫人带着随从坐车去西姆拉剧场观看业余演员的戏剧表演，我与明托总督单独留在官邸。面对熊熊燃烧的壁炉，我们舒适地坐在大沙发椅上。明托总督坦诚地给我讲述了他的生活、他的希望以及他为印度人民的安宁付出的努力。他思考着印度的未来，担心英国终有一天会面临许多难题，而解决这些难题则需要超人的智慧和巨大的勇气。他自己对印度的态度则是越来越忠诚，也越来越好奇、越来越感兴趣。可以说，面对印度的方方面面，明托总督的视野日复一日地在逐渐扩展。

到达西姆拉城的四天之后，我与我的赴藏探险队的同伴们又见面了，邓洛普上校帮助他们在城市南部边界一个土耳其苏丹宫殿里找到了住宿的地方。我经常会走过一段陡斜的下坡路去看望他们。

他们是六位拉达克人，还有四匹骡子、三匹马，其中有我的坐骑，一匹拉达克白马，它驮着我在外喜马拉雅山中走过了三个山口。

我的拉达克白马还经受了一次非同寻常的生死考验：它曾毫不畏惧地从萨特莱季河上游一个没有护栏、摇摇晃晃的小木桥上——下面是浪花飞溅、如雷贯耳隆隆咆哮的洪水——冒险跳进激流消失在了滚滚波涛之中，然后又远远地在河道变宽、水流变缓的下游处完好无损地浮出水面。幸运的是，在没有走上木桥之前我就提前跳下了马。

还有我忠诚的帐篷伴侣，在达普桑高山之巅、在令人难以忍受的严寒中出生的小爱犬帕比（Puppy）。看到它以前衣衫褴褛的主人今天突然剃了胡须理了发干干净净、衣冠楚楚地站在它的眼前，一开始竟显得十分惊讶和难为情。当我还像在西藏高原、山谷那样逗它的时候，它才再次认出了我。小爱犬帕比十分高兴，它的主人在纸醉金迷的豪华世界里并没有忘记它。

时间一天天过去，1908 年 9 月 24 日这一天，我就要在各路显赫嘉宾面前作演讲报告了。我的演讲稿早在探险旅行的最后一个阶段就写好了，在西姆拉只需做一些修改和补充工作。一大早，在邓洛普上校和几位土著印度人的帮助下，我将王座所在的大厅布置成了一个标准的报告会场。

傍晚时分，会场布置完毕。我先在邓洛普上校办公室里喝茶稍事休息，然后穿上晚礼服，在西服扣眼处还特意插上了一支红色的玫瑰花，心情紧张地等待着晚上十点钟正式开始的演讲报告。

邀请的宾客陆续到齐，负责接待的布鲁克上校和副官们向他们逐一表示欢迎。报告大厅里灯光明亮如昼，色彩鲜艳的各类制服、骑士们佩戴在胸前的耀眼星徽、女士们优雅的晚礼服、土邦王富有民族特色的长袍和头巾……一切都恰到好处地表明了这个世界里上流社会丰富多彩、豪华奢侈的一面。

会场上最后一位亮相的宾客自然是身穿红色军服、胸口缀满宝石星徽、神采奕奕、对自己拥有的伟大充满自信的喀土穆的基奇纳勋爵。他很快走到了我的身边，也使我确信，他是多么期待今天晚上的演讲。我请他将对我的评价留待全部结束以后再说。

"哦，我知道，你的演讲会取得巨大成功！"基奇纳将军笑着对我说。

听众无一遗漏地到齐了。十点整，布鲁克上校准时经过中间廊道走上报告台大声叫道：

"尊敬的总督阁下及明托伯爵夫人到！"

此时全体起立，明托总督挽着雍容华贵的夫人走进大厅，然后与基奇纳将军以及来自瓜廖尔土邦、印多尔土邦、阿尔瓦尔土邦、比卡内尔土邦的土邦王一样坐在了金色的椅子上。

面对明托总督，我说道：

"真希望演讲已经过去了——我都有点怯场。"

"与我的怯场相比，您的怯场就不算什么了！"总督回答道，因为演讲结束后他还要代表听众致答谢词。

明托总督还对我说，在演讲报告中要告诫听众，有关政治性的内容不要断章取义地四处传播。我回答说，我根本不会触及政治话题，您完全可以放心。当然，基奇纳将军也认为明托总督的劝诫是完全必要的。我承诺，一定会按照他们的要求进行我的演讲。

我想，明托总督可能想到了 1906 年 5 月至 6 月间我们与一意孤行的伦敦英国政府主管印度事务的国务大臣莫莱先生的斗争，担心我会当着总督的面抨击英国政府。这就是明托勋爵的道德修养和他拥有的与生俱来的绅士风度，他没有生硬地表达他的担心，尽管他完全有权利指派私人秘书对我的演讲稿内容事先进行审核。他们以骑士般豪爽的、绅士般高贵的方式完完全全地信任我，相信我在演讲中会掌握分寸，会表现出应该有的礼节意识。

在写给父母的家信中，我还找到了当时面对英国和印度报纸新

闻记者的答记者问，即在总督官邸演讲报告结束、一切趋于平静的
那个夜晚，我在副官们的办公室里为英国和印度两国的记者特别举
办的一场记者招待会，我回答了他们站在报纸读者立场上提出的一
系列感兴趣的问题。这些记者都没有收到公开参加报告会的请柬，
不在受邀的一百四十五位嘉宾之列。

　　明托总督打了一个手势，意味着我要走上讲台开始我的演讲了。

　　尽管离讲台只有短短六步远的距离，但意义非凡。我故作轻松、
作英雄凯旋状迈开了这神圣的六步。站在讲台上，眼前是明亮的灯
光、女士们耀眼的珠宝、土邦王们迷人的服饰……这里集中了最上
流的人士，而我以前还从未在他们面前发表过演讲。我知道，现在
面对的是印度帝国的高层首脑，这一意识大大地强过了演讲大厅给
我留下的富丽堂皇的外在印象。明托总督及夫人、他资深的政府幕
僚们、恩图曼战役和南非战役的王者均坐在最前排，认真听的还有
"印度测绘局"的高级官员、探险考察经验丰富的旅行家们，如英国
的塞西尔・罗林（Cecil Rawling）先生以及地位显赫的印度王爷们。

　　在这短短的、只有六步的距离里，两个思想在左右着我，一个
是，我应该利用这个机会为我的祖国荣誉打一场战役，另一个是，
我要去认真地感受、享受我的成功。正是因为伦敦的英国政府，特
别是主管印度事务的国务大臣莫莱先生制造阻力、反对我计划实现
的顽固企图没有得逞，我的复仇——如果允许我这样表达的话——
就应该表现在对前进路上遇到的几乎破坏了我整个计划的政治上的
障碍不屑一顾、不置一词。

　　在整个演讲报告中，我没有提到，为什么会绕一大圈几乎走到

了中国新疆边境，而不直接走西姆拉前往中国西藏这条既短而又相对
容易的捷径。当然，话又说回来，没有必要提及，也因为在座的大部
分听众都应该知道，为什么我选取的是一条既漫长又艰难的道路。

还有一个历史地理学性质的事实，我在演讲报告中也只字未提。

事实是，自 1874 年沃伦·黑斯廷斯先生任印度总督以来，印度
开始是东印度公司主宰下的印度，后来才是大不列颠王冠统治下的
印度。在长达几乎一百四十年的时间里，与印度北部最邻近的西南
部的中国西藏，直到 1908 年都还没有英国军官进入，也没有由蒙哥
马利（Montgomeries①）元帅培养的、印度的地理学专门人才进入。

在 1906 年英国皇家地理学会出版的题为《西藏及周边地区》的
地图上，由我征服的这六万五千平方英里的地区还是标有"未经勘
探"字样的一大片空白地，而现在我已经纵横勘察了这一不为人知
的陌生地区。不会有人认为，也从来没有人强调过，在我 1906 年至
1908 年间这一富有成果的探险旅行中，在英国人的地理研究上，扮
演了一个和阿蒙森先生与斯科特先生相比同样的角色。因为这一空
白区域摆在那里已经有一百四十年之久，一直期待着它的发现者，
但直到 1906 年都还没有被填上，因此我才作出决定，要前去勘探它，
要成为探索印度河源头、布拉马普特拉河源头的第一人。我的心愿
是，印度机构、伦敦政府以及英国皇家地理学会能够在我的考察工
作完成之后带着感谢的心情对我的成果予以认可并给予我相应的、

① 全名：伯纳德·劳·蒙哥马利（Bernard Law Montgomery, 1887—1976 年），英
国陆军元帅。1934 年任英属印度陆军指挥参谋学院首席教官，晋升上校，1937
年又任朴次茅斯第九步兵旅旅长。

应该得到的尊重和荣誉。但是，如前面提到的，在演讲中我并没有半句言辞提及这个所有业内人士都应该熟知的事实。

我微微鞠躬，向在座的各位嘉宾致以问候：

"尊敬的阁下、陛下，女士们、先生们！"

我的声音在总督府王座大厅响起，是那么奇特而又陌生，我简直无法相信，我竟会站在这里做演讲，报告自己在喜马拉雅山北部未知区域的见闻，将上天赐予我的、由崇山峻岭形成的铁幕在世界的眼睛面前掀开。身后是我绘制的、展现地球表面一个部分的大幅地图，这是一个以前不为世人所知，但现在已为我所知的地区。地图的两边挂着我绘制的草图，我脚下铺垫的是来自印度安拉哈巴德（Allahabad）昂贵的大地毯，我面对的是三亿两千万印度人民的统治者。与我四处流浪的探险生活两相对比，简直是天壤之别。

几个月前，我还是一个穿着脏兮兮的、褴褛的羊皮袄，骑着拉达克白马行进在喜马拉雅山白雪覆盖的山岭上的跋涉者。我迈出的每一步、画下的每一幅草图、拍摄的每一张照片，都是为丰富人类知识宝库作出的一个新的贡献。与我忠诚的探险团队一道，走过深深的山谷。看着秃鹫展开巨大的双翅在我们前进的道路上方盘旋。在空气稀薄的西藏高原，我的眼睛在清澈的夜空中追逐着星座沉默的容貌。碧空里，星星默默地以自己微薄的力量闪烁出耀眼的光芒，而在海岸平原陆地的雾霭中是见不到这些耀眼星座的。王座大厅围绕着我的富丽堂皇一定也会像当初围绕阿克巴沙阿王座的富丽堂皇一样消失得无影无踪，而与之相比，我在西藏高原上的永恒记忆该是多么伟大和珍贵。

北部雄起的高山，像一座座追思往事、告诫后人、拥有不朽创造力的丰碑毫不动摇地高高耸立着。

在我告诫在场的人要记住自己严守秘密的义务，要对得起总督大人的信任之后，就开始描述青藏高原大致的山体构造以及它与邻近低洼陆地，特别是与印度的地理关系。接下来我介绍探险经历，但只是局限在之前完全陌生的，也是"印度测绘局"根本就不熟悉的地区的考察过程。为了活跃现场气氛，照顾在场的女士们的爱好，在演讲中还时不时插入一些滑稽好笑的轶事。

基奇纳将军一定是被演讲内容强烈地吸引住了，总是能清楚地听到他爽朗的笑声。偶尔，我会瞟一眼明托总督，但每一次我们的眼光都会不期而遇。可以想象，总督大人也带着最急切的关注在认真地听。同样，几个能说一口流利英语的印度土邦王，此时竟像石雕一样一动不动地坐在椅子上。一看就知道，他们对了解帝国北部的中国西藏地区抱有极大的兴趣。

演讲结束，我用极其热情的语言感谢了总督大人对我探险考察旅行从一开始就给予的不懈的、无私的支持，感谢他以及他和蔼可亲的夫人在总督官邸给了我一个温暖的家。此外，我还感谢他给我提供了这样一个十分荣耀的机会，使我探险归来的第一个演讲报告会能在印度的心脏西姆拉，在众多高贵的社会名流面前举行。

当然，报告会的高潮还是明托总督的讲话。

当鼓掌声逐渐减弱，明托总督站起来走上了讲台。他首先以个人的名义，也代表所有在座的来宾向我表示衷心感谢，这些话我就不在这里重复了。我想说的只是，明托总督以最动人的、最意味深长的话语强调了我完成的重要的地理学研究工作。

最后，他是这样说的：

"赫定博士，今天，我们在座的各位享受了特权，成为您精彩演讲报告的第一批听众。从现在开始，我们也开始怀着高兴的心情期待，期待您在您热爱的祖国瑞典接受祖国人民献给您的无比敬意。"

说完后，尊敬的总督大人走过来紧紧握住了我的手，耳语一般地又悄悄表达了几句心里话。

晚宴时，我请求明托总督原谅，我的演讲显得长了一些。

"长！"他几乎叫了起来：

"对我来说，是时间过得太快了。"

"我讲了整整三个小时加十分钟。"我说。

"不可能吧，我以为就一个小时多一点。我甚至可以听您讲上整整一夜。"

不言而喻，基奇纳将军也相当满意。

我还得客气地对来自各方面的祝贺表示内心的感激。

第二天，我取下了挂在墙上的地图，将绘制的草图装进了文件夹。当时，瓜廖尔土邦王忠实地陪伴着我，当然，我的中国西藏冒险经历也深深地打动了他。

我在总督官邸又住了十二天，生活又规律地像两年前一样并入了总督家庭的生活轨道。有一天我对明托夫人说，我不能利用他们的好客总留在这里。

她只是笑了笑说道：

"只要我们还在西姆拉，也就是说直到您计划离开的 10 月 6 日，阁下都不会让您离开的，他已经将您视为自家人了。"

一如既往，生活是丰富多彩的，晚宴、午餐、舞会、招待会一个接着一个。在一个晚宴上，我们谈到了第二天晚上市政厅将要举办的化妆舞会。

"参加这样的舞会恐有失我作为一个科学发现者的尊严。"我解释道。

"您这样想是不对的，"明托夫人说：

"您应该与我们一道参加这种舞会，很值得一看。"

"可是我没有参加化妆舞会的服饰，我总不能在众多豪华服饰前穿上一件在西藏穿过的破旧探险服出席吧。"我为自己的不出席找理由。

"我会为您准备的，"布鲁克先生向我保证：

"您会得到一件缀上了金色纽扣的红色燕尾服，齐膝的丝绸西装短裤和一双带搭扣的皮鞋。"

第二天晚上，当我们再度围坐在晚宴桌旁时，四人就已经穿上了五颜六色的化妆舞会服饰。布鲁克上校穿了一件十九世纪初的老式军装，明托总督穿的是他曾祖父任印度总督时穿过的一件逼真的仿制品，明托夫人十分吸引人地将自己打扮成法国纳瓦拉王后瓦卢瓦的玛格丽特（Margarete von Valois）女士。我们都期待着在市政厅化妆舞会上见识那些离奇古怪的、充满幻想的不真实场景：一场由大量充满东方风韵服饰组成的，由王爷们、武士们、骑士们、高官们、宗教教士们参加的，由豪华、珠宝、闪亮的眼睛和不断碰撞的武器组成的大型梦幻游戏。乐队在辛勤地演奏，与会者也陶醉在施特劳斯华尔兹舞曲以及其他乐曲美妙的感觉中。直到凌晨两点半钟，化妆舞会才告结束。

一如往常，我们又在官邸大厅逗留了一阵，聊了聊我们对舞会的印象和相互之间的好感。我问心无愧的是，整个舞会过程中我并没有去跳舞，而是一直在与"法国纳瓦拉王后瓦卢瓦的玛格丽特女士"聊天。对我而言，与夫人聊天才是这个晚上最为美好的事。

之后，才渐渐进入夜晚的宁静。

西姆拉的南部，孟加拉虎通过热带从林抵达甘格（Gang）河岸，西姆拉的北部，雄鹰在喜马拉雅山山峰间筑巢，在围绕西姆拉城区周围的山谷里，亚洲胡狼在哀鸣。西姆拉的秋夜，星星在已经沉睡的总督官邸上空熠熠生辉。

是的，这是我在西姆拉紧张热闹的生活，而我真正需要的在中国西藏探险多年艰辛跋涉后休生养息的那份宁静却不多，一桩桩必须履行的义务打破了我在这里消遣娱乐的链条。

很多时间，我都贡献给了西姆拉印度测绘局局长吕德（Ryder）上校。吕德上校曾与荣林鹏爵士一同去了拉萨，然后又与四位军官，其中有塞西尔·罗林上尉，向西穿过藏布大峡谷，越过圣湖——玛纳斯湖回到了印度。但他只见到了喜马拉雅山的南坡，因此，他得到的山脉系统结构只是一个不正确的印象。尽管如此，吕德上校还是以骑士般的勇气，写了一篇关于这个问题的文章发表在《地理新闻》（Geographical Journal）杂志上。

在西拉姆期间，来自孟买的、学识渊博的帕西人（Parsi①），神

———————————

① 一群生活在印度信仰拜火教先知琐罗亚斯德的信徒。

父莫迪（Modi）先生拜访了我，我与他在1889年斯德哥尔摩举办的
"世界东方学者大会"上就已经相识了。尽管他已经年迈，还佝偻着
腰，但依然充满着智慧，一见面我们就沉浸在对斯德哥尔摩的美好
回忆之中。

　　我经常下山去看我忠诚的探险队成员们，与他们聊天，抚摸我
温顺的白马和忠诚的小爱犬帕比。明托总督的私人医生克鲁克-劳利
斯（Crook-Lawless）大夫对队员们进行了全面的体检，他建议我，
应尽可能早地将队员们送回拉达克，那里的气候对他们身体的恢复
有好处。因此，我们定下了分别的日期，他们也开始做最后的准备。

　　告别时，他们上山来到了总督官邸，根据东方人的习惯，一个
接着一个地在我面前行下跪礼，饱含热泪地抱住我的双腿。我抚摸
着他们的头，讲述着我对他们的愿望，并希望能再次相见，我呼唤
上天年年月月赐福于他们。

　　明托夫人深情地赞扬他们：

　　"可怜的人，你们表现出来的忠诚和悲伤胜过了世间千言万语！"

　　明托总督也简短地说了几句好人当有好回报的祝福语，感谢他
们忠诚地履行了自己的职责，是印度人民杰出的榜样。

　　之后，探险队成员悲伤地踏上了归程。

　　我此生再也没有见到他们，但我不时地会通过在列城的德国主
护村传教会收到他们的问候。特别使我感到痛苦的是与小爱犬的告
别，我双臂拥抱着它，抚摸着它的鼻子和眼睛。当我离开的时候，
它用忧郁的、惊讶的眼神追随着我。它似乎也明白，这将是见到我
的最后一眼。

光阴似箭。

在西姆拉逗留期间，我经常会拜访明托夫人，与她之间的谈话也越来越长。她向我吐露了内心的忧虑，她告诉我印度骚乱的现状以及她先生经常受到恐吓信威胁的事实。恐吓信经常会发出这样的警告，要明托勋爵在某一天的某一时刻去信中给出的某一地方，而明托总督还总是不带陪护人员按时到达指定位置。

我以前从未意识到，总督官邸有秘密警察全天候保护。秘密警察形成了一条围绕着官邸的封闭的保护链。他们假扮成园林工清扫道路上的树叶、安置管道、修理设施、栽种树苗、为老树剪枝，看上去就像是雇来的地地道道的佣人。在远离警察局的外围地段，秘密警察会假扮成街头商贩，卖甜点、瓜果或其他什么货物，甚至装扮成人力车车夫……秘密警察都认识我，只要我从他们身边走过，也会向我报以微笑表示问候。

有一次，我与明托总督聊起了警卫队。总督表示很讨厌他们，恨不得将整个警卫机构解散。

"阁下，您的生命掌握在上帝手上。"我说。

"是的，您说得没错，我知道，您理解我。"他回答。

终于到了分手的一天，最后一顿晚宴充满着伤感的情绪，我们在一起规划着未来。明托勋爵承诺去斯德哥尔摩看我，我也表示，要去他们在苏格兰的庄园长时间地住上一段时间。

最后一个晚上也结束了，我们一起上楼，又待了一会儿，然后互道晚安。

　　10 月 6 日上午，明托勋爵和夫人启程进山，一来打猎游玩，二来休假疗养，预计九天后返回。但回来后又会开始惯常的六个星期秋季旅行，前往印度北部最重要的土邦王处。

　　总督的这种出行，通常会带上一支由政府官员、军官、士兵和佣人组成的队伍以及搭建一个帐篷城所需要的所有装备。总督要保证一路能与英国政府保持联系，如果是在某一个偏远山旮旯的猎虎行动，而那里又没有电报联系，那么就会架设一条与最邻近的电报局相连的应急电报线。在类似这样的行动中，秘密警察就会有忙不完的事。旅行中沿途的铁路线，均有巡逻队保护——近乎一支完整的小型军队。

　　时钟敲响十一点，由四匹高贵的澳大利亚魁伟骏马拉着的马车缓缓启动。警卫队、先头骑兵队、长矛骑兵队，骑士们个个铜铸塑像一般笔挺地坐在仰天嘶鸣没有耐心逗留等待的骏马背上。

　　在最后一次短暂且快速、发自内心的告别之后，明托总督终于登上了座驾，车轮在沙地上吱呀吱呀地缓缓滚动起来。只要我还在他的视线中，他就在不断地回头向我招手。警卫队的长矛旗在风中呼啦啦地飘动，几分钟后，光芒耀眼的队伍就消失在了总督官邸附近的警察局后面。

                                  ＊

　　我收藏着很多尊敬的明托勋爵和夫人写给我的珍贵信件，它是我们一直保持着友谊的象征，当然，在这里公开这些信件未免会离题太远。

　　1910 年 4 月 6 日，明托勋爵给我写了最后一封信，信中告诉我，在印度的为官经历几个月之后就要结束了。

1911 年 6 月，我与我的妹妹阿尔玛在伦敦乔治五世加冕典礼之前一系列忙乱的社会活动中与明托勋爵及夫人匆匆见了一面。明托夫人还像在印度见到时那样美丽，那样和蔼可亲、令人感动。我们在一起深情回忆起在西姆拉的那些幸福时光。明托勋爵也像当初那样，尽管看上去老了一些。事实上，他生命的时日不多了，1914 年，不到七十岁就去世了。

1910 年夏天，邓禄普爵士在我这里住了两个星期，受到了我父母、兄弟姐妹的衷心欢迎和照顾。他受到了瑞典国王的接见，被授予瑞典皇家北极星大十字司令官一级勋章。

1914 年的夏季，他在女儿的陪同下再次来到我们这里。由于第一次世界大战的爆发，所有的互访计划都不得不取消。那段时间里，邓禄普爵士在写给我的一封信中抱歉地说道，他的国家被迫与斯拉夫民族一起卷入了这场对抗德国人的战争。当然，他以毫不动摇的忠诚支持着他的祖国站在英国一边。他预料，因为这场战争，我们要分道扬镳了。但他坚信，一旦战争结束，我们的老友关系还会重新建立起来。

在信中他这样写道：

"只要冷静下来，我们看问题的眼光就会更加清晰。"

事实上，我们的关系永远地中断了，不是因为战争，而是因为邓禄普爵士在 1921 年的春天去世了。在印度，罕见的、艰难的、历经二十六年的繁重工作拖垮了他的身体。

我大约有三十年没有听到有关明托夫人的任何消息，直到 1938 年

年初的一天，英国牛津运动①的领袖及核心人物布赫曼（Buchmann）
博士与我在斯德哥尔摩共进午餐。他告诉我，明托夫人是他关系密
切的朋友，我也对他讲述了记忆中在印度总督官邸的经历。当时，
我就托他给明托夫人带去一封信，信中，我表达了对夫人、对去世
的明托勋爵、对她的三位女儿一如既往的美好情谊和真诚谢意。

我收到了夫人的回信：

48 切尔西花园 （Chelsea Gardens），S. W. 3.

1938 年 7 月 6 日

亲爱的朋友：

我很高兴，在 5 月 19 日收到了您的来信，知道您还没有忘
记我们在印度西姆拉度过的美好时光——当时，我们经常一起
在花园的阳台上眺望远方雄伟的喜马拉雅山山脉。布赫曼博士
也告诉我，您对他满怀深情地回忆了在印度的那些快乐日子。

我现在正处于悲痛之中，您也一定会为我感到伤心的。我
的大女儿爱琳突然病了，并动了一次大的手术。我们曾期待手
术会取得成功，但是，她脆弱的心脏经受不起这样一台手术。
手术五个星期以后她离开了我们，去见她心爱的父亲和兄弟了。
爱琳的去世对我而言是极其痛苦的，尽管我知道，爱琳是幸福
的。因为，当所有的一切都过去之后，天使的笑仍留在她美丽
可爱的脸庞上。但是，对我来说，生活再也不会像以前一样了。

---

① 牛津运动又称盎格鲁天主教运动，是 1833 年由牛津大学的一些英国国教高派教
会的教士发起的一场宗教运动，其目的是通过复兴罗马天主教的某些教义和仪
式来重振英国国教。

如果您再次来英国，请一定要告诉我，因为与您的再次见面会使我感到格外高兴。

> 最衷心的祝愿！
>
> 您的明托夫人

我很快回了信，表达了最深切的同情以及我自己对可爱的、三十年前我内心爱慕的意中人爱琳小姐去世的哀悼。

7月17日，我收到当时在加利福尼亚的布赫曼博士的电报：

> 我不得不告诉您，明托夫人安息了。通过明托夫人我了解到了她对您开拓工作的热心支持。
>
> 布赫曼

慢慢地，这段童话故事也消失了。

直到今天我都还有这种感觉，好像还生活在作家萨克雷贵族家庭小说描写的场景中。除了我自己的家乡能给我的生活以不一般的光明和丰富以外，就数在印度明媚的阳光下、在喜马拉雅山辽阔的阴影中、在西姆拉城明托勋爵总督官邸的家中度过的那段美好时光了。它将是内存于我心中的、伴随我直至生命最后一刻的最为明亮的一抹记忆。

下　编

前　言

这册书中的大多数"世界名人"都是在我人生旅程的后半阶段见到的。但这些年里，我心目中最为珍视的名人还是要数国王古斯塔夫五世（Gustaf V），因此，我将他作为本册书的首篇。

在原始的书稿中，关于我与太子古斯塔夫·阿道夫（Gustaf Adolf）的描述是与介绍国王的章节联系在一起的。在之后的书稿审核中我又认为，这本书最庄严的方式，莫过于以一个介绍太子古斯塔夫先生的独立章节作为结尾，只有这样，才能更好地展示他在当代和未来的形象。

斯德哥尔摩

1950 年 7 月 25 日

斯文·赫定

国王古斯塔夫五世和维多利亚王后

(König Gustaf V.[①] und Königin Victoria)

在我的青少年时代，对古斯塔夫王子并没有什么清晰的记忆，当我走进贝斯蔻（Beskow）中学学习时，王子已经在三年前，即 1872 年就离开这个学校了。也就在这同一年，他成为了继承王位的太子。

1876 年 6 月 16 日，达到了法定成年之日的太子出席了瑞典-挪威国会的会议，听到了父亲的训诫。父亲最后是这样说的：

> 国王的话必须是真诚的，因此他要谨防空头承诺。国王的
> 耳朵是用来倾听真话的，因此他要允许高层和底层的人将真话
> 都说出来。法律和公理是国王的权力，义务和责任是国王的准

---

① 古斯塔夫五世（1858—1950 年），原名奥斯卡·古斯塔夫·阿道夫（Oscar Gustaf Adolf），自 1907 年起担任瑞典国王，也是贝尔纳多特王朝第五任国王。在他统治期间，瑞典在两次世界大战中均能保持中立国地位，未受战火波及。他也是自 1210 年以来，瑞典第一任没有接受宗教仪式加冕的国王。

绳，工作是国王的快乐。愿一颗善良的心永远是你最可靠的支柱，即便你的诚实努力没有很快结出丰硕的成果，或者您的良好愿望长时间地被他人误解或者低估。

绝不要忘记，面对历史的评价，同时代人的评价不算什么，而历史的评价又得屈从于上帝的评价……

我祝贺你步入成年……上帝赐福于你，我亲爱的儿子！

＊

自 1886 年秋季以来，我与古斯塔夫太子有过多次私下交往。

当时，有四位年轻军官，即格莱鲁普（Gleerup）先生、穆勒（Möller）先生、韦斯特（Wester）先生和帕格尔斯（Pagels）先生，刚刚从刚果（Kongo）服完三年的兵役回来，正好在这个时候，我也结束了第一次波斯旅行。我与这四位年轻军官一直保持着友好的交往。爱德华·格莱鲁普（Edvard Gleerup）少尉是第八位横穿非洲的欧洲人，他回来后被太子任命为私人秘书。正是有了这层关系，我时不时就能在王宫格莱鲁普先生的房间里或者在王宫内其他什么地方见到太子。太子也经常出席我在此之后举行的探险旅行报告会。

1909 年，当我赴中国西藏外喜马拉雅山探险考察回来再次见到他时，太子就已经荣耀地戴上瑞典国王的王冠了。打那以后，我们之间的见面就只能是在一个特殊的华丽而又隆重的框架下。

1909 年 1 月 17 日，这是冬天里一个暖融融的日子，探险归来的我乘坐领航船"维加（Vega）号"从夫鲁桑德（Furusund）前往首都斯德哥尔摩（Stockholm）。一路水道畅通，两岸的不少乡间别墅上飘扬着彩旗。

在国家博物馆小码头上等待我的是一场令人感动的大型欢迎会。尊敬的国王陛下的代表，政府国会的代表，斯德哥尔摩市府的代表，地理学界、学生联合会、体育协会的代表们以及欢呼的人群都来到码头迎接我。现场发表了好几个欢迎致辞，当我怀着激动的心情向所有在场同胞表达了谢意之后，就与高级地方长官迪克森（Dickson）先生和安卡珂罗纳（Ankarcrona）少校先生同坐一辆宫廷马车前往王宫。

觐见国王古斯塔夫五世的仪式是在王宫里的一个小厅里举行的，国王的部分家庭成员以及不少高官显贵、知名人士在场。国王和蔼可亲地向我走过来，然后面向来宾发表了以下欢迎词：

亲爱的赫定先生！

我要真诚地向你表示欢迎并致以衷心的问候！

今天，为你回到家乡举办的这个热情的欢迎会，是对你高度评价的一种表示。长期以来，你长途跋涉在地球上到目前为止至少是部分不为人知的地区，从事着危险的探险考察工作，家乡的人民对你的业绩抱有极大的兴趣和同情。在这里，我要以我个人以及全体瑞典人民的名义衷心祝贺你在科学研究方面取得的、伟大而又辉煌的成果。

我还要代表瑞典人民表达发自内心深处的对你的感谢！因为，通过你的行为、你的能力、你的工作业绩进一步提高和加强了我们国家在世界上的知名度。你理应得到这份荣誉和感谢。

作为国王予以认可的一个特别象征，我决定授予你一枚

"大十字北极星骑士勋章"。

隆重的授勋仪式过后，国王古斯塔夫五世又笑着对我说：

"赫定先生，我们不能长时间地将你留在这里，你要知道，有多少群众现在还在北桥、在古斯塔夫阿道夫广场上等待着你。更不用说你的家人渴望你早点回家的急切心情了。因此，我们现在就得告别，不过，很快我们会再次见面的！"

离开之前，我还得先去隔壁房间问候索菲亚（Sofia）王太后。王太后扶着王子奥斯卡（Oskar）的胳膊向我走了过来，我还能特别清楚地记住她那句意味深长的话：

"自打上次见面以后，又有多少痛苦的事情在折磨着你和我！"

在欢迎我的会场上，王室成员中唯一缺席的人是尊贵的国王夫人维多利亚王后。但回家后，在我的书桌上却发现了在我探险归来的同一天王后从德国城市卡尔斯鲁厄（Karlsruhe）发来的电报：

寄去我对您探险归来的衷心问候！

深感遗憾的是，在您圆满完成工作后我不能在祖国、在国王的身边欢迎您。

维多利亚

几天以后，我在瑞典国家地理学会做关于刚结束的这次探险考察演讲报告，尊敬的国王古斯塔夫五世以及家人也都在场。会场上，国王慷慨地将金质奖章授予我最信任的四位随从，其他三十位同仁获得的是同样类别的银质奖章。这个象征荣誉的奖章，其正面是国王的形象和一个悬浮在空中的王冠，背面则是探险考察的日期以及对获奖人忠于职守的赞誉语。

国王在1909年我探险归来时表现出来的这种慷慨大方，这种令人受宠若惊的好感和善意，持续了他的整个一生。无论在普通的还是正式的场合，我经常会受到国王的荣誉邀请。

这一年的夏季，俄罗斯沙皇伉俪拜访国王和王后，我是受邀嘉宾，接下来又受邀参加了欢迎意大利国王夫妇和荷兰国威廉明娜（Wilhelmina）女王的盛大宴会。至于其他场合，当然也是相当辉煌荣耀的，如受邀参加了国王在那一年12月11日举行的诺贝尔颁奖典礼宴会：应邀出席宴会的有诺贝尔奖获得者、颁奖的科学院代表、政府首脑及其他高级官员，还有伊曼纽尔·诺贝尔（Emanuel Nobel）先生，约一百位嘉宾。

下面是我受国王邀请参加的、在斯德哥尔摩王宫里举行的一次庆祝活动，也是特别值得我详细描述一番的大型活动。

在第一次世界大战①爆发前、进行期间以及大战之后，雷蒙·普恩加莱（Raymond Poincaré②）都称得上是法兰西共和国的一位强

---

① 第一次世界大战是一场于1914年7月28日至1918年11月11日主要发生在欧洲的大战，然而，在当时欧洲列强互相牵扯下，战火最终延烧至全球，世界上大多数国家都卷入了这场战争，史称第一次世界大战。战争发生在同盟国和协约国之间，德国、奥匈帝国、奥斯曼帝国及保加利亚属于同盟国阵营，英国、法国、日本、俄罗斯、意大利、美国、塞尔维亚、中国等则属于协约国阵营，最后以同盟国战败而告结束。

② 雷蒙·普恩加莱（1860—1934年），法国政治家。1912—1913年担任法国总理和外交部长，1913—1920年担任法兰西第三共和国的总统。1922—1924年与1926—1929年再次出任总理，是法兰西第三共和国任期最长的总理。

人。大战爆发时，他就已经是有了一年履历的法兰西共和国总统。他预见到德国的战争企图，因此，一上任就将全部目标明确地放在了加强国家的战争防御上。出于这个原因，他努力加强与俄罗斯帝国之间的友好联盟。普恩加莱总统是梦想消除掉 1870 年至 1871 年间对法国来说不幸运的对德战争①记忆的、居领导地位的法国政治家中最伟大的一位。当战争威胁的乌云在欧洲上空不断聚集的时候，需要将箍住中欧列强的铁圈捶打得更加牢固。为此目的，普恩加莱总统在外交部长维维亚尼（Viviani）先生的陪同下于 1914 年 7 月 20 日第二次出访圣彼得堡。返回时，他受邀顺道拜访了瑞典、丹麦和挪威三国的国王。

普恩加莱总统到达瑞典斯德哥尔摩的时间应该是 7 月 25 日，晚上八点国王在王宫举办盛大宴会向高贵的来宾表示敬意，这一具有历史纪念意义的宴会邀请了数百位嘉宾。

当我那一天读到早报上醒目的大字标题《奥地利（Österreich）对塞尔维亚（Serbien）的最后通牒以及塞尔维亚的战时动员》时，就十分确切地认为，法国总统一定会马上取消宴会直接回国。因为，战时动员就意味着战争爆发，而作为总统，他正是在应对战争的氛围中，即在"普恩加莱，要准备打仗"的口号中当选的。

但人们根本就没有听到法国总统的日程有任何变化，下午，总统乘坐的装甲巡洋舰在军舰的护卫下按计划驶向了首都斯德哥尔

---

① 史称普法战争，是普鲁士王国为了统一德国并与法国争夺欧洲大陆霸权而爆发的战争。战争由法国发动，最后以普鲁士王国大获全胜建立德意志帝国而告终。

摩港。

这个夏天，我正与父母、兄弟姐妹在利丁厄（Lidingö）沙滩南岸山崖上的一个乡间别墅度假，正好直接邻近主航道。乡间别墅下方光秃秃的基岩上立着我们国家的旗杆，当法国装甲巡洋舰和护卫舰队驶过瑞典战舰，我们的战舰会用瑞典国旗三次向法国旗舰致意，也会马上收到法国旗舰上同样的回复。我们相距很近，战舰上士兵的脸都能看得清清楚楚。毫不怀疑的是，法国的海军战士正在军舰上交头接耳，赞叹瑞典风景的美丽和前往瑞典首都的这一段美妙航程。舰队船头犁开的巨大波浪像一阵阵风暴撞击着平坦的由大陆冰盖形成的光滑岩台。

临近晚上八点，一长溜轿车鱼贯驶进了瑞典王宫大院。

宴会尽显王室豪华气派，香槟酒杯频频举起，瑞典国王古斯塔夫五世与法国普恩加莱总统即席发表了关于两国间拥有牢不可破的友谊和相互间赞赏钦佩的那些惯常的祝酒词，表达了未来两国要加强亲密友好关系的良好愿望。宴席结束后，嘉宾们在宴会厅里散开，开始私下的相互交谈。

整个宴会从晚上八点到十点，只持续了两个小时。宴会上始终充满着一股莫名的紧张气氛，在场的客人们似乎都有一个清晰的预感，会有什么可怕的事件接踵而至，雪崩一般滚滚而来的事件在地球上还没有哪一个力量能够阻挡。

在宴会上，我与德国驻瑞典公使冯·赖歇瑙（von Reichenau）先生仓促地交换着意见，他脸色苍白，忧心忡忡地对我说：

"赫定先生，形势现在十分严峻，战争威胁迫在眉睫。"但还是不忘补充上一句：

"上帝会是清醒的！"

宴会厅里，国王陛下正陪同尊贵的客人巡回敬酒，向普恩加莱总统介绍几位瑞典要人。当国王陛下见到我时，便马上把我也叫过去介绍给法国总统。

普恩加莱总统紧紧握着我的手说：

"啊，是赫定先生，我们还是法兰西科学院的同仁！"

普恩加莱总统告诉我，他读了好几本我写的关于中国西藏的法文版书籍，还亲切友好地谈了好些关于书籍以及中国西藏的个人想法。我也告诉总统先生，在巴黎，我受到了法国地理学会热情友好的欢迎和接待。我一直愉快地保留着见到了菲利·福尔（Felix Faure①）总统、埃米勒·卢贝（Émile Loubet②）总统和阿尔芒·法利埃（Armand Fallières③）总统的美好记忆。

普恩加莱总统听后高兴地说道：

"赫定先生，下一次到了巴黎，别忘了去爱丽舍宫（Elysee-Palast）见我。"

我感谢总统先生的盛情，但私下里却在想，这一访问恐怕实现不了。我们之间的谈话也就持续了那么几分钟。

---

① 全名：菲利·弗朗索瓦·福尔（Félix François Faure，1841—1899 年），法国政治家、1895 年至 1899 年任法兰西第三共和国第六任总统。
② 全名：埃米勒·弗朗索瓦·卢贝（Émile François Loubet，1838—1929 年）。法国政治家、法兰西第三共和国第五十八届总理（1892—1892 年）、第八任总统（1899—1906 年）。
③ 全名：克莱芒·阿尔芒·法利埃（Clément Armand Fallières，1841—1931 年），法国政治家，1906 年至 1913 年任法国总统。

宴会厅里不安的气氛在增长。

在一个壁炉旁，法国外交部长维维亚尼先生正在与俄国驻斯德哥尔摩公使涅克柳多夫（Nekludow）先生挥舞着手臂高谈阔论，声音如此洪亮，完全忘记了他们周围穿着节日盛装站立着的其他嘉宾。看见他们制服上熠熠闪烁的星徽奖章、礼服上晶莹剔透的钻石珠宝，我心里暗自琢磨，一旦枪口、炮口喷出的火焰照亮了战场，乡村和城市在战火中毁于一旦，政治家们所有这些外在的闪耀着光芒的小玩意儿都将黯然失色。

只见，一位法国通信官蜿蜒穿过密密站立着的人群，塞给法国外长维维亚尼先生几封电报。外交部长急速地撕开电报，目光直视辨认着电报内容。然后又从一位法国随员处接过其他公函，打开公函很快读完后走到了总统身边。接着，两人走到一个安静角落，仔细读了一遍电报内容后交头接耳起来，好像一刻也不能耽误似的，看上去神情高度紧张。

将近十点，法国人集体告别。他们急匆匆地走下楼梯，登上座驾，很快到达了洛佳德（Logard）港口。然后再由小型摩托艇将他们送到停泊在河面上已经发动了的军舰上。锚链哗哗响了起来，法国军舰驶出岛礁完成他们的最后一段和平航程。

我相信，每一个在场的人都未曾参加过这样一场有些许阴森、令人心绪颇受压抑的庆祝活动，今天尚健在的宴会参加者应该都不会忘记这个晚上。宴会就像在一个火山口的边缘举行，而岩熔正在火山口沸腾，蓄势待机要在接下来的某一时刻带着巨大的冲击力喷射出来。

这是"黑色星期"① 前夕举行的最后一次国王宴会，更是地球上当时最大的一场战争——第一次世界大战，一场人类灾难即将爆发时举行的国王宴会。这场灾难波及了全人类，即便结束以后都还在它烧焦的土地上留下了野蛮的、仇恨的和不信任的种子。这颗种子经数十年的发芽、滋长，又酿成了一场新的世界大战，其残酷无情，对人类、对地球摧残的程度都大大超过了第一次世界大战以及地球上的其他任何一场战争。

在王宫举行的那次宴会上，最令人敬佩的还是我们尊敬的古斯塔夫五世国王陛下。在通信官送来电报引起与会宾客，特别是大国外交官员们极度不安的紧张氛围中，作为宴会主人的国王则显得十分镇定。他不动声色、不置一语、举止得体，完全没有丝毫内心紧张的外在表现。他仍以尽善尽美的姿态，面带着笑容地从一个客人走到另一个客人，还十分注重礼节地避免自己的行为影响到在场外交官们正在进行的热情交谈。国王以高过他人的挺拔身姿，庄重而又体面地应对着这一突发局面。他明白，要安抚在场的宾客。人们也注意到，宴会厅里瑞典人和外国人的眼光也都在追寻着国王，发自内心地钦佩国王表现出来的遇事不惊、处事不乱的强大的心灵力量。

世界动荡的局势对国王陛下来说有多么严峻？他在大国挑起的世界大战前夕对瑞典人的命运有哪些担忧？这些，在接下来的日子里，在世界大战进行的长长岁月里，我有足够的机会去感受。

在此次荣誉宴请法国总统普恩加莱的半年前，国王古斯塔夫五

_____

① 指第一次世界大战爆发的那个星期。

世就在农民集会上以及在王宫庭院对政府官员和媒体的讲话中表现
出了他个人的勇气和责任感，他让大家放心，他会向人民坦诚自己
的想法。

在本书上册拜访俄国沙皇尼古拉二世的章节中，我讲述了我的
《一个警告》小册子出版时国王具有的男子汉气魄的立场。他对我
说，你不要过多地顾及俄国沙皇的感受，你的最高义务和责任是服
从你自己的良心。

第一次世界大战结束之后，我计划再次回到亚洲大型科学探险
考察旅行上来。鉴于此，我于 1923 年 2 月前往美国，力图为我的这
次考察旅行化缘、筹措资金。

当时驻华盛顿（Washington）的瑞典国公使馆和驻纽约（New
York）的瑞典新闻办公室担心——这种担心是有一定道理的——鉴
于我在第一次世界大战中表现出来的，也是众所周知的与德国友好
的立场，我的这次美利坚合众国一行很可能会不受欢迎，也会使同
年夏天我在哥德堡举办展览的准备工作受到影响。以这一担心为理
由的对我的告诫文稿传到了首都斯德哥尔摩瑞典外交部，最后，所
有关于我美国一行的政治文件和电报都汇总到了古斯塔夫五世国王
陛下的办公桌上。

一天，国王的秘书桑德格伦（Sandgren）先生向我转达国王的问
候并告知我，由于来自美国的与我的亚洲探险之旅有关的不同报告
已经呈交给了尊敬的国王陛下，国王希望向我当面说明实际情况。

第二天我就被约请到了王宫，国王陛下在办公室里接待了我。

国王笑着握住我的手说道：

"你一定已经清楚了事情的原委，我只是希望你有一个思想准备，这样，一旦在美国听到什么不和谐的声音，也不会感到不知所措。我希望你赴美旅行愉快，取得成功，也希望你平安地回来。你不要有任何顾虑，美国人一定会十分热情地接待你的。"

接着，我们谈起了赴美的计划和愿望，最后，国王说：

"你现在下楼去布兰廷先生处，尽可以放心地将我们的谈话内容告诉他。"

亚尔马·布兰廷先生当时是第二次任国务部长，他也像国王陛下那样热情地接待了我，也同样祝愿我有一个愉快与成功的美国之行。

在 1920 年 4 月 24 日的"维加日①"上，布兰廷首相②组建瑞典社会民主政府也才一个月时间，我与新阁下有过一次令人难以忘怀的谈话。

在格兰德（Grand）酒店举办的纪念"维加日"庆祝活动上我见到了布兰廷首相。布兰廷首相曾针对我写的《一个警告》小册子、我在军备问题上以及在一战期间的立场狠狠地抨击过我。当然，旧的争斗已经过去，现在我要与他讨论的是我前往亚洲完成大型科学

---

①　1878 年，瑞典极地探险家、著名地理学家阿道夫·埃里克·诺登舍德尔率领探险队驾驶"维加号"蒸汽探险船从斯德哥尔摩港出发，历时两年，完成了人类历史上第一次环欧亚大陆的航行。1880 年 4 月 24 日，"维加号"探险船回到瑞典斯德哥尔摩。为纪念这一伟大壮举，4 月 24 日被命名为"维加日"。同时设立有地理学诺贝尔奖之美誉的"维加奖"，每三年在全世界范围内对杰出的地理学科学家进行海选之后评选出一名获奖者，由瑞典国王在"维加日"颁奖。

②　全名：卡尔·亚尔马·布兰廷（Karl Hjalmar Branting，1860—1925 年），瑞典政治家和社会民主运动先驱，内阁首相兼外交大臣。

考察旅行的梦想。

"一个瑞典人的大型探险考察计划!"布兰廷首相感到惊讶。

"是的,探险考察是多个年轻的专业人士在一起,针对不同的科学研究领域。这种规模的考察计划大约需要一百万克朗的经费。尊敬的阁下,您认为,能够游说国会为我提供这笔资助吗?"我陈述了愿望。

"这不需要国会出面,可以通过其他途径筹措到一百万克朗。探险考察是一个关系到瑞典国伟大业绩的项目,有这个立足点就一定能筹措到钱。赫定先生,一旦考察项目的前期工作全部准备就绪,您就来找我,我承诺,为您筹措必要的资金。"布兰廷首相信誓旦旦,给出一个男人的庄重承诺。

准备工作开始之前我还要完成一些其他的义务和责任。可就在我开始为探险之旅做准备时,承担着繁重工作的布兰廷首相的生命就结束了。我带着钦佩和感激想念他,是他点燃了我心中的希望之火。

1926 年秋,我的大型亚洲科学探险考察之旅开启,最初的目标是,为德国汉莎航空公司开辟从柏林飞往北京、上海的航线。但由于中国政府机构在考察队抵达新疆乌鲁木齐(Urumtschi)时拒绝允许一个外国公司飞越中国地区,我不得不将这一行动由航空技术考察改为一般性的科学考察。汉莎航空公司因此退出,德国方面的经费支持必须完全由瑞典方面接替。于是,我不得不于 1928 年回到瑞典为科学考察之旅筹措必要的资金。

我一方面给国王古斯塔夫五世写信,希望国王能允诺从"乐透彩票"资金中提供五十万克朗给我，同时也与埃克曼（Ekman①）首相、与贸易及财政部长商谈。这些政府的当家人告诉我，政府经常会根据国王个人的意愿分配彩票资金。为此目的，我接到国王的邀请，于早餐前半个小时到达了王宫，国王希望就我的请求当面交谈。

在我向国王陛下呈述了计划、提出请求支持的申请后，他谦虚地回答说，他对彩票资金的使用并没有那么大的影响力，只有政府才能最后决定。

"可政府官员告诉我，国会乐意根据陛下的意愿分配资金，如果陛下有个人意愿的话。"我相机说出了心里的想法。

国王回答说：

"听起来是这么回事儿，但不会总是这样。不过，无论如何你都要相信，我会在我的权力范围内为你的申请得到批准尽力而为。"

我因此得到了五十万克朗的资金。

三年之后，同样是国王出面说情，又给了二十五万克朗的补助。

为一个个人的科学考察活动批准如此高额的资助，我还要大大地感谢当时的太子，我国今天的国王陛下古斯塔夫六世。

著名的瑞典籍美国人温森特·本迪克斯（Vincent Bendix②）先生在 1929 年夏天为我的探险考察活动捐赠了一大笔钱，一部分用于在美国芝加哥（Chicago）举办的一个大型世界博览会上兴建一座中

---

① 全名：卡尔·古斯塔夫·埃克曼（Carl Gustaf Ekman, 1872—1945 年），瑞典政治家，两次（1926—1928 年、1930—1932 年）担任瑞典首相。
② 温森特·本迪克斯（Vincent Bendix, 1882—1945 年），瑞典籍美国发明家和实业家，为汽车和飞机的开发作出了贡献。他是斯文·赫定探险考察活动热心的赞助者。

国喇嘛寺庙①，一部分用于斯德哥尔摩国立民俗博物馆购置设备。我
特别写信将这一捐赠告诉了维多利亚王后，并问道，国王古斯塔夫
五世是否能因此为本迪克斯先生颁发一枚瑞典皇家北极星荣誉勋章。

　　夏天，我为落实探险考察业务要去斯德哥尔摩，在柏林短暂停
留期间遇到了国王，国王要去罗马（Rom）看望生病的王后，顺道
访问德国首都。我随同瑞典驻德国公使馆的成员去斯特蒂纳（Stet-
tiner）火车站迎接。朝气蓬勃的国王动作敏捷地跳下火车，在向其
他人问候之前，首先来到我的身前笑着说道：

　　"本迪克斯先生已经得到了一枚北极星勋章！"

　　在国王登上王位不到一年时间的 1908 年 9 月 18 日，我从中国西
藏返回印度时，又收到了国王的电报祝贺，电文写道：

　　　　最热烈地祝贺你伟大的壮举、意义非凡的考察活动取得
　　成功。

　　类似的电文，我在直到最后一次大型科考旅行的所有重要事件
中都会收到。

　　1932 年 1 月，我与大学讲师哥斯达·蒙特尔（Gösta Montell）
先生共同在瑞典丽列瓦茨（Liljewalchs）艺术馆举办一个民俗收藏品
展览。同样，尊贵的国王陛下也出席了这个展会，并抱着极大的兴

---

①　美国芝加哥于 1933 年 5 月 27 日到 11 月 1 日和 1934 年 5 月 26 日到 10 月 31 日
　　举行了主题为"一个世纪的进步"的世界博览会。博览会的一个主题馆是瑞典
　　探险家斯文·赫定推荐的承德普陀宗乘之庙中的万法归一殿，由芝加哥企业家
　　温森特·本迪克斯出资在博览会会场复制重建，用以陈列收集的藏传佛教文物。

趣向我了解中国西藏的神灵、祭祀器皿以及喇嘛的彩色唐卡画作。

1930 年 4 月 4 日，我在北京收到了维多利亚王后去世的噩耗。我发电报表达最深切的哀悼，也收到了国王陛下发自内心的答复。

国王陛下极有涵养，在情绪的自我控制方面，我认为，他比天下所有男人做得都要好。他从不会发火或者急躁，情绪一直都很温良。他从不会忘乎所以，在任何人面前都没有失态或者不友好的表现，尽管他作为一国之君王，连上帝都知道，在某些特定场合有足够的理由失去耐心。他个人的长寿人生就是有力见证，他与衰老和老年疾病的成功抗争首先就建立在他从未失去过内心的安宁和平静之上。如果有什么地方不合意，他的语调会在一定程度上显得更加严肃，但从不会失态、失去尊严。

我还能清晰地回忆起在瑞典的特雷勒堡（Trälleborg）城和萨斯尼茨（Saßnitz）城之间渡轮上与国王陛下的一次谈话，当时国王在去罗马苏埃希亚（Suecia）别墅的途中，维多利亚王后正在那里与死神作最后的抗争。国王当时的话意在表达对王后主治医生在治疗合理性方面的怀疑，但他的表达相当委婉。他更多的是在表达对王后病情的悲伤和遗憾，而不是对医生的指责和抱怨。当他用温和的语调婉转表达对主治医生的怀疑时，表情依旧是明朗的：

"现在，蒙特（Munthe①）大夫终于来到了罗马，我相信，他的

---

① 阿克塞尔·蒙特（Axel Munthe, 1859—1949 年），瑞典籍医生，1892 年被瑞典王室任命为王室御医，但一生的大半时间在意大利度过。他具有悬壶济世的精神，也提倡保护动物的权利。其半自传作品《圣米歇尔的故事》被译成多种语言出版。

医疗方案一定会收到疗效。"

在世界大战期间，国王陛下严格遵守中立立场，尽管没有人会因此抱怨他，如果他的内心向着他母亲和他夫人的祖国德国的话。但是，当德国残酷对待犹太人以及不幸运的俘虏集中营事件曝光之后，他就对我表达了内心的不满情绪，并表明自己对德国的感情不会再像以前那样了。

1949 年春天，在我的《在柏林没有使命》一书付印之际，我突然得知，如果要公开在国王陛下主持的一次和平会议上我与希特勒（Hitler①）的谈话内容，就一定要补上国王陛下的许可。根据我的请求，托讷尔（Thörnell）将军为国王陛下朗读了我书中的有关章节，然后问道，是否同意该书的付印出版，国王陛下的回答是：

"很愿意，一点不介意。"

国王自己与希特勒就有过多次谈话，有时候是在瑞典的公使馆，有时候是在希特勒的办公室里。与很多人相反的是，国王陛下丝毫不担心自己会因纳粹希特勒而受到牵连。他总是光明正大地坦诚自己的所说所做，即便由于局势的改变，有人甚至会曲解他的原话。

历史会尊重那些高贵的、正派的、有罕见才能且心灵高尚的伟

---

① 全名：阿道夫·希特勒（Adolf Hitler，1889—1945 年），德国政治人物，纳粹党党魁。1933 年至 1945 年担任德国总理，1934 年至 1945 年亦任元首。希特勒于 1939 年 9 月发动波兰战役，导致第二次世界大战在欧洲爆发，是纳粹屠杀犹太人的主要策划者。在希特勒及其种族主义政治形态领导之下，纳粹政权屠杀了至少五百五十万包括犹太人和身心障碍者在内的被视为劣等或不受欢迎的少数族裔。在战争期间，希特勒和纳粹政权屠杀了近一千九百三十万平民和战俘。第二次世界大战欧洲战场军事行动还造成了两千九百三十万军人及平民的死亡，是人类历史上死亡数量最高的战争。

人。在我的人生岁月里，还没有遇到过一个人，能在这方面与国王陛下古斯塔夫五世媲美。我敬佩他的个人勇气，敬佩他在命运变幻浮沉中不卑不亢的、诚实正直的男子汉立场和态度以及身处危险境地表现出来的冷静和沉稳、敢作敢当的、没有过分谨小慎微的、优柔寡断胆怯畏缩的刚强性格。他从未因担心可能发生的后果而害怕实施冒风险的措施——他有足够的自信心正确地面对和处理国家事务，只要觉得对祖国有利、符合他国王的责任和义务，他就会去做、去说。同样，在相当棘手的对内对外政策上，他也是中流砥柱——他精神上的、身材上的高大形象以及毫不动摇的镇定自若能给经常不知所措的智囊和顾问们以信心和保证。

特别突出的还有国王陛下对身边朋友的绝对忠诚，只要赢得了他的信任和好感，你就应该相信，不论在什么情况下，他对朋友的那份忠诚都不会动摇。一种在其他人身上常常表现出来的弱点，诸如散布流言蜚语、恶意诽谤中伤，尊敬的国王陛下根本不会有。他甚至不能容忍有人当着他的面贬低或者轻视不在场的某一个人，一旦出现这种情况，他马上会以当事者的辩护人自居。即便涉及的这个当事者是大家都知道的、曾经以某种方式对国王有过大不敬行为的人，国王陛下也不允许这个人当着他的面被攻击或者被指责。他习惯于这样解围，我就听到过一次：

"你夸大了、过分了，他也不容易，无论如何，他也想做得最好。"

如果一位国王，是属于在人类社会中遴选出来的榜样级的伟大人物，那么，在过去一千五百年间一大长排瑞典国王中，国王古斯塔夫五世永远是其中最为杰出的一个形象，他的伟大是有别于那些在战场上立下赫赫战功赢得桂冠的国王的。在所有的瑞典国王中，古斯塔夫五世最长寿，也在位最久，这一事实本身就令人感到愉悦。当然，这并不是他的伟大之所在。

国王古斯塔夫五世的伟大在于，他是在人类历史最穷兵黩武的这半个世纪戴上这顶享有盛名的瑞典王冠的，他通过个人的行为魅力、聪明智慧和毫不动摇的坚定立场，使国家和人民从两次世界大战巨大的漩涡中摆脱了出来。瑞典人民将会永远带着感激和尊重的情感怀念他、赞颂他。

直到去世，国王陛下古斯塔夫五世没有一刻离开他的岗位，他忠诚地、不知疲倦地为国家和人民尽职尽责，尽管岁月弯曲了他高大的身躯、薄雾蒙上了他日渐趋弱的视力。

阿克塞尔·蒙特大夫用感人的语言写下了国王陛下不断增长的焦虑和不安，这种焦虑和不安以及寂寞和孤独在斯德哥尔摩王宫里追随着王后难以治愈的疾病，写下了作为丈夫的国王古斯塔夫五世在王后逝世时的悲伤和痛苦：

> 我们的王后一直高昂着头、尽可能长地为她的人生和王冠与疾病作着不懈的斗争。作为一名王后，她不能屈从和让步，王冠更像一顶苦难的荆冠压在她布满皱纹的额头上。
>
> 最终，因搏斗无望开始疲惫，命运苦难的负担也在越来越重地下沉至其他人的肩头上。这个人在王后漫长的、备受疾病折磨的苦难征途上一直伴随在她的左右，内心充满悲伤地、忠诚地、温柔地、骑士一般地理解她、安慰她，直到最后的解救

者、比现实生活更加慈悲的上帝来临。

*

在国王陛下经受考验的艰难时刻，在要求国王以男子汉的伟大气魄作出最后决定的关键时刻，尊贵的维多利亚王后总是会给予国王以坚定的支持和帮助。不了解王后的人，喜欢指责她常年去南部旅游，但这些人根本就没有顾及王后日渐受损的健康状况。维多利亚王后是被迫避开我们这里寒冷严酷的冬季，在气候温暖的国家、在意大利的阳光下寻求新的生活力量。

从 1912 年开始直到维多利亚王后去世，我一直具有独特的优势，能幸运地与王后保持着密切的接触，我与她之间这些年里的大量通信见证着我们之间的友谊。下一辈人很可能会读到这些信，现在公开这些信的内容还为时过早，公开它也超出了本书的主题范围。

在下面的文字中，我想给出几个小小的事例，读者从中会对王后心地的善良、思想的高贵有一个生动的了解。

1925 年 6 月 19 日，国王和王后在王宫里设宴接待芬兰总统劳里·克里斯蒂安·雷兰德（Lauri Kristian Relander）先生。那个晚上，由于母亲的身体状况十分危急，我不能离开母亲的病床应邀赴宴。临近十点半钟，王后打来问候电话，她在宫廷的宴席上就已经想到了，我的缺席一定与我母亲的疾病有关。我妹妹艾玛（Emma）回答说，我们一家人此时都守候在母亲大人的身边，老人家的生命随时都有可能终结。慈悲的王后请我，一旦母亲去世，一定要在第一时间告诉她。没过多久，11 点 10 分，母亲生命的火苗就熄灭了。一个小时以后，我妹妹打电话到王宫，很快联系上了尊贵的王后。她深感震惊，第二天一早就遣人送来了一束白色的百合花。我们将王后的问候放在了母亲的床头。

在母亲去世前的这些年里，维多利亚王后几乎每年都会在我母亲生日那天抱着鲜花出现，然后与我母亲亲切地、自然地、充满友爱地交谈。她放下了王后高贵的身份，作为一个普通的访客，作为我们家一位最亲近的朋友。

1925 年 4 月 28 日维多利亚日①，也就是我母亲去世前约两个月，尊贵的王后没有像以往那样在我母亲生日的 3 月 12 日来我们家。那天，在我们家转了一圈后，她坐在了我的书桌旁，详细地询问我近来的工作状况。回到母亲身边后她兴奋地说道：

"我可以炫耀了，终于在斯文的书桌旁坐过了！"

德国 1918 年在第一次世界大战中的失败，自然对王后为祖籍国自豪的心理以及她认为德国军队不可战胜的信念触动很深。但在不幸中，她还是保持着正直的心态。

在 1919 年 1 月 11 日寄自巴登（Baden）的信中，她这样写道：

> ……到处是糟之又糟，人们会问，现在到底是怎么了！我不相信，德国能够逃避布尔什维主义②，相反我认为，德国会完

---

① "维多利亚日"是作为英联邦成员国的加拿大为纪念 1837 年至 1901 年统治英国的维多利亚女王生日而设立的节日。
② 布尔什维克，意即多数派。1903 年在俄国社会民主工党第二次代表大会上形成的拥护列宁的多数派政党组织。从 1903 年以来，布尔什维克成为马克思主义者的称号，布尔什维克的理论和策略被称为布尔什维主义。

全跌进深渊。但愿瑞典人民不会受到伤害。在我们这里要比在上面的普鲁士王国（Preußen①）安静多了，但这也意味着，斯巴达克斯②们仍在绝望地努力，也要酿成这里的混乱。每每谈到这些，都会令人感觉到悔恨、心痛。我感谢您富有同情心的理解，您的理解对我十分受用！

请代我谢谢您善良的妹妹阿尔玛（Alma）对我的关切。问候您的母亲，祝她一切安好！

对您充满感激的、友好的维多利亚

下一封寄自罗马的信，我是 1927 年 2 月 10 日收到的，当时我正在北京为穿越亚洲的大型探险旅行做最后准备：

确实令人十分高兴，我收到了您寄自北京如此友好的、有趣味的信件，一读完就迫不及待地希望给您回信，要争取赶在您的探险旅行开始之前送上我衷心的、热诚的感谢和祝福！

收到您来信的时候，我的儿子正好也在这里，我与他谈起了我们俩都感兴趣的您宏伟的探险计划。没有见到您，他感到很遗憾，但看起来他已经尽可能地为您联系好了各地的政府机构，要求他们为您的到来做好接待准备工作。我们也高兴地获

---

① "普鲁士"是欧洲历史地名，位于德意志北部，通常指 1525—1701 年的普鲁士公国、1701—1918 年间的普鲁士王国以及普鲁士自由邦。这里指德国。

② "斯巴达克斯"是一名古罗马色雷斯角斗士，军事家，公元前 73 年与高卢人克雷斯、埃诺玛依以及甘尼克斯一起领导了反抗罗马共和国统治的斯巴达克斯起义。斯巴达克斯常被描述为反抗罗马奴隶主寡头政治、为人民自由而战的起义者。

悉，我们的这一努力都已经圆满落实。

当然，我们俩也沉默不语，沉默得像一堵城墙，甚至像中国的长城！是的，您亲爱的老妈妈，她也一定正怀着炽热的感情关注着您的探险旅行，她的心一定在伴随着您的长征！要知道，与您告别，对她老人家来说是太难了，一想到分手可能就意味着永别，而她又是如此年迈，如此纤弱。也正因为如此，她选择离开了您。现在的她只是在天堂向下注视着您，带着祈祷和祝福追随着您！

但是您，亲爱的博士，当您荣幸地再次回到家乡的时候，也将会有一种空灵的感觉，您会发现她老人家的位置是空置着的，缺了她老人家充满慈爱的祝贺和问候！对您的姐妹们来说，家里也是空荡荡的。但我们相信，有仁慈的上帝帮助，她们一定会迎来顺利完成了探险考察工作的、忠诚的斯文。

如果用一个词来说明我目前的身体状况，那就是，终于"有所好转"，尽管这个好转十分微小也极其缓慢。我一直还是处在痛苦之中，由于呼吸不畅，我的行走一直都十分困难，咳嗽也十分令人痛苦。

再次感谢在夏天我病重期间您的友好慰问！

我祈求上帝为我亲爱的博士护佑赐福，上帝是您一路前行的北极星、指路明灯，引导您及所有您的同行者能幸运地回到家乡。

致以热切的、良好的愿望！

您真挚友好的维多利亚

三年后，维多利亚王后，这位高贵的女士永远地闭上了眼睛。

在她的葬礼上，我的兄弟姐妹们共同给我们心中最为尊贵的王后献上了一个小花圈，花圈的挽带上写着：

光辉的、崇敬的怀念献给我们亲爱的王后！
赫定兄弟姐妹们的哀悼和悲伤。

*

阿克塞尔·蒙特大夫，国王古斯塔夫五世最高级别的贴身医生，在维多利亚王后那里拥有一个特殊的、颇受信任的位置。国王与蒙特大夫之间的友谊一直保持到了蒙特大夫去世。

蒙特大夫是一个脾气古怪、固执任性的人，想说就说，想做就做，还总是富有优越感地、自负地不怎么顾及宫廷礼仪。他每次来斯德哥尔摩都会作为客人住在王宫里，他人生的最后三年就是在王宫东南翼楼一楼的一个三室小公寓里度过的。

该翼楼的二层有一个挂着国王尊贵肖像、摆放精美古典家具的漂亮房间，被称为"王后服装间"，也是我经常拜访王后的地方。三室小公寓是国王特别提供给蒙特大夫的，虽说船桥老城的嘈杂声会干扰影响到他，但以他那糟糕的眼神，对斯德哥尔摩城入口处漂亮的远景也不会产生什么欣赏的乐趣。我经常在那里拜访蒙特大夫，他也经常来找我聊天，还总是由他忠诚的朋友吉·德·基尔（J. de Geer）先生陪同。

我与蒙特大夫经常在一起聊书籍，聊他撰写的、享誉世界的大

作《圣米歇尔的故事》①，对于这本书的出版，就连他自己了解得都
不多。

他经常会这样调侃：

"我真不理解，这本小书怎么还会翻译成三十四种语言，四处出
版、大量销售。"

如果有人猜测他因书的出版获得了巨额稿酬时，他习惯的回
答是：

"完全没有，所有的出版商都在欺骗我。"

事实上，对待盲人、对待意大利卡普里岛（Capri）上的穷人、
对待卡普里岛上的鸟类动物，在瑞典或在其他的什么地方，蒙特大
夫绝对算得上是一个乐善好施慷慨大方的人。

有一次，我的妹妹阿尔玛向他介绍了斯德哥尔摩图勒贝格
（Tureberg）城区一位年轻聪明的女孩爱娃·弗隆克（Eva Frunck）。
尽管爱娃是聋哑人，但仍然关心着世界大事，还将她的家兔饲养场
管理得井井有条。慷慨的蒙特大夫当即就给了她五百克朗，而且这
笔钱完全由爱娃女士根据个人的兴趣自由支配。

蒙特大夫经常还谈到他想写的书，特别是《圣米歇尔缺失的资
本》一书。该书涉及二十个章节，而这些章节又无法笼统地放进那
本已经出版的、享誉世界的著作《圣米歇尔的故事》里。他还说，

---

① "圣米歇尔"指的是"圣米歇尔别墅"。该别墅位于意大利卡普里岛上，十九世
　　纪末由瑞典医生阿克塞尔·蒙特请人建造。别墅区里还设置了鸟类保护区，饲
　　养了许多动物。"圣米歇尔别墅"现为著名观光景点，被誉为"伟大的意大利花
　　园"。《圣米歇尔的故事》是蒙特大夫的半自传作品。

《圣米歇尔缺失的资本》这本书会更好、更精彩。另外一本计划要写的书是《女人》，这个女人指的就是维多利亚王后。蒙特大夫肯定地说，他写这本书也是为了满足国王的愿望。第三本期待完成的书是《医生与死人》。

我对蒙特大夫说：

"为什么你不写这些书呢？它的'顾客'一定会遍布全球，你会成为大名鼎鼎的百万富翁。这样，你就能帮助无数盲人了——不要忘了，还可以帮助在卡普里岛上和瑞典国生活的禽鸟。"

"这一点我非常清楚，"他回答说：

"但我不能再写了，我的眼睛已经什么都看不见了，我的笔记本放在了卡普里岛上，很可能已经被野蛮的军人和匪徒给毁掉了。"

"但有速记员可以帮你写，你只需要舒适地裹着毯子坐在靠背椅上口授即可。记录如此之快，你都难以想象，口授一结束，手写本的书稿就已经放在你的书桌上了。"我继续督促着他。

"不行，不行，这是绝对不行的，我不能忍受一个陌生人长时间地坐在我的身边，他无疑会影响我浮想联翩的写作思路。"

蒙特大夫就是固执。

即便到了 1948 年秋季，我都还在与蒙特大夫谈他没有写的书，并自告奋勇地表示，可以亲自当他的记录员，他只要从容不迫地口授就行了。但随着时间的流逝，越是离他生命的终点近，这个写书的任务就越是遥遥无期，他对过往经历的记忆也越来越模糊了。以至于这个他乐意提起的、每次我造访他都会深谈到的话题也随之寿终正寝。

"你相信有来生吗？"有一次他问我。

"有，肯定有！不然的话，生活就会失去它的意义，会使我觉得乏味而没有目标。"我回答。

"你是幸运的，但我不能相信，尽管我也十分向往来生。"

1928 年以前，我只是在斯德哥尔摩王宫里匆匆见过蒙特大夫几面，但在国王七十寿辰他来到斯德哥尔摩长住后，我们见面的机会就多了起来。

有一次，我、我的姐姐和蒙特大夫、作家维尔纳·冯·海登斯坦先生一起接受帝国元帅①和特罗勒（Trolle）伯爵夫人的宴请，他们当时住在皇后岛王宫的一个翼楼里。蒙特大夫坐国王的车到达，吃饭之前我们聚在一起聊了近一个小时。正当入席就餐之时，蒙特大夫却站起来与大家告别。

"怎么回事？我们正准备吃饭了！"宴会主人叫了起来。

"我不能让国王的司机在这里等我。"蒙特大夫说。

"不用担心，司机也能在这里吃饭。"主人又说。

"但我也不能让国王的车在这里逗留太久！"蒙特大夫进一步解释。

我连忙插嘴：

"可以让国王的车先回去，你之后要一辆出租车即可。"

"出租车进城需要多少钱？"他打听道。

"大约十个克朗！"我说。

"这我可付不起！"他又推辞。

"斤斤计较，你怎么会付不起，写《圣米歇尔的故事》一书得了这么多稿酬。"我将他一军。

———————————

① 这里应该指的是纳粹德国政军领袖赫尔曼·威廉·戈林。

"我确实没有钱，所有的出版商都在骗我！"他又老调重弹。

"那好，你可以坐我们的车回家。"我诚心劝他。

是的，这就是他，阿克塞尔·蒙特大夫，小处吝啬，特别是对自己，但只要涉及盲人、流浪者，他就会倾囊相助。

信中的蒙特大夫同样很固执。我收藏了他写给我的一大摞信件，特别是1931年的来信，那一年的大部分时间，他都是在卡普里岛上度过的。他的信一般用英文打字机写，有时候也亲自动笔写让人难以辨认的瑞典文。

在1931年10月27日和12月5日写自卡普里岛安娜卡普里（Anacapri）区的两封信中，有关于他大作的一些有趣的夸夸其谈，信中还提到他在伦敦的出版商约翰·默里（John Murray）先生。

他是这样写的：

> 约翰·默里先生是英国出版商中鼎鼎有名的领军人物，我是他最受欢迎的作家。默里先生说，我写的书是他公司五十年来最大的成功。出版社当时的发行业务完全可以与出版作家沃尔特·司各特（Walter Scott①）先生和拜伦（Byron②）先生的著作那个时期相提并论，完全不需要发行广告，如此畅销，非

---

① 沃尔特·司各特爵士（1771—1832年），十八世纪末苏格兰著名历史小说家及诗人。司各特的诗充满了浪漫的冒险故事，深受读者欢迎。但当时拜伦的诗才遮蔽了司各特的诗才，司各特爵士转向了小说创作，从而首创英国历史小说，为英国文学贡献了三十多部历史小说著作。

② 全名：乔治·戈登·拜伦（George Gordon Byron，1788—1824年），英国诗人，独领风骚的浪漫主义文学泰斗。世袭男爵，人称"拜伦勋爵"。

同寻常。而在大多数情况下，想出书而又不想做广告，其结果就只能是一个高级葬礼。

他还写到英国和美国的大出版商都在殷勤地猎求他的"下一本书"。

在其他方面，他还写道：

《圣米歇尔的故事》一书刚刚在德国出版，莱比锡出版商理斯特（List）先生就满怀希望信誓旦旦地扬言，该书一定会赢得巨大成功。附在书中的一张小卡片上写着这样的广告词：

"这本书的作者将售书收入作为救济款转给德国战争中的失明者，我希望，能给他们带去一笔可观的资金。"

蒙特大夫在一封 1937 年 10 月从伦敦写给我的信中还部分地涉及了政治领域：

这里的政治形势是令人遗憾的，他们都因惧怕德国而被催眠了，而且还不能理解，墨索里尼（Mussolini①）对和平威胁的意义胜过了希特勒。

我完全没有意料到地接待了戈林先生的来访，他给我留下了一个比我想象的要好得多的印象。我深感惊讶的是，他对我

_____

① 全名：贝尼托·阿米尔卡雷·安德烈亚·墨索里尼（Benito Amilcare Andrea Mussolini，1883—1945 年），意大利国家法西斯党党魁、法西斯独裁者，第二次世界大战的元凶之一，法西斯主义的创始人。

说，他想为我有十万本印数的德国普及版简装书写前言。幸好他的这一建议提得太晚，该书已经付印。戈林先生在卡普里岛上逗留两天就拜访了我两次，现在又托德国黑森州（Hessen）的菲利普（Philipp）王子问我，是否愿意将圣米歇尔别墅卖给他。

以前，蒙特大夫每年都会来瑞典索利丹（Solliden）拜访国王，并在斯德哥尔摩的王宫里住上几个月。在最后的几年，由于身体的原因，他自己都已经无法决定回圣米歇尔别墅了，尽管对海上那个白岛的渴望使他终日不得安宁。最终也不得不终止与德·吉尔先生的散步日程以及来我家的拜访，也越来越少地与国王一同进餐了，成天裹着一床毯子坐在靠背椅上等待着死神的传唤。

我最后一次见到他的时候，他这样说：

"我随时会死，无论是白天还是黑夜。晚上，我根本不能入睡，而是睁着眼睛躺着，死了一般。但如果死神真正降临，象征生命的脉搏不再跳动了，到了这个时候，我也就不会死了，因为死亡的进程停止了。"

此后不久，在我再一次登上十分熟悉的阶梯，找到国王和王后最忠诚最信赖的朋友居住的、始终友好地接待我的小寓所时，护士小姐布丽吉特（Brigitte）在走廊上迎上来伤心地对我轻声说道：

"赫定先生，蒙特大夫病得很重，昏死一样地坐在靠背椅上，神志完全恍惚不清，现在可能已经睡过去了。"

"那就让他安静地睡会儿吧，如果他醒来，请替我衷心地问候他。"不便打搅，我只好托付护士小姐。

几天以后，收音机里传来了他去世的消息。阿克塞尔·蒙特大夫五彩缤纷、富于变化、奇特怪癖的生命旅程就此止步了。

以下诗句，正是他在深深的孤独和寂寞中逃避精神的生动写照：

……心中的奥德赛（Odyssee）不会历经永远

离别的痛苦、快乐

都会作为尘埃中的尘埃被遗忘

若生命之舟到达伊萨卡岛（Ithaka）

梦幻中春天的白岛还会在遥远的海上

蒙特大夫的去世，使国王陛下古斯塔夫五世失去了他的最后一位同龄朋友，尽管如此，国王生命中的最后一个冬天并不孤独，三个新生代在他的身边健康成长。他十分疼爱的王位继承人是年幼活泼的冯·耶姆特兰（von Jämtland）公爵。小公爵在善良的天使护佑下，登上瑞典王位的道路对他来说还很长、很长。

王宫墙外是国王古斯塔夫五世这些年里成长壮大起来的朋友圈。在友爱、忠诚和感激中，整个民族一天一天地追随着他们敬仰的国王，直到逝世的钟声敲响，长眠的翅膀最终降临到了尊贵的国王额头上。

瑞典人民将永远怀念古斯塔夫五世国王陛下辉煌的人生和创下的伟大业绩。

日本明治天皇

(Mutsuhito[①], Kaiser von Japan)

对于一个矢志不渝、一年接着一年地走过地球上最大陆地——亚洲地面上的一片片沙漠和一座座高山、而只有一次在印度孟买（Bombay）的马拉巴尔角（Malabar Point）目睹了太平洋的亚洲迷来说，这是一段难忘的经历，即终于向人们称颂的岛国大日本（Dai Nippon）——太阳升起的地方——驶去了。在地理位置上，它在最东部与远在西部的岛国大英帝国形成对应。

我去东京顺理成章。

在印度逗留期间，我就收到了东京皇家地理学会热情而又礼貌客气的邀请函，很快我就应允了。我要在东京给地理学会会员们做一个我在中国西藏和西藏外喜马拉雅山[②]探险旅行的演讲报告。

---

① 明治天皇，讳名睦仁（Mutsuhito, 1852—1912 年），为日本第一百二十二代天皇（1867—1912 年在位）。

② 外喜马拉雅山是喜马拉雅山脉最北端向东延伸的一段界限不明的山区。斯文·赫定 1906 年发现此地，为记载中最早见及该山的欧洲人。他弄清（转下页）

　　我乘海船前往上海和日本长崎（Nagasaki），然后继续航行去神户（Kobe），过日本内海到横滨（Yokohama）。一路大海航行，我能发自内心地好好享受一把亚洲的海洋空气。所到之处，我的接待规格高贵得像一个王爷。在上海就已经有一个日本代表团先期迎接，在神户，接待我的是住在京都（Kyoto）西本愿寺（Nishi-Hongwanji）的当主大谷光瑞（Otani Kozni）伯爵特使、佛教徒最高方丈。他还送给了我一件昂贵的日本丝绸和服。

　　在日本横滨港口，举行了第一次正式的官方欢迎仪式，担任日本皇家地理学会主席的东京大学校长菊池（Kikuchi）男爵发表了极为出色的欢迎词。瑞典公使古斯塔夫·沃伦伯格（Gustaf Wallenberg）先生也携公使馆全体人员来到了这里。

　　瑞典公使沃伦伯格先生住在横滨一个按东亚风格兴建的、富丽堂皇的乡间别墅里。公使馆楼则坐落在东京，要坐半个小时火车才能到达。我在日本逗留期间，住在沃伦伯格夫妇家，受到了夫妇俩以及他们的女儿卡琳（Karin）和妮塔（Nita）令人感怀的热情关照。

　　我访问日本历时整整一个月，从 11 月 12 日至 12 月 12 日，虽然时间不算短，但同样紧张劳累，犹如在青藏高原骑行。为何如此劳累，在这里我就不赘述了。我想尽快地、尽量多地将笔墨放在本人在日本相见相识的知名人士身上。

　　1908 年的深秋，可以说是访问日本最好的时机了，地球上的和

　　（接上页）楚了"外喜马拉雅山"的地理状况，填补了地图欧洲版的空白，号称他最得意的地理发现。因此，他也十分计较"外喜马拉雅山"的命名权。

平气氛既没有被战争，也没有被任何其他有威胁的危险因素所破坏。以日本战胜俄国为结果的日俄战争已经过去了三年，毫不怀疑的是，建设日本帝国的建筑师们在那个时候就已经将眼光投向了西南部①。

日本人享受着和平，既没有外患，即来自西部大陆和太平洋方面的威胁，也没有内忧损害他们公共的安乐。完全不同于我之后的一次访问日本，即1923年10月初从美国来横滨时的情景。这一年的9月1日，大地震撼动了日本，举国上下笼罩在悲伤和困境之中。横滨已经见不到一幢完好的建筑物，城市就像被原子弹彻底摧毁了一样。

那一年，我再次住进了瑞典国驻日本公使馆公使的家，当时的公使是奥斯卡·艾维娄福（Oscar Ewerlöf）先生。在艾维娄福先生以及德国大使索尔弗（Solf）先生的陪同下，我考察了地震灾害带来的惨景。人们说，这次地震给日本人的生活造成的损伤和财政付出完全可以与日俄战争相比。

东道主精心安排了我1908年的访问日程，选定了一些必要的访问计划。

我在日本首都拜访的诸多知名人士中，最上层也最高贵的莫过于明治天皇了。本来我的日本之行要以拜访尊贵的天皇陛下开始的，可到达日本的时候，正值陆军、海军举行秋季演习，只是到了11月25日，瑞典公使沃伦伯格先生才接到皇宫御前大臣的通知，天皇陛

---

① 这里指的应该是位于日本西南方向的中国。

下将在第二天上午的十点接受我的觐见。同时还告诉我：天皇陛下已授予我大十字瑞宝勋章，觐见时我必须佩戴，珍贵的勋章将在明天上午九点直接送到瑞典公使馆。只是第二天上午一直等到九点三十分，勋章都还没有送到，我们只好离开公使馆启程前往皇宫，以免失礼延误觐见约定的时间。

前往皇宫的途中，我们经过了中国驻日本大使馆，大使馆的屋顶上高高升起的旗帜在迎风飘扬，那是中华帝国的象征。

天皇的皇宫给人的感觉是简洁的，地理位置与周围环境隔离，封闭在一个公园里，给人留下的印象极为深刻。由于我没有佩戴勋章，迎接我们的御前大臣开始还带着些许惊讶的神色打量我，当听说还没有收到大十字瑞宝勋章的时候，神色才由吃惊转为震惊。他必须将这一失误在我觐见之前禀报天皇陛下。后来才弄明白了这一失误的原委，是日本外交部将瑞典和瑞士公使馆搞混淆了，两个国名在日本人的发音中十分接近。

同样，天皇的觐见室也十分简洁和朴素，完全不同于西方王宫的豪华做派，没有家具和任何装饰，只有铺在地板上的席垫和墙上挂着的格言警句。

御前大臣通知我们后便打开了觐见室的门，并请我一个人进去。房间里除了天皇陛下，还有一位说俄语的翻译在场。为什么正好选择的是俄语，即日俄战争中战败国的语言，我不得而知。

睦仁天皇带着微笑迎面向我走了过来，友好地伸出了手。

睦仁天皇是一个魁梧英俊的男人，身材比他的大多数臣民要高出一个头。他被称为明治时代的开创者，"明治"年号在他死后也随之而去。1867 年，他登上皇位的时候，德川（Tokugawa①）幕府末任将军大势已去。

自明治时代开始，日本向西方看齐，向现代化国家全面转型。

德川家族占据幕府数百年，这个时期的天皇只是一个没有权力的影子人物。自睦仁天皇登上皇位以后，大权独揽，上一届德川幕府的影响才得以完全消除。但在 1908 年，德川家族的三位兄弟——亲王、侯爵和伯爵——还是得以在国家以及上层贵族中担任重要职位。

我拜访明治天皇时，天皇才五十六岁，他黑色的小眼睛友好地、慈善地注视着我这位来自北欧的客人。他的容貌特征是粗线条的，既不像一棵有着二千六百年悠久历史的老树，也不像是源自太阳女神（Amaterasu②）的神武天皇（Emperor Jimmu③）的后裔。他站起来时身体甚至有点向前弯曲，身穿的蓝黑色欧洲西服上只缀有一枚瑞典皇家六翼天使勋章，一个能特别引起我关注的标志。一看到这枚瑞典籍勋章我就深感遗憾，如前面所述，没能佩戴上日本籍大十字瑞宝勋章，算是没有做到礼貌地回敬。

与天皇的对话内容没有围绕社会上、国家间意义深刻的大问题或者说政治问题，只是围绕着我的探险旅行。谈话中我能感觉到，

---

①　德川幕府又称江户幕府，是日本历史上第三个，也是最后一个幕府政权。由德川氏开设于江户（今东京）而得名，自创始者德川家康 1603 年受封征夷大将军开始，至 1868 年江户开城，共经十五代征夷大将军，历时 265 年。

②　太阳女神是日本神话传说中最核心的女神，又称天照大神，被奉为日本天皇的始祖（皇祖神），也是神道教的最高神。

③　神武天皇是日本第一代天皇，又称神倭天皇。传说神武天皇享寿一百二十七岁，于辛酉年一月一日（公元前 660 年 2 月 11 日）即位，建立日本朝廷，延续至今已一百二十六代，被尊为日本开国之祖。

天皇阅读了报纸上关于我在日本所做的公开演讲的报道，为我的这次拜访做了十分详尽的铺垫准备。

在简短的觐见时间里，我回答了天皇的提问，他不时点头，对我的详尽解释表示满意和理解。最后，他问我去了多少次中国西藏，还说了好些令人愉快的话语，包括祝福我未来的安康和幸福，表达出了近乎父爱般的关怀。

我感谢天皇陛下赋予我觐见的崇高荣誉以及颁发给我的高贵勋章，感谢在天皇美丽的、伟大的国家受到的来自各个方面的热情接待以及活跃的、钟情于探险科考的日本国民，并表示，对我人生中能第一次访问贵国而深感荣幸。

天皇陛下的回答过于礼貌，他说，通过我在日本的演讲和媒体报道，日本人民分享了我的科考发现和经验，这不仅仅是地理学领域的一件大事，也是整个日本民族的幸运。

觐见结束，尊贵的天皇陛下带着之前同样友好的微笑伸手与我握别。

在翻译的陪同下，我回到接待室前厅，瑞典公使和天皇御前大臣一直都还在那里候着我。

与皇宫里的高官御前大臣告别以后，我坐上沃伦伯格先生的马车回瑞典公使馆。短短的回程途中我们还获悉了一则最重要的消息，因为看到中国大使馆一个小时之前还高高升起的旗帜现在降下了一半。

我们赶紧下车按响门铃欲弄清原委。一位中方人员为我们打开了使馆的大门，针对我们的疑惑他回答说：就在半个小时前，我们电报获悉，慈禧太后和光绪皇帝同时驾崩了。

深感吃惊的我们请他转告大使先生，希望能在此之后进中国大使馆吊唁。

中国太后与皇帝双双离世这一令人意想不到的新闻破坏了我回瑞典之前顺道短暂访问北京的计划。看得出来，中国大使馆的几位工作人员对我长时间访问日本深感惊讶，与之相对应的是，他们认为我并不重视对中国的访问。

由于慈禧太后和光绪皇帝的离世，形势发生了改变，中国开始了为期三个月的宫廷和国家悼念活动，我回瑞典顺道访问北京的计划因此泡汤。

这真是一个奇怪的命运安排，中国的皇帝与太后先后死去，还恰巧在我拜访日本天皇这一天。可以想象的是，中国皇帝的死讯应该是在睦仁天皇接见我的同一时间传到了东京皇宫，如果是在此之前就得到消息，按照东方人严格的宫廷礼仪，我觐见天皇的安排很可能会因此取消。

不管日本帝国会遭遇什么样的命运，睦仁天皇将永远被视为最伟大的日本天皇。正是因为明治天皇的远见卓识和智慧，在他优秀的幕僚协助下，日本国才跃升到了地球上大国、强国的地位。

明治天皇给我留下了极其深刻的印象，但不是日本人心目中的那样一位神授君主，一位神秘莫测有智慧、有天赋的超人、神人，而是一位简朴知足的、不会自以为高人一等的普通日本人。换句话说，在他的言谈举止中完全没有表现出拥有神圣和权力的自我意识。在与天皇陛下的整个会晤中，他是友好的、抱有极大兴趣的，让人觉得，谈话给他带来了快乐。比起我见到的其他日本老人，他给我的感觉更加坦率和自然。

觐见天皇陛下使我的声望如日中天，毕竟有幸面见天皇的凡人少之又少。所有的报纸都对此做了报道，官方报纸的报道是：

> 天皇陛下屈尊对一位瑞典客人表现出如此强烈的兴趣，如此长时间地与这位瑞典客人交谈，是最具价值的事件。

在我觐见天皇陛下四年之后，睦仁就被他的父皇召去了，下葬在日光市（Nikko）。时至今日，四十年光阴已经过去。在日本，保留着天皇记忆的人已经不多了，但在睦仁天皇的"明治"时代，日本取得了历史上最为辉煌的进步是一个不可否认的事实。一如富士山以及其他日本神授火山的山头在位于日本东海岸前太平洋塔斯卡罗拉海渊（Tuscaroratief）高高昂起，睦仁天皇的明治时代也高居于因二战失败吞没了岛民的深渊之上。

不过，日本是一个很容易医治好战争创伤的民族，他们是最优秀的演员。他们明白，要甘于命运，要在美国人的占领下扮演忍辱负重的智慧角色。由于美国人麦克阿瑟（Mac Arthur①）将军不同于对待战败国德国的温和政策，战败的日本国现在就表现出了顽强的生命力，开始以大有希望的方式再一次向上攀登。

---

① 全名：道格拉斯·麦克阿瑟（Douglas Mac Arthur, 1880—1964 年），美国五星上将、陆军元帅，二十世纪三十年代任美国陆军参谋长，在"二战"太平洋战争期间功勋显赫。1945 年 9 月 2 日，他在东京湾正式接受日本投降，并监督了同盟国在 1945—1951 年占领日本的经过。作为日本的实际领导人，他控制了日本的经济、政治、社会变化。在战后处置方针上，为了稳定日本秩序，麦克阿瑟将军反对废除天皇制、反对将裕仁天皇交付远东国际军事法庭审判。

伊藤博文

(Fürst Ito)

1908 年 12 月 15 日，我在朝鲜汉城（Seoul）为当地的日本人和欧洲人作了一个探险考察的演讲报告，报告之后又与几位日本朋友留下，在听众悉数离去的大厅里闲聊。

这个夜晚相当寒冷，夜空中的星辰有点像飘忽闪耀的点点小火苗，大厅外的街道笼罩在寂静与黑暗之中。突然间，一阵马蹄敲打地面坚冰的声音传了进来。只见窗外一行骑士举着火把走了过来，颤抖着的熊熊燃烧的红色火光投射在大厅的窗牖上、墙壁上，也投射在即将临近的马队上。一小束微弱的光线栖息在一辆全封闭的由两匹马牵引着的小型马车上，马车的周围有几位骑兵护卫。不多一会儿，小型马队消失。

这是日本驻朝鲜的独裁者伊藤博文（Hirobumi Ito[①]）的马车，

---

① 伊藤博文（Hirobumi Ito，1841—1909 年），日本近代政治家，首任日本内阁总理大臣，明治维新元老，中日甲午战争的策划者，日本首任朝鲜统监府统监。1909 年 10 月 26 日，在中国东北哈尔滨火车站被朝鲜爱国主义者安重根刺杀。

出外完成一项公务刚刚回到首都。见马车队过来，我的几位日本朋
友默不作声，相互间严肃地交换眼色后马上恭敬地站立了起来。

在接下来的几天后，我礼节性地拜访这位朝鲜国的实际统治者。

伊藤博文的官邸，一座简单的、带灰色窗拱的红色建筑物，坐
落在一个高地上，周围一群朝鲜式和日本式的房屋建筑特别突出。
这是一个自成一体的小城区。

穿着制服的仆人为我脱下大衣，随即被引进一个欧式风格装饰
的大厅，大厅里集中了参谋部的、陆军和海军的官员以及几位文职
秘书。官员中有向田（Mukata）君和明石（Akaschi）君两位将军，
他俩都曾在斯德哥尔摩担任过日本国驻瑞典公使馆武官，因此制服
上还佩戴着象征荣誉的瑞典剑勋章。

在场的人都不大声说话，间或窃窃私语，在一种庄重严肃且沉
闷的气氛中等待。终于，大厅的门打开，一位身材矮小、胡子灰白、
黄皮肤、掌握着朝鲜国命运的大人物伊藤博文走了进来。所有在场
的人马上起立鞠躬，恰似国王陛下驾到。

伊藤首先向我表示欢迎，然后招呼大家围坐在壁炉前，沉默不
语的房间里一时间只能听见壁炉里木柴劈劈啪啪的燃烧声。接着，
伊藤缓缓取出一支又粗又长的香烟，随手递了一支给我，点燃手中
的"鱼雷"之后，还是一句话不说地盯着壁炉里的火苗。过了好一
会儿，伊藤才抬头面向我提了一个关于中国西藏的问题。伊藤讲英
语，虽然语速很慢，但十分流利。我作了详细回答，他听得也很仔
细，其间又不断提出新的问题。这个时候，房间里的气氛才渐渐热
烈起来，更多的是我与亲王之间的谈话唤起了大家的热情，而不是

因为壁炉散发出来的热量。

伊藤兴奋地谈起了自己曲折的人生经历，讲述了他 1873 年在斯德哥尔摩期间担负的特殊使命以及瑞典城市的美丽和国王奥斯卡陛下的热情好客。他对巴黎记忆犹新，还谈到了与波斯沙阿纳瑟尔丁（Nasr-ed-Din）的会晤，使我也有机会插入几个我所知道的关于老沙阿的小轶事。我的幽默谈资引起了在场各位的朗朗笑声，就连严肃的参谋部军官们也忍俊不禁。伊藤的神情也渐渐得以放松，语速快了一些，但气氛还是没能真正活跃起来，笑声并没有完全化解他的一脸严肃。

伊藤提起了他在北京履行的政治使命。他说，要想与中国大清朝官员李鸿章（Li Hung-chang）先生的思想达成一致有多么困难，需要经受多大的耐心考验，经历多长的时间煎熬，才能使这位清朝官员最终签署协议。

终于，伊藤谈起了朝鲜的未来、他为朝鲜制定的方针路线以及他追求的目标，并且用短小精悍的、明了的、内容丰富的句子讲述了他的施政思想。

时间已经过了两个小时，伊藤点燃第三支香烟后继续说道：

"赫定先生，您必须用自己的眼睛观看后再作出判断，我已经对在场的部分先生们下达了命令，他们有义务为您解答您需要知道的一切。我请您，在朝鲜逗留期间多做笔记，然后，不仅仅是为瑞典读者，也为其他欧洲读者写写你见到的真实的朝鲜。你还可以替我再问问欧洲读者们，是否认可我实施的朝鲜政策，是不是其他大国处在我们的位置会有更大的作为。"

在接下来的几天里，我又有好几次与伊藤见面的机会，他都表现得十分热情友好。

有一次他还私下对我透露：

"日本将占领东西伯利亚直至贝加尔湖（Baikalsee①）的所有地区！不过，这个秘密您暂时还不能透露给英国的《泰晤士报》。"

一如他的整个家族，伊藤年轻时也是位于西部本州（Hondo）的大江系毛利氏（Daimyo Mori②）宗主权的下属。毛利氏属于日本的三百个大江系，在封建时代是一个十分强势的人。

1863 年，伊藤博文决定，要与四位志同道合、有远见的日本青年一道前往欧洲研习西方的国家建设和文化。那个时候的日本，移居国外犯的是杀头之罪，因此，他们必须秘密出境。他们受雇在一艘正准备离开长崎港出海的英国海轮上当水手。出国那天，一艘小船载着他们离岸向英国海轮划去，小船上还有伊藤先生的朋友、瑞典人特罗茨格（Trotzig）先生。特罗茨格先生长期在日本神户居住，但一直保留着瑞典国籍。

在英国，四位日本青年如饥似渴地研习西方理念，自豪地梦幻着日本的未来。不过，当他们得知祖国发生暴乱的消息、而大江系毛利氏在暴动中又扮演着重要角色的时候，马上乘坐最快的船及时踏上了返回日本的航程。

---

① 贝加尔湖位于俄罗斯西伯利亚伊尔库茨克州及布里亚特共和国境内，是世界上水容量最大的淡水湖，有"西伯利亚明珠"之称。

② 大江系毛利氏是日本氏族，原姓大江，是镰仓时代大江广元四男大江季光的后代。

在我与伊藤第一次见面的时候，他就对我说起过这一段往事，讲述他与最好的朋友井上（Inouye）侯爵回国途中，在黑夜里、在海船绕过好望角的那些日子里，坐在甲板上是怎样展望日本国的未来的，是怎样谈论警惕西方威胁岛国的危险现实的。

1867 年，明治时代第一年，明治维新改革运动①开始，站在革新志士最前列的人有隆盛（Saigo）君、木户（Kido）君、大久保（Okubo）君、大隈（Okuma）君，他们的后面则是伊藤君、井上君和山形君。后由于隆盛君退隐、木户君牺牲，大久保君落入敌手，这样，伊藤君与大隈君成了前进党中的领军人物。

八十年代初，大隈君辞职，伊藤君的权力更是如日中天。大隈君依靠民众，比官僚大人物、受天皇恩宠和信赖的伊藤君更加激进和极端。在最后的几年，大隈君和山形君已经成为伊藤君处理朝鲜事务上最危险的对手，尽管也源自许多其他原因。山形君与大部分军中领袖取得一致，为了对付受压迫的朝鲜民众，提出了更加强硬的、更加激进有力的措施。他们认为，伊藤君的政策太过怀柔、太过小心谨慎。

伊藤君在第三次欧洲之行之后的明治十七年成为日本第一个符合宪法的内阁总理大臣。1890 年议会开幕以后，他成为上议院的第一任主席。1894 年中日甲午海战期间，他担任内阁总理大臣。1904

---

①　明治维新指日本明治时代初期推行的一系列重大复兴举措，是日本近代史上的重要转捩点。明治维新结束了日本长达六百多年的武士封建制度，建立了新式政府。价值观的西化，使日本出现了"脱亚入欧"的风气，国力大幅膨胀，日本因此而成为亚洲众多推行改革的国家中少数成功的国家之一。

年至 1905 年日俄战争期间他是枢密院第一任主席，枢密院里只有最优秀的、最有本事的二十几位成员。日俄战争过后，他被任命为拥有绝对权力的第一任韩国统监，是这个职位的第一个拥有者。

1908 年，他将汉城的重担交给了他的继任者曾祢荒助（Soné①）子爵，以便自己再次接受枢密院院长这一机要职务，在此之前，这一职务一直是山形亲王担任。

中国与日本于 1885 年在中国天津缔结了《中日天津条约》②，该条约保证了日本在朝鲜享有与中国同样的特权，这是伊藤君与李鸿章先生（Li Hung-chang③）谈判的结果。1895 年，中国与日本签订《马关（Shimonoseki）条约》④，1905 年，伊藤博文在汉城缔结协定，朝鲜承认日本的宗主权地位，他本人也作为韩国统监接管了所有当

① 曾祢荒助（Soné Arasuke, 1849—1910 年），日本政治人物、外交官。明治四十年（1907 年）任韩国统监府副统监，辅佐伊藤博文，在伊藤博文之后继任韩国统监。

② 《中日天津条约》是指 1885 年 4 月 18 日中国清朝政府代表李鸿章与日本明治政府代表伊藤博文在中国天津签订的条约。条约规定中日同时从朝鲜撤军，由第三国教官训练朝鲜军队，若朝鲜发生变乱或重大事件，两国出兵时须互相知照。该条约的签订被认为埋下了中日甲午战争的祸根。

③ 李鸿章（1823—1901 年），清朝安徽合肥人，晚清重臣。官东宫三师、文华殿大学士、北洋通商大臣、直隶总督，爵位一等肃毅伯，追赠太傅，追晋侯爵。与曾国藩、左宗棠、张之洞并称"晚清四大名臣"。李鸿章被英国维多利亚女王授予皇家维多利亚勋章。

④ 《马关条约》，是大清帝国与大日本帝国于 1895 年 4 月 17 日在日本马关港签署的条约，清廷代表为钦差头等全权大臣李鸿章和钦差全权大臣李经方，日本代表为首相伊藤博文和外务大臣陆奥宗光。该条约的签署，标志着中日甲午战争的结束，并导致中国割让台湾、澎湖诸岛于日本帝国，造成往后五十年的台湾的日本殖民统治时期。与此同时，中国宣布承认朝鲜独立并放弃对朝鲜数百年来的宗主国地位。

权职责。

当朝鲜国皇帝出于个人意愿向海牙（Den Haag）遣派特使，以寻求在大国的帮助下摆脱日本宗主权统治时，使日本人感觉到，统治朝鲜的这个螺钉还必须拧得更紧。于是，1907 年又签订了新的协议，其中最重要的规定是，将日本人安插到朝鲜公务员中去，以至于产生出一种奇特的国家管理模式，即，每一个朝鲜部长的身边都会有一个日本人任副部长，而掌握实权的是这个日本副部长，朝鲜部长则成了一尊有虚设的高级头衔、镶着金边的布娃娃。这种独特的机构设置只是一种过渡形式，是在用偷梁换柱的政治手法，使政体潜移默化不为人知地完成从旧到新的转换。

几年之后，伊藤废黜了朝鲜皇帝，扶皇太子上位，是为纯宗皇帝。这个影子皇帝不仅虚弱，缺乏意志力，还没有后代。而他年仅十二岁拥有朝鲜皇太子头衔的兄弟，当时正在东京接受教育，将会在某一天，带着满脑子的日本理念入主汉城。

此外，伊藤还解散了朝鲜的常备军队。掌握了军队，就掌握了国家权力。我访问汉城那段时间，朝鲜驻扎着一个半日本师团——步兵、骑兵、炮兵和工兵，化整为零地分散在朝鲜各地。他们的军费开支三倍于日本国内。驻朝鲜的日军会经常与国内部队替换，以保证士兵的训练水平在服役期间不至于落后。尽管日本士兵并不愿意驻守朝鲜，希望能早点回到自己家乡，但他们的意愿从不会表达出来。

伊藤知道，百分之八十五的朝鲜人都是种田的农民，朝鲜经济的发展建立在农业生产的基础之上。因此，他聘请农业专家，分配到全国各地，对农民进行农业知识教育，并为农业生产提供优良品种。此外，他批准政府拨款二十万元建立农业经济研究所，使朝鲜棉花、白萝卜种植以及养蚕业都得到了极大的发展。为普及森林科学知识，他在汉城、平壤（Pingyang）等地建立了带典范式苗圃的森林研究所，还特别成立了一个地质局负责监管采矿和地质勘探事业。

伊藤政府在第一年就建立了五十二所现代化的公立学校，最大的一所职业技术学校在汉城，传授纺织、印染、制陶以及其他手工艺技术知识。汉城的一所医科大学和一家医院也是在伊藤先生的授意下建立起来的。

1908 年，日本的法庭也引入了朝鲜。

占领国日本还派出三千日本乡警，四千朝鲜候选人接受了日本教官的培训。

十九世纪初叶，许多日本人移居朝鲜，1904 年，仅汉城就有三千日本侨民，四年后达到了三万。他们花很少的钱在朝鲜买地，后又带着一小笔财富回日本家乡。

1592 年，朝鲜到处都是宇喜多秀家（Hidiushi）麾下的日本军队。朝鲜不止一次地成为日本的要害，成为两次大的战争的起因。伊藤决定，务必一次性彻底粉碎外部对朝鲜的阴谋诡计。他沿着图们江（Tumen①）加固西北防线，将陆地上的防御全部掌握在日本人手中。

在伊藤生涯中不能不提到的是，他获得了几乎国家颁发的所有荣誉，尽管这些荣誉头衔与他的事业相比显得没有多大意义。1885

① 图们江，朝韩称豆满江，发源于长白山东南部的长白山天池，干流全长五百多公里，注入日本海。上游是中国与朝鲜的界河，下游十五公里为朝鲜与俄罗斯的界河。

年，他从欧洲回来，被授予伯爵头衔，甲午战争后被授予侯爵头衔，日俄战争后被授予亲王头衔。但在日本，他的职位还只是一位外交领域大使级别的高级官员。

伊藤在朝鲜主政期间，他的夫人住在东京。他的两个女儿，一位嫁给了隋美茨（Syematse）子爵，一位嫁给了井上君的一个儿子。第二个女儿的先生是伊藤先生按奇怪的日本习俗领养的义子，他将伊藤这个闪光的名字赋予了他。小伊藤既是这位国务活动家领养的义子，也是他的女婿。

汉城的孤独和寂寞给予了伊藤勤于思考的宁静，使他能全身心地投入工作。新日本是他事业成功的一个重要部分，现在又在朝鲜打造一个新的帝国。他近乎痴迷地忘我工作着，事无巨细，面面俱到，而不去理会、顾及自己政治上的宿敌以及来自家乡日本的强大对手，包括他朋友们的善意提醒。他只是按照自己头脑里固有的思维朝着既定的目标一意孤行，并以毫不留情的意志力清除前进路上的一切障碍。

尽管他很严肃，也极端蔑视他人的才智能力，但实际上还是一位很愿意与人友好交往的人，几乎每个晚上都会与身边的同仁聊天至深夜两点。他因抽烟过多损害了喉咙健康，还喜欢无节制地喝"清酒"。除此之外，他的生活十分简朴、知足，而且生性痛恨豪华的排场和奢侈的浪费。尽管他是一位拥有厚禄的高官，但从不敛财。他在朝鲜的年俸号称四百万克朗，但他去世的时候却并不富足。

在汉城逗留的最后一天，我接受了美国总领事萨蒙斯（Sammons）先生和他夫人的宴请。应邀的客人中有伊藤、曾祢荒助子爵以及其他几位日本先生和女士。这一天正好也是伊藤被任命为总督的三周年纪念日，在座的人都能感觉到，这个特殊的节庆纪念日使他兴致益然。席间，他简短地、友好地面对主人答谢，也十分欣赏我对在座的日本女士即席发表的一段以菊花和樱花作比喻、饱含风趣和友爱的祝酒词。

与我告别时，他紧紧地握住我的手说：

"我期待着下次的见面！"

伊藤博文个子十分矮小，但却有一个高高的、宽阔的额头，特别是轮廓线条有力、冷静不变的面部特征以及让人过目不忘、睿智透彻的眼光。记得那个晚上，他带着少数几个随从跟在举着纸灯笼的仆人后面经过花园从黑暗中缓慢走出来时，我心里就在琢磨，权倾一世的他其实是命悬一线。他当着朝鲜人的面毁掉了朝鲜的独立，朝鲜人怎么会不恨他呢。在这样的一个晚上，一颗子弹要他的命难道不是轻而易举的吗！身边的朋友们都告诫伊藤，要有特别的安全保护措施，要配备秘密警卫。可他总是将这些善意的提醒当作耳边风，额头和胸膛每天都是这样袒露在想要刺杀他的人的面前。

他是一位宿命论者，经常这样说：

"当然，我可能有一天会被枪杀，但这又能说明什么呢，这就是我的命运，必须死在自己的岗位上。"

回顾伊藤的一生，面临过多次未成功的刺杀事件。当他最终在中国的俄国占领区被子弹打倒的时候，人们带着如释重负的感觉在报道中读到，射向他的到底还是一颗复仇的朝鲜子弹。

伊藤并不受日本军方的欢迎，军中派别要强势对待朝鲜，认为伊藤太过怀柔，加上他的权力如日中天，在朝鲜的日本部队都必须听从他的命令。军中元帅和将军们不是那么容易顺从的，更不愿意直接接受他的命令。

　　伊藤是他那个时代赫赫有名的政治家、国务活动家之一，连中国的李鸿章先生和英国的格莱斯顿（Gladstone①）先生都难以企及。

---

① 全名：威廉·尤尔特·格莱斯顿（William Ewart Gladstone，1809—1898年），英国自由党政治家。在长达六十多年的职业生涯中，担任英国首相长达十二年，四次担任财政大臣。

朝鲜末代皇帝李坧

(Kaiser Lee Chouk von Korea①)

在西方，也只有很少几个拥有君王大名的人在我这个"名人画廊"里给予了特别关注，但是朝鲜皇帝李坧，却是完全有资格在这个画廊空间里占据一席之地的君王。部分因为，他是最后一位头戴朝鲜皇冠的皇帝，部分也因为，我特别得到了这份荣耀，能够成为最后一位在位于汉城的皇宫里与朝鲜末代皇帝进行了差不多一个小时交谈的欧洲人。

在我访问远东之前，发生了古老的朝鲜帝国转变为日本殖民地、被日本总督政府统治的政治事件，导致朝鲜皇帝李坧成为一个悲剧角色。他是一个时代的代表，而这个时代可能会永远沉沦在阴影的世界里，以至于最后被世界历史所遗忘。

---

① 朝鲜纯宗（Sunjong，1874—1926 年），姓李，讳坧（Lee Cheok），朝鲜高宗李熙的儿子，大韩帝国第二位也是最后一位皇帝。1907 年 7 月 20 日至 1910 年 8 月 29 日期间在位，年号隆熙，所以又名隆熙皇帝。由于"二战"日本投降后朝鲜半岛分裂为大韩民国和朝鲜民主主义人民共和国两个国家，故纯宗也是迄今最后一位实际统治整个朝鲜半岛的朝鲜族国家元首。

　　我得承认，在我到达朝鲜京都汉城时，对朝鲜还有一位末代皇帝完全一无所知。我压根没有去想已经崩溃了的皇位，也没有哪怕一位日本朋友有一句话，对我提到这位不久前才由日本伊藤博文接管了权力的君主。

　　一天，伊藤博文突然问我：

　　"您有兴趣与朝鲜末代皇帝见上一面吗？对您来说，看看生活中的东方皇帝，与他聊聊天，很可能是一个难忘的记忆，哪怕是出于好奇。"

　　我的回答自然是"很有兴趣"。与一位正处于风雨飘摇时期、面临新时代侵袭的朝鲜帝国皇帝见面，我当然抱有极大的兴趣。

　　伊藤博文接着又说道：

　　"是的，赫定先生，您要知道，这个机会不可能再有了。朝鲜的皇帝今天还坐在皇座上，但明天就会举行最终的废黜仪式。他将会变成一个普通人，一个在我的，即在日本权力统治下的政治因犯，这也将是他最后一次坐在影子皇座上接见您。时间就定在明天上午十点。

　　"自从我由仁慈的天皇陛下委任为朝鲜统监府统监以来，我就向这个国家的皇帝下达了通牒，没有我的明确许可，不允许接见任何欧洲人。此外我还决定，任何觐见，都必须有我或者我的下属曾祢荒助子爵在场。"

　　第二天一早，我前往皇宫，曾祢荒助子爵已经在那里候着我了。

　　曾祢荒助子爵是一位高贵且有教养的日本人。两年后，由于伊藤被一位朝鲜人三枪毙命，他接替伊藤担任了朝鲜统监。为保险起

见，陪同我的还有日本军队的最高长官陆军大元帅长谷川（Hassega-
wa）将军。1894 年中日战争中，就是这位长谷川将军率部占领中国
旅顺口的。

曾祢荒助子爵笑着对我说，觐见之前您还必须学会今天应该具
备的礼仪。陛下，这里指的是伊藤，已经决定授予您大十字"朝鲜
八卦勋章"了。勋章确实很大：像一个盘子，由蓝色和白色的搪瓷
制成，中间一个银光闪闪的红字。勋章绶带呈蓝色，镶红边，尾部
挂着一颗玫瑰花型的钻石星徽。

曾祢荒助子爵故作庄重实则讽刺地解释说，这枚"八卦珍品"在
世界历史上将是最后一次颁发，也将是最后一次别在一件燕尾服上。

在进皇宫之前，我还是先简单讲讲关于朝鲜皇帝过去这些年外部
可知的轶事。关于他以前的命运，我知道得不多，但哥斯达·蒙特尔
博士通过东京的一位美国学者卡萨尔（Casal）先生得到了下列报道。

报道是这样写的：

     朝鲜的最后一位皇帝于 1907 年被废黜，根据日本人的动议，
他要在 1910 年 8 月 29 日退位。他的头衔是隆熙皇帝，个人名字
是李坧（Lee Chouk）或者李王坧（Lee Wang Chouk）。退位以
后，他的名号为昌德宫（Chang Dook Kung）李王，住在汉城昌
德宫里。在昌德宫里，被日本皇室接纳的王子李垠（Ri Gen①）

---

① 　李垠（1897—1970 年），字光天，朝鲜王朝最后的王位继承者以及日本近现代
　　王公族成员，日本军人。朝鲜高宗第七子（庶三子），封号为英亲王、皇太子、
　　"韩日合并"期间封为李王世子，后进位昌德宫李王。

主管皇室事务。

皇帝生活的境况还不能算作是软禁，因为在形式上，他的出行并不受到限制。当然，与土屋先生表面告知的说法有些自相矛盾。根据他的第一种说法，皇帝在汉城的出行要取得王子李垠的同意，而离开汉城必须得到日本政府的同意。

皇帝退位后至1926年8月26日去世时唯一一次离开朝鲜的旅行是1917年对日本的访问。他6月12日到达日本东京，于6月13日觐见天皇和天皇夫人。6月26日离开东京，6月28日回到汉城。

皇帝死于年老体衰。

报道中给出的皇帝废黜和退位的时间是1907年和1910年，这与伊藤博文告诉我的有些出入，不同的见解可能是基于个别惯例的影响，在这里并没有什么特别的意义。

现在，我跟随在两位日本高官的身后走进了觐见厅，说是厅，实际是一个长条形、大小适中、布置简陋的房间。在白色石灰粉刷过的墙面上，看不到任何装饰，也找不到在一般寓所里能够见到的、用中国或日本文字写下了格言警句的书法作品或者由水平参差不齐的艺术家用富有特点的笔墨线条完成的绘画作品。觐见厅内部分地板铺上了廉价的地毯，家具也只有放在门对面房间较窄一头的几把座椅。其中一个座椅可怜地替代了已经消失的皇座，皇帝李坧，一个过气的影子陛下坐在上面。

但是，李坧陛下的孤寂并不意味着缺少高傲威严，他只是被神和这个世界给抛弃了，即便还没有被自己的臣民抛弃。就在两年后，死神就降临到剥夺了他权力的人——伊藤亲王的身上。这是朝鲜人民抗议的表示，朝鲜子民希望他们高贵的皇上能再次坐上他父皇传下来的皇位。

末代皇帝的穿戴十分朴素，一件有着宽大袖筒的白色长袍，一顶高高的、极为普通且没有帽檐的黑色朝鲜帽。

我走上前去，以欧洲礼节向陛下鞠躬致意。他站了起来，友好地将手伸过来请我落座。两位日本主子也一左一右地在我的身边坐了下来，一位朝鲜语一位日本语两位翻译站在了我与皇帝之间。皇帝对朝鲜翻译说朝鲜语，朝鲜翻译面对日本翻译将朝鲜语翻译成日语，然后再由日本翻译为我翻译成英语。同理，我的回答再反向依序传递给皇帝。如果一个交谈要通过两个翻译依次进行，对话的时间就会三倍于一般情形。如此繁琐的形式，我们的对话自然也就难以涉及有深刻意义的主题了。

诸如，您的旅行如何？您在中国西藏逗留了多长时间？我听说，您克服了很大的困难，特别是寒冷和暴风雪。我知道，您还去过亚洲其他地方，哪些地方您最感兴趣呢？您打算走哪条路回到您的祖国？一个人长途跋涉穿越中国西藏需要哪些装备？如此等等。没有一个问题是关于朝鲜和日本的。

对末代皇帝自己，这个觐见也是颇为尴尬的。不用怀疑的是，他能感觉到自己是一个屈服了的人，一个失去了光彩的星座，而且还看不到过去伟大的半点余晖。但是，他没有让客人从外表上看出这些。他表现出适度的尊严，努力给人以好感，以求尽善尽美地做到彬彬有礼。他认真地、感兴趣地听取我的回答。但看得出来，一种愁绪也同时在他内心痛苦地折磨着他，即我是最后一位庄重地、按礼节觐见他的客人。过去已经结束了，强势的邻国日本已经泯灭了、剥夺了他的荣耀和权力。直到今天我都忘记不了，当他充满尊严地慢慢站起将手伸过来与我告别时投向我的那一瞥饱含悲伤、孤独的眼神。

很可能他会从我的眼睛里或者在与我握手时感觉到我不自觉地流露出来的深切同情。一个沉重的、屈辱的时代在等待着他，他还要在自己的国家里作为一个影子生活长长的十八年。只有当死神最终敲响他生命之门的时候，他才能成为一个自由人。作为救世主的死神，才会将他带到他祖先的身边，将他安置到另外一个世界。

布莱克本的莫莱子爵

(Lord Morley of Blackburn[①])

在我与莫莱先生之间发生的，以我的亚洲探险之旅从印度过境前往中国西藏一事为主题的争论，可以视为一场骑士般的斗争。这一争论发生在 1906 年的夏天，当时身在印度（Indien）西姆拉（Simla）城的英属印度总督明托（Minto[②]）勋爵是站在我这一边的。

1905 年 10 月 16 日，我从斯德哥尔摩出发，第一个目的地是印度。在此之前，时任英属印度总督的寇松（Curzon[③]）勋爵曾在信中对我做过承诺，他会尽一切努力帮助我，如果我到达印度加尔各答

---

① 约翰·莫莱，第一代布莱克本的莫莱子爵 (John Morley, 1st Viscount Morley of Blackburn, 1838—1923 年)，英国政治家。曾任记者、报刊编辑和国会议员，最高职务任至英国内阁印度事务大臣、枢密院议长。
② 全名：吉尔伯特·约翰·艾略特-默里-基宁蒙德 (Gilbert John Elliot-Murray-Kynynmound, 1845—1914 年)，四世明托伯爵，英国政治家，英国驻加拿大总督 (1898—1905 年)、印度总督 (1905—1910 年)。
③ 全名：乔治·纳撒尼尔·寇松 (George Nathaniel Curzon, 1859—1925 年)，英国保守党政治家，1898—1905 年曾任印度总督，晚年自 1919 年至 1924 年任外相，曾在决定英国的政策方面起主要作用。

（Kalkutta）或者西姆拉时他还在印度任职的话。但由于我当时选择的漫长的旅行路径要经过东波斯和俾路支斯坦（Belutschistan）沙漠，故延误了最后抵达印度的时间。只是在 1906 年的 5 月，我才前往西姆拉城。

而令我深感遗憾的是，正是在此期间，英帝国以及英属印度政府的最高管理层出现了大的人事变动。自由党人亨利·甘贝尔-班纳曼（Henry Campbell-Bannerman）先生出任英国首相，并于 1905 年 12 月组成了新的内阁，由内阁成员中的国务秘书约翰·莫莱先生主管印度事务。又由于寇松总督勋爵与时任英属印度陆军总司令的基奇纳（Kitchener①）勋爵的争斗，导致寇松勋爵退位，印度总督一职由明托勋爵继任。

莫莱先生对印度与北部邻国间的关系有着经过深思熟虑的，无疑也是正确的观点，他断然决定，不允许任何外国人越过印度边境进入中国西藏。

这个决定带来的现实问题是，不仅仅是我的努力，即便是掌管印度政府的明托总督不惜与英国政府部门对立为我从印度过境前往中国西藏所做的不懈努力都徒劳无果。

我一到达西姆拉城，不允许我从印度过境中国西藏的结果就由英属印度政府外事办公室通知我了。作为进一步的力争，我自己从印度给在任的英国首相亨利·甘贝尔-班纳曼先生发了电报，得到的

①　全名：霍雷肖·赫伯特·基奇纳（Horatio Herbert Kitchener，1850—1916 年），英国陆军元帅，英国军界实力派人物，在第一次世界大战初期扮演了中心角色。1902—1909 年在印度任职陆军总司令期间，因与印度总督寇松爵士发生分歧，导致总督辞职。1914 年起任陆军大臣，1916 年 6 月 5 日领命乘巡洋舰前往俄国途中触水雷身亡。

回复也是礼貌的但十分坚决的拒绝。包括明托勋爵在此之后发给英国政府部门的、为我过境中国西藏所做的最后一次努力的电报，也被莫莱先生十分明确地驳回。

可以想象的是，当时的我，对莫莱先生的感觉是不可能充满基督教式的博爱了。我在想，怎么会有这样一位保守僵化的英国政治家，竟能如此顽固地、执迷不悟地以印度与中国西藏之间的道路看管人自居？看上去，他是毫不忌讳地将印裔英国诗人吉卜林（Kipling）先生的诗句无条件地、无保留地用在了自己的身上：

> 我是屋的主人
> 随心开关房门
> 我屋由我主宰
> 白雪公主声称

在印度西姆拉城我的朋友中，熟悉莫莱先生的其实只有总督明托勋爵一人，明托总督向我担保过，主管印度事物的这位内阁大臣是一位乐于助人的、高贵而又有教养的、思想上诚实正派的人，一位在六十八年人生中努力追求崇高理想的人，同时，还是一位了不起的学者、历史研究者、国务活动家、政治家，是一系列著名英国传记作家中的一员。此外，他还主持出版了多年的《双周评论》期刊和《帕尔默尔公报》，自己也在报刊杂志里公开发表了不少见解独到的为世人关注的好文章。

可就是他，这位大名鼎鼎的莫莱先生，或者说，是他效力的大英帝国政府，于1907年与俄罗斯签订了关于波斯、阿富汗和中国西藏边界对所有欧洲科考探险队关闭三年的协定。

我想事先说明的是，我的这次中国西藏探险科考计划由于英国-印度政治家们的干涉反而十分幸运地在地理学考察研究方面取得了很大的成功。也可以这么理解，如果英国首相甘贝尔-班纳曼先生和主管印度事务的大臣莫莱先生最终对明托勋爵和我的迫切请求作出了让步，即允许我直接从印度越过边境进入中国西藏的话，我的探险考察计划反而可能会遭遇失败。

我 1906 年 6 月离开印度时，根本就没有想到，要寻找另外一条穿过内亚到达禁区的道路。当时，我只有两个大的想法——其他的想法都不重要了，一个是希望将尚无人涉足的六万五千平方英里的地区地图卡上填满我发现的标志。另一个想法是，前往中国西藏有一个北部狭窄通道，我掌握着通过这个狭窄通道的钥匙，而莫莱先生的权力还干涉不到那里。有了这些想法，我当时就有此次中国西藏探险考察一定会成功凯旋的感觉，并希望有那么一天，我会对大权在握的冷酷的国务大臣莫莱先生说上一句：

"房门由我打开……"

发生在我早就定下的理想目标和莫莱先生政治上不予退让之间的这一斗争也大大地刺激着我的好胜心。对莫莱先生而言，涉及的还只是一个威信问题、面子问题，只是一个极小的，甚至完全没有什么意义的问题，而对于我，则关乎着我的人生、我的事业和我的荣誉。

在我经过两年艰苦工作赢得考察的最终胜利之后，我原本对莫莱先生存有的恼怒情绪竟转化成为一种致谢的感觉，我甚至幸运地觉得，幸亏他没有屈服于我和明托总督的请求。

如果一个人想清楚地、尊重事实地了解在 1908 年跻身为贵族、既是一个常人也是一个政治家的莫莱勋爵的话，就应该认真地去读一读温斯顿·丘吉尔（Winston Churchills①）先生撰写的、于 1937年出版的《同时代的伟人》这本书。书中二十三个章节中有一个章节是专门介绍莫莱勋爵的。

丘吉尔大师杰作中的描述，充分显示了对一个伟大的高贵人物的由衷钦佩。在给出了莫莱先生的出身和简历说明之后，丘吉尔先生讲述了他们之间真诚的友谊以及在下议院和政府中共同开展的活动。

丘吉尔先生与莫莱先生数年间同在一个办公室里工作，因此有机会在一起商讨所有现实问题以及评论世界的政治时事。

这篇文章从头至尾内容都十分吸引人，令人激动不已，在这里，我只能简短地摘录一些：

> 在议院以及议院的会议上，莫莱先生属于他这个时代最杰出的演说家之一。他的发言总是会不知不觉地将在座的听众吸引住……
>
> 坐在内阁席位上的那些人，如果他们是朋友的话，就会有

---

① 全名：温斯顿·伦纳德·斯宾塞-丘吉尔（Winston Leonard Spencer-Churchill，1874—1965 年），二十世纪初期至中期的英国保守党政治家、演说家、外交家、军事家和作家，两次出任英国首相，被认为是二十世纪世界上最重要的政治领袖之一。此外，他在文学上也有较高成就，曾于 1953 年获诺贝尔文学奖。

一个自然的癖好，即互相交换他们之间的信任感，特别是在议论同事以及同事的水平方面，要么是交头接耳，要么是互相递上一张写有评语的小纸条。他们会自然地出于同样的观察角度打量着会议上出现的各类场景。会场外，他们还会私下亲密交往。

对我来说，约翰·莫莱先生一直都是一位令人陶醉的同事：一位有历史故事的人、一位与我父亲志同道合的朋友、一位优秀的世界观的代表、一位在历史上值得纪念的重要思想交锋中涌现出来的勇士、一位英语散文大家、一位成绩斐然的学者。他是一位国务活动家，也是一位高水平的作家，是一座涵盖了几乎所有真正重要领域的巨大知识宝库。有机会与他、在相互之间有着三十五岁年龄差别的情况下，在人生变迁经历的可怕的纷乱的事件中在同样的基点上交换意见，对我来说实在是一种荣誉和宠信。

今天，这样的人已经不再有了，在英国的政治生活中完全没有了。民主的浪潮和火山一样爆发的世界大战已经将这些人一扫而空。

作为朋友和亲密的知己，我是这一可怕动荡的见证人，对政治家来说，动荡就是大的战争，而莫莱先生在当时活着的所有政治家中，最纯粹地体现了那个胜利的年代和格莱斯顿首相的传说……

我们就这样一个小时一个小时地一起坐在那个闪光的星期。

接下来，丘吉尔先生提请我们有兴趣关注 1914 年 8 月初第一次世界大战爆发那个黑色星期里内阁的劝告。

德国军队在向西部进军，而对大英帝国攸关重要的是，要在参与对抗德国的战争以及保持中立之间作出决定。莫莱先生坚定不移地坚持中立立场，即便丘吉尔先生一直希望他理解英国对德宣战的必要性。当莫莱先生回答，他不会留在战争内阁里时，丘吉尔先生恳请他至少推迟四十八个小时以后再递交辞呈。丘吉尔先生还保证，一旦德国人发起进攻并占领了比利时、对大英帝国形成威胁的时候，他的朋友莫莱勋爵就一定会站在丘吉尔先生的角度观察形势了。但莫莱先生并没有为丘吉尔先生的观点所动，毅然地在8月5日退出了政府内阁。

1909年2月初，我接受英国皇家地理学会的邀请前往伦敦做关于外喜马拉雅山和神圣的中国西藏的探险考察的演讲报告，应该说，那个时候的世界对未来爆发的、令人震惊的第一次世界大战还是毫无意识的。虽然英国皇家地理学会每个月都会在伦敦大学的大礼堂举行会员大会，但我的外喜马拉雅山演讲报告则被视为一个特殊事件，隆重地安排在以前不少探险科考名流做过报告的、豪华宽大的女王大厅里举行。

1909年2月8日，这是一个对我而言十分有意义的日子，我拜访了伟大的查尔斯·达尔文（Charles Darwin①）先生的儿子，时任

___

① 　全名：查尔斯·罗伯特·达尔文（Charles Robert Darwin, 1809—1882年），英国生物学家，进化论的奠基人。曾经乘坐贝格尔号舰作了历时五年的环球航行，对动植物和地质结构等进行了大量的观察和采集，出版《物种起源》，创立生物进化论学说，从而摧毁了各种唯心的神造论以及物种不变论。恩格斯将"进化论"列为十九世纪自然科学的三大发现之一。

英国皇家地理学会主席的伦纳德·达尔文（Leonhard Darwin）少校以及我的老朋友、地理学会的秘书约翰·斯科特-凯尔蒂博士。斯科特-凯尔蒂博士当时就告诉我，我的演讲报告结束后，按通常程序，将由政府内阁主管印度事务的国务秘书布莱克本的莫莱勋爵致答谢词。

"莫莱勋爵？"我不由自主地叫了起来：

"这可是一个有意思的经历了。"

他笑了起来，对我的想法表示理解。

当时的情景的确有些滑稽。莫莱先生会在答谢词中严厉地教训我吗？当初，是我绕开了他的硬性规定，施计谋骗过了他。或者说，他会在答谢词中以某种方式表达他当初强硬的不妥协立场，向我提出我还可以忍受的和解条件吗？

令我自己都感到十分惊讶的是，听到这个决定时我并没有怯场，相反，我的态度仍很坚定，因为，在与莫莱勋爵的交锋中我是胜利者。我甚至要求自己，面对这一滑稽尴尬的局面，一定要表现得不卑不亢，要不计前嫌、宽宏大量。在众多世界一流的亚洲研究者和印度问题专家面前发表演讲，我决不能让人察觉到有丝毫的紧张不安。此外，我心里底气很足，坚信自己的演讲报告一定会顺利展开、取得成功。因为这个报告，我在印度的西姆拉城、在明托勋爵和基奇纳先生面前，后来又在日本地理学会以及在东京窦纳乐（Claude MacDonald①）的

---

① 陆军上校窦纳乐爵士，全名克劳德·马克斯韦尔·麦克唐纳（Claude Maxwell MacDonald，1852—1915 年），英国外交官。1896 年 4 月 24 日，窦纳乐出任英国驻大清帝国公使，同时兼任 1896 年至 1898 年的驻朝鲜国公使。1900 年 8 月 25 日，窦纳乐与原来驻日公使萨道义对调了职务，成为英国驻日公使，1905 年驻日公使升级为大使，他因此成为英国首任驻日大使。

沙龙都已经做过了。

令我深感惊讶的是，2月7日下午我收到了下面这封信：

> 1909 年 2 月 7 日
>
> 印度办公室
>
> 怀特鲍尔·S.W.

亲爱的斯文·赫定博士：

> 对我来说是极为高兴的，如果允许我认识您的话。明天晚上我们会在公开场合相遇，但那种会面不适合我们之间的私下交谈。我将不胜荣幸，如果您有时间来我这里的话。如有可能，明天晚上我们见面再议。
>
> 请相信我，忠实于您，尊敬的先生！

> 您忠诚的：
>
> 布莱克本的莫莱

我马上回复，对我而言，这是一种莫大的荣誉，我十分乐意与他在"大战之前"见上一面，并表示，我可以第二天前往他的工作地点拜访他。

莫莱勋爵以极有魅力的、亲切友好的态度盛情地接待了我，他的行为举止自信从容，好一副英国绅士特有的派头。谈话中，我和他均没有半个字涉及我们之间发生过的那场关于过境的争斗，相互之间的理解也许只需一个眼神。

他告诉我，当地理学会主席达尔文先生和学会秘书斯科特-凯尔蒂先生请他在我的演讲报告会后"致答谢词"时，他当时，如他所

说，竟有一种舒适惬意的意外惊喜之感，偏偏请的是他。莫莱勋爵
将这一邀请视为真正的荣誉，而我也特别为之高兴，能在明天晚上
亲耳聆听他致答谢词。

在皇家地理学会俱乐部，我与达尔文先生、斯科特-凯尔蒂先生
一起快速用过晚餐，然后前往伊丽莎白女王大厅。大厅里已经座无
虚席，学会成员和来宾都聚集在那里，其中有不少拥有重要头衔的
知名人士。

我特别高兴的是，见到了不少以前在皇家地理学会和印度结识
的老朋友：老上校戈德温·奥斯丁（Godwin Austin）先生，他于
1861 年发现了喜马拉雅山喀喇昆仑山脉比珠穆朗玛峰低二百米的第
二高峰 K2①。特罗特尔（Trotter）上校，他 1873 年参加了弗塞斯
（Forsyth）先生的探险队，在喀什噶尔拜访了雅霍甫·伯克（Jakub
Bek②）。罗伯特·斯科特（Robert Scott）船长，他正准备开始给他
带来了严重后果的南极探险之旅。还有很多其他朋友。

出席报告会的还有当时人在伦敦的所有著名亚洲探险家，如荣
赫鹏（Younghusband）爵士、奥莱尔·斯坦因（Aurel Stein）阁下、
塞西尔·罗林（Cecil Rawling）先生等等。

---

① K2 峰，即乔戈里峰（Chogori），藏语意即"伟大的山峰"。戈德温·奥斯丁上校
  是第一个登上 K2 斜坡的欧洲人。
② 全名：穆罕默德·雅霍甫·伯克（Muhammad Yaqub Bek, 1820—1877 年），汉
  文史料称之为"阿古柏"。阿古柏是塔吉克族人，原为浩罕汗国将领。1864 年，
  清朝下辖的新疆各地回族、维吾尔族相继发动暴动。1865 年，喀什噶尔的回部
  请求浩罕汗国增援，浩罕可汗派阿古柏率军侵入新疆，建立了政教合一的哲德
  沙尔汗国。清廷派左宗棠出征新疆，收复了北疆的所有领土。1877 年，阿古柏
  突然死去，不久其势力被清军消灭。

学会主席达尔文先生起立，演讲大厅里嘈杂声迅即止息。他友好地致欢迎词后，请我上台报告中国西藏探险经历。

当然，我在演讲中没有提到旅行开始时遇到的政治上的周折和困难。我不时地离开讲桌，在讲台上自由走动，大多数时间是拿着手中的指示杆站在我在西姆拉总督府绘制的大地图旁。接下来是大约八十幅投影图片：民族民俗、地形地貌、寺庙以及地理草图。报告结束时，达尔文先生向我表示感谢，然后请主管印度事务的国务秘书莫莱勋爵上台致答谢词。

莫莱勋爵笑着站了起来，手上拿着一张显而易见是做了笔记的小纸片，除此之外，他的讲话是脱稿的，表现出很乐意充当答谢者角色的神情。当然，他的整个讲话内容已经送到了报社，2月9日伦敦的早报就已经全文刊登出来了。此外，他事先也阅读了我的演讲报告全文，因此，讲话中有不少地方涉及了我的报告内容。在皇家地理学会，这也是一件寻常之事，即，一个即将举行的报告会，报告者务必在一个星期前将报告的文字内容打印出来，寄给可能希望得到文字内容、以便根据文稿参与讨论的相关人士。

早报在刊登的莫莱先生讲话稿中特意补加上了括弧，插入了诸如"好啊、好啊"的赞同声以及"笑声"等烘托会场气氛的语气词。不过，后来发表在《地理新闻》专业杂志上莫莱先生的讲话就没有这些附加的括弧内容了。

布莱克本的莫莱先生在掌声中开始致答谢词，他说：

　　我提请，在所有在座人士一致赞同的前提下，对斯文·赫定先生的大会演讲表示衷心感谢。不仅仅只是所有的在座者，因为我确信，今天晚上的报告内容将会在斯文·赫定先生所到之处引起强烈的反响和好评（鼓掌声）。

他在他值得尊重、值得珍视的报告过程中，不仅仅只是报告了一个值得关注的伟大成就，而且还在我们的眼前展示出了一个完整的男子汉形象。他向我们展示的，正如他从学生时代就在世人面前表现出来的，不仅仅是一位具有天赋的地理学家，同时也是一位富有同情心的、有正义感的、拥有独特思想的人。所有探险旅行家们避之不及的、会带来众多麻烦的性格特征，我们的演讲者却乐意拥有。就我所知，在他的探险旅行中没有人牺牲，他也没有做过任何不受欢迎的事。在报告中，他还向我们袒露了一颗弥足珍贵的同情之心。我相信，我们中的很多人，也一定会在内心深处十分同情他关于爱犬的那段描述，会在情感上产生共鸣，当斯文·赫定讲述他望着即将与他别离的爱犬渴望的、探询的、可怜的眼睛，而他又不得不与爱犬告别的时候（鼓掌声）。

倾听了斯文·赫定先生的报告，使我感觉到，一位伟大的探险旅行家的生涯与使命与一位政治家的生涯与使命是如此地不一样（笑声）。他在报告中告诉了我们，他试图赶一群羊，而又不得不确定，他是一个没有赶羊天赋的牧羊人。但我要说，如果他真成了赶羊人、成了职业政治家，就会很快发现，政治家必要的天赋该是多么令人痛苦（笑声）。

我在这里提及这些，是因为我担心，斯文·赫定博士会相信，我这位主管印度事务的国务秘书，手中掌管着进出印度边境大门的钥匙，但面对他，却是一个有着铁石心肠的、冷酷无情的人。此外，还是一个令人恐惧的人（笑声）。他一定很想知道，我暗示的是什么，即，是在什么情况下，他越过印度边境进入中国西藏的想法是不受欢迎的。我不想犯令人不堪忍受的庸俗的过错，只是想过一会儿证明，我当时的决定并不是因为过分谨慎。

我相信，斯文·赫定博士今天晚上报告会上讲述的这许许多多，已经确切地表明他自己的决定是正确的。关于这些，我不想过多讨论，最终——可能我的这个决定是错误的——斯文·赫定博士今天晚上也得到了补偿，因为，他已经将我作为一个囚犯，还是一个不思悔改的囚犯，绑在了他凯旋的战车上（笑声）。而我这个当事人还十分高兴，能够站在这里，对他排除万难取得的伟大成就表示衷心的祝贺（笑声并鼓掌声）。

中国西藏这个话题，几年前还是政治上激烈争论的一个焦点，不仅仅是不同党派之间的意见不同，就连党派内部意见也不尽相同。很有可能，关于这个主题的探讨会再次活跃起来，也有可能，某些与之相关的要点的讨论会通过斯文·赫定博士的发现再次活跃起来。

他会在某一天，当然不是在今天晚上，部分地告诉我们这些有争议的问题。无论他还会告诉我们什么，我们都应该知道，这是一位最严格的、最正直可靠的和坚定不移的人在对我们解说，是一位付出了极大努力、在所有问题上都经受住了考验和磨难的人在对我们解说。

从他的书中我还知道，斯文·赫定博士并不只是局限于地理学上的发现，还在从事着历史学的研究。

正如会场上的表现，听了斯文·赫定博士今天晚上的演讲，我们都发自内心感到高兴。我们高兴的是，一位如此正直诚实、勇敢能干的人，取得了如此了不起的地理学成就，而且是面对面感受到的。我相信，有两到三年的时间，他就能将他所有的草图和笔记极富价值地整理出来。我们衷心地希望他在这一阶段也能像第一阶段那样成功地完成任务（鼓掌声）。

我认为我完全有理由作为代表，在这里，以这个大型的、可观的报告会的名义，对斯文·赫定博士在已经完成的演讲中显示出来的美好性格和渊博的地理知识表达我们的感谢和尊重（鼓掌）。因此，请允许我提议，用热烈的掌声向斯文·赫定博士再次表示我们诚挚的谢意（鼓掌声）。

莫莱先生的话音刚落，雷鸣般的掌声迅疾在大厅响起。无需置疑，他的话确实说的是自己。他在这里同时表达了两个意愿：一位科研者，踢开了前进路上所有政治上的绊脚石，完成了自己的使命。一位政治家，没有玩忽职守，也希望守卫印度大门的同仁们恪尽职守。作为一个政治家，莫莱勋爵骑士般地、风趣且机智地承认了我与他之间发生的对抗，并说明了他只是在尽自己的职业本分。

在莫莱勋爵讲话的时候，我就已经构思好了即席答谢的内容，我的答谢也获得了经久不息的掌声。在报告会结束之后，斯科特-凯尔蒂博士请我根据记忆将答谢发言整理成文，我的即兴答谢文将与演讲报告以及莫莱勋爵的讲话一起刊登在《地理新闻》杂志上。

我的答谢讲话是这样的：

　　请允许我，对英国皇家地理学会今天晚上举行的这一美好的、值得赞许的演讲报告会表示衷心的感谢。十二年前，我曾第一次有机会在贵协会，在世界上最有学问的、最著名的绅士面前讲话。打那以后，历届学会主席、董事局以及皇家地理学会的会员们都热情地款待我并给予了我大量的荣誉、赞赏和表彰。当我今天再次站在你们面前，我的感觉是，我不再是一位客人、一位外来人，而是朋友中的朋友，是你们中的一员。

　　这是我莫大的荣幸，聆听了学会主席达尔文先生刚才表达的受欢迎、最具恭维也最亲切友好的话语。这些话之于我是如此珍贵，因为我知道，主席的讲话同时也代表了董事局、代表了皇家地理学会的会员们。

　　刚才，主管印度事务的国务秘书莫莱勋爵提议，代表在座的各位向我表示感谢，我将其视为特别的荣誉。它如此珍贵，胜过了千言万语，这些话，我永远都不会忘记。三年前，我觉得莫莱勋爵是不仁慈的，尽管我当时也知道，所有他做的，都是在维护大英帝国的利益。在如此高的、责任重大的职位上，从维护大英帝国的利益出发，他当然会认为，任何个人的愿望、个人在探险科考旅行上的努力都只能放在第二位。不过现在，我在长达二十五个月走过中国西藏不为人知的地域之后，再回顾当时的处境则完全是另外一番光景了。

　　应该说，与我这次考察旅行相关的人中，没有任何一个人比莫莱勋爵履行的责任更加重大。当尊贵的印度总督以友善的方式试图交涉，为我获得在西姆拉-嘎托（Gartok）公路进入中国西藏的许可时，却被负责印度事务的国务秘书莫莱勋爵拒绝了。今天回头再来看，如果他当时让步了、同意了，又会发生什么呢？我势必会在西姆拉城组织一个庞大的行动笨拙迟钝的探险考察队越过边境，而如此庞大的考察队在中国西藏的什布奇（Shipki）山口很可能就会被藏人堵回来！不言而喻的是，这样的结果，对我的目标和金钱来说，意味着多大的损失。因为，一旦被堵了回来，我实际上就没有能力再组织起这样一支探险考察队了。

此外，莫莱勋爵向我展示了他伟大的职业素养。在我整个中国西藏逗留期间，他都按规定完全关闭了印度中国西藏的边境，其结果是，我可以独自一人在不为人知的地区尽其所能地详细考察，完全是一个人。我相信，今天在座的每一个人都能够理解，没有外人插足的考察对我意味着什么，特别是在地图上不为人知的地区已经不多了的前提下。如果因某一个原因有了新的协议而在此期间开放了边境，势必会令我担心，偏僻的邦戈巴区（Bongba）会涌进众多从事地理探险发现的旅行者，我预先为自己保留的、欲亲自去征服的部分探险区域估计就得拱手让给他人了。在我的人生信条中，我是不愿意与他人分享任何一个有价值的科考地点的，因为不少最具价值的、最重要的亚洲地理问题正是在这些地图空白点上。

所以我说，没有任何一个人像主管印度事务的国务秘书莫莱勋爵那样帮了我一个大忙，这并不是一句空话。如果说三年前——当然只是在一个相当短暂的时间内——我不喜欢他、不认可他，那么我希望，允许我从现在开始直至我生命结束，都视莫莱勋爵为我最好的朋友。

今天晚上，这场由英国皇家地理学会主席先生和会员们为我举办的主题报告会，我视为是过去这些年得到足够嘉奖后的又一次新的、令人高兴的崇高荣誉。

最后，我想再一次向在座的尊贵客人们表示最衷心的感谢。感谢你们今晚的光临，感谢你们奉献好几个小时的宝贵时间，来听我讲述最后一次在终年积雪的、在喇嘛以及神秘的六字大明咒"唵嘛呢叭咪吽（om mani padme hum）"所在的、充满无穷魅力的中国西藏地区的探险科考经历。

我的讲话多次被会场上的鼓掌声打断，当我讲完最后一句话走向莫莱勋爵紧紧握住他的手时，又是一阵雷鸣般的掌声响起。

在 1909 年秋末，当我将《外喜马拉雅山》一书寄给莫莱勋爵后，马上收到了他下列回复：

1909 年 10 月 13 日

印度事务办公室

怀特鲍尔·S.W.

尊敬的斯文·赫定博士：

非常感谢您 10 月 9 日写来的信，更感谢您寄来的了不起的大作《外喜马拉雅山》。我十分高兴拥有这份珍贵的礼物，同时带着惬意的心情想念著名的书的作者。

您忠诚的

布莱克本的莫莱

这封信和我之后的回信是我与莫莱勋爵的最后一次接触。

世上还没有人像他那样——有意或者违背意愿地——干涉和影响了我的命运，尽管这种干涉对我而言是幸运的。

我怀念他，也感谢他、钦佩他。

奥匈帝国皇帝弗朗茨·约瑟夫

(Kaiser Franz Joseph)

1948年，距年仅十八岁的大公爵弗朗茨·约瑟夫①在哈布斯堡（Habsburger）登上皇座的日子已经过去整整一百个年头了。当我1915年夏季与他最后一次见面时，欧洲最重的这顶皇冠顶在他的头上也已经有了整整六十七年的光景。

1898年、1902年和1909年，我曾在维也纳霍夫堡皇宫受到弗朗茨·约瑟夫皇帝陛下的三次接见。接见的过程都一样，简单而又实在：一个侍从官出来迎接我，然后将我带到大厅，比约定时间早上一分钟，指着一扇门对我说：

"您不需要知会直接进去就可以了，皇帝陛下在下一个房间里等着您。"

---

① 弗朗茨·约瑟夫（Franz Josef, 1830—1916年），奥地利帝国和奥匈帝国皇帝（1848—1916年）、十九世纪到二十世纪初中欧和南欧的统治者。在长达六十八年的统治中，他获得大多数国民的敬爱，因此在晚年被尊称为奥匈帝国的"国父"，成为奥地利的标志性存在。1916年，因肺炎发作于维也纳驾崩，终年八十六岁。

我通过双重门走进一个小办公室，皇帝陛下坐在办公桌旁。他动作灵活地站起来，微笑地与我握手，并请我坐下。皇帝陛下的第一句话往往是询问瑞典国王陛下的身体健康状况，然后才会询问我有关亚洲地理问题以及亚洲政治形势。同样，他对我的旅行和探险发现也十分了解。

1915 年的夏季是弗朗茨·约瑟夫皇帝陛下最后一次接见我，也是他逝世的前一年。我当时是加利西亚（Galizien）战役中德国陆军元帅马肯森（Mackensen）将军的客人，受邀在伦贝格（Lemberg）城的一个阳台上观看凯旋的军队通过城市。在参观了喀尔巴阡山脉（Karpathen）奥匈阵地和战壕之后，我临时决定，回瑞典之前在我的老朋友驻维也纳（Wien）公使约阿希姆·贝克-弗里斯（J. Beck-Friis）先生处小住几日。

大战前的维也纳，外表上人们还感受不到太多，生活的脉动仍像往常一样，但气氛是严肃的。维也纳人具有的无忧无虑、舒适惬意的生活特征消失了。夏天的太阳闪耀着光芒，热空气在大街小巷颤抖。

7 月 4 日，我要在维也纳美泉宫（Schönbrunn）晋谒老国王。

这座处于封闭状态的、查理六世女儿玛利亚·特雷西亚（Maria Theresia）的宫殿庄严雄伟，梦幻一般地坐落在宫殿花园茂密的绿草坪上。拿破仑（Napoleon）一世权力登峰造极时曾在这里住过，他的儿子拿破仑二世冯·赖希施塔特（von Reichstadt）公爵，也是在拿破仑的传说渐渐消失的时候在这里去世的。

弗朗茨·约瑟夫皇帝陛下在长长的人生中忍受了残酷无情的考

验，回顾他生命的最后阶段竟是一系列悲剧性的记忆：他的兄弟，墨西哥（Mexiko）皇帝马克西米利安（Maximilian①）一世被枪决；他的夫人伊丽莎白（Elisabeth）王后被意大利一位狂热的偏激者谋杀；他唯一的儿子，皇位继承人鲁道夫（Rudolf）在梅耶林（Mayer-ling②）殉情自杀。最后，新的皇位继承者弗朗茨·斐迪南大公（Franz Ferdinand③）在萨拉热窝（Sarajewo）又成了塞尔维亚黑手党谋杀者的牺牲品。也正是"萨拉热窝事件"这一罪恶行径成为一个火星，燃起了全球大火。

弗朗茨·约瑟夫一世通过他诚实正直的态度和立场，自由的、卓越的治国才能以及他的个人魅力，将世界上类型不同的君主国联合在了一起，所有十一个君主国都对他顶礼膜拜，崇敬他并热爱他。

在第一次世界大战期间，如人们多次议论的，皇帝的个人魅力是将君主国联系在一起的牢固纽带，他的死将会导致奥匈帝国的崩溃！因此，他将这一意识作为自己担负的责任，也作为自己延年益寿的生命活水。

---

① 马克西米利安一世（Maximilian I，1832—1867年），是十九世纪中叶受邀到墨西哥任君主的欧洲贵族。马克西米利安于1864年到达墨西哥，被人民接受为墨西哥皇帝。后被贝尼托·华雷斯（Benito Juarez）领导的自由军俘虏，于1867年被处决。

② 史称梅耶林惨案或梅耶林事件，指1889年1月30日清晨发生的、奥匈帝国皇太子鲁道夫及其情妇玛莉亚·韦切拉在梅耶林猎宫自杀的事件。

③ 弗朗茨·斐迪南大公（Franz Ferdinand，1863—1914年），奥匈帝国皇储，弗朗茨·约瑟夫一世皇帝之弟卡尔·路德维希大公之长子。弗朗茨·约瑟夫一世的独子皇太子鲁道夫于1889年1月30日自杀后，他成为皇位继承人。1914年，他与妻子苏菲视察奥匈帝国波斯尼亚和黑塞哥维那的首府萨拉热窝时，被塞尔维亚民族主义者普林西普刺杀身亡。"萨拉热窝事件"进而成为第一次世界大战的导火索。

弗朗茨·约瑟夫皇帝是整个世袭剩下的最后一个君主，在他的眼前，侯爵们一个个诞生、成长、衰老、死亡，为后代腾出位置。他经历了四代瑞典国王，所有在 1848 年左右登上了王座的君王们都先后离世，只有他，经历七十年政治上的风风雨雨仍稳坐在皇位上。最后，在 1914 年的夏季，他还遭遇了第一次世界大战的爆发。

为避免可怕的灾难，保护和平环境，他作出了所有可能的努力，但他不能放弃君主国的荣誉和尊严。他号召国人参军从武，所有国人也都响应年迈君主的号召。但同盟国的报刊却指责他挑起了战争，因比利时而投入战争的、骑士般的英国认为，皇帝能够咽下萨拉热窝谋杀事件带来的挑战。但弗朗茨·约瑟夫皇帝的看法是，由俄罗斯支持的塞尔维亚对君主国具有的巨大危险也如比利时被德国占领给英国带来的危险一样。

1915 年 7 月 4 日，星期日，我在美泉宫大前厅由担任副官的匈牙利上校接待，利用等待的间隙，上校给我讲述了皇帝的日常生活，直到挂钟敲响一点。

"皇帝陛下在等待着与您交谈，博士先生！"匈牙利上校说道，并打开一扇门，让我走了进去。

我来到一个有两堵外墙的大边角房间，窗外是漂亮的公园，皇帝正双手交叉在背后来回踱步。听到我进来的声音，他很快转过身，伸着手臂向我走了过来，说道：

"欢迎欢迎，博士先生！我们还是六年前见过面的。"

尽管皇帝年事已高，但不论从身体上还是从精神上看都还是生机勃勃、精力充沛的。瘦高的个头，风度高雅地高昂着那个令世人瞩目的头颅。蓝灰色的眼睛里透露出的眼神是平静的、高贵的、富有尊严的。鼻梁丰满、额头高阔、秃顶，髭须和络腮胡雪白。那张面对十一个民族、用十一种民族的语言对几代人说过聪明的、谅解的话的嘴对着客人时总是带着亲切友好的笑意。

在走向窗前办公桌的时候，尊贵的皇帝陛下请我落座。

几乎在所有的时间里，皇帝陛下都在与我谈论战争，他令人惊叹地表现出对战争的了解。每一个奥匈部队的前线位置、不同战场上的指挥官是谁、他们各自的任务是什么，他知道得都十分清楚。他还要求我讲讲在前线的访问以及获得的印象。当我讲到在科勒密雅（Kolomea）以及在布科维纳（Bukowina）做过演讲报告时，他问我，是否见到了冯·弗朗泽-巴尔丁（von Pflanzer-Baltin）大将以及波普（Popp）、菲舍尔（Fischer）两位将军，是否见到了弗里德里希（Friedrich）和约瑟夫（Joseph）两位大公爵，又分别在什么地方见到的。他十分热情、钦佩地谈起了陆军元帅康拉德·冯·赫岑多夫伯爵（Conrad von Hötzendorff）以及陆军元帅为君主国、为皇帝陛下立下的丰功伟绩。他感到很高兴，我作为客人能在康拉德元帅的大本营里住上几天，每天都能与陆军元帅会面。提到喀尔巴阡山前线时，他还想知道，我是否拜访了弗雷德里希·冯·巴斯莫（Friedrich von Bothmer）将军，并补充说道：

"他是德国巴伐利亚（Bayer）人，指挥着普鲁士军队。"

他特别感兴趣的是德国陆军元帅马肯森将军在加利西亚的军事突破。我当时作为马肯森将军的客人随军去了伦贝格，访问了柏姆-厄尔默利（Böhm-Ermolli）将军的军队，目睹了柏姆-厄尔默利将军的这次军事行动。

皇帝陛下对各个战场的形势了如指掌，有时候，他的谈话会远离我介绍的重要热点，也正好说明，即便是战场上的次要事件他也知道得十分清楚。言谈中明显地使人感到，他很有兴趣向我表明，对于战场，他知道得要比我多。不容置疑的是，他还希望我明白，他没有有意庇护某些军队，所有拥戴他皇冠的十一个民族都平等地放在他的心上。

他也谈到了意大利，他说，没有什么比意大利退出三国军事联盟更加痛心的了。他承认，意大利的退出导致局势以及德国、奥匈帝国的前景变坏。

最后，他瞥了一眼手表后友好地说道：

"好了，我也不想耽误您太多时间，博士先生！"说完站了起来，陪我走到门边，我们又说了下面一番话缓解情绪：

"现在，您告诉我，博士先生，您一定会写一本书，记录在我们前线的所见所闻，是吗？"

"是的，陛下！"我赶紧回答：

"我想记述我在东部战场的所见所闻，在陛下您这里经历的荣耀和幸运时光将是这本书中最精彩的最后一个章节，因此我还希望，能得到允许，用陛下的一张照片为这本书增添光彩。"

"当然愿意！如果您有相机，我们现在就可以去公园，您可以为我拍上几张。"

"遗憾的是，我今天没有带照相机，陛下！"我抱歉地解释。

"那也没有关系，我可以寄给您一张。"皇帝陛下答应得十分爽快。

我人还没回到斯德哥尔摩，在奥匈公使馆就收到了有皇帝陛下亲自签名的、镶嵌在精美镜框里的照片，也就是读者现在书中看到的这一张。

当我最后表达良好印象，认为皇帝陛下如此健康、如此富有活力时，他笑了笑谦虚地说道：

"啊哈，这只是表面的！在我长长的生涯中，什么都经受了，最后还要经受这场大战。"

"每天都有数百万人为陛下的健康和幸福在向上天热切祈祷。"

"是的，我非常感谢！但年老是自己的一种疾病，无药可治。"

带着友好的微笑，皇帝陛下又紧紧地握住我的手，待门打开，又挺直身板大步稳重地走回自己的办公桌。

这是我最后一次与欧洲最高贵、最年迈的绅士会面——一位在各方面都称得上高尚的贵族，一位值得全民族尊敬的榜样，一位虔诚的、敏锐的、正直的君王，一位一心为了团结、为陈腐的、破碎的君主国谋福祉的君王，一位能感觉到自己的责任并尽心尽力维护和平的皇帝和国王，一位在他以及他帝国的尊严需要的时候能毫不犹豫出击的领头人。

二十年后的 1935 年 10 月，我从亚洲探险回来后又收到奥地利地理学会的邀请在维也纳做了一场演讲报告。在此期间，我参观了位于维也纳嘉布遣会修士教堂（Kapuzinerkirche）里的皇帝陵墓。在伊丽莎白女王以及鲁道夫大公爵两个石棺之间躺着的是皇帝陛下弗朗茨·约瑟夫先生。在戴了六十七年的皇冠和君主国王的王冠之后，他终于找到了安宁和平静，远离了失败和退位的苦楚。

1935 年的维也纳也正上演着命运的悲剧，六十五年来一直存留在我记忆中维也纳的美好感觉被打破了。

1886 年，我第一次来到多瑙河（Donau）畔这个美丽的城市，当时的维也纳充满着浪漫祥和的气氛，处处是繁华热闹的实景生活。约翰·斯特劳斯（Johann Strauß）亲自指挥着他的管弦乐队，用永恒的华尔兹舞曲开启了宫廷舞会的序幕。多彩的圆舞曲《多瑙河之波》和《维也纳气质》在宁静中、安详中回响。圆舞曲是维也纳人亲切和蔼以及快乐友爱性格特点最古典的表达方式。当乐队奏出最后一个音节，舞厅会爆发出令人难以形容的欢呼声，当大师第二次走向台前，舞步会开始缓缓滑动。

世纪之交的维也纳城仍充满着它独特的、古典的魅力，人们的生活还在传统的轨道上运行。只是到了 1914 年，形势才开始严峻起来，尽管斯特劳斯的华尔兹还是那样迷人，但人们的舞步却不如从前了。舞厅改建成了野战医院，舞步走到了旷野，回到了私宅，或者干脆进入了死寂的坟墓。然后是 1918 年奥匈帝国的解体和接下来的决定了奥匈君主国命运的和平。

1935 年的维也纳，美丽庄严的霍夫堡与美泉宫里已经没有皇帝了，只有一位联邦总统威廉·米克拉斯（Wilhelm Miklas）先生和联邦总理库尔特·许士尼格（Kurt Schuschnigg）先生。三年后，奥地利与第三帝国联盟，许士尼格总理被监禁。

在弗朗茨·约瑟夫登上皇位一百多年后的今天走进这个国家，我已经没有什么要求和愿望再见到维也纳了。维也纳已经被战火严重蹂躏摧残，被一个贪得无厌的胜利者夺去了自由。

　　《多瑙河之波》虽然还没有失去它富有魅力的旋律，但人们听到的，仿佛是一种来自遥远的梦幻世界的声音，一阵来自长久被遗忘的年代的回响。

德皇威廉二世

(Kaiser Wilhelm II①)

1889 年的秋天，我住在柏林弗里德里希大街上一栋大楼的房间里，离与大街同名的火车站不远。一个大清早，我听见远处响起了轻快的军乐进行曲，声音越来越近，军鼓和军号隆隆的回响声也越来越大。我赶紧下楼冲上了街头。

走在皇家卫队最前面的是一位骑着高头大马的年轻军官，一身华丽的军装在阳光下闪耀着银色和白色的光芒，缀有金鹰翅膀的头盔下，两只灰蓝色的眼睛严肃地扫视着站立在人行道上看热闹的柏林市民。

骑马者就是德皇威廉二世，登上霍亨索伦（Hohenzollern②）王

---

① 全名：弗里德里希·威廉·维克托·阿尔贝特·冯·普鲁士（Friedrich Wilhelm Viktor Albert von Preußen，1859—1941 年），史称威廉二世，末代德意志皇帝和普鲁士国王，1888—1918 年在位。他是一战主要策划者和闪电战计划的创始人。迫于战败和国内压力，1918 年 11 月 28 日威廉二世退位，流亡荷兰。1941 年，威廉二世在荷兰惠斯多伦庄园病逝，葬于多伦庄园。

② 霍亨索伦王朝（Hohenzollern），为德意志帝国（1871—1918 年）的主要统治家族。1871 年，普鲁士国王霍亨索伦家族的威廉一世成为德意志帝国皇帝，1918 年德国十一月革命爆发后，霍亨索伦家族的统治被推翻。

朝皇位才一年有余。年轻的君王昂首挺胸骑在骏马上，严肃的神情
体现出了他身居德皇高贵地位担负着重要责任的思想意识。时不时，
他会将右手举至头盔，答谢围观人群的问候。不过，动作是机械的，
不带半点笑容，好像对围绕着他的那份民众热爱完全无动于衷。

　　我完全被这一辉煌的场景给吸引住了。

　　在年轻的德皇执政期间，欧洲会经历些什么，这在当时还是空
白的一页。他的人生会给德国和世界带来幸福吗？当时的我根本想
象不到的还有，我竟会在经过一代人的岁月之后，在一个陌生国度
的一座小庄园里与他面对面坐在一起。而在那里，他只是一位被人
遗忘、被人仇恨的流亡者——没有了皇冠也没有了国家。

　　而柏林那个难忘的秋日，德皇威廉二世的形象是令人印象深刻
地、谜一般地从我的视线中消失的，随着皇家卫队恢宏的军乐进行
曲渐渐消失在了远方。

　　我与威廉德皇陛下的第一次交谈是在 1903 年的新年，我从中国
西藏探险考察返回仅半年光景，德皇陛下从冯·李希霍芬（von
Richthofen）教授处得知了我赴中国西藏探险考察的消息。更使我感
到意外的是，一天早晨，德国文化大臣施密特-奥特（Schmidt-Ott）
博士授予我皇冠勋章。在此之前，德皇陛下还特别差人就能否授勋
于我问过瑞典奥斯卡国王。与此同时，我又收到邀请，参加在柏林
王宫举行的大型新年招待会。

　　我与瑞典驻德公使阿维德·陶布（Arvid Taube）伯爵一道开车
前往王宫，抵达了云集军界大腕、政府要员、各路嘉宾以及身穿仪
仗制服宫廷工作人员的新年招待会大厅。大厅的天花板上装饰着黑

鹰图案，故被称为"黑鹰厅"。参加招待会的嘉宾根据级别和地位分成组，所有外交使团的负责人都身着华丽的检阅服、佩戴闪亮的各类勋章站成一排，只有美国大使穿着简单的燕尾服，没有佩戴一枚勋章。瑞典公使陶布伯爵穿的是骑兵卫队漂亮的蓝色检阅制服，佩戴着带黑色绥带的北极星勋章。

一位宣谕官呼叫：

"皇帝和国王陛下驾到！"

德皇威廉二世喜欢检阅和华丽，十分享受这光彩夺目符合他特点的气氛。只见他高昂着头，迈着稳健的步伐走进大厅，君主的神情一如既往是生硬的、严肃的。他的眼光一一扫过来宾，然后走向集中了各国外交使节的团队。他首先在美利坚合众国大使身前驻足，与他交谈的时间比与其他任何一个国家使节交谈的时间都要长。

在外交官们、陆军、海军武官们分别获得德皇陛下的恩宠后，陶布伯爵给了我一个手势，现在轮到介绍我了。

与威廉二世交谈可不是什么艺术，他自己先说了起来：

"很高兴见到您，博士先生。我对您并不陌生，我一直深感兴趣地关注着您的亚洲探险活动。有时候会有关于您的旅行报道寄给我，我也都读了。您关于游移湖的发现特别吸引我。您在那里找到的文明踪迹已经存世多少年了？"

我简短地回复了这一问题。接着他又对中华帝国、天子和龙座提出了几点评论，并指着天花板上的黑鹰说道：

"您看看我们古老的黑鹰！知道吗，我总是心存疑虑，它是不是模仿了中国龙的风格。"

当然，反对的意见在这里是不便提出来的，我的回答是，皇帝陛下的设想很可能是艺术史上一个有兴趣的新发现。

最后他问我，在旅行中是否见到了亚历山大大帝（Alexander des Großen①）远征军的足迹。

我回答说："是的，陛下，一般来说，在目前精准绘制的关于俄罗斯突厥斯坦、波斯、俾路支斯坦和印度地图的引导下，在西亚追随马其顿统帅的足迹是十分容易的。使我特别惊讶的倒是这样一个事实，对亚历山大大帝，尽管在此期间，地球上已经过去了两千二百年，但他在东方民族的记忆中还是那么清新和鲜活地保留着。他一定将当时已知的世界空前规模地扩大了、延伸了，改变了人们对世界的认识，实在令人匪夷所思。一个君王能通过他的所作所为在人民心目中留下如此深刻的印象，以至于他的名字伊斯坎达（Iskander②）数千年来为人民所敬重和钦佩。还没有一个人的伟大能使我感到如此敬佩、印象如此深刻。"

德皇陛下专注地听着我的讲述，短暂沉默后只说了一句话：

"太伟大了，非常了不起！"

德国首相比洛（Bülow③）侯爵一直满脸笑容地注视着我与德皇

---

① 马其顿的亚历山大三世（公元前 356 年—前 323 年），古希腊马其顿王国的国王，是古希腊著名王室阿吉德王朝成员，世称亚历山大大帝。亚历山大出生于公元前 356 年的佩拉，二十岁时从父王腓力二世手上继承马其顿王位，在统治期间一直都进行前无古人的大型军事征服活动。三十岁时，他建立了当时疆域最大的帝国，范围覆盖希腊、小亚细亚、埃及、波斯、两河流域、阿富汗以及印度西北部。他在战场上从未被击败过，被认为是历史上最伟大的将军之一。"亚历山大"意为"人类的守护者"。
② "伊斯坎达"为"亚历山大"这个名字的阿拉伯语发音。
③ 全名：伯恩哈特·海因里希·卡尔·马丁·冯·比洛（Bernhard Heinrich Karl Martin von Bülow, 1849—1929 年），德国政治家，1900—1909 年间任德意志帝国首相。

陛下之间的谈话。他一定深感惊讶地在问自己，来自瑞典的中国西藏探险行者向皇帝陛下讲了些什么，以至于陛下会忘记其他客人，屈尊与他交谈这么长的时间。

几年后，德皇内阁由于越来越个人化，批评声日渐尖锐和激烈。

1908 年 11 月他在《每日电讯报》发表公开言论①触发了一场真正带有危险的内部危机。不用怀疑，他是带着良好的愿望走出这一步的，但是，他的话却触及了德英关系以及德日关系。在国会，德皇受到了所有党派的攻击，导致他必须公开表态，保证今后不再插手政治问题。由于首相比洛先生在国会完全没有支持他，他令首相在 1909 年夏天离职。

当我 1909 年 2 月再次来到柏林的时候，这一事件引起的政治风波越来越高。人们都在议论德皇陛下的妥协，说他为此十分伤心。德皇陛下的生活也变得相当低调，近乎隐退，避开了几乎所有的公开露面。因此，当他接受地理社团理事会的邀请，出席 3 月 12 日在克罗尔（Kroll）剧院举行的、我的"外喜马拉雅山"探险考察演讲报告会时，在社会上还引起了一定的轰动。

德皇陛下与皇后奥古斯塔·维多利亚（Auguste-Viktroria）女士端坐在包厢里，德皇陛下更像一尊沉默的佛像，一动不动地坐着听

①　德皇威廉二世 1908 年接受英国报章《每日电讯报》的访问时，本想借此机会宣扬德英的友好关系，却逞口舌之快，冒犯了英国、法国、俄国以及日本。他指出，德国人并不喜欢英国人，法俄两国曾煽动德国干预第二次布尔战争以及德国的海军扩张是针对日本，而非英国。他这番激进的言论，连他的部下也噤若寒蝉。首相比洛也因为没有适当地编辑并取舍当天的访问记录，被威廉二世辞退。

了整整两个小时，面部表情比以往任何时候都更显阴沉、严肃。只是我在演讲中插入几句笑话时，他才会不由自主地露出笑容。

报告结束后，我受邀来到了德皇陛下的包厢。在那里，皇帝对我的演讲表示感谢，并祝贺我获得地理学会授予的大洪堡金质奖章。我也向德皇陛下表达了获得这一艺术及科学大金质奖章的感激之情。

德皇陛下回答说：

"是的，博士先生，这是一个伟大的嘉奖！"

他请我，复制一份绘制的中亚大地图寄给他，并说：

"这样一来，我就能对老的亚洲地图进行修正了。"

很多德国朋友在这个晚上对我表示了谢意，感谢我带着喜马拉雅山清新的山风短时间地驱散了笼罩在皇帝陛下思想上的阴霾。

又过了好几年，到1914年8月1日第一次世界大战爆发，人们能够想到的是，大国间的这一实力角逐，将会把人类历史带进一个新的时期。所有在未来、在我生命经历的以及今后更长的时间里，地球上发生的一切，都将会在一定程度上打上这场战争的烙印，都会受到这一事件的影响和支配。

因此我决定，在战争期间进行战事访问，前往战争的后方和大本营，为现代战争留下一个清楚的图像。谁要是只读战争中的电文和报纸报道或者只是在战争结束之后阅读书市上海啸一般铺天盖地描写战争的书籍，那他得到的对这场新的战争的认识就一定是不清晰的，就不会有阅读历史书籍中关于冷兵器时代的战争描写那么逼真。

我去德国驻瑞典斯德哥尔摩公使冯·赖歇瑙先生处，请他给我弄到一张前往西部前线的许可证。他回答说，这张许可证只有德皇陛下才能颁发，并承诺，会继续向上转达我的申请。

大约一个星期以后，收到回复，皇帝陛下恩准了我的申请，只需要去求助在柏林的汽车志愿团就可以了。我在汽车团得到了一辆汽车，骑兵上尉冯·克鲁姆（von Krumm）先生随我同行。

德军司令部的所在地是保密的，我们必须像猎犬一样一程一程地顺路搜索过去。终于到了将车钥匙拔出来的地方，司令部坐落在卢森堡城。

我的第一个访问者是住在科隆宫里的总参谋长冯·毛奇（von Moltke①）将军，他也是我多年的老相识。他给我讲解了战场局势，并给了我一张"证件"，有了这张证件，所有的指挥机构都会协助我的采访。此外，他还授权我可以"列席所有军队里的大小活动"。

晚上，我与首相冯·贝特曼（von Bethmann②）、外交大臣冯·贾格夫（von Jagow）、总参谋长冯·法金汉（von Falkenhayn③）以及海军大元帅冯·提尔皮茨（von Tirpitz④）一道共进晚餐。在斯达尔（Staar）酒店，我又收到请柬，第二天中午一点在德皇陛下处共

---

① 全名：赫尔穆特·卡尔·贝恩哈特·冯·毛奇（Helmuth Karl Bernhard von Moltke, 1800—1891 年），通称老毛奇，普鲁士和德意志总参谋长，军事家，德国陆军元帅。

② 全名：特奥巴登·冯·贝特曼·霍尔维格（Theobald von Bethmann-Hollweg, 1856—1921 年），1909 年至 1917 年间任德意志帝国首相。

③ 全名：埃里希·冯·法金汉（Erich von Falkenhayn, 1861—1922 年），德国军事家、步兵上将，1914 年至 1916 年间任德军总参谋长。

④ 全名：阿尔弗雷德·冯·提尔皮茨（Alfred von Tirpitz, 1849—1930 年）德意志帝国第一位海军元帅。

进午餐。

我坐进值星军官海军大将冯·恭扎德（von Gonzard）将军的座驾，随他驱车前往卢森堡德国公使馆皇帝陛下的住处。街道已经用横木拦住了，只有经仔细盘查后，横木才会举起允许入内。

德皇陛下的住房位于二楼，在一楼的办公室里，画架上搁着一张描述全部战场位置的大幅军用地图，彩色图钉标出了各部队所在的位置。办公室的后面是一个小餐厅。

德皇身边的官员我也认识一些，如司令部司令冯·普勒森（von Plessen）大将和祖上是瑞典人、能说一口流利瑞典语的海军内阁主任冯·穆勒（von Müller）上将。其他在场的人中还有中将男爵元帅特伦特勒（Trentler）公使、值星侍从武官冯·穆蒂乌斯（von Mutius）先生、普勒斯（Pless）侯爵、阿尼姆（Arnim）伯爵以及私人医生伊尔伯格（Ilberg）大夫。大家都在国务总理的办公室里候着。

当时钟敲响中午一点，餐厅前厅的门准时打开，德皇陛下走了进来，所有的目光齐刷刷地盯向了中等个头、健壮有力的德皇陛下。人们感觉，此时正站在一个重权在握、意志坚定、行事果敢的男人面前，站在一个被越来越多的世界风云事件围绕着的强人面前。就是在这个大本营里，最高参谋部最终作出影响战争进程的各项重大决策。

战争才打了一个半月，敌方现在就已经在四处散布：

"德国将被彻底击溃！"

德国人则用合唱歌曲《守卫莱茵》予以回应：

亲爱的祖国，请放心！我们坚定不移，忠诚地守卫莱茵！

　　现在，站在这里的是这个国家最高的，整个民族最信任的，也是敌方最仇恨的、害怕的、要中伤诽谤的军事统帅。但是现在，历史性的大战在他的身边呼啸，战争将会对他和他的帝国带来巨大的灾难。他是世界关注的焦点，他的名字高高卷起争论的浪头，他的意图被篡改，他的话被错误地解释，他的所作所为受到谴责。

　　但今天走进来的不是皇帝兼国王的德皇威廉二世，不是卡尔五世①，而是一位身穿普通灰色军装的现役军官，双排纽扣、黑色长裤、黄色的高腰皮靴，没有装饰，只有小的黑白两色铁十字绶带。

　　德皇陛下的眼光扫过所有在场的军官后停在了我的身上，然后紧紧握手向我表示欢迎，灰褐色的眼睛里包含着悲伤和严肃。他的话轻轻流出，但表情丰富，军人化的语言简短有力，没有搜寻言辞讲究措辞的停顿，也没有以前常有的粗暴和时不时流露出来的滑稽和讽喻。

　　就餐时，德皇陛下的左边坐着冯·穆勒先生，右边坐着我。对面是冯·恭扎德将军。桌子上铺着一块没有装饰的朴素桌布，陛下的座前放着一个金器小响铃，如果需要新上一道菜，陛下就会摇响金铃。同样是这个小金铃，十年后还放在他流放荷兰的多伦（Doorn②）庄园

---

①　卡尔五世又称查理五世（Charles V, 1500—1558 年），神圣罗马帝国哈布斯堡王朝皇帝（1520—1556 年）、尼德兰君主（1506—1555 年）、德意志国王（1519—1556 年），西班牙哈布斯堡王朝首位国王（1516—1556 年）。查理五世利用社会矛盾，采取一系列改革措施，建立了统一的专制王权，使西班牙得以争霸于欧洲，其本人也成为十六世纪欧洲最强大的君王之一。

②　全名：惠斯多伦（Huis Doorn）是荷兰多伦镇的一座庄园，德皇威廉二世流亡期间居住在这里。惠斯多伦庄园始建于九世纪，十四世纪重建，十九世纪再次重建成如今的形式。

里。席间有一道汤、一道肉菜，还有水果和红酒。

就餐结束站起身来时，我还像饿狼一般，一道道菜上得快但也撤得快，我根本就来不及品尝，因为德皇陛下一直在滔滔不绝地对着我唠叨。陛下只能用一只手吃饭①，但丝毫不影响他吃饭的进度。他的叉子上有一个刀刃，用这个特殊的餐具，能够灵巧地、毫不费劲地切着肉。

首先，他谈到了五年前听过的我的探险报告。中国西藏是地球上少有的一个没有受到这场战争侵扰的地区。然后他开始谈席卷整个欧洲的这场战争风暴以及风暴中的重要事件。

谈到法国时，他带着极大的同情并抱怨道，他的军队越过法国边界实际上是违背他的意愿而采取的一个不得已的行动。但他相信，这个时代是一定会到来的，即德国人与法国人仍然会像朋友一样地居住和生活在一起。为了这个目的，他努力工作了二十五年，他希望，战后会有一个新的秩序出现。

德皇陛下的话是这样说的：

"德国与法国之间的谅解将完全构筑在未来建立起来的、坚如磐石的和平堡垒基础之上，但我们首先要战胜无法预料的、数量众多的由四个大国向德国边境以及向德国占领区压进的敌军军团，然后才会得到一个在方方面面来说富有尊严的、有保障的和平，直至最后达到共享的、牢固的世界和平。"

---

① 由于德皇威廉二世出生时臀部先露出，因而罹患了厄尔布氏麻痹症，以至于左手萎缩残疾。

在所有的事务上，德皇陛下都信奉仰仗上帝，但他也信赖德国民众和赢得了节节胜利的强大德国军队。他希望强大的德国海军舰队能尽快在大西洋上找到展示其雄厚实力的机会。他深知战士们拥有勇敢和视死如归的精神，信任率领士兵们作战的德国军官。

话题回到法国人时德皇陛下又说，如果法国人能真正认识到他对待法国人的这一观点，就不会这么严厉地谴责他了。

用过餐后，大家又聚集在国务总理的办公室里抽雪茄和香烟，站在一起又聊了一会儿。关于战场形势，德皇陛下认真地给我上了一课，让我明白了他的想法和希望。他的话，富有男子汉的力量，没有丝毫骄傲自负的痕迹，即便谈到敌方，他也没有流露出憎恨的语言，只是相对动情地、极具说服力地阐述了德国的伟大和不可战胜。其他八位在场的军事将领们也只是仔细倾听，实际上只有德皇陛下一人在说。听德皇陛下的讲解会使人得到这种感觉，即，一方面他有能力应对这场战争，但另一方面内心深处又很厌恶这场战争。

我在参观了第五集团军和在斯特奈（Stenay）王宫拜访了德皇太子后，又接到了会见德皇陛下的邀请。出席这次会见的还有冯·普勒森大将、冯·赖歇瑙公使和军官冯·布施（von Busch）先生。德皇陛下的军中传教士以及两位副官会见时也在座。

德皇陛下几乎没有对我的到来表示问候就从口袋里掏出一封信递给我说：

"您先读读这封信吧！"

在德皇陛下与其他人交谈的时候，我开始读信。信是军队中一位中士写的。中士简洁地、未加渲染地向最高军事统帅报告，王子约阿希姆（Joachim①）负伤的时候，他就在王子身边。他高度赞扬了王子战场上的勇敢作为，称王子为所有士兵作出了表率。

"您对这封信怎么看?"皇帝陛下问道。

我赶紧回答：

"收到一位普通士兵写的这封信，陛下应该感到高兴才是。"

"您说得很对，没有什么比收到这封信更令我高兴的了。这封信，使我看到了人民的忠诚，看到了我与军队之间的血肉联系。我会将这封信保存在最珍贵的文献档案里。"

德皇陛下继续说道：

"如您所见，我们霍亨索伦家族的血也在战争中流淌。我的六个儿子和一个女婿投身了这场战争，许多德国侯爵也都战斗在最前线，不少人已经为国家光荣捐躯了。"

接着，谈话转到了我在第五方面军的所见所闻，陛下很希望从我这里得到不同部队以及对部队军事长官真实印象的报告。

晚餐时，我与德意志帝国首相冯·贝特曼·霍尔维格先生在一起，首相却向我倾诉了对这场不必要的毁灭性战争的忧虑和苦衷。

在我对 1914 年秋季西部前线数月考察的记忆中，11 月 1 日星期日这一天占据着一个特殊的位置。

上千年来，天主教堂都会在 11 月 2 日万圣节这一天悼念亡灵，

---

① 全名：约阿希姆·弗朗茨·赫伯特（Joachim Franz Hubert, 1890—1920 年），普鲁士王子，德意志皇帝兼普鲁士国王威廉二世与第一任妻子石勒苏益格-荷尔斯泰因-宗德堡-奥古斯滕堡公主奥古斯塔·维多利亚的幼子。

为在炼狱受折磨的灵魂祈祷，以期成为永恒的圣徒。

1914 年 11 月 1 日，德国军人要在法国巴波姆（Bapaume）教堂举行万圣节纪念阵亡将士的活动。梅克伦堡（Mecklenburg）末代大公阿道夫·弗雷德里希（Adolf Friedrich）先生和我也参加了这次纪念活动，应该说，这是我有生以来经历过的最壮观也最感人的一次宗教活动了。

这个小城只有三千市民，但教堂里却有四千个士兵的位置。宗教礼拜仪式不分教派，基督教的抗罗宗教徒和天主教徒祈祷着同一个上帝，他们的歌声共同在教堂高大的穹顶上回响。教堂拱门前立着一尊小的少女奥尔良（Orlean①）立式雕像，看上去，她好像在巴伐利亚士兵点燃的一排蜡烛火苗摇曳的光芒中取笑人们愚蠢的行为。

晚上八点，我们又接受邀请去拜访巴伐利亚王储第六方面军总司令鲁普雷希特（Rupprecht②）先生，他的家在离巴波姆三十四公里的杜埃（Douai）城。本计划八点差一刻钟可到达王储处，但每经过一个岗亭，汽车都要停下来接受证件检查，我们八点差五分才终于抵达。

王储热情地欢迎我们一行，并用开心的口吻补充说道：

---

① 少女奥尔良指"圣女贞德"。圣女贞德（1412—1431 年），出生于法国农村的少女，法国民族英雄，军事家，在英法百年战争中，她带领法兰西王国军队对抗英格兰王国军队的入侵，最后被捕并遇害。

② 全名：鲁普雷希特·马利亚·柳特波德·斐迪南（Rupprecht Maria Luitpold Ferdinand，1869—1955 年），巴伐利亚王储。第一次世界大战爆发时，鲁普雷希特任洛林的德国第六方面军总司令。1916 年，鲁普雷希特被授予德国陆军元帅军衔。1918 年，巴伐利亚的君主制被推翻，鲁普雷希特王储失去了继承王位的机会。

"今天晚上我还有一位高贵的客人光临家宴!"

"谁呢?"我们诧异。

"皇帝陛下!"

"皇帝陛下?"我们根本就没有想到,德皇陛下今天也在附近。

"是的,皇帝陛下今天视察了我的集团军——静一静,我好像已经听到他座驾的声音了!"

不一会儿,总司令部参谋长走了进来,向我们表示欢迎。随后,德皇陛下的随行人员也走了进来。就在我自己问自己,德皇陛下此时藏身何处时,我们就被领进了餐厅,原来,陛下早已经端坐在餐厅里了。大家都默不作声地站在为自己准备的椅子后面,陛下看上去神情十分严肃,低着头好像在思考什么似的。

突然间,陛下抬起头来向四方来宾致以问候,并越过大餐桌特别向我伸出手说道:

"您好,亲爱的斯文·赫定先生,看起来您在我的军队里过得还不错嘛。"

我当然只能以最热烈的答谢予以证明。

德皇陛下此时情绪很好,也如习惯的那样,他首先向在场的各位通报了各前线和海域的战场形势以及事件。令人惊讶的是,他对战场上发生的一切讲解得都十分透彻。讲到某一个连接点上时,我插嘴问道,南非和印度会为大不列颠军力的增强作出多大规模的贡献时,德皇陛下竟如数家珍快速地介绍了这两个国家的实力概况。

接下来,谈话转向了另外的事务。近两个半小时的时间里,饭

桌上的谈话内容十分丰富。晚餐结束的当口,德皇陛下又谈到了英
国舰队:

"现在,英国的潜水艇已经通过海峡进入了波罗的海(Ostsee)!"

说到这里,他目光如炬地逼视着我又说道:

"瑞典应该履行中立卫士的责任,来阻止这种无耻的行径!原因
全在于您的那个政府!一个胆小怕事的政府!"

我说道:

"尊敬的陛下,我们瑞典政府目前确实集中了一大批最有头脑的
人,不过,歌德先生描述普鲁士科学院的一段话可能会更加适合于
这个政府:'人人为己还算过得去,集中在一起就会形成一个愚蠢的
大木鱼脑袋。'"

我机智的回答令德皇陛下开心地笑了起来,转向冯·法金汉将
军叫了起来:

"阁下,您听见了吗?讲得真是太好了。"

片刻后,他站了起来,说了一声:

"晚安,先生们!"

不一会儿,就听见他的座驾在深秋的黑夜中启动了。

几乎是同样的过程,在同一个秋季,我在沙勒维尔城(Char-
leville)和斯巴(Spa)温泉度假区见到了德皇陛下,第二年又在诺
沃格奥尔吉耶夫斯克(Nowo-Georgiewsk)意外见到了德皇陛下。我
当时只是想短时间地拜访拜访冯·贝塞勒(von Beseler)将军,然后
再继续我的旅行,没想到被将军善意地拦住了。

"赫定博士,如果您留在这里,就会有一段不平凡的经历。"

冯·贝塞勒上将劝说道。

果不其然，两天以后的 1915 年 8 月 20 日，诺沃格奥尔吉耶夫斯克城被攻克。在被攻陷的城堡前，集中了一队队赢得胜利的德国士兵、高级军官。坦嫩贝格（Tannenberg）战役的胜利者陆军元帅兴登堡（Hindenburg）将军、参谋长鲁登道夫（Ludendorff）将军也都在那里。

突然间，人们听见了德皇车队熟悉的喇叭声。德皇陛下跳下座驾，向将军们问好，并与兴登堡将军聊了一会儿。接着，他听取了率先发起冲锋、为攻下城堡要塞起到了决定性作用的伯爵普法伊尔（Pfeil）上校的战事汇报，然后检阅部队。受阅部队在广场上列队集合，皇帝陛下在中央位置声音嘹亮、一气呵成地发表了即席演讲。他感谢将士们，在祖国的旗帜上又缀上了一个新的桂冠，为祖国也为自己增添了新的荣誉。演讲中，他说出了所有参加攻城的部队番号和名称，还能一一回忆起这些部队在以前战役中赢得的丰功伟绩。他说，他很幸运，见证了这个伟大的日子。

演讲结束后，德皇陛下回到自己的座驾，座驾里还坐着冯·贝塞勒将军、冯·法金汉将军和一位副官。

德皇陛下叫了我一声，我赶紧赶过去，他对我说：

"对此，您怎么看？几天时间，我们就攻下了科夫诺（Kowno）以及诺沃格奥尔吉耶夫斯克这两个重要堡垒要塞，谁能够做到?"说完，座驾疾驰而去。

这个秋末，他寄给我一张穿着灰色军装的照片，照片上的题字是：

威廉 I.R.诺沃格奥尔吉耶夫斯克城留念，1915 年 8 月
20 日。

1916 年的春天和夏天，我访问了位于巴格达（Bagdad）、巴比伦
（Babylon）、尼尼微（Ninive）以及从西奈（Sinai）半岛至伊斯梅利
亚（Ismailia）周边地区的德国前线。回到柏林之后，我又收到邀请，
前往巴伐利亚的普勒斯拜访德皇陛下，司令部刚刚搬到那里。

德皇陛下十分高兴，我能将从东部战线得到的印象讲给他听。
吃过饭后，他请我坐在沙发椅上，自己则以不甚舒适的姿势坐在另
外一个沙发的扶手上。在靠墙的一个小桌上放着一大罐巴伐利亚黑
啤酒。

德皇陛下要求我讲讲旅行经历，并询问了几个他一直都还没有
完全弄明白的有关事件。当然，在这里详细探讨这些事件的细节未
免会扯得太远。

他问我，对这一年的 6 月 5 日英国将军基奇纳勋爵乘坐"汉普郡
号（Hampshire）"战舰触雷身亡事件的想法，问我是否认识基奇纳
勋爵。

我回答说，1908 年，我曾作为客人在他的印度官邸里住了一个
星期，我为他的去世深感遗憾。德皇陛下却不理解我的这份心情，
说道：

"为什么你要感到遗憾？对德意志帝国而言，基奇纳的死意味着
一场战争的胜利！"

我与德皇威廉二世陛下在德国大地上的最后一次见面是 1917 年

11 月 3 日在波茨坦（Potsdam）的新宫。在此之前，我已经访问了波罗的海三国的德国前线阵地，也相继去了里加（Riga①）、米陶（Mitau②）和里堡（Libau③）等地。

晚宴开始之前，我们聚集在小厅里，桌子上是一张大的意大利军事地图，地图上，德国、奥地利和意大利部队均用不同颜色的图钉和小纸旗标识出来。德皇陛下做了一个细节详细的战场形势报告，讲了可能的结局和可观的俘虏数量。报告时，皇后与一些女士们也在场。

与我告别时，陛下特别建议我去拜访在意大利的冯·贝洛（von Below④）将军，并说，没有到过冯·贝洛将军处，对战场的局势就不可能有一个完全的了解。德皇陛下希望我去意大利，并承诺亲笔给我写一封介绍信。

陛下信守承诺，我也因此有了一次闪电般的旅行，经过伊松佐河（Isonzo）和塔利亚门托河（Tagliamento）前往意大利的维托里亚（Vittoria），作为客人在冯·贝洛将军处逗留了几日。

一年之后的 1918 年 11 月 11 日，德皇威廉二世在荷兰寻找庇护

---

① 里加（Riga），拉脱维亚的首都。第一次世界大战期间，德国军队于 1917 年进入里加，1918 年签订《布列斯特-立陶夫斯克条约》将拉脱维亚割让给德国，1918 年 11 月签订《康边停战协定》，德国放弃拉脱维亚的主权，促使拉脱维亚与其他波罗的海国家宣布独立。拉脱维亚在 1918 年 11 月 18 日正式宣布独立，里加成为拉脱维亚的首都。

② 米陶，拉脱维亚波罗的海沿岸城市。

③ 里堡，拉脱维亚波罗的海沿岸城市。

④ 全名：奥托·恩斯特·芬岑特·里欧·冯·贝洛（Otto Ernst Vinzent Leo von Below，1857—1944 年），德意志帝国与普鲁士王国的陆军将领，以第一次世界大战中 1917 年的卡波雷托战役大胜意大利陆军而闻名于世。

地，暂时先安顿在本廷克（Bentinck）伯爵的阿莫隆根（Amerongen①）宫殿。1920 年他买下一座小的多伦庄园，作为流亡者在那里孤独地生活了二十多年。

通过德皇陛下的侍从副官冯·勒维措夫（von Levetzow）海军上将，我在 1925 年的秋末收到了前往多伦庄园拜访流亡荷兰的德皇陛下的邀请。但因当时有其他方面的事务缠身，我提出推迟到 1926 年春季再去拜访的请求，收到的回复是，这个时间段对皇帝陛下而言极为合适。

拜访德皇陛下的日子到了，我从火车站乘坐汽车半个小时就到达了多伦庄园。荷兰政府拒绝将德皇陛下引渡给一战中反对德国的协约国，还在通向庄园内院和花园的大门口处派遣了两名荷兰卫士在岗亭里执勤。但荷兰政府提供的所谓保卫执勤实际上只是一个表面形式，执勤卫兵只负责向坐在车里的乘客行军礼致敬，并不阻拦盘查任何人的进入。

庄园的宫殿旁是德皇陛下新建的一幢房子，供侍从和庄园的管理人员居住和工作。左边类似"巴罗克式暖房"的翼楼则是为来访的宾客们准备的，一楼还住着赫尔敏（Hermine）皇后的两个女儿，年轻的公主卡玛（Carma）女士和亨丽埃特（Henriette）女士。陛下的内廷总监把我安排在"巴罗克式暖房"翼楼上的一间大客房里。

中午一点吃早餐，提前一刻钟，锣声就响了起来，我只需走上

① 阿莫隆根城堡位于荷兰阿莫隆根，修建于 1674 年至 1680 年期间，建于一座中世纪城堡的遗址上。1918 年，德皇威廉二世在这里签字退位，并在此居住至 1920 年。

几步就可抵达宫殿主楼。当然，称之为"宫殿"，这栋别墅楼也确实显得太小，一共只有十五个房间。

我走进了摆放着古典家具、铺着昂贵地毯的长方形大厅。大厅中间一张大理石桌子上是一尊普鲁士国王弗里德里希大帝骑马的镀金铜像，墙上挂着普鲁士国王的画像。普鲁士国王俯视着、阅读着霍亨索伦王朝历史的最后篇章。在右边的一个房间里，感受到的只是伟大的国王时代的记忆，其中一个玻璃柜里有一整套珍贵的鼻烟壶。

所有客人都来到了这里：我在军队司令部里见过的梅维斯（Mewes）少校现在已经是德皇陛下的副官了，医生海涅曼（Heinemann）博士，负责处理德皇陛下所有工作事务的枢密大臣尼茨（Nittz）先生。还有男爵公主冯·盖明根（von Gemmingen）女士，她与我一样也是临时到访的客人。

距离上一次在德国见到德皇陛下已经过去八年半了，当时的他还位于权力的顶峰，四年多的时间里，六个大国和二十三个小国耗尽了他军队的实力，战胜了他的军队。现在的他失去了所有权力，孤家寡人一个，一个政治囚徒，一个流亡者。在异国他乡，他的地产小得就像东普鲁士①和西里西亚（Schlesien②）一个富裕农民的财产。

我该怎么与他相见？

一位侍从打开了门，扶着夫人的手臂，德皇陛下走了进来。

---

① 东普鲁士是普鲁士王国及后来德意志帝国的一个省，位于普鲁士公国的领地上。普鲁士王国本身是 1871 年德意志帝国的一个部分。"一战"后，东普鲁士成为魏玛共和国普鲁士州的一部分。
② 西里西亚是中欧的一个历史地域名称，目前，该地域绝大部分地区属于波兰西南部，小部分则属于捷克和德国。

见到我，尊贵的陛下马上径直走了过来，还像以前习惯的那样，感情冲动地、极为热情地、也令人感动地问起了我最近的情况：旅行是否愉快？从斯德哥尔摩是走哪条路线过来的？还有什么计划？手头正在写什么题材的著作？他希望我，如果感到满意，就在他的多伦庄园里多住一段时间。从外表上看，只有岁月流逝给德皇陛下留下的那些变化，头发和短胡须已经雪白，但眼光还是像以前一样炯炯有神。六十七岁了，他挺直的身板还没有丁点弯曲的迹象。

在早餐的过程中，德皇陛下告诉我，几天前，在阿麦隆根的本廷克伯爵处，听了维瑟（Visser）先生一场很有意思的讲座报告。维瑟先生刚刚在喀拉昆仑山脉（Karakorum）完成了十分有价值的科考工作。我告诉陛下，维瑟先生与他同样也参加了探险考察旅行的夫人都是我的好朋友，维瑟先生在斯德哥尔摩荷兰公使馆担任随员时我们经常见面。我问皇帝陛下，是否也有兴趣，听听我最近在德国基尔（Kiel）和汉堡（Hamburg）所做的、在亚洲荒漠获取的新考古学发现的报告。我知道，考古学是德皇陛下的爱好。他马上吩咐，邀请多伦庄园宫殿周围的几家邻居朋友明天晚上来吃晚饭，晚饭后听我的考古讲座。

当晚八点吃正餐时，德皇陛下特意穿上了缀有德国铁十字勋章的紧身军服，还佩戴了瑞典剑勋章。多伦庄园的生活虽说简朴，但十分惬意。喝过咖啡以后，大家走进陛下给庄园居民们朗读德国报纸的房间。

德皇陛下日常十分重视日常通讯报道，对关于伊斯兰国家和中国的消息特别感兴趣，阅读期间他时不时会针对某些事件表达自己有洞察力的、具有前瞻性的观点。当然，也有可能会出现这样的情形，他突然中断阅读，看着在场的某一位听众问道：

"您还没有睡着？"

"还没有，尊敬的陛下！"

"那好，我们继续！"

然后是梅维斯少校宣读他记录下来的德皇陛下近几天口授的内容。陛下希望不断处于工作状态，不愿意成天无所事事地讲些无用的废话。

第二天早晨八点三十分，每天均如此，庄园里所有的人都集中在大厅，包括大约二十位佣人和女仆。由德皇陛下讲一段圣经故事，最后是祷告、赐福。

陛下与夫人在自己的房间里用早餐，其他人都在一楼餐厅。

九点三十分，我们开车去森林，德皇陛下经常在那里参加伐木劳动。几个荷兰林业工人过来与他握手，他给工人们递上长长的黑雪茄烟。他们都说，陛下那只健康的手臂力量比他们的还要大。

一位名叫凡·豪滕（Van Houten）的荷兰上尉当值荷兰政府与皇帝陛下之间的联络官。

1918 年 11 月 10 日，当落败的德皇威廉二世抵达荷兰边境的时候，等待了两个多小时才得到荷兰政府的入境许可。那个时候，协约国的首领们都饿狼似的窥伺着他们的大猎物，英国首相劳合·乔治（Lloyd George①）还承诺他的选民，要"绞死德皇"。

① 全名：大卫·劳合·乔治（David Lloyd George，1863—1945 年），英国政治家，最后一位自由党首相。在第一次世界大战期间领导大英帝国击败德国及其盟友，是巴黎和会的主要与会者之一。

荷兰政府具有骑士风度和气派，本廷克伯爵也没有丝毫犹豫，将皇帝陛下以及四十位随从一起接到了阿梅隆根。我拜访了本廷克伯爵并对他说，很多人都十分钦佩他的勇气和骑士精神。

时至今日，恐战的、胆怯的和仇恨的心理，也都随着时间的流逝渐渐淡化，昔日的德皇陛下也能在这里安度晚年。

晚餐时邀请了不少荷兰客人，其中有本廷克伯爵和他的一位德国女婿。我做了考古学发现的演讲，当然也接受了主人连珠炮似的提问。直到次日凌晨一点，人们才逐渐散去。

我在多伦庄园的最后一天是由德皇陛下关于赎罪教义的布道开始的，表现出了德皇陛下对信仰的虔诚，完全是一位有资格、有能力的布道者。他的语言给在场的人留下了深刻的印象。布道之后，我陪德皇陛下去森林，仅一个小时之后，又接受赫尔敏皇后的建议陪她去公园散步。皇后是一位有教养的、和蔼可亲的女士，她谈到了在多伦庄园单调的生活以及德皇陛下在承受命运打击时表现出来的男子汉的坚定毅力以及忍耐精神。

十二点钟，维瑟夫妇来了，陛下将年轻漂亮的维瑟夫人带到了桌旁。我们聊起了在中国喀拉昆仑山、西藏以及在亚洲的考察研究，包括诱人的亚洲山脉。我十分高兴，又见到了在斯德哥尔摩结识的荷兰朋友。

当客人回阿梅隆根，我被德皇陛下夫妇请到房间里喝下午茶。在这里，三个人的话题也完全面向另外一个方向，德皇陛下也卸下了自己的日常面具。在他的随从面前，他总是以一副上帝恩典的帝王形象出现，总觉得自己还是一个德国皇帝。现在，我们单独在一起，他也回到了凡人世界。他的眼睛里闪耀着光芒，说话有力、热情，像铁榔头砸在矿石上掷地有声。

德皇陛下用简短生动的语句概要地描述了自己这十年来的流亡生活：

这些年里我经历了那么多的风暴！但我恨战争，恨这场疯狂的、不必要的、愚蠢的战争。我知道，这场战争给人类带来了不幸和灾难，没有人会在这场蔓延整个地球的、令大地血流成河的战争中得到任何好处。

人们试图把战争的过错推在我的身上，但上帝可以作证，虽然我的政策带来的后果，是反人类的滔天大罪。但事实上，我无意与其他战胜了我的强权抗衡。有些大国，害怕德国强大，故将我的帝国视为世界和平的威胁。就我个人的观点，德国是强大的，但我们所处的地理位置和邻国对待德国的态度使我有责任，要让德意志帝国更加强大起来，强大得让任何人都不敢向我们发起进攻。正因为我们的强大，邻国形成了对抗我们的同盟。

与整个世界抗衡，德国的力量显然是不够的。您到过我们的战场，也对我们将士焕发出来的精神留有深刻印象。因此，您应该知道，我们付出了最大的努力。但是，德国到底被战胜了，被打倒在地，现在已经由新的君主统治。但我相信，我们再次振作起来的那一天一定会到来的。

他慷慨陈词地说：

"我们现在被战胜了，但总有一天，我们也会将敌人扔进海洋！"

在这段精彩的独白中，德皇陛下对自己的命运也没有丝毫的抱

怨，因为，抱怨与他的宗教信念是相矛盾的。他笃信，自己失去德
皇的王冠和普鲁士国王的王冠，是基于上帝的旨意。在上帝的手中，
他就是一个工具，只能不抱怨地顺从至高无上的上帝的旨意。对他
的敌人，他的评判也同样很少，即便在他的心里拥有着对他们不可
和解的、不妥协的、势不两立的仇恨。

　　喝过下午茶后，皇帝陛下带我参观了实际上只是由两个房间组
成的办公室，一间在塔楼，三面都有视野。在这里，在直到他去世
的二十三个春夏秋冬的轮回中，德皇陛下天天看到的都是同样的景
致。而他以前却是一位经常人在途中、享有"旅行皇帝"美誉的人。
　　在塔楼办公室的一个窗前，放着一张斜面式的办公桌，办公桌
的座椅则是一副骑兵的马鞍，德皇陛下平和地、巧妙地将马鞍利用
起来作为一个舒适且浪漫的办公椅。在陛下藏书丰富的图书室里，
存放着历史资料、备忘录、宗教、考古、地理和旅行游记各类书籍。
办公桌上放着他正在研读的已经翻开了的书籍。
　　在我即将离开多伦庄园继续旅行之前，陛下的副官过来对我
说道：
　　"赫定博士，皇帝陛下请您再去一下。"
　　我再去办公室，陛下说：
　　"我只是想为您的这次来访送上一份纪念。"说完，他递给我一
个 W 形的用宝石缀成的王冠领带别针，并送上祝福：
　　"祝您一路顺利，也请您带去我对瑞典王后的衷心问候！"

　　当我 1936 年在北海岸边以及在埃姆斯兰县（Emsland）观看填

海造地赢得的一块陆地的时候，又收到了拜访德皇陛下的邀请。我12月9日再次抵达多伦庄园，在那里，德皇陛下的副官，我的老朋友兼老乡吉尔伯特・汉密尔顿（Gilbert Hamilton）伯爵接待了我。

一切如旧，几乎没有什么改变，但由于赫尔敏皇后当时身在德国，多伦庄园的管理比起以前有了一些调整，更加简朴了。

庄园的大内总管图尔克（Turke）先生站在楼梯的最下面一级迎接我。图尔克先生四十年来兢兢业业地在德国柏林宫殿的黑鹰下、在"霍亨索伦"家族、在布雷斯劳市（Breslau①）、在汉堡市、在阿喀琉斯宫（Achiilleion②）以及一战期间在大本营服侍着皇帝陛下。

挂着一支拐棍的德皇陛下出现了，他向我走过来高兴地说道：

"热烈欢迎，博士先生！再次见到你，我非常高兴，看起来您在德国的旅行很惬意！"

十年未见的德皇陛下明显见老了，他七十八岁的生日刚过去一个半月。修理过的短胡茬还是像他银光烁烁的头发那样雪白，髭须的须尖向上翘起，但短了，不像以前那样具有挑衅性了。眼光仍像以前一样，根据不同的心境表现出或年轻、或倔强、或忧伤、或闪亮的特征。早餐比以前简单多了，晚餐也是如此，陛下也开始着便服用餐了。用餐现在也不在餐厅，而是在副官们使用的小前厅里。

我们一同走进了十年前做讲座的房间，德皇陛下还像当初一样坐在中间的桌子旁，只不过这次没有宣读什么。陛下的心思完全被

① 布雷斯劳市又称弗罗茨瓦夫市（波兰语），位于波兰西南部的奥得河畔。布雷斯劳在第二次世界大战以前是德国重要的工商业与文化名城之一，城市规模居全德国第六位，是德国战后失去的最大城市。
② 阿喀琉斯宫位于希腊西北部的克基拉岛，是奥地利皇后茜茜兴建的一座夏宫。阿喀琉斯宫在德皇威廉二世时代一度拥有欧洲外交中心的地位。

来自英国的、爱德华八世（Eduard VIII①）退位的消息充满了。他认为爱德华八世放弃王位的决定是错误的，走出这样一步闻所未闻。多年前，他见过这位当时还是年轻王子的国王，对他的印象也很模糊。但是他说，一个男人，一个为大英帝国国王、为英属印度皇帝和地球上最大帝国的统治者而诞生的男人，没有神授的、更没有人为的权力，因为一个女人而逃避自己的使命，抛弃他应戴的王冠。威廉皇帝完全不能理解这种草率的行为。他甚至希望，关于爱德华八世退位的消息只是一种恶毒的谣言。他读了英国报纸上的一些文章，特别是一篇针对国王退位思考的尖锐批评文章——我认为，这篇文章应该来自《晚邮报》。

第二天，12 月 10 日，陛下又提到这个问题，还读了几份新到报纸上有关的文章。

两点三十分，在与我告别之后，陛下根据自己的习惯上一楼房间午休。送我的汽车已经在宫殿门前候着了。

这是我最后一次见到德皇威廉二世陛下。

这一次，德皇陛下同样没有半句抱怨，更没有哪怕是以暗示的方式提到自 1933 年 1 月 30 日以来德国发生的大小事件。尽管他也在关注、在不间断地思考变革，为德国的强大和权力的再次觉醒感到

---

① 全名：爱德华·阿尔伯特·克里斯蒂安·乔治·安德鲁·帕特里克·大卫（Edward Albert Christian George Andrew Patrick David, 1894—1972 年）。大英帝国及各自治领国王、英属印度皇帝。1936 年，爱德华即位为王数月后向美籍名流沃利斯·辛普森夫人求婚，引发政治危机，最终他"不爱江山爱美人"，选择退位。爱德华八世 1936 年 1 月 2 日即位，同年 12 月 11 日退位，总共在位三百二十六日，是英国历史上在位时间最短的君主之一。

高兴，但对所发生的一切，他还是秉持着怀疑的态度。

在与第一次世界大战期间德国驻瑞典斯德哥尔摩武官埃伯哈德·冯·吉斯（Eberhard von Giese）上校以及交替担任过德皇陛下副官的吉尔伯特·汉密尔顿伯爵的接触时，他们都对我说过，德皇陛下从来没有与他们谈过内心深处关于德国的想法，但德国的报纸他读得很多，也读得认真仔细，对所有的好消息都会感到由衷高兴。

在德国时我还听说，人们在考虑，敦促德皇威廉二世陛下回到德国家乡，德意志帝国元帅戈林还因此专门去过一次多伦庄园。但这个计划——如果属实的话——根本就没有实施。可能的原因是，德皇威廉二世陛下不愿意屈居、蜗居在一个新的独裁者之下，也不想回到误解了他的德国，哪怕是在仙逝之后。

一个很容易想到的问题，我不仅在多伦庄园也在此之后都对自己提出来过：怎么可能，一个戴了三十年皇冠、一个曾经站在世界权力顶峰的人，在承受政治上的屈辱和地位上的渺小时，还能够有如此丰富的生活和工作，能够从痛苦和仇恨中解脱出来而获得心灵上的自由，能够具有如此端正、沉着、镇定的立场和姿态？他是怎么做到的？德皇陛下身边副官们的体会是，来到多伦庄园就像来到了流放地，就像蹲进了牢房，尽管他们还不是全天候地留在庄园里。他们认为，留在多伦庄园里服务于德皇陛下，完全是因为被陛下流亡、拘禁这些年表现出来的伟大情操所感动，他们甘愿为此作出牺牲和奉献。

在多伦庄园度过的这短短几天，我也有一种无尽长的感觉，一旦离开了这个小庄园，我也有一种被解放了的、获得了自由的感

觉。而曾权倾一世的德皇陛下能够在这里忍辱负重、乐观豁达地度
过二十多年。我想，只有拥有崇高思想的人，具有坚强性格的人才
能够做到，而这样的人是很难找到的。他的强大在于他在上帝面前
的谦卑……

　　围绕德皇陛下的名声、言谈举止而出现的无休止的诽谤和漫骂，
使他变得更加冷静和冷酷。舆论不仅仅只是指责他逃亡到了荷兰，
直到今天，人们都还经常在指责他，当初的德皇陛下应该做到的是，
要么战死沙场，要么率领忠诚于他的部队继续向柏林进军。按德皇
陛下自己的见解，如果没有被敌人的子弹打中，他就应该自我了断。
但是，在一场已经输掉的战争之后寻求这种方式去死，不应该是英
雄所为，实际上意味着在逃避失败的后果。而在 1918 年 11 月当初那
种形势下，如果他真率部继续向柏林进军的话，势必又会燃起德国
内战的火焰。

　　美国总统威尔逊（Wilson）先生也说过，德国要想获得持久的和
平，首先就必须废黜皇帝。德皇威廉二世前往荷兰，并永不返回，
他的举动就为"永久的"和平排除了最大的障碍。只是现实中的这
个和平变得有些另类，不像人们承诺的那样，但这已经不是德皇陛
下的过错了。

　　尽管丘吉尔在他的书《同时代的伟人》中，对德皇威廉二世总
体上带有一定的轻视，但在某些本质问题上的表述还是正确的：

　　　　尽管如此，历史还是应该倾向于采取宽容谅解的观点，为
　　德皇威廉二世规划并恶意准备了这场世界大战的过错予以开脱。

一个人，这个人还不必是一位特别有洞察力的心理学家，如果在世界大战期间有机会与德皇陛下在一起，经常与他交谈，就一定会了解到，在陛下的内心深处，在真情实感上，他还是站在战争事件之外的人，他甚至没有对战事的发展过程施加哪怕是一点点影响。尽管他有清醒的理解力和判断力，熟知面前发生的事件直至事件的枝梢末节。但总体而言，他只是战争中一个被动的旁观者，扮演的角色实际是无足轻重的、装腔作势的。他能够在部队将士面前发表辉煌的煽风点火似的演讲，但他没有能力也不可能在战争中指挥他们。

第一次世界大战结束十八年后，德国陆军元帅冯·马肯森先生曾对我说，德皇陛下确实会列席起决定作用的作战会议，但他从来不参与讨论，也没有参与过作战方案的最后定夺。他最多只能是——在决定已经作出之后——对某一位将军进言：

"我希望，作出的决定是英明的，但我本人更倾向于另外一种作战方案。"

与他后继的独裁者不同的是，在战争中，他是无条件地、无保留地听命于军事专家的。

丘吉尔先生最后写道：

在西部防线即将崩溃的最后时刻，有人试图催促德皇威廉二世，希望他组织一场进攻，战死在最后一批忠诚的军官前面。他对我们说了理由，为什么没有理会这个非基督教的建议。因为，他不愿意继续看到勇敢的将士们牺牲，不愿意用将士的鲜血来为自己赢得一个美好的退场。今天，没有人会怀疑他当时决策的正确性。当然也有人在说，一定要坚持到最后，直到痛苦的结局发生。

我以为，自1914年以来一直毒害欺骗人们的宣传，将会最终失去它的权威，未来必定会给德皇威廉二世一个公正的评价。

谁要是与德皇威廉二世有过私下交往，谁就会带着尊敬和好感回忆起他在所有生活处境中表现出来的诚实正直的、一位男子汉真正拥有的行为举止，钦佩他几乎是超出凡人的精神力量，而正是这种精神力量帮助他战胜了数十年来的人生苦难。

曼纳海姆——芬兰元帅

(Mannerheim——Marschall von Finnland)

曼纳海姆①是一个特别响亮的名字！

这个名字能使人想起传说中的英雄，想起荣耀的、富有盛名的猎猎战旗和枪林弹雨中浴血拼搏的战场，想起在大雪覆盖的森林中的撤退和冰湖上勇敢的进军，想起激烈的、面对拥有绝对优势的野蛮敌人和入侵者看上去毫无希望的一场场战斗。当这个不朽名字的拥有者还在我们身边行走时，在我们的眼里，他就像令人敬畏的、崇敬的一位伟人再生，而这个伟人又是来自瑞典国还是一个大国、一个强国的时代，来自芬兰尚属于大瑞典帝国的一个部分的时代。

---

① 全名：卡尔·古斯塔夫·埃米尔·曼纳海姆（Carl Gustaf Emil Mannerheim，1867—1951年），芬兰瑞典族，芬兰第二任摄政（1918—1919年）、芬兰共和国第六任总统（1944—1946年）及芬兰元帅。曼纳海姆曾在俄罗斯帝国陆军服役过约三十年，其间他参加了日俄战争和第一次世界大战东方战线的战役。日俄战争后，曼纳海姆被调至前往中亚和中国，任务是收集军事和政治情报，但作为掩饰，谎称是在与伯希和教授一起开展科学考察活动，在华期间他的中文名叫马达汉。曼纳海姆是芬兰独立后历史上最关键的人物之一，2004年在芬兰广播公司举办的伟大的芬兰人评选节目中被评为最伟大的芬兰人。

　　当芬兰从大瑞典帝国分离出去以后，上百年的时间里一直在俄罗斯沙皇君权的统治之下，直到 1918 年，部分通过痛苦命运的浴血奋战，部分因为吉星高照，才走上了自主发展的道路。而在这个重大转折时期，确实需要一个非凡的人，在敌人威胁到芬兰自古以来拥有的神圣遗产——自由的时候，来完成挽救东北地区西方文化最前哨的宏伟任务。

　　自乔治·卡尔·冯·多贝伦（Georg Carl von Döbeln①）将军以来，在北部地区，军事上还没有出现过像曼纳海姆这样伟大的名字，还没有一个人能像他那样拥有如此高的世界知名度。

　　当古斯塔夫·曼纳海姆男爵在瑞士一个不起眼的小镇上度过孤独的最后时光并且开始整理留下来的古旧文件、信札和笔记准备撰写回忆录的时候，他才能够认真地回顾自己卓越辉煌的一生。这是一个富有传奇命运的、完成了重大使命的辉煌人生。这个重大使命，在动荡的大时代里义不容辞地落在了一个斯堪的纳维亚人的肩上。

　　曼纳海姆男爵的道路是从 1882 年至 1886 年在芬兰哈米纳士官学校接受军事教育开始的，后来，他进入了俄罗斯军队。作为中校，他参加了 1904 年至 1905 年的日俄战争，部分是在俄军将领奥斯卡·格列彭堡（Oscar Gripenberg）的指挥下，战争期间被提拔为上校。不用怀疑的是，由于远东军事任务的出色完成，他得到了穿越亚洲

---

① 乔治·卡尔·冯·多贝伦（1758—1820 年），瑞典军事将领。在 1808 年芬兰战争尤塔斯（Jutas）战役中，冯·多贝伦中将率领的瑞典军队击败了俄国人，一举成为瑞典战争英雄。

的旅行机会，完成了极富成果的亚洲考察。而这一卓著的考察业绩
使他三十年之后在世界地理学界留下了美名。

亚洲考察旅行回来之后，曼纳海姆上校向总参谋部和沙皇提交
了他的亚洲报告，他被任命为第十三弗拉基米尔重骑兵团的团长。

1911 年，曼纳海姆被提升为少将，担任沙皇皇室近卫军重骑兵
团团长。

1912 年，曼纳海姆被正式任命为沙皇的荣誉少将。

曼纳海姆参加了第一次世界大战。在加利西亚，我曾作为冯·
马肯森大将的客人，当我与几位军官观察俄罗斯军队的火力时曾问
道，对面是哪一支部队，得到的回答是：曼纳海姆的近卫军重骑
兵团。

1915 年，曼纳海姆接过了第十二骑兵师的指挥权，指挥德涅斯
特河（Dnjestr）沿岸及其他地区的战斗。

1916 年年底，曼纳海姆成为俄罗斯-罗马尼亚陆军分队的首领。

1917 年春天，作为中将的曼纳海姆接管了第六骑兵军团。

俄罗斯二月革命爆发，给他的人生带来了新的意想不到的方向。
他根据自己的心愿，于秋末转到后备军，并于年底回到了家乡芬兰。

芬兰参议院议长斯温胡武德（Svinhufvud①）先生授权曼纳海姆
1918 年 1 月接管芬兰国防志愿军和警卫部队的领导权，同月的月末，
这位新任总司令被派往"北芬兰完成维护秩序"的任务。从此，在
芬兰争取自由、保卫自由的战斗中，他和他的部队创造了一系列辉

---

① 全名：佩尔·埃温德·斯温胡武德（Pehr Evind Svinhufvud, 1861—1944 年），芬
兰独立后第一位国家元首。

煌的业绩。

1918 年 12 月，曼纳海姆被委任为责任重大的芬兰摄政王。

令人遗憾的是，在芬兰自由战争期间，瑞典政府扮演着一个可悲的角色，它破坏了我们国家过去的辉煌，在瑞典历史上写下了极不光彩的一页。瑞典政府至少应该支持出于自愿在芬兰战斗的瑞典人——志愿者、下级军士，特别是那些令人骄傲的自吕岑（Lützen①）会战以来享有荣耀名字的"瑞典旅"的士兵们。但瑞典政府没有这样做，没有决断力地在正义与权势之间摇摆。

曼纳海姆将军也认为，瑞典与芬兰已经形成了一个有着共同目标的历史共同体，自古以来就肩负着共同对抗东方强权的使命。冯·德尔·戈尔茨（von der Goltz②）将军指挥的德国部队保留了在南部芬兰接管根据历史上法律规定的、由瑞典政府承担的使命。

至于瑞典当权者当时的错误政策，历史终会在某一天作出判决。"瑞典旅"年轻的战士铭记为祖国继承的历史义务和责任，以出色的勇敢精神，为打败由俄罗斯军队强化的装备精良的叛乱军团、为芬兰的解放作出了巨大的贡献。

在争取芬兰独立的战斗中，无疑，曼纳海姆将军的名字是摆在第一位的。

----

① 指 1632 年 11 月 16 日的吕岑会战。瑞典国王古斯塔夫二世率领瑞典以及新教诸侯联军，在大雾中与华伦斯坦率领的神圣罗马帝国军队爆发的决战。新教联军取得了胜利，但却失去了他们最重要的领袖古斯塔夫二世，从而导致其军事行动陷入停滞。

② 指德国陆军少将吕迪格·冯·德尔·戈尔茨（Rüdiger von der Goltz, 1865—1946 年）伯爵，芬兰的解放者。

当斯托尔贝里（Stalberg①）1919 年 7 月 25 日当选成为芬兰总统后，曼纳海姆将军开始在公众生活中隐退，但 1931 年，他又担任了芬兰国防委员会主席，两年后就任陆军大元帅。

在瑞典的贵族历本中，曼纳海姆男爵的种属位列第二百七十七名。在这个盛名之后，他还享有芬兰国授予的最高头衔：芬兰元帅、前摄政王、前帝国总统、前芬兰国防军总司令、芬兰红十字会主席、哲学荣誉博士，还是最高宝石勋章、剑勋章和链勋章的获得者。

在二十年代和三十年代，曼纳海姆在博爱的不同领域继续发挥着他的爱国主义影响，成为一位超越党派争斗的调解人和中间人。他目光敏锐，能清醒地认识到希特勒接管权力的后果以及第三帝国军事上和政治上的强大必将带来变化的、危险的世界局势。

当俄罗斯人破坏和平，于 11 月 30 日越过芬兰边界导致"冬季战争"②开始时，七十二岁的曼纳海姆将军再次接过自己的老权杖，担任了芬兰国防军的总司令。

1940 年 3 月 12 日，芬兰与苏联签订了苛刻的《莫斯科和平协议》。但一年以后，在希特勒撕毁 1939 年 8 月 22 日签订的《德俄条约》发动后果严重的反苏联战争时，曼纳海姆大元帅与他的民族还

---

① 全名：卡洛·尤霍·斯托尔贝里（Kaarlo Juho Stahlberg, 1865—1952 年），芬兰法学家和学者，芬兰宪法的设计师。芬兰内战结束后，斯托尔贝里在 1919 年 7 月 25 日以 143 票对 50 票击败卡尔·古斯塔夫·埃米尔·曼纳海姆当选首任总统（1919—1925 年）。

② "冬季战争"是苏联与芬兰于第二次世界大战初期爆发的战争，自 1939 年 11 月 30 日由苏联向芬兰发动进攻而展开，苏联最终惨胜芬兰，于终战和谈中获其割让与租借部分领土。"冬季战争"于 1940 年 3 月 13 日在双方签订《莫斯科和平协定》后结束。

是再一次与希特勒为伍投入了战争。

芬兰国在这个糟糕时期暴露在巨大的危险之中，出现的诸多事件我们都还记忆犹新。尽管曼纳海姆将军个人有足够的权力拒绝与德国为伍对抗苏联，但他还是没有丝毫犹豫，第三次承担了拯救芬兰的重大责任。他与勇敢的芬兰人一道，再一次赢得了祖国的最高答谢。

第二次世界大战之后，七十八岁高龄的曼纳海姆元帅再次回归个人生活，并受到了芬兰整个民族的热爱和钦佩。

芬兰大元帅辉煌的人生是新时代在北欧大地上的产物，他高大的个头、挺直的身板、阳刚的男子汉气概，体现出了卡洛林王朝时代的勇士形象。

当然，在生命的最后几年光阴，他钢铁一般的健康躯体受到了折磨，这对一个在三次大战中承担了巨大责任的将军来说也是不足为奇的。第二次世界大战以后，他几乎每年都要去瑞士卡罗琳医院纳娜·斯瓦兹（Nanna Svartz）教授那里接受治疗。

有一次，我去医院拜访他，控制不住地叫了起来：

"曼纳海姆先生，你看上去与以前一样完全健康！"

曼纳海姆的回答是：

"是的，但外表是具有欺骗性的，你应该看到我的内在表现。"

至于我们在一起都谈了些什么，记录在本书中可能会扯得太远，但有一个插曲我不想忽视，因为这个插曲或多或少比较典型地表现了大元帅正直坦诚的、无所畏惧的思想态度。

我对曼纳海姆元帅说，我刚刚写完的书《柏林没有使命》中，有很大一部分是关于芬兰与俄罗斯之间关系的，还涉及了当时不少领导人特别机密的谈话。我能在书中将这些机密谈话和盘托出吗？或者说，出于对芬兰国与瑞典国的考虑，我是不是应该谨慎一些为好？

曼纳海姆元帅立马说道：

"谨慎！为什么要谨慎？你写出来的是历史真实，真实的历史总是有价值和令人感兴趣的，况且，这都是已经过去的事了。所有大事件戏剧性背景后面的戏剧性文字贡献都应该值得感谢、受到欢迎。你完全不需要掩饰、隐瞒，放心地都写出来。描述真实的、发生了的事件最终都是会赢得好评的。"

曼纳海姆元帅七十五岁生日时收到了无数的祝福，为了答谢，他特别印制了一张卡，写下了以下重要内容：

> 我的七十五岁生日适逢严峻时期，我还肩负着芬兰国防的重大责任。在谦恭诚挚的感谢中，我将大家送给我的每一件精美礼物都视为一份信任，这份信任是经过战争考验成熟了的人民才会有的。我深深地感受到，这意味着什么！
>
> 我知道，我们民族的能力，我曾经是它不可动摇的、冷静的见证，我钦佩它的和睦与宽容、忘我的无私精神与不竭的活力。
>
> 对收到的所有友好的、热情的祝福，我在这里一并表达诚挚的谢意。

在给我的答谢卡上他还补充写道：

> 衷心感谢你友好的来电祝福，特别是你在纪念文章中对我七十五岁生日写下的令人感动的、受之有愧的溢美之词。

1948 年的夏天，我写信给曼纳海姆先生，告诉他我准备撰写《我眼中的世界名人》这本书，并请他为讲述他的那一章寄上一张好的插页照片给我，还向他一一列举了已经写完了的、最重要的、其中五位当时还在世的三十位名人。我的请求给他带来的印象是，我要将他供奉在一个万神庙里。

在 1948 年 7 月 27 日的回信中，他写道：

> 尊敬的朋友：
>
> 你友好的信件给了我一个令人深感惬意的意外，我十分高兴，从你的笔下得到证明，你的一双眼睛尽管经历了多年费力的地图绘制工作仍然还在履行着它的职责。同样，我这次也产生了要去探访你的愿望。只是，我在卡罗琳医院的逗留期限在一天一天地延长，以至于我被迫地、勉强地直接从那里坐上了前往芬兰的小船。如果我事先知道你计划来我这里的话，面对这样一个大的诱惑，我是一定会考虑留下来坐下一班船的。
>
> 我一直都很钦佩你的坚定与勇敢，特别是你在工作中的思考，你好像用这些工作在我们经历的这个阴沉昏暗的时代里打发时间。我起初的想法是，你用不同语言写下的五十六封信会吓倒每一位没有用你的能量武装起来的人。但是，当我认真研

究了你给出的三十个名字目录时，才真正认识到，它涉及的就
不再是信的数量了！

我不想隐瞒真实想法，这一受之有愧的荣誉，与这些已经
逝世的伟人为伍、由你的笔将我供奉在万神庙里长眠，会令我
感到些许冷清与恐怖。

寄上我十五年来照得最好的一张照片，我没有在照片上亲
笔签名，那是因为，它不是赠送给你的，而是给你的出版物。

送上衷心的祝福和最美好的愿望！

你的曼纳海姆

1949 年 8 月 8 日下午，曼纳海姆元帅熟悉的声音在我的电话话
筒里响起：

"赫定先生，你下午五点至五点半之间在家吗？我想在火车站接
上女儿送去酒店之后就去你那里。"

他按给出的时间准时来了，我感到非常高兴。我们的谈话涉及
了很多，既有个人生活，也有政治生态。他从他的姐姐伯爵夫人爱
娃·斯帕尔（Eva Sparre）那里听说我的眼睛动了手术，竟像一个
医生一样，详细地打听手术的所有细节。埃里克·冯·罗森（Eric
von Rosen①）的去世使他很伤心，他用热情的语言赞扬了冯·罗森
先生具有的男子汉气概、性格、勇敢以及取得的卓越成就。他曾与
冯·罗森先生一道多次参加戈林先生组织的狩猎活动，还作为客人

---

① 埃里克·冯·罗森（1879—1948 年），瑞典上流社会杰出人士，名誉医生，赞
　助人、探险家、民族志学家。

在卡琳宫①里住过。

　　然后我们又谈到了著名的"冬季战争"，这是一场发生在有两亿人口的大国与一个只有四百万人口的小国之间的战争。他十分自豪地回忆起将士们表现出来的令人难以置信的勇敢精神和取得的不朽战绩。

　　之后，他又谈到了希特勒访问他司令部的一段经历：

　　"傍晚，我才得到消息，第二天上午希特勒要来参观。我们马上提前采取措施准备了五十个人的午餐。司令部里没有足够大的地方，我们还必须从邻近的火车站设法调集几辆餐车。此外，我们还仔细地进行了各项设施的检查，包括检查停机坪地面强度能否承载希特勒的笨重飞机等问题。"

　　德意志帝国元首希特勒准时到达，由吕蒂（Ryti②）总统接待，然后由曼纳海姆元帅致欢迎词，希特勒特别对元帅七十五岁生日表示祝福。

　　人们对希特勒的来访表示惊讶，因为他还从来没有这样访问过任何一个盟国。

　　曼纳海姆元帅还说道：

　　"他访问的意义何在？他想得到什么？为什么正好是访问我？我

---

① 卡琳宫是纳粹战犯戈林为纪念第一任瑞典妻子，建于德国东北部斯彻弗海德森林的一所豪华乡间别墅，并以原配的名字卡琳命名。原本只作为狩猎时的休闲之地，后来越装修越奢侈，许多从各地掠夺来的价值连城的艺术珍品也被放入其中，算是纳粹早期罪行的展览处。

② 全名：里斯托・海基・吕蒂（Risto Heikki Ryti, 1889—1956 年），芬兰政治家，曾任芬兰总理和芬兰总统。1941 年 6 月 25 日带领芬兰站在德国一方对苏联宣战。纳粹德国 1944 年大势已去后辞去总统职位。

对希特勒给我的生日祝福表示了感谢。在参观了总参谋部后，我将
希特勒领进了司令部。希特勒与我同桌，同桌的还有我的两位最亲
密的同仁。到达的时候，希特勒做了一个长长的令人惬意的致辞。
宴席上则由我发表演说，针对我的讲话希特勒又即席做了答谢。"

　　对我的老朋友，德国陆军元帅米尔希（Milch①），曼纳海姆元帅
也谈了不少。

　　我与曼纳海姆元帅的观点是一致的，即整个世界现在笼罩在一
种疯狂错乱的氛围之中。谈到中国，曼纳海姆元帅仍十分动情，但
他认为，对欧洲而言，最好还是让俄罗斯去关照亚洲。他还谈到了
在瑞士安静工作的可能性，在那里，他能够不受干扰地写他的回
忆录。

　　"那一定是一部了不起的大作，一部世界历史上前所未有的人生
报道。"我赞扬道。

　　曼纳海姆元帅谦虚地说道，自己希望的不一定都能实现。写一
本回忆录，资料巨量而且庞杂，取之不尽。以现在八十二岁的高龄，
将他的人生按年表顺序完全写下来是不可能的。但他已经整理出了
文档，为历史研究准备好了资料。他相信，手头完成的这些工作今
后一定是有价值的。

----

① 应为空军元帅。全名：埃哈德·阿尔弗雷德·里夏德·奥斯卡·米尔希
（Erhard Alfred Richard Oskar Milch，1892—1972 年），为第一次世界大战后的德
国重新建立空军立下汗马功劳，他的元帅军衔主要也是因此而得，还曾被刊登
于 1940 年 8 月 26 日当期的《时代》杂志封面。米尔希在第二次世界大战结束
后被判处终身监禁，但于 1954 年 1 月获释，于 1972 年逝世。值得注意的是，
米尔希具有犹太人血统，是德军为数不多的犹太裔军人里最高军衔者。

与曼纳海姆大元帅在一起的这段时间是我终身难以忘怀的。

他在我这里一直待到了不得不离开的最后一刻，还得赶去参加非常尊重的老朋友芬兰驻瑞典公使格里彭贝格（Gripenberg）先生的晚宴。我陪着他乘电梯到达底层，送他上了公使的车。

临分手的时候他突然说道：

"你也可以与我一起去格里彭贝格公使处！"

"那可不行，穿着破旧的工作服是不能在公使面前亮相的！"我谢绝了元帅的邀请。

老元帅挺直魁梧的身板上了车，又回头面向我挥手说道：

"生活幸福！生活幸福！再见！"

曼纳海姆元帅在我的眼前消失了，我的眼里已噙满泪水。我似乎已经预感到，属于大英雄的时日不多了，此生我们不可能再相见了。

塞尔玛·拉格洛芙
(Selma Lagerlöf)

  我第一次听到塞尔玛·拉格洛芙①这个名字是在十九世纪的九十年代初。那时，我的母亲刚读了塞尔玛·拉格洛芙女士在瑞典《伊顿》（Idun）杂志上发表的获奖小说《古斯泰·贝林的故事》。母亲为作家在韦姆兰省（Wärmland）古老的、童话般的、紧张而又充满幻想的生活描写深深地吸引着。塞尔玛女士是母亲一生中最为佩服的伟大女作家。

  我也是这样，在五十年间，着迷地读完了塞尔玛女士的所有著作。

  我第一次见到塞尔玛女士是 1902 年在卡尔瓦尔堡（Karl Warburg），当时我就有预感，我们会成为好朋友，我们之间的友情一定

---

① 全名：塞尔玛·奥蒂莉亚·洛维萨·拉格洛芙（Selma Ottilia Lovisa Lagerlöf，1858—1940 年），瑞典作家与教师。1909 年诺贝尔文学奖获得者，是瑞典第一位得到这一荣誉的作家，也是世界上第一位获得这一荣誉的女性。1940 年 3 月 16 日，塞尔玛·拉格洛芙因脑溢血去世。

是一生一世的。

在亚洲探险旅行途中，我总会带上几本塞尔玛女士的书，而在我离开瑞典期间她新出版的书籍，我的父母也会及时为我寄到我或早或晚要抵达的宿营地中国喀什噶尔、印度或者中国的其他某一个地方。我至今还记忆犹新，当一个来自印度西姆拉的邮件袋将塞尔玛女士《尼尔斯·霍尔格森（Nils Holgersson）的神奇旅行》①从瑞典带到我在外喜马拉雅山孤寂旅行中来的兴奋情景。我从来也不会忘记，要知道我是怀揣多么高兴的心情在长长的冬夜，在取暖炉火熄灭以后零下二十摄氏度的帐篷里阅读这本书的。

中国西藏夜晚的宁静，白雪覆盖的山峰，夜空闪烁的群星或者呼号着的冰冷暴风雪……更加增添了书中描写的围绕着我的童话氛围。在这个氛围里，我全神贯注地享受着塞尔玛女士童话故事中尼尔斯·霍尔格森神奇的冒险经历。无独有偶绝顶浪漫的是，就在阅读《骑鹅历险记》中的头鹅、母亲阿卡丝（Akkas）在野鹅群中领头飞行的故事情节时，我还能真切地听到天空中它们的亚洲同类相互告诫的欢叫声，那是一群群正翩翩飞行在我蜗居的帐篷上空、在西伯利亚与印度之间迁徙的中国西藏的大雁。

而当我长途探险旅行返回家乡在斯德哥尔摩再度见到塞尔玛女士时，我会当面向她致谢，是她的故事大大增长了我在旅途中的快乐和兴奋。可以说，在天籁孤寂中，在世界屋脊美丽的大自然中，没有人比我能更好地理解塞尔玛女士童话中的主角尼尔斯·霍尔格

---

① 指塞尔玛·拉格洛芙女士写的著名长篇童话小说《骑鹅历险记》，英语书名为 Nils Holgersson's wonderful journey across Sweden，意译为《尼尔斯·霍尔格森在瑞典的奇遇》。这部小说也是拉格洛芙女士的代表作。

森了。

　　1909 年，瑞典学院①授予塞尔玛女士诺贝尔文学奖，当时的学
院成员目前在世的就只有佩尔·霍尔斯道姆（Per Hallström）先生
了，可能还会有几位亲历了文学奖颁奖仪式的人能记住塞尔玛女士
在颁奖典礼上的演说。

　　她的获奖感言本身就是一个童话故事：我的获奖给父亲带来了
喜悦，他坐在空中的秋千椅上阅读当天的报纸，得知女儿获得了诺
贝尔文学奖。

　　五年之后，塞尔玛女士由小埃萨亚斯·泰格纳尔（Esaias
Tegnér②）先生提名当选为瑞典学院院士。她是进入这个文艺圈子里
的第一位女士，在瑞典学院里的编号居第十席。她的前面是阿克塞
尔·冯·费尔森（Axel von Fersen）院士、西尔弗斯托尔佩（Silver-
stolpe）院士、阿夫·库尔贝格（af Kullberg）院士、哈贝格（Hag-
berg）院士、斯韦德柳斯（Svedelius）院士、桑德（Sander）院士和
格勒斯泰特（Gellerstedt）院士。

　　她对逝世的前任格勒斯泰特先生的纪念演讲是这样开始的：

---

① 　瑞典学院由瑞典国王古斯塔夫三世于 1786 年创立，是瑞典皇家学院之一，设有
　　十八名终身院士。按规定，只有当一名终身院士去世才能新补选一位。当院士
　　艾伯特·特奥多尔·格勒斯泰特先生去世后，塞尔玛·拉格洛芙女士被补选为
　　院士。自 1901 年以来，每年的诺贝尔文学奖都由瑞典学院颁发。
② 　小埃萨亚斯·泰格纳尔是老埃萨亚斯·泰格纳尔的孙子。老埃萨亚斯·泰格纳
　　尔 1782 年出生于瑞典韦姆兰省的一个牧师家庭，是一位著名作家和诗人，同时
　　还是一位雄辩的演说家、教授，后因精神病被送入精神病院，但康复后又继续
　　写作，直到 1846 年 11 月 2 日在韦克舍去世，享年 64 岁。

尊敬的先生们：

瑞典学院选举我为你们中的一员，授予我如此高的荣誉，无疑再一次提高了我对你们欠下的人情债。这一崇高的荣誉，是你们给我的又一次厚爱，将我放进了一位花鸟作家艾伯特·特奥多尔·格勒斯泰特（Albert Theodor Gellerstedt）先生空出来的位置上。这样，我也就有了这个责任，在一份讣告中向他表示衷心的敬意。

在韦姆兰省十一月份灰暗的日子里，没有比进入作家的情感世界更令我心仪的事了。多少次我都会产生这样一种清晰的感觉，被翩翩起舞啾啾欢唱的鸟群、被光彩鲜艳的高贵玫瑰和耀眼炫目的阳光包围着，我必须看一眼书，才能再次找回真实的现实。

瑞典学院的选举使塞尔玛女士有一种她从不掩饰的高兴。她经常从莫尔巴卡庄园（Mårbacka①）她的家中或者从法伦（Falun）去斯德哥尔摩参加重要的会议，特别是在决定诺贝尔奖项归属的十一月份，或者是 12 月 20 日诺贝尔奖颁奖的庆典节日里。

通常，在学院的讨论会中她会一言不发地注意倾听，如果在会上发言，她的语音也是平静的、轻缓的，表现出谦虚、平淡、认真的态度。她知道，自己的愿望要非常逻辑地用令人信服的论据表达出来。

---

① 莫尔巴卡庄园是塞尔玛·拉格洛芙女士出生的地方，父母去世后出售给了他人，获得诺贝尔文学奖后，拉格洛芙女士将这座庄园重新购回，现在是拉格洛芙纪念馆。

　　她勇敢并成功地为期待诺贝尔文学奖太长时间的法国作家阿纳托尔·法朗士（Anatole France）先生最终获奖作出了不懈努力。在去世的两年前，她还是美国作家珀尔·巴克（Pearl S.Buck①）女士强有力的代言者。她还希望丹麦文学评论家、文学史家格奥尔格·勃兰兑斯（Georg Brandes）先生获奖，遗憾的是，这一愿望没有实现。

　　只要塞尔玛女士与会，整个会场大厅就会显得明亮、宽敞，哪怕有王室成员、国务委员和身居要职享有盛名的其他要人在场。在诺贝尔奖庆典节日里，当老了的塞尔玛女士在拐杖的支撑下登上庄严的诗坛，与会人员的眼光都会齐刷刷地投向她。人们都怀有这样一种感觉，她是瑞典诗歌和传说文学世界里一位高高在上的公主。同样，塞尔玛女士也很乐意参加庆典会议之后举行的宴会，与她的这位或者那位男性同仁交谈。如果她退场，一直钦佩她、崇拜她、对她怀有热烈情感的埃萨亚斯·泰格纳尔（Esaias Tegnér）先生会陪伴着她离开。

　　这真是一个十分温馨感人的画面：圣诞市场上的灯光在渐渐熄灭，大雪像一块白色的布幔铺在老城区狭窄的小巷子里，两位老人手挽着手缓缓下行走向自己的轿车。这个令人钦佩的可爱画面一直持续到1928年泰格纳尔先生去世不可能再陪伴在塞尔玛女士身边为止。

---

① 　全名：珀尔·赛登斯特里克·巴克（Pearl Sydenstricker Buck, 1892—1973年），中文名赛珍珠，美国旅华作家，凭借小说《大地》于1932年获得普利策小说奖，1938年获得诺贝尔文学奖，也是获得普利策新闻奖和诺贝尔文学奖双奖的第一位女作家。

　　然而更使我们心田感到荒凉的是，1940 年 3 月 16 日，高贵的塞尔玛女士自己也永远地告别了我们这个文学艺术圈。

　　我与塞尔玛女士见面一般是在瑞典学院的会议上，有时候也会在卡尔·奥托（Karl Otto）先生和利森·邦尼尔（Lisen Bonnier）夫妇家见到她。同样，在 1938 年邦尼尔夫妇为诺贝尔奖获得者赛珍珠女士举办的庆贺宴上我也见到了她。塞尔玛女士和赛珍珠女士，这两位获得诺贝尔文学奖的女性在庆典日上有说不完的话，可以毫不夸张地说，美国女作家对瑞典女作家佩服得五体投地。

　　我们之间通信并不多，给塞尔玛女士写太多的信我总有些顾忌，来自世界各地的信件已经使她难堪重负——她的著作有三十二个语言的版本在世界各地发行——她与她的大多数书籍出版人都有着频繁的书信往来。但给她写信最多的还是来自不同年龄段的各地读者。读者们用热情似火的语言感谢她，感谢她给他们带来的愉悦和享受。

　　塞尔玛女士写给我的信一般简短明了，大多与科学院的事务有关，关系的是院士的选举或者是诺贝尔奖的分配。我寄书给她，她也总是以使我受之有愧的、友好的、令人开心愉悦的语言表示感谢。她也知道，我最高兴的是能听到她对我的书肯定的评价。

　　塞尔玛女士的行为方式、讲话、思想、个人风格简朴而又崇高，极富尊严。她总是那么安静地走进一个房间或者一个集会，似乎还有那么些腼腆和拘谨。与她谈话，活跃与热烈的场面并不多，她宁肯讲得慢一点、稳妥一点。发言中，她权衡措辞，一旦涉及他人，总是以一种体谅的、爱护的、理解的口气，谨防每一个过分和夸张的表达。她的谦恭让人很难想象到，这位克制的稳重的年迈女士竟是一位享誉世界的顶级大作家，由她浪漫的幻想培育出来的美丽诗行受到了遍及全世界数千万读者的爱戴和钦佩。

当然，面对自己的成功和享有的知名度，塞尔玛女士内心深处也不会觉得无所谓，对总能听到赞扬的评价感到高兴。她甚至不能理解动物学教授的批评，即她心仪的《骑鹅历险记》童话故事中、尼尔斯·霍尔格森的鹅群中的母亲阿卡丝作为楔形飞行群鹅中领飞的头鹅，是违背自然法则的。动物学家的解释是，领飞的头鹅必须是雄性。

但对我而言，她的童话幻想是激动和兴奋无以穷尽的源泉，我自己也试图在写作中学习她对人和事进行浪漫描述的神奇艺术。

下面是塞尔玛女士写给我的几封信——有些信我照本宣科完全展示，有些信我只是摘要出她对我考察旅行游记的一些想法。

1916 年 10 月 16 日

亲爱的斯文·赫定：

欢迎你在充满乐趣的、也同样充满辛苦劳累的旅行后回到了家乡。收到你来自耶路撒冷（Jerusalem）的问候，我感到非常高兴。我经常这样问自己，移民们在这个艰难的时期怎么还能坚持得住。

如果波尼尔（Bonnier）出版社打算出版这本书，我很愿意为此书写上几行前言……

衷心祝福你！

你的塞尔玛·拉格洛芙

　　有关这本书的背景是这样的：我 1916 年拜访耶路撒冷时，L.拉尔森（L.Larsson）先生给我看了他每年在撒玛利亚人（Samaritaner①）复活节期间在圣山基利心山（Garizim）拍摄的图片集。

　　拉尔森先生来自瑞典西达雷卡利（Dalekarlien）的奈斯（Näs）教区，是一位达雷卡利尔人，1896 年移居耶路撒冷，他的生活正是塞尔玛女士著名史诗小说《耶路撒冷》的原型。他来自美国的一位同仁约翰·蒂·外廷（John D.Whiting）先生为这本图片集写下了说明文字。

　　我当时建议拉尔森先生，将这本图文并茂的图片集在瑞典出版，为了使这本图片集能更受瑞典人的欢迎，我恳请塞尔玛女士写上一个简短的前言，如果她不反对的话。

　　塞尔玛女士的前言是这样写的：

　　　　在世界的这个地方没有多少瑞典人，瑞典的旅游者更少，瑞典的传教士也只是最近才在那里有些影响，就连我们的领事当时还都不是瑞典国籍。只有一小群瑞典人作为我们国家的使者在瑞典—美国移民点为许多穷人、病人以及在贫困和悲伤中生活的人们服务。认真想想，我们也没有其他更好的方式走进这个国家，送上我们博爱的、慈善的和怜悯慈悲的宗教了。

　　我 1917 年春天写的游记书籍《巴格达、巴比伦、尼尼微》中还

---

① 撒玛利亚是一个非常古老的民族，据称是在三千多年前迁居到以色列帝国北部一个部族的后裔。

夹着塞尔玛女士写下的一封感谢信：

莫尔巴卡，孙讷（Sunne），8 月 29 日

亲爱的斯文·赫定：

当你夏天将这本杰出的著作寄给我时，我真的很想马上读完就向你表示感谢。但由于当时手头正有一项困难的工作要做，即，为格哈特·豪普特曼（Gerhart Hauptmann①）先生改编我的书《阿勒斯·沙茨先生》的戏剧版本进行诗体化翻译。因此，我不得不先放下珍爱的东方。

现在，我也已经游历了幼发拉底河（Euphrat②）和底格里斯河（Tigris），参观了既富有活力看上去又显得奄奄一息的几个城市，也有时间写这封感谢信了。

我带着极大的乐趣在你的书中找到了一些倒霉的不太顺利的事，雨下个不停的天气和能将人的头脑软化的炎热，而这些我自己也都遭遇到了，就像一辆车陷在烂泥地里不可能再爬出来一样。这些倒霉的事十分有趣地留在了我的记忆里，现在，在读你的书时再经历一遍也是很有意思的。

现实中不是所有的事都那么精彩美妙，但是，那里拥有的精彩以及我在你书中再次看到的精彩，却是一种奇迹般的情调和流芳远古的存在，它沿着浩瀚的江河，夜晚则守着灿烂的

① 全名：格哈特·约翰内斯·罗伯特·豪普特曼（Gerhart Johann Robert Hauptmann，1862—1946 年），德国剧作家和诗人，自然主义文学在德国的重要代表人物，1912 年诺贝尔文学奖获得者。
② 幼发拉底河是中东名河，与位于其东面的底格里斯河共同界定美索不达米亚，被认为是文明的起源地之一，对中东地区尤其是伊拉克的历史有着深远的影响。

星空。

　　衷心感谢你的好意，将你的杰作寄给我！

最衷心的祝福、

永远忠于你的、

塞尔玛·拉格洛芙

下面这封信则与我的著作《耶路撒冷》有关：

法伦，1917 年 11 月 24 日

亲爱的斯文·赫定：

　　我正在翻阅你友好地寄给我的大部头书籍，我享受着这本书，再一次置身于传奇的东方氛围和情调之中。我计划圣诞节期间再认真地读上一遍，因此，以上这几行字还只是一个暂时的致谢。

　　杰马尔帕夏（Dschemal Pascha①）在哪里，他怎么能让英国人如此近的接近耶路撒冷？我对他的无能感到十分吃惊。我要说的是，一般而言，在这场战争中我是不会站在英国人一边的，因为我不乐意看到他们在巴格达和大马士革（Damaskus）的成功，但我倒愿意在基督的手上看到耶路撒冷。

最衷心的祝福

塞尔玛·拉格洛芙

---

① 应指艾哈迈德·杰马尔帕夏（1872—1922 年），奥斯曼帝国政府官员与知名军事人物，对奥斯曼帝国末期亚美尼亚大屠杀、希腊种族灭绝、亚述人种族大屠杀负有主要责任。

我将一本有诸多亚洲自然环境描写的文学书籍《藏布喇嘛的朝圣之旅》的第一部分《朝圣者》寄给了塞尔玛女士，她在 1921 年 3 月 24 日的信中答谢如下：

> 昨天我读了你写的《朝圣者》一书，现在，我要衷心感谢你将这本书寄给我，也感谢阅读给我带来的快乐。我相信，这将是一本充满了冒险、奇遇的青年读物，但不仅仅只是这些，它也包含着很多令人感兴趣的文化和宗教方面的意义和价值。我还认为，这是一本非同寻常的杰出的消遣读物。此外，它的写作风格是出色的、简洁的，内容是得体的、适当的。
>
> 再次衷心感谢
>
> 衷心祝福
>
> 你的塞尔玛·拉格洛芙

关于诺贝尔奖的评选和颁发，她 1921 年 11 月 6 日从莫尔巴卡给我的信中如此写道：

> ……就我而言，今年最乐见的获奖者是阿纳托尔·法朗士①先生。他早就应该获奖，不能再拖延了，因为他已经是一位老人了。10 日，我还不能前往斯德哥尔摩，因为动身前的一项工作我必须忙到星期四才能够最后完成。也正因为如此，我

---

① 阿纳托尔·法朗士（Anatole France，1844—1924 年），是作家雅克·阿纳托尔·弗朗索瓦·蒂博（Jacques Anatole François Thibault）的笔名。法国小说家，1921 年诺贝尔文学奖获得者。

想请你全权代表我，可能的话，替我为阿纳托尔·法朗士先生投上一票。如果高尔斯华绥（Galsworthy①）先生获奖，我也不会持异议，但我还是希望，法朗士先生或者哈代（Hardy②）先生能在他之前获奖。有我的全权委托，你就可以在选举出现纠结的时候提出你的意见。我认为，全权委托你是最明智的举措。

我十分希望，我们能在 20 日的庆典日上见面。我期待着欣赏瑟德尔布罗姆（Söderblom）先生的就职演讲。但令我们深感痛苦的是，两位魁梧的人物阿夫塞柳斯（Afzelius）先生和蒙特柳斯（Montelius③）先生，十分想念……

塞尔玛女士写给我的最后一封信是在 1940 年的 2 月 14 日，她去世一个月零几天之前，信中，她没有提到赛珍珠女士提名的、她也赞同的获诺贝尔奖的中国人的名字：

亲爱的斯文·赫定！

值得注意的是，我几天前在给佩尔·霍尔斯道姆先生的信中（我正好得到了今年诺贝尔文学奖的候选人名单）随意说出

---

① 应指约翰·高尔斯华绥（John Galsworthy，1867—1933 年）先生，英国小说家、剧作家，1932 年诺贝尔文学奖获得者。
② 托马斯·哈代（Thomas Hardy，1840—1928 年），英国作家，哈代当过几年建筑师，后致力于文学创作。作者获得了诺贝尔文学奖十二次提名，但最终还是与诺贝尔奖失之交臂。
③ 应指古斯塔夫·奥斯卡·奥古斯都·蒙特柳斯（Gustaf Oscar Augustin Montelius，1843—1921 年），瑞典考古学家。他所著的《东方和欧洲的古代文化诸时期》第一卷《方法论》，对中国考古学界有着深远的影响。

了我的想法，瑞典学院今年应该将诺贝尔文学奖颁给由珀尔·
巴克女士提名的中国人。给一位古老文化国度的儿子戴上诺贝
尔文学奖的桂冠，确实是一件非常美妙的事情。

> 谢谢你的支持！
>
> 衷心的祝福
>
> 你的塞尔玛·拉格洛芙

我收到塞尔玛女士的最后祝福是 1940 年 2 月 19 日我七十五岁生
日那天发来的贺电：

> 谢谢探险者、谢谢发现者、谢谢不懈奋斗的勇气以及由此
> 而得到的探险旅行的乐趣。

1940 年的 3 月，我与妹妹阿尔玛正在德国柏林，17 日，斯德哥
尔摩的记者梯德宁根（Tidningen）先生打电话给我。他刚刚得到了
塞尔玛·拉格洛芙女士去世的消息，电话中请我为报纸写一篇纪念
文章。

在这里，我再次录下写下的这篇纪念文章的主要部分，表达我
当时得到这一噩耗的悲伤和痛苦的心情：

> 今天，我带着异常痛苦和悲伤的心情，收到了塞尔玛·拉
> 格洛芙女士逝世的消息。我们这个时代的、瑞典文学最有意义
> 的、也可能是最伟大的文学旗手停止了她的写作，开始了她比
> 所有的人生梦幻更为童话般的浪漫之旅。

我们的国家失去了她，我们的人民站在低垂的旗帜下围绕着她的灵柩。

是她，没有其他人，使我们的日常生活摒弃了单调进而丰富起来。在她的足迹上，生长着光明与美丽。通过她突出的才能和上帝赐予的浪漫的想象力，我们平常的日子过得也像节日和假日一样充满了魔幻般的华丽。

带着崇敬和热爱，带着无法超越的艺术和预见性的真实，她从过去的生活里诱出了由令人难忘的人物形象构成的一个完整世界。她举着一支大师的画笔，将我们祖先的生活和命运、快乐和痛苦、错误和成就、柔弱和强势描画了下来。因此，是她，没有其他人，用一只可靠的手，将我们这个时代的瑞典人民与过去联系在了一起，为唤起我们这个民族的团结与和睦作出了伟大的贡献。她的作品，将在一个时期里，成为我们这个民族面临严重外部危险威胁时最为强大的和最为深厚的力量源泉。

塞尔玛·拉格洛芙女士离开了她的民族，但她的名字将永远活在人民心中。

只要微风还在韦姆兰的、在整个瑞典的森林里轻轻诉说它的传说和颂歌，我们民族就不会放弃，就会带着谦恭的自豪感保持着、捍卫着民族的尊严和伟大，我们的人民就会在感激中，在敬畏和崇敬中前往掩埋了我们伟大作家骨灰的陵墓前朝圣。

上帝护佑的、对亲爱的令人尊敬的塞尔玛·拉格洛芙女士的怀念将代代相传、永垂不朽！

这是我们瑞典民族的幸运，拥有这样一位美妙的不可思议的民族梦幻和憧憬的报告者，她仍在茂密森林的喧嚣声中，在北欧明亮的星光中悬浮着、生存着，令世人着迷。

维尔纳·冯·海登斯坦

(Verner von Heidenstam[①])

在世纪之交，我与维尔纳·冯·海登斯坦先生只有过一两次仓促的见面，相互之间并没有多少语言上的交流。但是，自从海登斯坦先生在瑞典文坛脱颖而出，我就极为钦佩、如醉如痴地喜欢上了他的诗歌和散文作品。在亚洲探险考察旅行中，我都会习惯性地在小小的旅行书库里放上一本或几本海登斯坦先生的书。

至于他本人具有的英俊的贵族气派的面容、高大的身材，也引起了我绝对的尊重。当然，也就不可能不发生，我们俩或早或迟地会走到一起。

是我首开我俩友谊的破冰之举。

在 1909 年 7 月 6 日海登斯坦先生五十岁生日那天，我主动给他发

---

① 全名：卡尔·古斯塔夫·维尔纳·冯·海登斯坦（Carl Gustaf Verner von Heidenstam, 1859—1940 年），瑞典诗人、小说家，1912 年成为瑞典学院院士（居第八席）。1916 年，他荣获诺贝尔文学奖，为"褒奖他在瑞典文学新纪元中所占之重要代表地位"。海登斯坦的作品以描述瑞典人的生活见长，富有爱国热情，主要作品有诗集《朝圣年代》。

了一封祝福贺电。

他在答谢信函中这样写道：

> 您在穿越荒原和高山的发现之旅中实现了您的人生目标。
>
> 我在瑞典也有过几次类似的发现之旅尝试，您知道吗？这并不是一句冠冕堂皇的漂亮话，只是我的探险之旅，直到现在都还站在起点上。就在昨天晚上，我都还逗留在平静的湖面上。我从未有过如此清澈透明的感觉，即北欧世界几乎还是一个未曾被人发现的处女地。

海登斯坦先生五十岁时，就已经是著作等身、闻名遐迩的大人物了，但他还是认为，自己仍站在道路的起点，视自己的祖国为一块未曾开垦的处女地。我十分理解他的感受，因为我，虽然比他年轻六岁，但一涉及内亚地区也有着同样的情愫。打那以后，我们经常有这方面的交流，尽管相比较而言，我们各自肩负的使命和奋斗的目标是如此不同。

就是这一微不足道的小事件成为我们之间持续了整整三十年直到海登斯坦先生 1940 年 5 月去世才终止的友谊的序曲。

真要将我们之间的故事详细记录下来，那势必会撑破这本书现有的框架，所以，我在这里只能给出大作家一个并不充分的人生画面。

我想从他写给我的一百五十封信中选登几封，让他自己对读者们说，而我只是有局限地、选择性地在这里或那里作些必要的补充说明。

1909 年年底，海登斯坦先生被授予斯德哥尔摩大学荣誉博士学位，大约在同一时间，塞尔玛·拉格洛芙女士获得了诺贝尔文学奖，但海登斯坦先生并没有出席当年的诺贝尔奖颁奖典礼。

他在为瑞典学校写一本关于瑞典历史的简易读本，这本书对他来说困难度相当高。他在书中将卡尔十二世（Karl XII①）的英雄传说描述得辉煌灿烂，给予伟大的统帅和国王一个又一个生动的画面。但在有关民族命运的某些阶段上，他掌握的知识还显得有些欠缺。因此，在写《瑞典人民与首领》这本书时，他耗费了不少时间和精力。

此外，1910 年，他还受到了作家奥古斯特·斯特林堡（August Strindberg②）先生充满敌意的攻击的影响。这一攻击的矛头不仅仅指向了他，还指向了塞尔玛·拉格洛芙女士，指向了我和其他人。他为此感到惊讶，这种"叫骂式的抒情诗"看上去还有几个人会如此心醉神迷，竟会把它当作"吸引人的、有魅力的古代土耳其近卫军士兵用管乐和打击乐演奏的军乐"完全不加思索地接受。

海登斯坦先生自己没有回复斯特林堡先生的攻击，但他很高兴看到我不能容忍那位大作家和大戏剧家失控的恶劣情绪继续爆发而奋起反击的举动。不用怀疑的是，海登斯坦先生沉默应对的策略是

---

① 卡尔十二世（1682—1718 年），瑞典大北方战争时期的国王，终身未婚。他在位期间，因为过度的军事远征，导致先胜后败，输给了俄国的彼得大帝，瑞典的国际地位由北欧霸主衰退为二流国家。虽然伏尔泰赞扬他为军事天才与伟大英雄，但也有相反的评价认为他是疯狂的恶霸与嗜血的好战者。有学者称其为"十八世纪初的小拿破仑"，表示他和拿破仑高度相似，都具有军事天才与征俄失败的命运。

② 奥古斯特·斯特林堡（August Strindberg, 1849—1912 年），瑞典作家、剧作家和画家，瑞典现代文学奠基人，世界现代戏剧之父。在其四十余年的创作生涯里，他写了六十多部戏剧和三十多部著作，其著作涵盖范围有小说、历史、自传、政治和文化赏析等，其作品着重表现自然主义和表现主义。1874 年还著有《中国语言源流》一书。

唯一正确的，因为斯特林堡先生在发表的意见受到各界批评之后，心灵的平衡被打破了，以至于这一受到破坏的、不健康的心灵一直持续到了他生命的结束。

应该说，斯特林堡先生之后的评论思路是错误的，完全没有他以前著作中体现出来的明确和敏锐。

那个时候，还有另外一个海登斯坦先生着力关心和研究的事务，即斯塔夫政府面对国家防御问题不坚决的态度。在这个问题上，在当时和在之后的几年时间里，瑞典人民的观点相互之间也有所不同，经常会爆发激烈的争辩和冲突。而特别引起瑞典人民内心愤慨的是，斯塔夫政府竟然反对国王与国会已经批准了经费的战舰制造。

1911 年，我撰写了一本题为《一个警告》的小册子，这个小册子由保守的和温和的报纸在整个国家转载了上百万份，也引起了阵阵或同意或反对的浪潮。海登斯坦先生也极其关注这场斗争。但当我希望能推动他公开亮相，用他的笔和语言参与这一论战时，他一如既往地予以拒绝了。

1912 年元旦那一天，他写信给我：

我思考了这一事件，得出的结论是，还是应该继续待在我的避难所里。你大概不会为此感到惊讶，因为你知道，我一向反感这些事件。还有一个原因是，局面错综复杂，很多方面都还不甚明朗。

现代机器公开宣称，党派要轮流执政，各自展现本领。如果他们被战胜，就会声称，作为反对派的岁月是最好的，以此

来自我安慰。这样简单，也只有这样才会简单。一个鞋匠，当
他坐下来修鞋的时候，会因自己穿着一双破鞋而遭到责骂。

这段时间里，他没有让政治因素影响到自己撰写关于瑞典历史
读本的工作。同样编撰在这套系列读本中的、我的书籍《从极地到
极地》也在那个时候出版了，关于这本书，海登斯坦先生在 1911 年
1 月 27 日的信中这样写道：

> 我坐在这里，让头发随风飘起，读着你写的吃人的狮子和
> 坚持不懈的世界旅行者。我竟显得老朽不堪，会觉得这本书如
> 此引人入胜。你完成了这本书，让安德烈（Andrée）这个人物
> 形象生动地走了出来。
>
> 用梦幻般的月夜景色和相距遥远的星座结尾，是富有启发
> 性的和美好的。从青少年开始，你就热爱和钦佩发现之旅的故
> 事，这大概就是你为什么有能力在今天的年轻人中唤起这种炽
> 热感情的缘由了吧。

1913 年 5 月，我与海登斯坦先生见面又多了一个地方，即瑞典
学院，就在我这一年当选瑞典学院院士不久，他写下了关于瑞典学
院一些有独特思想的话语，表明了他自己对古斯塔夫三世建立的、
这一高贵正派的基金会的看法：

> ……不仅仅诺贝尔奖的颁发，还有词典的编撰，事实上都
> 还只是国王古斯塔夫建立基金会的某个环节。最重要的是，在

每一次选举中，我们都试图正确对待，将获得诺贝尔奖的最优秀者从不同的专业领域里遴选出来。从来不会出现下一个是最优秀者，更不会出现第三个或者第四个是最优秀者的现象。没有比苍白和无血色的选举更加糟糕的了，隐藏着的暗礁会使瑞典学院这艘航船遭遇触礁沉没的危险命运。

就我对你思想意识的了解，我毫不怀疑，在这点上，你给我的印象是正确的。

可能你在这个问题上也是这样认为的，即诺贝尔奖是一个瑞典的奖，它应该反映我们的文化和我们自己的见解和观点。但这个奖也经常地、足够多地不是由瑞典而是由国外分配，当我们征求法国学院智慧的、姐妹般的建议并带着敬意遵循照办的时候。但如果我们表现得不那么温顺听话，其结果，就会听到那些令人尊敬的年纪大的姐妹们粗野的责备。

不同国家恬不知耻的煽动不应该是我们遵循的准绳，瑞典学院必须自己有能力在外部世界困难的条件下找到诺贝尔奖合适的人选。这样，也就容易忍受无法回避的、在评选之后鼓噪出来的批评声了。

让我们还是多一些冷静思考，少一些外交上的老练圆滑吧！

这年的夏季，我去瓦斯泰纳（Vadstena）漂亮的纳多（Naddö）庄园拜访海登斯坦先生以及他妩媚动人的年轻夫人葛丽泰（Greta）女士。不长的几天时间里，我们要么坐在一起彻夜畅谈，要么在周边美丽的风景中散步闲聊，他向我披露了不少瑞典学院的秘密。

他怀揣着对瑞典国伟大过去的无比热爱，热情地向我介绍瓦斯泰纳的寺庙和古老的瓦萨城堡（Vasaschloß）、纳斯亚（Nässja）教堂所在的兴克广场（Thingplatz）、比亚伯（Bjäbo）教堂以及周边有纪念意义的名胜古迹。

1913 年的秋末，海登斯坦先生第一次来我父母家看望我们，他感觉特别愉快，以至于后来的那些年里成了我们家受欢迎的常客，被视为家庭成员之一，得到了我们全家人的尊重和喜爱。他来我家，也希望能被视为家人的共同朋友，他反感把他当作陌生人看待。一般来说，他会与小巧玲珑的葛丽泰夫人一同来访，也因此家庭气氛会更加富有情趣。

1914 年 8 月 1 日，世界大战爆发，海登斯坦先生带着强烈的兴趣追踪着这一事件的发展。如果我从前线旅行回来，他的问题总会没完没了。

1914 年秋季，我对他承诺，在塞尔玛·拉格洛芙女士致开幕词的瑞典学院庆典日那一天，我会给他讲讲德国在法国和比利时前线的战况。

在此之前不久，他又写信敦促我：

> 请你务必遵守许下的友好诺言，在学院庆典日会议之前或者之后的晚上奉献给我几个小时时间。我必须亲自听你述说战争中旅行的个人经验——令人美慕、忌妒的旅行。

在接下来的战争年代里，我们一起度过了很多这样的时光。

1914 年因为战争，诺贝尔奖没有颁发，他为此愤愤不平：

在上百年的和平年代里，我们习惯吹嘘、炫耀自己大无畏的英雄主义气概，可现在，遇到第一个危险马上就学会趴在桌子下缓缓爬行，就不敢面对我们应尽的责任，也不敢向国外的作家和学者们寄支票了！过去能够做到，那么，战争时期的现在，诺贝尔奖的颁奖庆典就更应该是瑞典要坚持的一个文化节日。

在第一次世界大战的喧嚣声中，我将我的整个影响力都放在了瑞典学院，我要为海登斯坦先生获得1915年诺贝尔文学奖而努力。但1915年的诺贝尔文学奖却在1916年颁发给了法国作家罗曼·罗兰（Romain Rolland①）。

1916年的诺贝尔文学奖颁给了海登斯坦先生，以"褒奖他在瑞典文学新纪元中所占之重要代表地位"。由于在战争期间，当年并没有举办大规模的诺贝尔奖颁奖庆典活动，只是由我以瑞典学院主席的身份，在内部圈子里为海登斯坦先生颁了奖。

1916年，我们俩经常在斯德哥尔摩或者在纳多庄园见面，因此信写得很少。

1917年10月，我邀请海登斯坦先生在1918年11月30日举行的、他眼中永远的英雄卡尔十二世国王逝世二百周年的纪念会上发言。但他不希望自己的发言内容建立在最新的研究成果基础上，即在"修正"了他的研究成果的基础之上。他执意要在发言中宣讲自

① 罗曼·罗兰（Romain Rolland，1866—1944年），二十世纪法国著名作家，音乐评论家。1914年，第一次世界大战爆发，罗兰定居日内瓦，他利用瑞士的中立国环境，写出了一篇篇反战文章。1915年，获得该年的诺贝尔文学奖，但由于法国政府的反对，拖到第二年的11月15日，瑞典学院才正式通知他这一决定。罗兰将奖金全部赠送给了国际红十字会和法国难民组织。

己书中所写的、自己潜心研究的成果。

在给海登斯坦先生的一封信中我写道：我热切期望世界和平马上到来，以便我能再次前往亚洲开展探险考察活动。我半开玩笑地对他说，一旦我要启程前往亚洲，启程前最后也是最痛苦的一个晚上希望他能与我一起度过，因为有他在场，我与家人的分别会更加轻松一些。

他在回信中这样写道：

> 你的这一信任，即委托我在你再次远行前作为你的最后一个巡夜人，使我深受感动。希望这个夜晚早日到来，希望世界和平早日到来！我们所有的人都希望再次拥有新鲜的空气。可现在，我们被困在监狱里，空气像胶汁一样黏糊糊的。
>
> 希望新年能成为真正的新的一年！
>
> 你伟大的、了不起的著作在你不安分的年龄点燃了最野性的、最狂热的探险旅行的兴致和欲望。
>
> 汉斯·外星人①

1917 年的除夕，他从意大利的那不勒斯（Neapel②）写信给我：

> 这是一个有着卑鄙历史的肮脏城市，挤满了虐待动物者、乞讨者以及卖春妓女的皮条客，市民们在教堂里朝拜那些装饰

---

① 《汉斯·外星人》是海登斯坦 1892 年完成的一部寓言小说。
② 那不勒斯是意大利南部的第一大城市。那不勒斯位于那不勒斯海湾的北岸，其东西两侧分别是两个火山区域：维苏威火山区和坎皮佛莱格瑞火山区。因此，该市从古至今不断受到火山活动和地震的威胁。

得过分的木头和蜡制的人体模型。维苏威火山（Vesuv）上方的黑色熔岩，是一个面对天空不断延伸的、只能在火光和烟雾中靠近的地狱。事实上，那不勒斯城是一个阴森森的令人毛骨悚然的地方，是一个人一靠近就想立马离开的地方。

但尽管如此，它可能也是所有美丽的城市中图画般最美丽的一座。试想，在哪个地方能像在那不勒斯新堡（Castel Nuovo①）旁那样，欣赏大海涌起浪涛拍打昏暗礁石的场景呢？在哪个地方又能像在那不勒斯新堡里那样，穿过富丽堂皇的凯旋门走进厚重的、坚固的老城堡呢？在哪个地方又能像在那不勒斯城里那样，围绕着蓝色烟雾下的火焰、走在狭窄陡峭的街巷里享受富有情趣的居民生活趣味呢？

还有：围绕着圣多梅尼科（St. Domenico）广场上的大型方尖碑，人们会产生何种关于死亡的神秘玄想，他们很可能会少些装腔作势，如果不是这些流氓无赖躺在棺材里的话。

总觉得缺失点什么，使人们不能马上不加思辨地、简单地爱上那不勒斯城，如同许多宝石上也会有些许黯淡的光芒一样。不用怀疑的是，长时间住在这里的人们是一定会爱上这里的。

如你所知，我在这里也没有完全忘记我的爱好：探究这些名人葬在何处。你在文章中写得完全正确，我是有那么点儿像中国人。因此，我经常想干的一件事是，写一篇论文谈谈中国人与他们逝者的关系。

至于见到的那些生活中的人，我在旅行中很少被他们纠缠，

---

① 新堡，又称安茹城堡，是那不勒斯著名的地标建筑。

因为我竟没有发现一个"人"。除了在这里的酒店里见到了瑞典数学家米塔-列夫勒（Mittag-Leffler）先生，就再也没有遇到任何对于我有意义的"人"了。米塔-列夫勒先生因为健康原因要前往埃及（Ägypten）。

一个星期以后，我将前往意大利西西里岛的沿海城市巴勒莫（Palermo）城和锡拉库萨（Syrakus）城。

……不和平与混乱的日子还没有过去。总还能看到游弋的汽船，破旧得似乎总是停泊在海底，火车也好像刚从赫库兰尼姆古城（Herkulanum①）挖掘出来似的。处处都能见到士兵，但士兵的外貌令我心仪。战争以十八世纪接受检阅的士兵宣告结束，可十七世纪打仗的士兵又回来了。现在，人们看到的是长期嗜杀在战场上的士兵——可能时间会更长地、无法抗拒地、无可奈何地继续卷入这场战争游戏。

圣诞节之前，这里发生的事件是十分严峻的。

新的一年从今天这个晚上开始，这里嗅到的将不会是春天的气息，而是死尸的味道。

尽管如此，愿你、你的旅行以及你全家新年平安！

谢谢你在过去一年里带给我的一切。

你的朋友：

维尔纳·冯·海登斯坦

---

① 赫库兰尼姆古城位于今埃尔科拉诺，面向那不勒斯湾。它是一座于公元 79 年被南意大利维苏威火山爆发造成的火山碎屑流所摧毁的古城。火山爆发令此城与附近的庞贝城、斯塔比亚等古城同时受到摧毁。

1919 年 7 月 6 日，他写了一篇关于瑞典人民的文章，一并感谢在六十岁生日里收到的来自全国各地的礼物和祝福：

> 什么是我们瑞典人天性的基本特点？
>
> 瑞典是一个森林民族、一个有着稀奇古怪嗜好的民族、一个善于梦想的民族，事实上还有一定程度上的智慧的节制，而这种智慧的节制在很多情况下是与民族固有的慢性子混杂在一起的。
>
> 瑞典还是一个原始的、地道的、由农耕的自给自足者形成的、热爱自由的民族。他们最愉快的感觉是在一定程度上的共同平等。他们不喜欢独裁专制，愿意生活在严格限制了的国王权力之下。瑞典人民有组织才能，有强烈的遵纪守法的意识，本质上是诚实本分的，但平时却大大咧咧，易多愁善感。
>
> 我对沙文主义不感兴趣，因为它与自高自大和盲目无知同类。民族主义与它不同。民族主义从哲学、艺术、历史等领域的个人杰出成就出发，它与民族精英的生活以及或过去或当今的个人成就息息相关。我们瑞典人是应该与其他民族共享生活还是应该关起国门来自给自足呢？
>
> 然而，对我来说，我们整个天性中值得注意的特点是这样一个事实，一个个体的心灵之于我们比起整个民族以及文化历史有着更多的意义。一个死掉的脑袋或者一个身在棺材里的死人比一个被毁掉的巴别塔遗迹（Babel①）或埃及底比

---

① 巴别塔，又称巴比伦塔。传说中是新巴比伦王国的国王尼布甲尼撒二世主持修建或增建的一座高塔。

斯（Theben①）遗迹告诉我们的会更多。从而也表明，什么对我们而言才是至高无上的，所有宗教证明的也都是一样。

瑞典人天性的基本特性存在于我们自己——你之后问到了——的思维方式和感受方式之中，存在于与我们自然的、自给自足的农耕社会休戚相关的意识之中，尽管这种思维和感受方式在我们的哲学中表达得并不强烈。

1923 年 2 月，我前往美利坚合众国，一方面做演讲报告，另一方面也因刚刚完成了撰写九册大书《西藏南部》的艰难工作顺便在美国度假休养。

在美国，我也收到了海登斯坦先生于 1923 年 2 月 9 日写自意大利比萨（Pisa）的信：

是的，你现在在大西洋彼岸，在美国的人海中，有时候会遇到逆风，甚至有可能是真正的狂风，这是完全可以理解的。因为在那里，你是老牌的、很大程度上声名狼藉的德国人的朋友。但是，面对危险，你也是一位久经考验的斗士，一定会知道怎么对付。对此，我完全不用担心。

在我六十岁生日时，他写信给我：

---

① 底比斯是上埃及古城，古埃及名称为瓦塞特，意为权杖之城。濒临尼罗河，位于今埃及中部，即今天的卢克索附近。作为皇室居地和教徒膜拜的宗教中心，它从公元前二十二世纪中期到公元前十八世纪曾繁荣一时。

兄弟：

时间过得真快，天天都这么快，我简直无法理解，我们小伙子一般年轻的斯文·赫定的脚也已经踏上老年人的阶梯了。随着年龄的增长，你的生活内容也一定更加丰富。这是一个只属于少数人的预言，即属于用坚定的语气表达这一预言的人。你已经完成了众多的有意义的令人难以置信的成就，今后一定还会成就更多、更多。

即便没有我的祝愿你的生活也一定是一切顺利的，但尽管如此，我还是要将我这一发自内心深处的祝福用文字表达出来。同时，我还要感谢你给予我的、也可以称之为传统的友谊，这种传统的友谊不会在某一天因为哪怕最小的一点瑕疵而失去光泽。不然的话，就会像大多数人那样，他们友谊的天穹常常像十一月阴霾的天空，只有微弱的太阳光才能在孕育着雪花的云朵之间予以平衡。

我相信，人们会因为你杰出的业绩而赞美你，那一天，将会有来自远方的许多祝福汇聚于你的家乡，其中当然也包含我的。

我这里没有什么新的消息要告知，墨索里尼的实力很强大，一双有把握的手还是牢牢地掌控着这个国家。失业的党员同志发点牢骚，也是可以理解的。

在 1926 年 4 月 11 日来自奥夫拉利德（Övralid）的信中，他写道：

亲爱的朋友：

昨天，我带着"来自斯文"的快乐晃动着从邮袋里取出的信件。我特别要感谢你的还有，你写到了阿尔玛。这确实会使我感到痛苦，如果我的信回复得过晚的话。不过，现在它已经上路了。

我早就有给你写信的打算，但手头的事情确实太多，特别是要为几近荒芜的花园带来哪怕是一点点像样的改变。我从来没有感觉到冬季日子会如此短暂，转眼就已到春季了。

非常感谢你寄来的照片，这张照片应该是你寄给我的所有照片中最好的一张了。同样，还有两张见证在荷兰多伦流亡的德皇威廉二世的卡片。如果德皇威廉二世看上去总是那么好的话，那些常见的扭曲他的漫画形象就不是真实的了。大胡子是匀称的，从外表上看，倒霉的命运带给他更多的是精气神。你对他不动摇的顽强的生命力以及他对时代事件感兴趣的报道，也表明了德皇威廉二世不是那些反对派们习惯描述的那种类型。看来，你对德皇威廉二世的这次拜访确实很有意义。

我随时欢迎你来我这里做客，这你是知道的。通过特罗勒（Trolles）先生，我会听到一些关于你的消息，通过报纸的报道知道的就更多了。

回到阿尔玛，我就像听到了一个她完成的美丽的童话传说，为了他人的幸福，通过她的努力奋斗，竟收集了如此多的金钱。她之所以能做到这一点，是基于她心灵的纯洁、明确的目标和彻底的无私。我很少见到一位五十岁的人还拥有如此高贵的毕生事业。阿尔玛是一位真正的、没有丈夫和孩子的母亲。

在即将过去的冬季，我自己也只是与少数人有过接触，好在，我们两人在孤独中都会有特别惬意的感觉……

瞧，时针已经指向深夜了。

你忠诚的朋友：

维尔纳·冯·海登斯坦

下面是 1927 年 10 月 15 日他写自奥夫拉利德尼许尔卡（Nykyrka）的信：

亲爱的朋友：

谢谢这封寄自北京的内容丰富的、我期待中的信件，它正好是在你启程的那天写的。在报章杂志上，我们一直都在追随着你传说般的旅行。从照片上看，特别是在刚开始，你的脸庞上已经表现出来了要与困难作不懈斗争的艰苦印记。我从阿尔玛处也听到了这些。使我感到钦佩的是，你的力量并没有白费。强大和勇敢是你最珍贵的才能，而这一才能正是仙女在你成长的摇篮边为你培养起来的。

在我长时间沉默的时候，你却探究了那么多重要的问题。

我决定不写，是因为在有规律的日常生活进程中没有什么值得写的，不像你在有危险的战争中、在荒漠冒险的旅途中。我待在家里，日复一日，什么都没有发生一样。

不，也不是什么都没有发生。你和我对学院补选提出的老候选人已经不再需要我们费口舌争取了，他已经在乌普萨拉的墓地里安息好几天了。他可以没有不朽的瑞典学院，但不朽的瑞典学院则需要他：斯万特·阿伦尼乌斯（Swante Arrhenius[①]）先生。

很少有人能够坦率正直地像我那样希望你一切都好，希望你的远行能取得成功，能头戴新鲜的花冠幸运地凯旋！我高兴的是，你能够做到这些，实现你长久的、也必须昂贵付出的梦想——这里的昂贵有金钱和精神两层意义。但是最难实现的还是，计划的实施和目标的实现。

1931 年，我有很长一段时间待在斯德哥尔摩，与海登斯坦先生经常会在斯德哥尔摩或奥夫拉利德见面。在他生命的最后五年时间里，我会定期去他的庄园看望他。但他不再写长信了，如果有什么要说的话，他会寄上一张写有几行字的卡片。

在 1937 年 5 月 22 日的卡片中，他写道：

兄弟：

衷心感谢你的大作，它是你的著述中最好的也是最强的一本著作，我怀着极大的兴趣很快就读完了它。

---

① 全名：斯万特·奥古斯特·阿伦尼乌斯（Svante August Arrhenius，1859—1927年），瑞典化学家。提出了电解质在水溶液中电离的阿伦尼乌斯理论，研究了温度对化学反应速率的影响，得出阿伦尼乌斯方程。由于在物理化学方面的杰出贡献，1903 年被授予诺贝尔化学奖。1901 年他被选为瑞典皇家科学院院士，后一直是诺贝尔物理学奖委员会委员和化学奖委员会的事实委员。他曾运用自己的地位试图阻拦一些科学家得奖，如沃尔瑟·能斯特先生和德米特里·门捷列夫先生。

海登斯坦先生说的著作是我写的《德国与世界和平》这本书，书中介绍了我七个月在第三帝国旅行的见闻。

在海登斯坦先生生命的最后三年，他原本清晰的思维能力越来越差，动脉硬化的疾病日趋严重。

我 1940 年 2 月 19 日七十五岁生日时，他给我发来贺电：

> 我最真挚的思念送给我忠诚的朋友七十五岁寿辰！

这封贺电是在他去世前三个月发的，不用怀疑的是，也是在他忠实的朋友奥托·弗洛丁（Otto Frödin）先生的帮助下完成的。

来自奥夫拉利德最后的消息是 1940 年 5 月 26 日的电报：

> 维尔纳先生于深夜三点三十分逝世，已经安详地与我们永别了。
>
> 弗洛丁

1940 年 5 月 26 日，星期日，海登斯坦先生庄严地、脸色苍白地躺在安置在奥夫拉利德图书馆的灵柩里，六个高大烛台上的烛光辉映着长眠的诗人。饱含悲伤和珍贵记忆的我长时间地注视着已经逝世的老朋友——这位用坚强不屈的语言向我们的人民展示了他的伟大和广博、三十年来比其他人更亲近地站在我身边的伟大诗人。

在覆盖着灵柩的瑞典国国旗上安放着加洛林王族的宝剑，这是近卫军在他七十岁寿辰时授予他的。六个人抬着灵柩，跟在后面的是头戴花冠的童军队员和举着垂头小旗的儿童。送葬的队伍缓缓地走过樱桃树，走过院落前往敞开的墓穴，在那里，主教托尔·安德瑞做殡葬弥撒。

心爱的赞美诗句"瑞典、瑞典、瑞典，祖国"从没有像那天那样深情地唱响，这是他一生中最华丽的诗行，此刻，在他的灵柩旁又赢得了更加深刻的意义。

庇护十世
(Pius X)

　　虔诚高贵的天主教罗马教皇庇护十世①1835 年出生在一个农民家庭，原本的名字是朱塞佩·梅尔基奥雷·萨尔托（Giuseppe Melchiorre Sarto）。他的神职生涯引导着他，1893 年获得威尼斯（Wenedig）的教主职权，任天主教拉丁礼威尼斯宗主教区宗主教。1898 年获得红衣主教头衔，1903 年成为罗马教皇。庇护十世 1914 年去世，他的国务枢机卿②是梅里·德尔巴尔（Merry de Val）先生。

　　1910 年元月，我去了罗马，完全没有料到的是，竟与圣人罗马教皇庇护十世有过一个小时的交谈。那年，意大利国家地理学会邀

① 庇护十世（Pope Pius X, 1835—1914 年），1903 年 8 月 9 日，萨尔托于罗马圣伯多禄大殿（圣彼得大教堂）加冕为天主教第二百五十八任教皇，取名号"庇护十世"，以表示对于先教皇庇护九世传统主义和对世俗坚强不屈性格的推崇。1914 年，第一次世界大战爆发给了他很大的打击，在为受苦的人类而伤心及忧心的情况下去世。他在遗嘱中写下："我生来是贫穷的，我的生命也是贫穷的，我也愿意死在贫穷中。"

② 国务枢机卿，俗称教廷国务卿，是圣座国务院的最高首长，执行教廷和梵蒂冈城所有的内部政治和外交功能。国务枢机卿由教宗任命，作为他的主要顾问之一。

请我前往罗马接受大金质勋章并做一个我最近一次的中国西藏探险演讲报告。1903 年，我已经获得了一枚这样的勋章，当然，这一次勋章上的题字内容是不同的。

一天，学会秘书隆卡利亚（Roncagli）先生来酒店告诉我，罗马教皇读了报纸上我来罗马的报道后，想邀请我见一面。

按约定的时间我到达了梵蒂冈（Vatikan①）城。

大门前站岗的是穿着彩色军服的教皇卫兵。在一位宫廷主管的引导下，我走过一个个富丽堂皇气派豪华的过道与房间，来到与接待室相邻的一间屋子里。接待室里已经有好几位气宇轩昂的宗教官员等候在那里了。他们不失高贵的罗马人面部表情，表现出来的威严姿态，令人过目难忘。我紧张地期待着那扇沉重的、将我和罗马教皇庞护十世隔开的门打开。等候觐见期间，我与两位穿着宗教长袍举止礼貌的高级教士和一位王宫主管闲聊了一会儿。

沉重的门终于打开了，我走了进去，右手桌旁的靠背椅上坐着仪表尊贵的罗马教皇。他慢慢站起身来，带着亲切友好的笑容向我伸出手表示欢迎，并客气地请我落座。

罗马教皇身材高大，魁梧，看上去身体相当健康。他的动作平缓而富有尊严，举止简朴知足且亲切友好，根本看不出是一位有七十五岁高龄的老人。教皇剪短了的白头发上戴着一顶小瓜帽，头是

①　全称"梵蒂冈城国"，罗马教廷所在地，位于罗马西北角的梵蒂冈高地上，面积 0.44 平方公里，常住人口约六百人，大多为神职人员。梵蒂冈原为中世纪教宗国的中心，1870 年教宗国领土并入意大利后，教宗退居梵蒂冈。1929 年同意大利签订《拉特兰条约》，梵蒂冈成为独立国家，是全球领土面积最小、人口最少的国家。

圆的，明亮的眼睛闪射出纯真的人间善良与博爱的光芒。端正的、线条不明显的脸庞上并没有显现出能量强大或者说意志力超凡的特征，甚至缺少人们通常在梵蒂冈见到的那些天主教廷中享有崇高声誉的高层宗教人士拥有的精致优雅、睿智聪明、线条清晰的刻板相貌。人们从中似乎也能够体会到，他来自底层人民大众，主要是通过虔诚和他纯洁的品行攀升至最高位置，坐上了圣彼得①的第一把交椅。

罗马教皇穿一身带有肩披的白色长袍，围在腹部的是一条宽宽的圣带，脖子上挂着一根带有十字架的项链，右手手指上戴着宝石戒指，来访者会在罗马教皇热情握手时用嘴唇触吻手指上的宝石。

庇护十世不是一位学者，他的语言知识有限，法语说得并不是很流畅，但我们之间的谈话还是很快顺利展开，相互之间的理解亦十分默契。

他特别高兴地阅读了我在罗马学院做演讲报告的报道，在演讲中，我曾提到了几位在中国西藏的天主教传教士的名字，还有在西藏活动的"耶稣会"（Jesuiten②）、"嘉布遣会"③ 和 "拉匝禄

---

① 彼得，基督教创始者耶稣所收的十二使徒之一，初代教会的核心人物之一。他有两封书信被收入新约圣经，撰写《马可福音》的马可是他的门徒。天主教会认为他建立了罗马教会，是罗马教会的第一位主教，也追认他为天主教会第一任教宗。

② "耶稣会"是天主教会的主要男修会之一，1534 年 8 月 15 日在巴黎成立。从1624 年起耶稣会传教士就开始在我国西藏传教，直到 1745 年传教士全部撤离，断断续续持续了一百二十一年的时间。

③ "嘉布遣会"是意大利文 Cappuccio 的音译，意为 "尖顶风帽"。因该会会服附有尖顶风帽，故得此名。十八世纪初，在罗马教廷资助下，法国的与意大利的嘉布遣会传教士在我国西藏拉萨成立了西藏传教会。

会"（Lazaristen①），十七世纪、十八世纪初和十九世纪中期，他们在西藏游历，会址均建在拉萨。

在所有提到的这些精神布道的旅行者中，罗马教皇陛下最感兴趣的还是来自波登诺讷（Pordenone）的托钵僧鄂多立克（Odorico②）先生。他1328年就前往拉萨。因此，教皇陛下一直将他放在心上，当然也因为他自己就来自波登诺讷。他问我，我是否有机会，沿着鄂多立克先生的足迹，验证这位托钵僧一手完成的遗留下来的不算丰富的报告。

遗憾的是，我不能对神圣的教皇陛下有更多的承诺。我回答说，我从法国汉学家、巴黎地理学会会长亨利·柯蒂埃（Henri Cordier）先生的著作中读到了关于鄂多立克先生的报道，但我不能赞成柯蒂埃先生提到的鄂多立克先生去过拉萨的见解。因为，在鄂多立克先生自己的证明文件中找不到这一暗示，即，他到达了拉达克（Ladak）后继续前往一个由穆斯林、伟大的阿拉伯地理学家命名的西藏（Tebet③）这个地区。但是这并不妨碍鄂多立克先生的声望，

---

① "拉匝禄会"又称"遣使会"，1846年（清道光二十六年），北京遣使会孟振生主教派遣会士约则、葛华二位神父赴西藏传教。

② 鄂多立克（1286—1331年），意大利方济各会托钵僧，是中世纪著名旅行家，与马可波罗、伊本·白图泰、尼可罗·康提一同被称为中世纪四大旅行家。1318年，鄂多立克从威尼斯启程东游，经君士坦丁堡、特拉布宗、霍尔木兹、孟买、奎隆、马拉巴尔海岸、锡兰、苏门答腊、占婆，经广州进入中国，游历泉州、福州、明州、杭州、金陵、扬州、北京等地后取道西藏回国。鄂多立克在病榻上口述东游经历，由他人笔录成书《鄂多立克东游录》。

③ 很久以前，突厥人和蒙古人称藏族为"土伯特（Tebet）"，在元代经阿拉伯人（人名不详）介绍到西方，慢慢就被音译成Tibet。在民族称谓上，Tibet对应"藏族"，但在地域称谓上，Tibet有时对应中国"西藏"，有时又泛指整个藏族地区，与"西藏"的含义有比较大的差别。

在内亚的发现历史上，他将永远享有崇高的荣誉。

　　罗马教皇问，我还认识哪些天主教传教士，对他们有何评价。我特别提到了多年在北京为中国清朝皇帝服务、学识丰富的一些耶稣会士。

　　我还提到了由弗朗切斯科·奥古斯丁·安东尼厄斯·格奥尔基（Fr. Augustinus Antonius Georgi）先生在收集大量老传教士们的笔记和经验的基础之上编写出来的一部内容丰富书名为《吐蕃语大词典》①的大辞书，该词典 1762 年在罗马出版。

　　不言而喻的是，教皇陛下还询问了我的探险旅行经历以及探险旅行中的重要发现。

　　针对教皇提出的问题：我是否在探险旅行途中遇到过天主教传教士，对他们的工作有何印象时。我发自内心地回答说，我在巴格达、在中国内地遇到过不少勇敢的富有牺牲精神的耶稣门徒，我钦佩他们的忠诚和耐心，特别是他们的博学多识。他们对我总是那么友好，对我的帮助也特别大。很多围绕着他们的当地住民都皈依了天主教，这充分表明，他们传教的努力不是徒劳的。

　　最后，罗马教皇对瑞典人民以及我的未来计划又提出了几个十分亲切的问题。然后站起来，衷心感谢我接受了他的邀请，并将手

---

①　"吐蕃"是公元七世纪（唐朝初年）我国藏族建立的政权，在今西藏地区，九世纪中叶该政权崩溃，"吐蕃"这一词最早出现在唐代的汉文史籍中，宋、元、明史籍仍称青藏高原为吐蕃。吐，普遍被认为是"大"的意思，蕃，在藏语中叫作"bod"。吐蕃，就是"大蕃"，也就是高原的意思。《吐蕃语大词典》收词三万五千余条，也有资料称《吐蕃语大词典》由意大利进入中国西藏的方济会修士弗朗西斯科·奥拉梯奥·德拉·宾纳（Francesco Orazio della Penna）编撰。

伸过来让我行吻手礼，并祈祷上帝赐福于我未来的人生道路。

这次觐见教皇庇护十世最不寻常的一点是，不是我请求觐见，而是我受教皇之邀觐见教皇。我从来没有想过要用一次访问去打搅一位圣人。

几天之后，罗马教皇通过瑞典公使馆寄给了我一张他的照片，照片背面有教皇的亲笔题字：

"上帝永远赐福著名的斯文·赫定博士安康幸福，我们也为他祈祷！"

1910 年 2 月 23 日，庇护 P.P.X.

美国总统西奥多·罗斯福

(Theodore Roosevelt[①])

1910 年 5 月，我有三天时间，在斯德哥尔摩与美利坚合众国的前总统西奥多·罗斯福先生相处。在此之前，他就已经有了一个辉煌的经历丰富的生涯，是那个时代最著名的世界名人之一。

罗斯福先生四十岁那年，在西班牙战争[②]中组建了他自己的军团——美国第一志愿骑兵旅，并亲率"莽骑兵"像一阵龙卷风席卷了古巴大地。他积极参与政治生活，表现得敏锐、明智和勇敢，从而迅速高

---

① 西奥多·罗斯福 (Theodore Roosevelt，1858—1919 年)，出生于纽约，毕业于哈佛大学，荷兰裔美国军事家、政治家、外交家，第二十六任美国总统。西奥多·罗斯福因成功调停日俄战争获得 1906 年诺贝尔和平奖，是第一个获得此奖项的美国人。西奥多·罗斯福是美国拉什莫尔山美国总统公园总统山上四个总统雕像中唯一的一个二十世纪总统，与乔治·华盛顿、托马斯·杰斐逊和亚伯拉罕·林肯并驾齐驱。罗斯福总统 1919 年 1 月 6 日去世。2006 年 6 月 26 日，他再次成为《时代》周刊的封面人物。

② 西班牙战争又称为美西战争，是 1898 年美国为了夺取西班牙的美洲殖民地进而控制加勒比海发动的战争。战争结束了西班牙长达四百年的殖民帝国地位，美国亦通过战争自此成为全球霸权。美西战争中，老罗斯福率第一志愿骑兵团（即莽骑兵）节节获胜，击败了西班牙在古巴的陆军一部。

升，成为美国副总统。从 1901 年到 1909 年，他身居美利坚合众国最高职位。1906 年，他获得诺贝尔和平奖。1909 年，他赴东非狩猎探险。1910 年，他厚厚的一本以探险经历为蓝本的书《非洲狩猎记》问世。

罗斯福先生 1910 年 5 月 7 日到达斯德哥尔摩，在我们国家引起了很大反响，受到了瑞典王室和瑞典人民亲王一般的热情接待。我应邀参加了各类对他表示欢迎、表达敬意特别组织的庆祝活动，在活动中多次与他交谈。

罗斯福总统在斯德哥尔摩的活动日程安排得满满的，没有哪怕一分钟的休息，尽管上校——大家是这么称呼罗斯福先生的——正在受支气管炎的折磨。他带病在瓦哈拉维格（Valhallaväg）参观公立学校，从地下室走上屋顶架，在体育场上检阅骑兵卫队，在兵营里观看部队操练。

威廉王子和玛丽娅公主在奥克西尔（Oakhill）举办了一个欢迎罗斯福先生的早餐会。出席早餐会的有帕兰德（Palander）海军上将、蒙特柳斯教授、阿伦尼乌斯（Arrhenius）教授、吕恩贝格（Lönnberg）教授、道格拉斯（Douglas）伯爵、克拉斯伯爵以及美国公使和其他社会名流。

席间，威廉王子一一介绍在座嘉宾，当介绍到我的时候，罗斯福总统竟叫了起来：

"是吗，真是斯文·赫定先生！见到您我特别高兴，早餐过后，我们要找时间好好在一起聊聊。"

在哈塞尔贝肯（Hasselbacken）市举行的宴会上，市议员、国务委员、科学界、艺术界以及新闻界的代表……几乎所有首都名流都

邀请在座。瑞典首相阿尔维德·林德曼（Arvid Lindmann）在宴会上
发表了精彩的演讲，罗斯福先生也尽其所拥有的演讲才能热情洋溢
地、幽默地发表了答谢演讲。只见罗斯福总统两眼发红，白牙熠熠
生辉，为表达内心的感受，有力地挥动着手臂、拍打着手掌。在我
看来，罗斯福先生的演讲可以说是灿烂辉煌、振奋人心。只是演讲
的前奏显得过于严肃，那也是因为一天前的 5 月 6 日，英国国王爱德
华七世去世了，罗斯福总统的开场白因此饱含着感情：

"我们不会忘记这个日子，怀着与英国人民一样的深切悲痛！我
们祝愿新的国王拥有幸福、取得成功！"

然后，所有在场嘉宾起立默哀。

接下来，罗斯福先生兴奋地谈到了在美国生活的瑞典人。他说，
所有瑞典人在我们国家都很受欢迎，可以这样说，美利坚合众国最
优秀的市民就是瑞典人。早在美国特拉华州（Delaware①），瑞典人
就有了自己的家园，甚至先于美利坚合众国，他们的历史在我的祖
国已经变得有价值、值得学习也值得研究了。瑞典国的历史，我在
参观瑞典甲胄武器展览时留下了不可磨灭的深刻印象。来自古斯塔
夫·阿道夫（Gustaf Adolf②）、卡尔十世（Karl X③）和卡尔十二世

---

① 特拉华州是最早加入美国联邦的州，有"第一州"之称。特拉华州也是美国第
二小的州（仅略大于罗得岛州），面积小于一万平方公里。

② 古斯塔夫二世·阿道夫（Gustav II Adolf，1594—1632 年），瑞典瓦萨王朝国王，
生于斯德哥尔摩，即位后旋即与神圣罗马帝国相争，御驾亲征，节节获胜，在
吕岑会战中阵亡。

③ 卡尔十世·古斯塔夫（Karl X Gustav，1622—1660 年）是 1654 年至 1660 年间的
瑞典国王。他亲率军队出征波兰、德意志和丹麦，开拓了瑞典帝国时代的领土。

的战争战利品是令人印象深刻和深感钦佩的，它使我们想起瑞典民族为了和平在战争中赢得的辉煌胜利。

瑞典的不幸，也将是人类的不幸。

关于一个民族面对自己和自己国家的责任、关于性格形成的重要性、关于某些人不顾廉耻地在小圈子里干的那些徒劳无益的无耻勾当，罗斯福先生都用十分机智的话语表达了自己的看法。

最后，他感谢东道主在斯德哥尔摩处处给予他的热情接待，并幽默地表示，对他来说，作为一位名人做客斯德哥尔摩是十分劳累的，相比之下，在非洲猎杀一头大象就容易多了。

作为国王的客人，罗斯福先生在斯德哥尔摩访问期间住在被太子视为"荣誉"高尚的王宫里。

在斯德哥尔摩，我与罗斯福先生有过好几次交谈。在探险发现领域，我们俩都有浓厚的兴趣，思想上和感情上有共同点，而且我去年才从中国西藏考察外喜马拉雅山回到瑞典。在交谈中，罗斯福先生从地理学和人种学的角度向我提了不少问题，他还特别关心我前往中国西藏探险的实用装备。他的表达很在行，比起他在非洲的旅行，中国西藏的气候、冬季的寒冷、雪暴、海拔高度、高原的不可居住性，还有藏南地区喇嘛信徒对外来者不甚友好的态度，等等，都需要旅行者拥有更加强大的体力和意志力。而在非洲，就没有这些方面的挑战，这也是前往亚洲高原探险的旅行者要比去非洲的旅行者少多了的原因之一。他祝贺我选择了亚洲探险，没有去尝试自史丹利先生和利文斯通先生时代以来已经成为典范和模式的黑色大陆探险。在亚洲，人们更能找到有关人类历史和史前历史无数问题的高水平的答案。

"我自己不是科学家，"他还兴奋地补充说道：

"我只是一名猎手。遗憾的是，我现在已经年老体衰，不能步入你的探险领域了。但我相信，如果在亚洲荒原猎杀一头巨大的野牦牛或者野驴、野羊、马可波罗盘羊……更不用说雪豹，那一定是相当刺激的。"

在这里，罗斯福先生涉及了"猎杀野生动物"这一问题，而我对这个问题的回答却令他意想不到，也使得他对我有些另眼相看。

他想了解，我在探险生涯中是怎样猎杀牦牛的，有没有什么危险。而当我回答说，在我所有的亚洲探险旅行中，从来没有猎杀过一只野牦牛或其他任何一种野生动物时，他竟感到惊讶和失望。他不能理解，长年累月在猎物丰富的地区旅行和生活的我，竟然还不是一个打猎人。而正好在这些荒芜地区，对于猎手来说有那么大的刺激，人怎么能够放弃如此绝佳的猎杀大型野兽的机会呢？

"是的，"我果断地回答：

"看起来确实异乎寻常，但我的确不是一个猎人。这里有两个原因，使我既不会在亚洲也不会在自己的家乡打猎。首先，对于猎杀一条生命，我有着本能的无条件的反感，我根本不可能激发起这种兴趣。中国西藏山林里和草原上游走的野牦牛以及其他野生动物是它们那块领地的主人，而我只是一名外国人，一名外来者，在道德上，我没有权力为了个人的消遣剥夺它们生存的权利。此外，我打内心里讨厌存在于猎人和动物之间的不平等的搏斗。猎人拥有绝对的优势，他们事先会埋伏起来，窥视眼前毫无恶意的动物，然后在百米开外将其击中，只是在中弹以后动物才会开始自卫反击。我认为，人类主动进攻一个毫无防备的动物是很卑鄙阴险的一种举动。"

而罗斯福先生却反唇相讥。他认为，动物是为人类创造的，打猎是人类最高贵的体育锻炼。

"您必须开枪射击，这样，您在野外探险时生命才会有保障，必须时刻准备自卫。"他又提出了自己的另外一层想法。

我回答：

"那是当然！每次野外探险，我都雇有一位当地猎人随行，他负责我以及我们探险队队员的野味饮食需求——羚羊、野羊、灰雁、野鸭以及当地提供的其他可能的野生动物。此外，我还要为我国的博物馆收集动物标本。但是，我自己从来不会去猎杀动物，只是在可能出现的万不得已的极端情况下，才会将一个温顺的羊脖子割断。

"不言而喻的是，面对一个企图谋害我性命的歹徒，我是不会有片刻犹豫的。如果我们两者中必须死一个，我当然会尽最大努力将歹徒击毙，以保证自己的人身安全。

"但是，将猎杀动物作为一种消遣性的体育活动，我是深感憎恨的。在我的探险队中，只要存有足够的肉食，就会严格禁止猎杀动物。我永远忘不了一头野骆驼被枪杀时的情景：骆驼的腿部受了伤，在拼命逃离的途中悲惨地倒下，它的眼里充满了无助、绝望、恐惧、乞求和饶恕。就我的责任心而言，这是在屠杀无辜，是在一个国家的领地谋杀这个国家的国王，而这个国家就是无边无际的，还从未有人涉足的神圣的原始大荒原。"

罗斯福先生却认为，我无论如何都是一个古怪的人，动物是为人类服务的，我怎么还会因此感到悲伤和痛苦。

结束时，我对罗斯福先生说，我在探险旅程中只会带上亚洲人，因此，除了将以前从未在制图学上标明的路线一段段画下来、测定山峰的方位、读出它的高度、拍下照片、画下地形草图、采集矿物和植物标本以及写下当天的日记之外，我也没有哪怕一分钟的时间用于其他事物。而一个猎人，追踪他的猎物，不仅要耗费很多时间，还经常会背离前进的道路。作为消遣的打猎活动留下的只是记忆和冒险，只是一段关于紧张甚至惊险的谈资。但完成陌生地区制图学上的记载以及对数千万年来地球结构和命运的科学研究却丰富了人类的认知。我明确的态度令伟大的前美国总统大失所望。

在我们之间的最后一次谈话中，罗斯福先生说道：

"赫定先生，您应该来我们美利坚合众国，在所有的大城市做探险科考的演讲报告。如果您从纽约开始，我就可以亲自把您介绍给美国听众，为您在美国的行程铺平道路。一旦您做好了准备，只需给我写封短信，我就会为您按下在美国巡回演讲的启动键。毫无疑问，您会在美国取得巨大成功。"

我十分感谢罗斯福先生的盛情邀请。

一如后来发生的，我还有其他更重要的事情要做。我要处理我的探险科考成果，我还陷入了针对国家防御的论辩之中，写下了《一个警告》的小册子。接着是旷日持久的第一次世界大战爆发。

罗斯福先生在《凡尔赛和约》①签署的那一年去世，作为在战争中立场站在德国一方的我，当时也不可能去立场与德国对立的美国。我十分遗憾，没有当即接受罗斯福先生的友好建议，有前总统罗斯福先生为我的演讲鸣锣开道，在美国的演讲旅行很可能会给我带来一笔不小的财富。

在罗斯福总统访问瑞典的最后几天，我送给他刚刚出版的两册新书《外喜马拉雅山》，即刻收到了他下面的回信：

斯德哥尔摩

1910 年 5 月 9 日

亲爱的赫定博士：

两册书我都收到了，我不知道，是因为您的这两册书，还是因为您亲笔在扉页上写下的亲切友好的题字，总之，这两本书对我来说意义非凡。

请您相信，我对这两本书的评价是相当高的。

我非常高兴，在短暂的斯德哥尔摩访问期间认识了您。我也非常期待，能很快听到您的消息，并在美国见到您。

致以衷心问候

西奥多·罗斯福

---

① 《凡尔赛和约》全称《协约国及参战各国对德和约》，是第一次世界大战后，战胜的协约国和战败的同盟国签订的和约。协约国和同盟国于 1918 年 11 月 11 日宣布停火，经过巴黎和会长达七个月的谈判后，于 1919 年 6 月 28 日在巴黎的凡尔赛宫签署条约，标志着第一次世界大战正式结束。

　　几个月后，罗斯福先生寄给了我他的名著《非洲狩猎记》。

　　在之后的 1923 年和 1932 年，我在美利坚合众国做了多次地理探险演讲报告，报告开始我总要对听众讲到对罗斯福总统的这一段美好记忆，美国人民也很喜欢听这个开场白故事，就像喜欢听我在外喜马拉雅山、在莽莽荒原、在白雪皑皑的山脊上探险拼搏的报道一样。

巴登·鲍威尔

(BADEN-POWELL[①])

　　在我有幸结识的世界名人中，英国将军罗伯特·巴登·鲍威尔阁下——后来成为巴登·鲍威尔伯爵——拥有一个十分突出的位置。他不仅仅是一位名字写在战争编年史和大英帝国历史上的战士，而且还是一位意义非凡的人类之友，伟大的博爱主义者。他通过在全球范围内创建童军运动赢得了所有民族的尊重和感谢。许多他同时代伟人的名字，能在短时间里熠熠生辉，但很快就会熄灭，一半人会被历史忘记，另一半人也只是继续活在历史书和参考书中。而"巴登·鲍威尔"将军的名字则一直生动地活在当代、活在未来，同时享受着崇高的荣耀。

---

① 全名：罗伯特·史蒂芬生·史密斯·巴登·鲍威尔，第一代巴登·鲍威尔男爵（Robert Stephenson Smyth Baden-Powell, 1st Baron Baden-Powell, 1857—1941年），英国陆军中将、作家、世界童军运动创始者与第一任英国童军总会总领袖。1876—1910 年，巴登·鲍威尔将军完成学业之后效力于英国陆军，足迹遍及印度与非洲。1907 年，他主持第一次白浪岛童军露营，这次露营被视为童军运动的起源。巴登·鲍威尔晚年居住于肯亚尼耶利，1941 年过世便埋葬于此。

676   斯文·赫定眼中的世界名人

1857 年出生的巴登·鲍威尔先生参加了英国打击阿散蒂（As-chanti①）和马塔别列（Matabele②）战争，最后通过在布尔战争梅富根（Mafeking③）防御战中果断勇敢的指挥一举成名。

梅富根小城坐落在空旷平坦的地带，地形于战争极为不利。但是，面对压倒优势的对手，已晋升为上校的巴登·鲍威尔先生从 1899 年 10 月一直坚守到 1900 年的 5 月 17 日。在所有持枪士兵都压到前线作战的时候，承担不需要使用武器任务的都是年龄在十二岁到十四岁的童军。童军们成立了自行车传令兵队伍，有效地保证了指挥官与前线之间的联系。

巴登·鲍威尔上校谈到了一位童军队员的表现。他给这位童军队员布置的任务是将一份重要命令迅速送到前沿阵地。小队员骑着自行车即刻出发，完成任务之后毫发无损地回来了。当巴登·鲍威尔上校问他，炮击如此激烈，你是怎么顺利完成任务的，稚气十足的小队员回答说：

"我骑着车跑得飞快，炮弹根本就追不上我。"

---

① 阿散蒂王国，或称阿散蒂联邦，是十八世纪初至二十世纪中期（1701—1957 年）非洲加纳中南部的阿坎族王国。英国于 1805 年、1824 年、1826 年发动了三次阿散蒂战争，1902 年，英国宣布阿散蒂王国成为直辖殖民地。1935 年，阿散蒂王国恢复。阿散蒂联邦恢复，但不再是一个独立国家，只是英属黄金海岸的一个行政区。

② 马塔别列，即今天的津巴布韦，十九世纪末沦为英国殖民地。1896 年到 1897 年，绍纳人和恩德贝勒人（津巴布韦人的旧称）开始武力反抗英国殖民统治，爆发津巴布韦第一次解放战争。

③ "梅富根战役"是第二次布尔战争中英国最著名的战役行动。战役从 1899 年 10 月到 1900 年 5 月，共经历二百一十七天时间，开战地点在南非的梅富根。梅富根防御战使童军运动创始人罗伯特·巴登·鲍威尔成为国家英雄。

1900 年到 1903 年，巴登·鲍威尔先生担任南非德兰士瓦（Transvaal）警察局局长，接下来至 1907 年任英国骑兵部队总监，1906 年被提升为中将，1909 年被授予贵族称号，1910 年离职。

1908 年，巴登·鲍威尔先生开始创建童军运动，童军运动的组织结构现在已是举世皆知，但它正是在梅富根建立起来的小小传令兵队伍的基础上，在巴登·鲍威尔将军的伟大思想指导下成长壮大起来的。到 1932 年，世界范围内已经有超过三百万童军，其中一万五千人是瑞典年轻人，五年后瑞典童军人数就达到了二万五千之众。

1909 年，在瑞典的哥德堡就有一个小的童军队伍，瑞典童军同盟和 KFUM 童军同盟是 1912 年正式成立的。

1910 年的新年，我妹妹阿尔玛担任第一个由州基金会成立的住宅管理委员会副主任，她以巴登·鲍威尔先生为榜样，在住宅区青少年中成立了一个小型的童军组织。与此同时，在瑞典首都斯德哥尔摩以及周边乡村地区，童军活动也都在积极开展。

我也曾以一己之力参与了这一活动的开展，只要时间允许，我就会为青少年们做一些有前途的美事善事。埃里克·冯·罗森伯爵经常把他的庄园提供给童军作为宿营地开展活动。我还清楚地记得在伯爵的罗克尔斯塔德（Rockelstad）城堡那些美丽的夜晚，我们围坐在篝火旁，由我和伯爵先生给那些充满渴望、仔细倾听的青少年讲述历险传奇。他讲非洲，我讲亚洲。

1913 年，我的书《西藏的童军生活》出版，这本书是我奉献给瑞典童军组织和领导人的。

1910 年 3 月 5 日，我写信给当时还不认识的巴登·鲍威尔将军，我告诉他，他天才的想法已经在瑞典扎根了，我的妹妹已经从委托她照料的青少年中组织起了一个小的童军分队。

将军回信：

城堡，里士满

约克斯（Yorks）

1910 年 3 月 25 日

尊敬的斯文·赫定先生：

我不知道该如何对您表达，您 3 月 5 日友好的来信使我深感意外和高兴。令我陶醉的是，您对童军的兴趣以及听到了您姐姐亲手成立和培养了一支童军分队的消息。我将十分高兴，如果童军运动能在你们国家得到普及。为了实现这一目标，我愿意力所能及地为你们效劳。

我真诚地希望，如果您来伦敦，能允许我与您单独交换思想。

在此期间，我愿意随时提供你们希望得到的建议和咨询。

致以最诚挚的问候！

（注：根据秘书的意见，您的地址是我从您的信笺头上的图徽中获取的。）

您忠实的罗伯特·巴登·鲍威尔

一年之后，我面对面认识巴登·鲍威尔将军的愿望才有机会得以实现。

　　1911 年的 5 月和 6 月，我逗留伦敦，在不同的公开活动中见到了将军。5 月 23 日，我去将军家拜访，可他正好不在家。第二天，他特地为我的拜访扑空写信致歉，同时热情地邀请我 5 月 31 日在伦敦"绸缎商行"共进晚餐。当然，我很高兴地接受了这个邀请，也给我留下了一个值得纪念的经历。

　　"绸缎商行"是伦敦最悠久的一个商业行会，当时就已经有八百年的历史了。"绸缎商行"聚集了所有原始的绸缎商，尽管 1911 年已经没有一个商行成员是地道的丝绸商了。这个高贵的一流的商行并不是对每一个想进的人开放，拥有会员资格的这份荣誉都是经数百年父传子一代代传承下来的。

　　巴登·鲍威尔将军是"绸缎商行"会员，并且为之深感自豪。他也很高兴，能向我展示英国古老传统的一面。

　　"绸缎商行"传统的习惯一直保留着，自十二世纪以来就从未中断过。通过基金会和遗产，商行支配着巨大的财产和财富，其收益主要用来做慈善事业。"绸缎商行"会址大厅给人的感觉就是纯粹的中世纪风格，古香古色、典雅华丽、色调昏暗且厚重。桌子上和柜子里摆放着有历史故事的、源自古代令人叹为观止的金色和银色的茶壶、茶杯、高脚酒杯、枝形烛台和器皿。据说，商行名下仅在伦敦就拥有两千多幢房子，还经营着很多学校。

　　将军将我带到了接待室，向我隆重介绍商行主席和其他几位德高望重的老先生，我的到来受到了他们的热烈欢迎。宴席中，我坐在主席和将军之间，所有在场的人都庄重地穿着燕尾服，胸前佩戴着各式荣誉勋章。

午夜时分，我们离开"绸缎商行"城沿着泰晤士河在码头上散步。码头边的长凳上蹲坐着许多衣衫褴褛挤在一起的穷人，有流浪汉以及来自伦敦城人海中的各类不幸运的人，包括沉船事故中侥幸逃生的海难幸存者。有的人头低垂在胸前，两手插进衣兜，有的人半睡半醒的身体向前倾斜。少数人在抽烟，有一个还在读报纸，大多数人都是被动地在熬夜。

我请巴登·鲍威尔将军给我讲讲眼前这令人心情颇受压抑的场面。

他告诉我说：

"他们都是无家可归者，在这里等待深夜两点时辰的到来。深夜两点，救世军①会来这里，在铁路桥下面分发热汤和面包。"

"吃了以后他们会去哪里呢？"我问道。

"他们会继续在长凳上坐着，耷拉着脑袋，打着瞌睡，或者进城闲逛，去乞讨、去偷盗。早晨，他们又会通过什么途径弄到吃的。白天，他们躺在公园的长凳上睡觉，晚上，公园里会有警察驱赶他们。"将军耐心解释。

"他们为什么不工作呢？"我又问。

"你在这里见到的这些人，一天只能挣很少的先令（Schilling②）。

---

① "救世军"是1865年由卜维廉、卜凯瑟琳夫妇在英国伦敦成立的，以军队形式为其架构和行政方针，以基督教作为信仰的国际性宗教及慈善公益组织。该组织以街头布道和慈善社会服务著称，自称是"以爱心代替枪炮的军队"。创办人希望能够把福音传递给穷困的人，了解穷人物质及心灵之需要并给予帮助。"救世军"国际总部在英国伦敦，全世界有几千个分部，遍布一百一十七个国家，组织内有不同年龄层的成员两百多万人。

② "先令"曾是英国、前英国附庸国或附属国与英联邦国家的货币单位。

比起工作，他们更喜欢游手好闲，无所事事，不仅有免费吃喝，还能躺在公园里睡觉。"

"在伦敦有很多这样的人吗？"我继续问。

"约四万人！不过，在上层贵族以及自命高贵的人中同样有这么多无所事事的人，对于这些贵人，人们完全有理由为了国家的福祉要求他们工作。而对于这些深夜里无家可归四处游荡的穷人来说，更多的只能是抱怨而不是指责。"将军继续解释。

天气又热又闷，身穿燕尾服的我们还得披上外套。巴登·鲍威尔先生胳膊上挽着他轻便的大衣，走在贫穷的衣着褴褛的那些"夜游神"面前，他佩戴的勋章、星徽在路灯的照耀下熠熠生辉十分显眼。我忍不住又问道，我们华丽的服饰会不会刺激他们，激怒他们。

将军回答说：

"不会的，他们认识我，喜欢我的盛装。他们知道，我是他们的朋友，为了帮助他们贫困的生活，我做了我能做的一切。"

回到斯德哥尔摩以后，我写信给巴登·鲍威尔先生，邀请他9月3日亲临瑞士视察我们的童军队伍，并请他住在我们家。

1911年9月2日凌晨，巴登·鲍威尔将军乘坐从丹麦克里斯蒂安尼亚自由城（Kristiania）出发的火车抵达了瑞典斯德哥尔摩火车站，所有的童军领导和部分童军成员举着旗帜夹道欢迎。

将军向所有在场的人问好。童军乐队奏响了英国皇家礼乐《天佑女王》，童军领袖利托林（Littorin）上尉向亲爱的、令人钦佩的童军最高统帅世界童军联合会创始人致欢迎词。待将军致答谢词后，童军代表向将军敬献金色徽章，接着将军检阅长长的童军队伍，并向童军军旗敬军礼。

然后我们开车回家，将军与我的父母、姐妹们一道共进早餐。

巴登·鲍威尔先生在斯德哥尔摩第一天的日程也安排得十分紧凑：参观各类学校、在皇后岛上与王子一道进餐、观看各种体育运动表演，然后与童军领导们共进晚餐。晚餐后，我们又开车去童军在东马尔默（Östermalm）体育场的宿营地，慰问围坐在一堆堆篝火旁的童军战士。

将军振臂高呼：准备着！

童军们兴奋地同声回应：时刻准备着！

在斯德哥尔摩的三天访问，将军的活动紧张而又丰富。9月3日，在东马尔默体育场举行有全体童军参加的游行检阅活动。王子与其他社会名流作为贵宾坐在主席台上。童军列队从将军身前走过，向他致敬，一个方队接着一个方队，一片旗帜连着一片旗帜。利托林上尉发表祝词后，巴登·鲍威尔将军在答谢词中说道：他完全没有想到，能在北欧见到这么多童军战士，他高兴地赞誉道，瑞典的童军完全能与英国本土的童军媲美。

"不要忘记骑士誓言，"他高声呼吁：

"不要忘记我们的责任和义务，帮助所有需要你们帮助的人！"

最后上来一位童军代表，面向将军用英语致辞，会场上更是爆发出一阵阵高出四倍的欢呼声。巴登·鲍威尔将军与年轻的代表握手表示感谢，全场欢腾。

为了使巴登·鲍威尔将军更好地了解斯德哥尔摩，我开车陪将军在市内及周边地区转了一圈。我们特别参观了骑士岛教堂，那里的国王陵墓给将军留下了深刻的印象。我们长时间地逗留在古斯塔夫·阿道夫和卡尔十二世的石棺旁，将军认为，瑞典国王陵墓的简朴体现出来的尊严比排场豪华的君王陵墓更加意味深长、更加令人感动，陵墓的豪华更多的是在美化那些无所作为的君王。将军十分感兴趣的还有北欧博物馆的展厅，他十分钦佩，我们博物馆收藏的动物标本名列世界第一。

可以想象的是，当我领着巴登·鲍威尔将军走进动物园岛上的"斯康森（Skansen）户外民俗博物园"，徒步穿行在那些朴素的农舍、钟楼、里程碑和风格各异的瑞典建筑物时，作为人类之友的先生完全陶醉了。面对身着彩装的北欧民族舞蹈者、彩画一般的民族服装，他是那么享受、心驰神往。

"我从来没有见过如此美丽的、感人的场景。"他高兴地表达着自己的感受：

"富有天才的思想才能创造出如此富有教育意义的露天博物园，拥有这些是令人深感自豪的！"

我的父母当时住在诺拉布拉西霍尔姆哈姆嫩（Norra Blasieholmshamnen）5-B，我的"个人王国"则在河的另一边，在那里，我的姐妹将客人住的房间布置得十分舒适惬意。巴登·鲍威尔先生每天六点钟起床，独自吃早餐，然后安静地坐在窗前画两个小时的水彩画，尼布鲁海湾（Nybroviken）、木制帆船、海滩路和北欧博物馆都是他绘画的题材，这个时候没有人会去打扰他。

在我家，将军只吃了两顿饭，但却像王子一样受到了女人们的溺爱。我十四岁的侄女梅尔塔（Märta）是他忠实的传令兵，她有趣的想法和连珠炮般的英语口语，使将军倍感开心。我听不懂英语的八十五岁老父亲，与他说斯德哥尔摩语，我在一旁做翻译。巴登·鲍威尔先生对我父母两位老人十分亲切体贴。

瑞典国王表达了想见将军的愿望，我们被召进王宫觐见。国王向巴登·鲍威尔先生提出的问题主要涉及的是英国的童军运动。国王十分钦佩这一组织，很高兴这个组织给成长中的年轻一代带来了幸福。国王深知，年轻人是很容易在生活的尝试过程中走上歧路的。

最后一天又有不少事务。

火车是晚上九点，与家人共进晚餐以后，我的姐姐和梅尔塔帮助将军进行行李装箱，行李中不少是在斯德哥尔摩得到的奖品和书籍。手提箱里塞得满满的，使经常出差习惯旅行的巴登·鲍威尔先生都感到有些紧张。为了不使将军的行程受到在前厅着急候着他的记者们的干扰，我提前向记者们承诺，待火车离开以后，由我一一回答他们的提问。

当汽车朝火车站驶去时，七百多名童军举着旗帜在从瓦萨加坦（Vasagatan）至火车站的道路上夹道欢送。

八点四十五分，将军的车子还没有抵达火车站！在车站警察的帮助下，我们拓开一条便道直接前往卧铺车厢。检票员解释说，行李必须托运。但已经没有时间了，所有的行李都得先堆在车厢里，看上去像一个小仓库。

车厢外响起了《天佑国王》的音乐声，这是瑞典童军与尊敬的将军的最后握手。

将军敏捷地跳上了火车。

火车驶进了黑夜。

第二天，9 月 5 日，还在途中的巴登·鲍威尔先生就从丹麦的哥本哈根（Kopenhagen）写信给我，感谢我们在斯德哥尔摩给予他的友好接待。

1912 年 10 月 9 日，他从伦敦写信答谢我对他新婚的祝福，幽默风趣地、生动地描述了他晚到的爱情故事：

亲爱的斯文·赫定：

我真不知道该以怎样的方式感谢我刚刚收到的您美好的来信。我会一直保存好这些来信，待您来参加我的金婚纪念庆典和我去参加你们的银婚纪念庆典的那一天，我会让您看到我珍藏的这些信件。

正如您之所想，我一直都认为，一想到结婚，就会有做不完的事。朋友们给我介绍过很多号称合适的女人，自然都没有成功，我觉得她们都很难看。可突然间，我就碰到了这样一位意料之外的女人。

早在两年前，我早晨散步时就遇到过一位陌生姑娘，轻盈的步态，妩媚的举止，而且也是这么早就出来散步，还牵着一条显而易见既忠诚又温顺的爱犬。即便是没有正面窥视到她的容貌，我也知道，她一定是一个富有个性的人。而且我还能肯定，她住得应该离我不远。

今年我又见到她了，还是在海船的甲板上，我们俩都乘船去西印度。

她早就是一名富有激情的童军成员——与我有着同样的爱好——拥有一颗最快乐的心，肩上扛着一颗最聪明的脑袋。我们俩还都是二月二十二日出生（尽管相差数年），真是天意，我不希望她再继续孤独地生活下去了！

我希望在一个美好的日子里，能与她一起去您那里，亲自把她介绍给您。相貌如何，您自己去鉴别吧。在此之前，希望也能让我对您提出建议，让我见到您的新娘。要知道，结识一位好女人确实是值得的。

万分感谢您的来信！

您忠诚的：罗伯特·巴登·鲍威尔

第一次世界大战的爆发，改变了一切，也破坏了很多牢固的友谊。巴登·鲍威尔先生与我分别站在两个对立的阵营里。通信联系中断了，我们俩再也没有听到对方的音讯，但我相信，他不会与我势不两立。我相信，他应该属于忠实于这句话的人：战争过后，人们会再次握手，化敌为友。

地球上所有民族骑士般的思想意识和兄弟友谊是写在他旗帜上的一句格言。我尊重对他的怀念，我高兴并且感谢我们之间的这段友谊，因为这些美好的回忆能使我的人生更加丰富。

保罗·冯·兴登堡和埃里希·鲁登道夫将军

(Hindenburg[1] und Ludendorff[2])

　　来自罗斯拉根（Roslagen）的留里克（Rurik[3]）大公和他的手下在波罗的海另一边兴建的被称为加达里克（Gårdarike）的松散国家结构已被野蛮的斯拉夫人吞噬。为了保护欧洲文化，对抗斯拉夫人的侵略行径，德国骑士团在道加瓦河（Düna[4]）的出口建造了一

---

[1]　全名：保罗·路德维希·汉斯·安东·冯·贝内肯多夫和冯·兴登堡（Paul Ludwig Hans Anton von Beneckendorff und von Hindenburg，1847—1934 年）。第一次世界大战爆发时，兴登堡为东方战线第八军团的司令官。1914 年，他在著名的"坦嫩贝格会战"中击败俄国军队，一战成名，晋升为德国陆军元帅。魏玛共和国时期，他担任第二任联邦大总统。

[2]　埃里希·鲁登道夫（Erich Ludendorff，1865—1937 年），德国著名将军。第一次世界大战鲁登道夫首先被任命为德军第二军的副参谋长，成为卡尔·冯·比洛的部下，后被调配到东普鲁士与第八军司令保罗·冯·兴登堡共事。得到鲁登道夫与马克斯·荷夫曼相助的兴登堡将军成功地在坦嫩贝格战役与马祖尔湖战役中击败俄军。

[3]　留里克，是第一位被明确记载的东斯拉夫民族君主，在位时期为 862—879 年，俄罗斯留里克王朝的创立者，诺夫哥罗德大公。属于来自日德兰半岛北部的诺斯人。

[4]　道加瓦河，发源于俄罗斯瓦尔代丘陵，流经俄罗斯、白俄罗斯和拉脱维亚，进入波罗的海的海岸里加湾，总长度为一千零二十公里。

个新的堡垒，瑞典人在芬兰（Finnland）修建了防御系统。在莫斯科沙皇袭击动摇的利沃尼亚条顿骑士团（livländischen Ordensstaat①）的时候、在联合的德意志帝国承担起保护欧洲抗击俄国危险的主要任务之前，瑞典国王埃里克十四世（Erik XIV②）以锐利的目光，插手了他的帝国以及整个西方国家的保护，瑞典人为这一神圣任务奉献了高贵的鲜血。为了完成这一任务，瑞典人必须在波罗的海的另一边站稳脚跟。为了瑞典人在这些国家获得武器的历史权利以及由此产生的义务，瑞典国王卡尔十二世远征沙皇彼得大帝。伟大的莱布尼兹先生曾经期望，即通过他钦佩的年轻国王在亚洲"直至阿穆尔河（Amur）"推广西方文化和研究，但这一期望落空了。

以不相同的、军队实力的大小和强弱以及同样微小的成功，拿破仑在一百年以后重复了卡尔十二世向俄国进军的历史。

1914 年 8 月，第一次世界大战爆发，俄国军队涌进了东普鲁士，现在轮到德国面对斯拉夫人的入侵来保护欧洲了。

打那以后的所有时代，"兴登堡将军"这个名字就不绝于耳。

第一次世界大战爆发时，已经退休的步兵将军保罗·冯·兴登堡（Paul von Hindenburg）先生生活在汉诺威（Hannover），他日复一日心情紧张地、思维透彻地、评论性地关注和追踪着战场上发生

---

① 利沃尼亚条顿骑士团（Livländischer Orden）是条顿骑士团旗下自治的利沃尼亚分支，在 1435 年到 1561 年间是利沃尼亚联邦的成员。在 1236 年苏勒战役被萨莫吉希亚人击败后，宝剑骑士团余部并入条顿骑士团，在 1237 年改称利沃尼亚骑士团。在利沃尼亚战争中，骑士团在 1560 年被莫斯科大公国军队决定性地击败了。

② 埃里克十四世（1533—1577 年），瓦萨王朝的第二位瑞典国王（1560—1568 年在位）。埃里克十四世为了争夺波罗的海霸权参加了利沃尼亚战争和北方战争。

的大小事件。他对东普鲁士地区特别上心，因为属于他家的诺伊德克（Neudeck）庄园就在那里，而且他熟悉从那里直至俄罗斯边境的整个地区。东普鲁士地区战事一个接着一个，但退休的将军此时却无法以任何形式予以干预。

8月22日下午，他还像往常一样正俯身观看着军用地图，敲门声突然响了起来。

"请进!"将军喊道。

一名仆人走进来递上一封电报。他打开电报读了起来：皇帝陛下给你下达了一道荣耀指令，提拔你为大将。

不一会儿，敲门声第二次响起，还是一封电报，这封电报满足了兴登堡将军自战争爆发以来一直满怀着的热切愿望：

今天晚上，特别列车将接您前往东部，在列车上您将见到您的参谋总长鲁登道夫将军。

转眼工夫，他的行装就已收拾完毕。当特别列车驶进汉诺威车站时，鲁登道夫将军走下列车，向准备上车的兴登堡将军报到。

不用怀疑，车子一启动，两位将军就为第一步军事行动开始了极有意义的商讨。五天以后的8月27日，战争史上最大的戏剧性事件发生了，这场被称为坦嫩贝格（Tannenberg）的战役①使兴登堡将

---

① 1914年坦嫩贝格战役，又称坦能堡会战，是发生在第一次世界大战中第一个月德国和俄国之间的一场战役。俄国第二集团军在战斗中全军覆没，统帅萨姆索诺夫将军自杀殉国。德军的胜利令兴登堡将军及其参谋总长鲁登道夫将军声威大震。兴登堡将军将这场战役视为对东欧诸国在五百多年前于第一次坦嫩贝格战役中击败条顿骑士团的报复，因此将这场战役冠以"坦嫩贝格"之名。

军与鲁登道夫将军成为名震大战的第一流军事将领。

这一战线长达一百公里的战役在 8 月 23 日打响，持续至 8 月 31 日。在俄国将军伦宁坎普（Rennnenkampf）率领涅门军团进军之前，德意志陆军冯·普里特维茨-加弗龙（von Prittwitz und Gaffron）将军就已经退缩，率领部队撤退到了魏克瑟尔河战线（Weichsellinie）。只是在兴登堡将军和鲁登道夫将军到达战场接管了第八军团的指挥权以后，主动权才真正掌握在了德国人的手中。在戏剧性的扣人心弦的战事过程中，一场场大战在原本和平的、现在仍由萨姆索洛夫（Samsonov①）将军率领的俄国纳雷夫（Narew）集团军占领的东普鲁士地面上展开。

8 月 28 日，俄国人就已经被包围了，他们的处境毫无希望。结果是，五个师团被分割孤立，九万二千未负伤的和三万负伤的俘虏，其中十二位将军，被押送到了后方。三百五十门火炮、无数挺机关枪、大量军用车辆被德国人缴获，俄国纳雷夫集团军被全歼。伦宁坎普将军扮演着一个无足轻重的角色，因为他与他的涅门军团按兵不动，没有参与战斗。

东普鲁士被救，最终挡住了俄国军队越过魏克瑟尔河（Weichsel）进军柏林的危险。战争的胜利取决于德国将军们钢铁般的意志和决心、勇敢和冒险的精神、天才的指挥艺术以及每一个士兵自觉肩负的卫国责任。

---

① 全名：亚历山大·瓦西里耶维奇·萨姆索洛夫（Aleksandr Vasilyevich Samsonov，1859—1914 年）是俄罗斯帝国的一名骑兵军官，参与过日俄战争和第一次世界大战。在第一次世界大战中，他指挥第二集团军突入东普鲁士（坦嫩贝格战役），被兴登堡率领的德国第八集团军歼灭，萨姆索诺夫 1914 年 8 月 30 日在德国维纶布尔戈（Willenburg）自杀。

　　牺牲的俄国将士和德国将士的坟墓，在将近三十年的时间里得到了妥当的护理。战争墓园里矗立着的一排排难以尽数的十字架，像是以前的士兵还站立在大地上。

　　1410 年，在坦嫩贝格曾发生过一场波兰立陶宛军队和德国骑士团之间的流血遭遇，战斗中德国骑士团首领阵亡。正因为关于这个地方的历史故事，鲁登道夫将军提出建议，以历史定位，将这场胜利之役命名为"坦嫩贝格战役"，尽管战争也涉及其他地方。两场著名的战役之间相距五百年光阴，虽然 1812 年拿破仑远征俄国已经过去百年，俄国军队不仅在数量上大大增加，军事素质也提高很快，但还是被拥有优秀将领和优势武器的德国军队所消灭。

　　卡尔十二世要将俄国人从波罗的海赶回去的愿望落空了，但坦嫩贝格战役将俄国人赶出了东普鲁士，战场转移到了俄国的地盘上。世界大战导致俄罗斯丢掉了芬兰、波罗的海地区和波兰，但它的西部边境还是触及了波罗的海、彼得沙皇的城市圣彼得堡，仍然还是一个对抗德国、瑞典和芬兰的堡垒。

　　所有大的灾难性地冲击欧洲"高端"文化民族的浪潮都来自东方，这也是日耳曼人的使命，在下一波浪涛涌来时成为中欧和北欧的防波堤和守卫者。

　　布尔什维主义谋求的目标是，摧毁资本主义国家的文化。而德国是资本主义文化最大的保护者，没有这道防波堤，欧洲将会失去。这个事实在今天，在坦嫩贝格战役三十多年后通过第二次世界大战的结束得以证实。

　　由于美国和英国的帮助，苏俄达到了目标，占领了整个东德和波罗的海沿岸直至吕贝克周边地区，柏林也有一半成了苏俄的城市。在联邦德国，人们已经感觉到了来自东方庞然大物可怕的压力。1914 年，德国统帅限制了俄国军队的进攻。而 1952 年的今天，已经没有完整的德国了，面对比 1914 年更直接更有威胁的危险，欧洲已经难以自救了。

在坦嫩贝格战役之后，德军又取得了马祖里湖（Masurischen See）冬季战役同样辉煌的胜利。

当我 1915 年 3 月 1 日第一次得以荣幸地与陆军元帅冯·兴登堡将军在司令部交谈时，东普鲁士地区暂时还没有战事，处于相对平静的状态。兴登堡将军与鲁登道夫将军单独住在一个简易的小房子里，毗邻的房子里住着副官们，其中有兴登堡将军的女婿豪普特曼·冯·布洛克胡森（Hauptmann von Brockhusen）先生。在这里，我这个元帅客人也得到了一间房，住了整整一个星期。

我不会忘记这一天，参谋部的军官们、帝国殖民地办公室的国务秘书索尔夫先生、梅特涅（Metternich）伯爵和我都坐在接待室里等待。随着一阵沉稳的脚步声传来，兴登堡将军走了进来。他向客人们致意，向参谋部的军官们微微鞠躬，并请大家步入餐厅。

看第一眼，兴登堡将军就给人一种强烈的令人肃然起敬的印象。他身材魁梧，强壮有力，像一位道地的来自条顿堡林山①的日耳曼人，一位习惯开垦耕种的农民，一位能克服重重阻力、用钢铁般毅

---

① 　条顿堡林山，又称条顿堡森林，是位于德国北莱茵-威斯特法伦州和下萨克森州的一片丛林覆盖的低矮山脉。

力打败罗马皇帝军团的人。他的头型近乎方正，高高的额头，灰白的、修剪得短短的立式发型，灰蓝色眼睛闪射出冷静和严肃的目光。挺直有力的鼻梁，围绕着嘴唇坚毅的容貌，嘴唇上装点着一对上翘的胡须。

兴登堡将军的讲话既不活跃也不激动，话语慢慢流动，一个个问题他会清楚且明确地提出，也要求得到清楚且明确的回答，没有丝毫紧张和烦躁的情绪，只有均匀稳健不可动摇的坚定沉着。言谈中，他语调没有大的起伏变化，一直都是那么镇定自若，即便是在极端困难和危急的处境下，也没有人见他乱过方寸。作为东部总司令，也作为自 1916 年 8 月 29 日开始担任陆军总参谋部的参谋长，他必须拥有坚如磐石的冷静心态和自我控制的稳定情绪。只有这样，他才能正面影响他的周围，使所有下属能轻松地工作。他不仅仅是受到军队将士，也受到全民族人民的钦佩和爱戴。

谈话一开始，我就问道：将军把国家从濒临灭亡的危难之中解救出来，一定充满了自豪的意识，将军却回答说：

"是这样的，但博士先生，您也应该看到，一个士兵也得靠运气。"

在今后的几天里，中午和晚上我都与兴登堡将军在一起，特别是晚上，往往一聊就是好几个小时。鲁登道夫将军也总是在场，但习惯比他人提前离开。鲁登道夫将军的话不多，但却是一位专注于谈话内容的感兴趣的听众。我们主要谈论东部前线的战斗，当然，也议论其他战线传来的新闻。

一天晚上，我们坐着喝啤酒，坦嫩贝格战役的胜利者出乎意料地说道：

"关于这场战争，我们已经谈论了很多，现在也该听听你的亚洲旅行了。"

于是，在德国的前线司令部里，我做了一次演讲报告，带领着兴登堡总司令，带领着鲁登道夫将军以及其他参谋部官员们穿行在塔克拉玛干（Takla-makan）沙漠上，走过楼兰古城，欣赏罗布泊游移湖，翻越外喜马拉雅山寒冷的山口……带着清醒的理解和有远见的目光，兴登堡将军提出了很多关于亚洲前途，特别是日本、中国和印度许多有见识的问题。他还十分愿意听取我对俄国沙皇，对俄国陆军大臣库罗帕特金（Kuropatkin）将军、日本明治天皇、东乡平八郎（Togo）海军上将和乃木希典（Nogi）将军、英国基奇纳（Kitchener）勋爵、寇松勋爵、明托勋爵以及其他世界名人的印象。我们还谈到了战后世界的重建，我表达的希望是，战后将会继续我的亚洲探险活动。

兴登堡将军问道：

"赫定博士，您知道，当我的部队经过勃兰登堡门（Brandenburger Tor①）之后，我会干什么吗？"

我回答：

"这我不知道，但胜利之师通过勃兰登堡门时，我希望能在菩提

---

① 勃兰登堡门，一座位于德国首都柏林的新古典主义风格建筑，由普鲁士国王腓特烈·威廉二世下令于 1788 年至 1791 年间建造，以纪念普鲁士在七年战争中取得的胜利。勃兰登堡门是柏林的象征，也是德国的国家标志，它见证了柏林、德国、欧洲乃至世界的许多重要历史事件。

树下大街（Unter den Linden①）得到一个视线良好的观景位置。"

兴登堡将军说：

"这一点我可以向您保证，会有勃兰登堡门附近一扇完整的窗台提供给您。在此之后，在所有华丽和隆重的胜利庆典过去之后，我更愿意的是回到我可爱的家乡汉诺威，回归我的个人生活。在自己家里，我会叼上一支香烟，坐在舒适的靠背椅上，读着令我着迷的书籍。"

这是在 1915 年 3 月初。

可是，在过去的二十年间，兴登堡将军了不起的生涯却完全是另外一个模样，他是作为一个败军将领率领部队返回家乡通过勃兰登堡门的。

年迈的陆军元帅在 1919 年 7 月 3 日《凡尔赛和约》签署后卸掉了最高指挥权，在家乡过了五年相对平静的生活。

当魏玛共和国②首任总统弗里德里希·艾伯特（Friedrich Ebert）去世以后，兴登堡将军在 1925 年 5 月 12 日出任魏玛共和国总统，再次别离自己平静的生活。打那以后，他就再也没有回到家乡汉诺威，直到他 1934 年 8 月 2 日去世，他都生活在威廉街的魏玛共和国总统

---

① 菩提树下大街，也叫林登大道，是欧洲最著名的大街之一，位于德国首都柏林，连接勃兰登堡门。菩提树下大街是柏林市中心的交通枢纽，将不计其数的重要景观和名胜连接在了一起，作为传奇性的首都景观大街，它有很多动人的历史故事。

② 魏玛共和国指 1918 年至 1933 年采用共和政体的德国，于德意志帝国在第一次世界大战中战败霍亨索伦王朝崩溃后成立。魏玛共和国是德国历史上第一次尝试实行共和制度，1933 年因阿道夫·希特勒及纳粹党上台执政而结束。

府里。

兴登堡将军本色不变、一如既往，在所有的时代浪潮中，他都
表现出一样的坚决、一样的克制、一样的忠诚。在坦嫩贝格战役以
及马祖里湖战役，他消灭了苏联军队，如一座花岗岩铸成的防波堤，
粉碎了斯拉夫人的入侵，保证了他的祖国东部边境省份的安全。在
法国的大型战役中，他与动摇了的军队一样付出了自己最后的努力。
他将部队骄傲地、有尊严地带回了家，并通过他个人巨大的威望和
权力，避免了混乱和无序。

过去的陆军元帅现在作为总统在一个对他来说全新的领域里尽
职，通过他超越党派、不偏不倚的公正以及自我控制能力调解各方
争执，以刚强的性格和对祖国的忠诚，像一尊坚固的礁石屹立在波
浪翻滚的大海之中。

第一次在勒岑（Lötzen）兴登堡将军那里逗留之后，我又去了东
部前线的其他部队，拜访了普鲁士陆军元帅冯·沃伊尔施（von
Woyrsch）将军、冯·马肯森将军，在加利西亚住了几天，那里的战
场正好面对古斯塔夫·曼纳海姆将军指挥的苏联军团。

在接下来的年月里，我又与兴登堡将军在普勒斯的大本营以及
在西部前线见过面。

1926 年 9 月 20 日我在柏林，因为兴登堡将军要求过我，来柏林
就一定要去拜访他，所以又见到了将军。老朋友、后来成为国务部
长的迈斯纳（Meißner）博士在接待室接待我，然后把我带进了魏玛
共和国总统的办公室。

在窗户前的办公桌旁，高大威武的兴登堡总统站了起来，向我

伸出了有力的双手。短暂地谈了谈有关亚洲问题之后，他说道：

"您说的这些都太令人感兴趣了，我想再多听听，中午一点钟您再来吧，就在我这里用餐。"

我如约抵达，在大厅里见到了老朋友，兴登堡将军的女婿，现担任科尔伯格县（Kolberg）的县长也是位于波美拉尼亚（Pommern）地区"大尤斯廷（Groß-Justin）"庄园的老板约阿希姆·冯·布洛克胡森先生。我曾与他共同经历过东部前线激烈而又惊险的战争。老友相聚，又坐在一起天南海北无拘无束地聊起天来，从我的亚洲探险一直聊到欧洲的政治形势。

兴登堡将军对瑞典王后颇有好感，尊贵的王后还是年轻公主的时候，他俩就已经相识了，当时的他在卡尔斯鲁厄（Karlsruhe）当师团长。每次与我见面，他都会打听王后的近况，这一次也不例外。一如既往，他将对王后的问候用古老的骑士语言表达出来：

"请您将我充满仰慕的问候献给尊贵的王后陛下！"

午宴十分简单，只有两道菜，但香槟酒管够，酒杯还大过一般，每次都斟得满满的。兴登堡总统站起来稳稳地端着酒杯说道：

"博士先生，为您的幸福干杯！"然后自己率先一饮而尽。

好的，我当时想，既然关乎我的荣誉和幸福，他能一饮而尽，我也不能让他失望。尽管我不习惯如此激烈地将满杯的酒一气喝完，但还是壮着胆将酒杯喝了个底朝天。总算应付下来，但转眼间，我的酒杯又被斟满。

布洛克胡森先生是一位多才多艺的能干人，一位性情活跃精神世界丰富的诗人、作家、歌唱家，还是一位县长，他给我们讲了不少诙谐的典故轶事，使大家度过了一个特别令人兴奋的时段，至今记忆犹新。

午餐过后，我们走进一间小房，坐在舒适的沙发上继续闲侃。咖啡和香烟送了进来，当服务人员将白兰地酒端进来时，我与布洛克胡森先生都举手谢绝。兴登堡总统却接过白兰地酒说道：

"年轻人今天完全不行，看来，只能我一人独饮了。"

将军有着强健的体格，几杯酒应该算不了什么，酒后的他，也看不出有什么醉意。在此期间，我悄悄看了看表，已经两点半钟了，赶紧站起来向大家告别。

总统问道：

"为何如此着急要走？"

我回答道：

"我一直保留着在勒岑的记忆，总统阁下习惯在两点半钟睡午觉。"

只听他简短地、喉咙深处咕噜了几句，脸上掠过一丝令人难以察觉的笑意，接着说道：

"啊哈，您还记得住我的这个习惯，是的，和平时期我也保留着这一习惯，确实已经好多年了。那好，我得去躺躺了。明天我还要上因斯布鲁克山（Innsbruck）猎杀岩羚羊。祝你幸福，亲爱的博士，希望我们能很快再见！"

我随即与布洛克胡森先生臂挽着臂离开。我对这位一同上过战场的亲密战友说，你有一个了不起的岳父。撇开他作为军队统帅以及帝国总统在世界历史上的业绩不说，他还能将两个强壮的小伙子他的女婿和我喝倒，第二天还能照样爬山、手不发抖地射杀岩羚羊。一位七十九岁高龄的老人，真是不简单啊。

　　1929 年的夏季，我从纽约回斯德哥尔摩经过柏林，那是我最后一次与兴登堡将军见面。之后，命运再次将我带到了亚洲，也就没有机会见到他了。

　　在我的收藏中有一档是属于兴登堡将军的。我收藏着他的信件和他的部分亲笔文稿，一般都是收到我的赠书后写下的短短的、通常性的感谢语以及对我生日的祝福语。

　　也就是这个夏季，我得到了他令我深为感怀的同情和友谊。

　　1929 年年初，我人在北京，脊背疼痛厉害，北京医生的诊断是，怀疑脊髓里有肿瘤，建议马上去美国波士顿著名脑外科及脊髓外科哈维・库欣（Harvey Cushing）大夫处就诊。当兴登堡将军通过媒体得知我在亚洲的探险工作有可能悲剧性中断的时候，十分关切，马上委托德国驻波士顿总领馆了解我的病情。

　　兴登堡将军写给我的最后一封信是在 1933 年 10 月 5 日去世的前十个月，而最后两封手写信的签名，比以前显得更大也更有力量。

　　1934 年夏季，我在中国乌鲁木齐被扣留了，没有允许不得擅自离开。八月份，俄罗斯总领事馆的医生萨珀什尼可夫（Saposchnikow）先生来探望我。他神情阴沉、语调严肃地对我说：

　　"我们从莫斯科得到消息，魏玛共和国总统兴登堡将军已经在 8月 2 日去世了。"

　　俄罗斯医生是一位布尔什维克的信仰者，他知道，除了共产党人，新德意志帝国首相、整个德意志民族都是站在布尔什维克对立面的。

1936 年 3 月 26 日，我独自徒步前往东普鲁士霍恩施泰因（Hohenstein）坦嫩贝格战役英雄兴登堡将军大型陵墓朝圣。在通往墓塔圆顶大厅的进口处，有用旧体德文字母写下的兴登堡将军的话，内容是：

> 对我而言，在我的生活和工作中，起决定性作用的不是世界的喝彩，而是自己的信念、责任和良心。只要我还有最后一口气，德国的重生和振兴都是我唯一的牵挂，是我不懈努力和祈祷的目标。

在墓室的进口处站着两个每小时轮岗一次的卫兵，他们戴着钢盔，穿着军外套，武器立在脚边，严峻的目光笔直向前。墓室里是花岗岩地板，圆顶是深色的辉绿石。背景是有两只雄鹰图案的圆形窗户，窗户下立着两个石制的十字架。一个上面写着：忠诚至死不渝！另一个上面写着：热爱永不终止！

十字架前，是两个深色的蒙上了绿锈的铜棺。大的铜棺里安眠着在命运的最后一刻战胜顽敌挽救了祖国的将军。铜棺上放着钢盔、佩剑和元帅权杖，铜棺正面，人们可以读到：保罗·冯·贝内肯多夫和冯·兴登堡，1847 年 10 月 2 日出生，1934 年 8 月 2 日逝世。小铜棺里放着他夫人的遗体，格特鲁德（Gertrud）·冯·兴登堡女士，原姓为：冯·史伯灵（Sperling）。

　　这是整个德意志帝国安放坦嫩贝格战役胜利者最富有尊严的地方，它像古老的北方海洋国王们位于瑞典奥鲁斯特岛（Orust）海滨以及布胡斯兰（Bohuslän）海滨的大石块墓地一样，为求千秋大业，在结实的围墙里，用坚固的花岗岩石修建起的"坦嫩贝格战役帝国纪念碑"，让伟大的儿子在墓塔圆顶下面安稳地睡上最后一觉，让一代代新人能够带着敬重的目光瞻仰他。

　　但尽管如此，引以为豪的墓碑数年后还是从地球上根除了，它发生在苏联军队占领德国东部和北部时。如人们所说的，雄伟的塔楼被炸毁，留下的只是瓦砾废墟。兴登堡将军和他夫人的墓棺也与弗里德里希大帝的墓棺及时移进波茨坦圣马丁驻军教堂一样，被转移到了德国西部。

　　但愿德国人民会再次按以前的规模和结构兴建兴登堡将军宏伟的陵墓，让坦嫩贝格战役的胜利者能够在庄严的暮色中、在新生的德意志帝国大地上安息长眠。

*

　　我还清晰地记得 1915 年 3 月 1 日，那是我第一次见到德意志帝国东部总司令部参谋总长埃里希·鲁登道夫将军的日子！

　　在勒岑总参谋部大楼里那个大房间里的情景还像发生在昨天那样清楚而又明确：埃里希·鲁登道夫将军身穿一身土灰色整洁干净的军服，正在躬身观看像桌布一样覆盖在桌面上的军用地图。将军皱着眉头，眼睛一动不动地注视着地图上的某一个点，左手将地图摊开，右手拿着一支蓝色的铅笔，地图上还放着一支圆规和一个放大镜，一看就知道，他的脑子里正在酝酿着一个部队重新部署的天才计划。

鲁登道夫将军的大名那个时候就已经享誉世界，我当时的感觉，就像是站在一个军事天才的身边。他似乎只要看一眼地图上标出的德国和俄国军队阵地的红蓝线条以及给出的与军团配置相关的那些罗马字母和阿拉伯数字就会知道，在多少天内，或在一个晚上、一个小时内，战场上会发生什么变化，怎样才能最终消灭敌方。

此时此刻，任何人都不允许影响正集中精力思考的将军，因此，副官靠近我耳语道：

"现在可不能打扰将军！"

可就在这个时候，鲁登道夫将军抬起了头，然后放下手中的笔站了起来，离开满桌的图表向我走了过来，做了一个表示欢迎的有力手势：

"热烈欢迎您，博士先生，您来到了我们东部总司令部。"

我表示感谢，并说，见到他深感幸运，请他原谅，不慎打扰了他的工作。

鲁登道夫将军却说：

"啊哈，您知道的，如果战役打响了，我随时随地都会受到干扰，干扰是不可避免的，但现在这个时候关系不大。"

鲁登道夫将军一副令人肃然起敬的形象，身材也算魁梧，虽然没有兴登堡将军那么高大。他的动作迅速，但从容不迫，他的语言冷静、强硬，单调而且短促，不甚连贯，但体现出了简明果断、没有废话的军人风格。

他的额头是高阔的，眼睛是灰蓝色的，坚定的目光是具有穿透力的。将军的鼻梁形状优美，嘴边清晰坚毅的线条表现出他刚强的性格。在当时，而且在此之后我都没有听见过他的笑声。将军的面部表情在任何情况下都保持着不变，像是用大理石凿刻出来似的。

鲁登道夫将军完全平息了沙皇俄国在坦嫩贝格以及冬季在马祖里湖掀起的战争风暴，德皇和东部元帅能够放心地将"拯救我们兄弟姐妹和孩子、保证我们祖国荣耀和安全"的重任托付给他。

这次，我与鲁登道夫将军的谈话只持续了几分钟，但快速的节奏——将军讲话也像在战场上打仗一样——仍涉及了许多内容：

"博士先生，我们可以今晚八点钟在元帅处见面。在那里，您会得到我制定的未来几天的作战计划，会听到关于冬季战役的生动介绍。我们的军官会全天候地陪着您，汽车您也可以使用。据我所知，瑞典军官团是世界上最好的团队，我对瑞典人并不陌生，莱弗勒（Leffler）家族和弗塞尔（Forssell）家族都有我的亲戚。那好，我们八点钟再见！"

如果兴登堡将军在场，一般都是在午餐和晚餐的时候，鲁登道夫将军一般会保持沉默，紧蹙眉头，神态严肃地、安静地坐在旁边听。只是偶尔有一次，他向我提过一个小小的问题。

在整个战役过程中，我见到的兴登堡将军总是与鲁登道夫将军在一起的。据说，有小人施阴谋诡计将两人分开了，但不久兴登堡将军又执意要回了他的参谋总长。兴登堡元帅与鲁登道夫将军有着永不离散的莫逆之交，属于一个不可分割的而且还能互补的有机整体，失去一方对另一方来说都是难以想象的。持续不断的信息流从元帅下属的各个指挥所涌到总参谋部下属的各个参谋分部，参谋分部的参谋长将各路信息报告给参谋总长鲁登道夫将军，参谋总长拟订了作战计划以后再递交给元帅兴登堡将军批准或修改予以执行。这一系统流程在整个战役过程中畅通无阻。

1918 年 10 月 20 日，鲁登道夫将军辞职，在"德国十一月革命①"进程中避居瑞典。他住在奥尔森（Olsson）先生和他夫人的海斯勒霍尔姆庄园（Hässleholmsgarden）里，希望能安静地在那里撰写他的大作《战争回忆录》。所有的瑞典人都知道，他住在瑞典乡下。好几家共产党的报纸希望采访他，但都吃了闭门羹，鲁登道夫将军不愿意任何人打扰他。

1919 年 1 月 22 日，我被一阵铃声叫到了电话机旁：

"赫定先生，海斯勒霍尔姆！"电话那头说道。

是鲁登道夫将军，他的声音我轻而易举地就辨识出来了：

"您好，博士先生，请告诉我，这几天有空来一趟海斯勒霍尔姆吗？我很想与您单独聊聊。"

"好的，将军阁下，我明天晚上出发，后天的上午就可以到您那里了！"我告诉他。

"热烈欢迎，那我们后天见！"

就这样，我坐上了 23 日的夜班车于 24 日凌晨到达了海斯勒霍尔姆火车站。

天气很冷，乡下大雪覆盖，奥尔森先生赶着马拉着雪橇来车站

---

① "十一月革命"又称 1918—1919 年德国革命。德意志帝国在第一次世界大战 1918 年与 1919 年间发生的一连串事件，致使统治了帝国四十七年的皇室霍亨索伦王朝被推翻以及共和制的建立。

接我。很快，雪橇到达庄园。庄园里的所有人，包括坦嫩贝格战役的胜利者，也都还沉睡在梦中。我的夜晚缩短了，心想，今天一定会十分辛苦，现在还不见晨曦，不妨请庄园主安排一个地方让我再躺上几个小时。

我被领到了客房，客房与鲁登道夫将军的房间在同一个过道上。

将军一般九点钟起床，还习惯早餐前出去散步一个小时左右。将近十点，他进餐室吃早餐。一脸健康肤色，完全不像一个五十四岁的人——他比我年轻四十九天。

他友好地向在座的我表示欢迎，并说道：

"世界大战有如此结局，我们四年前在勒岑时根本就想象不到，简直是太可怕了！您能来到这里，真是太好了，我的书《战争回忆录》①基本上已经完成，我想为您读读相关篇章，听听您的意见。"

早餐后，我们一同去了他的办公室。我点燃了一支香烟，鲁登道夫将军不能吸烟，他要朗读。

"我要听听您的评价！"朗读之前将军说道。

"我深感荣幸，阁下，但我根本就不是一位书评行家！"

"您只需要听听我对有关事件的描述以及谈谈对文风、文体的看法。您在战场上见到了许多，在很多书中您也写到了战争，不少书我都已经读过，您有经验。况且，您是我的朋友，我信赖您的评价。我的要求是，您必须做到正直坦率，如果觉得哪些地方写得不如意，就要毫无顾虑地指出来。"

---

① 指的是《我对 1914—1918 年战争的回忆》一书，1920 年出版。

"好吧，现在开始，我会很认真地倾听！"

鲁登道夫将军舒适地坐在椅子上开始读了起来，我聚精会神地听着。不集中注意力还真不行，因为，鲁登道夫将军朗读的速度很快。他的朗读虽清晰明了，但有些平淡，即便是读到特别有意义的段落或句子，他的语音语调都不会刻意提高，只是流水似的平铺直叙。

读完几张文稿以后，出现了一段措辞严厉的评论，而这一段我感觉就十分不协调。由于这段文字涉及他与兴登堡将军的关系，我不得不发表见解了。既然请我提意见，那我觉得坦率和真诚是不可免除的义务和责任。因此，我打断了鲁登道夫将军的朗读说道：

"阁下，请您原谅，我觉得这一段不应该保留！"

鲁登道夫将军耸耸肩，蹙起眉头叫道：

"什么？难道我不应该把真相说出来吗？不能说出我的心里话吗？"

"是的，我觉得，这一段文字对阁下您没有什么好处，写出来只能是自我伤害，失去世界对您的好感。这一段必须无条件地删掉，如若不然，您会后悔终身的。我今天能荣幸地坐在这里，但如果不真诚坦率地面对您，您也是不会原谅我的。在一本面向世界、面向未来的书中，最美好的、最高贵的，也最重要的一点是：无可挑剔！"

在又一次情绪难以抑制地为自己的观点辩护之后，他愤愤然地说道：

"那我继续读！"他按照自己的速度继续念了下去。

我又一次在文章一个言辞过头处打断了他的诵读，接下来又是一次激烈的对话。他固执己见，认为自己有责任，也有权利，在涉及自己的某些事件上必须有所表示，他若不说，就没有人会说了。但我还是寸步不让，用坚定的语调和完全确定的方式劝说道：

"我恳请阁下从自己和国家的利益出发，不要写上今后某一天会感到后悔的话。我认为，如果不将您与陆军元帅对抗的痛苦感觉写出来的话，您的身份和地位将会大大提高。"

他用锐利的目光注视了我一会儿后说道：

"现在继续！"

之后他的阅读就再没有被打断了，读完的书稿堆在桌上。中午一点，奥尔森先生敲门请我们去吃午餐。

"好的，我们先把这一章读完。"将军回答。

午餐气氛非常好，奥尔森先生介绍他心爱的骏马，这些骏马在德国的赛马场上取得过很好的成绩。奥尔森夫人接待大将军已经有两个半月了，她了解将军独特的性格，熟悉将军的习惯、愿望，知道如何与他相处，怎样做他才会快乐，才会无拘无束地开玩笑。看起来，鲁登道夫将军在这里生活得十分愉快。战争期间，冷酷无情的严肃，在他的面部表情上、在他的语言表达中和他扮演的角色中淋漓尽致地表现了出来，一刻都不曾消失。而现在在海斯勒霍尔姆庄园，他像变了一个人似的，没有束缚，自由自在，完全从巨大的压力中解放出来了。

半个小时后，午餐结束。之后我们就没有中断地一直工作到下午六点的晚餐时间，因时间关系，阅读中有意识地跳过了或者短时间提及了涉及军事行动的某些篇章。晚餐以后，我们又完成了书籍结尾最后一章的阅读。

阅读书稿的工作结束之后，我表达了对鲁登道夫将军信任的感激之情以及对他的这本战争回忆录大作的钦佩之情，他几乎是在手中没有原始资料和地图的条件下，在短短的两个半月之内完成的。

将军将书稿包好，请我带到斯德哥尔摩后交给德国公使馆的武官埃伯哈德·冯·吉斯（Eberhard von Giese）上校。

然后，我与奥尔森夫人和将军告别，奥尔森先生再次驾雪橇送我去车站赶晚上十一点的火车。我把将军的文稿使劲地夹在胳膊下，睡觉时则放在枕头下。

第二天一早下了火车，我直接去了德国公使馆冯·吉斯上校处。鲁登道夫将军希望他用打字机打出四份样本来。

在我与瑞典邦尼（Bonnier）出版社就该书瑞典文版本的出版进行交涉以后，在家写了一封长信给鲁登道夫将军。我在信中清楚地介绍了书稿交给冯·吉斯上校以及就瑞典文版与出版社交涉的情况。就书稿中某些批评性的表达，我再次以文字形式发表了我的见解：

> 可能是我有些狂妄和冒失，再一次将我们昨天讨论过的问题提了出来……我如此坦率，阁下能够原谅我吗？但既然阁下对我充满信任，我就觉得，有一份坦诚的责任。没有人会像我这样热切地期望，这一意义非凡的大作能在每一个方面、在所有国家都获得巨大成功。只有这样，它也才会在最高程度上对新德意志帝国的重建作出贡献。

我还特别直率地强调说，如果他不将我提到的那些内容放进去，这本书该是多么美好和高贵。

两天以后，我收到了鲁登道夫将军的回信，日期是 1 月 27 日：

> 您的信触动了我，我怎么会责怪您的坦诚呢，我一直心存感激之情。来自朋友坦诚的语言永远是最为美好的。参考您的意见后，关于坦嫩贝格战役这个章节我又修改了许多，当然其他相关的章节也有所修改。现在看上去要好多了，但对我来说，这种修改却是苦涩的。文字出自我的心灵，首先当然要写出来，然后才可以删掉它，这样，心灵才会得以解脱。关于坦嫩贝格战役这一章节也应该听听冯·吉斯先生的评价，我会告诉他或者说认真写一封信给他。当然，我还要征求在德国的先生们的意见。
>
> 我感谢邦尼出版社，没有您的帮助，出版社不一定会接受这本书，再次衷心地感谢您。是否需要出版社预支稿费，我现在还不好回答。但无论如何，暂时还没有这个必要。我很高兴，在这里见到了您。
>
> 亲切的问候！
>
> 您忠诚的鲁登道夫

我与鲁登道夫将军有许多书信往来，大多涉及的是书在瑞典的出版事宜以及他回德国的旅行。他的回国旅行必须采取一定的安全防范措施——不仅仅在瑞典地界上，还在海上，即前往德国海岸的途中。

一年半以后的 1921 年 1 月 31 日，我收到鲁登道夫将军从德国慕尼黑胡尔曼（Hulmann）街 5 号写来的下面这封信：

> 布罗克豪斯出版社给我寄来了您姐姐撰写的《工作乐趣》一书，您为该书写了前言。您在书中的表达是对的，但德国人民是否会听从您的警告，还是一个疑问。
>
> ……
>
> 我安静地在这里生活，还活在这个世界上。对我来说，周围有少数几个人，平时能高兴地见上几位老朋友就足够了。伯爵夫人福格尔（Fugger）享受着我对她全心全意的崇拜，她真是一位了不起的、有着强大男人精神的德国女人。我的夫人在这里也生活得很好。这里也不都是闪光的金子，到处都是党派纷争，而不是团结一致。
>
> 现在，大家都紧张地关注着普鲁士人的选举，有了上帝，市民们也终于能尽自己的职责了。
>
> 致以最衷心的祝福并感谢您寄来的书。
>
> 您忠实的鲁登道夫

1922 年 10 月 3 日下午，我在慕尼黑路德维希高地（Ludwigshöhe）鲁登道夫将军的别墅拜访了他，那段时间他住在那里。

在花园里见到他时，他正握着铁锹挽着袖子在挖地。他请我走近身旁，两人坐下聊了起来，聊过去的岁月，也聊他尖锐的、谴责性的对当前形势的评估。他认为自己的立场是坚定的，相当坚定、无可辩驳。品茶的时候，将军和蔼可亲的夫人也在座。两个小时亲切的相聚之后，我起身告别。打那以后，我就再也没有见到过他了。

从 1926 年秋到 1935 年春，我在亚洲的考察有几次中断。

1935 年的晚秋，我在德国慕尼黑地理学会做了一场演讲报告，本打算第二天拜访在图青（Tutzing）过着严格隐居生活的鲁登道夫将军。但拜访没有实现，将军几乎中断了与外界的所有联系，不再接待来访，并希望得到访客的理解。

1937 年 12 月 20 日，我得到鲁登道夫将军去世的消息。据说，一生与严峻考验进行顽强和正直斗争的将军到最后也没有向死神低头。直到生命的最后一刻，他都保持着自己的高傲自负和男子汉尊严。

他与他的伟大业绩必将赢得后世对他的尊重和钦佩。

德国将军汉斯·冯·塞克特

(Hans von Seeckt)

德国将军汉斯·冯·塞克特先生①是第一次世界大战中最优秀也最有天赋的军事指挥员和战略家之一。他 1866 年 4 月 22 日出生于石勒苏益格（Schleswig），在军队中很快青云直上，战争期间成为第十一集团军参谋总长。

加利西亚战役期间，我与塞克特将军见面的机会很多，他当时是马肯森将军必不可少的助手，就像鲁登道夫将军辅佐兴登堡将军一样。战后过了许多年，我才又见到这位军中人们习惯称呼的"伟大的沉默者"。

《凡尔赛和约》签订后，塞克特将军被赋予一项新的艰巨的使命，

---

① 汉斯·冯·塞克特（1866—1936 年），德国军事家。第一次世界大战期间任德国陆军参谋总长，战后成为改组德国陆军的中心人物。1920—1926 年任国防军总司令。1926 年晋升陆军大将，旋即退出现役。1933 年 5 月访问中国，提出《陆军改革建议书》，引起蒋介石的注意。次年再次来华，受聘为蒋介石政府的军事总顾问，为蒋介石"围剿"红军出谋划策，在促成德国对华军事贸易方面发挥了重要作用。在华不到一年因病辞职回国，1936 年卒于德国。

这项使命令人容易想起、被拿破仑羞辱的弗里德里希·威廉①1808 年交给沙恩霍斯特（Scharnhorst②）将军的使命：秘密组建一支部队，为计划中的解放战争做准备。而经社会民主党国防部长诺斯克（Noske③）将军认可的，在战后军队残部中组建的国防军，根据《凡尔赛和约》的条款规定，兵源数不得超过十万人。

1919 年 7 月，冯·塞克特将军被任命为战后德军参谋总长，莱因哈特（Reinhardt④）上校为德军司令长，相当于以前称呼的皇家总参谋长。

1920 年，魏玛共和国成立陆军司令部，塞克特将军担任总司令，海耶（Heye⑤）将军为帝国国防部部长。

塞克特将军要完成的使命是宏伟的巨大的，但他必须悄悄地、谨慎地进行，因为与他对抗的是整个赢得了胜利的协约国。协约国监察委员会有无数敏锐警惕的眼光关注着他的一举一动，包括关注

---

① 弗里德里希·威廉三世（Friedrich Wilhelm III, 1770—1840 年），霍亨索伦王朝的普鲁士国王（1797—1840 年）和勃兰登堡的选帝侯。他还创作了军乐《普鲁士检阅进行曲》。弗里德里希·威廉三世参加了 1792 年至 1794 年的反法战争。1797 年，父亲去世，他继位成为普鲁士国王。

② 全名：格尔哈德·约翰·达维德·冯·沙恩霍斯特（Gerhard Johan David von Scharnhorst, 1755—1813 年），普鲁士将军、伯爵和军事改革家，普鲁士总参谋部的奠基人。

③ 全名：古斯塔夫·诺斯克（Gustav Noske, 1868—1946 年），德国政治家，曾在 1919 年至 1920 年担任魏玛共和国首任国防部长。

④ 沃尔特·古斯塔夫·莱因哈特（Walther Gustav Reinhardt, 1872—1930 年），最后一名普鲁士战争大臣，德国国防部魏玛共和国陆军司令长。

⑤ 全名：奥古斯特·威廉·海耶（August Wilhelm Heye, 1869—1947 年），德国陆军将领，最高军衔为大将。魏玛共和国时代长期担任"防卫军"陆军领袖——汉斯·冯·塞克特将军的幕僚，在后者因故被解职后继承其"陆军总指挥"之职务，曾任总参谋部替代机关——"部队室"主任，等同于参谋总长。

分裂的德国民族、无用的德国国会，甚至还有他的许多企图恢复旧
制、固守传统的同仁。

当法国人 1923 年按照雷蒙·普恩加莱总统的命令占领了德国鲁
尔区，整个德国面临分崩离析可能会成为布尔什维主义一个轻易获
取的猎物时，新任魏玛共和国国家总理施特雷泽曼（Sresemann①）
博士全权委托冯·塞克特将军率领国防军镇压武装暴动，尽管部分
帝国土地仍被敌军占领着。他的进军从德累斯顿开始，降伏德累斯
顿后继续向图林根（Thüringen）进军。不出几天时间，他就挽救了
国家的统一，成就了俾斯麦将军的业绩。可以说，没有塞克特将军
的组织才能和不可阻挡的能量，没有新组建的国防军，灵活智慧的
施特雷泽曼博士是不可能实现他的政治复兴抱负的。

在那个对德国未来具有非常意义的、令人兴奋的时代，塞克特
将军因为我为我姐姐阿尔玛的新书《工作乐趣》写的前言给我写了
一封热情洋溢、充分予以肯定的信。自此，十年之后才又有了接触。

那是 1931 年的春天，他应瑞典—德国协会的邀请来斯德哥尔摩
做报告。格兰德酒店"镜子大厅"里挤满了听众，许多瑞典军官都
不愿意错过亲耳聆听这位来自德国的伟大士兵讲授他的"战争艺术
指导思想"的机会。

---

① 全名：古斯塔夫·施特雷泽曼（Gustav Stresemann，1878—1929 年），德国魏玛
共和国总理（1923 年）和外交部长（1923 年、1924—1929 年），是第一次世界
大战后让德国恢复国际地位的主要人物。他最引人注目的成就就是德国和法国之
间的和解，因其主张和平谈判政策，与法国外交部长白里安于 1926 年共同获诺
贝尔和平奖。

1933 年夏季，我正在北京（Peking）。

7 月 11 日星期日，大雨如注，雨点放肆地敲击着窗玻璃，落在屋顶瓦片上砰砰作响，雨水在屋檐水槽里哗哗地流，"啪啪啪"地倾落在院子里的石板上。正坐在书桌前工作的我，突然听见院门响了起来，抬头隐约见到一位身穿长袍雨衣的瘦高个男人三步并着两步地快速走过了被雨水浸淹的院子。看门人打开了我房间的玻璃门，走进来的竟然是被雨水淋得像个落汤鸡的冯·塞克特将军。我简直不敢相信自己的眼睛，完全没有想到他竟然也在北京。

"亲爱的博士先生，您好吗？"将军说着一把握住神情愣住了的我的手。

"尊敬的将军，太令人惊喜了，在北京能见到您，简直太不可思议，也太美妙了！"我情不自禁地叫了起来。

脱下雨衣，坐在舒适的扶手椅上，点燃香烟、泡好香茶，我们俩兴奋地聊了足足两个小时。他告诉我，他由蒋介石元帅召来南京（Nanking），担任国民党军队组织建设的顾问。他在南京和牯岭（Kuling）都分别住过很长时间，就中国国民党的军队建设与蒋介石先生进行了详细而又广泛的磋商。这次来北京，一直要待到月底。这样，我们在北京有时间经常见面。

将近四个月时间，自打国家社会主义①在德国赢得了胜利，我就得或多或少地、满足于消遣地阅读并不讨人喜欢的不值得信任的英

---

① 国家社会主义，也译作民族社会主义，起源于十九世纪末叶的欧洲，是二十世纪上半叶德国境内流行的一股政治思潮与运动，其意识形态融合了国家主义、民族主义与社会主义。国家社会主义是一种主张民族共同体至上的社会主义意识形态，这与主张国际主义的传统马克思主义相对。纳粹主义就是国家社会主义的一个分支。

国报纸上的那些套色文章。现在好了，能够从一个内行老练的、值
得信任的朋友那里得到可靠新闻了。

此时的塞克特将军不再是一个"伟大的沉默者"了！但他的话，
也不会是口若悬河、滔滔不绝，而是像一位习惯于对待责任重大的
命令和报告的军官那样，经过自己认真的思考和斟酌后才慢慢说出
来。我虽然没有记下我们之间谈话的详细内容，但记忆中有他对德
国新政府和新领导人态度是既有所保留也十分看好的印象。新政府
还太年轻，在某些问题上，他的表达相当谨慎。但明显看得出来，
他很高兴，十五年来一直烙在德国人民身上屈辱的咒语，现在终于
被钢铁般的坚强意志给打破了。塞克特将军寄希望于未来，希望发
展能继续由坚定的舵手掌握，国家的发展能走在可靠的安全平稳的
道路上。

在接下来的日子里，我经常见到塞克特将军，有时候在他下榻
的豪华酒店，有时候在其他地方。

一般而言，我不那么喜欢参加各类宴会，总觉得参加这类活动
既累又浪费时间。但是由冯·特劳特曼（von Trautmann）夫妇 1933
年 6 月 28 日举行的、向塞克特将军表示敬意的高级宴会，则是一个
带来的成果令我终生难忘的宴会。我感激塞克特将军，正是因为他，
特劳特曼公使才邀请了我。

赴宴嘉宾都是驻北京的国民党高级官员：张学良（Tschang
Hsuch Liang）的接班人、军政部部长何应钦（Ho Ying Tsching）将
军，与日本签订了和平协议因而饱受批评的黄郛（Huang Fu）将
军，外交部常务次长刘崇杰（Liu Tschung Tschienh）先生，他负责

调停南京中央政府与北京外交使团之间的联系，还有许多其他的嘉宾。

我在《丝绸之路》一书的前言中曾写道，我与民国外交部部长见面谈到了汽车探险的动因，即它的目标和任务是，勘探中国新疆省与东部之间的公路建设。这个极其重要的见面会就是在这次宴会举行两天后发生的。由塞克特将军发出邀请，我与在宴会上结识的外交部常务次长刘崇杰先生在北京商讨了此事。之后，刘次长将这一探险建议呈交给了军政部长何应钦先生，何部长很快认识到了我建议的重要性并同意支持这一探险活动，差不多在四个月后，汽车探险之旅得以成行。

7月1日，冯·塞克特将军乘天津-浦口线（Tien-tsin-Pu-ku Bahn）火车从北京前往南京。

一年半以后的1935年1月15日，当我们汽车远征探险队从新疆返回途中路过凉州（Liangtschou）时，当地天主教传教修会德国圣言会的一位传教士对我说，他刚从报纸上读到，冯·塞克特将军三个月前已经去世了。听到这个消息，我带着巨大的悲痛对传教士说，正是因为塞克特将军牵线，尽管是间接的，我们刚刚结束的汽车远征探险考察才得以实现。

一个月以后的2月15日，探险队进入南京市，铁道部门给我们提供了一所住房。第一天安排拜访汪精卫（Wang Tsching-wei）主席、铁道部部长以及其他政府要员。

2月16日下午，我收到了下面这封信：

刚刚听说您莅临南京。

请您一定来我这里，我们驻地离你们驻地不远，什么时候来都可以。最好是能小圈子地在一起吃顿饭，中饭、晚饭由您决定。请您告诉我，什么时候我们可以欢聚一堂。

衷心问候！您的冯·塞克特

我住在铁塔铺（Tie Ta Pu，音译），冯·塞克特将军住在七家湾（Sah Kia Wan）9 号。我只需拐一个角就到了石头砌起来的别墅前。门口是双岗警卫。一名童仆来报，他的主人有请。

对我来说，再次见面是如此令人兴奋、高兴，要知道，我可是为将军的去世哀叹、悼念了整整一个月时间。冯·塞克特将军也为这个荒诞的故事甚至感到十分开心。

2 月 23 日，我接到蒋介石大元帅的邀请飞到汉口。在与蒋先生和蒋夫人的会晤中，他们都交口称赞这位伟大的德国顾问，这是一种建立在相互钦佩基础上的赞誉。冯·塞克特将军也非常看重蒋大元帅，认为他是能通过才智和自制力统一大帝国的人物。冯·塞克特将军还认为，直至 1935 年初，苏联在远东的势力都相当强大。鉴于内亚当时的局势，他对刚刚结束的汽车远征探险十分感兴趣，认为修建车行公路是强大中国内陆实力的必要条件。

我接到冯·塞克特将军写给我的最后一封信的日期是 1936 年 11 月 30 日，信中他谈到了"丝绸之路"的重要意义——之于我，这是一个特别贴心也格外留心的主题。

但是，我与将军的希望都没有实现，主要原因是第二次世界大战爆发了，导致整个地球也使交通最难抵达的内亚地区一直处于动荡和不安全之中。打那以后，我们也知道，红旗飘扬在新疆的大戈壁和绿洲上，其他的商队也就没有可能如俄罗斯商队一样在丝绸之路上旅行了。戈壁的沉默只能被苏联车队以及在已知的时间里被苏联的火车打破了。

1936 年 12 月 5 日，我在柏林逗留期间最后一次见到了老朋友冯·塞克特将军。我们去他家拜访，度过了倍感珍贵的一个小时。其间，我们谈到了共同关心的中国以及中国的前途，就欧洲不确定的局势交换了各自的看法。只是在那个时候我才得知，将军的功绩并没有得到前政府的重视。不过现在，他的功绩已经得到了政府的尊重，也得到了根据他在国家最困难的岁月里作出的贡献而决定的级别的退休金。

由于我 12 月 9 日至 10 日将在荷兰的多伦宫拜访德皇威廉二世，故在与冯·塞克特将军告别的时候，他特别请我转达对德皇陛下的问候。

他再次用习惯的告别语对我说道：

"您的来访，太令人愉快了！"

然后，大门永久地在我们之间关闭了，三个星期以后，我们深感悲痛地读到了他突然逝世的消息。一位高贵的、杰出的人物消逝了！

我对他个人许许多多难以忘怀的记忆都定格在一个伟大的、时局动荡的时代，定格在战争与和平年代里的欧洲与亚洲大地上。

印度作家拉宾德拉纳特·泰戈尔

(Rabindranath Tagore[①])

拉宾德拉纳特·泰戈尔先生是全印度人民最热爱也最钦佩的作家，在西方也拥有大量的读者，但他真正声名鹊起还是在 1913 年从瑞典学院庄重地接过诺贝尔文学奖之后。打那以后，他被世人公认为那个时代最伟大的作家、思想家和幻想家。

在整个家族里，他并不是第一个或者说唯一一个享有盛名的人，他的父亲、他的兄弟以及众多先辈，在世界智慧、文学创作、宗教或音乐方面都拥有着超出常人的才华。拉宾德拉纳特·泰戈尔先生不仅承继了家族最杰出的智慧基因，也得到了产生于最伟大的时代

---

① 拉宾德拉纳特·泰戈尔（1861—1941 年），印度诗人、文学家、社会活动家、哲学家和印度民族主义者。1861 年 5 月 7 日，泰戈尔出生于印度加尔各答一个富有的贵族家庭，十三岁开始诗歌创作。1878 年赴英国留学，1880 年回国专事文学活动，二十年代创办国际大学。1913 年，他以诗歌集《吉檀迦利》成为第一位获得诺贝尔文学奖的亚洲人。1924 年，他访问了中国。从年幼起，泰戈尔就十分向往古老而又富饶的东方大国，十分同情中国人民的处境并撰文怒斥英国殖民主义者的鸦片贸易。泰戈尔一贯痛恨法西斯，对被欺压的弱小民族，表示无限同情。对中国，他更是始终具有好感。

璀璨的印度文学以及生动的民间传说的滋养。

　　十七岁那年，年轻的泰戈尔就被父亲送往英国伦敦大学留学，之后他遍游新旧两个世界。他一生中最伟大的事业是在他的家乡孟加拉（Bengalen）博尔普尔（Bolpur）附近的桑蒂尼盖登（Santiniketan）创办的一所被称为"和平家园"的学校，他在那里教育他年轻的乡亲们。

　　泰戈尔先生在1913年伦敦出版的、1914年瑞典出版的书《人生论》或《人生的意义》序言中这样写道：

　　　　作者是在一个每天用《奥义书》①虔诚礼拜的家庭里成长起来的。作者的眼前是父亲的形象，在漫长的人生中，父亲的内心深处是与神祇紧密结合在一起的。父亲没有疏忽对这个世界的责任，或者说他对所有人类事务热切的关心和同情从来就没有减弱和衰退过。

　　　　我希望通过我的书，西方读者能感受到古老的印度文化，了解它们是怎样出现在我们神圣的经典中，又是怎样在我们现实的生活中体现出来的。

　　　　……对我而言，《奥义书》的诗行和佛陀的学说永远是我的精神支柱，因此也是赋予我无限生命力的财富。我已经将这一财富应用到了我自己的生活和我的语言中，如我解释的：用个性的意义充实自己也充实他人，期待通过我个人的见证来确认

_____

① 《奥义书》为古印度哲学文献的总称，是广义的吠陀文献之一，准确地说，是一种哲学论文或对话录，讨论哲学、冥想以及世界的本质，是研究神秘主义哲学的著作。

它。这个见证是个性化的，因而也是极富价值的。

在同一年，1913 年，泰戈尔先生出版了英文版诗集《吉檀迦利》，或题为《奉献之歌》，这是一本孟加拉语原始散文译文诗集。诺贝尔文学奖获得者威廉·巴特勒·叶芝（W.B.Yeats①）先生为诗集《吉檀迦利》写下了充满钦佩和高度评价的前言。

一位孟加拉医生对叶芝先生说，他每天都要阅读泰戈尔的著作，谓之：

"每天读一句泰戈尔的诗，世间所有烦恼都会忘掉！"

叶芝先生回答：

"鉴于如此内容丰富、纯粹的诗歌，我简直要相信文艺复兴运动是在他们国家兴起的了。不过，我不懂孟加拉语，只是一个英语版本的道听途说者。"

医生又回答：

"世界上有许多诗人，但没有一个人能与泰戈尔先生相比，现在可以称是泰戈尔时代。在我看来，欧洲还没有哪一位诗人有他这样的名气。泰戈尔先生还是一位了不起的音乐家，他写的歌从西印度一直传唱到缅甸（Burma），传唱到了所有说孟加拉语的地方。十九岁时，他就写了第一篇成名小说，年轻时写的戏剧今天都还在加尔各答上演。大自然是他笔下最喜爱的主题，但最令我钦佩的还是他人生的完美。

---

① 威廉·巴特勒·叶芝（William Butler Yeats，1865—1939 年），爱尔兰诗人、剧作家，神秘主义者。叶芝先生于 1923 年获得诺贝尔文学奖，获奖的理由是"以其高度艺术化且洋溢着灵感的诗作表达了整个民族的灵魂"。

"泰戈尔先生习惯一个人整天坐在花园里。大约从二十五岁开始至三十五岁，在他人生经历痛苦的时期，就用我们的语言写出了美丽的爱情诗。他的情诗对于当时的我，一个十七岁的男孩意味着什么，语言很难表达我的感受。在接下来的岁月里，他的艺术得以深化，渐渐宗教化、哲学化，他的赞美诗涵盖了整个人类的努力和追求。他是我们中的第一个圣人，他的语言不为生活左右，他的表达跳出了生活本身，正因为如此，我们真诚地热爱着他。"

年轻的泰戈尔能够数小时一动不动地坐在他家的花园里，埋头于沉思和观察之中。清晨，小松鼠溜过他的肩头，鸣唱的小鸟栖息在他的头颅和膝盖上。在他的家里，围绕着他的是文学和音乐，他将钟爱的《奥义书》和其他古老神圣的印度教经典重新印刷出版。

叶芝先生从他的印度朋友处得知，拉宾德拉纳特·泰戈尔先生用孟加拉文字写下的抒情诗有着最精细纤巧的节奏、极其美妙的色彩变幻和诗韵学的创造力。他的诗歌在思想性抒情诗上打开了一个新的世界。叶芝先生感叹道：

"这是我一生梦幻的世界。"

我特别喜欢也读了不少拉宾德拉纳特·泰戈尔先生的书，而且我书架上的好几本书都是作者亲自在扉页上题了词后赠送给我的。

泰戈尔先生的诗歌是极其丰富的、永恒的，尽管它植根于印度大地，但又是如此全人类化，为东西方所有民族所喜爱、理解和钦佩。因此，这也是一个幸运的、圆满的选择，瑞典学院决定将1913年的诺贝尔文学奖授予他。授奖无疑再一次扩大了泰戈尔先生在欧洲和美国的读者群，也使他的不少著作得以翻译出版，当然也包括瑞典文版和德文版。

诺贝尔奖获得者的选举一般都在 11 月 10 日左右举行，而我是 1913 年的春天被选为瑞典学院院士，因为新院士的履职要等到诺贝尔奖颁奖日，即 12 月 20 日，所以，我当时还没有资格参与泰戈尔先生诺贝尔奖的评选活动。

我记得在诺贝尔奖选举结果确定下来的那个晚上，著名作家维尔纳·冯·海登斯坦先生来到我家的兴奋心情，他说：我为选举的结果感到高兴，只是我现在还不能向你们泄露获奖者的名字。他掩饰不住高兴的情绪，在屋子里来来回回手舞足蹈起来，并叫道：

"赫定先生，您一定猜不出是谁当选了！他是这个时代最伟大的作家、诗人，他写出了文学最理想的境界！"

我们全家人都聚集到了一起，竞相猜测。对于我们猜测的人选，海登斯坦先生也只能报之一笑：

"不是！不是！此人要高贵多了！"

"是瑞典人、法国人、德国人、英国人，还是一位美国人？"我们急于想打听到结果。

"不是，都不是，我不会说的，不过，明天结果就见报了。"海登斯坦先生严守秘密。

我愿意承认，我们当时并不太了解拉宾德拉纳特·泰戈尔先生，在这个秘密揭晓之前，很难想到是他。

当年的诺贝尔奖颁奖典礼盛会，尊敬的泰戈尔先生遗憾不能参加，只是在获奖八年后的 1921 年春天，他才第一次在儿子的陪同下访问了斯德哥尔摩。

当我利用这个机会第一次见到泰戈尔先生时，留下的印象是特别强烈的：泰戈尔先生身材高大，硕大的头颅顶着银色的狮鬣，波浪般下垂的络腮胡子是雪白雪亮的。他有着高贵的头型，友好的眼神是深邃的，饱含着无尽的人类之爱。他有一尊漂亮的鼻梁和一张时时带着笑意、保持着快乐和平静的嘴唇，美丽的句子伴随着一个个纯粹的、高贵的、深思熟虑的优雅词汇缓缓地、温顺地从这张智慧的嘴唇里流出。最后是他那洋溢着热情、坦诚、对人类和这个世界充满了仁爱的表情……是的，看到这位伟大人物的第一眼，就会使人感到敬重、快乐、感激，就会屈服于这一崇高的、庄重的光辉形象。人们能高兴地意识到，他的爱和同情是献给无数在思想上摇摆着的、方向上感觉迷失的人们。

泰戈尔先生具有标准的男子汉形象，他行为举止沉稳、安静而富有威严，表现出他充分意识到了自己有凌驾于他人之上的威望，有哲学思维上的、心灵上的超人的优势以及自己脑海里蕴藏着的伟大力量。尽管他总是高昂着头颅，令人敬畏，但事实上，他并不是一位居高临下的统治者，而是广大受苦受难的人们心中的仆人，是思想贫瘠的人渴望中的能帮助他们、安慰他们、同情他们的大人物。

对泰戈尔先生总的印象中自然还包含他身穿的那件简朴的没有丝毫装饰、下摆及至脚背的印度长袍，而这件长袍，在加尔各答任何一个苦力的身上都可以看到。然而，就洋溢在外的威严和高贵而言，是没有任何一位西方国家的君王能与这位伟大的印度哲学家、思想家和作家媲美的。

现在，泰戈尔先生来到了斯德哥尔摩，来答谢瑞典学院颁发给他的十五万克朗的诺贝尔奖金。他毫不含蓄地、愉快地表达了获得这一高额嘉奖的感激之情。如他所想，这个奖项是颁发给他的整个民族的。可以理解的是，他也十分高兴，通过获得诺贝尔文学奖，进一步扩大了他的作品在西方的影响力，他在世界各地又找到了难以尽数的新读者。

但无论是他在瑞典学院举行的荣誉庆祝大会上的公开发言还是他私下的讲话都没有流露出，他是一名与我们为伍的、出现在世人面前的大师、说教者或者先知。他认可的事实只是，来自世界的思想家、作家和诗人将他作为一个满足诺贝尔文学奖标准的作家挑选出来，证明人们理解他，相信他作品中体现出来的崇高学说。

因此，他与我们的私下交谈也大多围绕世界事务。他高度赞美瑞典风景的美丽，同样高度赞美瑞典民族高的受教育水平和生活水平。他问到了诺贝尔奖的创立者阿尔弗雷德·诺贝尔（Alfred Nobel）先生，十分钦佩他热心科学、文学以及和平事业的情怀。总的说来，泰戈尔先生一直在与我们探讨问题，他也知道，我们对这些问题是感兴趣的。

对我来说，聆听泰戈尔先生宴会上的演讲是特感愉悦的，因为他讲话中的很大一部分内容涉及了我在亚洲的旅行，讲话中他还特别点名赞扬了我，称赞我能真诚地对待亚洲人民，理解亚洲人民。

泰戈尔先生 1926 年第二次来到斯德哥尔摩时，我们俩俨然已是老朋友了。而且这次访问中，我们之间的主要话题还是围绕印度事务，特别是印度当时的局势以及未来的前景。

他对担任印度总督的明托勋爵评价特别高，认为他是一个高贵的人、谦虚的人、一个对印度人民抱有最良好愿望的富有感情的人。相反，对明托勋爵的前任寇松勋爵，他就没有什么好感。他觉得，这位总督总是以恺撒大帝自居，或至少可以说，习惯表现出一副罗马共和国时期权倾一世的资深执政官的派头。但他还是注意到了寇松勋爵拥有的渊博知识和缜密思维，赞许了寇松勋爵为印度人民的福祉所做的努力。尽管如此，泰戈尔先生最期盼的还是印度能脱离英国的殖民统治完全独立。

令我感到惊讶的是，他认为，印度五年之内会获得自由，这一自由很可能是在苏联的帮助下实现的。从这一观点可以显而易见地看出，他对布尔什维主义是抱有一定程度的好感的。在我看来，当时的他并不知道，苏联的政策会在哪个方向上继续发展。

在我大的亚洲探险之旅期间，因处理财政事务我回了三次瑞典，其中有多次旅行经过日本。

1928年秋，我在日本东京停留了一天，得知泰戈尔先生当时住在东京一位日本高层人士家中的消息，特别前往拜访了他。他告诉我，他横跨太平洋去了美国的洛杉矶（Los Angeles），受邀请要在加利福尼亚州的不同城市做演讲报告。但在洛杉矶港口，美国海关以及警察署给他带来了不少麻烦，把他视为嫌疑分子，并怀疑他的护照有问题，因此不允许他入境，即便出示了邀请函也不管用。泰戈尔先生对美方不讲礼节的行为深为恼怒，一怒之下放弃登岸，乘坐同一条船回程来到了日本。

泰戈尔先生给我的最后一封信是1938年2月1日在桑蒂尼盖登

写的，内容是：

亲爱的斯文·赫定先生：

您的信给我带来了愉快的消息，接下来我会指望收到您的新书了。我十分喜欢您、您的书以及您的科学考察活动。我几乎读完了您所有英文版的书，最后一本是《骏马的逃离》。

我经常问自己，是不是有一天，您的探险考察活动也会来到桑蒂尼盖登，虽然在这里，我们无法给您提供与在大戈壁一样的冒险刺激。这里只是一个诗人的避难所，自然没有您所经历的危险刺激，但相反，会为您提供一种新的体验，即平和与宁静。

想念您的

拉宾德拉纳特·泰戈尔

在 1939 年 2 月 12 日的瑞士《巴塞尔民族报》以及 1938 年 10 月 24 日的瑞典《每日新闻报》上，我们能够找到在当时引起轰动的，在日本诗人野口米次郎（Yone Noguchi①）与拉宾德拉纳特·泰戈尔先生之间发生的、就日本侵略中国的战争合法性的信件交流内容。

引起中日战争爆发的导火索是 1937 年 7 月 7 日的北京马可波罗

---

① 野口米次郎（1875—1947 年），日本神秘主义诗人，曾留学美国，居留伦敦。他用英、日文创作，诗作感情深沉，充满幻想、奇想、狂想，且有神秘气氛，富有哲理性。他 1935 年开始研究亚洲，十月在印度各州立大学演讲旅行，并在上海和鲁迅先生会谈。在印度，他与泰戈尔交往，并站在帝国主义的立场为日本的侵华战争进行辩护。

桥（Marco-Polo-Brücke①）事变。

1938 年，野口先生给拉宾德拉纳特·泰戈尔先生写了一封信，他利用多年与泰戈尔先生相识和友好的关系在信中敦促泰戈尔先生明白，日本进攻中国是一项有利于中国、有利于亚洲，包括有利于整个人类的行为。

泰戈尔先生在 1938 年 9 月 1 日的回信中写道：

> 这是一个令人悲哀的想法，军国主义分子的狂热激情竟会无可挽救地压倒一位卓有创意的艺术家，诱惑一个真正有才智的人将尊严和真诚的爱在祭坛上奉献给黑暗的战神……日本对中国发动了一场灾难性的、毁灭性的战争，一场效仿西方所有杀人伎俩的战争，这是无论怎样诡辩也改变不了的一个事实。这种野蛮行径，践踏了以文明为基础建立起来的一切道德原则……正如你正确指出的那样，我相信亚洲人的历史使命，但我做梦也没想到要将这种使命同那种努力实现塔梅尔兰（Tamerlan②）胆大妄为的、令人心悸的大屠杀行动等同起来。

我在日本大学讲课反对"西方化"的时候，就曾经把欧洲

---

① "马可波罗桥"即"卢沟桥"，位于北京丰台区的永定河上，被誉为"中国古代四大名桥之一"。此桥后经马可·波罗记入《马可·波罗游记》中，故又被称为"马可波罗桥"。1937 年，日军以一名演习士兵失踪为由要求进入宛平城搜查，被守城中国军队拒绝后围攻宛平城和卢沟桥，卢沟桥事变爆发。卢沟桥事变是中国抗日战争转向全面抗战的标志性事件。

② 欧洲人称帖木儿为"塔梅尔兰"。帖木儿（1336—1405 年），突厥化蒙古人，他打败了西亚、南亚和中亚的其他国家，是帖木儿帝国的奠基人。1404 年 11 月 27 日，他率领二十万士卒进攻明朝，结果 1405 年 2 月 18 日在进军途中，在讹答剌病死，终结了其辉煌无敌的征战历史。

一些国家拥有的掠夺成性的帝国主义本质、同形成亚洲以及其他地域文明的伟大文化传统和睦邻概念，即佛陀和耶稣基督宣扬的完美的理想、伟大的文化遗产做过对比。我认为，敦促佛的国度、伟大艺术和高贵英雄传说的国度对入侵者提高警惕是我的责任和义务……我为你们民族深感悲哀，您的来信也使我内心深处感到疼痛……人们将会认识到，利用战争侵略中国的同时也会大大摧毁日本人拥有的、内在的骑士精神……

接着泰戈尔先生又陈述道：中国人民是不可战胜的，我相信，在中国政府的领导下，中国人民终将在战乱中赢得胜利。

日本人野口先生嘲讽地回答，如果泰戈尔先生真为这个民族着想，就要敦促中国领导人放下武器俯首称臣。此外，他还给泰戈尔先生上印度哲学课并希望泰戈尔先生能够理智起来。

印度人泰戈尔先生的回答拥有人类文明最高的标志和令人印象最深刻的尊严，他忍受着日本朋友的诽谤和辱骂，并强调说明，通过这场打击爱好和平的中国人民、中国妇女和儿童的惨无人道的侵略战争，日本人的心灵和精神以及他们伟大的过去都将会丧失殆尽。

最后他在信中正告野口：

我希望您的民族，也是我热爱的民族，不要赢得胜利，而是悔过自新！

这封信是一份人性的证明，是一份最高层次的人类的手书。泰戈尔先生将此信件的一份德语副本寄给了我。遗憾的是，信的内容太长，不太适合在本书中全文转载。在写给野口米次郎先生的信中，充分体现了泰戈尔先生超越自身哲学思想和文学创作所拥有的崇高思想境界和人类情怀。

　　1941 年秋，泰戈尔先生在一次并不危险的手术后因休克停止了呼吸。

　　1948 年 10 月 3 日，印度数理统计学家马哈拉诺比斯（Mahalanobis）教授与他的夫人访问斯德哥尔摩。他们告诉我说，泰戈尔先生的躯体在加尔各答火化了，骨灰飘撒在东西南北风中。

　　拉宾德拉纳特·泰戈尔虽然没有陵墓，但他在桑蒂尼盖登和加尔各答创建的学院，学院里的课程和研究工作一如大师生前一样在蓬勃开展。学院创下的骄人业绩就是先生不朽的丰碑。

　　如印度圣雄甘地（Mahatma Gandhis①）这个名字一样，拉宾德拉纳特·泰戈尔这个名字也将永远活在印度人民的心中。

---

① 莫罕达斯·卡拉姆昌德·甘地（Mohandas Karamchand Gandhi，1869—1948 年），尊称圣雄甘地（Mahātmā Gāndhī），印度国父，印度民族主义运动和国大党领袖，他带领印度独立，脱离英国殖民地统治。他的非暴力哲学思想影响了全世界的民族主义者和那些争取和平变革的国际运动。

契切林

(Tschitscherin[①])

1923 年，我开始第一次环球旅行。在美利坚合众国逗留几个月后，我乘船过太平洋前往西方，从美国的檀香山（Hololulu）经日本横滨、长崎，然后抵达上海。我的计划是，经蒙古和西伯利亚回到祖国瑞典。

在上海时，瑞典总领事理利胡克（Liliehöök）先生告诉我，由于瑞典政府不承认苏维埃共和国，因此，现在西伯利亚通道对所有瑞典人关闭。但我并没有被这一消息吓倒，而是又取道汉口前往北京，想问一个究竟，是不是选择走西伯利亚大森林回欧洲完全没有可能。

在北京我拜访了苏联驻中国特使加拉罕（Karakhan）先生，一位外形俊朗、端庄威严、留着蓝黑胡子的亚美尼亚人。我向特使先

---

① 全名：格奥尔基·瓦西里耶维奇·契切林（Georgy Vasilyevich Tschitscherin，1872—1936 年），苏联政治人物，曾任外交部部长。契切林是著名诗人普希金的远亲，贵族出身。1918 年作为托洛茨基副手参与签订《布列斯特-立托夫斯克和约》，使苏联退出一战。1922 年至 1930 年任苏联外交部部长。

生阐明了我的愿望，为西伯利亚地区对瑞典人关闭深感遗憾。他回答说：

"赫定先生，您说得没错，这是官方的决定，原因您应该清楚。但是，这条通道对您是敞开的。为了确保您一路旅行顺利，我会给我们国家负责外交事务的契切林同志打电话。"

加拉罕大使相当客气，乐于助人，还几次邀请我参加了大使馆的宴请，我一直都是宴请中唯一的一位客人。没过几天，加拉罕大使就告诉我，契切林部长明确指示，为我的回国之路提供所有方便，并给我颁发官方护照和苏联金卢布，在数千公里的旅途中按贵宾对待。

在老朋友、被誉为"蒙古公爵"的佛兰斯·奥格斯特·拉尔森（Frans August Larson）先生的陪伴下，我们驾车横贯蒙古。正值十一月底，迎着暴风雪的旅行征途相当艰难，晚上则留宿在蒙古包里。

在库伦，即蒙古的乌兰巴托，也叫"红色英雄城市"，拉尔森先生留下，我接着与五位年轻的布尔什维克继续旅行。年轻人高唱革命歌曲，激昂的旋律在雪堆上回荡。应该说，歌唱对年轻人是有帮助的，在前往恰克图（Kiachta）和古西诺奥泽尔斯克（Werchne Udinsk）的旅途中，热情的歌声帮助我们战胜了零下三十五摄氏度的严寒。

古西诺奥泽尔斯克是贝加尔湖地区蒙古民族布里亚特（Burjätisch）-蒙古共和国①首都，在那里，我隆重地被邀请参加了一次"苏维埃"

---

① 布里亚特-蒙古共和国即布里亚特共和国，是俄罗斯的一个自治共和国，属于远东联邦管区和东西伯利亚经济区。南邻蒙古国，西邻图瓦共和国，北部和西北部与伊尔库茨克州接壤，东邻后外贝加尔边疆区。其官方语言为俄语和布里亚特蒙古语。面积三十五万一千三百平方公里。该地区首府为乌兰乌德，重要城市有恰克图等。

会议，有机会亲耳聆听了一场激情燃烧的对莫斯科、对列宁表达敬意的、反对资本主义的演讲报告。

等待三天之后，来自符拉迪沃斯托克（Wladiwostok）和哈尔滨（Charbin）、横贯西伯利亚的快车呼啸而来。在列车上，我得到了一个十分讲究的、舒适的国际软卧包厢，这将是我要住上一个星期的家。

12 月 9 日的下午，列车停靠莫斯科的雅罗斯拉夫尔（Jaroslawer）火车站，我突然听到走廊上传来了一个熟悉的声音，原来是阿尔伯特·恩斯特罗姆（Albert Engström）先生，他不久前来到红色俄罗斯的首都。与他同行的还有两位瑞典人，其中一位是瑞典贸易委员会主席克努特·伦德贝格（Knut Lundberg）先生。

瓦尔登贝格（Waldenberg）先生，波罗的海东岸人，向我转达了契切林部长的亲切问候。契切林部长将他的座驾提供给我使用，并为我预订了莫斯科萨沃伊（Savoy）酒店的房间。此外，还通知我，契切林部长希望当天晚上九点在他的办公室与我见面。

顺便说一句，我没有住进部长先生为我预定的酒店，而是提前在瑞典贸易委员会所在的布鲁索维斯基佩罗洛克街（Brussowskij Pereulok）8 号下了车。

按约定的时间，车子接我前往苏维埃外交委员会。外交委员会不在克里姆林宫（Kreml）围墙内，而是在位于巨大建筑群区里的波尔沙亚鲁贝扬卡（Bolschaja Lubjanka）5 号。

穿着短上装和长筒皮靴的门卫将我引进了候见室，前往部长接见室的门前站着一位身穿军大衣、戴军帽的持枪警卫。警卫神情呆板，僵直得像没有呼吸一般，容易使人联想到纸板做的模型。领我来的门卫告诉我说，他一会儿会再来接我，并请我走进接见室。

外交部长坐在办公桌旁，站起来礼貌地向我伸出手，接下来我俩面对面坐下开始了持续至晚上十一时的交谈。

我们谈到了国际局势，特别谈到了欧洲政策。契切林部长向我了解刚刚结束的环球旅行一路得到的印象，包括我对美国、日本、中国和蒙古国的看法以及我是否也像他一样对高深的中国古老文化表示钦佩等问题。他希望美利坚合众国放下顾虑，承认新苏联，这样对两个大国都有好处，也希望日本能很快从三个月前，即1923年9月1日遭遇的大地震灾难中走出来。

他十分看重我对布里亚特-蒙古自治共和国以及东西伯利亚当前局势和未来前景的看法，他坚信，这些地区的发展前景是辉煌的。

他对中国西藏也十分热心，言谈中表现出对西藏地理、自然、宗教、人种学和政治形势的精通。在中国和英属印度之间，中国西藏的地位当时相当棘手。

契切林部长只是匆匆地涉及了瑞典国承认新的苏维埃政权的可能性，在这一方面他并没有明确表达他的愿望。同样，他对布尔什维主义的优越性也讲得非常少。他在每一个方面都表现得十分得体，使人十分清楚地感受到，他不愧是一位出自沙皇时代的老练外交家。他感到遗憾的是，我逗留莫斯科只有八天时间，但承诺，在这八天时间里，我可以享受到绝对的自由，想看什么就能看到什么。至于我对布尔什维主义的想法，他似乎根本就不感兴趣，也不问我，我对苏维埃政权生命力的评价。

他十分清楚我在第一次世界大战中站在德国一方的立场，并表

示完全理解，认为鉴于瑞典与德国的历史渊源，我站在德国一方是
很自然的。从交谈中我得到的印象是，他还十分同情德国。他认为，
战争期间他眼中的德国在对付俄罗斯上的多处失策，特别是在《布
列斯特-立托夫斯克和约》（Brest-Litowsk①）的签署上太过严厉。

　　会见中，契切林部长详细地谈了俄罗斯科学界的奋斗与他们希
望再次在科研领域与外面世界接触的意愿。他本人受过高等教育，
大的语种驾轻就熟，还能说爱沙尼亚语。同样，他也涉猎瑞典语，
读过原文版的《卡尔十二世与他的战士》一书以及其他的如瑞典作
家海登斯坦先生的著作。

　　格奥尔基·瓦西里耶维奇·契切林先生当时是五十一岁，他的
人生经历是多变的。他出身于俄罗斯贵族家庭，一开始从事外交工
作，但由于思想上有社会民主主义倾向，被辞退了这一工作。然后，
他转向孟什维克（Menschewiken），因而被德国驱逐出境，在英国又
遭囚禁。之后，契切林先生参加了布尔什维克革命，在《布列斯特-
立托夫斯克和约》签署后接替托洛茨基（Trotzkis②）任苏联外交部
部长。而当我 1926 年和 1928 年在莫斯科再度与契切林先生见面时，
他的政坛生涯就已经开始走下坡路了，1930 年，外交部长的职务被

①　布列斯特-立托夫斯克为今天的布列斯特，第一次世界大战中，俄国政府与德国
　　为首的同盟国（奥匈帝国、奥斯曼帝国、保加利亚）在布列斯特-立托夫斯克签
　　订了《布列斯特和约》，全称《布列斯特-立托夫斯克和约》。
②　列夫·达维多维奇·托洛茨基（Lev Davidovich Trotsky, 1879—1940 年）布尔
　　什维克主要领导人、十月革命指挥者、苏联红军缔造者和第四国际精神领袖，
　　是一名革命家、军事家、政治理论家和作家。列宁去世后他被排挤出苏共领导
　　核心，后流亡海外，1940 年在墨西哥遭暗杀身亡。

李维诺夫（Litwinow）先生取代。

若仅依据言谈举止，他就像我一样，不是一位布尔什维主义者，倒更像是在错综复杂的权力斗争中，在与恐怖现实最为密切的接触中锻炼成长起来的一位哲学家、思想家和理想主义者。他镇定自若、自制力强，与人言语从不动气，从不恶意讥讽，像是在观察、揣摩、研究人与人之间的行为举止以及这个世界和世界的进程。不过，他平静的外表下，蕴藏着的则是目标意识明确的、日以继夜孜孜不倦的工作干劲和奋斗精神。

关于苏联的年轻人，他有以下十分有特点的评价：

"您看这群年轻人，在哪里都能碰到！作为孩子，他们经历了战争年代，然后是革命年代和接下来的光辉岁月。每一个年轻人都拥有宝贵的生活经验，不会消退的人生意识塑造了他们的人格。一旦他们成为男子汉，接过了老一辈人的精神遗产，那么，俄罗斯民族就将是伟大的、不可战胜的。"

契切林先生身材高大、魁梧，有着宽阔的额头、结实有力稍稍有点弯曲的鼻梁，嘴边留着黑色的髭须和不多的络腮胡，一双大眼睛充满着智慧，明亮的眼光是敏锐的、探究的，严肃的神情时不时也会绽开一个轻松快意的笑容。

契切林先生 1872 年出生于俄罗斯坦波夫省（Tambow）的卡拉乌尔（Karaul），1907 年开始从事外交工作，与这位人民委员谈判过的那些外交人员，是绝对不会忽视他具有的机敏清晰的谈判思路的。

契切林部长的办公室设施近乎简陋，没有扶手椅，没有地毯，墙壁上也没有画作或其他的装饰物。

我起身与契切林部长友好告别，部长确信，我们还会见面，希望我对莫斯科能有一个好的印象。

候见室里，持枪站岗的警卫还像两个小时之前一样一动不动地立在那里。候见室不见一人，我问警卫：

"领我来的门卫在哪里？"

"他马上会来，请您在这里静候。"士兵回答。

还真不是一个纸板做的士兵模型。

第二天，我受邀参加了苏维埃莫斯科人在西米娜（Simina）剧院举行的一月一度的集会。在那里，莫斯科苏维埃主席加米涅夫（Ka-menew①）先生发表了演讲，而骑兵统帅布琼尼（Budjenny）先生的话更像刮过的一阵飓风。

骑兵将军有一张褐色的带浓密髭须的小脸，穿着一件合身的深色哥萨克军服，没有军衔标志也没有佩戴勋章。当他离开舞台上的座位走向舞台前沿时，剧院里爆发出了雷鸣般的欢呼声，布琼尼将军的演说慷慨激昂：

"我感谢你们在莫斯科苏维埃对我表达的敬重，但这个敬重不属于我，它归功于我战无不胜的骑兵部队。我向你们保证，只要苏维埃俄罗斯受到敌人的威胁，只要外国军队试图越过我国边界，每一个俄罗斯骑兵都会履行他的神圣义务和责任，我们会举着挂着胜利花环的长矛凯旋而归。"

---

① 全名：列甫·波里索维奇·加米涅夫（Lev Borisovich Kamenev，1883—1936年），苏联早期领导人，曾任全俄罗斯苏维埃代表大会中央执行委员会主席、莫斯科苏维埃主席。1934年至1935年被指控组织"反革命地下恐怖集团"，于1936年8月26日被处决。1988年6月13日，苏联最高法院撤销了1936年对季诺维也夫-加米涅夫案的判决，宣布无罪。

在一月一度的参议会上，现场听众可以自由发言，任何人都可以对委员们提问。一个反复被听众们提出的问题是列宁（Lenin①）的健康状况。一位听众高声喊道：

"几个月来，我们得不到其他的答复，永远的答复都只是'Popravitsa'——他现在正处于好转的过程中。现在，我们全俄罗斯人民都要求知道真相。因此，我再重复一遍我的问题：弗拉基米尔·伊里奇·列宁同志真实的健康状况如何？"

加米涅夫主席试图安抚群众。

当时的传言是，列宁已经去世了，事实是，列宁先生又坚持了几个月，去世后装进水晶棺材放在红场供人们瞻仰。

剧院集会结束，大家一致决定发三封电报：一封给列宁，捎上早日康复的愿望。另一封发给同样在病中的托洛茨基先生。第三封发给德国无产阶级，其主要内容是以强有力的措辞对法国针对德国鲁尔区和平居民的高压政策表示抗议。同样，这些电报内容得到了所有人的鼓掌欢迎，没有任何人提出反对意见。

我1923年12月在莫斯科期间，苏联科学界的代表通过各种方式联系到我，要我做三场报告，分别在：东方协会、科学院和地理学会。讲座大厅根本就容纳不了莅临的科学家们和求知欲旺盛的莫斯科人。我能提供德语、法语和英语三种演讲语言，主办者让听众们

---

① 全名：弗拉基米尔·伊里奇·列宁（Vladimir Ilyich Ulyanov Lenin, 1870—1924年），著名的马克思主义者，无产阶级革命家、政治家、理论家、思想家，苏俄（世界上第一个社会主义国家）和苏联的主要缔造者、布尔什维克党的创始人、十月革命的主要领导人，苏联人民委员会主席（即苏联总理）、工农国防委员会主席。

作出选择，听众则异口同声地喊道：俄语，俄语！之后我也要提供
俄语报告。尽管如此，演讲中苏联听众还是十分专注并不时报以热
烈的掌声。

　　契切林先生、苏联首任国民教育人民委员会委员负责文化教育
的官员卢那察尔斯基（Lunatscharskij）先生以及负责苏联人民卫生
委员会的谢马什科（Semaschko）先生也都正装莅临了我的演讲报告
会场。在乌特约尼奇（utjonnich）大教堂以及学者之家、科学院举行
的演讲报告，契切林先生都亲自到场并发表欢迎致辞，致辞全文还
刊登在苏联最高苏维埃以及苏联中央执行委员会的机关报《消息报》
上。报告结束后是盛大宴会，宴会上又会有一系列的讲话和致辞。

　　那个时候，苏联学界有着真诚的、认真严肃的与西方学界合作
的强烈意愿，但是现在，也就是二十七年后的今天，如果我提出希
望从苏联方面得到我在亚洲探险某个时期的气象报道这一要求的话，
答复的信件是肯定得不到的。

　　我 1926 年、1928 年、1929 年、1930 年和 1935 年的亚洲探险之
行都是走瑞典经西伯利亚到蒙古或者反向从蒙古经西伯利亚回到瑞
典，每次都路过莫斯科并住在瑞典驻莫斯科公使馆。我们瑞典国的
代表，公使卡尔·冯·海登斯塔姆（Carl von Heidenstam）先生为我
举行过几次宴会，每一次都会邀请契切林先生到场。我的所有在俄
罗斯领土上的探险旅行，遇到或汽车或行李或设备的运输问题时，
都十分仰仗契切林先生的大力协助。

　　我和公使海登斯塔姆先生参加过契切林先生的一次赴宴邀请，
宴会是在一座气派古典的大公爵宫殿里举行的。

　　一个富丽堂皇大厅，大理石台阶上铺着长长的红色地毯，华丽的厅柱、银色的大型枝形吊灯，满墙壁挂是名贵的油画作品，现场十分奢侈豪华。参加晚宴的有即将接替契切林先生外交部部长职务的李维诺夫先生，还有列甫·加米涅夫先生的夫人奥莉加·达维多夫娜·加米涅娃（Olga Dawidowna Kamenewa）女士、苏联外交部处理斯堪的纳维亚问题的专员弗洛林斯基（Florinskij）先生以及其他苏联要人。

　　宴会厅里，侍从们穿着沙皇尼古拉时期的华丽制服伺候着尊贵的客人。开胃的冷前餐放在一张特别的桌子上，大颗的玻璃般透明的小冰块里藏着最好的、浅灰色粗颗粒状的鱼子酱，侍从用木勺取来堆在盘子上，再一一推荐给在座的客人们。宴会上展示了苏联最上等的饮食，美味种类之多令人目不暇接。伏尔加酒在宴会上像河水一样地流动。正餐与前餐相得益彰，一道道精美的佳肴陆续端了上来，每一道菜又都会配上一杯不同的顶级葡萄酒。

　　而宫殿外的街巷里挤满了不是每天都有面包吃的无产者，他们忍辱负重地工作着。此时的列宁，也正躺在莫斯科郊外的一个农庄，与死神作最后的斗争。

亨利·福特

(Henry Ford[①])

1923 年 2 月，我的一套九册大部头著作《西藏南部》完成。为了撰写这套书，我耗费了几年间儿乎所有的光阴，好好休息一段时间显得十分必要。因此我决定，去我至今还不太熟悉的美利坚合众国度假。

原本打算在美国东部逗留两个月，顺便完成那里应邀的几场演讲报告，然后再返回瑞典。可到了最后，访问日程却不得不一再延长，因为，美国各地的瑞典团体，特别是明尼苏达州（Minnesoda）的瑞典同胞，还在热情地邀请我去他们教会做几场演讲报告，此外，芝加哥还有好几个报告在等着我。除瑞典团体之外，我还接到了在

---

① 亨利·福特（Henry Ford, 1863—1947 年），美国汽车工程师、企业家，福特汽车公司的创建者，世界上第一位将装配线概念实际应用在工厂而大量生产而获得巨大成功的人。由于这种新的生产方式，汽车成为大众产品。它不但在工业生产方式上进行了革命，而且对现代社会和美国文化起到了巨大的影响。因此有一些社会理论学家将这一段经济和社会历史称为"福特主义"，福特也被尊为"为世界装上轮子的人"。1999 年，《财富》杂志将他评为"二十世纪商业巨人"，以表彰他和福特汽车公司对人类工业发展作出的杰出贡献。

美国的德国团体和协会的邀请。在芝加哥演讲时，我又收到了生活在底特律（Detroit）瑞典同胞的演讲邀请。

4月9日我前往芝加哥，受到了当时的瑞典副领事卡尔·帕森斯（Carl Parsons）先生，一位哈兰省（Halland）老农民后代的热情接待。

早在1923年，在美国旅行的人每天都会听到"福特"这个名字，大街上走上十步就能通过来往行驶的汽车和满目的广告记住这个名字。在当时的美国，除了福特先生的大名，还没有一个人的名望能做到如此大规模地深入人心。没有一个人能取得如此大的成就，即能通过创下的业绩将大众的目光吸引到自己的身上。也没有一个人达到了这样一个高度，能使有影响力的华尔街（Wall Street）各财团长期处于紧张状态。

从一开始我心里就在盘算，去底特律城一定不要错过访问福特先生的机会。倒不是我要刻意慕名去拜见一位享誉世界的知名人士，而是想通过这次访问赢得他对我新一轮亚洲内地探险考察旅行的信任和支持。

福特先生是一位杰出人物，是我们这个时代最有名望的男人，是美利坚合众国最伟大的工业领头人。

一如其他伟大的人物，世人对他的评价也是褒贬不一的。有热情的赞美，也有辛辣的批评，他的行为和意图往往会被错误地理解。他生产的汽车占领了整个世界，但是，当他将"和平船"①驶向欧洲，

---

① "和平船"是福特1915年发起的一项致力于和平、调停第一次世界大战的壮举。他花五十万美元租下了往返美国和欧洲的"奥斯卡二号"客船，邀请美国各界名流组成了一个有五十名团员、四十四名记者的"和平使节（转下页）

一心想促使第一次世界大战中交战的各国领导人相互和解时，人们却讥讽并嘲笑他的这一梦幻之举。我当时也属于觉得他的主张和计划是荒谬的、幼稚的那一类人。但作为一位坚定的乐观主义者，福特先生抱有人类理性至高的观点，即便是一个乌托邦式的想法。今天看来，"和平船"前往不幸运欧洲的跨海行动，虽然有些异想天开，但至少没有过错。

《德宝独立报》是福特先生自己的报纸，1923 年 4 月，报纸的发行量达到了四十四万五千份，由于报纸不经营广告业务，办报全由福特先生自己投钱。报纸的头版为"福特先生之页"，利用这个版面，福特先生向公众社会阐述了自己一系列独特的富有意义的思想。

《福特先生之页》登了一篇写得十分好的题为《和平之船》的文章，大致内容如下：

> 你们嘲笑我的"和平船"，但你们自己为和平又做了些什么呢？每一条在战争期间驶过世界海洋的船只，甲板上都有过往战场的货物，这些货物会给人类带来破坏，带来死亡、痛苦和贫困。但有一艘船，装载的是象征和平的棕榈叶，这就是我的"和平船"。但愿有一天，所有横贯世界海洋的船只，都会带着和平的愿望，从一个民族驶向另外一个民族！

（接上页）团"，并亲自随船前往欧洲调停战争，希望能在圣诞节前将"战壕里的士兵全部撤回家乡"。福特先生："我不要钱，我要的是和平的生活，是使这个世界更加美好。"由于途中生病，福特不得不提前离船回国。"和平船"12 月 4 日出发，在欧洲停靠挪威、瑞典、丹麦、荷兰等中立国家，一路呼吁和平。遗憾的是，"和平船"的和平目标并没有实现，第一次世界大战还是爆发了。

在我的眼里，福特先生是一个意志如钢的男子汉，一旦认准了的事业，他就会义无反顾地努力奋斗。他的道路是笔直的，他会毫不动摇地、不偏不倚地遵循既定的目标。如果有一位善良的不请自来的建议者，他也会认真听取，但行动方案最终还是通过他自己的头脑决定。

亨利·福特先生不是一位赞助商，对自己和企业没有直接或间接好处的事，他是不会付出一分钱的。对科学、艺术或慈善事业，他亦不感兴趣。科学和艺术两项，他公开表明根本不懂。至于慈善，他说，通过生产价格便宜的汽车改善了人民的生活质量，这就是他对这个社会所做的最大的慈善。

违背这一原则的一个例外是，福特先生在底特律兴建了一座大型医院。当医院建设委员会将集资兴建医院的认捐表呈交到他的手上时，他没有直接回答，但接过了表格。他告诉建设委员会，他愿意独自承担医院承建的所有费用，前提是，必须将其他认捐者的钱全额退回。耗资一千万美金拥有四百个房间的医院建立起来了。医院聘请了最好的医生、护士以及工作人员，而所有这些费用均由福特先生一手承担。

在福特汽车公司内部，他也遵循着最严格的纪律和原则。谁要是没有以最出色的方式完成工作，谁就会被解雇。

有人对我说过这样一则故事：

一天，一位名叫韦尔斯（Wells）的部门负责人就餐时在福特先生面前抱怨薪酬太低。

"您的薪酬是多少？"福特先生当即问道。

"年薪十五万美金!"

"那您觉得您值多少钱?"

"一百万美金。"韦尔斯先生说。

"好的,那您应该得到一百万美金。"福特先生说。

一年之后,韦尔斯先生被解雇,但他也已经是一位百万富翁了。

所有在福特汽车公司担任领导职务的人都十分富有。有一个人,他相信福特,公司创办的时候,为企业投资了一千美金,当他认为钱已经足够的时候,就带着三千万美金退休了。另外一个人,投资了三千九百五十美金,但很快对这笔投资产生了怀疑,而将这笔钱抽了回去。可以想象的是,这个人一定会一辈子感到后悔和悲伤的。

亨利·福特先生的行为往往出人意料,他能够走出令人难以理解的一步,但这一步却是诚实可靠、自我尊重、对得起自己的。1917 年左右,他要兴建一座新的大型工厂,但有支配超过了百分之四十二股本的股东们抱怨,认为这是一个亏本的冒险计划,会导致他们得不到红利,危及他们的资本。福特先生对这些股东的短视和不信任感到气愤,一怒之下自己买下了全部七千五百万外人手里的股份。在我拜访他的时候,公司里所有的股份都已经掌握在他、他夫人、他儿子以及儿子夫人的手上了。

亨利·福特先生是他那个时代的世界首富,他掌握着当时世界上最大的工业集团,他给十五万名职工提供工作和生活来源,他的账目往来基本上是以百万美金为计算单位的。

但福特先生的个人生活不管从哪一个方面看都堪称榜样,他的生活方式以及在公开场合的露面给人的印象是简朴的、内敛的。在吃喝上面，他对自己近乎苛刻。他不抽烟也不喝酒，拒绝任何形式的酒精，而且会随时解雇每一个有酒瘾的下属。

在德宝市（Dearborn）他的公司行政大楼门前立着一个简陋的小亭子，在大楼里工作的工程师和职工们都爱在小亭子里吃午饭。福特先生本人也经常在那里吃早餐——有时一个人，有时与公司员工，有时与客人。在家里，他会独自去厨房取食物，然后坐在桌子一角孤独进餐。在德宝市的理发店里，你也会发现，福特先生会坐在一旁耐心排队等待，直到轮到他上座。

福特先生十分注意自身健康，喜欢做操、散步，一旦觉得所需的营养满足以后，理智的他不会再多吃哪怕一克重的食物，所有被称为上流社会生活的内容和社交方式他都感到厌恶。高贵舒适的底特律运动俱乐部，他一年也就去那么一两次，还是在他夫人或者儿子的陪伴下。

我拜访他的那段时间，他刚刚在底特律一座简陋的小房里住了一段时间。春天的晚上，人们经常能见到他坐在那座临街的台阶上阅读报纸，工厂下班路过的职工有时也会驻足与他闲聊几句。之后，他才在德宝市郊区，在自己 1863 年出生的地方兴建了一座有花园、公园、小森林的庄园别墅。周末，他经常与家人在草坪上早餐，还特别喜欢邀请周围的农场主或者他儿时的玩伴来庄园里聊天就餐。

关于福特先生，我听到了很多真实感人的闪耀着人性光辉的故事。

1923 年 4 月 11 日，我站在了福特先生的"全能看门人"莱博尔德（Liebold）先生面前，他的责任是保护工业王国的国王福特先生不受人员、信件、各方请求等纠缠不休的干扰。

在由玻璃幕墙围着的办公室里，莱博尔德先生坐在位于中央的大办公桌旁，身前桌子上摊着一大堆拆开了的信件。只见他拿起其中的一封，草草扫上一眼，再用铅笔记录下来，然后将信件放进这个或者那个围绕着他的十二个浅口信篓中。这些信件将会陆续转交到下级秘书班子的手上，而且不停地还会有新的信件送进来。

我对莱博尔德先生表达遗憾之情，他笑了笑说：

"我也只是看看信开头的三句话，简单了解其意图。"

如果信中没有提出什么重要问题，福特先生自己是不会读这些信的，但所有信件，包括最没有意义的乞求施舍金钱的信，他们都会一一回复。

莱博尔德先生还告诉等待福特先生的我，福特先生刚刚从佛罗里达州（Florida）和得克萨斯州（Texas）回来，头脑里正蕴藏着两百个新的计划和创意，因此，我们很可能还得再等上一会儿。

"您看看隔壁房间，"陪同我来的瑞典帕森斯副领事先生说：

"那位背对窗户坐着的就是福特先生。"

透过玻璃幕墙，我看到世界著名的汽车国王正坐在椅子上摇晃，手上拿着一支笔在研究着什么。他对面坐着的是福特先生的报纸发行者卡麦龙（Cameron）先生。此时的福特先生似乎显得十分冷静，好像纷繁的世界里除了《德宝独立报》之外什么都不值得考虑似的。

窗前，福特工厂颇有权威的部门负责人丹麦人索伦森（Sörensen）先生正带领着一群男士向几辆汽车走去。莱博尔德先生还告诉我们，著名的法国汽车制造商安德烈·雪铁龙（André Citroën）先生现在也正在这里，他要向福特先生通报他的汽车通过撒哈拉（Sahara）沙漠前往廷巴克图（Timbuktu）这一值得关注的非凡的越野车之旅。

现在，福特先生站起身向我们所在的办公室走来，径直走向我握手表示欢迎，并亲切地说道：

"赫定博士，见到您很高兴！"然后相当随意地在邻近的椅子上坐了下来。

接下来我们开始了一个半小时谈天论地的交流，时间在轻松的、无拘无束的气氛中流逝着。

亨利·福特先生中等身材，瘦削、结实、匀称，看上去没有什么特别鲜明的轮廓或相貌特征，给人一种惬意和蔼的感觉。一双灰蓝色的、友好的、格外机敏的眼睛在不停地、灵活地转动着。他的皮肤略呈灰色，头发是灰白的，就连身上穿的一套西服也是灰色的。他的动作敏捷，即便坐在那里也好像在进行体操锻炼，整个时间里椅子都在他身体的驱动下不停地晃动，真令人担心在下一个瞬间椅子是不是就会翻倒。他将一只腿架在另一只腿上，两只手扶着后脖颈，手臂还不时在空中挥舞，没有一刻是安静的。尽管如此，他的整个姿势是和谐的、均衡的，没有丝毫神经质的迹象。不过，即便是坐在这里与一位外国拜访者谈一些无关紧要的事情，他的思想也在一定程度上思考着别的问题。在与我交谈期间，福特先生没有接到什么消息、电报或其他通知，整个时间应该说都交给了我。

人们说，福特先生没有接受过正规教育，但谁又知道，他聪明的头脑又是如何构造的呢。对于汽车设计者来说，深刻理解希腊神话或罗马历史并不是必须要掌握的知识，但可以肯定的是，他对汽车专业内容的了解要比一般人多得多。他的人格魅力集中了他身体和精神的全部力量，表现出了他过人的泉涌一般的才思以及一个世界上前所未有的、努力向上的实力派需要的素质。作为技术和工业金融寡头，在他所属的专业领域其他国家里就没有第二人。更难能可贵的是，他认识、理解和热爱人类，为了改善人类的生活状况竟像奴隶一般在勤奋工作。

年轻的时候，福特先生是贫穷的，但他通过艰辛的劳动和自我牺牲的精神，用不同的材料拼装了今天在全球道路上行驶的千百万辆汽车的"先祖"——第一辆汽车。

我们首先谈到了亚洲。我试图争取驾驶他的汽车在世界上最大的洲——亚洲行驶。但当时的他对亚洲并不感兴趣，苏联是他的兴趣所在。

苏联将是福特先生的汽车和机动犁新的销售市场，两者都应该能唤醒苏联民众，帮助他们提高在肥沃的黑土地上的产量。机动犁耕出的深深的犁沟可使黑土地上的产量翻倍。福特先生说，一旦布尔什维克国家的政治形势平静、稳定下来，他就要在那里建工厂，并以极其便宜的价格出售"福特森（Fordson）"拖拉机。但什么时候能够实现这些想法，在当时还是任何人都无法解答的一个谜。福特先生觉得，有可能很快，也有可能要再等上十年。但也可能机会随时会来，因为俄罗斯人不能长期没有我们的汽车和拖拉机。

"我听说，您不太喜欢犹太人，"我插上一句。

"认为我恨犹太人，这是错误的，我很愿意与他们做生意。犹太人要完成他们自己的任务，犹太人在，对基督教界是一件好事。您看看那毛发蓬乱的老狗，它躺在外面的院子里晒太阳。跳蚤在他的皮毛上，使得它安静不下来，睡不好觉，总是不停地想咬住跳蚤。对基督徒也是如此，如果没有犹太人在他们的皮毛上，他们就会懒惰、不作为。我绝对不恨犹太人。"

福特先生对大的政治问题的看法也很独特。对于我的猜想，苏联的再建和重组早晚是德国人的使命时，他回答说：

"对此，我表示怀疑，虽说德国是一个优秀民族，但他们的组织天才只是表现在军队和舰队上，即军备事业上。法国只是英国人手中用来粉碎德国、压制德国的一个工具，英国人也将会由犹太人操纵。至于你们瑞典国，我想对苏联邻邦应该有所认识了。"

"是的，苏联占领了我们的波罗的海地区和芬兰，相当于我们帝国三分之一的地域，我们必须继续提防他们。"我说。

针对我撰写的《一个警告》小册子，福特先生认为：

"做得不错！这是您对民族的贡献，但我不认为，苏联会成为你们国家未来的危险。"

"扩张是俄罗斯人天生的本性。请问，福特先生，您怎么看国际联盟①?"我问道。

针对我的提问，福特先生说：

"纽约有一些傻瓜，想参加国际联盟，但这个机构只是一个结党营私的帮派团体，只会为自己，为自己的利益工作。对美国来说，

———————

① 国际联盟是联合国的前身，简称国联，成立于1920年1月10日，是第一次世界大战结束，在巴黎和会召开后组成的跨政府组织，也是世界上第一个以维护世界和平为其主要任务的国际组织。

只有一个国际联盟，即强大的舰队。"

接着，我们的话题回到瑞典，福特先生说：

"我知道瑞典人的作用很大，首先因为，美国有几百万瑞典民族的后裔，其次，我的工厂里也有不少瑞典工人。瑞典人是美利坚合众国里所有民族团体中最具价值的民族。可能您不同于我，从来没有这样想过，即正好是瑞典民族中的最优秀分子移民来到了美国，他们是一批最富有活力的、最富有进取心的、敢于将命运掌握在自己手中的瑞典人。我们还忽略了瑞典人最为优秀的地方，即森林的保养与维护，你们的林业经济是值得世人钦佩的。"

然后，我们又谈起了福特先生用于特别目的的瑞典矿石以及福特工厂的生产数据。

"现在我们每天生产汽车六千五百辆，"福特先生说：

"几年以后，产量将会翻一番。"

针对我提出的将来生产是否还会以这种速度增长时，福特先生回答说：

"那是当然！难道您认为，人类会再度回到骑马拉车的时代吗？"

我们的话题再度回到了想象中的亚洲和苏联，我问道，汽车在糟糕的苏联公路上如何行驶，那些地方几乎没有运货的四轮马车。

福特回答说：

"怎么，难道您相信汽车出现之前的美国道路吗？您再看看现在的公路！首先是要有汽车，然后道路会根据汽车的必要性自行改善。苏联的公路也会这样发展起来的。"

我讲述了在中国北方、蒙古国、中国戈壁荒漠、中国新疆、俾路支斯坦以及在波斯漫无止境的探险旅途，并强调，旅途中的那些平坦地带以及干燥气候是很方便汽车交通的，只是汽油供应是一个难题。但福特先生认为，汽油供应并不是什么克服不了的困难。

我承诺可以帮助他，如果他有意开拓亚洲汽车市场的话，我提出，既然目标是要占领全球市场，当然不能忘了中亚。但他并没有咬住我的诱饵，而是将话题又转到了俄罗斯，他对我解释，像其他的专制者一样，他会根据自己的思维独断专行，不会跟着别人的诱饵转，不会轻易放弃和改变自己的既定方针。

我说：

"我们相信，未来的旅行道路会延伸到天空，您的大工厂将如何应对这一变化？"

福特先生干脆地说：

"那我就转向飞机制造！"

在这一方面，福特先生的能力是令人难以置信的，并且也已经得到了证实。

1918年1月，他接手了华盛顿海军部生产猎潜艇的订单。之后，他几乎每天都在生产这种海洋航行器，直到战争结束，共生产了一百艘。

福特先生也抱怨，天天与企业打交道，没有时间去旅行，去看看这个世界。

我说：

"您不是刚刚去了得克萨斯州和佛罗里达州吗？"

福特先生说：

"是啊，只是为了买一列火车。如果有时间，明年夏天我会去瑞典，我要亲眼瞧瞧了不起的瑞典人生活的国家，也希望在你们国家兴建工厂。您不要认为，我的工作是为了致富！不，我生来蔑视金钱，对我来说，如果不能为改善人类的生活水平所用，一切都是没有价值的。我希望，人类过得更好，人人都幸福。"

他还告诉我说：

"我工厂里的每一个职工都可以去我的营业部，交五个美金就能买到一辆车，然后每个星期偿还五个美金，直到这辆车成为他个人的财产。两年前，我兴建了六千五百栋职工别墅，每一个别墅都有自己的花园，价格仅二千五百美金。那种随机的慈善活动起不到什么作用。我推广便宜车的使命就在于，能直接提高大批人的生活水平。现在，人们不会再挤在霉臭的小寓所里，即使是不太富裕的人也能吮吸到郊外的新鲜空气，也能开车出去兜风，看看外面的世界。通过这些生活上的改善，促进了他们接受教育的积极性以及他们的自信和生活乐趣。如果每个家庭都有自己的车，人民的素质就会得到大大的改善和提高。"

最后，我对他说，我要写一本书谈谈我对美国的观感，书里面特别有一章是奉献给他和他的企业的。

福特先生说：

"是的，很多人都写过我，一大堆书籍。"

我说：

"我完全不会参考这些书籍，我只会描述我亲身感受到的您。"

福特先生说：

"好的！那您还得再参观参观我的工厂，您在这里准备留多长时间?"

我回答:

"还有一天时间。"

福特先生说:

"那您五月份再来一次吧,及时告诉我具体时间,如果我自己不能带您参观,就会委托一位部门负责人,带您参观所有。"

我看了看手表说道:

"我已经占据您太多宝贵时间了!"

福特先生说:

"完全没有,您不用着急,今天,我们有足够的时间。"

当我再次表现出有事要去办的神态时,他站了起来。我提出,请他为刚才提到要写的书提供一张照片,他说道:

"很乐意,您能从我这里得到您想要的一切。"

我们的手紧紧地握在了一起,他拍了拍我的肩亲切地说道:

"我都不知道如何表达,这次谈话对我来说有多么享受。"

我们就此分手告别,以后也无缘再见面了。

顺便在这里简述一下我在底特律城留下的其他记忆。

瑞典工程师理雍格斯托姆(Ljungström)先生带着我深入参观了规模宏大的福特工厂,看福特车是如何快速组装成型,成型的车又是怎样通过工厂大门驶向厂外空旷大地,真是引人入胜,叹为观止。

在红河边,在高地公园散步,与"王储"埃德瑟尔(Edsel)先生愉快交谈。

去正在接待安德鲁·雪铁龙先生的丹麦人福特公司部门负责人

索伦森先生家串门儿。

与雪铁龙先生的谈话非常有意义。他告诉我，他正在设计一种汽车，能完全没有问题地在冰层上行驶直接抵达北极。我对他说，南森先生发现北极冰原是由巨大的雪堆和敞开的冰河组成，冰原上是不可能驾车行驶的。但我的告诫根本不起作用！他不仅要前往极地，还要写一本关于极地的书。当然，这本书也没有问世。那天，雪铁龙先生兴高采烈，与他聊天，令人深感惬意。

十年后，我在为中国政府服务的任务中驾驶福特汽车穿越了中亚，对福特汽车的野外行驶功能和能力进行了检验。

1933 年 12 月初，我收到了福特先生的儿子埃德瑟尔·福特的一封电报，电报中他提出请求，鉴于我的探险旅行以及在勘探中国西部省份最佳公路可能性上作出的特别贡献，赠送给我一辆 1933 年生产的八缸载重卡车，针对埃德瑟尔·福特先生的这一盛情相赠我表示了衷心感谢。

1947 年 4 月 7 日，伟大的开拓者亨利·福特先生永远闭上了眼睛，他不能忍受 1943 年 5 月 25 日儿子去世的痛苦。埃德瑟尔·福特的儿子，小亨利·福特，现在是这个大型企业的掌门人。

我永远不会忘记伟大的杰出的亨利·福特先生。

在专业领域，他是个天才，在工作中，他有远见、聪明能干、勤奋努力。对待财富，他既慷慨大方，又精打细算。亨利·福特先生，是这个世界在那个时代赠送给美国的最有意义的人物，可能爱迪生先生是个例外。通过他天才的骄人业绩，人类的生活变得更加简单和富足。

与罗马教皇特使安日纳·派契利先生的短暂接触

(Ein Kurzer Blick auf den päpstlichen Nuntius Eugenio Pacelli①)

1925 年 5 月 7 日，在慕尼黑的一次宴会上我近距离地见到了现在的罗马教皇安日纳·派契利先生，他是宴会上的贵宾，当时担任着罗马教皇驻德意志帝国的特使。

安日纳·派契利先生出生于 1876 年，当时四十九岁，正是年富力强的时候。他今天为整个世界所熟悉的高贵气派、有教养的面貌，他严肃认真、具有洞察力的博爱的目光，形态英俊的鼻梁以及两片狭长嘴唇形成的精力充沛、流露友善温和话语的那张嘴，很快就将我吸引住了。即便在那个时候，他在人们的眼里也不是罗马教会一名无足轻重的工作人员，而是教皇国在政治和外交领域显山露水、最富才干的领袖人物之一。

1909 年至 1914 年，安日纳·派契利先生是罗马教皇学院贵族教

① 教宗庇护十二世（1876—1958 年），原名尤金尼奥·玛丽亚·朱塞佩·乔瓦尼·帕切利（Eugenio Maria Giuseppe Giovanni Pacelli），生于罗马。意大利籍教皇（1939—1958 年在位）。天主教会第 260 任教皇。

士外交学教授，同时在庇护十一世处担任红衣主教国务秘书。1917
年，他成为萨迪斯的荣誉大主教，同一年作为罗马教皇的特使派驻
德国慕尼黑。1920 年，他在柏林接管了在他的推动下新成立的、罗
马教皇驻德意志帝国的特使职位，并于 1925 年获得正式的特使尊严。
1929 年，他作为枢机主教回到罗马，1930 年跟随加斯帕里担任教廷
国务卿。1939 年，担任罗马教皇，坐上了天主教会的最高位置。

　　我与尊贵的安日纳·派契利特使相识，得追溯到开篇提到的
1925 年。

　　天才的、目标明确的奥斯卡·冯·米勒（Oskar von Miller）博
士于 1903 年创建了德意志博物馆，经过二十二年的努力，终于能在
1925 年 5 月 7 日举行隆重的落成典礼并开始接待普通的参观者了。
博物馆落成庆典仪式上不仅邀请了其他数百知名嘉宾，还邀请了罗
马教皇的特使安日纳·派契利先生。

　　我是奥斯卡·冯·米勒博士特邀在典礼宴会上发言的五位嘉宾
中的一个。

　　5 月 5 日至 6 日是各路嘉宾参观博物馆的时间，7 日，隆重的落
成庆典大会在剧院举行。接下来在两个呈三角形相互贯通的大厅里
举办盛大的庆典宴会。

　　紧邻宴会主席台前方摆着一张只安排了六位嘉宾的小桌，小桌
的一边坐着安日纳·派契利特使先生、帝国总理路德（Luther）先
生、帝国法院院长西蒙（Simon）先生，另一边则坐着巴伐利亚王
储鲁普雷希特（Rupprecht）先生、克虏伯·冯·波伦（Krupp von
Bohlen）先生和我。我也因此有最佳的机会，在一个小时的时间里极

近距离地留下大主教无比高贵的印象。桌子不大，彼此坐得很近，个别交谈就不太方便了。派契利先生说话不多，但听得很认真，偶尔会客气地就感兴趣的问题提问。尽管如此，人们还是有这种印象，他的本性属于另外一个世界，属于一个崇高的超越了物欲和尘世间繁忙与劳累的世界，一个见证了博物馆围墙内人类生存奋斗历程的世界。

席间，我对巴伐利亚王储鲁普雷希特先生说道，冯·米勒博士在这样一个动乱的、变革的、有可能为人类的精神带来全新前景和发展的时代，用二十二年的时间完美地创建了这座世界上最大的科技博物馆，其伟业实在令人叹为观止。我又强调，生活在这样一个变革的时代是十分有意思的。鲁普雷希特王储回答说，与不幸的世界大战后给德国带来的灾难相比，他更希望这个时代能少一点变革。派契利先生笑容可掬地听着我俩的讨论。

席间的谈话不断地被宴会上的祝词所打断。在威廉·库诺（Wilhelm Cuno）先生——他 1918 年接替阿尔伯特·巴林（Albert Ballin）先生担任了哈帕格航运公司（HAPAG）总经理并于 1922 年组建了帝国新内阁——发表了关于世界贸易和海洋和平控制的演讲之后，由我上台致辞。

我的座位离讲台只有几步远的距离。在讲台上我能鸟瞰两个大厅里的两千多名听众，其中有来自科技、物理领域最优秀的德国思想家、伟大的发明家和不少诺贝尔奖获得者。但离我最近的就是罗马教皇的特使，罗马教会的杰出人物，十四年之后登上了圣彼得圣座的安日纳·派契利先生。

我在简短的祝词中高度赞扬了德意志博物馆展现出来的巨大

成就：

> 德意志民族不需要低头。你们的金钱、财产和领土被夺走，
> 但崇高的道德价值观就像德国河流深处的莱茵黄金，潜藏在德
> 国人的心灵中，这是无法禁止的。思维精神、创新之手和道德
> 力量是支撑德国未来的三大支柱。我毫不担心德国的未来。
>
> 现在，最艰难的时期已经过去，带着减轻了的货载和新的
> 勇气，德意志航船已经驶进了它的航道。一如在雨果·埃克纳
> 指挥 ZR.III 号飞艇战胜大洋，实现他的目标，今天，德国这艘
> 大船在最好的舵手指挥下，也一定会在世界历史的惊涛骇浪中
> 乘风破浪，完成命运赋予它的历史使命。
>
> 我发自内心地呼唤：幸运的航程！幸运的航程！

持续三天的隆重庆典活动在我的讲话中结束，当天的宴会也在
雷鸣般的掌声中落下帷幕，嘉宾们三五成群逗留在大厅里自由交谈，
我也开始与宴席上的邻座告别。派契利先生紧紧握住了我的手，特
别对我的宴会祝词表示感谢。接着，路德博士领我去了天文馆，十
分专业地为我做了展览解说。

我在盛大宴会上表达的希望，应该说是完全有可能实现的，但
它最终还是破灭了！德国在与整个世界为敌的战争中再次失败。

但对我个人而言，1925 年 5 月 7 日这一天一直与我的记忆联系
在一起，因为，我发表了演讲，我的听众中有一位最高贵、最伟大
的人，他的话会使整个世界充满敬畏和希望。而他，就是现在坐在
圣彼得座位上的安日纳·派契利先生，尊贵的罗马教皇庇护十二世。

胡戈·容克斯

(Hugo Junkers^①)

由胡戈·容克斯教授设计、于 1915 年生产制造的容克斯 J-I 飞机是德国博物馆飞行技术展厅最令人感兴趣的展品。这是第一架容克斯飞机，也是世界上第一架全金属无支架无张线单翼飞机。在此之后的岁月里，它的下一代飞机陆续在位于德国德绍（Dessau）的容克斯飞机制造厂问世。

容克斯这个名字举世闻名，地球上几乎所有国家的人都知道，

---

① 胡戈·容克斯（Hugo Junkers，1859—1935 年），德国著名飞机设计师、热动力学专家和航空工业企业家。容克斯 1908 年开始从事飞机的设计研制工作，1909 年他成功研制了一种全金属张臂式单翼机，1913 年他在亚琛建造了德国第一座风洞。1915 年容克斯研制出世界上第一种全金属无支架无张线的单翼张臂式飞机，并率先在飞机研制过程中对飞机进行静力试验。容克斯创立的飞机制造公司和飞机发动机公司所生产制造的多种机型、航空用发动机对日后飞机的发展进步奠定了重要的基础。1934 年，战争阴云密布，胡戈·容克斯遭遇突如其来的厄运。德国纳粹政府把反战的容克斯赶出了他自己的工厂，容克公司最终被纳粹政府接管。一年后的 1935 年 2 月 3 日，容克斯在慕尼黑附近的高亭逝世，终年 76 岁。严格地说，胡戈·容克斯本人生前没有与德国纳粹分子同流合污。

他是那个时代最伟大的飞机设计师。我经常会有这种感觉，一架全金属的飞机很可能会在某一天对我一生追求的使命——在地球上尚未人知的地区进行地理学探险考察起到巨大作用。比起其他的飞行器，飞机基本上不会受到气温波动的影响，也无惧火灾危险。

但我根本没有想到的是，胡戈·容克斯先生——不是我——在主动走出与我见面仅仅第一步之后，我们之间建立起来的友谊就终止了。1935 年，七十六岁的胡戈·容克斯先生勤奋工作的、无比荣耀的生命历程结束了。

但是，与容克斯先生的交往使我至少预见到了，我自己的人生在他的激励下又有了一个新的方向，我的希望和梦想也得以实现。

这是 1925 年的夏天，在安葬了亲爱的母亲两个月以后，我当时住在利丁厄岛上的"克里普登"（Klippudden）乡间别墅里。利丁厄岛在斯德哥尔摩以东，约半个小时的车程。

8 月 29 日，卡尔·弗洛尔曼（Carl Flormann）先生打电话问我，能否与海军上将冯·勒维措夫先生——以前德皇威廉二世的侍从武官——来拜访我。冯·勒维措夫先生肩负着容克斯教授的使命来到斯德哥尔摩，有要事与我面谈。

一个小时以后，他们见到了我。弗洛尔曼先生先行离开返回市里，海军上将冯·勒维措夫先生留在了我的工作室。海军上将一袭金黄色的头发，身材魁梧高大，像一个水手，一看就是一个勇于奋斗、无惧艰难的人。

勒维措夫先生的使命是：容克斯教授要成立一个有十二个中欧国家参加的"欧洲航空联盟"，这个联盟要开辟中欧国家之间以及与周边国家相连的定期空中航线。每一个国家在"欧洲航空联盟"里应该有一位国民代表，南森先生代表挪威，容克斯教授有意争取我作为瑞典的国民代表。勒维措夫先生还告诉我，一架全金属的大飞机 G23 将于 9 月 5 日早晨在布尔托夫塔（Bulltofta）机场接上他、弗洛尔曼上尉和我之后一同飞往德国德绍市。"欧洲航空联盟"的第一次会议将于 9 月 7 日在德国的德累斯顿（Dresden）市召开。

我回答说，我对飞机以及空中航线知之不多，这当然是一个对容克斯教授的邀请不利的表示。但海军上将冯·勒维措夫先生解释说，特别的专业知识对国民代表来说并不是必要的，我们有这方面的专家，我们需要的是一位有代表性的人物。谈话间，我突然产生了一个想法，与容克斯教授见面很有可能会带来亚洲航线开通的成果。我当即向勒维措夫先生提出了我的这个突发创意。

他回答说：

"容克斯教授有一个宏伟的计划，用他的飞机在全球布满航线网。如果他有了对亚洲的规划，您表达的这一愿望，他一定会感到相当高兴的。"

9 月 4 日，我坐夜班火车去马尔默，5 日准时抵达布尔托夫塔机场，冯·勒维措夫先生和弗洛尔曼夫妇在那里等着我，G23 飞机已经做好了起飞准备。天气状况看起来不太乐观，西南风十分强势，乌云密布，大雨滂沱。

很快，飞机上三个螺旋桨共同奏响旋律，飞机起飞，我们悬在了马尔默市上空。飞机要飞过海港、飞过波罗的海和丹麦卡特加特间的海峡，三个半小时之后应该在德国德绍市降落。

　　但这是一次困难的飞行，雾障以及我不太了解的技术故障，迫使我们经历了绕道以及三次紧急迫降的磨难，当我们终于在位于德绍的容克斯工厂机场降落的时候，三个半小时的行程竟拖延到了八个半小时。

　　一辆轿车向我们驶了过来，一位长者、两个年轻人走下车来，而长者正是容克斯教授。容克斯教授个子不高，一张有皱纹的精致的脸庞刮得溜光，漂亮的、友好的、能说话的眼睛上面盖着的是修剪过的短白头发。他紧紧握住我的手，衷心地欢迎我的到来：

　　"博士先生，简直令人难以置信，竟会出现三次紧急迫降，三个小时的行程变成了八个小时。有这样一个不太顺利的飞行，您该对我们以及我们的飞机作何感想！"

　　我的回答是：我们经历了一次精彩的飞行，我特别高兴，紧急降落时，飞行员驾驶飞机能做到如此平稳、安全。

　　容克斯教授首先领我们进了他已经备好茶水的办公室。八点钟晚餐时，我才有机会向容克斯夫人以及他十一个孩子中的两个儿子致以问候。晚餐就座的还有工厂里的工程师和职员，其中有哥德哈特·萨克森堡（Gotthard Sachsenberg）先生，他是容克斯先生的"左膀右臂"，还有负责市场宣传的菲舍尔·冯·泊土钦（Fischer von Poturzyn）先生。

　　晚餐后，一张巨大的亚洲地图铺在了桌上，我指出了在地球最大洲——亚洲上空乐意俯瞰到的地区。

　　"在地图上标出这些空中航线相当简单，但是，如何解决远距离飞行的燃料供应呢？"我问道。

"这很简单，"容克斯先生说：

"我们可以选择两到三个点建立燃料库，燃料可以从俄罗斯突厥斯坦和西伯利亚运过去。"

之后，容克斯先生告诉我，他打算派出三架飞机开展一个飞越西伯利亚前往中国市场的飞行宣传活动，访问中国北京、天津、南京、上海、广州、承德府等一系列大城市。在飞机上陈列德国最好的产品，举办一个流动的飞行博览会，最重要的是，给中国的领导人提供一个见识和了解容克斯飞机的机会。如果这个计划的商业部分落实了，我就能够支配几架带上了乘务员、燃料和所有必需用品的飞机前往中国，我只需要确定地理上的飞行要求，即在什么地方、有多长距离即可，容克斯教授负责承担所有的费用。

这个计划简直就像一个浪漫的童话，我都想在自己的胳膊上划上一刀，使自己确信，我的意识是清醒的，不是在白日做梦。

第二天，9月6日，南森先生和他的夫人、女儿到达德绍。尽管是星期日，工厂停工，我们还是在容克斯教授的带领下巡视了一遍工厂车间。容克斯教授亲自给我们讲解工厂里已经完成的工作。他给我们讲解独创的正在改进的重油发动机，让我们参观大型飞机组装大厅。

这一天真令人难忘，我的兴致也十分高涨，当然也因为见到了久违的老朋友南森先生。南森先生当时正计划用齐柏林飞艇（Zeppelin①）开展一次北部冰海的考察活动。

———————————

① 齐柏林飞艇（Zeppelin）是一种或一系列硬式飞艇的总称，是著名的德国飞艇设计家斐迪南·冯·齐柏林伯爵在二十世纪初期以大卫·舒瓦兹所设计的飞艇为蓝本进一步发展而来的。

9月7日，"欧洲航空联盟"在德国德累斯顿成立，与会者四十二人。当天晚上在市政厅举行了庆祝晚宴，晚宴上大家的讨论也十分热烈。

9月8日，我与阿道夫·弗雷德里希（Adolf-Fredrich）公爵以及埃克纳（Eckener①）博士在柏林度过。

9月10日，我回到了斯德哥尔摩。

接下来的1925年10月23日，我又参加了一次在德国杜塞尔多夫（Düsseldorf）市举行的会议，容克斯教授在会上报告了他的计划，我在会上介绍了中亚。

11月3日，我又在德绍市做了一场报告，接下来的一整天时间，则与容克斯教授在一起。我们长时间地散步、聊天，讨论未来规划，几天后又在柏林上空和周边地区开展了一次小型的飞行游览活动。

这段时间里，我有足够的机会近距离地接触容克斯教授——在他舒适安逸好客的家庭里，与他和他的由工程师们、学者们组成的智囊团在一起，在容克斯教授的工厂与工人们在一起以及在其他如宴庆、讲座等公开场合。

容克斯教授是我人生中遇到的一位伟大杰出的人物，一个天才，一个高贵的人、思维敏捷的人，一如李希霍芬教授、亥姆霍茨（Helmholtz）先生、兴登堡将军或者鲁登道夫将军。他是一位相当简

---

① 应是雨果·埃克纳（Hugo Eckener, 1868—1954年），德国航空工程师，第一次环球飞行的指挥者。1908年入飞艇制造厂工作，第一次世界大战期间为德国海军训练飞艇驾驶员，并领导制造了八十八艘齐柏林飞艇。他的朋友斐迪南·冯·齐柏林死后，他于1918年11月恢复制造硬式商用飞艇，并成功地推广了飞艇旅行。

朴、安静，近乎羞怯的人，对在所有大的公开场合亮相有本能的抵触情绪，他不会通过外表和行为举止来炫耀自己，甚至讨厌在大批听众面前发表演讲。会议上，他的话也不多，但只要他一开口，分量就很重，就能抓住听众的心。

企业领导人中，像容克斯教授那样受人爱戴、钦佩和尊敬的人并不多，所有他的下属、工程师、科学家和职工都十分崇拜他，都在全心全意地为他的事业努力工作。他对下属，不是通过严格的、冷酷无情的措施或者高的要求，而是通过他的个人魅力、他献身于伟大使命的精神、他高贵纯洁的心灵在他的周围产生的不可抗拒的磁场力量。他为自己赢得了所有，他占优势的精神力量和突出的聪明才智，也迫使他的对手屈从于他的目标。

容克斯先生不懈追求的终极目标，并不仅仅是技术上生产一架完美的飞机和一台可靠的发动机，他的目标更崇高、更伟大。完美的实体飞机对他来说只是一种手段，是将地球上的居民更加紧密联系起来的手段。他希望用快速的简单易操纵的交通工具来缩短将人类分开的巨大距离，使人与人之间的接触能更加简便，互相之间的信任能进一步加强。通过人与人之间距离的缩短来消除人间的嫉妒和仇恨、抵触和抗拒，将对立的元素统一起来。简言之，支持世界和平，避免人类再次发生令他深恶痛绝的战争行为。

对容克斯教授来说，人类没有种族区别，所有的人种都是平等的，都是在同一个地球上的不同条件下生活和工作。利用人类的力量，互相消灭，他认为是最野蛮的。他看到了属于过去的野蛮和残忍，看到了与文明时代不匹配的、没落的阴暗面。因此，在他的眼里，这些弊端都必须彻底消除。

只要话题一涉及战争，容克斯教授的口才就表现出来了，眼睛发亮，音调充满自信，具有说服力，像一个顿悟的布道者。

容克斯教授的思想和推论总是在一个凡人不容易达到的范围内活动，他的心灵总是停留在一个超脱凡尘的梦幻世界，这是一个将整个人类团结起来了的、各民族之间建立起了兄弟姐妹般关系的梦幻世界。在经他的手生产出来的完美的飞机上，在布满全球的固定航线网络上，他看到了自己为这个梦幻世界作出的贡献。当他——这位德国亚琛大学的工科教授和才华横溢的工程师——竭尽脑力、全神贯注地为发动机中或者全金属飞机的构造和机翼的设计中一个小小的细节的改善完全献身的时候，他的心灵也在憧憬着远方，想象着他的未来理想国。

容克斯先生是一位哲学家、人类之友、幻想家、英雄、预言家，还是一位思想深刻真正虔诚的基督徒。从真正的意义上说，他是在为人类、为和平、为上帝工作。

伟大的人物是地球上最珍贵的嘉宾，谁要是能幸运地生活和工作在容克斯先生的身边，谁的记忆中就会留下人生最为珍贵的思想宝藏。

在与容克斯教授见面以后，我就开始根据在德绍、德累斯顿和杜塞尔多夫会议上商定的中国飞行计划进行着相应的准备，我书写了报告并绘制了空中的简明航线图，并将所有资料全部寄给了容克斯教授。当多年后的今天我再一次审视当时拟订的这些计划时，都会对自己当时拥有如此雄心勃勃的、好高骛远的勇敢精神感到好笑。

我提供的计划完全没有考虑当时技术上存在的困难，而这些技术难点只是在近几年才予以克服。我希望的航线不仅仅是纵横交错地横贯中国，还计划：第一条航线穿越喜马拉雅山脉的布拉马普特拉-藏布江、第二条航线沿着怒江（Saluen）向上、第三条航线沿着库库淖尔湖（Koko-nor①）湖以及黄河（Hoangho）的上游、第四条航线越过六千米高的昆仑山（Kwenlun）。我想利用这次飞行将昆仑山山系航拍下来，包括藏北地区的那些大型山脉。藏北地区的这些大型山脉，我与埃里克·诺林（Erik Norin）先生以及尼尔斯·安博特（Nils Ambolt）博士在之后的探险旅行中都涉足了。

当然，对容克斯教授而言是没有什么困难的，他认为这一充满幻想的计划是完全可能的，他充满信心地说：

"当然，这种飞行旅行完全可以实施，只需要飞得更高一些，带上足够的燃料即可。"

但是不久，容克斯先生的前进路上就布满了阴云，他本人、他的工作和他德绍飞机制造厂的自由性和独立性受到了威胁。德意志帝国意图插手容克斯教授的工厂，将其收归国有。容克斯教授与他的团队开始了与强大对手的奋力抗争，这一力量不对等的斗争引起了所有德国媒体的极大关注。

我也在《柏林日报》上发表充满怒气的长篇文章参与这一斗争。文章发表四个月以后的一天，我遇到了时任德国外交部部长的施特雷泽曼（Stresemann）先生，他对我说：

———————————

① 即青海湖，库库淖尔湖是青海湖的蒙古语发音。

"赫定博士，您在残酷无情地与我们政府作对！"

不过他又对我承诺说，您也不用担心，您对容克斯教授的尊重与帝国政府的态度是一致的，因为帝国政府知道，容克斯教授对德意志帝国来说是多么宝贵。政府会在各方面支持他，他会得到应有尊重的。容克斯教授与帝国之间的关系一定会正常化，政府不会对容克斯教授，也不会对我的态度表示不满或者抱怨。

1926年12月，在北京收到容克斯教授下面这封电报时，我已经踏上了新的探险征程。

我要高兴地告诉你，通过与帝国商定，我的企业已经无偿的全数收回了。

衷心感谢您在我们企业与政府做艰难抗争期间给予我的大力支持以及您表现出来的友好和真诚。

所有的一切现在都已经准备好了，我们于1926年初商定的中亚飞行——中国探险考察项目能够与您一起在1927年实施了。一旦收回了企业，我就有了足够的能力。

请您来电报告诉我，我们什么时候能够在欧洲再次见面。

致以衷心的问候。

这封电报给了我探险考察新的可能性，但我已经选取了其他的路线，而且被证明是一条漫长且困难的路线。当我终于走完这条探险之路时，我钦佩的朋友容克斯教授的人生之路却走到了尽头。

值得祝福的、尊重的容克斯先生永垂不朽！

哈维·库欣
(Harvey Cushing①)

与著名的美国外科大夫哈维·库欣先生的相遇是我一生中最珍贵、最美好的记忆。如果现在，即在我人生的第九个十年向后回望，我甚至觉得哈维·库欣这个名字是最为高贵的一个。

由于命运的惠顾，我的人生之路与哈维·库欣大夫的人生之路在美国波士顿（Boston）的彼得本特布莱根（Peter-Bent-Brigham）医院相交了，我们在那里结下的深厚友谊一直延续到这位伟大的医生去世。

在中国我在探险队医生大卫·胡梅尔先生的陪伴下从乌鲁木齐到达了北京。在古老的北京皇城，我还是按习惯住进了六国饭店

---

① 哈维·库欣（Harvey Williams Cushing，1869—1939 年），美国外科医生和作家，专长于脑外科，改进了脑外科手术技术，并在神经系统、血压、垂体和甲状腺领域有重大发现。以他名字命名的库欣综合征和库欣反应成为举世通用的疾病名称。此外，哈维·库欣还撰写了关于他的老朋友威廉·奥斯勒爵士的传记，并在 1926 年获得了普利策奖。

（Wagon-Lits①）。

1929 年 2 月 2 日深夜，住在六国饭店已经躺在床上的我因右肩胛骨上部难以忍受的疼痛醒了过来。胡梅尔大夫认为最明智的选择是赶快去北京当时最好的、由美国洛克菲勒（Rockefeller）基金会捐资兴建的北京协和医学院就诊，那里有一个由来自世界各地不同专业的医学专家们组成的医疗团队。

几个星期以后，疼痛消除，我得以 2 月 25 日在胡梅尔大夫的陪同下继续前往南京，为投诉时任新疆主席的金树仁先生而面见蒋介石先生。4 月 5 日，我们又回到北京，为在新疆的新一轮探险旅行做准备。

这一期间，我的身体状况开始还都一切正常，可到了 4 月 21 日，肩胛上疼痛难忍的旧病严重复发，我不得不又住进了北京协和医学院。医学院里有一大批富有经验的大夫，其中有我们的朋友希尔丁·伯格伦德（Hilding Berglung）教授、德国神经科医生沙尔滕布兰德（Schaltenbrand）大夫、菲拉尔特（Pillart）大夫、德·维利斯（de Vries）大夫、威尔纳（Willner）大夫和安德森（Anderson）大夫。大夫们对我的病情进行了认真仔细的诊断，于 4 月 29 日将长时间会诊后的结果告诉了我。根据现有症状，他们怀疑我的脊髓里有一个肿瘤。如果这一确诊无疑，我就应该尽早联系哈维·库欣大夫，因为他是当今世界上公认的脑外科和脊髓外科领域最好的大夫。

伯格伦德教授和胡梅尔大夫即刻通过电报询问在美国波士顿的

---

① 六国饭店是一家旅馆，修建于 1905 年，位于北京市东交民巷（解放前的使馆区）核心区，历史悠久，闻名于海内外。由于是英、法、美、德、日、俄六国合资兴建，所以取名为六国饭店。饭店主要面向各国公使、官员及上层人士，是他们居住、餐饮、娱乐、聚会的场所。六国饭店现已更名为"华风宾馆"。

库欣大夫，什么时候能够接受我就诊，库欣大夫的回答是，欢迎我 6 月 9 日前往。

我立刻发电报给我姐姐阿尔玛，要她赶去波士顿或者在我旅行途中经过的某一个地点与我会合。同样，我还电告埃里克·诺林博士，现在已经是教授了，委托他在我暂时离开的这段时间里接替探险队的领导工作，并委托瑞典驻北京公使馆男爵卡尔·莱乔恩胡弗乌德（Carl Leijonhufvud）先生作为代表负责我们当时在中国首都南京的一些事务。

5 月 13 日，我与胡梅尔大夫离开北京，6 月 8 日在纽约州的布法罗（Buffalo）见到了妹妹阿尔玛、兄弟卡尔以及瑞典医学教授埃纳·基（Einar Key）夫妇。我兄弟当时是美国底特律的一位工程师，基先生是要在美国参加一个会议。

基大夫当时对我的身体又进行了一次检查，看得出，他对北京的诊断表示怀疑。但当我询问他检查结果时，他只说了一句：

"再等等吧，看看库欣大夫怎么说。"

从北京一路来美国，肩胛的疼痛也在慢慢减缓，现在也已经完全消失。

在波士顿彼得·本特·布莱根医院我得到了一个病房，库欣大夫的助手斯卡夫（Scarff）大夫来病房仔细询问了我的病情。我与阿尔玛、胡梅尔大夫也从我们的角度向斯卡夫大夫打听现在掌握着我命运的、有关库欣大夫的一些情况。

他是谁？什么模样？他对待每天都要按部就班钻孔与解剖的病人会不会像对待一大堆编号中的某一个号码？手术在库欣大夫的眼

里是不是就是一个习以为常的不用讲情面的手工劳作？

"不是，不是！完全相反，您只要一见到他就会理解、喜欢上他的。"斯卡夫大夫耐心地对我们介绍：

"库欣大夫开始会十分友好地、亲密风趣地与你谈论所有的可能性，会让病人介绍自己的日常生活、相关规划和现时病情。通过亲切的谈话，病人所有的不安都会消失，直到勇敢地走上手术台。手术时，库欣大夫相当冷静沉着，拥有令世人钦佩的可靠性。"

7月11日，该听取对我病情的判决了，我们都紧张地坐在病房里等候。门打开后，走进来一位瘦削结实、外表保养得体的先生。淡褐色的皮肤，一双灵活且明快、睿智且友好的眼睛，鹰钩鼻子，短短的头发。他就是我们久仰的库欣大夫。

与斯卡夫大夫的介绍无异，库欣大夫亲切友好地向我们表示问候，主动热情、兴致勃勃、从容不迫地与我聊起了家常，那氛围，就像我们打小就已经相识似的。他十分感动，我的妹妹能大老远从瑞典赶过来照顾我。他还询问我的探险考察活动、从北京来美国的旅行经历以及我现时的疼痛状况。他认为，十分值得注意的是，我的两次疼痛都是突然发生接着又慢慢消退。由北京协和医学院大夫们写的病例夹在整个谈话过程中都没有离开他的手。

在我的整个身体检查过程中只有胡梅尔大夫陪在身边，库欣大夫的手给了我安全镇定的感觉。检查时他相当认真，一言不发，但神态看上去是满意的、高兴的。最后，库欣大夫站了起来，十分有把握地对我说道：

"完全没有动手术的理由！我没有发现任何有肿瘤的迹象。我认为，动手术对您来说是不负责任的！"

我激动的心情难以言表，紧紧地握住了大夫的手。此时，胡梅尔大夫马上走出诊断室告诉了焦急在外等候的妹妹。

"没有肿瘤！"胡梅尔大夫喊道，然后又回到我的身边。

多么高兴、多么幸福，简直是上天的恩赐，心头的雾霾消散，新的生活再度向我敞开了大门。

此时，妹妹阿尔玛也被叫进了诊断室，库欣大夫向她表示祝贺，我们大家都沉浸在喜悦当中。

当我们之间的谈话再次转移到其他主题上的时候，我问库欣大夫：

"我现在该怎么办？"

"怎么办，在波士顿再住上十天。"库欣大夫建议。

"进一步观察？"我问道。

"不是，赫定先生，给我一个机会，邀请你们逛逛波士顿，结识几个有趣的美国家庭，他们可都是 1620 年'五月花号①'和'鳕鱼角②'人的后裔。"

"然后呢？"

---

① "五月花号"是 1620 年从英格兰的普利茅斯搭载着清教徒前往位于美洲马萨诸塞普利茅斯殖民地的客船。"五月花号"的成员原本已移民荷兰，但生活艰苦，他们听信了取得拓垦北美洲殖民地的、英国皇家特许状的伦敦公司的夸大之词，决定移民美洲建立清教徒的国度。早先一批人从荷兰阿姆斯特丹出航，遭遇海难，全船一百三十人全部葬身海底。

② 鳕鱼角，也称科德角，是美国东北岸马萨诸塞州东南部伸入大西洋的一个海岬半岛，邻近波士顿。1602 年一位英国探险家戈斯诺尔德（Bartholomew Gosnold）抵此，装载了大量鳕鱼，故将半岛取名鳕鱼角。1620 年新教徒在前往普利茅斯前先在科德角顶端的普罗温斯敦（Provincetown）登陆。鳕鱼角是欧洲移民到达美洲大陆的第一站。

"然后您就可以回中国新疆继续你的探险之旅了!"

"太了不起了!"我叫了起来:

"我的下一个征途是经斯德哥尔摩和西伯利亚再次走向东方。为了证明脊髓里没有肿瘤,我完成了一个几乎是环绕地球的旅行。不过,您的英明诊断,是值得我进行这样一次环球旅行的,而认识您给我带来的快乐,其价值更是多次环游世界都无法企及的。"

库欣大夫笑了,我的话并没有半点夸大之词。

接下来的几天里,在库欣大夫的热情陪同下,我们进行了令人难以忘怀的波士顿旅游,见到了许多有吸引力的人士,他们中不少人至今都与我保持着友好的联系。

来自法国的勒里奇(Leriche)大夫那一段时间也是库欣大夫在波士顿的客人,常与我们一道出游,库欣大夫的好几次手术,他和胡梅尔大夫都允许在现场观摩。他们都交口称赞说,库欣大夫在人的生命器官组织中最重要部分进行的手术是如此独特和深入,以至于都不敢相信会有成功的可能。库欣大夫的手术进行得安静、缓慢而又完美,所有的手术都如愿以偿、十分成功。手术过程中,库欣大夫还习惯自己动手,包括干那些粗活,如为病人剃须和洗浴,就连缝合伤口他都会亲力亲为。

有一次出游回家已是深夜,但尽管如此,库欣大夫还要赶去医院看望一个十六岁的女孩。一天前,他在这位女孩的小脑里取出了一个小孩拳头般大的瘤子。这名年轻的女病人,在持续几个小时的手术过程中表现得十分勇敢,而这个晚上正在发高烧。库欣大夫像关心自己的孩子一样关心着她,帮助女孩最终渡过了难关,在我们离开波士顿之前已经完全脱离了危险。

　　库欣大夫在对我的身体又进行了几次其结果令人满意的检查之后，我们一行于 6 月 23 日与库欣大夫告别，但约好很快再次相聚。他八月份、九月份计划到欧洲出席专业会议，承诺利用会议间隙绕道去斯德哥尔摩。

　　胡梅尔大夫和我妹妹同行回瑞典老家，我单独前往芝加哥拜访温森特先生。

　　同年，1920 年的 9 月 5 日，库欣大夫来到了斯德哥尔摩。

　　再次见到亲爱的美国朋友，我们都沉浸在难以描述的喜悦之中。整整四天，我们陪着他四处游览、参观。我们给他介绍格利普霍姆城堡（Gripsholm）、斯库克洛斯特城堡（Skokloster），带他去乌普萨拉（Uppsala）市，参观乌普萨拉大教堂和收藏有乌尔菲拉（Ulfila）圣经以及林奈（Linné）手迹的乌普萨拉大学卡罗琳娜（Carolina）图书馆、大学医学院和王宫。在斯德哥尔摩，胡梅尔大夫还陪同库欣大夫参观了医学研究所、外科研究所和一些大型医院。

　　在皇家图书馆，库欣大夫对描述人体疾病以及疾病治疗的三米长彩色手绘长卷深感兴趣，称之为科学艺术品。这个彩色手绘长卷是十五世纪初菲利帕（Filippa）女王赠送给波美的埃里克（Erich von Pommer①）先生的礼品。

----

① 　波美拉尼亚的埃里克（Eric of Pomerania，1382—1459 年）是挪威（称埃里克三世）、瑞典（称埃里克十三世）与丹麦（称埃里克七世）的国王，也是卡尔马联盟的君王，出生在达罗弗，是丹麦、瑞典和挪威女王玛格丽特一世姐姐英格堡的外孙，外曾祖父为丹麦国王瓦尔德玛四世。父亲家族来自波美拉尼亚公爵家族，所以又名为波美拉尼亚的埃里克。

我知道库欣大夫是一位研究不同国家、不同时代古老医学文献的杰出专家，个人收藏了大量的医学著作。在此之后，我特别请总参谋部的平版印刷工厂将女王菲利帕的手绘长卷照原样完整复制了一份。复制得如此精细，以至于只有一位专家能将复制品与原作区分开来。

复制品题头写道：

约翰·安德烈·德·讷瓦尔克（Johannis Ardeni de Newark）的学习和观察资料，人体及外科艺术，1412 年。

长卷的复制工作耗费了整整两个月的时间。我将复制品寄到了波士顿，库欣大夫高兴的心情可想而知。

1932 年，我在波士顿库欣大夫那里又度过了难忘的三天时光，然后在芝加哥逗留了很长一段时间。12 月初，我陪准备回国的妹妹去了纽约，库欣大夫与他亲爱的夫人凯特（Kate）女士当时也住在纽约的比尔特莫（Biltmore）酒店。在一次宴请中，美国总统夫人埃莉诺·罗斯福（Eleanor Roosevelt）女士也在座。几天后，库欣大夫回波士顿继续他在彼得·本特·布莱根医院造福于社会的工作。我们在即将开动的火车旁告别，这也是我与他的最后一次紧紧握手。

当法国斯特拉斯堡（Straßburg）大学医学系授予哈维·库欣大夫荣誉博士学位时，雷内·勒里奇（R.Leriche①）博士在令人印象深

① 雷内·勒里奇（René Leriche, 1879—1955 年），法国外科医生、生理学家。1971 年，他实施了世界首例动脉周围交感神经切除术并获得成功。

刻的演讲中高度评价了他的成就。特别值得一提的是以下表述：

> 库欣大夫在四十年的从医生涯中，日复一日地研究自然、研究脑瘤直至最细微处的症状和发展，他在这方面的经验和描述是举世无双的，他的工作在所有时代的医学研究工作中都将得到最完整的保留。库欣大夫现在还能连续七个小时地站立在手术台旁，同时还能作为一名生理学家思考和工作。

雷内·勒里奇博士在列举了库欣大夫的几项发明之后，用下面的话结束了他的演讲：

> 这位朴素的、仁慈的、人性的、精神上相当高贵且富有活力的，有时候也表现出尖锐严厉的人，有着一张苦行僧的脸，他的整个人生昭示出他头脑和内心的正直。作为一名教育工作者，他非同寻常地完成了他神圣的使命。他属于这样一种人，即仅仅通过自己迷人的、令人感动的典范力量，使眼花缭乱的、困难度高的、充分体现个人水平和意志的外科艺术成为了一门必须具有良好精神修养的真正科学。
>
> 库欣先生的学生数量之多，如果你接触过那些受过他精神熏陶的学生，你就会发现，每一个在他身边度过了一段时间的学生都会留下他的印记，使人感觉到，他们都出自同一个伟人。

1939 年 4 月 8 日，库欣大夫七十寿辰，世界上所有外科名流，特别是来自他祖籍国的同仁们，向他致以了无比崇高的敬意。在

H.R.V.的一篇祝贺寿辰的小文章中，作者称他为"现代医学之领袖"，赞誉他"这位医学界的伟大人物，很可能是在美利坚合众国产生的最有名望的医生"。

库欣大夫精通他专业的方方面面，纠正了过去学说中存在的错误，一生中都是一位开拓者和发现者。他发表的论文、报道、书籍数量之多，而且所有文章的论点都是史无前例的、具有指导意义的。

此外，库欣大夫的著述有：《医学事业：理想的、可能的、困难的职业》《一家医院的个性》《来自外科的报道》以及《大夫和他的书籍》。他乐在科学领域和美好的文学领域耕耘，他为老朋友威廉·奥斯勒（William Osler①）先生写的《威廉·奥斯勒的生平》一书和他的《医学奉献》一书，可以说，文学价值完全超过了诺贝尔文学奖的高要求。

在后一本书中，库欣大夫写下了如此美好的句子：

> 如果一个医生的人生不是一种神圣的使命，那么就没有人生是一种使命，也没有什么是神圣的了。

库欣大夫将写作作为长时间站手术台之后的一种放松、一种恢复。如果他不手术，他就写作，从来不让自己闲着。由于他的存在，

---

① 威廉·奥斯勒爵士（William Osler，1849—1919 年），加拿大医学家、教育家，被认为是现代医学之父。他建立的住院医师制度和床边教学制度在西方医学界影响深远，至今仍是世界医学界基本的制度组成。奥斯勒爵士的名言："行医，是一种以科学为基础的艺术。它是一种专业，而非一种交易；它是一种使命，而非一种行业。从本质来讲，医学是一种社会使命、一种人性和情感的表达。这项使命要求于你们的，是用心要如同用脑。"

如 H.R.V. 文章所述，这个世界富有了，世界医疗技术大大地向前迈进了一步。

美国作家乔治·爱德华·彭德里（George Edward Pendray）在一家美国杂志上发表了一篇题为《人的大脑》的文章，内容包含了令人喜爱和敬佩的库欣大夫很多可爱的生活细节。

关于伟大医生在第一次世界大战中的活动有以下描述：

> 库欣大夫的著作很少有写自己的，写的大多是他在令人不安的战争期间所见到的、听到的和感受到的。他的书是九本战争日记内容的集中概述，是那个时代里一个最好的战争事件目击者的报道。
>
> 在标题为《来自一位外科医生 1915—1918 年的日记》的这本书中，美国诗人沃尔特·惠特曼（Walt Whitman）在前言中写道：
>
> "战争悲剧最核心的内容都集中在野战医院……也好，他们的母亲和姐妹们见不到这些悲剧……"

在提到的这本书中，库欣大夫描述了他每天的见闻，在第三次伊珀尔战役（Ypern-Schlacht①）期间，在大雨如注的天气条件下，

---

① 伊珀尔是比利时西佛兰德省的一座城市，第一次世界大战期间，协约国军队同德军在伊珀尔地区进行了三次大的战役。第三次伊珀尔战役于 1917 年 7 月 31 日开始，英军企图趁 6 月梅森战役的胜利，攻击佛兰德沿海的德军潜艇基地，以加速德国的崩溃。联军连续的进攻，只从出发地向前推进了六公里，11 月 10 日战役结束。联军伤亡近三十万人，德军伤亡二十七万人。

全身湿透的、裹满泥浆的伤员大量地运进医院，以至于伤员们根本不可能得到足够的照顾。他每天都要不间断地工作十八个小时：

> 这是一件相当可怕的事情，对一个年轻人而言，很可能是想象得到的、最为糟糕的外科手术培训，而对一位技艺高超、有经验的外科医生而言，打击也是毁灭性的……

从 1917 年 5 月 11 日至 1918 年 9 月 16 日，库欣大夫每天都要做八台手术：

> 在野蛮残忍的、令人厌烦的和超负荷的工作状况下，一个没有钢铁一般坚强意志的人就会被打倒。

库欣大夫不仅仅是他那个时代最伟大的一位脑外科专家，他还拥有丰富的医学历史知识，收集了很多古代的和现代的医学文献，是一名颇有造诣的人文主义者和藏书家。离开手术台、图书馆和书桌，他还是一位有魅力、有亲和力的人，一位襟怀坦荡乐于与朋友聊天消遣的社会活动家。整个世界都爱他，都钦佩他，因为他自己就是高尚的人类大爱的化身。他的喜怒哀乐与每一个个体的人紧紧地联系在一起，他的思想和工作赋予了人类最真诚的同情，就好像对人的研究也是他医务工作要钻研的一个重要部分似的。他习惯在手术前和手术后亲切友好地与病人聊天，毫无疑问，这种亲切的对话对他也是有帮助的，他能够从中得到有关脑疾病症状的推论以及手术后效果如何的结论。

库欣大夫还是一位勤奋的书信践行者，他有许多书信朋友，与病人也保持着广泛的联系。我和我妹妹阿尔玛既是他的病人，也是他的信友，我的信件收藏中不少是库欣大夫的。他的大部分信件出自打字机，但也有不少是他那风格独特的、容易阅读的手写信件。至 1933 年，他的信一般写自波士顿医院，之后的信件则大多寄自纽希文（New Haven）的耶鲁大学（Yale-Universität）。

在德国地理学教授威廉·克勒德纳（Wilhelm Credner[①]）先生访问斯德哥尔摩期间，我于 1939 年 10 月 7 日那一天邀请了部分朋友相聚，其中有摩比（Mörby）医院的吉尔茨（Giertz）大夫、伊瓦尔·霍格博姆（Ivar Högbom）教授、地理学教授汉斯·威廉松·阿尔曼（Hans Wilhelmsson Ahlmann）先生以及讲师古斯泰·蒙特尔先生。吉尔茨大夫也是 1929 年 9 月初在斯德哥尔摩招待哈维·库欣大夫宴会上我邀请的客人，因此交谈时，我们长时间地谈到了库欣大夫。我讲述了几个星期前收到他的一封短信以及斯约克维斯特（Sjöqvist）大夫提到的"库欣大夫是医学历史上最著名的大夫"的赞誉。我们的交谈一直持续到一位信使将一封电报交到妹妹阿尔玛的手上时都没有中断。

阿尔玛在桌下悄悄阅读了这封电报，然后折叠起来交给了我。我们俩什么都没有说，席间的交谈在继续，没有人注意到我们情绪

---

① 威廉·克勒德纳（Wilhelm Credner，1892—1948 年），德国职业地理学家。被誉为"德国第三代地理学家中最多产和最有能力者之一"。1929 年，中国中山大学开办地理系，新上任的副校长朱家骅积极通过国际联盟联系克勒德纳教授来校工作两年并担任地理系主任（1929—1931 年），为我国地理学人才培养和发展作出了贡献。

上的细微变化。尽管我们的心里像房间内的灯光突然熄灭了一样充满一片黑暗，但作为宴会主人还得竭力装出一副什么都没有发生的样子。

电报的内容是：

> 纽希文，赫定，斯德哥尔摩，哈维今天凌晨已经安详去世了！凯特

难道他已经预感到一场新的世界大战要来临了吗？难道他想到了没有得到帮助的、没有治愈的那些病人而心力交瘁了吗？是啊，在第一次世界大战中，他经受了很多很多，他已经无力再胜任下一场战争了。

对我来说，与库欣大夫近十年近距离交往是多么重要，多么幸运，他深深地影响了我的命运，使我的人生变得富有和美丽。他之于我们，不仅仅是一位难以比拟的医学大夫，而首先是一位伟人，一位在这个地球上我挑选的客人中出类拔萃的一流人物。作为我人生旅途中遇到的名人中最杰出、最光辉、最具男性伟大气质的一位，我会永远记住他、永远祝福他。

保加利亚国王鲍里斯

(Boris, König der Bulgaren①)

我第一次认识保加利亚是在 1886 年 8 月从波斯回家的旅途中。

我首先坐火车从君士坦丁堡（Konstantinopel）前往鞑靼-巴萨尔德西克（Tatar-Basardschik），在那里，我再乘坐经验丰富、体魄强健的保加利亚马车夫阿里斯托（Aristo）先生驾驭的四驾马车走东鲁米利亚（Ostrumelien）西部，横穿过保加利亚前往罗姆帕兰卡（Lom Palanka），沿着多瑙河完成了一个长达二百五十公里的行程。8 月 23 日，我到达了索菲亚城，8 月 25 日下午继续旅行。当时，保加利亚国家的政治局势极不稳定。

1879 年 7 月 13 日，由梯尔诺瓦（Tirnowa）显要人士集会上选举出来的保加利亚大公亲王亚历山大·冯·巴滕贝格（Alexander

---

① 鲍里斯三世（1894—1943 年），全名鲍里斯·克莱门特·罗伯特·玛利亚·庇护·路德维希·斯坦尼斯拉夫·萨维尔，现代保加利亚的第二任沙皇，1918 年至 1943 年在位。

von Battenberg①）来到索菲亚。而在 1886 年 8 月 21 日，也就是我到达这个城市的两天前，亚历山大亲王由一个军官们组成的阴谋政变集团——政变集团背后真正的主谋是俄罗斯——推翻并挟持到了俄罗斯地界。之后，保加利亚议会议长斯塔姆博洛夫（Stambulow②）先生的反政变行动获得了成功，救回了大公。但尽管如此，亚历山大一世最终还是在沙皇施加的压力下于 9 月 7 日退位。

1887 年 7 月 7 日，人们推举斐迪南·冯·科堡（Ferdinand von Goburg）为保加利亚新大公，1908 年 10 月 5 日，保加利亚和东鲁米利亚宣布独立，斐迪南亲王也成为全体保加利亚人的沙皇。

斐迪南·冯·科堡大公退位后，他的儿子鲍里斯于 1918 年 10 月 3 日登上了皇座。

鲍里斯 1894 年 1 月 20 日出生，是鲍里斯这个名字的第三个继承者。1930 年 10 月，他在意大利的阿西西（Assisi）与意大利国王维克多·伊曼纽三世（Victor Emanuel III）的女儿乔万娜（Giovanna）公主举行了结婚仪式。

1936 年的 8 月，在受邀观摩德国柏林第十届奥林匹克运动会期间，我有机会当面认识了保加利亚国鲍里斯国王。当时，在歌剧院

---

① 亚历山大一世（1857—1893 年），全名巴滕堡的亚历山大·约瑟夫，保加利亚大公，1857 年 4 月 5 日生于德国巴滕贝格王室家族。1879 年 4 月 29 日到 1886 年 9 月 7 日在位。

② 全名：斯特凡·尼科洛夫·斯塔姆博洛夫（Stefan Nikolov Stambolov，1854—1895 年），保加利亚政治家，被视为保加利亚的俾斯麦。1886 年亚历山大大公退位后，他粉碎了俄国的干涉，拥戴萨克森-科堡-哥达的斐迪南亲王为保加利亚大公。1895 年 7 月 3 日，斯塔姆博洛夫同他的保镖和一个朋友坐马车回家途中遭遇刺杀身亡。

举行的盛大招待会上，我与几位德国工业界巨头同坐在一张餐桌上。当时，赫尔曼·戈林先生则在另一个宽敞的大包厢里款待一批来自各国的王公贵族，其中就有鲍里斯国王。

宴会一结束，保加利亚国王的副官来到我的身边问道：

"博士先生，鲍里斯国王陛下问您，是否愿意去他所在的包厢里坐坐。"

我站了起来，跟在副官的后面。走进包厢，没有与其他在座的人打招呼，我与鲍里斯国王在包厢最远的一个角落坐下，国王先开口说道：

"请您原谅，尊敬的博士先生，我将您从宴会桌上叫了过来，是戈林先生告诉我您在这里的消息。我无法阻止内心涌现出来的要认识您的迫切愿望，因此想抓住这个有利的机会。

"首先我想告诉您的是，我的父亲在每一个圣诞节之夜都会送我一本您写的探险考察游记。我十分热爱在陌生地区旅游，但不幸运的是，没有机会自己亲自在国外冒险旅行一次。您的书我读得非常认真，而且读了还不止一遍。如果您想考考我的话，就会知道，书中所有重要的名字都保存在我的记忆中，而且全部读懂了。比如有关'罗布泊'问题。我一直都很希望与您详谈、深谈。但是，您知道的，我自己也是戈林先生的客人，还不能完全自由地支配自己的时间。但我会很高兴，如果在我这次短暂的访问期间能够与您安静地会晤一次的话。"

我衷心感谢鲍里斯国王对我以及我著作的兴趣和亲切友好的邀请，我表示，能在一个合适的时间里与国王陛下见面是我的荣幸和愉快。

鲍里斯国王接着说道：

"我住在布里斯托（Bristol）酒店，明天下午六点我在房间，如果您能奉献给我一个小时，就是帮了我的大忙。当然，我也乐意在辉煌的奥林匹克运动会上观看所有体育竞赛，但相比之下，我对中国西藏和中亚更感兴趣。没有什么比与您在一起回到我青少年时代的美好记忆更感高兴的事了。"

8月7日，我准时来到了酒店大堂，国王的副官已经在那里候着我了，直接带我去了国王下榻的房间。

沙皇鲍里斯陛下友好地走了过来，把我让进了客厅，开始向我展示他拥有的令人深感惊讶的、清晰而又全面的关于中国西藏和内亚的地理知识以及对我不同的探险考察经历的认识。他提出了一些经过深思熟虑的关于大漠以及与之相联系的、在他年幼的时候就深感惊讶的问题。例如，我为什么敢冒险走进塔克拉玛干（Taklamakan）大沙漠，而且还是在完全不知道是否能找到水源、是否能顺利走出大漠的前提下。多年来他百思不解，希望我今天能亲自给他解开心中久藏的这个谜团。

我告诉了他。

我首先肯定了他的想法是有道理的，这种冒险当然不合常理，但我又会要求自己去冒这个险。因为我最憎恨的事情是，我被我要战胜的荒漠和高山给战胜了，我最讨厌的事情是，在困难面前退缩，放弃前进，原路返回。我的原则是：敢于胜利、敢于失败，勇往直前，不顾一切……

这时，电话铃声响了起来。

"讨厌！"国王忍不住失态地叫了起来，然后走向电话机拿起话筒用一种伪装过的声调说道：

"不，遗憾不在，国王陛下现在没空，请过后再打过来！"

他放下话筒说道：

"如您所见，我成了我自己的内廷总监。"

我们之间中断的谈话继续。他兴高采烈，热情似火，给我的感觉是，与奥林匹克运动会以及要拜访他的客人相比较，他确实是更加钟情于亚洲。

所有的一切都忘在了脑后，我们的思想在荒漠和高山漫游了整整两个小时，当时间提醒又有新的义务必须要履行时，国王才难过地说道：

"如果我们的谈话能持续到深夜该有多好！它远胜过这连续不断的、单调的聚会。我希望，能很快再见到您，也希望您能多注意休息，更希望您能从手稿和地图中挣脱出来，来一次横贯欧洲的自驾游，来我们索菲亚城，做我的客人。在那里，我们可以没有任何干扰地安静地继续交谈，我能够亲自给您介绍保加利亚以及保加利亚美丽的景色。"

我衷心感谢鲍里斯沙皇陛下，并保证，没有什么比在索菲亚城再次见到他更令人开心的了。我告诉他，差不多是五十年前的今天我第一次造访了索菲亚城。

"是吗？那是在我出生的前八年！"他笑着大声说道。

我们握手就此告别。

我不止一次地认真想过，自驾游前往国王鲍里斯的首都索菲亚一定又是一次令人难以忘怀的经历。

　　保加利亚国王是一位非同寻常令人喜爱的高贵之人——诚实正派、认真稳重、求知欲旺盛，是一位热爱他的国家、为民族福祉不懈努力的国君。还从来没有这样一个如此简朴知足的、富有人性的人坐在欧洲国王的王座上，还从来没有一顶危险的国王王冠戴在一个严肃认真和真正富有责任意识的人的头上。

　　国王鲍里斯中等身材，体态匀称，苗条，他昂着头，但完全没有一个做作的国王派头。他的脸是瘦长的，额高顶秃，眼光是友好的、体贴入微的。他的鼻梁长且弯曲，表现力丰富的嘴唇看不出有爱下命令的习惯和欲望。在他的国家，他享受着人民对他的爱戴，因为他对农民、工人、将军和阁下一视同仁。在他的言行举止上，没有丝毫的暗示，即自己的身份和地位要比他人高贵。所有亲自见过他的人，都会对他留下鲜活的记忆。

　　由于我确实有其他要履行的义务和责任，计划好的自驾游一直无法实现。

　　世界历史的晴雨计变化无常，指针很快指向了暴风雨，直至酿成飓风。欧洲众王座摇摇欲坠，最后，国王、亲王、领袖以及整个帝国都被根除。国王鲍里斯的君王日子是怎么结束的，我还真不清楚。据可靠消息，他因肺炎逝世。

　　在离开柏林奥林匹克运动会之前，我收到了保加利亚公使馆寄给我的一个小包裹，里面装着的是一枚保加利亚大十字勋章。由于国王已经离开柏林，我只能书面表达对他深情厚谊的感谢。

　　柏林一别后，我与鲍里斯国王陛下的联系并没有终止。每一个新年到来，国王都会寄给我一张漂亮的贺年卡、一封电报或者一本图文并茂的年鉴。贺年卡上常常会附上两位可爱的王子的照片。

1942 年的 12 月 22 日的贺年卡是这样写的：

> 我亲爱的朋友，请接受我对您 1943 年新年的衷心祝福！同
> 时，我要特别感谢您赠送给我的如此引人入胜的著作。
> 特别真诚的问候！
>
> 鲍里斯 R.

这是他送给我的最后一次美好祝福。

不幸的是，1943 年 9 月初，一条新闻传遍了整个世界，保加利
亚国王鲍里斯三世因病逝世。

在斯德哥尔摩东正教教堂，9 月 6 日有这样一则消息：

> 纪念保加利亚国王鲍里斯三世的葬礼以及保加利亚国王西
> 美昂二世（Simeon Ⅱ ①）加冕庆典礼拜活动。

我与很多人一道参加了教堂举行的这一纪念活动。

1944 年新年贺卡我还是收到了，那是王后乔安娜（Joanna）的
签字。祝福的话"快乐的、幸福的新的一年！"写在国王漂亮的孩子
照片下面。

----

① 全名西美昂·鲍里索夫·萨克森-科堡-哥达斯基，鲍里斯三世的儿子，又称西
美昂二世，保加利亚最后一任沙皇，2001 年至 2005 年任保加利亚总理。他也
是目前在世的最后一位二战期间国家元首，也是少数在退位后，通过民主选举
成功转任政府首脑的君主。

我与国王鲍里斯柏林短暂见面留下的美好记忆没有褪色，但这个世界却带着悲情见证了人类命运的悲惨。厄运向保加利亚袭来，掀翻了理智和秩序。天真正直的保加利亚人民不得不违背自己的意愿被迫废弃所有好的传统，屈服于强大邻国的奴役。

保加利亚是周边国家链中的一环，这个链在欧洲形成了我们这个时代一个最易爆炸的动乱策源地，世界像电影画面一样以令人头晕目眩的速度一幕幕滚动，只有上帝知道，明天藏在它怀抱里的是什么。

国王古斯塔夫六世阿道夫

(König，Gustaf VI Adolf[①])

　　在这本书的第一册中我就提到，进入本书"名人画廊"的人选，一个很重要的前提是，他们是否或多或少地对我在人类知之不多的地区的科考计划和努力给予了支持。但笔触至此，我要说，按照这个标准，"名人画廊"中几乎还没有一个入选的人会像瑞典现任国王令我如此有责任地来表达重谢，因为，我的几乎整个探险科考生涯都得到了昔日太子、当今国王的大力帮助。

　　由于"太子"这一称呼已经成了我一个固定不变的概念，所以也请允许我，继续用"太子"这个称呼来介绍他。

　　除了履行官方的样板义务，即置于肩头要顾及的王位继承人或君王的身份，太子数十年来在我国所有科学领域都扮演着一个意义

---

① 古斯塔夫六世·阿道夫（1882—1973 年），全名奥斯卡·弗雷德里克·威廉·奥拉夫·古斯塔夫·阿道夫（Oskar Fredrik Wilhelm Olaf Gustav Adolf），瑞典国王。1950 年即位。古斯塔夫六世·阿道夫也是一名业余的考古学家，对中国艺术有着浓厚的兴趣，曾在 1926 年到访中国的北京、山西、上海等地。1953 年获选为英国国家学术院名誉会员。

非凡的角色。只要有可能，他总是在时间上、行动上不辞辛劳地支
持和帮助不同类型的科学活动。几乎每天报纸上都会报道他热心参
与和关怀这类活动以及他对科学、艺术活动的正面影响和干预。当
然，他的热心与他的知识涵养是分不开的，在不少科学领域，太子
本人就是公认的行家。特别是在艺术史和考古学领域，太子从小就
认真系统地研习过。例如，从斯德哥尔摩王宫里的收藏，人们就能
看出他对中国陶器的深入研究。

自从 1935 年我探险科考旅行回到家乡以后，一个最重要的任务
是，对这次探险考察不同专业领域探险队员的研究成果进行个别整
理，汇入我撰写的系列丛书中。这套《斯文·赫定博士领导的中国
西北省份科学考察报道》系列丛书计划出版五十五卷，现在已经出
版了三十四卷。

在第一本出版的编号为 23 的书扉页有如下题词：

致瑞典国王陛下

古斯塔夫·阿道夫：

瑞典探险队在亚洲研究上展现出来的热情令人瞩目和鼓舞
人心，谨以本书表达对您的由衷感激。

我与我的同仁们希望用这一题词表达对太子给予整个学术界有
力支持的感谢。

1927 年春天，我的探险队从北京出发时，一路遇到了民国政府
机构和民国学者们设置的大量有威胁的困难和障碍。在给太子的一

封信中，我讲述了约翰·古纳·安特生（Johan Gunnar Andersson①）教授以及我自己与中方协商谈判的具体情况，并且说明，探险队最终是在何等苛刻的条件下才得到了民国当局的许可得以继续向西部开拔的。

我们当时探险考察的主要任务是，受德国汉莎航空公司委托并由他们出资，以"航空地勤服务"为目的，探测飞越亚洲的最合适航线。我被授权，除了德国飞行员团队，还可以带上三位学者在旅途中从事科考研究，他们是：埃里克·诺林先生、大卫·胡梅尔先生和福尔克·贝格曼（Folke Bergmann）先生。

太子在 3 月 23 日的回信中特别写道：

> 看起来相当睿智，你的行动计划在两个完全分开的部分，第一个的实施完全不依赖于第二个。你的第一个部分肯定可以得出可观的科研成果，即便飞行因中方的阻挠必须放弃。

风格独特的信函也是太子的天赋之一，它能给收信者以鼓舞和激励，即便是在困难的处境下，也使人能看到光明的一面，能充满信心地希望所有困难都会有一个幸运的解决方案。太子总是那么宽宏大量，令人感动地乐观其成，坚信事物定会朝好的方向继续发展。在任何地方，或家乡或外地，他似乎都能找到出路和解救办法，给

---

① 本名约翰·古纳·安特生（Johan Gunnar Andersson，1874—1960 年），瑞典考古学家、古生物学家、地质学家，安特生是他的中文名字。安特生在中国工作十余年，成绩斐然，是中国现代考古学奠基人之一。回到瑞典以后，他继续从事研究工作。1960 年 10 月 29 日，安特生在斯德哥尔摩病逝，享年 86 岁。安特生的学术遗产现主要收藏于瑞典东方博物馆。

出良策。

太子还经常给我介绍科学研究领域以及博物馆方面发生的事件，他知道，我对此深感兴趣。他醉心收集东亚藏品，二十多年来的这一爱好，直至今天都还是有增无减。从太子写给我的信中，我能真切地感受到他对中国和中国人民的好感。他会为欧洲各国探险队队员之间建立起来的友谊联系感到由衷高兴，更会为以瑞典人、德国人以及丹麦人为一方的我们与另一方中国同仁建立起来的友谊感到由衷高兴。事实上，我们能与中国同仁最终建立起幸运关系的一个重要前提还是太子 1926 年秋季亲自在北京逗留时作出的努力。当我在他离开北京几个星期后到达这个帝国京都时，经常能听到的议论是，太子在北京访问期间是怎样面对有影响力的中国人为我们探险科考的愿望进行协商的，由于太子的斡旋，很多中国大人物对我们网开一面。

1928 年夏季，我在斯德哥尔摩拜访了太子，太子为我做了在他权力范围内能做的所有一切，尽力为我向国会提出的、获国家博彩资金五十万克朗作为科考探险经费的申请提供支持。

由于民国方面拒绝了我提出的、德国汉莎航空公司要求允许开通一条贯通整个亚洲飞行航线的申请，自然也就终止了德国方面对探险队的兴趣，德方从探险队中撤回了飞行专家，我的考察计划也因此通盘发生了改变。从一个有瑞典和中国特点、由瑞典人领导的德国交通技术考察队变成了一个与中国人合作的瑞典科学探险队，外方成员是五个瑞典人、两个德国人和两个丹麦人。

尽管我和我的队员们有足够的意志和决心，但所有目标的实现都取决于所支配的资金，成功的探险考察没有足够的资金支持是不可思议的。在必要的资金筹集过程起决定作用的时刻，太子充分地利用了他的威望和专业知识。他探访当年承担博彩资金分配责任的国务委员，游说这些下属，唤起他们对我探险计划的信任。也正基于这份信任，他们才愿意为我提供的高额款项负责。

1928 年批准了资金的一半，另外一半，太子也在 1930 年年初的一封信中给予了我一个最乐观的前景。

1929 年 5 月，突然袭来的肩胛疼痛，迫使我前往美国波士顿拜访名医哈维·库欣大夫。我的妹妹阿尔玛将我突发病情的进展情况告诉了太子。

在 1929 年 6 月 9 日给阿尔玛的回信中，太子写道：

> 我深感痛心，斯文竟不幸运地得了这种病。他一定很痛苦，在探险队继续前进、众多科考任务要完成的当口，却要长时间无所作为地休息。
>
> 我衷心地希望，手术顺利进行，他能很快恢复健康，早日回到他热爱的探险科考活动上来。探险工作有如此多的任务在期待着他，而且很多任务只有他才能以真正令人满意的方式得到解决。我感到欣慰的是，负责斯文医疗的是一位世界公认的医术高明的医生。我深知，这一事件对斯文和他的妹妹意味着多么困难的考验。希望能早日得到痊愈的好消息。
>
> 这确实是十分幸运的，杰出的诺林先生赢得了斯文的信任。前几天我收到了一封斯文 5 月 8 日写给我的一封信。信中他特别提到了诺林先生，赞扬他对要完成的科考任务有自己清晰的

理解。

　　请您代我问候斯文，并请告诉斯文，我很想念他，衷心祝愿他尽快痊愈……也请转告斯文，我会尽力支持他的努力和他的探险队。

　　衷心问候，一如既往！

您的古斯塔夫·阿道夫

太子的母亲维多利亚王后 1930 年 4 月 4 日在罗马苏埃希亚别墅去世，他 5 月 14 日写信给我：

　　我十分感谢你在我母亲去世后 4 月 10 日写给我的信，她的去世是长期罹患重病导致的。在她生命的后期我们也只能希望，不要再让她继续长期地受病魔折磨了。但尽管如此，在真正离别不可改变的最后时刻，对我还是一个沉重的打击。遗憾的是，在她最后病重的时候我不能随她同去罗马，因为我还必须领导我的政府。距离我上一次见到母亲，差不多一年的时光已经过去了，那是在罗马，当时的病情已经相当严重。

　　你友好的来信给了我极大的安慰，谢谢你！

太子还写给我许多有价值的信件，大部分内容都是关于大的探险活动、探险活动的结果以及给他带来的愉悦。还有关于我们与中国同行随时间推移建立起真正友好关系、慷慨大方的温森特·本迪克斯先生基金将捐资在美国芝加哥仿建中国喇嘛寺庙以及赞助探险费用等其他方面的内容。

　　1931 年，为落实探险费用我的大部分时间是在斯德哥尔摩度过的，因此有多次与太子见面、共商亚洲探险工作和新的探险计划的机会。

　　可以说，我们 1927 年开始至 1932 年结束的亚洲探险活动的成功实施得益于富有活力的、精力充沛的太子没有中断的参与。

　　带着无比真诚的感谢，我和我的探险队员们会永远牢记令人敬仰的太子，今天的国王，给予我们的、我们在努力奋斗中能够明确感受到的、明智而又充满意义的支持和帮助。

图书在版编目(CIP)数据

斯文·赫定眼中的世界名人/(瑞典)斯文·赫定著；
王迎宪译. —上海：上海人民出版社，2024
ISBN 978－7－208－18433－6

Ⅰ.①斯… Ⅱ.①斯… ②王… Ⅲ.①名人-生平事
迹-世界 Ⅳ.①K811

中国国家版本馆 CIP 数据核字(2023)第 140263 号

责任编辑 刘华鱼
封面设计 杜宝星

斯文·赫定眼中的世界名人

［瑞典］斯文·赫定 著

王迎宪 译

出 版	上海人民出版社
	(201101 上海市闵行区号景路 159 弄 C 座)
发 行	上海人民出版社发行中心
印 刷	上海盛通时代印刷有限公司
开 本	890×1240 1/32
印 张	25.5
插 页	4
字 数	557,000
版 次	2024 年 1 月第 1 版
印 次	2024 年 1 月第 1 次印刷

ISBN 978－7－208－18433－6/K·3305
定 价 118.00 元